MADRIDER BEITRÄGE

DEUTSCHES ARCHÄOLOGISCHES INSTITUT · MADRID

MADRIDER BEITRÄGE

BAND 12

VERLAG PHILIPP VON ZABERN · MAINZ AM RHEIN

GUSTAV GAMER

Formen römischer Altäre auf der Hispanischen Halbinsel

1989

VERLAG PHILIPP VON ZABERN · MAINZ AM RHEIN

IX, 339 Seiten mit 5 Abbildungen,
152 Tafeln mit 703 Photoabbildungen

Als Habilitationsschrift auf Empfehlung der Fakultät
für Kulturwissenschaften der Eberhard-Karls-Universität Tübingen
gedruckt mit Unterstützung der Deutschen Forschungsgemeinschaft

© 1989 by Philipp von Zabern, Mainz am Rhein
ISBN 3-8053-0967-8
ISSN 0179-2873
Alle Rechte, insbesondere das der Übersetzung in fremde Sprachen, vorbehalten.
Ohne ausdrückliche Genehmigung des Verlages ist es auch nicht gestattet, dieses
Buch oder Teile daraus auf photomechanischem Wege (Photokopie, Mikrokopie) zu
vervielfältigen. Printed in West Germany by Philipp von Zabern.
Printed on fade resistant and archival quality (PH 7 neutral)

Inhaltsverzeichnis

Verzeichnis der Abkürzungen		VII
TEIL I		1
Einleitung		1
1.	Römische Altarformen der Hispanischen Halbinsel. Materialgrundlage	7
1.1	Der Nordosten	7
1.1.1	Tarragona	7
1.1.2	Barcelona	21
1.1.3	Gerona	28
1.1.4	Lérida	29
1.1.5	Huesca	30
1.1.6	Teruel	31
1.2	Der Norden	31
1.2.1	Burgos	32
1.2.2	Santander	34
1.2.3	Vizcaya	35
1.2.4	Álava	35
1.2.5	Guipúzcoa	36
1.2.6	Navarra	36
1.2.7	Logroño	39
1.2.8	Soria	39
1.2.9	Palencia	41
1.3	Das Binnenland	42
1.3.1	Guadalajara	42
1.3.2	Segovia	42
1.3.3	Cuenca	42
1.3.4	Toledo (östlicher Teil)	43
1.4	Zwischen Norden und Nordwesten	43
1.4.1	León	43
1.4.2	Zamora	45
1.4.3	Oviedo	45
1.5	Der Nordwesten	46
1.5.1	Lugo	46
1.5.2	La Coruña	48
1.5.3	Pontevedra	49
1.5.4	Orense	51
1.5.5	Trás-os-Montes e Alto Douro	52
1.5.6	Minho	53
1.5.7	Douro Litoral	54
1.6	Der Westen mit Teilen des Zentrums	55
1.6.1	Beira Litoral	55
1.6.2	Beira Baixa	57
1.6.3	Beira Alta	59
1.6.4	Salamanca	59
1.6.5	Ávila	60
1.6.6	Toledo (westlicher Teil)	60
1.6.7	Cáceres	61
1.6.8	Badajoz	63
1.6.9	Alto Alentejo	70
1.6.10	Ribatejo	73
1.6.11	Estremadura	73
1.7	Der Südwesten	75
1.7.1	Baixo Alentejo	75
1.7.2	Algarve	76
1.8	Der Süden	78
1.8.1	Huelva	78
1.8.2	Cádiz	79

1.8.3	Sevilla	84	3.3	Getrennt gearbeitete Altarbekrönungen ... 128
1.8.4	Córdoba	89		
1.8.5	Jaén	92	3.4	Monolithe Kombination von Inschriftquader und Manenaltar .. 130
1.9	Der Osten	93		
1.9.1	Murcia	93	3.5	Stelen/Altar-Mischformen ... 131
1.9.2	Alicante	95		
1.9.3	Valencia	96	4.	Altarweihungen in Heiligtümern . 134
1.10	Bemerkungen zur Häufigkeit der Altäre	99	5.	Altäre in Grabzusammenhang ... 139
2.	Die regionale Gliederung der Altarformen	99	6.	Der Formenschatz der hispanischen Altäre in seiner Eigenart ... 141
2.1	Gruppen im Mittelmeerrandgebiet	100		
2.1.1	Tarragona	100		
2.1.2	Barcelona	102	TEIL II	169
2.1.3	Valencia	103		
2.1.4	Land Alicante – Adra, Seguraland	104	Vorbemerkung	169
2.2	Nordhispanische Gruppen	105	Katalog	172
2.2.1	Burgos	105		
2.2.2	Navarra	108	Verzeichnisse	289
2.3	Altäre im Inneren der Tarraconensis	108	Weihungen	289
			Fundorte	291
2.4	León, Oviedo	109	Weihaltäre	291
			Grabaltäre	294
2.5	Nordwesthispanische Gruppen ..	110		
2.6	Gruppen aus dem Territorium der römischen Provinz Lusitania	112	Aufbewahrungsorte	295
			Konkordanzlisten	299
2.7	Südhispanische Gruppen	120	Nachweis der Tafelvorlagen	307
3.	Zu einigen Gattungen von Altären und den Stelen/Altar-Mischformen	124	Nachtrag	325
3.1	Monumentale Altäre	124	Abbildungen 1–5	333
3.2	Rundaltäre	126	Tafeln 1–152	339

Verzeichnis der Abkürzungen

Außer den vom Deutschen Archäologischen Institut vorgeschriebenen werden die folgenden Abkürzungen und folgende abweichende Sigel verwendet.

Abkürzungen für Publikationen:
AnuariInstEstCat	Anuari Institut d'Estudis Catalans
ArchEspArq	Archivo Español de Arqueología
ArchEspArteArq	Archivo Español de Arte y Arqueología
ArchPrehLev	Archivo de Prehistoria Levantina
BIF	Boletín de la Institución Fernán-González, Burgos
BolAcadHist	Boletín de la Real Academia de la Historia
BolArteArqValladolid	Boletín del Seminario de Estudios de Arte y Arqueología, Valladolid
BolInstEstGiennenses	Boletín del Instituto de Estudios Giennenses
BolLugo	Boletín de la Comisión Provincial de Monumentos Históricos y Artísticos de Lugo
BRAG	Boletín de la Real Academia Gallega, La Coruña
CEG	Cuadernos de Estudios Gallegos
CongrNacArq	Congreso Nacional de Arqueología
EstArqAlav	Estudios de Arqueología Alavesa
ExcArqEsp	Excavaciones Arqueológicas en España
HAE	Hispania Antiqua Epigraphica
JahrbRGZM	Jahrbuch des Römisch-Germanischen Zentralmuseums, Mainz
MAAR	Memoirs of the American Academy in Rome
MemJuntaExc	Memorias de la Junta Superior de Excavaciones y Antigüedades
MemMusArq	Memorias de los Museos Arqueológicos Provinciales
NotArqHisp	Noticiario Arqueológico Hispánico
OArchPort	O Archeólogo Português
OArqPort	O Arqueólogo Português
RevArchBiblMus	Revista de Archivos, Bibliotecas y Museos
RevGuimarães	Revista de Guimarães

Weitere Abkürzungen sind:
MA	Museo Arqueológico
MAN	Museo Arqueológico Nacional
MAP	Museo Arqueológico Provincial

MHC	Museo de Historia de la Ciudad
MNAE	Museu Nacional de Arqueologia e Etnologia

Überdies werden folgende Werke abgekürzt zitiert:

Alföldy, Inschriften Tarraco	G. Alföldy, Die Römischen Inschriften von Tarraco, MF X (1975).
Alföldy, Bildprogramme	G. Alföldy, Bildprogramme in den römischen Städten des Conventus Tarraconensis. Das Zeugnis der Statuenpostamente, in: Homenaje a García y Bellido IV, Revista de la Universidad Complutense 18 Nr. 118, 1979, 177−275.
Altmann, Grabaltäre	W. Altmann, Die Römischen Grabaltäre der Kaiserzeit (1905).
Aras de Donón	F. Bouza Brey − J. M. Álvarez Blázquez − E. Masso Bolibar, Las aras del Santuario galaico-romano de Donón (Hio-Cangas), CEG 26, 1971, 64 ff.
Blázquez, Diccionario	J. M. Blázquez, Diccionario de las Religiones Prerromanas de Hispania (1975).
Blázquez, Religiones	J. M. Blázquez Martínez, Religiones Primitivas de Hispania, I. Fuentes Literarias y Epigráficas (1962).
Cardozo, Catálogo	M. Cardozo, Catálogo do Museu de Martins Sarmento. Secção de Epigrafia Latina e de Escultura Antiga² (1972).
Carmina Latina Epigraphica	E. Bücheler, Carmina Latina Epigraphica (1895−97).
Chicarro, Catálogo Sevilla	C. Fernández-Chicarro y de Dios, Catálogo del Museo Arqueológico de Sevilla² (1969).
Degrassi, Imagines	A. Degrassi, Inscriptiones Latinae Liberae Rei Publicae. Imagines collegit, praefatus est, notis indicibusque instruxit A. Degrassi (1965).
EML	M. C. Fernández Aller, Epigrafía y numismática romanas en el Museo Arqueológico de León (1978).
d'Encarnação, Divindades	J. d'Encarnação, Divindades indígenas sob o dominio romano em Portugal (1975).
Epigrafía de Munigua	E. Collantes de Terán − C. Chicarro y de Dios, Epigrafía de Munigua (Mulva, Sevilla), ArchEspArq 45−47, 1972−74, 337 ff.
Epigrafia de Olisipo	A. Vieira da Silva, Epigrafia de Olisipo. Subsídios para a história da Lisboa romana (1944).
Épigraphie de Conimbriga	R. Étienne − G. Fabre − P. u. M. Lévêque, Fouilles de Conimbriga II. Épigraphie et Sculpture (1976).
Gabelmann, Werkstattgruppen	H. Gabelmann, Die Werkstattgruppen der oberitalischen Sarkophage, BJb Beih. 34 (1973).
Galsterer	B. u. H. Galsterer, Die römischen Steininschriften aus Köln, Wissenschaftliche Kataloge des Römisch-Germanischen Museums Köln II (1975).
García y Bellido, Esculturas romanas	A. García y Bellido, Esculturas romanas de España y Portugal (1949).

Hispania Romana	Colloquio Italo-Spagnolo sul Tema: Hispania Romana. Problemi Attuali di Scienza e di Cultura, Accademia Nazionale dei Lincei, Quaderno Nr. 200 (1974).
IMdeN	C. Castillo – J. Gómez-Pantoja – M. D. Mauleón, Inscripciones romanas del Museo de Navarra (1981).
IRL	F. Arias Vilas – P. Le Roux – A. Tranoy, Inscriptions romaines de la province de Lugo (1979).
IRR	J. C. Elorza – M. L. Albertos – A. González, Inscripciones romanas en la Rioja (1980).
Leite de Vasconcellos, Religiões	J. Leite de Vasconcellos, Religiões da Lusitânia na parte que principalmente se refere a Portugal II (1905); III (1913).
Lumiares	A. Valcárcel Pío de Saboya (Conde de Lumiares), Inscripciones y Antigüedades del Reino de Valencia, illustriert durch A. Delgado (1852).
Mariner, Inscripciones de Barcelona	S. Mariner Bigorra, Inscripciones romanas de Barcelona (Lapidarias y Musivas) I (1973).
Martínez, Catálogo Burgos	M. Martínez Burgos, Catálogo del Museo Arqueológico Provincial de Burgos (1935).
Pereira IRV	G. Pereira Menaut, Inscripciones romanas de Valentia, Servicio de Investigación Prehistórica. Trabajos Varios 64 (1979).
Vives	J. Vives, Inscripciones latinas de la España romana I/II (1971/72).

Die Redaktionsrichtlinien des Deutschen Archäologischen Instituts empfehlen, auf die Wiedergabe der Titel von Zeitschriftenaufsätzen im allgemeinen zu verzichten. Wir nennen daher in der Regel nur solche Titel, die eine monographische Behandlung von hier herangezogenen Monumenten anzeigen.

TEIL I

Einleitung

Daß die römischen Altäre der Hispanischen Halbinsel bis heute nicht Gegenstand einer eigenen Untersuchung geworden sind, mag daran liegen, daß keine kennzeichnende Gruppe ins Auge zu fallen schien, die zu einer archäologischen Bearbeitung gereizt hätte, vergleichbar etwa jenen durch H. Gabelmann[1] behandelten oberitalischen Rundaltären. Und doch muß jedem, der von Nord nach Süd Spanien und Portugal mit deren zahlreichen Museen bereist, auffallen, daß gewisse, kennzeichnende Formmerkmale der Altäre, Grab- wie Weihaltäre, sich auf bestimmte Regionen zu beschränken scheinen. Was etwa an Details der Bekrönung, Reliefschmuck der Nebenseiten des Körpers für das eine Gebiet charakteristisch zu sein scheint, fehlt in einem anderen ganz und wird dort durch andere Eigentümlichkeiten ersetzt.

Dieses unterschiedliche Bild, das die Altäre der Hispanischen Halbinsel uns darbieten, die regionale Differenzierung in der Formgebung festzuhalten und auf diese Weise zu einer klareren und begründeten Vorstellung von den sich voneinander absetzenden Regionen zu kommen, ist eine wesentliche Absicht der Untersuchung.

A. García y Bellido hat 1949 in seinem Werk »Esculturas romanas de España y Portugal« versucht, die gesamte plastische Überlieferung auf der Halbinsel zu ordnen und überschaubar zu machen. Verständlicherweise mußten hier bei der Auswahl der Monumente Beschränkungen in Kauf genommen werden. Zudem lag der Schwerpunkt auf den figürlichen Darstellungen. So wurden Altäre nur unter sechs Nummern aufgeführt, sie wurden auch nicht als eigene Gruppe besprochen, sondern in dem Kapitel »Relieves de asunto vario« mitbehandelt. Ähnliches gilt für ältere Werke vergleichbarer Intention, die sich aber, wegen der Fülle des Materials, auf räumliche Teilbereiche beschränkt haben, so die Vorlage der Bildwerke, darunter auch einiger Altäre, aus den Conventus von Tarragona und Mérida durch E. Albertini[2] und R. Lantier[3], die nach dem Vorgang des CIL und am Beispiel des Re-

---

1 RM 75, 1968, 87–105.
2 Sculptures antiques du Conventus Tarraconensis, AnuariInstEstCat 4, 1911/12, 323 ff.
3 Inventaire des monuments sculptés pré-chrétiens de la Péninsule Ibérique I. Lusitanie, Conventus Emeritensis 1918.

cueil Général von E. Espérandieu sich orientieren. Der topographischen Ordnung des CIL folgt hierbei die Gliederung des Materials nach Fundorten und die Abgrenzung des bearbeiteten Territoriums. E. Hübner hatte schon mit seinen »Antiken Bildwerken« 1862 wenigstens den Grund zu einer Denkmälersammlung von Spanien und Portugal gelegt, einer Sammlung von Monumenten, die, wenn auch ohne Abbildungsteil, einen vortrefflichen Überblick über die um die Jahrhundertmitte in den Kollektionen auf der Halbinsel vorhandenen Stücke gibt. Altäre sind aber auch in diesem Werk nur wenige genannt. Ein Versuch von J. A. Ceán-Bermúdez[4], die antike monumentale Überlieferung inventarmäßig zu erfassen, stand noch der frühen Sammlung von Altertümern Spaniens durch A. de Laborde[5] und den Conde de Lumiares zu Beginn des 19. Jahrhunderts nahe. Dieser hatte sich in seiner Arbeit[6] auf das Gebiet des ehemaligen Königreichs Valencia beschränkt, für uns interessant, da er dabei auch Inschriften und damit auch beschriftete Altäre mitberücksichtigte.

Die epigraphischen Sammelwerke, aber auch die Arbeiten von J. M. Blázquez und J. d'Encarnação über die einheimischen Gottheiten stellen für unsere Untersuchung eine wichtige Grundlage dar[7], ferner die modernen Bearbeitungen der römischen Inschriften aus Tarraco[8] und Barcino[9]. Dabei wurde die Notwendigkeit, auch die äußeren Kennzeichen des Inschriftträgers in die Behandlung miteinzubeziehen, unterstrichen[10]. Auch wir sind uns dessen bewußt, daß beides Hand in Hand gehen sollte, die epigraphische und archäologische Bearbeitung auch der Altäre. Insofern beschäftigt sich die vorliegende Arbeit mit einem Teil der Gesamtaufgabe, indem sie den archäologischen Aspekt in den Vordergrund rückt.

Sie soll, in einem ersten Hauptkapitel, mit dem Kerngebiet der Tarraconensis, dem Territorium von Tarraco, beginnen, dem Platz, an dem die Römer am frühesten Fuß gefaßt hatten und der selbst die zahlreichste Fundgruppe geliefert hat. Das das Hinterland erschließende Ebrotal gibt eine Stoßrichtung der Romanisierung an, und so werden wir uns anschließend den nördlichen und mit ihnen verbundenen zentralen Territorien zuwenden. Nach einer Behandlung des Nordwestens und des Westens werden wir die romanisierten Gebiete im Süden der Halbinsel erreichen. Als letztes bleibt die hispanische Levante mit ihren Italienkontakten zu untersuchen. Eine solche Reihenfolge hat den Vorteil, daß hiermit der gesamte Norden, von Osten beginnend, dem Material aus dem Süden gegenübergestellt werden kann und mit dieser Gliederung, die bereits landschaftsräumliche Gesichtspunkte berücksichtigt, die Denkmälergruppierung des folgenden zweiten Hauptkapitels vorbereitet wird.

Die bei der Beschreibung der Altäre verwendeten Benennungen der Formelemente sollen hier kurz erläutert werden. Wir haben dazu drei Altäre ausgewählt (BA 25, BA 42, BA 49), die zufällig alle aus Mérida stammen und unserer Absicht entgegenzukommen schienen (Taf. 72d; 73c.d; 77f). Alle zeigen sie über der Deckplatte einen Giebel, zu beiden Seiten Pulvini und hinter dem Giebel einen Focus, BA 49 einen Ovalfocus, die beiden anderen, BA 25 und BA 42, einen runden. BA 25 repräsentiert die

---

4 Sumario de las antigüedades romanas que hay en España 1832 (ohne Abbildungen).
5 Voyage pittoresque de l'Espagne I (1808); II (1820).
6 Lumiares, mit Abbildungen von 370 Objekten.
7 J. Vives bildet in dem 1972 erschienenen Indexband seiner Inscripciones latinas de la España romana einige Altäre in Photographien ab.
8 Alföldy, Inschriften Tarraco.
9 Mariner, Inscripciones de Barcelona.
10 So auch M. L. Albertos unter Hinweis auf M. Gómez Moreno bei der Besprechung der Studie von D. Julia über die Stelen von Vigo, die damit diese Forderung verwirklicht, in Emerita 41, 1973, 542 ff. — Weitere Autoren heben in ihren Arbeiten auf diesen Aspekt ab: D. Manacorda, Un'officina lapidaria sulla Via Appia. Studio archeologico sull'epigrafia sepolcrale d'età giulio-claudia in Roma (1979) mit der Zusammenstellung einschlägiger Titel auf S. 13 Anm. 17. Rez.: H. Krummrey, Gymnasium 89, 1982, 163–165; E. Pack, Gnomon 54, 1982, 286–291, verweist zusätzlich auf G. Susini in: Actes du VIIe Congr. Intern. d'Epigr. Gr. et Lat., Constantza 1977 (1979) 45 ff. mit Lit. Alföldy, Bildprogramme 177 ff.

Form der Pulvini, die, mit Blättern belegt, durch einen tordierten *balteus* geschnürt sind, dessen Bezeichnung ihre Berechtigung aus Vitr. 3, 5, 7 finden kann, der ein typologisch entsprechendes ionisches Kapitellelement so benennt[11]. Unter der Deckplatte vermittelt das Deckprofil zum Körper, das gewöhnlich dem Fußprofil entspricht, wobei die Symmetrieachse in der Mitte des Altarkörpers verläuft, der vorn eine Inschrift und auf den Seiten Reliefs tragen kann. Die Profile sind aus wiederkehrenden Elementen aufgebaut. An BA 42 (Taf. 77f) ist es eine Form, die wir als *cyma recta* bezeichnen[12]. Es ist eine konvex und konkav geschwungene Welle (Kyma), die in der Kunstgeschichte gewöhnlich ganz allgemein als Karnies bezeichnet worden ist. Sie endet mit einer schmalen Leiste, keinem selbständigen Profilglied. Zwischen sie und den Altarkörper schiebt sich eine sog. Faszie, für die man auch die Bezeichnung Plättchen finden kann. BA 49 (Taf. 72d) ist mit der umgekehrten Form der *cyma recta*, einer *cyma reversa*, ausgestattet. Hier treten keine weiteren Profilelemente hinzu. BA 25 (Taf. 73c. d) besitzt Profile, die sich nicht gleichen. Sie sind aus wulstigen *tori* aufgebaut, zu denen im Deckprofil eine Kehle mit Leiste tritt, im Sockelprofil eine *cyma recta* auf Leiste. Im Deckprofil sind zweifellos Kehle und *torus* an die Stelle der *cyma recta* des Fußprofils getreten im Sinne einer formalen Bereicherung durch eine zusätzliche horizontale Gliederung. Nur bei präzise und unterschiedlich gearbeiteten Formen der Kehle wäre es sinnvoll, die Teilung des Kehlenschnitts anzugeben, wie z. B. die Viertelkreis-Kehle ('cavetto') oder die *scotia* als aus zwei Viertelkreisen mit jeweils größerem und kleinerem Radius gebildete Kehlung. Das gleiche gilt für die *torus*- oder Wulstformen. Hier kann nur bei sorgfältiger Arbeit und klar erkennbarer Formabsicht die Rundstabteilung angegeben werden. Der oft zu findende Terminus Faszie wird zur Bezeichnung von unter- oder zwischengeschalteten Platten benutzt, obwohl in Anbetracht der Wortbedeutung und seiner Verwendung durch Vitruv als Streifen der ionischen Architravgliederung (Vitr. 3, 5, 10) gerade im Hinblick auf die eminent struktive Funktion dieser gliedernden Plättchen der Ausdruck weniger günstig erscheinen mag. Aus gleichen Gründen verzichteten wir auf den von manchen[13] für dieses Profilelement bevorzugten Begriff Tänie, der bei Vitruv 4, 3, 4 Architrav und Fries des dorischen Tempels trennt. Vitruv bezeichnet an anderer Stelle (3, 4, 5 und besonders 3, 5, 2) das in Frage stehende Element offenbar als *quadra*. Wir beschreiben auch Altäre, deren Körper mit konkavem Anlauf bzw. Ablauf zu den Profilen übergeht, den Vitruv (3, 4, 5 und 5, 7, 6) als *lysis* zu bezeichnen scheint und für den sich, wenn er am Fuß oder am Kopf des Säulenschaftes beobachtet wird, die Bezeichnung *apothesis* oder *apophysis* (Vitr. 4, 1, 11 bzw. 4, 7, 3) findet.

Ein drittes Hauptkapitel sei einigen bestimmten Gattungen gewidmet, die bisher als solche nicht zusammenfassend behandelt worden sind. Es sind dies zunächst die monumentalen Grabaltäre, deren Vertreter lediglich in Barcelona bekannt waren; wir werden weitere wichtige Zeugnisse solcher Altäre aus dem Ebrobecken, aus Südbeira und aus der Provinz Jaén namhaft machen können. Alsdann sollten erstmals die Rundaltäre von der Halbinsel zusammengestellt werden, die importierten neuattischen ebenso wie jene, deren hellenistische Bezüge offenkundig sind. Danach seien die bislang ebenfalls nicht untersuchten getrennt gearbeiteten Altarbekrönungen behandelt, die in Mittelportugal eine typologisch und räumlich engumgrenzte Gruppe bilden. Eine monolithe Kombination von Inschriftquader und Manenaltar, die in nur wenigen Beispielen erhalten ist, folgt ohne nennens-

---

11 Vgl. auch EAA Atlas (1973) Taf. 311.
12 Vgl. A. Marquand, The Terms 'cyma recta' and 'cyma reversa', AJA 10, 1906, 85.

13 So F. W. Goethert, Grabara des Q. Socconius Felix, AntPl 9 (1969) 80 Abb. 1. 2.

werte Abänderungen italischen Vorbildern. Schließlich seien die für Hispanien ganz bezeichnenden und in dieser Eigenschaft bisher nicht angesprochenen Stelen/Altar-Mischformen vorgeführt.

Die Frage der ehemaligen Aufstellung der Weihaltäre in Heiligtümern hat das Kapitel 4 zum Inhalt. Kapitel 5 soll den in nur wenigen Fällen noch gesicherten Zusammenhang der Grabaltäre mit Bestattungen darlegen.

Im sechsten und abschließenden Kapitel geht es darum, das die Altäre der Halbinsel Charakterisierende herauszuarbeiten, auch im Rahmen eines kurzen Überblicks des erhaltenen verwandten Denkmälerbestandes des genannten Raumes. Exemplarisch seien sodann bestimmte Eigenheiten herausgegriffen, so etwa die für den südhispanischen Raum charakteristischen Nebenseitenreliefs Kanne und Schale; für die seit H. C. Bowerman geltende Erklärung der Regelposition dieser Attribute und das um so auffallendere gelegentliche Aufgeben derselben werden neue Vorschläge gemacht werden. Auch für die Herleitung der die Altäre in Katalonien kennzeichnenden Pulvinusfortsätze soll eine Lösung gesucht werden. Ein Vergleich unserer Altäre mit den Erzeugnissen eines rheinischen Werkkreises möge die Eigenheiten der hispanischen Altäre um so besser hervortreten lassen und uns in der Zielsetzung unserer Arbeit noch einmal bestärken. Es wäre naheliegend, die Formeigentümlichkeiten auch der hispanischen Altäre in ähnlicher Weise, wie man es für die Grabstelen getan hat, ethnisch zu erklären. Die Grundlage und die Berechtigung hierfür schien die der Sprachwissenschaft gelungene Teilung der Halbinsel in eine Zone indoeuropäischer und nicht indoeuropäischer Sprache zu bieten, ebenso die literarische Überlieferung verschiedener Völkerstämme. Die archäologische Überlieferung vermag dazu bis heute aber kein sicheres Beweismaterial zu liefern, so daß wir nicht in der Lage sind, Kunstelemente von Denkmälern der römischen Epoche eindeutig mit irgendeiner der zahlreichen tradierten Völkerschaften der Halbinsel in Verbindung zu bringen.

Die größte Schwierigkeit, der wir uns bei Beginn der Untersuchung ausgesetzt sahen, bestand darin, daß für unsere Fragestellung wichtige Daten den Veröffentlichungen oft nicht entnommen werden konnten, man sich vielmehr im allgemeinen auf eine Interpretation der Inschriften konzentriert und dem Inschriftträger nicht im gleichen Maße Beachtung geschenkt hatte. Zur Aufnahme vieler der über die spanischen und portugiesischen Museen verstreuten Altäre war deshalb eine Anzahl von Reisen nötig, die uns das Deutsche Archäologische Institut, Abteilung Madrid, ermöglichte. Doch galt es, sich zu beschränken. So konnten Altäre in Burgos, Santander und Pamplona gesehen werden, in Katalonien und Valencia, in Niederandalusien und im westlichen Guadianabecken, in Mérida und Badajoz. Weitere hatten schon unser Interesse auf einer Reise für das 'Hispania Antiqua'-Unternehmen im südlichen und mittleren Portugal gefunden. Das Ergebnis von Reisen und Literaturstudium[14], eine Liste der herangezogenen Altäre, in der nach Möglichkeit alle Details zu Form, Material, Ausmaßen etc. aufgenommen wurden, bildet den Teil II der vorliegenden Arbeit. Ein weiteres Ergebnis stellen die Abbildungen und der Tafelteil dar, deren Vorlagen zum großen Teil während dieser Reisen

---

14 Nach Abschluß des Manuskripts, Ende 1977 in Tübingen, wo portugiesische und spanische Literatur nur in sehr beschränktem Umfang zur Verfügung stand, erschienen epigraphische Veröffentlichungen, die nur in Einzelfällen berücksichtigt werden konnten und auf die hier beispielsweise hingewiesen sei. So etwa: F. Arias Vilas – P. Le Roux – A. Tranoy, Inscriptions romaines de la Province de Lugo (1979) (= IRL); B. Candida, Altari e cippi nel Museo Nazionale Romano (1979); L. Sagredo San Eustaquio – S. Crespo Ortiz de Zarate, Epigrafía romana de la Provincia de Palencia (1978) u. a. Es handelt sich meist um Inschrifteneditionen einzelner Städte, Museen oder Provinzen oder um regionale Studien, die sich auf epigraphische Materialien stützen. Ihre Zugänglichkeit ist außerhalb der Iberischen Halbinsel erschwert und infolge der angespannten Bibliotheksmittel noch schwieriger geworden.

von uns aufgenommen werden konnten. Weitere Aufnahmen werden den Photographen der Abteilung Madrid des DAI, R. Friedrich, B. Grunewald und P. Witte, verdankt. Dankbar konnten wir auch auf die für das Werk von G. Alföldy, Die römischen Inschriften von Tarraco, durch P. Witte gefertigten Aufnahmen zurückgreifen.

Die Umzeichnung der vom Verfasser aufgenommenen Profile besorgten L. de Frutos und G. Neuber. Die Schraffur nimmt hierbei ein Viertel der Breite des jeweiligen Altares ein, nur B 29, B 51, BU 4, BU 7, BU 10, BU 11, BU 13, CA 2, NA 4 und NA 22 erhielten ein Drittel ihrer Breite. Die Ausmaße können dem Katalog entnommen werden. Die Verkleinerung der Abbildungen beträgt 1:5.

Es sei nicht versäumt, den einstigen Direktoren des Instituts, Herrn Prof. Dr. H. Schlunk und Herrn Prof. Dr. W. Grünhagen, und dem jetzigen Direktor, Herrn Prof. Dr. H. Schubart, auch an dieser Stelle zu danken. Noch viele, darunter an herausragender Stelle die Kollegen und Freunde auf der Iberischen Halbinsel, haben uns in mannigfachster Weise geholfen; ihnen können wir hier nicht namentlich danken, wollen sie aber nochmals unserer Dankbarkeit versichern. G. Alföldy gestattete den uneingeschränkten Zugang zum Archiv hispanischer Inschriften im Seminar für Alte Geschichte der Universität Heidelberg und zu seinen für die CIL-Neuedition gesammelten Inschriftmaterialien, wofür wir ihm herzlich danken. Einen Arbeitsaufenthalt in der Bibliothek des Instituto de Prehistoria y Arqueología der Universität Barcelona machte entscheidend M. E. Aubet möglich, wofür wir ihr auch hier herzlich danken wollen. Nicht zuletzt gilt U. Hausmann ein herzlicher Dank, der im Archäologischen Institut der Universität Tübingen eine Heimstatt bot. Den Abschluß der Arbeit ermöglichte ein Stipendium des Deutschen Archäologischen Instituts, für dessen Verleihung wir der Zentraldirektion des Instituts zu Dank verpflichtet sind. Zu Ergänzungen anhand neuerschienener Literatur konnte zuletzt ein Aufenthalt in der Bibliothek der Abteilung Madrid des Deutschen Archäologischen Instituts genutzt werden, wofür wir H. Schubart und seinen Mitarbeitern Dank wissen.

Dank gilt der Deutschen Forschungsgemeinschaft sowie der Abteilung Madrid des Deutschen Archäologischen Instituts mit ihrem Ersten Direktor, Herrn Prof. Dr. H. Schubart, für die Gewährung von Druckkostenzuschüssen. H. Schubart danken wir zudem für die Aufnahme der Arbeit in die Reihe der 'Madrider Beiträge'. Für die Mühen der redaktionellen Arbeit danken wir ganz besonders J. Wahl und S. Wenning, die dabei von G. Llop unterstützt wurden.

In einem nach Abschluß der Redaktionsarbeiten verfaßten Nachtrag werden Hinweise auf die bis 1986 erschienene Literatur geboten.

Die Arbeit sei meiner Frau Ingrid, meiner Tochter Daphne, meinem Vater und dem Gedächtnis meiner Mutter gewidmet.

1. Römische Altarformen der Hispanischen Halbinsel. Materialgrundlage

1.1 DER NORDOSTEN

1.1.1 Tarragona (Tab. 1–6, s. S. 15–18)

Die Altäre aus Tarraco nehmen im Rahmen unserer Untersuchung einen besonderen Rang ein. Es ist ihre relativ große Zahl aus ein und demselben Fundort, die vergleichende und gliedernde Beobachtungen erlaubt, wie sie an weniger zahlreichen Komplexen kaum gemacht werden können. Hinzu kommt die für Tarraco vorliegende epigraphische Bearbeitung[15], deren systematische Auswertung für die chronologische Ordnung der Altäre eine willkommene Grundlage bildet.

Wir beginnen zunächst damit, die einzelnen Formelemente der Altäre im Hinblick auf ihre Eigentümlichkeiten und deren Wandel im Laufe der Jahrhunderte zu beschreiben.

Bekrönungen (Tab. 1)

Der älteste noch erhaltene Altar ist dem Numen Augusti geweiht (T 1). Er geht der am Ende des 1. Jahrhunderts n.Chr. einsetzenden Reihe von Altarweihungen voraus. Seine flache Bekrönung ist dadurch gekennzeichnet, daß die Pulvini und die mit ihnen über eine Senke verbundenen kleinen, gerundet hochgewölbten Giebel einen einheitlich deckenden Abschluß bilden, aus dem sich der zylindrische Focus hochwölbt. Die Pulvini sind in der Mitte dreifach wulstgeteilt, ihre Schäfte nur leicht ausschwingend und von den erweiterten Stirnen durch ein Wulstpaar abgesetzt. Bezeichnend ist die senkenartige Verbindung von Pulvini und Giebel, die durch keinen weiteren Altar aus Tarraco überliefert ist.

Eine aus dem 1./2. Jahrhundert n.Chr. tradierte Form der Gestaltung des oberen Abschlusses von Altären gibt den Pulvini zur Altarmitte hin gerichtete Fortsätze, die nach zuweilen leichtem Aufschwung mehr oder weniger senkrecht abbrechen (T 4)[16]. Bei einem wohl noch aus der 1. Hälfte des 2. Jahrhunderts stammenden, leider nur in Zeichnung überlieferten Altar (T 93) sind die derart geformten Pulvini mit einem erhöhten Rundfocus kombiniert. Dazu können auf Vorder- und Rückseite Giebel treten (T 5, T 41, T 73). Die nach innen verlängerten Pulvini allein ruhen auf der horizon-

---

15 Alföldy, Inschriften Tarraco.
16 Vgl. die gleichen Bekrönungs- und Pulvinusformen an Altären z.T. gleicher Größe aus den provenzalischen Votivdepots des 1. Jhs. n. Chr. von *Ambrussum* und *Nîmes*. J.-L. Fiches – M. Py – J.-Cl. Bessac, Trois dépôts d'objets votifs du Ier siècle de notre ère dans la région nîmoise, Documents d'archéologie méridionale 1, 1978, 155 ff.

talen Oberseite der Deckplatte (T 4) oder einer zusätzlichen, auf dieser liegenden Platte, in die, etwas nach hinten verschoben, eine flache, grob gepickte Focusmulde eingetieft ist (T 7).

Im 3. Jahrhundert ist die eben beschriebene Pulvinusform verändert. Die barock geschwungenen Fortsätze enden zu beiden Seiten eines spitzen Giebelchens (T 63). Bezeichnend ist nun, daß nicht die ganze Bekrönung in dieser Art durchgegliedert wird. Die genannte Formung beschränkt sich lediglich auf die vordere Ebene und geht dann über zur horizontalen Oberseite des kompakten hinteren Teils der Bekrönung, in der keine Focusmulde angedeutet ist. Der Altar T 50 mit eben diesen Merkmalen – kleinem Giebelchen, hochschwingenden Pulvinusfortsatzenden vor kompaktem rückwärtigem Teil, in den eine Focusmulde eingetieft ist – stellt sich formal, wohl auch zeitlich zu dem Altar T 63. Auch die Elemente der Deck- und Fußprofile beider Altäre entsprechen sich.

Von der Wende des 1. zum 2. Jahrhundert n.Chr. und bis in das 3. Jahrhundert hinein begegnet in Tarraco eine auch andernorts nicht seltene Form, die Grundform der Altarbekrönung auf der Hispanischen Halbinsel schlechthin, mit Zylinderpulvini, Giebeln und Rundfocus. Eine für Tarragona charakteristische Besonderheit darf in der Überhöhung des auffallend großen Rundfocus gesehen werden, der in Höhe der Giebelspitzen und der oberen Peripherie der Pulvini liegt, in einigen Fällen sogar darüber hinausragt. Im 3. Jahrhundert n.Chr. ist auch hier das oben bereits erwähnte kompakte Zusammenschließen der Bekrönungselemente zu beobachten (T 78). Darin offenbart sich eine für Tarraco typische Eigenart, wie weitere fünf im 2. oder 3. Jahrhundert nicht genauer datierbare Altäre (T 48, T 53, T 75, T 77, T 82) zeigen. Die Rundpulvini und Giebel sind in einer Bekrönungsplatte zusammengefaßt, vor die sie etwa an Altar T 75 nur 1,8 cm vortreten.

Vereinzelt bleiben Varianten dieser Grundform, z.B. das geschwungene Herausziehen der Giebelschrägen, die dann als Unterlage für die Pulvini dienen (T 58, aus dem 3. Jahrhundert n.Chr.), der Verzicht auf eines der drei Bekrönungselemente, etwa den Giebel (T 9, aus dem 2. Jahrhundert n.Chr.) oder den Rundfocus (T 37, T 52, T 69, T 86, die, ohne exaktere zeitliche Eingrenzungsmöglichkeit, dem 2. bis 3. Jahrhundert n.Chr. angehören) oder schließlich die Pulvini (T 62, aus dem 3. Jahrhundert n.Chr.).

Nur an vier Altären finden wir flache, breitgelagerte Bekrönungen (T 67, T 73, T 76, T 85). Die Pulvini, ganz außen gelegen, sind niedrig und klein gehalten, die Zwischenzone bei den Altären T 73 und T 85 läßt, da stark beschädigt, nicht mehr klar erkennen, ob hier, wie in anderen Fällen, auf Giebel und Focus verzichtet ist.

Ein Flammenkegel krönt anstelle des Rundfocus den Altar T 86, er darf wohl auch auf T 87 angenommen werden. Beide Steine stimmen in Profilierung und epigraphischem Charakter überein und könnten gleichzeitig sein. Bei ersterem ist die Pulvinus-Giebelfront durch Dekor ausgezeichnet. Von diesem Altar liegt uns eine Zeichnung Boys aus dem 16. Jahrhundert vor. An der Art der Wiedergabe seiner Bekrönung darf die Brauchbarkeit der übrigen Zeichnungen, deren ihnen zugrundeliegende Altäre verlorengegangen sind, für unsere Untersuchung ermessen werden. Das Interesse Boys war offenbar mehr epigraphischer Natur, und so neigte er dazu, die äußeren Merkmale des Inschriftträgers freier wiederzugeben. So wird in den beiden Profilzügen des Altars T 86 je eine Faszie zusätzlich eingeschoben, die am Original nicht vorhanden war. In den vier Diagonalvoluten[17] der Bekrönung

---

17 Sie begegnen nicht an hispanischen Altären, jedoch zum Beispiel am unteren Ende der geschwungenen Dachpyramide eines Pfeilergrabmals in Sarsina. Degrassi, Imagines 319.

sind die zwei mehr oder weniger zylindrischen Pulvini zu sehen. Auch nur mit Hilfe des Originals zu verstehen ist, daß am Fuße des kleinen, eigenartig gezeichneten Flammenkegels der Giebel mit dem Kreisdekor im Tympanon wiedergegeben wird, dessen Schrägen tatsächlich mit den Pulvini verbunden sind. Die Reduktion des Flammenkegels zu einem organoiden Gebilde kann, im Verein mit den anderen beschriebenen Teilen, deutlich machen, wie die Zeichnungen Boys zu interpretieren sind, wenn sie als Quelle für unsere Untersuchung gelten sollen.

Der genannte bescheidene Reliefschmuck an der Stirn der Bekrönung von T 86 führt zu einem weiteren Charakteristikum der Altarreihe Tarracos. Dekor wird spärlich und selten verwendet, nicht nur an den Bekrönungen, auch die Nebenseiten der Altarkörper sind nur an fünf Altären (T 1, T 8, T 20, T 48, T 84) mit Schale und Kanne versehen; darunter ist der Numen Augusti-Altar (T 1), der ohnehin anderen Traditionen folgt. Die wenigen reliefgeschmückten Altäre Tarragonas gehören in der Mehrzahl dem 2. Jahrhundert n.Chr. an. Es handelt sich, bis auf die Altäre mit den Nebenseitenreliefs, ausschließlich um solche mit reliefverzierten Bekrönungsfronten bzw. Pulvinusschäften, Rosetten im Tympanon und Volutenform der Pulvinusstirnen (T 39, T 86), konzentrischen Kreisen im Giebelfeld (T 41) oder umwundenem Kranz (T 72), Rosetten (T 72, T 73) oder Kreisrillen (T 74) in den Pulvinusstirnen, Bandrahmung von Giebel und Pulvinusstirnen, geschuppten, durch einen fischgratgerippten Wulst in der Mitte geschnürten Pulvinusschäften (T 73), besonderen Formen der Stirnrosetten, die durch eine eingezogene Kreisscheibe bereichert sind, in deren Mitte ein Knopf sitzt (T 44). Im Giebelfeld des letzteren Altars nehmen drei gekerbte Linien den Geisonverlauf auf und betonen somit das Durchhängen der Dachflächen. Im 3. Jahrhundert n.Chr. wird im Tympanon des Altars T 54 ein liegendes Halbkreismotiv mit Mittelknopf angegeben. Im Giebel des Altares T 77 wird das gleiche Zeichen wiederholt. Die Pulvinusstirnen dieses Altars sind mit Sechsblatt-Rosetten geschmückt, die nicht gerahmt werden. Auch T 82 weist einen solchen Schmuck der Pulvinusstirn auf. Eine geritzte Rosette ist bei T 62 zu sehen. Dies sind die einzigen Zeugnisse der im 3. Jahrhundert auslaufenden bescheidenen Schmuckfreude des 2. Jahrhunderts n.Chr.

Für die Altäre aus Tarraco ist, wie noch zu zeigen sein wird, das Nichtherumführen der Profile auf der Rückseite charakteristisch. Das Monument wird dadurch richtungsbezogen, es ist kein allseitiges mehr. Die inschrifttragende Vorderseite wird stärker betont. Dieser Tendenz entspricht bei der Bekrönung das Herausrücken des Focus aus der Mitte der Oberseite in deren hinteren Teil. Diese Erscheinung ist in Tarragona mehrfach zu beobachten und bei dem gut ausgeführten und erhaltenen Exemplar T 44 besonders augenfällig. Wenn der Focus, wie es in der Regel der Fall ist, eine besondere Form erhält, dann immer die der runden vertieften Mulde.

Die Formen der Pulvini beschränken sich im Grunde genommen auf zwei Typen, den zylindrischen und den geschwungenen, durch eine Mittelteilung in zwei Hälften zerlegten. Beide sind vom 2. bis ins 3. Jahrhundert vertreten. Am häufigsten ist der einfache Pulvinuszylinder ohne Dekor belegt (T 13 [?], T 36, T 37, T 55, T 58, T 61, T 66, T 68, T 69, T 76, T 81, T 85). Er scheint seltener dekoriert zu werden als der zweite, geschwungene und in der Mitte zweigeteilte Pulvinustypus. Von diesem sind nur zwei der erhaltenen Beispiele an den Stirnen glatt geblieben (T 51, T 52); beide können schon in das 3. Jahrhundert gehören. Die übrigen sind mit Rosetten oder Kreisrillen dekoriert (T 72, T 73, T 77, T 82). Nimmt also auch die Tendenz, die Pulvinusstirn unverziert zu lassen, zum 3. Jahrhundert hin zu? Die Altäre mit glatten Pulvinuszylindern und dekorierter Stirn gehören alle noch in das 2. Jahrhundert n.Chr. (T 39, T 44, T 74, T 86). Als besondere Form in Tarraco darf der schon genannte Pulvinus mit glattem, sich seitlich fortsetzendem und dann abbrechendem Schaft gelten. In seiner frei gearbeiteten Form gehört er in das 2. Jahrhundert n.Chr. (T 4, T 5, T 7, T 41, T 93), als Teil der Kompaktbekrönung in das 2./3. Jahrhundert bzw. 3. Jahrhundert n.Chr. (T 50, T 63). Diese Pulvinusform ist über Barcelona und Narbonne im Verein mit anderen Erscheinungen bis in den rheinischen Raum hin zu verfolgen[18]. Der Einschluß des zylindrischen Pulvinustypus in eine Kompaktbekrönung wurde im 2./3. Jahrhundert n.Chr. geübt (T 48, T 53, T 75, T 78). Anstelle der Pulvini treten im 2. und 3. Jahrhundert n.Chr. Eckakrotere (T 42, T 47, T 49, T 56, T 59). Ihr Zusammenschluß zu einer Kompaktbekrönung ist wiederum nur aus dem 3. Jahrhundert n.Chr. bekannt (T 54, T 60).

Der Vollständigkeit halber müssen noch drei Einzelformen genannt werden: die leicht geschwungenen, gegliederten Pulvini römischen Zuschnitts bei dem frühesten Altar in Tarragona (T 1), die zeitlich nicht festlegbaren Flachpulvini bei T 67, die im keltiberischen Raum häufiger anzutreffen sind, und der in die 2. Hälfte des 2. Jahrhunderts n.Chr. gehörende Pulvinus eines Monumentalaltars mit vegetabilischem Dekor und Frauenkopf in der Rosette (T 80).

Die Bekrönungen der Hausaltärchen folgen eigenen Normen. Sie sollen deshalb getrennt betrachtet werden. Auch hier gibt es den zylindrisch glatten Pulvinusschaft (T 15[19], T 16, T 22), Eckakrotere (T 21, T 23), die aus der völlig horizontalen Oberseite ragen. Eine vollständige Umgrenzung der Oberseite ist bei den Altärchen T 24, T 25, T 32 zu beobachten, wo die von vorn nach hinten durchgehenden Akrotere Seitenwangen bilden, die zwei kleine parallele Giebel auf Vorder- und Rückseite einschließen.

Profile (Tab. 2–4)

Der in das 1. Jahrhundert n.Chr. gehörende Altar T 1 besitzt als Deckprofil eine schmale *cyma recta/ cyma reversa*-Kombination. Am Sockel sorgen entsprechende Profilelemente für einen gleichwertigen Übergang zum Körper. Durch die hier an die Stelle der *cyma recta* tretende Kehle mit ihrer nicht umbrechenden konkaven Einwölbung und mittels der gedehnteren *cyma reversa* ist am Sockelprofil die rasche Folge der gliedernden Horizontalen gemildert.

Auch im 2. Jahrhundert n.Chr. begegnet die Kombination von *cyma recta* und *cyma reversa* am Deckprofil. Unter den Weihaltären sind es T 5 und T 9, bei den Grabaltären T 38, T 73, T 81, T 93, T 94, von denen T 38, T 93, T 94 in die 1. Hälfte/Mitte des Jahrhunderts gesetzt werden. Bei all diesen Altären ist am Sockel die *cyma recta* das bestimmende Profilelement. Bei T 5 und T 94 bildet sie mit einer Faszie allein das Fußprofil. An die Stelle der *cyma reversa* tritt die auf einer Leiste ruhende Kehle bei den Altären T 9, T 38, T 73, T 81. Die Proportionen der Profile haben sich gegenüber denen des Altars des 1. Jahrhunderts n.Chr. geändert; sie sind höher geworden. Die *cyma recta* am Fuß des Altars T 5 hat die übertrieben hohe Form, die an zahlreichen Altären im keltiberischen Innern zu beobachten ist. Die beiden beschriebenen Fußprofilvarianten *cyma recta* mit Faszie und *cyma recta* mit Kehle werden als korrespondierende Fuß- und Deckprofile bei zwei Gruppen von Altären verwendet, für die sich mehrere Beispiele namhaft machen lassen. Das erste Profilschema mit einfacher *cyma recta* und Faszie tritt an Sockel und Gesims des Altars T 42 auf, mit der in einer Leiste sich fortsetzenden

---

18 Vgl. Altäre im Römisch-Germanischen Museum, Köln, und im Rheinischen Landesmuseum, Bonn.
19 Vgl. die gleiche Bekrönungs- und Pulvinusform an einem etwas größeren Altar tiberischer Zeit aus dem Votivdepot von Nages (Gard) im östlichen Languedoc. Fiches – Py – Bessac a.O. 168 Abb. 10,3; S. 185 Nr. 3 Abb. 2,3.

cyma recta bei den Altären T 6, T 39, T 86, T 87, T 88 (Fußprofil), T 46 (Fußprofil)[20]. Das zweite Schema mit *cyma recta*, Leiste und Kehle ist bei den Altären T 36, T 37 (Fußprofil) und T 40 (Fußprofil) verwendet. Gemischt kommen beide an Altar 44 vor, das zuerst genannte Schema am Fußprofil, das zweite am Deckprofil. Mehrfach ist schließlich auch die korrespondierende einfache *cyma reversa* im 2. Jahrhundert nachzuweisen (T 7, T 8 [nur Fußprofil erhalten], T 10 [nur Fußprofil erhalten], T 71, T 83 [nur Fußprofil erhalten]).

Die im folgenden zu nennenden Profilkombinationen des 2. Jahrhunderts n.Chr. sind auf einzig vertretene Altäre beschränkt. Verdoppelte *cymae reversae* besitzt das Apolloaltärchen T 4 im Deckprofil. Die Verbindung von *cyma recta* mit einem Halbrundstab im Fußprofil desselben Altars begegnet nur noch bei dem Weihaltar T 2, der mit seiner Datierung in das 1./ Anfang des 2. Jahrhunderts n.Chr. einer der frühesten in Tarragona ist. Als Einzelformen des 2. Jahrhunderts gibt es solche, bei denen die Verbindungen von *cymae*, Faszie und Kehle mit einem Rundstab kombiniert werden. Dies dürfte auch schon bei dem aus der 1. Hälfte des 2. Jahrhunderts stammenden und sicher von Boy inkorrekt gezeichneten Altar T 92 der Fall gewesen sein. Die Häufung so vieler Profilelemente wie an diesem Altar ist allerdings an den Altären Tarracos ungewöhnlich und von Boy, wie am Beispiel des Altars T 86 deutlich wird, als persönliches Stilmittel verwendet worden. Bei T 72 entspricht der Kehle im Fußprofil ein breiter Viertelrundstab am Gesims, es ist deutlich der Wechsel von konkavem und konvexem Profil gesucht. Auch im 2. Jahrhundert schon gibt es einfache Altäre mit nachlässig gearbeiteten Profilen, eine Erscheinung, die sich im 3. Jahrhundert häuft. Bei T 41 scheint eine Verdoppelung der Faszien im Deckprofil vorzuliegen. Bei den Altären T 43 und T 90 vermitteln einfache Schrägen anstelle bewegter Profile zum Körper.

Unter den nur allgemein dem 2./3. Jahrhundert zuweisbaren Altären begegnen naturgemäß die schon besprochenen Profilformen: die Kehle mit Leiste und *cyma recta* am Fußprofil des Altars T 50 und am Deckprofil von T 49, Faszie und *cyma recta* allein an den korrespondierenden Deck- und Fußprofilen von T 48 und die *cyma reversa* als Sockelprofil von T 95. Eine neue, noch nicht beobachtete Lösung bieten zwei in ihrer Ausführung sich sehr gleichende Altäre (T 75, T 77). Die korrespondierenden *cymae rectae* und *cymae reversae* an Basis und Gesims stoßen in eigentümlicher Weise mit den konvexen Abschnitten ihres Verlaufs unmittelbar aneinander. Für diese, wie uns scheint, recht bezeichnende, in Tarraco verwendete Lösung kennen wir vorläufig dort keine Parallele.

Im 3. Jahrhundert n.Chr. ändert sich an der Komposition der Profile kaum etwas Grundsätzliches. Die Unterschiede zum früheren liegen in der Ausführung und in den Proportionen der Profilelemente begründet. Nach wie vor gibt es die einfache Profilierung mit Faszie und *cyma recta*, mit oder ohne Leiste (mit Leiste T 56, T 57 [Deckprofil], T 61 [Deckprofil], ohne Leiste T 55, T 59, T 78, T 79 [Fußprofil], T 85). Sie ist, wie die Beispiele zeigen, am häufigsten vertreten. Auch das einfache *cyma reversa*-Profil des 2. Jahrhunderts lebt an einigen Altären weiter (T 13 [Deckprofil], T 54, T 58 [Fußprofil], T 60, T 65), doch wird es jetzt zuweilen von einer Faszie begleitet, so am Fußprofil des Altars T 13 und am Deckprofil von T 14. Das durch eine Kehle erweiterte *cyma recta*-Profil kehrt an Altar T 58 und T 64 (Fußprofil) wieder. Selbst die *cyma recta*/Faszie/*cyma reversa*-Kombination des Numen Augusti-Altars (T 1) ist mit den gleichen Elementen am Deckprofil des Altars T 63 vertreten. Einfache Schrägen (T 61 [Fußprofil], T 62 [Deckprofil], T 90 [Fußprofil]) sind ebenso vorhanden wie ein mehrgliedriges

---

20 Die Altäre T 86–T 89 gehören auch nach Alföldy zu einer geschlossenen Gruppe, die, da sie zusammen in die Slg. Stanhope gelangten, vermutlich eine Fundgruppe darstellt.

Betonen der profilierten Zonen, wobei besonders am Fußprofil über die zugrundeliegenden Elemente keine Klarheit mehr herrscht. Dies trifft auch für das erhaltene Fußprofil des Altars T 11 zu, dem eine Faszie, *cyma recta* auf Leiste zugrunde liegen dürfte. Damit sind zwei Merkmale der Profilierung des 3. Jahrhunderts n.Chr. angedeutet: unpräzise, nachlässig vereinfachende Ausführung wie etwa die Kehle auf Leiste als Sockelprofil des Altars T 12, was zu Unklarheit über die beabsichtigten Profilelemente führt. Hinzu tritt ein allgemeines Höherwerden der profilierten Zonen, das nicht in allen Fällen einer gesteigerten Höhererstreckung des Monuments entspricht, sondern durchaus größere Teile der Gesamthöhe beansprucht (vgl. T 78), als dies etwa an dem Altar T 1 des 1. Jahrhunderts n.Chr. der Fall ist. Es darf hierin also ein chronologisches Indiz gesehen werden und zugleich eine Äußerung lokalen Formwillens.

Eine weitere Eigenart Tarraconenser Altäre ist die Tatsache, daß ab dem 2. Jahrhundert bei der Mehrzahl die Profile auf der Rückseite nicht mehr umlaufen bzw. dort nicht ausgeführt sind. Die Monumente sind also auf eine Rückwand bezogen und haben ihre freie Räumlichkeit verloren. Dies kann, wie wir bereits gesehen haben, Konsequenzen für die Position des Focus mit sich bringen, der nach hinten gerückt wird. Als allgemeine Regel bestätigt sich in Tarragona, daß bei einer Profilierung, die mehrere Elemente kombiniert, am Sockel in der Regel das einfacher aufgebaute Profil steht. Seine geringere Zahl an Elementen verringert die Folge der gliedernden Horizontalen und erhöht durch seinen schwereren und großflächigeren Aufbau die Statik der Altarbasis.

Altarkörper

Der Körper nimmt keinerlei architektonische Gliederung, etwa durch Eckpilaster, an. Die stereometrische Grundform des Quaders oder des dem Würfel angenäherten Quaders bleibt gewahrt. Den Vorstellungen räumlicher Schichtung entzieht sich diese Denkmälergattung also.

An einer Reihe von Altären des 2. Jahrhunderts n.Chr. wird das Inschriftfeld eingefaßt, und zwar immer durch eine rechteckige Karniesrahmung (T 44–T 46, T 73, T 74, T 81). Auch in den Profilen bestätigt sich die Zusammengehörigkeit der Gruppe. Es tritt einmal eine *cyma recta/cyma reversa*-Kombination im Deckprofil und Kehle mit *cyma recta* am Sockel auf (T 45, T 73, T 81), zum anderen wird die *cyma recta* und Kehle in das Deckprofil aufgenommen, und eine Faszie und *cyma recta* bilden das Fußprofil (T 44, T 46). Beide Profilabfolgen verbinden die Gruppe, die sich zudem in ihrer Rahmung deutlich absetzt von ornamentiert gefaßten Inschriftfeldern[21].

Die Fälle der Anbringung von Schale und Kanne (T 1, T 8, T 20, T 48) sind, gemessen am Gesamtmaterial, als Ausnahmen zu werten. Dies bestätigt ihr nur vereinzeltes Auftreten an jeweils verschiedenen Altargattungen, Weihaltären (T 1, T 8), Grabaltären (T 48) und Hausaltärchen (T 20). Die Seitenvertauschung von Kanne und Schale bei Altar T 8 macht deutlich, wie ungewöhnlich diese als Altardekor in Tarraco waren. In Mérida etwa, wo sie gängiger Altarschmuck sind[22], ist ihr Platz am Altarkörper festgelegt: Die Kanne steht auf der linken Nebenseite, wobei ihr Henkel nach hinten gerichtet ist, die Schale auf der rechten[23]. Bezeichnenderweise gehören die Tarraconenser Altäre T 8 und T 48 in das 2. bzw. 2./3. Jahrhundert n.Chr., in dem wir ja schon bei der Betrachtung der Bekrönungen eine besondere Schmuckfreude hatten feststellen können. Beide Schalen sind ohne Griff, die

---

21 Vgl. Alföldy, Inschriften Tarraco Nr. 166 Taf. 37,3.
22 Vgl. u. Kap. 1.6.8.

23 Die Angaben links und rechts sind immer vom Betrachter aus gesehen.

Kannen in ihrer Form leicht verschieden, doch beide von dem Typus der Ritualkanne mit bauchigem Körper, kegelförmigem Fuß auf relativ kleiner Standfläche, hohem, an der Schulter ansetzendem Henkel und weit nach vorn gezogenem Ausguß. Der Blick auf die Opfergeräte der Altäre T 1 und T 20 entzieht eine Feststellung, die durchaus verallgemeinert werden darf, jedem Zweifel. Die realen Vorbilder der dargestellten Kannen und Schalen waren aus Metall, an Altar T 1 wohl sicher aus Edelmetall getrieben. Als Opfergeräte des 1. Jahrhunderts n.Chr. besonders qualitätvoll und detailreich dargestellt, seien sie genauer beschrieben. Die Schale hat keinen Griff. Ihr Inneres nimmt ganz eine plastisch ausgearbeitete Blütenrosette ein. Acht Blätter bedecken den Grund, wobei breite und schmale, lanzettförmige einander abwechseln. Sie umgeben einen Kranz von kleineren, halb geöffneten Blättern, dessen Zentrum ein dreigeteilter Knopf bildet. Der äußere Rand der Schale ist schräg gerieft, der innere mit dem zwischen dem Blattstern sichtbaren Schalengrund ist glatt. Das der Darstellung zugrundeliegende Gefäß war also doppelt gearbeitet. Die Kanne auf der Gegenseite zeichnet sich durch die schon beschriebenen Merkmale der Gattung aus, hohen Henkel und Hals, bauchigen Körper, kleinen Stand und weit nach vorn gezogene Mündung. Der Körper wird durch einen vom Henkel ausgehenden Lorbeerzweig umfaßt. Der Metallcharakter des außerordentlich kostbar gearbeiteten Urbildes zeigt sich gleichfalls in der Gliederung durch konvexe und konkave Zungen jeweils über dem Fuß und am Hals[24].

Vereinzelt ist die Wiedergabe der *ascia* (T 41). Sie ist nicht als bloßer Dekor aufzufassen, sondern ist im Zusammenhang mit einer anderenorts weit verbreiteten, auf hispanischen Altären außerhalb der Ostküste bislang allerdings nicht belegten Übung zu sehen, der schon zahlreiche Untersuchungen gegolten haben[25]. Sie wird unter das Ende der Grabinschrift in die Mitte des Feldes gesetzt[26], nach rechts hin schräg geneigt, mit kurzem, durch die Tülle geführtem oder sie überschneidendem Griff. Das Beil erweitert sich zur Schneide hin, der rückwärtige Teil ist verdickt. Sie tritt nur an Altären dieses Küstenraums auf und dürfte, mit gleichfalls nur hier verbreiteten Formelementen, aus Oberitalien vermittelt worden sein.

Sockel

Aus dem Aussehen der Sockel läßt sich kaum auf eine formale Regelmäßigkeit schließen. Hohe Basen gibt es nicht nur im 3. Jahrhundert n.Chr. Die sorgfältig bearbeitete Basis des Grabaltars T 58 aus dem 3. Jahrhundert n.Chr. war sicher ganz zur Ansicht bestimmt. Daneben stehen im 3. Jahrhundert auch flache Sockel wie etwa der des Altars T 13. Im allgemeinen gilt aber, daß auch die Basen mit der zunehmenden Streckung der Altäre an Höhe gewinnen. Nachträgliche Veränderungen am Sockel wie auch an der Bekrönung, den Stoßenden der quaderförmigen Steine, sind allerdings überaus häufig. Eine Zurichtung für eine Einlassung des unteren Sockelteils kann bei T 45 vorliegen, wo der einzulassende Teil zurückgelegt ist.

---

24 Der *lituus* auf der Rückseite von T 1 begegnet auch auf den vermutlichen Rückseiten der drei Altäre des Grabbaus iulisch-claudischer Zeit von Polla/Lukanien (V. Bracco, Le are del mausoleo romano di Polla, RendLinc 8. Ser. 25, 1970, 431–435 Taf. 1 f.; ders., Forma Italiae III 2. Volcei [1978] 84 ff. Nr. 74) und auf einem fragmentierten, kürzlich bekanntgemachten Rundaltar aus Málaga, der gleichfalls dem 1. Jh. n.Chr. angehört (P. Rodríguez Oliva, Un ara romana en Málaga, Jábega 15, 1976, 77–80). Die Darstellung eines 'lituus' im Museo de Jérica (Castellón) scheint nicht gesichert. MemMusArq 8, 1947, 195 ff. Taf. 79.

25 A. Balil, »Asciae« en España. Notas en torno a un rito funerario romano, ArchEspArq 28, 1955, 123–128; ders., ArchEspArq 37, 1964, 171. Vgl. auch Gabelmann, Werkstattgruppen 173.

26 Vgl. auch Alföldy, Inschriften Tarraco Nr. 184. In Tarraco noch im 4. Jh. n.Chr.: ebenda Nr. 964.

Rückschlüsse auf die Art der Aufstellung der Monumente aufgrund eines in situ-Befundes sind in keinem Fall möglich.

Schlußfolgerungen (Tab. 5. 6)

Die im vorhergehenden getroffenen Feststellungen sind an einem Fundmaterial gewonnen, das selbstverständlich den Zufälligkeiten der Auffindung unterliegt, das zum anderen aber in im folgenden zu schilderndem Maße von nachträglichen Verlusten betroffen ist. Von den heute verschollenen Altären können nur bei den wenigen von Boy gezeichneten Rückschlüsse auf ihre Form gezogen werden. Bei der Mehrzahl ist der Inschrifttext allein, sind aber keine Formmerkmale festgehalten worden. Unter den Weihaltären scheint die Verlustquote relativ gering. Im 1. Jahrhundert n.Chr. ist es ein einziger Altar; ein weiterer wird dem Ende des 1./Anfang des 2. Jahrhunderts zugeschrieben. Beiden steht je ein erhaltener Altar gegenüber. Im 2. Jahrhundert kommt auf acht vorhandene nur ein verschollener Altar. Bei den Weihaltären ist das Verhältnis der vorhandenen zu den in neuerer Zeit verschollenen bzw. nur in Inschriftfragmenten erhaltenen also 3:1. Bei den Grabaltären stehen den 50 erhaltenen 29 für unsere Untersuchung nicht verwendbare, heute verlorene bzw. nur in Inschriftfragmenten überlieferte gegenüber in einem Verhältnis 1,7:1; d.h., die gewonnenen Ergebnisse werden durch die hohe Zahl verschollener Altäre relativiert. Die beigegebenen graphischen Übersichten veranschaulichen die Mengenverhältnisse zwischen den vorhandenen bzw. von Boy gezeichneten Altären, die die Grundlage der vorliegenden Untersuchung bilden, und den verschollenen, deren Zahl unter den Grabaltären recht beträchtlich ist. Auch die wenigen Fragmente, die lediglich Teile von Grab- oder Weihaltarinschriften darstellen, aber keine Aussage über die Gestalt der Inschriftträger machen, sind in die Darstellung miteinbezogen.

Die Sitte, Altäre (Weih- und Grabaltäre) zu weihen, kommt in Tarraco offenbar erst um die Wende zum 2. Jahrhundert n.Chr. auf[27]. Den Gründen, unter denen wohl auch solche wirtschaftlicher, sozialer und religiöser Art sind, können wir im einzelnen nicht nachgehen. Gerade im Totenglauben und seiner monumentalen Ausgestaltung sind in dieser Zeit mannigfache Veränderungen wirksam, die zum Teil erst im 2. Jahrhundert eine verbindliche Formung im künstlerischen Schaffen finden[28]. Das Aussehen beider Gattungen ist recht einheitlich und setzt bereits durchaus im Sinne der für Tarraco aufgezeigten charakteristischen Entwicklung ein. Stadtrömische Elemente haben kaum als Vorbilder gewirkt. Die in der Narbonensis festgestellten verwandten Formen können eher dazu dienen, einen Zusammenhang für die Klärung dieser Fragen herzustellen[29]. Eine Verbindung jedenfalls zu dem im 1. Jahrhundert n.Chr. alleinstehenden Numen Augusti-Altar (T 1), der keine lokalen Züge aufweist, ist nicht zu ziehen. Die Aufstellung dieses Altars hatte offenbar keine weiteren Altarweihungen nach sich gezogen, was sich wohl aus seiner spezifischen sakralen Funktion erklärt. Auch Vorläufer wird er kaum in nennenswerter Zahl gehabt haben; denn aus voraugusteischer Zeit sind auf der Halbinsel nur wenige Inschriften gefunden worden[30]. Die Altarweihungen von der Wende zum 2. Jahrhundert ab entspringen einer anderen, privatreligiösen Motivation und sind von weiten Schichten der Bevölkerung vorgenommen, denen u.a. auch Freigelassene und Sklaven angehören.

---

27 Weihaltäre durchaus verwandter Formen aus der Region von Nîmes deuten auf eine frühzeitigere, dort bereits in tiberischer Zeit ausgeprägte Sitte der Altarweihung hin. Fiches – Py – Bessac a.O. (s. o. Anm. 16) 155 ff.

28 Vgl. H. Wrede, RM 78, 1971, 125 ff.

29 Vgl. H. Drerup, ArchEspArq 45–47, 1972–74, 91 ff.

30 A. García y Bellido, in: Mélanges J. Carcopino (1966) 420 Anm. 1.

Auffallend ist, daß es in Tarraco offenbar unüblich war, den Toten Stelen zu setzen, wie etwa im keltiberischen Inneren[31]. Auch die Grabdenkmäler in *cupa*-Form, die für Barcelona so charakteristisch sind[32], sind hier gering an Zahl.

Durch das Bruchstück eines Pulvinus (T 80) ist in Tarragona auch die Gattung der monumentalen Grabaltäre bezeugt. Erhalten ist nur ein Teil eines gesondert gearbeiteten rechten Pulvinus mit dem zur Altarmitte gerichteten Fortsatz. Nach seinen Ausmaßen darf man die Höhe des einstigen Altars auf ca. 1,50–2 m schätzen. Seine Bekrönung war reich verziert. Sich überlappende Blätter bedecken den Pulvinusschaft. Ein Blätterzweig zierte auch das steggerandete Feld an der Vorderseite des Fortsatzes. Die Stirn des Pulvinus ist gleichfalls mit einem solchen Steg gerandet, der eine Rosette aus einem Kranz von sechs dreizipfligen Blättern umgibt. In ihrem Innern ist anstelle des Mittelknopfes ein weiblicher Kopf in Vorderansicht wiedergegeben. Die große Frisur, welche die Ohren fast bedeckt, ist die der spätantoninischen, frühseverischen Zeit. Trotz des beschädigten Zustandes ist die nicht ungeübte Hand des Bildhauers noch zu erkennen, die sich an Details wie dem Abwärtsziehen

Tabelle 1: Pulvinusformen an Altären aus Tarraco

Aussehen der Pulvini	Zeit	Altäre von Tarraco nach Katalognummern
1. Pulvinuszylinder, glatt, ohne Dekor und Schnürung	1. H. 2. bis 3. Jh.	T 13(?), T 36, T 37, T 55, T 58, T 61, T 66, T 68, T 69, T 76, T 81, T 85
	2./3. und 3. Jh.	In Kompaktbekrönung: T 48, T 53, T 75, T 78
a. Mit Voluten- oder Kreisdekor, mit Rosetten bzw. konzentr. Kreisornament auf der Stirn	2. Jh.	T 39, T 44, T 74, T 86, T 92(?), T 94(?): Zeichnung Boy
b. Mit zur Mitte hin gerichteten Fortsätzen	2. Jh.	T 4, T 5, T 7, T 41, T 93 In Kompaktbekrönung: T 50, T 63
2. Runde Pulvini durch Schnürung in zwei mehr oder weniger geschwungene Hälften geteilt	2./3. Jh.	T 9, T 40, T 70, T 72, T 73, T 77, T 82
a. Mit glatter Stirn	Ende 2./Anf. 3. Jh.	T 51, T 52
3. Eckakrotere	2. bis 3. Jh.	T 42, T 47, T 49, T 56, T 59
	3. Jh.	T 54, T 60. In Kompaktbekrönung
4. Einheit von Giebel und wulstgegliederten Pulvini	1. Jh.	T 1
5. Flachpulvini		T 67
6. Monumentalpulvinus	2. Jh.	T 80

---

31 G. Gamer, MM 15, 1974, 209 ff.; vgl. u. Kap. 1.2.   32 Vgl. u. Kap. 1.1.2.

der Brauen und der starken Betonung des inneren Augenwinkels kundtut. Der lokale Kalkstein verrät den Altar als einheimisches Werk. Der für Tarragona überraschend reiche Dekor entspricht den und unterstreicht die an einigen Altären des 2. Jahrhunderts n.Chr. getroffenen Beobachtungen. Der weibliche Kopf in der Pulvinusstirnrosette tritt an den Resten entsprechender Altäre auf der Halbinsel nicht wieder auf. In Narbonne jedoch gibt es eine ganze Reihe von Pulvinusbruchstücken großer Altäre mit Porträts an der Pulvinusstirn.

Tabelle 2: Profilformen an Altären Tarracos in den ersten drei Jahrhunderten n.Chr.

1. Jh.	cyma recta, Faszie, cyma reversa	T 1 (Deckpr.)
	cyma reversa, Kehle	T 1 (Fußpr.)
2. Jh.	cyma recta, Faszie, cyma reversa (Deckpr.)	T 5, T 9, (Weihaltäre); T 38, T 94; T 73, T 81, T 93
	Kehle auf Leiste, cyma recta (Fußpr.)	T 9, T 38, T 73, T 81
	cyma recta, Faszie (in Deck- und Fußpr.)	T 42; cyma recta auf Leiste; T 6, T 39, T 46, T 86, T 87, T 88; Fußpr.: T 5, T 94
	cyma recta, Leiste, Kehle	T 36, T 37, T 40
	cyma recta, Leiste, Kehle (Deckpr.) – Faszie, cyma recta (Fußpr.)	T 44
	cyma reversa (Deck- und Fußpr.)	T 7, T 8, T 10, T 71, T 83
	cyma reversa, cyma reversa (Deckpr.)	T 4
	cyma recta, Leiste, Torus (Fußpr.)	T 2 (1./Anf. 2. Jh.), T 4
	cyma recta, Faszie, Torus (Deckpr.) – Kehle auf Leiste, cyma recta (Fußpr.)	T 72
	cyma recta, doppelte Faszie (Deckpr.) – Faszie, cyma recta (Fußpr.)	T 41
	Schrägen	T 43, T 90
2./3. Jh.	Kehle auf Leiste, cyma recta	T 49 (Deckpr.), T 50 (Fußpr.)
	cyma recta, Faszie	T 48
	cyma reversa	T 95
	cyma recta, cyma reversa	T 75, T 77
3. Jh.	cyma recta mit Leiste, Faszie	T 56, T 57 (Deckpr.), T 61 (Deckpr.)
	cyma recta ohne Leiste, Faszie	T 55, T 59, T 78, T 79 (Fußpr.), T 85
	cyma reversa	T 13 (Deckpr.), T 54, T 58 (Fußpr.), T 60, T 65
	cyma reversa, von Faszie begleitet	T 13 (Fußpr., hier ist die cyma reversa in Faszie und Wulst zerlegt), T 14 (Deckpr.)
	cyma recta, Leiste, Kehle	T 58 (Deckpr.), T 64 (Fußpr.)
	cyma recta, Faszie, cyma reversa	T 63 (Deckpr.)
	Schrägen	T 61 (Fußpr.), T 62 (Fußpr.)
	Kehle auf Leiste	T 12 (Fußpr.)

Bemerkung zu den Tabellen 2 und 3:
Tab. 2 gliedert die Profilformen nach den Zeiträumen in Jahrhunderten; Tab. 3 dagegen versucht zu zeigen, wie lange bestimmte Profilformen vorkommen; gleichzeitig soll sie veranschaulichen, welche Formen am häufigsten Verwendung fanden.

Tabelle 3: Profilformen an Altären Tarracos. Dauer ihres Vorkommens

cyma recta, Faszie, cyma reversa	1. Jh.	T 1 (Deckpr.)
	2. Jh.	Deckpr.: T 5, T 9, T 38, T 73, T 81, T 93, T 94
	3. Jh.	T 63 (Deckpr.)
cyma reversa, Kehle	1. Jh.	T 1 (Fußpr.)
Leiste, cyma recta, cyma reversa	2./3. Jh.	T 75, T 77
cyma recta, Faszie	2. Jh.	Fußpr.: T 5, T 41, T 44, T 94; T 42 (Deck- und Fußpr.); cyma recta mit Leiste: T 6, T 39, T 46, T 86, T 87, T 88
	2./3. Jh.	T 48
	3. Jh.	T 55, T 59, T 78, T 79 (Fußpr.), T 85; cyma recta mit Leiste: T 56, T 57 (Deckpr.), T 61 (Deckpr.)
cyma recta, Leiste, Kehle	2. Jh.	T 36, T 37, T 40; Deckpr.: T 44; Fußpr.: T 9, T 38, T 72, T 73, T 81
	2./3. Jh.	Deckpr.: T 49; Fußpr.: T 50
	3. Jh.	Deckpr.: T 58; Fußpr.: T 64
cyma reversa	2. Jh.	T 7, T 8, T 10, T 71, T 83
	2./3. Jh.	T 95
	3. Jh.	T 13 (Deckpr.), T 54, T 58 (Fußpr.), T 60, T 65
Schrägen	2. Jh.	T 43, T 90
	3. Jh.	T 61 (Fußpr.), T 62 (Deckpr.)
cyma reversa, cyma reversa	2. Jh.	T 4 (Deckpr.)
cyma recta, Leiste, Torus (Fußpr.)	1./Anf. 2. Jh.	T 2
	2. Jh.	T 4
cyma recta, Faszie, Torus (Deckpr.)	2. Jh.	T 72
cyma recta, doppelte Faszie (Deckpr.)	2. Jh.	T 41
cyma reversa, Faszie	3. Jh.	Deckpr.: T 14; Fußpr.: T 13 (hier ist die cyma reversa in Faszie und Wulst zerlegt)
Kehle auf Leiste (Fußpr.)	3. Jh.	T 12

Tabelle 4: Weih- und Grabaltäre aus Tarraco. Auf den Rückseiten umlaufende bzw. nicht umlaufende Profile

	umlaufend	nicht umlaufend	Vorsprünge vorhanden, Profile nicht ausgeführt
1. Jh.	1		
2. Jh.	11	6	1
2./3. Jh.	2	2	
Ende 2./Anfang 3. Jh.		1	
eher 3. als 2. Jh.		3	
3. Jh.		9	1
2. Hälfte 3. Jh.		1	

Tabelle 5: Weihaltäre aus Tarraco. Gegenüberstellung vorhandener, verschollener bzw. wegen fragmentarischer Erhaltung nicht zugrunde gelegter Altäre

	vorhanden	verschollen	Fragment
1. Jh.	1	1	
Ende 1./Anfang 2. Jh.	1	1	
2. Jh.	8	1	1
2. Hälfte 2. Jh.	1		
2. oder 3. Jh.	2		
Anfang 3. Jh.	2		
3. Jh.	3		
späte Kaiserzeit		1	1

Tabelle 6: Grabaltäre aus Tarraco. Gegenüberstellung vorhandener, verschollener bzw. wegen fragmentarischer Erhaltung nicht zugrunde gelegter Altäre

	vorhanden bzw. von Boy gezeichnet	verschollen	Fragment
Wende 1./2. Jh.	1	2	
1. Hälfte 2. Jh.	6	1	
2. Jh.	15	4	1
2./3. Jh.	7	14	
Ende 2. oder 3. Jh.	3	3	
eher 3. als 2. Jh.	5	2	
3. Jh.	12	2	
2. Hälfte 3. Jh.	1		

Sog. Hausaltärchen unterscheiden sich in ihren Formen ganz beachtlich von den betrachteten Weih- und Grabaltären. Sie tragen fast nie eine Inschrift (eventuell aufgemalt gewesene Inschriften sind nicht mehr zu erkennen) und sind deshalb von epigraphischer Seite her nicht zu beurteilen. Wichtige Datierungskriterien fallen somit weg. Nachdrücklich stellt sich die Frage nach ihrer lokalen Herstellung gerade in Anbetracht ihres handlichen Formats und der damit verbundenen leichteren Transportierbarkeit, wenn man sich um das Herausarbeiten regionaler Formeigentümlichkeiten bemüht. Einige der Hausaltärchen in Tarragona sind aber eindeutig aus dem einheimischen sabinosa-Kalkstein oder dem ehemals hier anstehenden porösen sog. soldó gearbeitet. Sie sind also sicher in Tarragona hergestellt worden[33]. Sie lassen sich, wie folgt, gruppieren: Zu dem Altar T 19 aus soldó-Kalkstein mit den vier Standfüßchen und dem eingeritzten Zweig auf den Nebenseiten stellt sich der Altar T 18 aus gleichem Material. Beide besitzen den rechteckigen, von einem erhöhten Rand umgebenen Focus. Die rechteckige Focusform auch der folgenden Gruppe von Hausaltärchen ist gegenüber den bei Weih- und Grabaltären der Region charakteristischen runden Foci auffallend. Um den Altar T 32 aus sabinosa-Kalkstein läßt sich das formgleiche Altärchen T 25 gruppieren mit gleichfalls niedrigem Körper, vorkragendem Sockel und Gesims, zu denen einfache Schrägen überleiten, und einer den rechteckigen Focus umgebenden Bekrönung von Doppelgiebel und Pulvini sowie T 26 von gleicher Form, aber ohne diese Bekrönung. Ein weiteres Altärchen (T 24) besitzt innerhalb seiner Bekrönung beschriebener Form einen rechteckigen Focus derselben Ausmaße wie Nr. T 25, mit dem kannelierten Körper[34] jedoch und dem abgetreppten Sockel und Gesims werden ganz neue Formelemente zur Ausführung gebracht. Die Bekrönung der eben genannten Altärchen kehrt ganz ähnlich an einem anderen wieder, das aus rotbraunem, gebranntem Ziegelton geformt ist (T 22). Ebenfalls aus Ziegel sind die zwei engverwandten, mit Kreis- und Halbkreisrillen verzierten Altärchen T 28 und T 29, die aufgrund ihres Dekors als einheimisch gelten dürfen. Wir können also im Raum Tarragona auch mit der Anfertigung kleiner Altärchen in keramischen Werkstätten rechnen[35]. Neben den genannten lokal gefertigten Hausaltärchen mit dem bemerkenswerten rechteckigen Focus gibt es nun allerdings auch einige Exemplare mit rundem Focus. Eines von ihnen, aus Marmor, das in Altafulla gefunden wurde (T 20), dürfte wohl importiert sein. Girlande, Kanne und Schale, mit denen es dekoriert ist, sind in diesem Raum Fremdelemente. Dagegen ist der mit 36,5 cm Höhe auffallend große Altar T 23, mit Akroteren, Giebel und Rundfocus, schon wegen des porösen Kalksteins, aus dem er gearbeitet ist, einheimischer Herkunft. Dasselbe gilt für zwei Altärchen (T 15, T 21) mit planer horizontaler Oberseite, aus der seitlich die Pulvini ragen. Als letztes sei ein aus weichem, sehr porösem Kalkstein bestehendes und deshalb stark beschädigtes Hausaltärchen (T 27) erwähnt, dessen abgestufte Profile gelbbraun und rot gefaßt sind. Auf dem gelbbraun bemalten Grund des Körpers erkennt man in Schwarz eine hängende Girlande. Dieser Altar gibt uns einen Hinweis darauf, daß wir mit farbiger Fassung und Verzierung zumindest bei den Hausaltären zu rechnen haben. Daß hier von Fall zu Fall Inschriften aufgemalt gewesen waren, ist daher wahrscheinlich.

---

33 Die Frage der Werkstätten und ihres archäologisch-sozialhistorischen Umfelds können wir in diesem Rahmen nicht erörtern.
34 Kannelierte Rundaltärchen: E. Pernice, Die hellenistische Kunst in Pompeji V (1932) 70 Taf. 42,6. 8.
35 In Pompeji: s. O. Elia, Culti familiari e privati della Campania. Arulae fittili pompeiane, in: Hommages à A. Grenier, Coll. Latomus 58 (1962) 559–566. Das dort Taf. 122,4 abgebildete Altärchen erinnert in den menschlichen Protomen auf den vier Seiten an den gewöhnlich als Altar bezeichneten kapitellbekrönten Pfeiler aus Castra Caecilia, der bislang ohne Parallele geblieben ist. A. García y Bellido. Les religions orientales dans l'Espagne romaine (1967) 135 ff. – Tönerne Arulae haben eine alte Tradition, s. dazu jetzt D. Ricciotti, Terrecotte votive dell'Antiquarium Comunale di Roma. I. Arule (1978); U. Spigo, BdA 1979, H. 4, 31 ff.

Als Ergebnis für die Betrachtung weiterer Gruppen aus anderen Räumen der Halbinsel können wir festhalten, daß ein Großteil der Hausaltärchen von Tarraco an Ort und Stelle gearbeitet worden ist, wenn auch die Formen zahlreiche Züge aufweisen, die wir bei den großen Altären nicht beobachten konnten. Dies bezeugt eine relativ große Selbständigkeit der Gattung, die sich allem Anschein nach in erster Linie an eigenen Formtraditionen orientiert hat[36].

Die Beachtung der Proportionen ist für die Beurteilung der Altäre wichtig. Bei der Behandlung der Ara von Bagnacavallo hat schon P. Ducati[37] breite und schlanke Formen geschieden und sie entsprechend als Merkmale der griechischen im Gegensatz zu den römischen Rundaltären festgehalten. Hochgestreckte Proportionen zeichnen eine Reihe auch der hispanischen rechteckigen Altäre aus, wenn sie auch nur im Nordwesten stelen- oder pfeilerartig gebildet erscheinen. Aus dem 3. Jahrhundert n.Chr. sind einige auffallend hohe Altäre erhalten. Es sind Grabaltäre, die im allgemeinen gern große Ausmaße erreichen. Die Mittelwerte aus dem Verhältnis von Höhe zu Breite lassen vom 1. bis zum 3. Jh. n.Chr. einen gleichmäßigen Anstieg erkennen. Bei den Weihaltären, die schon im 1. Jahrhundert n.Chr. niedriger waren, scheint hingegen dieses Ansteigen sich im 2. Jahrhundert zu beruhigen. Wenn auch auf dem severischen Bogen in Leptis Magna der Altar des Stieropferreliefs den beim Opfer Anwesenden bis in Brusthöhe reicht[38], so kann doch aus diesem Beispiel keine Regel abgeleitet werden, da auf den kaiserzeitlichen Opferreliefs die Altäre im Verhältnis zu den sie umgebenden Gestalten gewöhnlich kleiner sind.

Auf dem Relief von Isernia (Campobasso) aus dem 1. Jahrhundert n.Chr. reicht der entflammte Altar der Opferszene den Teilnehmern gleichfalls bis zur Brust[39].

36 Altärchen in Pompeji bieten keine direkten Parallelen, geben aber manche vergleichbaren Formmerkmale zu erkennen, s. Pernice a.O. 69f. Taf. 41,6; 42. Vgl. auch W. Deonna, Mobilier Délien II, BCH 58, 1934, 424ff.; ders., Le mobilier Délien, Délos XVIII (1938) 371ff. Taf. 110–112. Zahlreiche kleine Altärchen sind aus dem benachbarten Südgallien bekannt (Fiches – Py – Bessac a.O. [s.o. Anm. 16] 155ff. bes. 179ff.). Nicht nur die gesamte Funddichte der Gattung ist in der Provence hoch, auch einzelne Fundplätze selbst haben eine hohe Zahl an Altären zu verzeichnen, so etwa der Tempelbezirk von Belbèze-en-Comminges mehr als einhundert (G. Manière, Un noveau sanctuaire gallo-romain: le temple de Belbèze-en-Comminges, Celticum 16, 1967, 65ff.). Oft konnten dort ihre Fundumstände festgehalten werden. Sie kommen aus Siedlungen, aber auch aus Wasser- und Höhenheiligtümern. Ein Fund aus einem vor der Mitte des 1. Jhs. n.Chr. datierten Körpergrab bezeugt die sepulkrale Verwendung eines solchen Altärchens. (H. Gallet de Santerre, Informations archéologiques. Circonscription de Montpellier. Murviel-les-Montpellier [Hérault], Gallia 20, 1962, 626. – Zur Funktion solcher Altärchen s. auch D. Ricciotti, Arule, in: Roma medio-repubblicana. Aspetti culturali di Roma e del Lazio nei secoli IV e III A. C. [1973] 72ff. und dies., Terrecotte votive dell'Antiquarium Comunale di Roma. I. Arule [1978] 13ff. Zur frühen Beigabe von Altärchen in Gräbern s. auch E. Pfuhl, Tanagräische Grabaltäre, AM 28, 1903, 331f. – Originale Aufstellung in einer Aedicula: H. Koch, Hellenistische Architekturstücke in Capua, RM 22, 1907, 387ff. Altärchen aus Wohnhäusern: Ph. Bruneau, Recherches sur les cultes de Délos à l'époque hellénistique et à l'époque impériale [1970] 640f. M. Bulard, La religion domestique dans la colonie italienne de Délos [1926] 488 s.v. autel). Ob sie tatsächlich Verkleinerungen großer Altäre darstellen, wie Fiches – Py meinen (a.O. 181), muß eine Untersuchung erbringen. Die Altäre aus der Region von Nîmes können eine solche Vermutung nahelegen, jene aus Tarragona hingegen nicht. Die südgallischen scheinen eine unmittelbare Herkunft aus den Steinbrüchen in den Pyrenäen und im unteren Rhônetal und eine noch deutliche Verbindung mit der Arbeit in diesen Werkplätzen zu offenbaren. Auch die Altärchen in Tarragona sind häufig aus dem Material der großen, dort abgebauten Steinbrüche gearbeitet.

37 RM 23, 1908, 133.

38 I. S. Ryberg, Rites of the State Religion in Roman Art, MemAmAc 22, 1955, Abb. 73b; W. Hermann, Römische Götteraltäre (1961) 59, möchte den Altar wegen seiner Höhe als 'Hauptaltar' bezeichnen, wofür es allerdings keine weiteren Hinweise gibt.

39 R. Bianchi-Bandinelli – A. Giuliano, Etrusker und Italiker (1974) Abb. 396.

1.1.2 Barcelona

In dem an Tarragona angrenzenden Barcelona bietet sich ein ganz unterschiedliches Bild. Den Formcharakteristika der Altäre in Tarragona läßt sich nichts genau Entsprechendes an die Seite stellen. Die etwa 50 bekannten Altäre, auf die sich unsere Untersuchung stützt, lassen sich nach ihren Formmerkmalen in nur fünf Gruppen einteilen: die Altäre mit Giebel und Focus der kanonischen Form, Altäre, deren Pulvini durch nach innen gerichtete Fortsätze gekennzeichnet sind, und Altäre mit einer Bekrönung, die von durch eine Senke miteinander verbundenen Pulvini gebildet wird, aus der sich nur leicht angedeutete Giebel erheben. Einige wenige Einzelformen dieser aus einem Quaderblock gearbeiteten Altäre lassen sich zu einer vierten Gruppe zusammenfassen, die in nur geringem Maße das nicht sehr abwechslungsreiche Bild der Normalaltäre, das durch die drei erstgenannten Gruppen bestimmt wird, bereichert. Eine spezifische Prägung erhält Barcelona schließlich durch die monumentalen Grabaltäre, die hier am zahlreichsten und mit den bedeutendsten Resten, die wir von der Halbinsel kennen, vertreten sind. Aber auch die als zweite genannte Gruppe von Altären mit nach innen sich fortsetzenden Pulvini ist für Barcelona überaus charakteristisch und mit einem Anteil von mehr als einem Fünftel des Gesamtbestandes hier in ihrer größten Konzentration auf der Hispanischen Halbinsel repräsentiert.

Die Gruppe der Altäre mit einer Normalbekrönung von Giebel, Pulvini und Focus setzt sich aus vier Altären (B 1–B 4) zusammen. Die Pulvini sind zylindrisch bzw. flachzylindrisch (B 2), die Foci rund (B 1, B 3, B 4). Grabaltar B 1 ist seines Dekors wegen bemerkenswert, Rosetten an der Pulvinusstirn, Kerbschnittdreiecke und Kreis auf der Giebelseite. Die Rahmung der Inschrift entspricht dieser Tendenz zur dekorativen Ausgestaltung, die in Tarragona Altäre des 2. Jahrhunderts n.Chr. vertreten. B 1 und B 2 haben besonders gestaltete Giebel. Am ersteren sind die Schräggeisa erhöht, so daß die Zwischenpulvinuszone schrankenartig abgeschlossen wird; dazu tritt ein markant hervorgehobener First. Altar B 2 besitzt eine Giebelform, an der sich die gegenständigen Mittelvoluten und ein aus den Zwickeln sprießendes Schmuckelement römisch-italischer Altäre widerspiegeln; der Meister hat offensichtlich für dieses Detail solche Altäre zum Vorbild gehabt. Die Profilierung greift auf den einfachen Halbrundstab zurück (B 2), wobei Deckplatte und Deckprofil nicht unterschieden sind, kennt aber auch *cyma recta* (B 1) und die alternierenden *cymae reversae* (B 3). Die abgetreppten Plättchen an B 4 sind häufig bei derlei Weihaltärchen als Profilvereinfachungen zu beobachten. Die seitlich eingetiefte hochrechteckige Nische ist sekundär kaum zu verstehen. Möglicherweise stand sie mit kultischen Vorgängen in Zusammenhang[40]. Die kleine Gruppe, die nur ca. 8% des Gesamtbestandes der bekannten Altäre in Barcelona ausmacht, besitzt ein wesentliches Merkmal der entsprechenden Tarraconenser Altäre nicht, den großen überhöhten Focus. Auch in Dekor und Giebelform weist sie Eigenes auf, so daß sie gegenüber Tarraco als selbständig gelten muß.

Die zweitgenannte Gruppe ist für Barcelona im Rahmen der hispanischen Fundorte überaus kennzeichnend. Ihr gehören acht Grabaltäre (B 5–B 10, B 30, B 31) und ein für Iupiter bestimmtes Weihal-

---

[40] Beleuchtungszwecken dienende Ausarbeitungen in Altären behandelt D. Wortmann, BJb 169, 1969, 410–423. Hier diente die Nische sicher einem anderen Zweck.

tärchen (B 29) an, das wie kleine Altäre in Tarragona einen rechteckigen Focus besitzt; auch die Profilierung aus Kehle mit Leiste und Faszie hebt sich von den Grabaltären ab. Die Bekrönungen dieser Altäre sind durch Pulvini mit nach innen schwingenden Fortsätzen charakterisiert. Da auch die Aufsätze der Monumentalaltäre und die Rahmungen der *cupa*-Inschriften diesem Bekrönungstypus angehören, sei auf seine so gut wie ausschließliche Verwendung bei Grabdenkmälern aus Barcino besonders hingewiesen[41]. Vier der Grabaltäre (B 6–B 8, B 10) besitzen die für Barcelona bemerkenswerte, da sonst seltene, Ausgestaltung der Bekrönung mit einem Flammenkegel. Dieser ist von unterschiedlicher Größe, erreicht aber nie die gewaltigen Ausmaße des Kegels eines Altars aus Tarragona (T 86). Nur an einem Kegel (B 10) ist durch Spiralrillen eine stoffliche Kennzeichnung versucht. Die Reihe ist sehr einheitlich in ihrer Zurichtung, wenn auch zwei Altäre durch ihre Inschriftrahmung auffallen. Die Schwere von Gesims und Aufsatz wird teils durch die dicke Deckplatte, teils dadurch hervorgerufen, daß Deckplatte und Bekrönung nicht voneinander abgesetzt sind (B 5, B 8, B 9, B 11). *Cymae rectae* und *reversae* werden als Hauptprofilelemente verwendet, schmale Faszien begleiten sie nur in fünf Fällen (B 6, B 8, B 11, B 30, B 31). Der Übergang von Altarkörper zu Gesims und Sockel vollzieht sich daher in schweren Wölbungen mittels weniger horizontal gliedernder Elemente. B 9 besitzt eine eigenartig kurze *cyma reversa*. Altar B 31, mit Stirnrosetten an den Pulvini, fällt durch eine parallele Rillung der Fortsätze auf, die mit jener eines Altars aus Tarragona (T 73) verglichen werden darf. Wir fassen mit dieser Erscheinung und dem rechteckigen Focus von Altar B 29 einige der wenigen nach Tarragona weisenden Verbindungen des gesamten Altarkomplexes in Barcelona, was umgekehrt als Beweis für die unabhängige Stellung dieser Altäre im Rahmen des peninsularen Materials gelten darf.

Es sei hier noch die Verwendung der Bekrönungsform dieser Gruppe als oberer Abschluß der *cupa*-Inschriftrahmung erwähnt. Dabei handelt es sich um *tabulae ansatae* an den Langseiten von Grabdenkmälern in Halbzylinderform, sog. *cupae*[42]. Vielfach sind diese *tabulae ansatae* mit einem an ihrer Oberseite angebrachten Dekor versehen, der direkt von den Altären übernommen zu sein scheint. Solche Ausführung ist bei *tabulae ansatae* singulär[43]. Ihr Zusammenhang mit den Grabaltären ist bei der Betrachtung von *cupae* aus der Nekropole von der Plaza de la Villa de Madrid in Barcelona deutlich, wo die Pulvini und Giebel der *tabula ansata*-Bekrönung tangential an die Rundung des *cupa*-Halbzylinders münden. Aber auch die *cupae* aus Tarraco zeigen diese Beziehung zu Grabaltären und erhärten somit die Beobachtung. Hier ist es bezeichnenderweise nicht die für Barcelona als charakteristisch herausgestellte Form der Pulvini mit Fortsätzen, sondern jene mit Rundpulvini und Giebel. In dieser Richtung hatte demnach die in Barcino heimische Form keine Ausstrahlung. Die monumentalen Grabaltäre, die mit geringen Ausnahmen denselben Typus der Bekrönung aufweisen, werden weiter unten behandelt.

---

41 Vgl. auch die Bemerkungen Hermanns a.O. 36. 37 (105) zu dieser Pulvinuseigentümlichkeit.

42 D. Julia, Les monuments funéraires en forme de demicylindre dans la province romaine de Tarragonaise, Mel-CasaVelazquez 1, 1965, 29–72. Diese Grabmonumente haben eine weite Verbreitung, nicht nur in den Provinzen (I. Berciu – W. Wolski, Un nouveau type de tombe mis au jour à Apulum et le problème des sarcophages à voûte de l'Empire romain, Latomus 29, 1970, 919–965), sondern auch im Bereich von Rom selbst, wo sie etwa in Bovillae zutage traten (Forma Italiae I 15: G. M. de Rossi, Bovillae [1979] 341 Nr. 346 Abb. 589; S. 377 Nr. 418 Abb. 639. Die Form wird hier als vom Typus der *legio II Parthica* bezeichnet, die in Alba stationiert war und in einer Nekropole am Albaner-Berg bestattet hat.).

43 W.-D. Albert, Die tabulae ansatae aus Pergamon, PF I (1972) 21ff. Die Form der *ansae* selbst kommt von den Sarkophagen her, wo sie eine Variante der sog. Doppelvolutenansen der oberitalischen Sarkophage darstellt. S. dazu: F. Rebecchi, RM 84, 1977, 138ff.

Einen Giebel einschließende Pulvini mit Fortsätzen bilden, wie wir sahen, eine für Barcelona kennzeichnende Altarbekrönung. Die Form ist auch in Tarragona bekannt, dort aber in weit geringerem Umfang vertreten (z. B. T 50, T 63). Beispiele für diese Art von Pulvini lassen sich in Gallien und Germanien, aber auch in Oberitalien nachweisen. Nach Barcelona werden sie aus letzterem Gebiet gelangt sein. Die Übernahme der Bekrönung auf die *tabulae ansatae* der *cupae* hat wohl in Barcelona stattgefunden; für die Form der *cupa* selbst hat D. Julia eine nordafrikanische Herkunft wahrscheinlich zu machen versucht. Aus epigraphischen Gründen ist für unsere *cupae* eine Zeitstellung im 2. und 3. Jahrhundert n.Chr. angenommen worden[44], eine Datierung, die auch für die Altäre mit entsprechender Bekrönung gelten dürfte.

Die dritte Altargruppe hat als Kern acht Votivsteine einer vermutlich einst vollzähligen Zwölf-Götter-Weihung[45]. Sie gehören alle einem Altartypus an, dessen Charakteristikum die Pulvinuseinheit darstellt: Die Pulvini werden durch eine Senke zusammengeschlossen, auf deren Grund am vorderen und hinteren Rand in niedrigen Erhebungen Giebel angedeutet sind. Die acht Altäre sind aus gleichem Stein gearbeitet und von im großen und ganzen einheitlichen Maßen, die Höhe variiert zwischen 63 und 81 cm. Hierin zeigt sich die Zusammengehörigkeit der Serie. Doch lassen sich auch bemerkenswerte Unterschiede aufzeigen. Die acht Altäre untergliedern sich nach äußeren Formmerkmalen in zwei Gruppen. Die eine Reihe mit fünf Exemplaren (B 33, B 35, B 36, B 37, B 39) besitzt als Deck- und Fußprofil je eine *cyma reversa*. Die Bekrönung reicht nahezu bis an die Ränder der Deckplatte. Die Inschrift zeichnet sich durch klar disponierte und gut ausgeführte Buchstaben aus, die deshalb auch vier Zeilen auf dem relativ kleinen Feld beanspruchen. Nur an einem Altar dieser Reihe (B 36) drängt sich der Text in drei Zeilen. Hierin stimmt er mit den drei Vertretern der zweiten Gruppe überein. Bei diesen besteht die Profilierung aus je einer *cyma recta* mit Leiste und einer Faszie, und die Bekrönung springt weiter über die Deckplatte zurück. Die Form der Buchstaben ist unterschiedlich und weniger sorgfältig ausgeführt. Die Altarweihung scheint also mindestens von zwei Steinmetzen ausgeführt worden zu sein. Eine entsprechende Bekrönung weisen in Barcelona noch drei weitere Altäre auf, zwei unbeschriftete (B 40, B 12) und ein Grabaltar (B 13). Dieser besitzt als Profil den Halbrundstab und die an der Vorderseite nicht geteilte Fläche von Bekrönung und Deckplatte, die hier zur Anbringung der Buchstaben D M A und einer flüchtigen *ascia*[46] benützt ist. Das Deckprofil des einen der zwei inschriftlosen Altäre (B 40) ist dem des Altärchens B 29 gleich; es besteht aus Kehle mit Leiste und Faszie. Am zweiten Altar ohne Inschrift (B 12) bilden *cyma recta* und *cyma reversa* das Deck- bzw. Fußprofil. Die Form der Bekrönungen der gesamten Gruppe ist in der vorliegenden Ausprägung auf die Region von Barcelona beschränkt, besitzt aber auch in der Pulvinuseinheit keltiberischer Altäre eine durchaus verwandte Lösung.

Die wenigen Altareinzelformen vermögen nicht das eingangs erwähnte, relativ stereotype Bild der nur vier Altarformentypen im Raum von Barcelona zu durchbrechen. B 41 ist ein eigenartiges, aus einem Block gearbeitetes Monument, das Altar und Aedicula auf zwei Ebenen übereinander verbindet. Ersterer besitzt eine plane Focusfläche und ganz außen liegende flachzylindrische Pulvini. Die Profile sind gut erkennbar ausgeführt. Kehle, *cyma recta* und Faszie bilden das Deckprofil, eine *cyma*

---

44 Alföldy, Inschriften Tarraco 290 unter Nr. 566.
45 Th. Mommsen, CIL II 4496.
46 Die *ascia* findet sich in Barcelona besonders häufig, so z. B. an knapp der Hälfte der *cupa*-Grabdenkmäler; doch sei ihr hier, wo wir nur einen Teil der *asciae* tragenden Monumente behandeln, nicht weiter nachgegangen; vgl. dazu Julia a.O. 46; A. Balil, Asciae en España, ArchEspArq 28, 1955, 123–128; ders., Asciae en Hispania: Nuevos materiales, ArchEspArq 37, 1964, 171.

reversa den Sockel. Mit 27 cm Höhe erreicht der Altar immerhin die Ausmaße kleiner Weihaltäre. Die Inschrift ist auf dem Architrav der Aedicula angebracht. Der Altar ist, ähnlich wie die dargestellten Altärchen auf Stelen, als selbständiger Bedeutungsträger zurückgetreten, indem er zur Aedicula in Beziehung gesetzt ist[47]. Altar B 14 ist nur noch mit seiner Profilierung zu einer Aussage heranziehbar. *Cyma recta* und Kehle im Deckprofil steht eine große *cyma reversa* am Sockel gegenüber. Auffallend ist die vielfache Gliederung des Deckprofils, gerade beim Vergleich mit dem nächst folgenden Altar B 42, der nur jeweils einfache ausladende *cymae reversae* besitzt. Grabaltar B 15 wurde zwar in sekundärer Verbauung in einem *tumulus* gefunden, bewahrt aber noch den zugehörigen großen Basisquader, in den er eingesetzt war. Sein allseitig wulstgerahmtes, breitrechteckiges Focusbecken hat Vergleichbares bei Altärchen in Tarragona. Der rechteckige Focus war dort ausschließlich bei kleinen Altären verbreitet. Das Altärchen B 16, von 29 cm Höhe, besitzt jedoch zwischen den Halbzylinderpulvini einen runden Focus mit Wulstrand. Der rechteckige Focus bleibt in Barcelona auf jenes eben genannte und ein weiteres Altärchen (B 29) beschränkt, einen Grab- und einen Weihaltar. Altärchen B 17 ist an der Oberseite zu stark beschädigt, um eine Aussage zur ehemaligen Focusform zu gestatten. Alle kleinen Altäre zeichnen sich aus durch Vereinfachung ihrer Profile, die in einer Stufen- oder Rillengliederung besteht. Die durchweg festzustellende Bevorzugung der *cymae reversae* an den Profilen bestätigt auch der Grabaltar (?) B 43, der sich in seinem harten Kalksteinmaterial mit Brecciastruktur von allen anderen aufgenommenen Altären unterscheidet.

Die sieben Altäre, die sich keiner der genannten Gruppen zurechnen lassen, weisen bislang nicht vertretene Bekrönungsformen auf, so den rechteckigen Focus mit allseitigem Wulstrand und die auf Deckplattenhöhe liegende Focusfläche zwischen zylindrischen Pulvini, auf der einmal (B 16) ein Rundfocus angedeutet ist. Ersterer hat in Tarragona Parallelen, letztere Vergleichbares etwa in Keltiberien. Unter den Profilen sind die gängigen Vereinfachungen zu nennen, zwei unterschiedliche *cyma reversa*-Formen an zwei auch in ihren Proportionen verschiedenen Monumenten (B 42, B 43), für die sicher auch eine zeitliche Distanz verantwortlich ist. An dem *religio*-Altar (B 14) und dem Reliefaltärchen vor der Aedicula ist es eine Karnies-Kehle-Kombination im Deckprofil und die kräftig gewölbte *cyma reversa* am Sockel.

Die monumentalen Grabaltäre sind nur in Teilen erhalten. Sie waren aus einzeln gearbeiteten Quadern und anderen Bauelementen zusammengefügt. Eine Idee ihres ursprünglichen Aussehens können die zwei im Museo Arqueológico von Barcelona rekonstruierten Altäre geben[48]. Sie vertreten zwei verschiedene Bekrönungstypen, einen, der Pulvini mit nach innen weisender Verlängerung besitzt (B 44), und einen, der lediglich runde Pulvini hat (B 45). Für die Gestaltung der Bekrönungsmitte fehlen bisher aussagekräftige Reste. Nach jenen aus einem Block gearbeiteten Altären gleichen Typs müßte man mit einem steilen Giebelchen rechnen. Dagegen würde auch die Tatsache nicht sprechen, daß an einigen der charakteristischen Pulvini mit Fortsätzen, die im Musée Lapidaire von Narbonne aufbewahrt sind (z. B. Inv. Nr. 1525), die senkrechten, der Bekrönungsmitte zugewandten Seiten mit einem Schuppenmuster bedeckt sind, also zur Ansicht bestimmt waren. Dieses Detail konnte allerdings an dem Material aus Barcelona bisher nicht nachgewiesen werden. Für die Mittellösung der Bekrönung unserer Monumentalaltäre gibt es also nach wie vor keinen sicheren Anhaltspunkt.

---

47 Vgl. die Aedicula mit Altar in Munigua: AA 1968, 360 f. Abb. 5; Espérandieu III Nr. 2585.

48 Anschaulich erhaltene Exemplare stehen an den aus Pompeji führenden Straßen: Th. Kraus – L. v. Matt, Pompeji und Herculaneum (1973) 111 ff. Abb. 131 ff. Gebaute Altäre können architektonischen Rang erhalten. Vgl. M. Çetin Şahin, Die Entwicklung der griechischen Monumentalaltäre, Diss. Köln (1972); F. Studniczka, Altäre mit Grubenkammern, ÖJh 6, 1903, 123 ff.

Außer den beiden genannten, heute rekonstruierten Altären des Museo Arqueológico in Barcelona kennen wir Pulvinusteile von mindestens acht weiteren Monumentalaltären (B 18–21, B 24, B 25, B 27, B 46, B 47). Hinzu kommen zwei glatt gearbeitete, völlig unverzierte Pulvinusstücke (B 26) und einige Teilelemente von langen Pulvinusschäften (B 22, B 23, B 28). Die Felder an den Vorderseiten der Fortsätze sind glatt, teilweise aber auch mit Ranken oder Blattwerk (z. B. B 20, B 21) oder gar mit einer Jagdszene (z. B. B 44) versehen. Die Stirnen dieser Pulvini waren in der Regel mit einem Medusenkopf dekoriert (z. B. B 44 ff.). Nur ein Pulvinus weist an deren Stelle eine Blütenrosette auf (B 47). In Narbonne[49] sind es Porträtköpfe, die in der Art von *imagines clipeatae* aus dem dortigen gelben Kalksteinmaterial gebildet sind, in aufgelösten barocken Formen und tiefer Augenhöhlung und Pupillenbohrung. Die Medusenhäupter Barcinos lassen sich auf drei Bildprägungen zurückführen, von denen eine sechsmal vertreten ist, eine zweimal und eine dritte nur einmal. Sie sind allerdings alle drei als Varianten eines 'menschlichen' Gorgoneionbildes zu verstehen[50], das aus Elementen des sog. Mittleren und des sog. Schönen Typus kombiniert worden ist. Die erste ist durch gewunden zu den Brauen geführte Schlangenköpfe gekennzeichnet und durch Flügel über dem Scheitel (B 21, B 27, B 45, B 46, ohne die zu den Brauen geführten Schlangen B 20, B 25). Die zweite Variante trägt die Flügel seitlich über der Stirn und besitzt nicht die zu den Brauenenden züngelnden Schlangen (B 24, B 44). Die dritte ist, gleichfalls geflügelt, an dem mächtigen, sich absträubenden Flammenhaarkranz erkennbar (B 48). Allen Gorgoneia der Altarpulvini ist gemeinsam, daß sie sich nicht frei in der Fläche entwickeln können wie etwa in Reliefzusammenhängen, sondern daß sie in das Rund der Pulvinusstirn eingebunden sind. Dies verknüpft sie mit Gorgoneionschilden und ähnlichen Rundkompositionen.

Gorgoneion*clipei* vom severischen Forum in Leptis Magna[51] stimmen in der Perlstabrahmung und der gedunsenen Wiedergabe des Gesichtes mit der Pulvinusstirnmedusa von Altar B 20 überein. Die noch gewahrte Plastizität des Gorgoneions aus Barcino führt dazu, eine Entstehung im 2. Jahrhundert anzunehmen, die auch wohl für die ganze Serie gelten darf. Dies würde den schon mehrfach festgestellten Tendenzen zu einer Reliefausschmückung der Altäre im 2. Jahrhundert n.Chr. entsprechen. Der Medusenkopf von Altar B 48 gleicht in der plastischen Fülle der Haarsträhnen dem Gorgoneion einer hadrianischen Büste[52] und scheint an den Beginn der Reihe gesetzt werden zu können. In der Folgezeit dürften sich Bildhauer unterschiedlichster Auffassungen mit dem Gegenstand beschäftigt haben, so daß neben trefflich den Provinzstil wiedergebenden Darstellungen (B 21, B 45) ganz abstrakt gebildete Gesichter stehen (B 25). Das traditionelle Dekormotiv der Pulvinusstirn ist jedoch die Rosette. Sie ziert peninsulare Altäre[53] wie schon ihre römischen Vorgänger des 1. nachchristlichen Jahrhunderts, obwohl man dort auch schon zur selben Zeit den Medusenköpfen begegnet[54]. Während diese auf den monumentalen Grabaltären in Barcino weite Verbreitung fanden, ist die Rosette als Schmuck der Pulvinusstirn hier nur einmal überliefert (B 47). Sie ist mit doppeltem Blattkranz ausgestattet.

---

49 Musée Lapidaire Inv. Nr. 1525. 1526. 1625. 1715.
50 E. Buschor, Medusa Rondanini (1958) 22 ff. J. Floren, Studien zur Typologie des Gorgoneion (1977) 175. 217. Rez.: H. P. Isler, Gnomon 53, 1981, 89 ff.; A. Balil, Los Gorgoneia de Barcino, Faventia 1, 1979, 63 ff.
51 M. Floriani Squarciapino, Sculture del Foro Severiano di Leptis Magna (1974) 65 ff. Taf. 25 ff. Vgl. dagegen die Gorgoneia der Archivoltenschlußsteine vom Juliergrabmal in St-Rémy: H. Rolland, Le Mausolée de Glanum (1969) Taf. 59–61.
52 Buschor a.O. Taf. 33,3.
53 So z. B. T 73 u. a., häufiger im Süden der Halbinsel.
54 Altmann, Grabaltäre Nr. 54.

Ein Platz für zusätzlichen Dekor ist bei diesen Altären das an die Pulvinusstirn anschließende Feld. Hier wird nur einmal eine figürliche Darstellung, eine Eberjagd, angetroffen (B 44). Das geläufige, durch die örtlichen Gegebenheiten[55] motivierte Thema von Jäger und Hund ist geschickt in das an den Enden sich verbreiternde Feld komponiert und wird auf der Gegenseite symmetrisch wiederholt. Die übrigen Pulvini besitzen hier, soweit sie dekoriert sind, Ranken (B 21, B 24, B 25, B 46) oder Blattwerk (B 20). Auch wenn die Ranken alle aus der oberen, an der Stirn gelegenen Feldecke entspringen (B 21, B 24, B 25, B 46), werden sie doch in unterschiedlicher Weise variiert.

Die liegenden Blattkelche des Pulvinus von Altar B 20 sind in der Mitte durch einen gekreuzten Strick zusammengefaßt. In gleicher Weise gedrehte Wülste markieren die Stelle der *baltei* an vier Altären (z. B. B 22, B 44). An dem monumentalen Pulvinusschaft B 22 wird die Schaftmitte zusätzlich durch einen gekreuzten und geknoteten Strick geschnürt. Die Schuppen, von denen die Schäfte bedeckt sind, haben meist ein gerundetes Ende, einen Mittelgrat und oft leicht aufgeworfene Ränder. Die geschnürte Mitte des Schaftes B 22 ist durch spitze Dreieckschuppen angedeutet. Einige glatt gearbeitete Stücke, wie z. B. B 26, gleichen Zuschnitts wie die eben besprochenen dekorierten Pulvini können von mittleren und rückwärtigen Partien solcher Grabmonumente stammen. Daß sie noch mit Dekor versehen werden sollten, ist bei schon vollzogener Glättung nicht anzunehmen.

Das Verbreitungszentrum dieser großen Altäre auf der Hispanischen Halbinsel liegt in Barcelona. Doch gibt es an weiteren Plätzen der Tarraconensis Reste solcher Monumente[56]. Pulvini, die am inneren senkrechten Ende des fortsetzenden Teils mit einem kleinen Zylinder abschließen, sind aus Egitania in Lusitanien bekannt. In Narbonne werden zahlreiche Reste solcher Altäre aufbewahrt, hier lag demnach ein weiterer, nächstgelegener Verbreitungskern. Noch aufrecht stehende Beispiele dieses Grabmaltypus werden uns an den Gräberstraßen außerhalb Pompejis vor Augen geführt[57]. Die Bekrönung eines abgebildeten, wohl früheren Altars ist vom Typus jener des Altars B 45 in Barcelona: Sie charakterisieren geschuppte Pulvini, die jedoch mit Stirnrosetten geschmückt sind. Die Sitte, Medusenköpfe an die Stirn zu setzen, und die Ausgestaltung der Bekrönungen mit den zur Mitte des Altars hin verlängerten Pulvini dürfen wir als ein die Altäre Barcinos in charakteristischer Weise prägendes Merkmal festhalten.

Eine Reihe weiterer Denkmäler, in der Mehrzahl Grabsteine, welche die bezeichnenden Elemente der Altäre nicht besitzen, bringen in ihren vergleichbaren Partien, den Profilen, nichts Neues. Faszie, *cyma recta* mit Leiste[58], bei gerahmter Inschrift, und die alleinige *cyma reversa* in Deck- und Fußprofil[59] bezeugen die Beliebtheit dieser Überleitungen vom Monumentkörper zu Sockel und Gesims.

Soweit möglich, sind Datierungshinweise bei der Behandlung der einzelnen Altargruppen aus Barcino gegeben worden. Der gesamte in Frage kommende Zeitraum, in dem die Altäre entstanden sind, umfaßt Teile des 1. Jahrhunderts n. Chr., das 2. Jahrhundert und das 3. Jahrhundert bis um 270 n. Chr.[60]. In diesem Jahr traten infolge der Einfälle franco-alamannischer Völkerschaften aus dem Norden große Zerstörungen in der Stadt ein. Die etwa fünfzig von uns vorgeführten Monumente, die rund ein Sechstel des epigraphischen Gesamtbestandes von etwa 300 aus Barcelona bekannten Stücken ausmachen, gehören sicher in diesen umgrenzten Zeitraum. Da die einfachen Grabinschriften keine absoluten Daten zu liefern vermögen, sind wir auf komparative Methoden zur Fixierung chro-

---

55 Vgl. A. Schulten, Iberische Landeskunde II (1957) 566.
56 z. B. NA 8, NA 20, NA 23, CU 6.
57 z. B. AA 85, 1970, 540 Abb. 58.

58 Etwa Mariner, Inscripciones de Barcelona Nr. 67.
59 Etwa Mariner, Inscripciones de Barcelona Nr. 208.
60 I. Rodá de Mayer, InfA 14, 1974, 54.

nologischer Anhaltspunkte angewiesen. Bei dem als Ergebnis unserer Untersuchungen geltenden eigenen Charakter der Altarformen in Barcelona können nur schwer positive Vergleiche mit fremdem Material durchgeführt werden. Die für Barcelona bezeichnende Gruppe der monumentalen Grabaltäre und die Normalaltäre gleichen Bekrönungstypus' dürfen aber mit einiger Wahrscheinlichkeit als in ihrer Mehrzahl im 2. Jahrhundert n.Chr. entstanden gelten.

Drei von den Altären, die im Museo Arqueológico von Barcelona aufbewahrt werden, aber nicht aus Barcelona selbst stammen, seien hier angeschlossen[61]. Zwei von ihnen, kleinere Grabaltäre (B 51 und B 52), wirken ihrer Form und ihrem Dekor nach recht fremdartig. Beide aus hellgrauem Marmor, weisen sie indes untereinander einige Übereinstimmungen auf: die Profilierung an Sockel und Gesims mit je einer *cyma reversa* und die Bekrönung mit Zylinderpulvini und Doppelvolutengiebel. B 51 ist an den Seiten mit Kanne und Schale versehen. Aufgrund dieser Merkmale möchte man die Herkunft beider Altäre im spanischen Süden suchen. Der dritte Altar (B 49) kann auf jeden Fall nur importiert sein. Erhalten ist heute lediglich der beschädigte obere Teil aus weißem Marmor, der gelblich patiniert ist. Ungewöhnlich ist fast alles an diesem Altar: die Bekrönung mit der tiefen runden Focusschüssel, die wulstgeschnürten Pulvini, die an der Stirn zurückgeneigte Voluten bilden, welche zu dem jetzt verlorenen Giebel überleiteten, von dessen Tympanonrelief noch Reste erhalten sind, das Deckprofil aus *cyma recta* mit Leiste, einer schmalen Faszie, die parallel mit der Leiste einer unterhalb anschließenden Kehle läuft, der Körper mit eigenartiger Rahmung des vorderen Feldes, in dem sich eine gerundet begrenzte Fläche reliefartig erhebt; Gesims und Rahmen schließlich sind von einer Girlande überdeckt, die von zwei an den Nebenseiten des Gesimses wohl fliegend zu denkenden Eroten gehalten wird, auch sie sind leider stark beschädigt. Die Rückseite des Altarkörpers besitzt gleichfalls das gerahmte Feld mit den nach innen zu viertelkreisförmig gerundeten Ecken. Die Nebenseiten waren glatt. Dieser Altar ist derart ungewöhnlich, daß – zumal auch seine Fundumstände das antike Alter nicht garantieren – möglicherweise auch mit einer nachantiken Arbeit gerechnet werden muß.

Aus dem katalanischen Küstenbereich außerhalb Barcelonas sind nur vereinzelte Altäre bekannt geworden, so aus Badalona, Caldas de Montbuy, Manresa, Mataró und dem hinter den Bergen gelegenen, aber von Barcelona aus durch ein Flußtal zugänglichen Vich, und aus Vilafranca del Panadés, um hier zunächst die noch in der Provinz Barcelona gelegenen Orte zu nennen. Der Altar aus Badalona (B 53) besitzt keine Inschrift und ist deshalb bis heute unpubliziert geblieben. Dem Typus seiner Bekrönung nach gehört er zu jener Gruppe Barceloneser Altäre mit Pulvinuseinheit und Giebelaufwölbung (B 32 ff.). Die Bekrönung sitzt aber auf einem über der Deckplatte sich erhebenden quaderförmigen Zwischenstück. Auch die Kehle und der Wulst als Sockelprofil sind neu, während *cyma recta* und Faszie im Deckprofil den Stücken in Barcelona entsprechen. Auch der erhaltene rechte Pulvinus mit Medusenmaske an der Stirn am Altar aus Mataró (B 57) stellt sich zu der Gruppe der monumentalen Grabaltäre aus Barcino, wenngleich er im Gegensatz zu jenen aus Marmor gearbeitet ist. In den Thermen von Caldas de Montbuy, wo man, wie heute noch, in den Quellwassern Heilung suchte, fanden Weihungen für Apollon Aufstellung, deren großformatiger Zuschnitt an die Steinmetzpraxis Tarragonas erinnert; unter den Dedikanten nennt sich sicher nicht zufällig ein Tarraconenser. Die Monumente selbst, meist stark beschädigt, dürften aber Postamente gewesen sein. Zwei weitere Bruchstücke (B 54, B 55) hingegen können Teile ehemaliger Altäre darstellen. Sie sind im Gegensatz zu den

---

61 Die übrigen in Barcelona befindlichen, aber dort sicher nicht aus dem Boden gekommenen, wie etwa ein Altar aus Cartagena (MU 8) oder einer aus Tarragona (T 37), sind unter dem dortigen Fundmaterial mitbehandelt.

erstgenannten nicht profilgerahmt, was ihre Inschrift anbelangt. Als Fußprofil ist Faszie und *cyma recta* auf Leiste (B 54) bzw. eine *cyma reversa* allein (B 55) verwendet. Auch das Altärchen B 59 von der iberischen Station Els Monjos bei Vilafranca del Panadés findet seine Parallelen im Archäologischen Museum von Tarragona (z. B. T 24). Die Altäre in Manresa (B 56) und Vich (B 58) lassen einen größeren Abstand zu den Küstenzentren deutlich werden. So besitzt der Diana(?)-Altar von San Juan de Vilatorrada (B 56) auf drei Seiten eine recht originelle Reliefausstattung, die durch eine Efeuranke auf den Nebenseiten der Deckplatte zusätzlich bereichert wird. Nur die Bekrönung kehrt in Barcelona an dem dort allein stehenden Altar B 16 wieder. Der Altar B 58 in Vich ist zwar sehr beschädigt, aber durch hohe Proportionen, vereinfachte Faszienprofilierung und die nur geritzte Inschrift als bodenständige Arbeit aus grauem lokalem Stein gekennzeichnet, die für die offenbar rasch zum Landesinneren abnehmenden Kenntnisse der Formdetails stehen mag. Seine Eigenart wird im Vergleich mit den beiden aus Mérida nach Vich verbrachten Altären BA 66 und BA 67 aufs beste veranschaulicht.

1.1.3 Gerona

Die Heilthermen von Caldas de Malavella in der Provinz Gerona besaßen offensichtlich einen ähnlichen Rang wie jene von Montbuy. Auch hier treffen wir einen gleichen profilgerahmten, Apollon geweihten Inschriftquader mit den an Tarraconenser Statuenpostamente erinnernden[62] Zuschnitt und Schriftbild. Daneben gibt es auch hier ein aus lokalem Sandstein gearbeitetes altarähnliches Monument (GE 1) mit Faszie und *cyma recta* als Fußprofil. Dieses steht in einer Reihe von ähnlichen, im MAP Gerona aufbewahrten Monumenten[63], u. a. zwei profilgerahmten Postamenten, deren eines, von bester Qualität, aus Emporion kommt[64]. Von diesem weltoffenen Platz an der Küste ist ein Altar bekannt (GE 2). Er steht mit seinen Formdetails, den großen Rosetten und Omphalosschalen auf Breit- und Schmalseiten unter den Altären der Halbinsel allein. Ungewöhnlich wirken auch das Deckprofil, das eher als gelängte Kehle denn als *cyma recta* gelten darf, und der noch erhaltene, nach außen drängende Pulvinusschaft mit flachem Fortsatz auf der ohne markierten Focus ebenen Deckplattenoberseite. Eine lokale Herstellung dürfte außer Zweifel stehen. Die Datierung in das Ende des 2. Jahrhunderts v.Chr. scheint aufgrund der Fundumstände — der Altar wurde zusammen mit einem ionischen Kapitell 5 m außerhalb der Nordmauer der Palaiopolis in San Martín de Ampurias gefunden — nicht gesichert.

Ein zweiter Altar (GE 3), diesmal aus der römischen Stadt, steht gleichfalls unter den hispanischen Altären einzig da. Er ist aus Stein und Ziegelbruch aufgemauert, verputzt und bemalt. Den aus Mauerwerk errichteten römischen Altar hat es häufig und überall gegeben[65]; erhaltene Beispiele wie etwa ein Altar aus Tróia (Setúbal) (ES 8) sind selten. Für die in Hispanien eigenartige Form unseres Altars aus Ampurias wären Parallelen in Pompeji anzuführen[66]. Er ist sicher nicht von Altarfachleuten hergestellt worden, auch nicht vom versierten Profilstukkateur, seiner kantigen Form nach zu schließen. Möglicherweise entstand er ganz unter der Hand des Malers; denn er ist im wesentlichen Träger von Malereien, die auf der Höhe der qualitätvollsten Wandfresken aus Emporion stehen, von denen 13

---

62 Vgl. z. B. Alföldy, Inschriften Tarraco Taf. 34 ff. des 2. Jhs. n.Chr.
63 u. a. Gerona MAP 1705.
64 Gerona MAP 1491; Vives I Nr. 1566.

65 z. B. Pompeji: G. K. Boyce, MAAR 14, 1937, 7 ff.
66 C. G. Yavis, Greek Altars (1949) 160 ff.; E. Pernice, Die hellenistische Kunst in Pompeji V (1932) 19. 66 Taf. 40,1; S. 69 Taf. 41,4.

Bruchstücke im Museo Monográfico ausgestellt sind[67]. Bezug auf den Fundort des Altars im Südperistyl des Hauses 2 B und die dort gefundenen Wandfresken nimmt F. J. Nieto in seiner Arbeit über das »Repertorio de la pintura mural romana de Ampurias«[68]. Es ist zu vermuten, daß der Maler, der hier ausnahmsweise einen Altar bemalte, sonst Wandmalereien ausführte, und daß ihm von dorther die hier verwendeten Motive vertraut waren. Man braucht deshalb nicht unbedingt mit Balil[69] anzunehmen, das Gefäß etwa, dem sich die Schlangen zuwenden, sei nach Modell gezeichnet[70]. Auch die dem Altarkörper nächsten Stufen oben und unten an der Stelle von Deck- und Fußprofil tragen noch erkennbare Reste ehemaliger Malerei, Marmorimitation bzw. eine Ranke, die kleine Blättchen entsendet. In dem hier behandelten Raum besitzt nur der bereits erwähnte Altar in Manresa (B 56) an vergleichbarer Stelle eine Ranke, diesmal in flachem Relief an der Nebenseite der Deckplatte. Plastisch ornamentierte Profile an steinernen Altären werden besonders im peninsularen Süden bevorzugt.

Die Darstellungen weisen den Altar in den häuslichen Kultbereich. Das Südperistyl, seine Fundstelle, wurde mit dem zugehörigen Haus 2 B gegen Ende des 1. Jahrhunderts v.Chr. erbaut. Der Altar muß in die Zeit des Hauses gehören, und man wird, mit Balil, nicht über die augusteische Zeit mit seiner Datierung hinabgehen dürfen.

1.1.4 Lérida

Die Küstenzone Kataloniens wird zum Landesinneren hin von sehr lebhaft reliefierten und zum Teil recht unwegsamen Gebirgen abgeschlossen. Die Verbreitung und Art der Altarformen in der westlich anschließenden Region von Lérida spiegelt diese Situation recht anschaulich wider. In den Landesteilen, die durch Flußläufe mit dem Ebro in Verbindung stehen, herrschen unter den dortigen epigraphischen Denkmälern[71] Formen vor, die deutlich nach Tarragona als dem bestimmenden Zentrum weisen. Große unprofilierte Basen mit karniesgerahmten, hervorragend ausgeführten Inschriften kommen aus dem Municipium Ilerda[72], aus Guisona (Municipium Iessonensis)[73] und Isona (Municipium Aesonensis)[74], lesbische Kymatien als Inschriftrahmung aus denselben Orten. Selbst in dem weit im Innern, aber jenseits der Wasserscheide nun wieder von der Küste durch ein Flußtal zugänglichen Solsona fanden sich zwei Grabaltäre, der eine (L 1) aus Sandstein, auf allen Seiten des Körpers mit Resten von Reliefs bedeckt, aber stark beschädigt, der andere (L 2) aus Marmor mit Giebeln und Pulvini, seiner Bekrönung nach wiederum nach Tarragona weisend. Dies gilt im besonderen für das Altärchen L 6, das in T 25 oder T 32 genaue Parallelen in Tarragona besitzt. Auch die Bekrönung von B 59 ist vergleichbar. Wie dieser kommt L 6 aus einer iberischen Siedlung, deren Funde bis in das 1. Jahrhundert n.Chr. reichen[75].

---

67 So z. B. perspektivische Raumskizzen, tordierte Säulen aus Kelchgefäß aufsteigend, Figürliches, Grotesken in Architektur, geriefte Säule aus Gefäß kommend vor Orthostaten, etc.

68 Ampurias 41/42, 1979/80, 331.

69 ArchEspArq 35, 1962, 119.

70 Der Bildtypus war weit verbreitet. Eine Reihe von entsprechenden Reliefs macht bekannt Ch. Naour, ZPE 24, 1977, 281f. Nr. 9; S. 287f. Nr. 14 Taf. 10ff. Die Reste beigeschriebener Inschriften sind sepulkraler Natur. Vgl. auch SE 29, wo die Schlangen antithetisch um einen Altar mit Früchten gruppiert sind.

71 Vgl. jetzt auch F. Lara Peinado, La religión y el culto romanos en las tierras de Lérida (1976).

72 Heute im Museo Arqueológico del Instituto de Estudios Ilerdenses. F. Lara Peinado, Lérida. Museo Arqueológico I.E.I. (1974) 95ff.; ders., Lérida romana (1973).

73 Im Museo Municipal »Eduardo Camps Cava« in Guisona.

74 In Isona, beim Depósito de agua: R. Pita Mercé, Ampurias 25, 1963, 220 Taf. 1,2.

75 u. a. TS, sog. Aco-Becher.

Ganz andere Formen finden sich dagegen in dem von den eben genannten Landstrichen durch hohe Pässe abgeschlossenen, in den Zentralpyrenäen gelegenen Valle de Arán. Die dortigen, in römischer Zeit benutzten Heilquellen waren der Anlaß für Weihungen an Nymphen und andere Gottheiten. Sieben heute verschollene Inschriften sind, z. T. nur fragmentarisch[76], in Zeichnung überliefert. Die Altarformen sind relativ einheitlich. Über den Deckplatten setzen sich die Altäre in den Ausmaßen des Körpers nach oben fort. Zwei schließen mit Pulvini und einer horizontalen Focusfläche ab (L 3, L 5)[77]. Bei dem dritten (L 4) sind die Pulvini mittels einer Einsenkung zu einer Einheit verbunden. Dieser Altar besitzt in Keltiberien Parallelen. Die übrigen erinnern an Altäre im asturischen und galicischen Bergland. Nach den Ergebnissen der Forschung zu den Sertoriuszügen wurden Keltiberer im Valle de Arán angesiedelt[78]. Klar ist jedenfalls die gegenüber dem zum Ebro hin gelegenen Gebiet anders geartete Formenwelt dieser Altäre[79]. Ihr Material, weißer Marmor, stammt möglicherweise aus den im heutigen Frankreich gelegenen Brüchen von Saint-Béat. Ihre lokale Herkunft steht, auch wenn letztere Vermutung sich nicht bestätigen sollte, außer Zweifel. Die Tätigkeit von Bildhauern in dieser Gegend wird zudem durch eine Reihe von Stelen bezeugt, etwa aus den Orten Gausach, Vilamós und Bausén, die zwei oder auch drei Büsten in Vorderansicht zeigen. Bei der Stele aus Bausén sind zudem die drei Büsten unter drei voneinander getrennte Arkaden gestellt; auch dieses Detail erinnert an Stelendekor im keltiberischen Raum. All diesen Steinmetzarbeiten in dem abgelegenen Gebirgstal des Valle de Arán schreibt die Forschung ein spätantikes Entstehungsdatum zu.

1.1.5 Huesca

In dem überwiegend gebirgigen Raum der Provinz Huesca liegen die bislang bekannten Fundplätze in dem zum Ebro hin sich erstreckenden flacheren Land und an den Flußläufen in dichter Reihung etwa entlang dem Río Cinca und dessen Nebenfluß Alcanadre.

Ein kleines Altärchen (HU 1) kommt aus dem am Gebirgsrand nordwestlich von Huesca gelegenen Loarre, in dessen Umkreis man das überlieferte Calagurris Fibularia gesucht hat[80]. Mit etwa 12 cm Höhe stellt es ein sog. Hausaltärchen dar; mit seinen Formmerkmalen entspricht es den schon besprochenen Beispielen dieser Gattung, so dem dreifachen Wulstprofil oben und unten und einem rechteckig ca. 1,5 cm eingetieften Focus mit schrägen Wänden. Auf den vier ungerahmten Seiten des Körpers trägt dieses Altärchen jedoch Reliefs, einen Stierkopf, ein springendes Tier und einen Hahn, auf der nicht sichtbaren Rückseite soll ein Krater dargestellt sein[81]. Der hellbraune feine sandhaltige Stein dürfte nicht einheimisch sein. Er verbindet das Altärchen mit anderen Exemplaren seiner Gattung, deren Herkunft wir bislang nicht lokalisieren können.

---

76 Von drei Altären fehlen die oberen Teile. F. Lara Peinado, Epigrafía romana de Lérida (1973) Taf. 30,1. 6. 7.

77 Parallelen im Garonne abwärts gelegenen Le Comminges (Espérandieu II Nr. 837 ff.) und Saint-Béat (Espérandieu XIII Nr. 8123 ff.).

78 Lara Peinado a.O. (s. o. Anm. 76) 159.

79 Vgl. auch die aus den gleichen Werkstätten stammenden Altäre in Le Comminges: Espérandieu II Nr. 851 ff.; XIII Nr. 8123 f.; XV Nr. 8841. 8873 (Montmaurin). 8900 (Ilheu, Hautes-Pyrénées). M. Labrousse, Un sanctuaire rupestre gallo-romain dans les Pyrénées, in: Mélanges Charles Picard II (1949) 481 ff. Abb. 4 ff. Auch der Taurobolienaltar aus Lectoure erinnert an die Formen im Valle de Arán: M. J. Vermaseren, Cybele and Attis. The Myth and the Cult (1977) Abb. 69.

80 R. del Arco y Garay, Catálogo Monumental de España. Huesca (Madrid 1942) 64; S. 39 ff. sind auch die epigraphischen Denkmäler aus der Provinz zusammengestellt.

81 Guía del Museo de Huesca (Madrid 1968) 20; vgl. auch SE 28.

In den katalanischen Küstenraum weisende Beziehungen werden auch deutlich bei einem wohl als Postament und nicht als Altar zu bezeichnenden Monument, das noch heute auf dem Grabungsgelände bei Fraga steht (HU 2). Klar geschnittene Faszie, *cyma recta* und Leiste entsprechen sich an Gesims und Sockel, der Körper ist würfelförmig und ohne Inschrift. Vergleichbare Postamente kennen wir aus Barcelona, etwa von der Stadtmauer[82].

1.1.6 Teruel

Auf der Südseite des Ebro, am Rande der Talebene und ein Stück weiter im Landesinneren, liegt auf dem Hügel von Azaila eine bekannte hispano-römische stadtartige Siedlung[83]. Der Altar TE 1 stand im Inneren eines Heiligtums vor einem Podest, auf dem eine Statuengruppe Aufstellung gefunden hatte. In ihr hat man Augustus und Livia selbst, wenn auch in einer Abwandlung der Porträts, erkennen zu können geglaubt, aber man neigte auch dazu, in ihr einen römischen Würdenträger mit seiner Gattin zu sehen[84]. Der Altar stand in Beziehung zur Heroisierung, die jene erfahren haben mögen. Er zeichnete sich aus durch flache Pulvini, das Fehlen eines Giebels, hohe profilierte Zonen, die im Deckprofil *cyma recta* und *cyma reversa* verbinden, im Fußprofil eine *cyma reversa* allein. Breite Faszien umfassen den Altarkörper oben und unten manschettenartig[85], eine Inschrift fehlt. Der Platz scheint im Zuge der Schlacht von Ilerda im Jahr 49 v.Chr. zerstört worden zu sein. Die große Münzreihe endet 45 v.Chr. *Terra sigillata* kannte man dort nicht. Deshalb wird der Altar noch in die 1.Hälfte des 1.Jahrhunderts v.Chr. zu setzen sein.

1.2 DER NORDEN[86]

Zwischen dem Küstengebiet der Tarraconensis und dem inneren keltiberischen Raum, der Grabstelen anstelle der Grabaltäre kennt, liegen etwa jenen zwischen Karthago und den im westlichen numidischen Innern gelegenen Plätzen wie Cirta und anderen vergleichbare Verhältnisse vor. Dort, in Cirta, überwog der Brauch, den Toten Stelen zu setzen, ganz im Gegensatz zum Küstengebiet um Karthago, wo die Altäre vorherrschten. Dies hat sich jüngst aus den Untersuchungen von Jean-Marie Lassère an den antiken Grabmälern Afrikas ergeben[87]. Die römische Grabmalform des Altars war auch dort im stärker romanisierten Raum zu Hause. Im übrigen sind die Altarformen von jenen in Tarragona recht verschieden[88].

---

82 Heute im Museo de Historia de la Ciudad.

83 The Princeton Encyclopedia of Classical Sites (1976) 132f. s.v. Azaila.

84 J. Cabré, Los bronces de Azaila, ArchEspArteArq 1, 1925, 297 ff.; C.-J. Nony, Une nouvelle interprétation des bronzes d'Azaila, MelCasaVelazquez 5, 1969, 5ff.; M. Beltrán Lloris, Arqueología e historia de las ciudades antiguas del Cabezo de Alcalá de Azaila (Teruel) (1976) 155ff.; H. Drerup, Augustusköpfe in Spanien, MM 12, 1971, 143 Anm. 12; P. Zanker, Studien zu den Augustus-Porträts I. Der Actium-Typus (1973) 26; U. Hausmann, Zur Typologie und Ideologie des Augustusporträts, ANRW II 12. 2 (1981) 547f.

85 Auch Statuenpostamente aus Sagunt besitzen solche Streifen. Diese datieren wohl aus den Jahren 4/3 v.Chr. Alföldy, Bildprogramme 185. 203. 265 Nr.390. 391 Taf. 11. 12.

86 Vgl. jetzt auch die Zusammenstellung der epigraphischen Materialien aus dem Raum des ehem. Conventus Cluniensis durch C. García Merino, Población y poblamiento en Hispania romana. El Conventus Cluniensis (1975) 216ff.

87 AntAfr 7, 1973, 132.

88 Kurze Beschreibung der Charakteristika ebenda 11 mit Abb. 25ff.

1.2.1 Burgos

Im Museum von Burgos befinden sich neben zwei großen Grabaltären aus Clunia (BU 1, BU 2) ein kleiner Votivaltar für Iupiter (BU 11) und zehn kleine Weihaltärchen für verschiedene Gottheiten. Die Zahl der Monumente ist, verglichen mit der an anderen Plätzen, nicht sehr groß. Dazu kommt, daß die an den für unsere Untersuchung wichtigen Elementen, Aufsatz und Profilen, bis zur Unkenntlichkeit beschädigten Altäre kaum berücksichtigt werden können. Gemeinsame Eigentümlichkeiten festzustellen ist deshalb nur unter gewissem Vorbehalt möglich.

Es wird durchgehend einheimisches Kalksteinmaterial verwendet; lediglich der Matres-Altar (BU 10) ist aus rotviolettem, geädertem, polierfähigem Kalkstein gearbeitet; eine fragmentierte Inschriftplatte im Museum zeigt dasselbe Material, beide unterscheiden sich darin von allen übrigen Steindenkmälern und sind wohl trotzdem lokaler Herkunft.

Die Bekrönung, der über der Deckplatte sich erhebende Teil, ist flach gehalten. Sie kann hinter einem weiten Rücksprung ansetzen, so bei den Altären BU 5, BU 9, BU 10. Auch die Pulvini können sich dieser Tendenz, die Bekrönung niedrig zu halten, anpassen. So sind sie bei den Altären BU 7, BU 13 flach gedrückt bis zylindrisch, bei BU 6, BU 9, BU 10, BU 19 bilden sie eine durch eine geschwungene Einsenkung verbundene Einheit. BU 11 zeigt sie zwar zur Mitte hin langsam sich absenkend, aber nicht eigentlich verbunden. Soweit erhalten, sind die Pulvini immer glatt und zylindrisch, nie in der Mitte durch *baltei* geschnürt oder als doppelte geschwungene Blatt- oder Schuppenblattkolben gebildet. Keine Pulvini hat der Altar BU 5: Nach einem Rücksprung erhebt sich eine rechteckige Platte, deren Oberfläche sich hinter einem schwachen Rand leicht einmuldet. Der runde Focus ist vorherrschend, so bei den Altären BU 4, BU 6, BU 9, BU 11, BU 13. Eine rechteckige glatte horizontale Fläche ohne Focusmulde zwischen den Pulvini hat Altar BU 7. Zu sehr beschädigt sind die Altäre BU 3 und BU 8, um die Form der Bekrönung oder des Focus erkennen zu lassen. Bei allen Altären mit Pulvinuseinheit ist auf zwischen den Pulvini liegende Giebel verzichtet, obwohl dies, wie ein Altar in Soria (SO 9) zeigt, möglich ist. Dort erhebt sich aus der Einsenkung ein kurzer spitzer Giebel, der nach hinten zur Mitte hin ausläuft. Die Giebel an den Altären BU 2, BU 4, BU 11, BU 13 sind flach, bei BU 4 haben sie eine doppelte Spitze, alle sind ungerahmt und ohne Reliefdekor.

Fuß- und Deckprofil besitzen eigentümliche Ausformungen. Nur qualitätvollere Exemplare wie BU 9, BU 10, BU 14 haben eine 'klassische' Profilierung, vom Altarkörper durch Faszien abgesetzte *cyma rectae*. Unter den lokalen Ausprägungen sind zwei Formen häufiger zu beobachten. Die eine wollen wir hier versuchsweise der übereinandergeordneten, gleichartigen hängenden Elemente wegen als Volantprofilierung bezeichnen. Sie ist an den Altären BU 3, BU 6 (oben), BU 7 (Fußprofil), BU 13 verwendet. Schräg nach unten vor den Altarkörper tretende Leisten folgen aufeinander. Es handelt sich um eine Vereinfachung der Profilierung, wie sie an anspruchsloseren kleinen Altären anzutreffen ist. Häufig haben letztere statt der Rundungen in den Profilen eine kantige Ausführung. Die andere nicht seltene Erscheinung ist die Umformung des Karnies, dessen Wölbung und Einziehung isoliert und kraß übertrieben werden. Gleichzeitig wird es senkrecht gestellt. Der Altar BU 11 vertritt diese Form auf einer extremen Stufe. Hier wirken die konkaven Partien der *cymae rectae* wie Fortsetzungen des Altarkörpers und scheinen dadurch die Profile zu zerreißen. In der beschriebenen Weise überformte *cymae*, die nicht derartig zerteilt sind, gibt es häufiger, so etwa bei den Altären BU 5, BU 6 (Fußprofil) und an solchen aus anderen Orten. Fuß- und Deckprofile sind an allen Altären auch auf den Neben- und Rückseiten ausgeführt.

Die Neben- und Rückseiten der Altarkörper sind immer als glatte rechteckige Flächen gebildet. Sie sind nicht gerahmt und bleiben völlig frei von Relief. Hiervon bildet nur BU 1 aus Clunia eine Ausnahme. Das Prinzip der Dekorlosigkeit bestätigen auch die ungerahmten Vorderseiten und unverzierten Bekrönungen der Weihaltäre. Keiner trägt hier zusätzliches Relief, was als ein auffallender gemeinsamer Zug festgehalten werden kann im Gegensatz etwa zu den Altären aus anderen Regionen Hispaniens wie zum Beispiel der Baetica. Verglichen mit jenen, wirkt auch der große Grabaltar BU 2 aus Clunia mit der karniesgerahmten Inschrift und zwei Rosetten auf den Pulvinusenden kahl und kantig. Glatte Giebel und Pulvinuszylinder bestimmen im wesentlichen den Eindruck, der der Tendenz zur Dekorlosigkeit entspricht. Diese steht in ausgesprochenem Gegensatz zum Ornamentüberschwang auf den Stelen der Burgosgruppe. Es kann daraus nur geschlossen werden, daß die Kerbschnittornamentik und weiterer Reliefschmuck auf die Gattung der Stelen beschränkt blieb und für die Altäre dieser Formenschatz nicht zur Verfügung stand. In einer solchen Trennung offenbart sich überdies eine Spaltung von funeralem und göttlichem Bereich; denn alle Altäre, bis auf die zwei großen (BU 1 und BU 2) aus Clunia, sind Votive, während die Stelen aus Nekropolen stammen.

Wenn Elemente der Stelenornamentik ähnlich auf einem Altar wiederkehren, wie zum Beispiel die Blüten der Wellenranken auf den Nebenseiten des Grabaltars BU 1[89], dann fällt die Betonung und sorgfältig gelungene Ausführung des Motivs auf, das exakt und detailreich mit dem Zirkel angelegt ist. Es offenbart sich so eine gewisse Diskrepanz in der Ausführung der Blütenrosetten zu jener der Wellenranken und ihren frei zugefügten Zwickeltrieben, mit der der Bildhauer offensichtlich nicht recht vertraut war. Ein entsprechender Gegensatz ist auch in der Wiedergabe des um den Dreizack tordierten Delphins der Rückseite und des Fisches in dessen Maul wahrzunehmen, den man doch wohl als solchen zwischen Vorlage und freier Zufügung erklären darf. In der Behandlung der Flossen an Körper und Schwanz scheint sich ebenfalls eine solche Abwandlung zu äußern. Ihre Bildung in vegetabilischen Kerbschnittformen gleicht ja jener der Rosetten und des Rankenblattwerks. Der Akanthusursprung der Ranke ist ganz dicht an die erste Volute gerückt. Auch im oberen Ende stellten sich dem Bildhauer Probleme der Raumaufteilung. Dort wird der endlose Rapport der Wellenranke durch das Gesims abgeschnitten. Die sich darbietende Schwierigkeit des oberen Abschlusses wird mit Hilfe ungeschickter Blattwerkbogen anstelle der Rosetten der Vorlage, die als Fries keine Schlußlösung vorsah, auszugleichen versucht. An alldem erkennt man das Bemühen des Steinmetzen, die Elemente seiner Vorlage zu ordnen und abzuwandeln. Auch an der Rahmung der Inschrift können bisher getroffene Feststellungen wiederholt werden. Die einfache plastische Wulst-Wellenranke wird von Kerbschnittwinkelhaken, die der heimischen Stelenornamenttradition folgen, begleitet. Die Kymatien am oberen Rand der vier Seiten sind leider von oben her stark beschädigt. Es sind nicht alle in den erhaltenen Teilen gleich. Auf der Vorderseite und den Nebenseiten sind es breite Zungen mit kantigen Rändern, dazwischen gratig aufgehöhte Zwickel, die dreieckig unterschattet werden. Auf der Rückseite sind die herabreichenden Zungen etwas spitzer und zum Rande hin gerundet. Deckplatte und Bekrönung dieses Altars sind leider abgearbeitet.

Oft fällt an den Altären die nicht geglättete Ausführung der Bekrönung auf. In Burgos ist dies etwa an Altar BU 2 besonders deutlich, aber auch bei BU 9, BU 10. Dabei ist die Unterseite des letztgenannten Altars glatt poliert. Zweifellos liegt in vielen Fällen, die sich einzig durch ein geglättetes Inschriftfeld auszeichnen, ein Zeichen sorgloser Arbeit vor, abgesehen von nachträglichen Verände-

---

89 Auch auf der Nebenseite eines Grabsteins, der an der Außenmauer eines Wohnhauses in Carrascosa de Arriba sichtbar ist und aus Tiermes stammt, finden sich Ranken dieser Art. T. Ortego, Tiermes (ciudad rupestre celtíbero-romana) (1975) 36 Abb. 21.

rungen der Oberfläche. Zuweilen wird diese Erscheinung mit einer besonderen Zurichtung der Bekrönung zusammenhängen, die zur Aufnahme von Teilen aus anderen Materialien bestimmt war. Wenn es bei Grabaltären Ossuarien oder Cinerare waren, ist dies aus der Zurichtung eher abzulesen, als wenn es sich um eine solche zur Anbringung von Schmuckelementen handelte. Ein verschollener Altar (BU 22) mit ungewöhnlichem oberen Abschluß ist in einer Zeichnung überliefert[90]. Mit seinem dreieckigen Aufbau könnte eine Pyramide oder ein Giebel gemeint sein. Eine vergleichbare Ara (LU 7) aus Lugo[91] besitzt eine *aedicula*-artige Bekrönung mit hohem Giebel, die einen ähnlichen dreieckigen Umriß hervorruft. Auch der Venus Victrix-Altar (TAD 4) aus Chaves[92] besitzt einen giebeldachförmigen Aufsatz.

Die außerhalb von Burgos im Gebiet der Provinz verwahrten Altäre sind sämtlich Weihaltäre. Mit kompletter Bekrönung wie BU 2 aus Pulvinuszylindern, Giebel und Rundfocus auf der Höhe des Firstes ist ein Weihaltärchen für die Nymphen (BU 23) ausgestattet. Flache Pulvini und einen Rundfocus ohne Giebel besitzen BU 14 und BU 18, beide von nur 14 bzw. 13 cm Höhe. Leiste, *cyma recta* und Faszie überwiegen in den Profilen, so bei BU 16, BU 20[93], BU 21, BU 23; Vereinfachungen wie *cyma recta* allein finden sich etwa bei BU 17(?), abgestufte Faszien bei BU 14, BU 22 sowie BU 4, Schrägen bei BU 15 oder verschliffene mehrfach gegliederte Profilbildungen wie bei BU 18 sind ganz bezeichnend. Nebenseitendekor und ornamentierte Bekrönungen sowie Rahmung der Inschrift dagegen sind diesen Altären ganz fremd.

1.2.2 Santander

Von den vier Altären (S 1–S 4) im Museum von Santander kommen zwei, aus rotbraunem Stein (S 2, S 3), von Monte Cilda in der Provinz Palencia[94]. Nur einer (S 1), gleichfalls aus rotbraunem Sandstein, stammt aus der Provinz, vom Pico Dobra bei Ongayo. Er ist durch die Nennung der Konsuln auf das Jahr 399 n.Chr. datiert, einem nicht weiter bekannten Gott Erudinus geweiht und durch seine Formgebung bemerkenswert. Bei schmalen und hohen Proportionen ist er flach gehalten. Fuß- und Deckprofil sind überaus hoch, treten aber nur wenig über den Umfang des Altarkörpers vor. Sie haben eine eigenartige Profilierung: Oben drei Horizontalgrate, die zwei übereinanderliegende Kehlen trennen; ein breiter und hoher Wulst, an seinem oberen Ende kurz gekehlt, stellt wohl eine späte Form der *cyma recta* dar, für die wir hier einen zeitlichen Anhaltspunkt haben. Das untere Profil ist durch einen kleinen Vorsprung vom Körper abgesetzt und besteht aus einer gewölbten Schräge, an der rechten Nebenseite etwas abgekantet, die in den hohen bossierten Sockel übergeht. Man vergleiche zur Form die in gleicher Weise vertikal geführten, nicht vorspringenden Profile an dem auf dem gleichzeitigen Konsulardiptychon der Nicomachi und Symmachi dargestellten Altar[95]. Auch die Profile von S 1 laufen um. Der linke erhaltene Pulvinus ist glatt und zylindrisch; eine leichte Einziehung in der Mitte wird wohl zu Lasten der Beschädigungen an der Bekrönung gehen, trotz derer noch eine Ausführung mit planem Zwischenfeld ohne Focusmulde zu erschließen ist. Der Altar hat keinen Schmuck, und das Inschriftfeld ist ungerahmt. An den Altären aus Monte Cilda (S 2, S 3), alles

---

90 J. García Sainz de Baranda, BIF 32, 1953, 730 Nr. 20 Abb. o. Nr.; B. Osaba, NotArqHisp 6, 1962, 257.
91 s. u. Kap. 1.5.1.
92 s. u. Kap. 1.5.5.
93 Weitere Monumente (Stelen) aus Poza de la Sal bringt jetzt in Zeichnung J. M. Solana Sainz, Autrigonia Romana, zona de contacto, Castilla-Vasconia (1978).
94 J. M. Iglesias Gil, Epigrafía Cántabra. Estereometría. Decoración. Onomástica (1976) 233 ff.
95 R. Delbrueck, Die Consulardiptychen und verwandte Denkmäler (1929) 209 ff. Taf. 54 V.

Votive, die freilich nur einen Bruchteil der beschrifteten Monumente dieses Fundortes repräsentieren, sind bestimmte Gemeinsamkeiten festzustellen. Alle sind aus dem gleichen rotbraunen Sandstein. Die Profilierung ist vereinfacht, sie bildet eine Folge von horizontalen Faszien mit längeren oder kürzeren Schrägen als An- und Ablauf oder ein invertiertes Volantprofil an dem Altaroberteil (z. B. S 4). Die Altäre haben keinen zusätzlichen Dekor. Die Pulvini sind zylindrisch oder flachzylindrisch ohne *baltei* und Rosetten an den Stirnen. Nur S 3 hat einen runden Focus mit wulstartig erhöhtem Rand und vermutlich zwei heute sehr stark beschädigte Giebel. Die übrigen Altäre sind ohne Focusmulde. S 4 und S 1 haben ein planes Pulvinuszwischenfeld, während man bei S 2 an dieser Stelle eine kürzere Einziehung erkennt, die man zu der aus Burgos bekannten Pulvinuseinheit wird rekonstruieren dürfen. Relativ hoch bossierte Sockel sind an zwei Beispielen auffallend. Die Inschriftfelder sind ungerahmt. Eine Übernahme von Ornamentformen der Stelen ist, wie schon in Burgos, auch hier nicht zu beobachten.

1.2.3 Vizcaya

In der Provinz Vizcaya stehen für unsere Untersuchung zwei Monumente (BI 1, BI 2) zur Verfügung. Sie sind beide ab- und umgearbeitet, doch handelt es sich wohl um einstige Altäre. Der eine (BI 2) besteht nur noch aus einem Quader mit abgeschrägten oberen Kanten. In die horizontale Oberseite ist ein kleineres halbkugeliges Weihwasserbecken eingetieft. Die spätere Zurichtung läßt auch die Vorderseite mit Teilen einer Grabinschrift erkennen, an der links, aber auch rechts, durch flächige Abarbeitungen Buchstaben verlorengegangen sind. Die Inschrift war sicher ungerahmt, ebenso die des zweiten Altars (BI 1), der aus gleichem Material gearbeitet ist. Es ist ein dunkelroter Marmor, der weiß bis karamelbraun geädert und gefleckt ist. Heute noch wird dieses charakteristische Werkmaterial unweit von der Fundstelle abgebaut; man darf annehmen, daß auch die antiken Brüche dort in Ereño, ca. 7 km nordöstlich von Guernica, lagen[96]. Damit können wir wenigstens in einem Fall den Steinbruch lokalisieren, in dem das Material für den lokalen Bedarf an Altären gebrochen wurde. Zusätzlich nennt die Inschrift Veranlasser oder ausführende Hand: »*Q. Vito fecit*«[97]. Damit gewänne, nach Kenntnis des Werkmaterials, möglicherweise auch die Werkstatt an Kontur. Die hohe, kaum vorspringende Profilierung ist durch breite, senkrecht gestellte *cymae rectae* gekennzeichnet. Faszie und Leiste vergrößern die Höhe der Profile. Die Bekrönung über der Deckplatte ist abgearbeitet, in der horizontalen polierten Oberseite findet sich heute eine kreisrunde tiefe Weihwassermulde.

1.2.4 Álava

Auch die Betrachtung der Altäre aus dem Raum der Provinz Álava (VI 1–4) ist durch die besondere Lage der Überlieferung erschwert[98]. Einige Stücke sind verlorengegangen, und wir haben nur durch Kopien der Inschriften von ihnen Kunde. Andere werden in Privatsammlungen der Provinz schwer zugänglich aufbewahrt. Der Rest eines altarähnlichen Monuments mit abgeschlagenen Profilen im Museum von Vitoria aus Miñano Mayor ergibt für unsere Fragestellung wenig. Er ist aus lokalem hellem, porösem Kalkstein und hat auf der Oberseite eine tiefe, wohl sekundäre Einarbeitung. Die Profil-

---

96 Vgl. auch W. Grünhagen, Farbiger Marmor aus Munigua, MM 19, 1978, 297 Abb. 2.

97 Vgl. auch eine entsprechende Inschrift an Altar BEB 27, dazu unten Kap. 1.6.2. G. C. Susini, Il lapicida romano (1968) 20.

98 Vgl. J. C. Elorza, Ensayo topográfico de epigrafía romana alavesa, EstArqAlav 2, 1967, 119–185.

folge des oberen Gesimses von oben nach unten ist nur noch als Platte (?), Wulst (?) und Faszie zu erkennen. Der Sockelteil ist beschädigt. Wir dürfen sicher eine einfache 'provinzielle' Profilierung voraussetzen. Meist ist der Zusammenhang eines Altars mit dem ursprünglichen Aufstellungsort verlorengegangen. Eine seltene Ausnahme bildet das Quellenheiligtum von Araya mit vier dort gefundenen Altären für die Nymphen[99] ohne epichorische Beinamen. Von ihnen ist nur einer besser bekannt geworden. Es ist ein gedrungener Altar (VI 1) mit hohen senkrechten *cymae rectae*, die durch flache Faszien von dem die ungerahmte Inschrift tragenden Körper abgesetzt sind. Von zwei weiteren Altären dieses Heiligtums ist nur bekannt, daß einer kleiner (39 × 21 × 15) und der dritte noch kleiner war als VI 1. Die Altäre VI 3 und VI 4 sind von kleineren Ausmaßen, jedoch ganz unterschiedlichen Proportionen, der eine ist von hoch-, der andere (VI 4) von breitrechteckiger Form. Beide besitzen heute auf der sonst flachen Oberseite lediglich eine gerundete Vertiefung, die man für eine antike Focusmulde hält; daß es sich um sekundär eingearbeitete Vertiefungen handeln könne, ist angesichts der niedrigen Höhe — die Monumente kommen deshalb als Träger von Weihwasserbecken kaum in Betracht — unwahrscheinlich. Wir werden daher hier den nicht häufig repräsentierten Fall vor uns haben, daß der Focus als einziges Bekrönungselement verwendet wurde[100]. Sonst sind beide Altäre dekorlos und ohne Rahmung der Körperseiten. Die Profilierung kennt Karnies und Faszie an VI 4 in relativ hohen Zonen. VI 3 besitzt kein Deckprofil, jedoch die Andeutung eines Fußprofils. Die Frage, ob eine nachträgliche Veränderung vorliegt, stellt sich hier besonders nachdrücklich. Die Zahl der VI 4 vergleichbaren breitrechteckigen, meist kleineren Altäre ist in Hispanien nicht groß[101].

1.2.5 Guipúzcoa

Es scheint, daß Altäre im Bergland von Guipúzcoa selten waren. In der Sierra de Aitzgorri ist ein Altar (SS 1) bekannt geworden, der jedoch, nach Aussage des Hirten, in dessen Hütte er verbaut ist, von einem Platz im nahen Álava kommen soll. Er besitzt seitliche Pulvini und wulstige Profile, die — zumindest nach der veröffentlichten Zeichnung — dem Fußprofil ein bemerkenswertes Gewicht verleihen. Das Ausladen der Profile und die sonst häufig anzutreffende gelängte Form des Monuments sind zugunsten einer gedrungenen Proportionierung gemildert.

1.2.6 Navarra

Aus Navarra ist eine repräsentative Reihe von Altären im Museum von Pamplona versammelt[102]. Ihre Profilierung mißversteht oft die klassischen Profilelemente und kommt darin zu unabhängigen Lösungen; als Beispiele stehen die Schrägen mit den aufgehöhten Leisten am großen Altar aus Barbarín (NA 6) oder die überzogen hohen *cymae rectae* des Fußprofils der beiden Altäre aus Ujué (NA 18, NA 19) und das leider nur an einem der beiden erhaltene Deckprofil. Zuweilen sind es achtlose Ausführung und Unvermögen des Handwerkers, die zu unsauberen und unklaren Profilen führen. So dürfte der Gegensatz in der Arbeit am Weihaltar des Asclepius Paternus (NA 4) aus Barbarín zu erklären sein, wo das Fußprofil weniger exakt ausgebildet ist. Die Steine aus San Martín de Unx (NA 16, NA 17), Rocaforte (NA 15) und der Kalksteinaltar aus Lerate (NA 11) wählen wohl in der heimischen

---

99 Vgl. Blázquez, Religiones 199ff.; zum Nymphenkult in Hispanien s. schon Roscher, ML III 1, 546f.
100 Wenn hier keine Abarbeitungen vorliegen; die Monumente konnten daraufhin nicht geprüft werden.
101 Ein Beispiel dafür stellt SE 29 dar.
102 Zu den Stelen s. jetzt F. Marco Simón, Las estelas decoradas de época romana en Navarra, Trabajos de Arqueología Navarra 1, 1979.

Handwerkstradition verhaftete Lösungen der überbetonten *cyma recta* (NA 15, NA 17), der abgekanteten ungegliederten Schräge (NA 16) und einer eigenartigen Wulst-Karniesform (NA 11). An allen Altären laufen die Profile um den Körper herum.

Vom Gesamtbestand in Pamplona sind 17 Steine Weihaltäre, zwei (NA 13, NA 15) sind Grabaltäre, und zwei Bruchstücke (NA 8, NA 20) gehören zu ehemaligen Monumentalaltären, in denen man wohl gleichfalls Grabdenkmäler sehen darf. Als Werkmaterial ist fast ausschließlich Sandstein verwendet. Die in anderen Regionen häufigen Reliefs auf Weihaltären, Kanne und Schale auf den Nebenseiten, kommen im gesamten betrachteten Raum Altkastiliens und Navarras nur an einem Iupiteraltar aus Aibar (NA 1) vor und hier gleich mit zusätzlichen Darstellungen, deren Ikonographie den religionsgeschichtlichen Zusammenhang mit dieser Weihung sichert: über der Kanne auf der linken Nebenseite die Traube als Symbol des Gefäßinhalts Wein und über der geriefelten Schale auf der Gegenseite das Ährenbündel[103]. Im Giebelfeld der Frontseite erkennt man eine Stierkopfprotome mit Dreieck zwischen den Hörnern, von Füllhörnern umgeben. Die auf der Rückseite aus der Mitte versetzte Wirbelrosette verbindet den Altar mit dem heimischen Boden. Die Profilierung folgt guter klassischer Tradition wie die Schuppung und Schnürung der Pulvini, die aus dem Küstenraum der Tarraconensis überliefert worden sein dürfte.

Die Bekrönungen der Altäre sind meist stark beschädigt. Die durch Einsenkung verbundene Pulvinuseinheit mit glatten Schäften ist häufig (NA 16 z. B.), wohl auch bei dem großen Altar aus Barbarín (NA 6). Das kompakte Zusammenschließen der Bekrönung führt an dem Altar NA 17 dazu, daß die Pulvini als Einzelelemente nicht mehr deutlich sind. Der Altar NA 11 hat zusätzlich in der die Pulvini verbindenden Einsenkung eine gerundete Focusvertiefung mit aufgeworfenem wulstigen Rand. Wulstgeteilte Pulvini hat nur noch der Altar aus Ibañeta (NA 9); doch fällt dies Exemplar seiner klassischen Formgebung wegen aus dem Rahmen. Es ist das zweite mit gerahmter Inschrift und zeigt wohl ebenso wie der Altar aus Aibar (NA 1) Verbindungen zum Küstenraum[104]. Ein schlanker, hoher Altar aus Barbarín (NA 5) hat flachzylindrische Pulvini mit erhöhter planer Zwischenfläche. Verwandt ist darin der kleine Altar aus Rocaforte (NA 15) mit zusätzlichem, hier eingetieftem Rundfocus. Letzterem begegnen wir fünfmal (NA 1, NA 4, NA 11, NA 15, NA 18). Gleich groß ist die Zahl der Altäre, bei denen auf eine Focusmulde verzichtet worden ist (NA 5, NA 13, NA 16, NA 17, NA 27). Diese Feststellungen können natürlich nur aufgrund solcher Altäre getroffen werden, bei denen die Bekrönung ausreichend erhalten ist. Mit Pulvini, Rundfocus und Giebel sind die stattlicheren Altäre NA 1, NA 4, NA 18 versehen. Bei den Stierkopfprotomen auf den Nebenseiten des zuletzt genannten Altars (NA 18) für die indigene Gottheit Lacubegus liegt wohl ein ikonographischer Bezug zur Weihung vor. Außerdem dürfen wir hier ein in der Region recht verbreitetes einheimisch gestaltetes Motiv fassen[105].

Interessant für die Bestimmung von Außenbeziehungen dürften zwei einfache Grabdenkmäler in *cupa*-Form[106] sein, die an je einer Schmalseite eine Inschrift tragen. Diese ist mit Giebel und Pulvini in

---

103 Vgl. die Darstellung einer Ährengarbe auf einem Postament des Jahres 114 n.Chr. in einem syrischen Heiligtum. M. Pillet, Les autels de l'»El-Karassi« (Syrie Centrale), RA 6. Sér. 17, 1941, 5 ff.

104 Oder der balusterförmigen Pulvini wegen nach Aquitanien. Espérandieu II Nr. 844 ff. ('Pyrenäen'-Altäre aus Le Comminges).

105 Vgl. J. E. Uranga, El culto al toro en Navarra y Aragón, in: IV Symposium de Prehistoria Peninsular (1966) 223 ff. Bukranion an der Nebenseite eines Altars in Pompeji: E. Pernice, Die hellenistische Kunst in Pompeji V (1932) 68 Nr. 11 Taf. 41,1.

106 Pamplona, Museo de Navarra Inv. Nr. 27 (die kleinere *cupa*; die größere ist ohne Inv.Nr.).

tabula ansata gefaßt. An der einen erhaltenen Pulvinusstirn der längeren *cupa* ist deutlich der Rest einer Rosette[107] zu erkennen. Für die Gestaltung des Inschriftträgers hat wohl die Form des Altars Pate gestanden, die zu einer vorgeblendeten Tafel reduziert wurde. In Barcelona und Tarragona gibt es eine ganze Reihe solcher Denkmäler, bei denen die in der beschriebenen Form gegebene Inschrifttafel eine der Langseiten ziert. Diese Bildung scheint in dem ansierten Altar aus Marañón (NA 13) eine selbständige monumentale Ausgestaltung gefunden zu haben, bei der der einansichtige Tafelcharakter noch erhalten geblieben ist. Für die Form der Inschrift in *tabula ansata*, die auf Stelen etwa aus Villatuerta und Gastiaín bezeugt ist, haben wir bei dem untersuchten Altarmaterial keine Parallele[108].

Einige der Altäre, die heute im Museum von Pamplona aufbewahrt werden, standen vordem in der Sammlung des Castillo de Javier. Die noch heute dort befindlichen Stücke sollen zu einem Teil aus der Umgebung stammen. Sie sind, bis auf zwei, aus Sandstein gearbeitet. Hier begegnen wir einem Altar (NA 21) von sehr eigenwilliger Ausprägung. Er wirkt schlank und hoch, besitzt aber eine schwere Deckplatte und eine betont kantige Bekrönung. Die Pulvini sind durch eine tiefe Einsenkung verbunden und außen zu Voluten eingerollt. Inmitten der Einsenkung erhebt sich ein schmaler Giebel. Geritzte Zeichnung gliedert und schmückt die Vorderseite. Auf der Deckplatte sind es die von den Stelen her bekannten überzogenen Halbkreisbogen. Dieses lokale Dekormotiv[109] begegnet hier zum erstenmal auf einem Altar und bezeichnenderweise auf einem Grabaltar. Dürfen wir hier einen Berührungspunkt zwischen Stelenornamentik und Grabaltar fassen? Die Profilierung mit einfachen, weitgeschwungenen Hohlkehlen gibt diesem Altar eine Sonderstellung. Weitere Einzelheiten sind ihm und den übrigen Stücken in Javier gemeinsam: umlaufende Profile, die nicht gerahmte Inschrift, schmucklose Neben- und Rückseiten. Ein Weihaltarbruchstück (NA 22) besitzt eine flache, durch Einsenkung verbundene Pulvinuseinheit. NA 24 fällt durch breite Deck- und Fußprofile auf, in dem Deckprofil trägt ein senkrecht steigendes Karnies dazu bei, die Höhenerstreckung zu steigern. NA 26 hat einen konkav einschwingenden Altarkörper, eine in diesem Raum nicht häufige Form[110], die man aber gelegentlich, so z. B. an einem bossierten Altar in Soria (SO 10)[111], beobachten kann. Ein 1,70 m langer skulpierter Sandsteinblock (NA 23) stellt einen Pulvinus dar. Er muß, aufgrund seiner Ausmaße, zu einem Altar von den Dimensionen jener Monumentalaltäre in Barcelona gehört haben. Als Unterlage dient eine 15 cm dicke Platte. Über ihr rundet sich der Schaft auf der Außenseite gleichmäßig, vom Scheitel senkt er sich schräg nach innen zu herab und ist dann senkrecht abgeschnitten. Außen ist er mit großen Blättern bedeckt, deren Blattzwickel durch auffallende schattende Bohrungen charakterisiert sind. Ein wulstiges Geschlinge in Form einer doppelten Acht, das dem Knoten am *balteus* des Pulvinus B 22 entspricht, gibt die Mitte an. Von hier aus sind die Blätter nach beiden Seiten gerichtet. Auf der vom Scheitel aus nach innen abfallenden Schräge sind in flacher Zeichnung sich überlagernde Schuppen mit gerundetem Ende und Mittelrippe angebracht. Diese Schuppen bedecken gewöhnlich die Schäfte der großen Pulvini. Aus Navarra hatten wir schon zwei Beispiele bespro-

---

107 Im Rahmen des hier geprüften Materials gibt es rosettengeschmückte Pulvinusstirnen nur bei BU 2, NA 1, SO 15.
108 Inschriften in der Provinz Zaragoza sind oft in der Weise gerahmt. G. Fatás – M. A. Martín Bueno, Epigrafía romana de Zaragoza y su provincia (1977) Nr. 4. 17. 32. 33. 46. 51.
109 Ganz bezeichnend für die Grabmonumente aus dem Vall de l'Arboust in den Pyrenäen: J. Puig i Cadafalch, L'arquitectura romana a Catalunya (1934) 384 Abb. 521,

und dem angrenzenden Aquitanien: Espérandieu II und XIII. Auch Grabstelen aus Le Comminges zeigen den Dekor gern: Espérandieu II Nr. 882 ff.; IX Nr. 6918 f.; XIII Nr. 8034 ff. und ganz allgemein aus der Region Haute-Garonne: Espérandieu XV Nr. 8845 ff. J. J. Hatt, Sur quelques monuments funéraires gallo-romains des Pyrénées, RA 6. Sér. 17, 1941, 58–69.
110 Bei undekoriertem, atektonisch aufgefaßtem Altarkörper vgl. C. G. Yavis, Greek Altars (1949) 173 f. Abb. 79.
111 s. u. Kap. 1.2.8.

chen[112], weitere aus Barcelona[113]; auch aus Segobriga sind sie bekannt[114]. In Barcelona fanden wir eine geknotete Mittelschnürung, wenn auch nicht in der Form eines solchen Geschlinges. Für den mit langen Blättern bedeckten Schaft kennen wir unter den bislang bekannten Monumentalaltären keine Parallele. Auffallend ist, daß die monolithen Altäre gewöhnlicher Größe auf solchen Schmuck verzichten, zumindest im Norden der Tarraconensis; andernorts ist er durchaus geläufig.

1.2.7 Logroño

Im Museo Provincial in Logroño werden aus dem oberen Ebrotal vier kleine Weihaltäre (LO 1–LO 4) zwischen 30 und 50 cm Höhe aufbewahrt. Gemeinsam ist ihnen die einfache Profilierung, die in der Regel nur aus zwei Elementen, Faszie und Wulst, besteht und auf das doppelt geschwungene Karnies verzichtet. Der 1 m hohe Altar für Dercetius (LO 5) besitzt jedoch von einer Faszie begleitete *cymae rectae* in den beiden Profilen. Unverzierte Neben- und Rückseiten und das ungerahmte Inschriftfeld verbinden sie mit den bisher betrachteten Altären. Dem entspricht, daß auch die Bekrönungen schon bekannte Formen zeigen, die flache, geschwungene Pulvinuseinheit (LO 4), deren Variante mit flachzylindrischen Pulvini auf horizontaler Oberseite (LO 3) und zweimal Giebel vor Rundfocus zwischen zylindrischen Pulvinusrollen (LO 1, LO 2). Der Sandstein bezeugt ihre lokale Entstehung. Auch hier dienten Stelen als Grabdenkmäler. Neufunde aus Libia harren der Publikation. Trotzdem zeigt die geringe Anzahl und Qualität, daß wir uns nicht im Kerngebiet ihrer Verbreitung befinden. Der sehr zerstörte Trägerblock einer Grabinschrift aus Varea (Prov. Logroño) erlaubt nicht mehr zu sagen, ob es sich um den Rest einer Stele oder eines Grabaltars handelt. Auffallend und bemerkenswert sind seine Unterschiede zu den aus der Gegend bekannten Weihaltären, so die als Randwulst gebildete Inschriftrahmung und ein Zickzackdekor auf der unteren Leiste. In diesem sich andeutenden Schmuckbedürfnis zeigt sich auch hier die Trennung von Funeral- und Votivbereich[115].

1.2.8 Soria

Im Museum von Soria steht eine Reihe von Altären, deren Herkunft zum Teil aus Clunia, u. a. aber auch aus dem nahen Numantia gesichert ist. Wir haben es dabei, mit Ausnahme des Grabaltars in der Kirche von Torrearévalo (SO 20), ausschließlich mit Weihaltären zu tun, die den bisher gewonnenen Eindruck bestätigen. Der Grabaltar SO 20, der fünfte, den wir bisher im Norden gezählt haben und dem 60 Weihaltäre gegenüberstehen, fällt bei schlanken Proportionen durch seine große Höhe auf. Er ist durch ein mächtiges Gesims ausgezeichnet, das aus mehreren Teilelementen besteht. Die reichere Ausgestaltung der Grabaltäre zeigt sich auch hier am Relief des Giebelfeldes. Sie kehrt an einem an der Ermita de los Mártires in Garray verbauten Inschriftquader aus Numantia, wohl Körper eines ehemaligen Grabaltars, wieder und erinnert an die Inschriftrahmung des oben genannten Grabsteins in Logroño. Es ist auch hier keine Einfassung in Karniesform, sondern ein flacher, schräg gekerbter Wulst. Der an der Südmauer derselben Kirche eingebaute Inschriftblock ist ohne Rahmung. Die abgearbeiteten Profile sind in Spuren noch deutlich zu erkennen. Die Formel Dis Manibus macht eine Datierung dieses Steines schon ab dem Ende des 1. Jahrhunderts n.Chr. wahrscheinlich.

---

112 s. o. Kap. 1.2.6.
113 s. o. Kap. 1.1.2.
114 s. u. Kap. 1.3.3.

115 Zu weiteren Altären und Stelen s. auch T. Garabito – E. Solovera, Aras y estelas romanas del territorio berón (Rioja), Durius 3, 1975, 325–343.

Ein Weihaltar für Iupiter (SO 9) von 1,24 m Höhe aus Numantia, der mit nur 54 cm Breite und Tiefe noch höher wirkt, hat auf der Vorderseite der Pulvinussenke einen Giebel, der zur Mitte des Monuments hin ausläuft. Nur noch der Grabaltar in Javier (NA 21) weist unter den Altären aus dem Norden einen vergleichbaren Giebel auf der Senke auf. Die Bekrönung des Iupiteraltars SO 12 aus der Villa von Santervás del Burgo läßt trotz ihrer starken Beschädigungen noch einen großen Rundfocus, dagegen keine Pulvini erkennen. Diese auffallenden Kennzeichen können möglicherweise mit dem Datum der Villa, dem 4. Jahrhundert n.Chr., in Verbindung gebracht werden. Ein weiterer Iupiteraltar (SO 15) von nur 39 cm Höhe hat, wie oft (so auch SO 1, SO 11, SO 14), Pulvinuseinheit mit Rundfocus, aber nun auf der Stirn der zylindrischen Pulvini eine plastisch aufgehöhte sechsteilige Wirbelrosette. Die rosettenverzierte Pulvinusstirn ist im Norden nicht sehr häufig anzutreffen (BU 2, NA 1, SO 15); bemerkenswerterweise tritt sie in der heimischen Spielart mit Wirbelrosette hier nur ein einziges Mal bei einem Weihaltar auf. Dieses Motiv schließt wieder den Kreis zur Ornamentik der Stelen, mit denen sich die Gattung der Weihaltäre, wie wir sahen, bisher im allgemeinen der Berührung enthalten hatte.

Im Gegensatz zu den meist hochgestreckten Altären steht ein Altar von mehr kubischen Proportionen (SO 13). Den schwer deutbaren Profilen kann die Vorstellung einer *cyma reversa* vom Typ des Altars SO 11 aus Clunia zugrunde liegen, deren Aus- und Einschwingung getrennt worden ist, so daß ein vor- und ein rückspringender Wulst übereinanderliegen. Auch der Altar SO 11 ist von gedrungener Form, besitzt aber weit ausladende Basis- und Deckplatten, zu denen *cymae reversae* überleiten. Die altertümliche Form von Profil und Inschrift legt ein frühes Datum nahe, die *cyma reversa* gehört in Italien in die republikanische Zeit[116]. Die reduzierte flache Pulvinuseinheit mit rundem, von einem Wulstrand umgebenem Focus liegt hinter einem breiten Rücksprung der rauhen Deckplattenoberseite. Eine durch Senke verbundene Pulvinuseinheit mit Rundfocus haben außerdem die Altäre SO 1, SO 14, SO 15. Nur der Marsaltar (SO 10) mit seinem wie bei NA 26 eingezogenen Altarkörper hat Flachpulvini, Giebel und Rundfocus.

Eine Gruppe von Hausaltärchen, unter denen einige dekorierte im bisherigen Rahmen ungewöhnliche Stücke sind, kommen aus den Häusern in Clunia. Unter ihnen sind drei verzierte Beispiele. Es sind solche auffallend kleinen Formats, die leicht mit sich getragen werden konnten und deshalb nicht lokale Formen bezeugen müssen. SO 7 hat auf den Nebenseiten nicht deutbare Motive, in Relief, SO 6 eine Bekrönung mit Giebeln auf allen vier Seiten, Eckakrotere und Rundfocus mit Vierblattrosette auf dem Grund der Mulde, abgefaste Kanten am Körper verstärken noch den aus dem bisherigen Rahmen fallenden Eindruck. Ein dritter Altar (SO 5) von ganz einfacher Quaderform, ohne vorspringende, nur durch Rillen angedeutete Profilierung, hat auf der horizontalen Oberseite eine Randrille mit eingezogenen Seiten. Zwei etwas höhere Altärchen (SO 2, SO 3) sind breiter in den Proportionen, besitzen eine flache, durch Senke verbundene Pulvinuseinheit ohne besondere Focusangabe. Ein Altar von ca. 33 cm Höhe (SO 1) schließlich ist langgestreckter in den Proportionen, er besitzt in der Senke zwischen den Pulvini eine plastisch erhöhte Rundfocusmulde.

Als Ergebnis können wir festhalten, daß es im Norden nur wenige Grabaltäre gibt, zwei aus Clunia, einen aus Marañón, einen in Javier aus dessen Umgebung und schließlich einen in Torrearévalo[117]. Auch die dreimal bezeugten Reste von Monumentalaltären werden Grabdenkmälern zugeord-

---

116 L. T. Shoe, Etruscan and Republican Roman Mouldings (1965) 143 ff. 173 ff.

117 P 1 und P 5 folgen im nächsten Abschnitt.

net werden dürfen. Ihnen stehen 60 Weihaltäre gegenüber. Berührungen zwischen Stelen und Altären sind nur im gemeinsamen funeralen Bereich der Grabaltäre zu sehen. Wirbelrosetten auf einem Weihaltar (SO 15) müssen als Einzelfall gewertet werden. Die deutlich aufwendigere Ausführung der für funerale Zwecke bestimmten Denkmäler hängt wohl mit der Bedeutung zusammen, die man dieser Gattung beimaß. Dies kann den Grabinschriften[118] entnommen werden, die sich auf Bestattung und Grabmal beziehen. Daß Grabaltäre neben den Grabstelen im keltiberischen Raum eine derart untergeordnete Rolle spielten, daß also die Bestattungsbräuche offensichtlich von denen anderer hispanischer Regionen differierten, mag uns an antike Quellen wie Silius Italicus[119] erinnern, die von eigenen Grabsitten bei den Keltiberern berichten.

1.2.9 Palencia

Im westlich an Burgos angrenzenden Raum der Provinz Palencia erwartete man Antwort auf die Frage: Setzen sich die in Burgos verbreiteten Formen der Altäre auch in diesem Raum fort, oder lassen sich hier schon Abgrenzungen und formale Differenzierungen wahrnehmen, zumal hier auch die westliche Grenze der Celtiberia zu suchen ist?

Nur acht zur Verfügung stehende Altäre stellen zur Beantwortung dieser Frage eine recht schmale Grundlage dar.

P 1 und P 5 besitzen eine Bekrönung, die von den zylindrischen Pulvini zu einem durchgehenden Giebel hochschwingt. Eingeritzte Pulvinusstirnrosetten und ein doppelhenkeliges Halsgefäß an der Giebelfront bilden einen graphischen Dekor an Altar P 1, der dafür auf Profile verzichtet; den ungerahmten und dekorlosen Körper begrenzt allein eine kantig vorspringende Deck- und Sockelplatte. P 3 ist ein sehr beschädigtes altar- oder postamentartiges Monument, wohl aus der Orakelstätte Fontes Tamarici[120]. Bemerkenswert ist seine schlanke Form. Faszie, *cyma recta* und Leiste, noch am Sockelprofil erkennbar, sind als Profil geläufig, lassen jedoch in ihrer Formgebung nicht den einheimischen Steinmetzen erkennen. Die Oberseite scheint nachträglich verändert. P 4 und P 6 besitzen, wenn auch von extremen Größenunterschieden, kleine Pulvini und einen mit senkrechtem Rand sich aus der flachen Oberseite erhebenden Rundfocus. Es ist klar, daß sie sich in den Profilen unterscheiden. Der Miniaturaltar P 6 benutzt das abgetreppte Stufenprofil, P 4 zeichnet sich durch Faszie, *cyma reversa*, Faszie aus, die in einer solchen Kombination selten zu beobachten sind. P 7 (= S 2) und P 8 (= S 3) aus Monte Cilda entsprechen noch engstens den Altären im Raum Burgos. Pulvini, Giebel und Rundfocus auf Höhe der oberen Pulvinusperipherie besitzt etwa BU 2. Die durch eine Senke verbundenen Pulvini begegnen an BU 9 und anderen. Anstelle der Profile vermitteln kurze Schrägen an beiden Altären aus Monte Cilda. Sie besitzen überdies gleiche Breite und Tiefe und sind dazu noch aus dem gleichen rotbraunen Sandstein gearbeitet, genügend Anzeichen, die eine in einer bestimmten Art arbeitende Werkstatt verraten[121].

---

118 Vgl. H. Geist, Römische Grabinschriften (1969) 203 ff.
119 Pun. III 340–343.
120 Plin., nat.hist. XXXI 23. 24.

121 Vgl. auch L. Sagredo San Eustaquio – S. Crespo Ortiz de Zárate, Epigrafía romana de la provincia de Palencia (1978) ohne Abbildungen.

1.3 DAS BINNENLAND

1.3.1 Guadalajara

In den zentralen Binnenräumen sind, bedingt durch die verbreitete Unzugänglichkeit und Unwirtlichkeit des Terrains, die Monumente oft gering an Zahl. So kennen wir aus dem Gebiet am Oberlauf des Tajo und seinen Nebenflüssen, der heutigen Provinz Guadalajara, nur einen einzigen Weihaltar (GU 1)[122]. Seine Bekrönung folgt dem Typus der durch eine Senke verbundenen Pulvinuseinheit. In ihr erhebt sich, bis über die obere Pulvinusperipherie hinausragend, ein großer Rundfocus. Sie folgt somit einer im Norden verbreiteten Bekrönungsform (vgl. z. B. SO 11, BU 6, BU 9, BU 10). Die Pulvinusstirnrosetten, vergleichbar etwa P 1, und die einfachen und schweren *cyma reversa*-artigen Profile fügen sich in diesen Rahmen.

1.3.2 Segovia

Ähnlich gering ist die Zahl der verfügbaren Altäre in der westlich der Cordillera Central gelegenen Provinz Segovia. Drei kleinere Altärchen (SG 1–SG 3) waren sekundär in einer Nekropole verbaut und dadurch in ihrem Bestand in Mitleidenschaft gezogen. Abgetreppte Faszien als Profile (SG 1, SG 3) und Faszie, *cyma recta* auf Leiste (SG 2, am Fußprofil) sind in den keltiberischen Kernlanden gleichfalls verbreitete Profilelemente (vgl. BU 4 bzw. BU 2 oder NA 27).

1.3.3 Cuenca

In der Provinz Cuenca lagen einige bedeutendere Ansiedlungen, die durch den offenen Charakter der Landschaft begünstigt waren. Außerdem verliefen hier die Halbinsel querende Verkehrswege vom Valencianer Küstenraum in das Tajotal[123].

Segobriga ist wohl der bekannteste hier gelegene Fundplatz[124].

Ein kleiner Weihaltar (CU 1) mit Pulvini, Giebel und Rundfocus entspricht ganz dem Aussehen von Altären in den zuvor besprochenen nördlichen Regionen der Halbinsel. Durch *cyma recta* und Faszie ist er jeweils an Deck- und Fußprofil klar gegliedert.

---

122 G. Alföldy hat inzwischen weitere Altäre in seine gesammelten Materialien zur Neuedition des CIL eingereiht, wie er mir freundlich mitteilt. – Aus der benachbarten Provinz Madrid verfügen wir über keinen Altar. In das Muséo Arqueológico Nacional, Madrid, das spanische Zentralmuseum, wurden seiner Bestimmung gemäß auch Altäre aus anderen Regionen überführt. Sie sind zusammen mit dem übrigen epigraphischen Material von M. L. Albertos Firmat für die CIL-Neuedition aufgenommen worden. Vgl. auch Casto María del Rivero, El lapidario del Museo Arqueológico Nacional. Catálogo de las inscripciones romanas... (1928); ders., Museo Arqueológico Nacional, Adquisiciones en 1930 (1931) 1–9 Abb. 1 Taf. 1.

123 An einer Nord-Süd-Verbindung Segontia-Segobriga lag das von Livius und Plinius genannte Municipium Ercavica. Neuerdings sind dort Teile eines bronzenen Altars mit applizierten Ritualgeräten gefunden worden. M. Osuna Ruiz, Arqueología Conquense. Ercavica I. Aportación al estudio de la romanización de la Meseta (1976) 43. 98 ff. 130 ff. Abb. 57 ff. Taf. 10 ff. Das fast vollständig erhaltene parallele Exemplar aus Sulmona im Museo Archeologico von Chieti vermag das vermutliche ehemalige Aussehen dieses Altars zu veranschaulichen. M. P. Rossignani, La decorazione architettonica in bronzo nel mondo romano, Contributi dell'Istituto di Archeologia (Pubblicazioni dell'Università Cattolica del Sacro Cuore, Milano) 2, 1969, 52 Taf. 19,1. 2; H. Blanck, AA 85, 1970, 345 Abb. 98. Im Museo Arqueológico Provincial von Alicante sind die bronzenen Appliken eines Altars vom Tossal de Manises ausgestellt.

124 The Princeton Encyclopedia of Classical Sites (1976) 818 s. v. Segobriga (M. Pellicer Catalán). – M. Almagro, Segobriga – ciudad celtibérica y romana. Guía de las excavaciones y museo (1975); M. Almagro Basch, Segobriga II. Inscripciones ibéricas, latinas paganas y latinas cristianas, ExcArqEsp 127 (1984).

Unter den Resten von Steindenkmälern aus Segobriga ist uns ein Bruchstück (CU 6) aufgefallen, das von einem Pulvinus eines großen Altars herrühren dürfte. Erhalten sind Partien des *balteus* und der von ihm ausgehenden zugespitzten und in der Mittelachse gerillten Blattschuppen. Neben diesem einst offenbar monumentalen Grabaltar kannte man hier aber auch, wie in diesem von der Romanisierung stärker erfaßten Raum zu erwarten ist, den gewöhnlichen monolithen Grabaltar. CU 5 bezeugt ihn, wenn auch bislang nur in diesem einen Beispiel.

CU 2 und CU 4 vertreten die Bekrönungsform der durch eine Senke verbundenen glatten Pulvini, die im Norden in zahlreichen Beispielen (z. B. LO 4) verbreitet war.

1.3.4 Toledo (östlicher Teil)

Wir hielten es für sinnvoll, den in der ehemaligen Tarraconensis gelegenen Teil der heutigen Provinz Toledo hier anzuschließen. Die Formen der dort verbreiteten Altäre scheinen sich zu unterscheiden von jenen in das ehemalige Territorium der Provinz Lusitania gehörigen. Dort sind starke einheimische Formprägungen wirksam auf der einen und der Einfluß der Provinzhauptstadt Emerita auf der anderen Seite. Durch den Lauf des die Region nach Westen durchfließenden Tajo ist eine Öffnung nach dort gegeben, während an dessen Oberlauf Verbindungen mit dem Norden, aber auch weiter in Richtung Levante spürbar werden.

Zwei Altäre (TO 1, TO 2) bestätigen zunächst für den östlichen Teil die vorgenommene Scheidung.

TO 1, aus rauhem Granit gearbeitet, besitzt knappe, außenliegende Pulvinusprotuberanzen, auf der flachen Oberseite einen nur wenig sich abhebenden Rundfocus. Das Deck- und Fußprofil aus korrespondierendem Wulst und anliegender Faszie springt kaum vor den Umriß des Monumentes vor. Rahmung und Dekor sind nicht vorhanden und auch nicht zu erwarten.

Das zweite Monument, TO 2, ist mit seinem erhaltenen oberen Teil von bemerkenswerter Einmaligkeit. Von einfachster Form, soll es doch einen Altar darstellen. An der Vorderseite sind die Stirnen der Pulvini markiert, die zwischen ihnen liegende Zone, offenbar als Bekrönung gedacht, springt zurück. Ohne Deckplatte oder Profile, ist der Körper in gleichen Abständen durch zwei horizontale Rillen quer gegliedert. Auf den so entstandenen Streifen erkennt man die eingeritzte Inschrift. Mehrfach horizontal gegliedert sind unterhalb der Bekrönungen galicische Altäre[125]. Der Altar in Toledo steht dort allein; möglicherweise ist er auch nur zu einem Teil erhalten. Durch seine äußerst einfache und dadurch zufällig wirkende Machart entzieht er sich einer klaren Zuordnung.

1.4 ZWISCHEN NORDEN UND NORDWESTEN

1.4.1 León

Ein Weihaltar für Apollon (LE 1) aus dem Municipium Lancia repräsentiert zwar einen durchaus vertrauten Typus (wie etwa CU 1), deutet jedoch in manchem schon auf nordwestliche Formen hin. Vor allem ist es die Einbettung des kleinen Rundfocus hinter den Giebeln, die wir in dieser Form bisher noch nicht kennengelernt haben. Nur wenig den quaderförmigen Umriß unterbrechende Profile unterstreichen den ruhig geschlossenen Aufbau des Altars.

---

125 s. u. Kap. 1.5.

Diesem Monument aus städtischem Bereich steht eine große Gruppe militärischer Denkmäler gegenüber. León[126] als großer Militärstandort hatte einen spezifischen Bedarf an inschriftlichen Denkmälern, auf den die Werkstätten mit ganz bestimmten Formen antworteten. Die den Altar konstituierenden Elemente treten hier ganz zurück; damit erhält der Altar einen Tafelcharakter, welcher der Inschrift den ersten Platz zuweist.

LE 3 mag dies veranschaulichen. Die Zeilen der ungewöhnlich langen Inschrift nützen die ganze Breite der ungerahmten Vorderseite aus. Schmale, knapp geformte *cymae reversae* begrenzen das Inschriftfeld oben und unten. Sie springen nur ebensowenig vor wie die Deckplatte und der Sockel. Pulvini und Giebel entsprechen dieser beherrschten Formgebung. Die Sechsblattrosetten an den Pulvinusstirnen mögen ein Widerhall des lokal beliebten Stelenmotivs sein.

Eine Reihe weiterer Weihinschriftträger (LE 4, LE 5, LE 10, LE 11) betont noch stärker den Tafelcharakter. Pulvini, Giebel, Deckplatte und Profile sind auf der Vorderseite einer rechteckigen Platte (LE 11, H 102, B 54, T 23) eingetragen. Der geradlinige, rechteckige Umriß des Monuments wird an keiner Stelle unterbrochen. Die Profile sind äußerst zurückhaltend in Form paralleler Leisten gegeben. In den Wirbelrosetten der Pulvinusstirnen von LE 11 ist wieder ein lokales Motiv aufgenommen.

Mit der graphischen Reduzierung von Profilen und Bekrönung fassen wir bezeichnende Merkmale der mutmaßlichen Militärwerkstatt im Raum León, die in der 2. Hälfte des 2. Jahrhunderts n.Chr. dort tätig war[127].

LE 15, da eingemauert, nur von seiner Vorderseite her zu beurteilen, ist mit seinem Bekrönungsdekor, Giebel und seitlichen Sechsblattrosetten in Kreisen, ganz nach dem Vorbild solcher Altäre gearbeitet. Eine Andeutung von Deckplatte und Profilen fehlt ganz, dafür ist die Grabinschrift der Vorderseite gerahmt. Wir haben hier ein Beispiel für die in Hispanien häufige Durchdringung von Altar und Stele vor uns.

Eine Gruppe von vier Weihaltären (LE 6–LE 9) verfügt gleichfalls über viele Merkmale der zuvor genannten militärischen Votive. LE 6–LE 8 trugen als Deck- und Fußprofil die typische schmale *cyma reversa* von knappen, aber ausgeprägten Wölbungen. Das wesentlich Neue ist, daß die Vorderseite des nun höheren Bekrönungsteils Reliefdarstellungen trägt, für die es auf der Halbinsel keine Parallelen mehr gibt: Victoria (LE 6) und Iupiter (LE 8) zwischen den beiden Dioskuren. LE 7 trägt in der Mitte des Giebelfeldes ein senkrecht nach unten gerichtetes, anker- oder peltaförmiges Gebilde. Die Bekrönungselemente sind ganz zurückgetreten, an LE 8 sogar gar nicht zu erkennen. LE 9 mit noch größerem Reliefraum läßt die Pulvini, den Giebel und den Focus gut unterscheiden. Der Giebel ist zugleich Giebel einer Aedicula, die zwischen zwei tragenden Säulen einen Legionsadler auf Blitz und Globus und mit einer Schlange im Schnabel birgt. Zu beiden Seiten der Aedicula scheinen Waffen dargestellt zu sein.

Ein Waffenrelief ziert auch LE 14 mit Altarbekrönung, der, ohne tektonische Gliederung, seine Nähe zu den Stelen nicht leugnet. Die seitliche Rahmung mit aus Gefäßen aufsteigenden Efeuranken und die Panhoplie unterhalb der Inschrift sind in Hispanien einmalig und stammen thematisch aus einer Schicht der Ikonographie, die in unserem Raum nur einer Militärwerkstatt zu Gebote stand.

---

126 The Princeton Encyclopedia of Classical Sites (1976) 495 (R. Teja). Vgl. auch zu unserem Fragenkreis A. Tranoy – P. Le Roux, Pierre fautive ou un problème d'atelier au Musée de Leon, MelCasaVelazquez 10, 1974, 5–20.

127 D. Nony, ArchEspArq 43, 1970, 195f. (zur Datierung von LE 10 und LE 11). Es findet sich in diesem Umkreis eine Reihe inschriftlich datierter Steine, z.B.: 167 n.Chr.: LE 6; 175 n.Chr.: LE 7; 249–251 n.Chr.: LE 4; 165 oder 166 n.Chr.: CIL II 2556 (AE 1910, 6; Dessau 9129; Catálogo Monumental León 71; A. García y Bellido, Conimbriga 1, 1959, 33,4 Taf. 1).

Im Gegensatz zu jenen im Umkreis des Militärstandorts León entstandenen sind die beiden Altäre LE 12 und LE 13 ganz einheimischer Prägung. Sie kommen mitten aus den Montes de León und gelten indigenen Gottheiten. Ihren Formdetails nach gehören sie ganz in den Kreis der Altäre des Nordwestens[128].

LE 12 bietet eine im Nordwesten noch häufiger zu beobachtende Pulvinusvervielfachung, hier drei Pulvini an der Front. Der Focus liegt auf Höhe der oberen Pulvinusperipherie. Der Altar verzichtet auf Deckplatte und Profile (wie LE 14 und LE 15), die unter den Altären aus León, wie wir sahen, eine auffallend untergeordnete Rolle spielen. Die Randstreifen an den Pulvinusstirnen und am Körper verraten mit dem klaren Aufbau eine vom 'Klassischen' unabhängige Formabsicht. Ähnlich ist LE 13 zu beurteilen, der mit Pulvinusprotuberanzen und Focus sowie zweifachen, wenig vortretenden Wulstprofilen eine andere, im Einheimischen wurzelnde Lösung darbietet.

1.4.2 Zamora

Altar ZA 1 vom Platze eines zweiten Militärlagers, bei Rosinos de Vidriales[129] südlich von Astorga gelegen, verrät, obwohl ebenfalls eine militärische Weihung für Hercules seitens eines Praefekten der Ala II Flavia Hispanorum Civium Romanorum, eine andere ausführende Hand als die eben genannten Steine aus León. Eine Reihe auch an einheimischen Altären auftretender Formdetails sind an diesem Altar zu beobachten, so der als Deckprofil fungierende, in einen Wulst übergehende Ablauf, die hohe zweiggeschmückte Deckplatte, die an der Vorderseite nicht von den Bekrönungselementen abgesetzt ist.

1.4.3 Oviedo

Die Fundpunkte epigraphischer Denkmäler häufen sich in Asturien in der östlichen Hälfte der Provinz etwa zwischen den Räumen Cangas de Onís und Oviedo – Pravia. Sie liegen in der den Bergen nördlich vorgelagerten Küstenzone des Kantabrischen Meeres und an den aus der Kantabrischen Kordillere kommenden Flußläufen. Auch die vier bekannten Altäre stammen aus diesem Gebiet. Alle sind Weihaltäre; denn für das gesamte Asturien gilt die Regel, daß den Toten Stelen und keine Altäre gesetzt wurden[130]. Gleiches hatten wir für die keltiberischen Gebiete festgestellt. Gegenüber jenen hat sich aber hier in dem durch hohe Gebirgsketten abgeschlossenen Land das Aussehen der Steindenkmäler generell verändert. Die Kerbschnittornamentik der Stelen fehlt gänzlich. Meist haben diese die Form von oben abgerundeten flachen Pfeilern, oft sind es auch amorphe Steinplatten, die auf einer glatten Seite die Inschrift tragen. Dekor ist selten und besteht aus geritzten Linien, mit denen auch hin und wieder figürliche Darstellungen wie Tiere, Bäume oder einmal das Bild eines Menschen versucht werden. Auffallend ist der Flechtbandschmuck an zwei Stelen[131], der in zwar flachem, aber dennoch erhabenem Relief gegeben ist. Mit dem Bruchstück eines *togatus*[132] in einer rechteckigen Nische bleiben es seltene Zeugnisse plastischen Darstellungsvermögens. Das stark zerstörte Gorgoneion im Kranz unter einer Aedicula[133] weist in Stil und Qualität nach außen in gut romanisierte Bereiche, wie wir sie ja südlich des Pajares-Passes, des Einfallstores nach Asturien, im Raume von León/Astorga

---

128 s.u. Kap. 1.5.
129 G. Gamer, MM 16, 1975, 274ff.
130 Vgl. F. Diego Santos, Epigrafía romana de Asturias (1959) passim.

131 Ebenda Nr. 18. 19.
132 Ebenda Nr. 20.
133 Ebenda Nr. 13.

antreffen. Die einzige Reminiszenz der bedeutenden einheimischen Stelengruppe von Burgos darf man vielleicht in dem gelegentlichen Auftreten der diskoiden Stelenform, allerdings ohne deren Ornamentik, sehen[134]. Auch das Motiv der in Soria beobachteten, sich kreuzenden Halbkreisbögen[135] begegnet hier an einer Stele wieder[136].

Bei den Weihaltären (O 1–O 5) äußert sich eher wieder ein eigener Gliederungs- und Gestaltungswille, der ihre Form in eigentümlicher Weise abwandelt. Allen gemeinsam ist, daß der Körper nicht oder kaum merklich zurückspringt, Gesims und Sockel nur unwesentlich vortreten und weitgehend auf eine Profilierung verzichtet ist. Dadurch wird ein hochrechteckiger Umriß gewahrt, aus dem die meist flachen Pulvini wie Hörner hervortreten (O 1–O 4). Angesichts dieser Reduzierung der horizontalen Gliederung ist bei Altar O 2 auf jede Unterteilung in der Waagerechten verzichtet. An dem Altar O 4 ist die gesamte ungegliederte Vorderseite zur Anbringung der Inschrift genutzt. Die Iupiterweihung (O 5) aus Serrapio besitzt Sechsblattrosetten an den Pulvinusstirnen. Anstelle des Giebels steht ein Halbkreis mit aufgesetzter Spitze. Bemerkenswert ist die unterhalb der Inschrift angebrachte *ansa*. Auch das Ornament des Altars aus Pumarín (O 3) befindet sich unten und an der Vorderseite des Sockels. Wir haben es hier mit der Übernahme eines in der Stelenornamentik geläufigen Motivs zu tun, einer Erscheinung, die wir nach den Ergebnissen der Untersuchung keltiberischer Stelen und Altäre auch hier voraussetzen dürfen.

1.5 DER NORDWESTEN[137]

1.5.1 Lugo[138]

Zwischen Asturien und Lugo liegt ein Gebiet bemerkenswerter Fundleere epigraphischer Denkmäler. Erst in Lugo und seinem Umkreis mit Streuungen in Richtung La Coruña und den Fluß Miño abwärts setzen die Fundpunkte in dichter Folge ein. Wir verfügen über 24 Weih- und sieben Grabaltäre aus diesem Gebiet, die genügend gut erhalten sind, um Aussagen über ihre Formgebung machen zu können. Weitere drei Weih-[139] und drei Grabaltäre[140] sind zu beschädigt erhalten, als daß sie über ihr ehemaliges Aussehen noch eine wünschenswert vollständige Vorstellung gestatteten. Drei verschollene Weihaltäre[141] und elf überlieferte, aber heute verschollene Grabinschriften[142], deren Träger möglicherweise einst auch Altäre waren, liegen weder in Beschreibung noch Abbildung dokumentiert vor.

Wir stoßen hier also im äußersten Nordwesten wieder auf einen Raum, in dem Grabaltäre verbreitet sind, nachdem in den Gebirgsgegenden des Nordens Grabstelen vorherrschten und Altäre in größerer Zahl sich nur an den Küstenplätzen Kataloniens fanden. Aber auch in Lugo haben wir noch kei-

---

134 Ebenda Nr. 28 Abb.; Nr. 61 Abb.
135 Dazu s. G. Gamer, MM 15, 1974, 216.
136 Diego Santos a.O. (s.o. Anm. 130) Nr. 32 Abb.
137 Actas do Seminario de Arqueologia do Noroeste Peninsular III (1980) enthält Photoabbildungen zahlreicher Altäre, die wir hier nicht mehr berücksichtigen konnten.
138 IRL ist nach Abschluß des Manuskripts erschienen. Da wir die Altäre nicht selbst sehen konnten, möchten wir hier auf die in dem genannten Werk niedergelegten Beobachtungen zur Form der Altäre verweisen (bes. 112 ff. und die Tafeln).
139 F. Vázquez Saco – M. Vázquez Seijas, Inscripciones romanas de Galicia II. Provincia de Lugo (1954) Nr. 10. 14. 26 Taf. 4,10; 5,14; 8,26. Ein weiterer Weihaltar ebenda Nr. 19 = LU 30 ist ohne Beschreibung und ohne Abbildung.
140 Ebenda Nr. 31. 36. 37 Taf. 10,31; 11,36; 12,37.
141 Ebenda Nr. 68–70.
142 Ebenda Nr. 71–81.

neswegs die Zone der Grabstelen verlassen. Sie sind mit heute bekannten 28 Exemplaren die dominierende Gattung der Grabdenkmäler[143].

Die Altäre gehören im großen und ganzen drei etwa gleich zahlreichen Gruppen an, die wir nach den unterschiedlichen Bekrönungen bilden können: 1. Altäre mit Pulvini und dazwischenliegendem Giebel (LU 5, LU 6, LU 17, LU 21, LU 25) und 2. solche, bei denen die Pulvini allein ohne eigene Focusangabe und ohne Giebel die Bekrönung bilden (LU 3, LU 8, LU 24, LU 27, LU 29, LU 31), 3. Altäre mit Pulvini und Rundfocus (LU 1, LU 9, LU 13–LU 15, LU 20, LU 33). Bei sieben Altären (LU 10, LU 11, LU 16, LU 19, LU 26, LU 28, LU 32) ist die Bekrönung nicht mehr vorhanden, sie lassen sich also nicht mehr in eine der vorstehenden Gruppen einordnen.

Die Altäre mit Giebel stellen also unter jenen mit intakter Bekrönung etwa ein Drittel, Grab- und Weihaltäre ohne Unterschied. Die Weihaltäre (LU 5, LU 6, LU 25) unter ihnen sind in der Regel niedriger, mit 110 cm Höhe macht hier lediglich der Altar LU 5 für die Lares Viales eine Ausnahme. Die Profilierung ist sehr einfach und in ihrer Formabsicht nicht immer verständlich gemacht. Relativ häufig kann unter den einfachen Faszien- und Wulstbildungen die *cyma reversa* als beabsichtigte Karniesform erkannt werden. Die Gliederung der einzelnen Profile ist in der Regel eine zweifache, doch gibt es auch ein- und dreifach geteilte Profile. Auf das Sockelprofil wird bei LU 17 und LU 25 verzichtet. Dekor ist dieser Gruppe, bis auf die halbmondartige Rille im Giebelfeld von LU 5, völlig fremd. Die Inschriften sind ungerahmt.

Diese Feststellungen gelten auch für die Gruppe der Altäre, die nur Pulvini besitzen, alles Weihaltäre. Unter den Profilbildungen ist hier nur einmal die *cyma reversa* als Deckprofil (LU 3) bestimmbar. Ein Sockelprofil fehlt gar in vier von sechs Fällen. Kreisrillen, senkrecht geteilt, schmücken die Pulvinusstirnen an Altar LU 3. Die Deckplatte kann sehr hoch sein und den Beginn der Inschrift (LU 3) oder ein halbmondförmiges Zeichen (LU 31)[144] aufnehmen. Drei Altäre dieser Gruppe (LU 27, LU 29, LU 31) zeichnen sich durch hohe, roh bearbeitete Sockel aus, die einen sicheren Stand in der Erde oder einer gesondert gearbeiteten Basis, die selbst noch profiliert sein konnte wie an LU 14, gewährleisten sollten.

Der letztere, nicht sehr häufig überkommene Befund, daß Altar und separat gearbeitete Basis erhalten blieben, tritt uns an einem Altar (LU 14) der mit Pulvini und Rundfocus ausgestatteten Gruppe vor Augen. Die Profilierung dieser Denkmälerreihe bleibt im Rahmen des bisher Festgestellten. Wenn eine Karniesform deutlich bestimmbar ist, dann ist es eine *cyma reversa* als Deckprofil (LU 1, LU 9, LU 20). Das Sockelprofil fehlt oft (LU 1, LU 14, LU 15). An LU 20 ist es ausnahmsweise als *cyma reversa* gebildet, am Basisstein für LU 14 scheint einmal eine *cyma recta* zur Ausführung gelangt zu sein. Ein ganz bezeichnender Zug dieser Altäre ist der kleine runde Focus, der sich aus der vertieft liegenden Zwischenpulvinusfläche erhebt. Diesem Rundfocus wird hier eine besondere Aufmerksamkeit zuteil. Er wird multipliziert und erhebt sich, dreifach nebeneinander, als einziges Bekrönungselement auf der Deckplatte (LU 4) oder in kleeblattförmiger Anordnung zwischen flachen Pulvini (LU 33), ein Prinzip, das wir im Nordwesten, auch auf die Pulvini angewendet, schon angetroffen haben (LE 12) und noch antreffen werden. Auch LU 23 besitzt drei Foci. LU 7 überliefert eine Sonderform: Der Rundfocus ist durch eine zunächst senkrecht, dann spitz zulaufende Aedicula geschützt,

---

[143] Ebenda Nr. 30. 38. 39. 43–45. 53. 85; S. Rodríguez Lage, Las estelas funerarias de Galicia en la época romana (1974) 23 ff.

[144] Vgl. auch N. Ares Vázquez, BolLugo 9, Nr. 85/86, 1976, 237–244 (mit den Photoabbildungen von zweien der Altäre für die Göttin Navia).

eine Vorrichtung, die hier aus dem monolithen Werkstück herausgearbeitet ist, in anderen Fällen gesondert auf die Deckplatte, auch in anderen Materialien aufgesetzt wird (TAD 4). Ein relativ hoher Iupiteraltar (LU 2) liefert bei etwa gleichem Erscheinungsbild die Besonderheit eines rechteckigen Focus. Diesen rechteckigen Focus in rhombischer Position auf Höhe der unteren Pulvinusperipherie weist ein etwas manieriert wirkender Altar (LU 12) auf. Die Pulvinusstirn ist mit Kreis und Mittelpunkt versehen. Das gleiche Motiv wird noch dreimal auf der Vorderseite der Deckplatte wiederholt. Diese Übung darf wohl mit der schon beobachteten Pulvinusvervielfachung zusammen gesehen werden. Ein Altar aus Conimbriga (BEL 17) zeigt sie in vollendeter Weise.

Unter den sieben Altären ohne erhaltene Bekrönung sei der Altar LU 28 mit seiner überhohen *cyma recta* am Sockel und dem dreifach gegliederten Deckprofil als auffallend in der sonst gleichartigen Reihe hervorgehoben. An LU 32 ist die schwere Form der *cyma reversa* am Sockelprofil bemerkenswert im Hinblick auf den von A. García y Bellido erschlossenen *terminus ante quem* 69/70 n.Chr.[145].

Alle Altäre sind aus einem lokalen Gestein, meist Granit, gearbeitet. Nur ein Grabaltar (LU 22) aus Marmor fällt aus dem Rahmen. Er besitzt zwar die *cyma reversa* als Deckprofil und eine hohe Deckplatte mit dem Beginn der Inschrift wie LU 3; Schriftcharakter und Eckakrotere an der Bekrönung in Form einer Platte sowie, wie bereits angedeutet, sein Material, Marmor, weisen ihn als Fremdling aus.

Der Raum Lugo stellt sich nach den getroffenen Feststellungen als von recht eigener Prägung bestimmt heraus. Die Existenz der Grabaltäre ist durch einen starken romanisierenden Einfluß, der allerdings in Form und Werkstattpraxis nicht spürbar wird, erklärbar, wie er ähnlich inselartig an anderen Plätzen der Iberischen Halbinsel, so z. B. in Clunia, noch in Erscheinung tritt.

1.5.2 La Coruña

Es ist immer möglich, daß sich das Bild, das wir uns heute von den Altären des äußersten Nordwestens der Hispanischen Halbinsel im Raum der Provinz La Coruña machen können, durch die Erfassung noch unerschlossener[146] Materialien verändern wird. Wir verfügen im Augenblick über die publizierten epigraphischen Denkmäler im Museo Catedralicio in Santiago de Compostela, die in La Coruña aufbewahrten und jeweils einen in Aranga und Sada befindlichen Altar. Von vier Weihaltären erlauben die veröffentlichten Angaben nicht, sich ein verläßliches Bild ihrer ehemaligen Form zu machen. Einer dieser Altäre, eine Weihung für Iupiter, besaß an der Front als Dekor »zwei Paare übereinandergesetzter Bögen«[147]. Zwei Altäre[148] hatten einen 'Focus'. Von einem Altar ist nur seine Größe (85 × 30) bekannt[149]. Die drei zuvorgenannten waren kleiner, zwischen 50 und 64 cm hoch und zwischen 23 und 29 cm breit.

Auch allen weiteren Altären ist ihr Weihcharakter gemeinsam — die Grabdenkmäler besaßen auch hier Stelenform[150]. Die größte Gruppe (C 2—C 7) ist die der Altäre mit flacher Oberseite. Man denkt zunächst an ein Fehlen der Bekrönungselemente aufgrund von Beschädigungen (wie an C 6 und C 7 oder C 4), auch Abarbeitungen sind denkbar (C 5). Der relativ gute und gleichartige Zustand der Bekrönungen an den beiden Zwillingsaltären C 2 und C 3 gestattet jedoch die Vermutung, daß es

---

145 ArchEspArq 39, 1966, 27 ff.
146 F. Vales Villamarín, Abrente 1, 1969, 111 Anm. 2: Hinweis auf einen unpublizierten Altar.
147 A. del Castillo — A. d'Ors, Inscripciones romanas de Galicia. Supl. al Fasc. I: Provincia de La Coruña, CEG 14, 1959, 148 Nr. 3.
148 Ebenda 149 f. Nr. 5 bis und S. 150 Nr. 6.
149 Ebenda 147 Nr. 1.
150 Rodríguez Lage a.O. 17 ff. mit 20 bekannten Stelen.

auch einfache, plattenartige Bekrönungen ohne Angabe von Bekrönungselementen, auch nicht in flachem Relief an der Vorderseite, gegeben habe.

Nach den verfügbaren Abbildungen zu schließen, ist die *cyma recta* das vorherrschende Profilelement an diesen Altären, allein an Deck- und Fußprofil (C 2, C 3, C 7 [Fußprofil]) oder in Verbindung mit Faszie oder Wulst (C 4, C 5, C 6). Rahmung und Dekor treten auch hier nicht auf.

Pulvini und Giebel bekrönen drei Altäre (C 8, C 9, C 11). Sie sind an C 8 und C 11 zu einer etwas zurückspringend auf der Deckplatte ruhenden Platte zusammengeschlossen, in welche die Bekrönungselemente an der Vorderseite reliefartig eingetragen sind. LU 22. mit Eckakroteren an Stelle der Pulvini, war ähnlich gearbeitet. Hinsichtlich der Foci an den beiden Altären C 8 und C 11 besteht der Verdacht auf neuzeitliche Veränderungen. Sie sind beide rechteckig, einmal (C 11) 7 cm tief bei einer Größe von 11 × 8 cm, das zweite Mal (C 8) ist der Focus exzeptionell groß und reicht vom einen bis zum gegenüberliegenden Scheitel der Pulvini. Veränderungen wurden hauptsächlich an solchen Altären vorgenommen, die, wie es im Nordwesten besonders häufig geschah, in christlichen Kirchen irgendwelche Funktionen zugewiesen bekommen hatten.

Die Profilierung dieser Altäre (C 8, C 9, C 11) bleibt in dem vertrauten Rahmen: gewölbte Schräge auf schmaler Faszie als Deckprofil und *cyma reversa*-artige Bildung am Sockel (C 8). C 11 besitzt am Deckprofil die *cyma recta* auf Faszie und am Sockel eine einfache Schräge, die ähnlich auch an C 9 am Gesims begegnet. Das hohe Kopfteil dieses Altars erinnert an LU 3, LU 29, LU 31.

Eine dritte Bekrönungsform stellt uns der Altar C 10 vor Augen. Die Pulvini ragen in Gestalt von etwas flachgedrückten Halbzylindern hoch empor (vgl. etwa O 4), dazwischen die tiefe, auf Höhe ihrer unteren Peripherie liegende Focusfläche. An der Bekrönung von C 1 sind die Pulvini durch eine Senke verbunden. Auch an diesen Altären beobachten wir die *cymae rectae* (C 1) und unbestimmte Profilformen (C 10) oder eine einfache Schräge (C 10 im Fußprofil).

1.5.3 Pontevedra

Zu den Altären im Museum von Pontevedra, von denen dreizehn noch Auskunft über ihre Form geben, zehn[151] hingegen ihrer schlechten Erhaltung wegen uns diese Auskunft versagen, treten weitere aus dem Raum der Provinz hinzu. 1953 waren 91 Inschriften bekannt, darunter wurden 31 Altäre gezählt[152]. Für unsere Untersuchung zu verwenden sind 27 Altäre, sämtlich Weihaltäre, von denen PO 1, PO 4 und PO 12 wegen ihrer Beschädigungen nur unvollständig befragt werden können. An den abgearbeiteten Oberseiten sind noch schwach markierte Foci (PO 1, PO 12) zu erkennen. Einfache, aus einem oder zwei Wülsten bestehende Deckprofile (PO 4, PO 12) und Altarkörper, die ohne Fußprofil auf dem Sockel ruhen (PO 1, PO 5), gibt es auch hier.

Altäre mit Giebel sind gering an Zahl (PO 11 und PO 15). Pulvini und Rundfocus allein bekrönen zwei Altäre (PO 5 und PO 13), ersteren ganz in der aus Lugo bekannten Weise (vgl. LU 1, LU 9, LU 13, LU 15, LU 20). PO 15 besitzt allein eine bemerkenswerte Profilierung am Gesims aus einer hohen *cyma recta* mit zwei konvexen Wölbungen und als Fußprofil einen in einen Anlauf übergehenden Torus.

---

151 J. Filgueira Valverde – A. d'Ors, Inscripciones romanas de Galicia III. Museo de Pontevedra (1955) Nr. 15. 20. 22. 23. 26. 30–33. 35.

152 J. Filgueira Valverde – A. García Alen, Materiales para la Carta Arqueológica de la Provincia de Pontevedra (o. J.) 16, mit einer Verbreitungskarte vor S. 159, auf der auch die Altäre verzeichnet sind.

Diesen genannten Altären stellt sich eine sehr kennzeichnende große Gruppe von Altären zur Seite, die eine ganz eigene und neue formale Lösung darstellen. Es sind hohe pfeilerartige Altäre mit zum Teil fast quadratischem Querschnitt (PO 2) oder sogar größerer Tiefe als Breite (PO 8, PO 9). Wir nennen sie mit Recht Altäre, da sie in ihren Inschriften als »arae« bezeichnet werden (PO 3, PO 8)[153]. Sie besitzen Pulvini und Focus und sind auf dem den Körper oben abschließenden, recht hohen Kopfteil, der meist durch einfache Wulstbildungen abgesetzt ist, überwiegend mit Arkaden dekoriert. Diese finden sich an den hohen Deckzonen von PO 2, PO 3, PO 7, PO 8, PO 9, PO 16, PO 19. Sie sind ein gängiges Motiv einheimischer Stelen, und hierin berührt sich die vorliegende, außerordentlich stark einheimisch geprägte Altarform mit ihnen.

Auch der Lares Viales-Altar PO 6 ist eine solche, offenbar nicht mehr vollständig erhaltene, einheimischen Formvorstellungen verpflichtete Schöpfung, die, ohne Deckprofil zu besitzen, auf einer Art von Deckplatte, wie oft im Nordwesten, den Beginn des Inschrifttextes trägt. Auf der darüberliegenden, wohl abgeschnittenen Platte ist ein Ritzliniendekor zu erkennen, in dem man eher die bekannten Bögen als vielleicht eine reduzierte Angabe von Pulvini und Mittelelement (Giebel) sehen darf, obwohl trotz der weiten Verbreitung einheimisch geprägter Altäre die Brechungen der klassischen Altarformen auch hier bekannt waren (PO 11, PO 13). Diese beiden Altäre, PO 11 und PO 13, mit ihren nicht derart gelängten Proportionen wie der übrigen Altäre, aber aus lokalem Gestein von einheimischen Steinmetzen gearbeitet, stehen in ihrer einfachen Ausführung ihren Vorbildern natürlich sehr fern. Den Abstand veranschaulicht der wohl aus Rom mit der Sammlung Maria Christinas von Schweden nach Pontevedra gekommene Altaraufsatz. Zwischen Rosettenpulvini wölbt sich eine Muschelnische mit dem Büstenporträt einer Frau (PO 14).

Von den einheimischen Altären kommt eine recht große Zahl aus zwei Heiligtümern.

PO 8–PO 10 stammen aus einem Vestio Alonieco geweihten Heiligtum in Lourizán. Die Altäre zeichnen sich aus durch die charakteristische, zwischen Inschrift und Bekrönung befindliche hohe Zwischenzone, die bei P 9 mit linearen Swastikaornamenten über Arkaden dekoriert ist. Die Profilierung bleibt in diesem Fall auf eine gewulstete Faszie als vermittelndes Glied beschränkt. Bei PO 10 ist dieses Element verdreifacht und leitet dann zu einer nichtornamentierten gewöhnlichen Deckplatte über. Die Verbreiterung der Zone zwischen Körper und Bekrönung bleibt auch hier beachtet. Detailliert ist aus dem rauhen Granit die Bekrönung mit Zylinderpulvini, Giebel und Focus herausgearbeitet. Eine Vereinfachung oder Veränderung der überkommenen Form geht also nicht auf Kosten der Bekrönungskomponenten.

Die Altäre PO 16–PO 27 wurden bei dem Ort Donón geborgen, wo ein Heiligtum auf einem unmittelbar an der Atlantikküste gelegenen Berg existiert haben muß. Auch sie besitzen zylindrische Pulvini und kleine, rund umwallte Foci. PO 23 besitzt sogar vier dieser Foci, die über die ganze Breite der Oberseite gereiht[154] erscheinen. Die hohen Zonen zwischen Bekrönung und Körper sind unterschiedlich horizontal gegliedert. Sie tragen meist Arkaden oder x-förmige Rillen. Wulst oder faszienartige Bildungen trennen sie vom Körper. Von diesem leiten in zwei erhaltenen Fällen (PO 18, PO 25) einfache Schrägen zum Sockel über.

---

153 Vgl. dagegen das als *ara* antik bezeichnete Postament aus Tarraco. Alföldy, Inschriften Tarraco Nr. 591.

154 Vgl. zur Focusvervielfachung auch die 'tables d'offrandes': W. Deonna, Mobilier Délien I, BCH 58, 1934, 1 ff.

1.5.4 Orense

Die Provinz Orense, zu großen Teilen an dem auch das Gebiet um Lugo erschließenden Fluß Miño gelegen, hat ähnlich viele (35) Altäre zu verzeichnen wie jenes. Ihre Zahl war ursprünglich sicher noch größer[155]; wir haben allein zehn Altäre wegen ihrer mangelnden Erhaltung nicht hinsichtlich ihrer Form beschreiben können[156]. Die Typenvielfalt ist jedoch gering.

Überaus zahlreich sind mit 25 Altären solche, die heute eine flache Oberseite darbieten. Demgegenüber sind die anderen Bekrönungsformen mit Pulvini und Giebel (3 Beispiele), Pulvini und Focus (4 Beispiele) und Pulvini allein (2 Beispiele) nur verhältnismäßig selten vertreten.

Hinsichtlich der Altäre mit flacher Oberseite ohne eigentliche Bekrönung (OR 2, OR 5–OR 7, OR 13–OR 15, OR 19, OR 22–OR 24, OR 26, OR 27, OR 29–OR 33, OR 35) ist die Frage, ob es sich dabei um nachträgliches Abarbeiten handelt, nicht immer zu entscheiden. Sechs Altäre (OR 10, OR 16, OR 18, OR 20, OR 21, OR 25) weisen Vertiefungen in der Oberseite auf, die als Focus bezeichnet worden sind. Sie dürften jedoch rezent sein, da alle diese Steine in Kirchen verbracht worden waren. OR 20 und OR 21 dienten als Weihwasserbecken, wozu ein vielleicht einst vorhandener Focus erweitert worden ist.

Die Profilierung der Altäre dieser ersten Gruppe ist zum Teil einfacher Art, und sie wechselt von gewölbten Faszien bis zu weit vorspringenden, übereinander angeordneten Wülsten (OR 6). OR 18, der in der westgotischen Kirche Santa Comba de Bande gefunden wurde und mit seiner Höhe von 120 cm alle diese Altäre, bis auf OR 10, bei weitem überragt, fällt durch sein Werkmaterial, Marmor, wie durch seine feine Profilierung mit mehrfacher schmaler Horizontalgliederung aus dem Rahmen. Einige Altäre lassen benennbare Profilglieder erkennen, die *cymae rectae* an Altar OR 10 und OR 20, bei letzterem ist die *cyma recta* am Deckprofil mit einer Kehle kombiniert; das Fußprofil bildet die Kehle auf einer Leiste anscheinend allein. Daß eine solche, im 'klassischen' Sinne besonders gelungene Profilierung an zwei Altären für den römischen Iupiter begegnet, ist wohl nicht zufällig. Der Altar für Bandua (OR 24) besitzt eine *cyma reversa* mit dominierender konvexer Wölbung am Deckprofil in einer lokalen Variante dieses bekannten Profilelements. Über ihr steht eine eigentümliche, doppelt gewellte Faszie, die an Altären solcher Prägung mehrfach begegnet.

Die restlichen neun Altäre lassen sich nach ihrer Bekrönung in vier kleine Gruppen teilen. Die komplette Bekrönung mit Pulvini, Giebel und Rundfocus besitzen nur zwei Altäre (OR 9, OR 12), Pulvini und Giebelandeutung erkennen wir bei OR 1, Pulvini und Rundfocus bei OR 8, OR 11, OR 17, OR 28 und Pulvini allein bei OR 3 und OR 4. Die Foci (OR 8, OR 11, OR 28) sind die des Nordwestens, klein, kraterartig mit aufgewölbtem Randwulst. Der Altar OR 11 folgt ganz dem in Lugo verbreiteten Typus. Hohe Sockel sichern den Stand (OR 3, OR 4, OR 6, OR 7, OR 10, OR 11, OR 13, OR 28, OR 30). Drei Einzelformen stellen eine wesentliche Bereicherung des bisher gewonnenen Bildes dar. Der Dianaaltar aus dem Castro Louredo (OR 3) folgt dem im Nordwesten (Lugo, Pontevedra, León) beobachteten Prinzip der Vervielfachung von Bekrönungselementen. Dort waren es die Foci, hier sind es die Pulvini, von denen je vier in zwei Reihen übereinander angeordnet sind. Das Gesims

---

155 Nachrichten über Altäre aus diesem Gebiet bei J. Taboada Chivite, BAur 3, 1973, 179 ff.

156 J. Lorenzo Fernández, Inscripciones romanas de Galicia IV. Provincia de Orense (1968) Nr. 89. 92. 102. 107. 109. 111. 113. Außerdem die Altäre in Los Gozos (BAur 3, 1973, 83 ff. Abb. o. Nr.), S. Andrés de Erbededo (ebenda 95 f. Abb. o. Nr.), in Trasariz (ebenda 95 Abb. o. Nr.) und im MAP Orense, früher in Rabal (BAur 2, 1972, 315 Abb. o. Nr.).

ist mit Rautenrillen dekoriert, Profile fehlen, wie so oft in diesen Räumen. Ein nur in einer Zeichnung in einem Manuskript des 17. Jahrhunderts überlieferter Weihaltar (OR 34) trug anscheinend die im Nordwesten nie vorkommende Kanne und Schale auf den Nebenseiten. Die Form dieser Geräte wie das Äußere des Altars dürften jedoch kaum getreu wiedergegeben sein. Der einzige Grabaltar (OR 9) schließlich wird wohl mit der Verbreitung dieser Gattung im Raum Lugo in Verbindung stehen. Auch dort hatten zwei Grabaltäre Pulvini und Giebel (LU 17, LU 21). OR 9 weist im übrigen eine ganz einheimische Prägung auf, die ihn eher zu Altären wie jenen aus Donón stellt. Die in An- und Ablauf übergehenden Wulstprofile, präzise gearbeitete Pulvini und Rundfocus, der zurückgesetzte Giebel und die Wulstrahmung des unter den Pulvini gelegenen Feldes, das der beobachteten Tendenz zur Erweiterung dieses Kopfteiles entgegenkommt, verraten eine diese formalen Eigenheiten außerordentlich sicher beherrschende Hand.

1.5.5 Trás-os-Montes e Alto Douro

Auch im südlich anschließenden Bergland von Trás-os-Montes e Alto Douro überwiegt die Zahl der mit flacher Oberseite erscheinenden Altäre bei weitem die übrigen − ein jenem in Orense vorgefundenen sehr ähnliches Bild[157]. Neun Altäre präsentieren sich in dieser Form.

Gewölbte Faszien und Wulstbildungen beherrschen die Profile, die nur in einem Fall (TAD 3) zu einem höheren Deckprofil geführt haben. TAD 1, ein Iupiteraltar aus einem Ort in der Nähe des Douro, besitzt mit Leiste, *cyma recta* und Faszie in Deck- und Fußprofil hingegen eine ganz 'klassische' Profilierung. In Orense hatten wir entsprechende Beobachtungen gemacht. Dies besagt jedoch nicht, daß solche Züge Altären römischer Götter oder speziell Iupiteraltären eigen seien. Gerade in der vorliegenden Gruppe gibt es eine ganze Reihe von Iupiteraltären (TAD 2, TAD 3, TAD 13a, TAD 14), die solcher 'klassischen' Profilformen entraten. Im übrigen sind alle diese Altäre frei von Körperseitenrahmungen und ornamentalem Beiwerk[158].

Unter der Gruppe der Altäre mit Pulvini und Giebel sind zwei aus Chaves und Umgebung (TAD 5, TAD 6), die, wenn auch in den Profilen im einzelnen unterschieden, gewisse Ähnlichkeiten nicht verleugnen. Mehr noch ist dies der Fall bei den beiden Altären TAD 10 und TAD 13, die wie aus einer Werkstatt stammend wirken. Pulvini und Giebel, bei TAD 10 zusätzlich ein Focus, bekrönen ein hohes, mit senkrechten Bäumchen oder Zweigen ornamentiertes Kopfteil. Rosetten, Wirbelrosetten bei TAD 10, zieren die Pulvinusstirnen. Das Absetzen des Kopfteils von dem einfachen Profil durch eine tief gekerbte Furche ist bei beiden Altären identisch. TAD 10 ist Iupiter geweiht, TAD 13 ist ein Weihaltar für den Gott Aernus. Weitere Weihungen für diesen Gott kennen wir vom selben Fundort, aus der Umgebung Braganças, aus dem Raum Pontevedra/Vigo und aus der Provinz Cáceres. Ein TAD 13 ähnlicher Altar findet sich nicht ein zweites Mal unter ihnen. Wir sehen, daß formale Eigentümlichkeiten eines Altars nicht unbedingt mit einer bestimmten Gottheit verknüpft werden müssen − sich gleichende Altäre gelten einmal Iupiter (TAD 10), das andere Mal Aernus (TAD 13) −, obwohl

---

[157] Grundsätzlich muß bei diesen Monumenten allerdings auch erwogen werden, ob sich dahinter nicht auch Postamentformen verbergen können, die ja in beschädigtem oder abgearbeitetem Zustand den Altären gleichen. Klar getrennt werden können Postamente und Altäre heute etwa in Tarragona (vgl. Alföldy, Inschriften Tarraco Taf. 69 ff.), andernorts aber keineswegs immer so sicher. − Zur Gewinnung eines Gesamtbildes der überlieferten Altäre vgl. auch A. L. Fontes, Aras romanas e terras de Barroso desaparecidas. Milenário de S. Rosendo (Montalegre) (1978) 5−23. Altäre aus diesem Raum behandeln auch P. Le Roux − A. Tranoy, Rome et les indigènes dans le Nord-Ouest de la Péninsule Ibérique. Problèmes d'épigraphie et d'histoire, MelCasaVelazquez 9, 1973, 177−231.

[158] Le Roux − Tranoy a.O. Abb. 8.

Beobachtungen jener Art aus den Weihungen im Endovellicus-Heiligtum bei Alandroal sich ergeben haben. Ein Weihaltar für Iupiter und die Civitas Baniensium (TAD 15), der fünfte mit Pulvini und Giebel, fällt durch die einmalige Ornamentierung der Front auf. Die Profilschrägen tragen oben einen plastisch aufgesetzten Zickzackdekor und unten senkrecht stehende, mehrfach gerillte Ovale. Die Inschrift steht in vertieftem Feld.

Gerade die Einzelformen tragen immer auch zum charakteristischen regionalen Bild der Denkmäler bei. TAD 16, ein inschriftloser Altar, nimmt die aus Lugo bekannte Bekrönung mit Pulvini und kleinem Rundfocus auf und verbindet sie mit der gleichfalls im Nordwesten heimischen hohen Deckzone, die durch eine gleichmäßige Abfolge von sechs Wulstfaszien gegliedert ist. TAD 13b bringt die öfter wiederholte Bekrönung mit den alleinigen, flach gedrückten Pulvini. Zwei abgetreppte Faszien an Gesims und Sockel profilieren diesen Iupiteraltar. Zum Schluß sei ein Altar (TAD 4) mit seltener, dachförmig geschützter Oberseite[159] genannt. LU 7 ist der einzige in Hispanien vergleichbare Altar, bei dem dieser Dachgiebel jedoch aus dem monolithen Block herausgebildet ist.

Hervorgehoben sei, daß sich unter allen Altären dieser Provinz kein Grabaltar befindet. Die Sitte, Grabaltäre aufzustellen, beschränkte sich demnach auch im Nordwesten auf Lugo (z. B. LU 15, LU 20) und, mit einem erhaltenen Altar (OR 9), auf Orense. Erst wieder in der Konventskapitale Bracara Augusta treffen wir auf zwei Grabaltäre (MI 10, MI 11).

1.5.6 Minho

In den küstennahen Räumen von Minho ist der Anteil der flach abgeschlossenen Altäre mit vier Beispielen (MI 1, MI 6, MI 11, MI 12) auf rund ein Drittel des Gesamtbestandes reduziert. Entsprechend gering sind Veränderungen der Oberseite. Nur an einem Altar (MI 1) scheinen die Beschädigungen oder Veränderungen so offenkundig zu sein, daß man die rechteckige Vertiefung in der Oberseite, die heute zur Aufnahme von Erde und Blumen dient, zum mindesten als eine Erweiterung eines vorhandenen Focus oder als moderne Zurichtung ansehen muß. Der Sockel dieses Altars springt ohne überleitendes Fußprofil vor. Profile, jedoch ohne klar formulierte Absicht, haben MI 6 und MI 12, auch MI 4 und MI 5. Sie springen an MI 12 schräg nach außen vor, während sie an MI 6 knapp vortretende, rechteckige Körper bilden, die gleichmäßig horizontal gegliedert sind. Am Deckprofil des letzteren Altars beobachten wir auch das in diesem Raum häufiger feststellbare Karnies, an dem zwei konvexe Wölbungen eine konkave Einziehung zu beiden Seiten begleiten. MI 11, ein Grabaltar, ist am Deckprofil mit einer relativ hohen *cyma reversa* ausgestattet.

Diese Form des Profils ist in der Gruppe der Altäre mit Pulvini und Giebel, die mehr als die Hälfte aller Altäre in der Provinz Minho stellen, als alleiniges korrespondierendes Deck- und Fußprofilelement häufig (MI 3, MI 7, MI 10). Der Larenaltar MI 8 ist durch zwei Foci, seinen Dekor und die Profilierung bemerkenswert. Vor dem Rundfocus in der Mitte seiner Oberseite befindet sich ein zweiter kleinerer Focus. Die Pulvinuszylinder werden von breiten tordierten *baltei* umfaßt. Die Pulvinusstirn und die Deckplatte schmücken Volutenhaken[160]. Die Profile springen lebhaft vor und zurück. Zwei

---

[159] Vgl. etwa den Altar mit Giebeldach auf einer Münze Hadrians aus Delphi: M. J. Price – B. L. Trell, Coins and their Cities. Architecture on the Ancient Coins of Greece, Rome and Palestine (1977) 89 Abb. 157.

[160] Möglicherweise steht dahinter das im Westen geläufige Ornament des laufenden Hundes. Als Rahmung einer Grabinschrift für L. Cadius Cella in Coimbra, Museu Machado do Castro (Inst.Neg.Madrid R 200-68-5). Auch an der Bekrönungssockelplatte bzw. Deckplatte von Altären Aquileias: V. Santa Maria Scrinari, Museo Archeologico di Aquileia. Catalogo delle sculture romane (1972) Nr. 370. 372.

Altäre aus dem nordwestlichen Küstenbereich der Provinz (MI 2, MI 13) stimmen in einem für den Eindruck entscheidenden Gesimselement mit eingezogenen Seiten überein. MI 13 ist mit 196 cm der höchste Altar der Halbinsel überhaupt. Zu dem hohen und schmalen Körper tritt noch als Eigenart des Nordwestens die überhöhte Zone unter der Deckplatte, deren Seiteneinziehung wir soeben hervorhoben.

Ein Rundaltar aus dem Jahre 3/2 v.Chr. (MI 9) besitzt eine konisch sich verjüngende Form, die durch das hohe Fußprofil aus Torus und vorspringender Schräge gefördert wird. Den Körper oben und unten umfassende Manschetten begegnen in ähnlicher Weise an dem spätrepublikanischen Altar aus Azaila (TE 1). Hiermit dürfte sich bereits die Konventshauptstadt Bracara Augusta bemerkbar machen. Aus ihr kommen bezeichnenderweise wieder die beiden einzigen Grabaltäre (MI 10, MI 11)[161]. Auch in den Konventskapitalen Lugo und Clunia waren Grabaltäre konzentriert, indes das Umland sie nicht kannte.

1.5.7 Douro Litoral

Auch in der Region am unteren Douro werden wir mit Altären (DL 1, DL 2, DL 7, DL 10) konfrontiert, deren Bekrönung fehlt oder keine besondere Formung mehr erkennen läßt.

Immer wieder waren wir zudem bei unserer Untersuchung der angrenzenden Regionen auf vereinzelte Altäre mit Reliefornament gestoßen. MI 8 war ein Beispiel etwa im benachbarten Minho. DL 7 besitzt an der Deckplatte ein Arkadenornament. Seine Profile setzen sich, wie auch an dem Altar DL 10, aus wulstigen Faszien zusammen, die an letzterem Altar, dreifach übereinandergelagert, eine hohe Deckprofilzone schaffen.

Leiste, *cyma recta* und Faszie entsprechen sich am Deck- und Fußprofil des Altars DL 2. Sein schmaler, auf drei Seiten beschrifteter Körper mit den ausladenden, aber klar formulierten Profilen ist inschriftlich auf die Mitte des 2. Jahrhunderts n.Chr. festgelegt. Am ungefähr gleichzeitigen Altar DL 1 ist dieselbe Profilfolge, nämlich Leiste, *cyma recta* und Faszie, jeweils in Deck- und Fußprofil zweimal übereinandergehäuft, ein auf der Halbinsel einmaliger Fall. An der Nebenseite des nun fast kubischen Körpers erscheint ein Tierrelief.

Die Gruppe der aus Pulvini und Giebel gebildeten Bekrönungen ist auch hier die größte. Faszien, gewulstet übereinandergeordnet (DL 9b)[162] und abgetreppt (DL 6), begegnen an den Profilen. Die von zwei Wölbungen begrenzte Einziehung ist auch hier einmal vertreten (DL 9a)[163]. Die an ihrem

---

161 Zu den Nekropolen s. The Princeton Encyclopedia of Classical Sites (1976) 162 s. v. Bracara Augusta (J. Alarcão). s. jetzt auch H. Morestin, Autels et inscriptions de Braga, MelCasaVelazquez 15, 1979, 489–501 und die bei Le Roux – Tranoy a.O. Abb. 10. 11. 13 abgebildeten Weihaltäre für die Gottheiten Senaicus und Ambiorebis, eine Doppelweihung desselben Dedikanten, und die Lares Viales.

162 Gleichfalls aus der Region von Amarante stammt ein Weihaltar für Iupiter. D. de Pinho Brandão, Ara dedicada a Júpiter de Carvalho de Rei – Amarante, na Biblioteca – Museu Municipal de Amarante (Douro Litoral), Boletím da Comissão de Etnografia e História, N. S. 4, 1959 (Sep. 3–7).

163 Im Museu de Guimarães läßt sie sich mehrfach beobachten. Es ist eine Karniesform, die sich nicht, wie üblich, aus Kurve und Gegenkurve zusammensetzt, sondern die erste Kurve wiederaufnimmt und so zwei Wellen mit Zwischental bildet. Gut erkennbar ist diese Form an der linken Nebenseite des genannten Altars für CUSUS NENEOECUS (DL 9a). Mit den Sockelprofilformen dieses Altars sind Faszie und *cyma recta* gemeint. Die Faszie ist an einfachen Granitaltären immer gewulstet, die *cyma recta* veranschaulicht gut die oben beschriebene Form des Karnies.

oberen Ende gewölbte Schräge, eine vor allem im Westen der Halbinsel verbreitete Profilform, beobachten wir an DL 3 und DL 9. Den Altar DL 11 bekrönen Pulvini, die durch eine flache Senke verbunden sind. An deren vorderem und hinterem Rand stehen kleine Giebelaufwölbungen, auf ihrer Mitte ein hoher Flammenkegel. Die Form der flachen *cymae rectae* seiner Profile findet unter den einheimischen Altären keine Parallele.

Drei Altäre sind ohne Giebel, nur mit Pulvini und Focus ausgestattet. Einer von ihnen (DL 5) fällt durch seine mächtigen, an den Körper laufenden *cymae reversae* auf. Das zweimal konvex gewölbte Karnies bildet einen Teil des Deckprofils von DL 8.

Den Altar DL 9 deckt eine niedrige Bekrönungssockelplatte, auf der allein zwei flache Pulvini ruhen. Auf der Vorderseite der Deckplatte steht der Name des Gottes, dem die Weihung gilt, Tameobrigus.

Zwei Grabaltäre vertreten hier die nach Süden zu häufiger bezeugte Sitte.

1.6 DER WESTEN MIT TEILEN DES ZENTRUMS

1.6.1 Beira Litoral

Das Spektrum der Formen hat in diesem Gebiet eine andere Zusammensetzung als in den zuvor betrachteten Räumen, eine Tatsache, in der wir eine erneute Rechtfertigung unserer Untersuchung sehen dürfen.

Nur noch ein Altar (BEL 14)[164] weist die flache Oberseite auf, die, wie so oft, so auch in diesem Fall, die Frage nach der ursprünglichen Bekrönung offenläßt.

Zwei etwa gleich große Gruppen von Altären herrschen vor, von denen eine, die durch die Altäre mit Pulvini und Giebel gebildet wird, bereits aus anderen Räumen uns vertraut ist, wenn sie auch hier mit originellen, die Prinzipien hispanischer Formauffassung bestätigenden Lösungen aufwartet. Zwei kleine Altäre (BEL 11, BEL 22), in Größe und Gestalt recht ähnlich, dürften beispielhaft Produkte einmal einer städtischen (BEL 11), das andere Mal einer ländlichen Werkstatt (BEL 22) vertreten. BEL 11 aus Conimbriga[165] besitzt Leiste, *cyma recta* und Faszie als Deckprofil, am Sockel sind es Leiste und *cyma recta*. Der Altar entspricht durchaus, wenn auch in einer dem kleinen Format gemäßen Vereinfachung, dem 'klassischen' Formenkanon solcher Monumente. Bei BEL 22 ist schon die Bekrönung weniger exakt gearbeitet, als Deckprofil steht ein Wulst mit Ablauf zum Körper, am Sockel lediglich eine anlaufende Schräge.

Der mit separater Basisplatte erhaltene Grabaltar BEL 18 aus Conimbriga ist allerdings gleichfalls sehr einfach gearbeitet. Lediglich durch Rillen getrennte, kaum vorspringende Zonen gliedern ihn. Die Buchstaben seiner Inschrift sind, auf vorgeritzten Linien stehend, selbst nur geritzt. Der Altar orientiert sich zweifellos an der an städtischem Platz geübten Sitte, Grabaltäre zu setzen, ist jedoch von wenig geübter Hand ausgeführt worden.

---

164 Zu den Altären aus Conimbriga vgl. auch die Épigraphie de Conimbriga 208 ff. bereitgestellten Daten. – Zu den Larenaltären BEL 14. 15 und dem Altar des Genius Conimbricae s. J. Alarcão – R. Étienne – G. Fabre, Le culte des Lares à Conimbriga (Portugal), CRAI (1969) 213–235 mit Abb.

165 The Princeton Encyclopedia of Classical Sites (1976) 237 (J. Alarcão). Vgl. jetzt auch: Fouilles de Conimbriga I–VII (1974–78).

Ein gleichfalls hochgestrecktes Monument mit hoher Profilzone war der nur zu einem Teil noch erhaltene Altar BEL 20. An ihm ist auffallend die hohe *cyma reversa* mit jedoch überaus langer konkaver Einziehung. Die zwischen ihr und dem Altarkörper eingeschobene, schmale Faszie und der kleine Giebel mit den seitlich wie Ohren hochragenden Pulvini vervollständigen das originelle Bild dieses Altars. Die Schräge am Deckprofil des Altars BEL 23, die am oberen Ende gewölbt einbiegt, ist unserer Meinung nach eine regionale Vereinfachung einer solchen *cyma reversa*-Form, der man besonders im Westen öfter begegnet.

Eine in Räumen intensiverer Romanisierung anzutreffende Form der Bekrönung stellt jene des Altars BEL 15 dar. Die Pulvini sitzen auf den geschwungenen Seiten des Giebels.

Die hohe Deckplatte trug in vielen Fällen auch im Westen den Beginn der Inschrift. Der Grabaltar BEL 21 zeigt hier die Buchstaben DM der Anrufung der Manen.

Die charakteristischste Gruppe dieses Raumes aber bilden Altäre, deren Bekrönung auf hohem Sockel ruht. Drei Altäre (BEL 12, BEL 13, BEL 17) aus Conimbriga repräsentieren diesen Typus. BEL 17 hat einen in dieser Weise nicht mehr wiederholten Dekor erhalten. Der Schmuck der Pulvinusstirnen mit vertieften Scheiben erscheint wieder im Tympanon, an den Seiten vom Bekrönungssockel und im Deck- und Fußprofil. Eine derartige Ornamentreihung ist durchaus im Sinne von Altären (etwa BEL 5, BEL 6), die zur großen Gruppe von Altären gehören, die in einem Werkstattkreis in Coimbra entstanden sind.

Diese Gruppe (BEL 1–BEL 9, BEL 19) vertritt denselben Altartypus wie die drei zuletzt besprochenen Altäre BEL 12, BEL 13, BEL 17. Ihre kennzeichnendsten Glieder sind die getrennt gearbeiteten Altaraufsätze, die wir unten zusammenfassend behandeln wollen. Daß diese tatsächlich auf Altäre aufgesetzt waren, beweist BEL 2, auf dem ein solcher Aufsatz als Bekrönung angearbeitet ist. Als mögliche Altarkörper zu solchen Aufsätzen kommen BEL 1, BEL 3, BEL 4 in Frage. Doch sind sie gänzlich ohne Profile. Trotzdem scheinen es keine Postamente von der Art jener in Tarragona gewesen zu sein. Das Motiv des Dekors der Inschriftrahmung von BEL 3 tritt als Mitteldekor zwischen den Pulvini des Altars BEL 2 auf. Reiche Ausstattung mit Nebenseitenreliefs dieser als Grabdenkmäler bestimmten Monumente (BEL 1, BEL 3)[166], ihre Proportionen und schließlich identisch gearbeitete Altäre in Odrinhas (ES 16 ff.) sprechen dafür, in diesen Quadern die Körper von Grabaltären zu sehen. Vermutlich sind alle Teilstücke dieser Gruppe von Grabaltären. Lediglich der kleine, ganz ähnlich gearbeitete Altar BEL 5 für den Genius Baselecae ist ein Weihaltar. Wir kennen demnach hier eine große, für sepulkrale Zwecke arbeitende Werkstatt, wie sie ähnlich an anderen Plätzen, z. B. in Mérida, nachweisbar ist.

Rundaltäre treten in Hispanien nur im Westen, Süden und Osten auf und dürften als Zeichen einer intensiven Romanisierung gelten. Ein solcher Altar (BEL 10) wird hier einem bisher unbekannten Gott Tabudicus geweiht. Mit der Blattgirlande an Bukranien und dem Fußprofil aus Kehle, *cyma recta* und Torus auf rechteckiger Sockelplatte dürfte er noch in das 1. Jahrhundert n.Chr. gehören. BEL 16 aus Conimbriga dürfte ein achteckiger Altar sein. Das Fußprofil entspricht weitgehend jenem des

---

166 Zu den Reliefdarstellungen auf diesen Altären (CIL II 378. 383. 391) s. E. Hübner, Exempla scripturae epigraphicae Latinae (1885) XXXI.

Rundaltars BEL 10. Wenn wir auch nur diesen einzigen Achteckaltar aus Hispanien besitzen, so wird man doch an eine Entstehung in einem mit jenem Rundaltar gemeinsamen Werkstattkreis denken dürfen; eine Bestätigung liefern die in Oberitalien angetroffenen Verhältnisse[167].

1.6.2 Beira Baixa

In die hinter den Gebirgsketten der Serra da Lousa gelegene Beira Baixa sind keine Arbeiten der Werkstätten, die das Bild der Monumente um Coimbra und Conimbriga prägten, gelangt. Die charakteristischen Altaraufsätze sind um Coimbra konzentriert geblieben. Hier werden wir jedoch durch eine ganz neue Gruppe überrascht, die die aus Barcelona bereits bekannten Pulvini von monumentalen Grabaltären in einer ganz lokalen Prägung repräsentiert.

Erwartungsgemäß begegnen wir Altären mit Pulvini und Giebel. Klar und gut geformt ist der Weihaltar für Liber Pater (BEB 17), eine römische Gottheit, die auf der Halbinsel nur im hispanischen Westen verehrt worden ist[168]. Leiste, steile *cyma recta* mit knappen Wölbungen, Faszie im Deckprofil und Kehle auf Leiste und Faszie im Fußprofil stellen die einzige im 'klassischen' Sinne geformte Profilabfolge unter allen Altären aus dieser Provinz dar. Unter diesen mit Giebel und Pulvini versehenen ist auffallend häufig die im keltiberischen Norden bereits angetroffene und von uns versuchsweise als 'Volant'-Profil bezeichnete Abfolge (BEB 2, BEB 5a, BEB 19). In der Regel entsprechen drei im Deckprofil schräg nach oben ansteigend abgetreppte Elemente ebensovielen im Fußprofil fallenden Profilstreifen (etwa bei BEB 2). Auch das einfache und deshalb nicht derart regional umgrenzbare, dreifach abgetreppte Faszienprofil ist vorhanden (z. B. BEB 3). Die hohe Deckplatte mit dem Namen des Gottes (BEB 2, BEB 3) war uns im Norden gleichfalls des öfteren begegnet.

Eine zweite Gruppe bilden die Altäre BEB 4, BEB 23, BEB 26 mit der von uns so genannten Pulvinuseinheit, bei der die Pulvini durch eine geschwungene Senke verbunden sind. Auch diese Form der Bekrönung ist im wesentlichen im keltiberischen Norden vertreten. Im Raum der vorliegenden Provinz beschränkt sich ihre Verbreitung auf das Gebiet von Idanha-a-Nova. Ob sie jedoch auf die Tätigkeit einer dort lokalisierten Werkstatt zurückgeht, läßt sich aufgrund der erhaltenen Monumente mit Sicherheit nicht entscheiden. BEB 26 und das erhaltene Fragment von BEB 23 sind sich nicht unähnlich. BEB 4 mit dem schweren Sockel und Gesims besitzt eine ornamentale Durchbrechung der Deckplattenfront durch drei breite 'Fenster'-Vertiefungen, wie sie an einheimisch geprägten Altären des Nordwestens zu beobachten waren. In gleichem Sinne ist das gleichmäßige parataktische Reihen desselben Profilwulstes zu werten.

Die Gruppe der neun Pulvini von Monumentaltären ist auf einen einzigen, am Platz des heutigen Idanha-a-Velha gelegenen Ort[169] beschränkt. Trotz seiner zurückgezogenen Lage tritt einem hier der zahlenmäßig größte Inschriftenkomplex Portugals gegenüber. Das einst zu findende Gold und die Bedeutung als Straßenmittelpunkt vermögen dies nicht ausreichend zu erklären. Die wichtige Stra-

---

167 Vgl. H. Gabelmann, AquilNost 38, 1967, 19 ff. Th. Hauschild weist uns auf einen monumentalen Achteckaltar aus Evora hin, der aus der Stadt auf das Podium des dortigen Tempels verbracht worden sei. Vgl. auch den achteckigen Altar für Valetudo aus Glanum (H. Rolland, Fouilles de Glanum 1947–1956. XI⁰ Suppl. à Gallia [1958] 106 Taf. 37,2) oder jenen aus Vienne (Espérandieu I Nr. 412) oder den aus Fīke, 40 km nordöstlich von Baalbek gefundenen (S. Ronzevalle, Jupiter Héliopolitain, Mélanges de l'Université Saint Joseph 21, 1937/38, 87–140 Taf. 26,3; 27; 28. O. Eissfeldt, Tempel und Kulte syrischer Städte in hellenistisch-römischer Zeit [1941] 55. 57).

168 Vgl. A. Bruhl, Liber Pater (1953) 239 f.

169 The Princeton Encyclopedia of Classical Sites (1976) 293 s. v. Egitania (J. Alarcão).

ßenverbindung zur lusitanischen Hauptstadt Emerita darf jedoch für das Auftreten des Altars BEB 5b mit Kanne und Schale auf den Nebenseiten verantwortlich gemacht werden. Auch die an diesem Altar zu beobachtende Übung, die Rückseite mit einem Relief zu versehen, ist für die Altäre Emeritas bezeichnend.

Nur hier in Egitania im lusitanischen Südwesten der Halbinsel wurden jenen von Barcelona vergleichbare große Grabaltäre errichtet, wie wir aus den einzeln gearbeiteten Pulvini erschließen können. In Barcelona gab es außerdem die sog. *cupae*-Grabmäler, die wiederum um Olisipo einen zweiten südwestlichen Verbreitungsschwerpunkt haben. In Egitania kannte man dagegen offenbar nur die monumentalen Grabaltäre und diese in einer von der lokalen Werkstattpraxis bedingten Prägung. Alle Pulvini sind durch Rosetten geschmückt. Lediglich die Vielblattrosette an BEB 13 findet Vergleichbares in Barcelona, in der Mehrzahl sind es Sechsblattrosetten, wie sie die Stelen des nordwestlichen Quadranten auszeichnen. Die charakteristischen Fortsätze an den Pulvini gab es nur an der Küste im Nordosten der Halbinsel, auch an gewöhnlichen monolithen Altären. Hier begegnen sie unvermutet wieder in einem Umland, dem dieses Bekrönungsdetail völlig unbekannt war. Vielleicht aus diesem Grund wird das innere Ende nicht immer durchwegs spitzwinklig, sondern, z. B. an Altar BEB 11, in Gestalt eines kleineren Pulvinus gebildet. In dieser Form sehen wir eine Verbindung zu einzelnen separat gearbeiteten Altaraufsätzen, an denen diese Bildung von den Volutengiebeln bestimmter Altäre übernommen worden zu sein scheint[170]. Wir dürfen darin einen Beweis sehen für die Bindung solcher Lösungen an im Südwesten regional verhaftete Formvorstellungen. Die Front des Fortsatzes selbst wird an solchen Pulvini, bei denen dieser senkrecht abbricht, immer mit flachem Relief geschmückt. Im leistengerahmten Feld finden sich vegetabilische Motive, wie übrigens auch in Barcelona, eine Griffschale mit Omphalos (BEB 9), ein Fisch auf rechteckiger Platte (BEB 10), wohl als Opfergabe oder Spende zu deuten, wie auf dem Focus eines außerpeninsularen Altars[171] oder einem Grabtisch aus Nordafrika[172]. Vielleicht darf er als Hinweis auf ein sepulkrales Mahl gelten[173].

Neben diesen, den Eindruck bestimmenden Formen stehen solche, denen wir schon zuvor begegnet waren, die hier jedoch nur als Einzelstücke vertreten sind. Der Altar BEB 5 etwa, der eine flache, hinter einem Randstreifen leicht erhöhte Oberseite aufweist, besitzt ein Deckprofil, das stark an den Altar BU 11 erinnert, also eine Parallele im kantabrischen Norden erhält. Das vertiefte Halbkreisfeld der Rückseite und der knappe, profillose Sockelvorsprung sind anderer Art.

Zwei Altäre (BEB 21, BEB 22) sind anscheinend mit einem großen rechteckigen Focus versehen. Aus der Pulvinuseinheit sich hochwölbender Giebel (BEB 7) und Pulvini zu seiten eines Focus (BEB 18) sind schon aus dem Norden vertraute Formen der Bekrönung.

Der Iupiteraltar BEB 1 mit der Bekrönungsplatte, vor die Akrotere und Giebel in Relief treten, und der Faszienprofilierung dürfte ein einfaches und entferntes Echo auf einige Altäre dieses Bekrönungstypus in Mérida (BA 30–BA 32) darstellen[174]. Unter den Profilen dieser Altäre ist häufig die *cyma*

---

170 s. u. Kap. 3.3.
171 Fische im römischen Kult und Opfer sind selten belegt, F. J. Dölger, IXΘYC IV (1927) Taf. 119; vgl. RAC VII, 987 s. v. Fisch (J. Engemann). Zu den Fischplatten ebenda 989. Fische und Fischplatten an Grabdenkmälern: Dölger a.O. III Taf. 37 ff. und IV Taf. 231,1. – Rechteckige Tabletts mit Astragalen, Rhyta und Früchten (diese liegen auf Tabletts mit gerundeten Seiten) begegnen auf dem schmalen Kämpferfries am Durchgang des Bogens von Glanum. H. Rolland, L'arc de Glanum (Saint Rémy-de-Provence), 31. Suppl. à Gallia (1977) 30 Abb. 6 (Zeichnung J. Bruchet) Taf. 21. 66 ff.
172 Dölger a.O. III Taf. 37,6.
173 Engemann a.O. 999.
174 Vgl. dagegen aus dem Concelho de Belmonte: L. Plácido, Ara inédita a Júpiter Óptimo Máximo, Conimbriga 17, 1978, 56–58 Taf. o. Nr.

reversa auszumachen (BEB 6, BEB 18, BEB 22, BEB 25). Die *cyma recta* mit doppelter konvexer Wölbung beobachten wir an BEB 21 und BEB 30, sie stellt eine in diesen westlichen Werkstätten verbreitete Verschleifung der Grundform dieses Profils dar.

Die zwei Altäre BEB 27 und BEB 28 gleichen sich in Größe und in ihrer ungewöhnlichen Gestalt. Es sind Weihaltäre, BEB 28 wird inschriftlich auf der Deckplattenvorderseite als »*ara*« bezeichnet, ein und desselben Dedikanten einmal für die einheimische Göttin Trebaruna (BEB 28), das andere Mal für Victoria (BEB 27)[175]. In die flache Oberseite beider Altäre ist ein Rundfocus von jeweils 22 cm Dm. eingetieft. Die Profilierung gleicht sich; am Fußprofil ist eine hohe *cyma recta* mit einer breiten Faszie kombiniert. Trotz der unterschiedlichen Beschriftung darf man wohl beide Altäre zeitlich nicht allzu weit auseinanderrücken.

1.6.3 Beira Alta

Aus der hochgelegenen und weitgehend von Bergen umgebenen Beira Alta sind relativ wenig Altäre bekannt geworden. Ihre Weihinschriften sind sämtlich an einheimische Gottheiten gerichtet.

Selbstverständlich treten uns hier wieder Altäre mit flacher Oberseite entgegen, von denen BEA 8 die auffälligsten, wohl nachträglichen Veränderungen zeigt. Der große, in die Oberseite eingetiefte Focus, der u. a. die Altäre BEB 27 und BEB 28 auszeichnet, ist hier im Westen recht häufig und wird wohl als authentische Bekrönungslösung in Betracht gezogen werden müssen.

BEA 3 und BEA 7 werden durch Pulvini und Giebel bekrönt. Glatte Pulvinusrollen sind seitlich in die Deckplatte des fragmentierten Altars BEA 2 eingefügt. Flache Pulvinuswülste und den kleinen, sich hochwölbenden Rundfocus, eine Bekrönung, wie sie Altäre des Nordwestens besitzen, finden wir an dem Altar BEA 9. Sie ist nur durch eine Rille vom Körper abgesetzt. Deckplatte und Profile fehlen. Auch BEA 3 ist ohne Profilierung, die von unbestimmten Formen (etwa bei BEA 1) geprägt sein, aber auch über senkrecht gerichtete *cymae rectae* (so bei BEA 5) zu schweren und ausladenden Wulstformen (BEA 4) führen kann. Häufig scheinen Faszien mehr oder weniger stark gewölbt und gleichwertig gereiht (BEA 7, BEA 8) oder abgetreppt (BEA 2) gewesen zu sein[176].

1.6.4 Salamanca

Aus der Beira Alta führen die Verbindungen ungehindert in die Nordmeseta. Auch hier erhielt die Gottheit Ilurbeda einen Altar (SA 2)[177]. Von seinen Formeigentümlichkeiten gibt die Mauer, in die er eingefügt ist, nur die schmale und knapp geschwungene *cyma reversa* des Deckprofils frei.

SA 1, ein Weihaltar für Iupiter, stellt ein sehr bewußt geformtes und zugleich einzigartiges Monument dar. An der Bekrönung sitzen Pulvini mit niedrigen und kurzen Ansätzen, Profile und Sockel fehlen, die Rahmung der Inschrift und die Form des Profils sind neu; noch im Feld der Inschrift ist in Relief ein Halbmond mit seitlichen *hederae* dargestellt. Über dem Rahmen, schon als zur Deckzone gehörig zu bezeichnen, ein lineares Ornament aus einer alternierenden Reihe von Bögen und Drei-

---

175 Nach der Dedikationsformel folgt wie bei BI 1, jeweils auf dem Fußprofil, die Nennung eines mit »*fecit*« verbundenen Namens. In dieser Weise werden gewöhnlich Veranlasser oder die Werkstatt selbst genannt. G. C. Susini, Il lapicida romano (1968) 20.

176 Vgl. auch A. Vasco Rodrigues, Inscrição tipo »porcom« e aras anepígrafes do Cabeço das Fráguas (Guarda), Humanitas 11, 1959, 71–75 Abb. o. Nr.

177 Die weiteren Altäre für Ilurbeda sind BEL 23 und ein anderer, sehr beschädigter, vom selben Fundort (d'Encarnação, Divindades 200 ff. Abb. 46).

ecken. Als Einzelstück entzieht sich der Altar weitgehend einer Beurteilung. Zwischen Katalonien und Südbeira ist er das einzige Beispiel für Pulvini mit Ansätzen. Zu den über hundert Stelen[178], die in diesem Raum die Grabmonumente bilden, hat er keine Beziehung.

1.6.5 Ávila

Am Südfuß des mit 2592 m höchsten Gipfels der Sierra de Gredos lag ein indigenes Heiligtum eines Gottes, den die Weihinschriften Deus V(a)elicus nennen. Zwölf Altäre sind aus Anlaß einer durch F. Fernández Gómez am Platze durchgeführten Untersuchung bekannt gemacht worden[179]. Sie sind aus dem anstehenden Granit gearbeitet. Zwei Altäre aus Kalkstein hingegen fallen in dem Inventar auf; dieses Gestein tritt, nach unserer Kenntnis, nicht an Ort und Stelle auf, sondern sporadisch in einiger Entfernung im Osten und vor allem dann am oberen Lauf des Tajo[180]. Man darf damit rechnen, daß solche Steine wohl von außerhalb zum Heiligtum geschafft worden sind, möglicherweise in schon bearbeitetem Zustand, und, wie AV 2 durch seine Bekrönungs- und Profilform nahelegt, wohl nicht in der ortsansässigen Werkstatt entstanden sind, aus der die überwiegende Zahl der Altäre zu kommen scheint. Die Beschriftung von AV 2 dürfte dann nachträglich erfolgt sein.

Die Hälfte aller bekannten Altäre (AV 1, AV 3, AV 5, AV 8, AV 10, AV 11) besitzt eine flache Oberseite. Nur zwei Altäre sind heute noch von Pulvini, Giebel und Rundfocus bekrönt (AV 4, AV 6). An zwei weiteren Altären (AV 7, AV 12) sind an die Stelle der Giebel flache Querwülste getreten. Die Pulvini des Altars AV 2 sind durch eine Senke verbunden, aus der sich ein Rundfocus mit Randwulst erhebt. An AV 9 sind in der Oberseite Pulvini und Focus nur schwach angedeutet.

Faszien bilden das am meisten gebrauchte Profilelement. Jeweils an den Altären AV 3 und AV 5 sowie AV 8 und AV 9 sind sie in gleicher Weise ausgeführt, das eine Mal wechseln sie mit flach gemuldeten Streifen, das andere Mal sind sie, nur durch Rillen getrennt, nebeneinander gesetzt. Die ausladenden Wülste des Kalksteinaltars AV 2 sind in dem Komplex einmalig. *Cymae reversae* (AV 4, AV 10, AV 11), von einer auffallend schmalen, wenig geschwungenen Form, stellen lokale Zitate 'klassischer' Profilformen dar. Die Nennung des Gottesnamens auf der Deckplattenvorderseite, die gleichförmigen Profilwiederholungen und die pfeilerförmige Gestalt der Monumente sind Züge, die die Altäre mit jenen des nordwestlichen Quadranten der Halbinsel verbinden.

1.6.6 Toledo (westlicher Teil)

Im offenen Tajobecken gleichen Formen der Altäre durchaus jenen soeben betrachteten vom Südfuß der Sierra de Gredos, wie etwa der Altar aus Vascos (TO 11) lehrt; AV 6 und AV 7 waren von derselben Art wie dieser. Der grobe Granit wird auch hier durchweg verwendet. Alle Altäre aus dem Municipium Caesarobriga, dem heutigen Talavera de la Reina, sind aus ihm gearbeitet[181].

---

178 J. M. de Navascués, Caracteres externos de las antiguas inscripciones Salmantinas. Los epitafios de la zona occidental, BolAcadHist 152, 1963, 159–223. Hier vereinzelt auch der Halbmond. – P. César Morán, Epigrafía Salmantina (1922). J. Maluquer de Motes, Carta Arqueológica de España. Salamanca (1956) gibt auf S. 35 Abb. 2 eine Verbreitungskarte der Grabstelen und Weihaltäre in der Provinz Salamanca. Leider sind auch in dem epigraphischen Inventar S. 133 ff. die Stelen von den Altären nicht geschieden.

179 NotArqHisp (Arqueología) 2, 1973, 209 ff.

180 Vgl. Mapa Litológico de España Peninsular e Insular (1970) Blatt 1.

181 Vgl. auch C. M. del Rivero, Museo Arqueológico Nacional. Adquisiciones en 1930 (1931) 3 ff. Abb. 1 Taf. 1.

TO 10 vertritt eine breitgelagerte Form mit außenliegenden Pulvini, flachem Giebel und aufsitzendem kleinen Rundfocus mit Randwulst. Die *cymae rectae* sind regelmäßig gebildet, doch ohne Leiste und begleitende Faszie. Letztere sind an dem einst durch Giebel, Pulvini und Rundfocus bekrönten Altar TO 8 zumindest am Deckprofil verwendet. Solche Formdetails dürften aus dem Raum Mérida hierher vermittelt sein[182].

Der Granitaltar TO 3 aus der schon zu den Montes de Toledo zählenden Landschaft La Jara schließt sich in seinen Charakteristika den genannten Formen an. Auch zu einem in Oropesa befindlichen altarähnlichen Monument (TO 7) ist dieser Granit verwendet. Als Deckprofil erscheinen in diesem Fall zwei gestaffelte Tori.

Drei Grabaltäre (TO 4–TO 6) in demselben Ort sind ganz in der für die lusitanische Hauptstadt Emerita typischen Form gearbeitet. Sie bestehen offenbar aus Marmor. Der Name des Municipiums Caesarobriga auf dem Grabaltar TO 4 zeigt jedoch, daß sie in die Umgebung Talaveras gehören. Dieser Altar sowie TO 5 unterscheiden sich eigentlich nur in den Profilen; TO 4 ist durch Leiste, *cyma recta* und Faszie profiliert, TO 5 und TO 6 durch je eine *cyma reversa* in Deck- und Fußprofil. Kanne und Schale auf der linken bzw. rechten Nebenseite sind für solche Altäre ganz bezeichnend, auch die Bekrönung mit den auf den ausschwingenden Giebelschrägen ruhenden Pulvini, welche die Buchstaben D S an der Stirn tragen. Deutlich verkörpern die Grabaltäre den starken römischen Einschlag gegenüber den granitenen Weihaltären, die, wie der allerdings 'klassisch' profilierte Altar TO 8 zeigt, nicht unbedingt nur einheimischen Göttern gesetzt sein müssen.

1.6.7 Cáceres

Der Weg, den die römischen Grabaltarformen genommen haben, hat anscheinend von dem im Guadianabecken gelegenen Emerita Augusta nach Holguera und Caparra im Tajobecken und den Tajo aufwärts nach Caesarobriga geführt. Im Raum Cáceres[183] bietet sich ein ähnliches Bild wie im westlichen Toledo: In der überaus zahlreichen Reihe der granitenen Weihaltäre stehen die marmornen Grabaltäre aus Caparra (CC 26, CC 27) und Holguera (CC 22) allein, nicht nur hinsichtlich ihres Werkmaterials, sondern auch ihrer Form. Die Pulvinusrollen von zwei dieser Altäre (CC 22, CC 26) ruhen auf den ausschwingenden Giebelschrägen wie an den Altären TO 4 und TO 5, mit denen sie auch Giebel und Focus gemeinsam haben. Die Manendedikation des Altars CC 26 steht jedoch auf der Deckplatte, und die Nebenseiten sind ohne Reliefs. Auch die Form der *cyma reversa* unterscheidet sich von jener des Altars TO 5. Der Altar aus Holguera (CC 22) entspricht jenem aus Oropesa (TO 4) bis auf Plazierung und Gegenstand der Nebenseitenreliefs.

Das nur 30 cm hohe Grabaltärchen für die 16jährige Tochter eines Iulius Maxentianus (CC 27) ist ganz ohne Profile gearbeitet. Seine Bekrönung wählt den Typus, bei dem Giebel und Akrotere mit der Manendedikationsformel an der Front der Bekrönungsplatte angegeben sind. Auch er besitzt keine Nebenseitenreliefs. Manche Formdetails dieser Altäre aus Caparra finden sich erst wieder in Mérida. Beide dürften jedoch aufgrund ihrer Übereinstimmungen am Ort selbst gearbeitet sein.

---

182 P. C. Morán, ArchEspArq 17, 1944, 247f. Abb. 1 gibt eine unrichtige Zeichnung des Sockelprofils, eine häufig zu beobachtende Erscheinung, die sich meistens aus dem Mißverständnis der Profilformen erklärt.

183 Vgl. auch die Verbreitungskarte epigraphischer Denkmäler in der Provinz Cáceres bei: R. Hurtado de San Antonio, Corpus Provincial de Inscripciones Latinas – Cáceres (1977) am Schluß des Bandes.

Weihaltäre, von Pulvini auf einer ebenen Oberseite oder von Pulvini und Giebel bekrönt, halten sich in dem Raum Cáceres etwa die Waage, der den westlichen Teil des mittleren Tajobeckens und das südlich angrenzende Westende des Berglandes der Montes de Toledo umfaßt.

Die Profilierung der ersten Gruppe von Altären ist sehr einfach; *cymae reversae* sind die einzigen etwas klarer artikulierten Formen (CC 7, CC 40). Sie kann ganz zurücktreten und fehlt so an den Altären CC 1, CC 3, CC 23, CC 25. CC 1 gar stellt ein völlig ungegliedertes, nach oben sich verbreiterndes und von den zwei Pulvinusprotuberanzen bekröntes Mal dar, das inschriftlich als »*ara*« bezeichnet wird. Das die Gliederung nicht beachtende Beschriften des Altars CC 23 entspricht genau einer solchen Auffassung. Eine Inschriftrahmung oder etwa Nebenseitendekor sind hier nicht zu erwarten.

Einige wenige Altäre sind zusätzlich zu den Pulvini noch mit einem Rundfocus ausgestattet. Originell und sicher ausgeführte Bekrönungen aus Pulvini und rechteckigem Focus sind an den Zwillingsaltären CC 16 und CC 17 jeweils für das indigene Götterpaar Arentia und Arentius aus dem gleichen Halbrundstabelement gefügt. Für diese Form des Rechteckfocus fehlt jede peninsulare Parallele[184].

Einige Altäre zeigen sich heute mit flacher Oberseite, ohne daß in einem Fall ein solcher oberer Abschluß als authentisch gesichert wäre. Zum Teil liegen sicher wieder Beschädigungen vor. Zwei Altäre (CC 21, CC 30) sind offensichtlich nicht vollständig abgebildet. Die in Mérida vertretene Form der Bekrönungsplatte mit in Relief angegebenen oder inkorporierten Bekrönungselementen dürfte auch in diesen Raum gewirkt haben; man vergleiche dazu etwa CC 12, einen Nymphenaltar aus den Heilthermen von Baños de Montemayor, wo auch die Emeritenser Nebenseitenreliefs vorkommen, und CC 15. Wenn solche Details durch die römische Provinzhauptstadt Emerita Augusta vermittelt worden sind, so dürfte dies auch für die Bekrönung durch Giebel und Pulvini gelten, die allein fünf Nymphenaltäre (CC 9–CC 11, CC 13, CC 14) aus Baños de Montemayor auszeichnet. Einer dieser Altäre (CC 11) kennt, wie bereits gesagt, die in Mérida üblichen Nebenseitenreliefs Kanne und Schale; doch ist die generell verbindliche Plazierung der Kanne links und der Schale rechts hier vertauscht. Diese Altäre erweisen sich somit in der von anders geformten Weihaltären geprägten Umgebung als in eigener Weise Vorbildern verpflichtet, die im romanisierten Zentrum des Landes zu Hause waren.

Das Oberteil eines kapitellbekrönten Pfeilers von noch rund 40 cm Höhe aus Terrakotta wird seit seiner Auffindung im Militärlager bei Cáceres als Altar bezeichnet[185]. Tonaltäre entsprechen oft nicht der gängigen Altartypologie, doch ist uns keine Parallele geläufig, welche die Bezeichnung Altar für den genannten Pfeiler rechtfertigen würde, auch wenn man die vermutete Herkunft aus Alexandria berücksichtigt; das Stück aus Castra Caecilia bei Cáceres hat allerdings den Vorzug, daß es in die Zeit um 80 v.Chr. datiert ist. Tonaltärchen aus Pompeji, die zudem noch Feuerspuren am Focus aufweisen können[186], enthüllen deutlicher ihre typologische Ableitung und damit ihre Bestimmung.

---

184 Eine rechteckige barrenförmige Focusrahmung findet sich bei PO 27 und einem dort genannten Altar in Trier.

185 R. Paulsen, AA 1928, 21 ff. Abb. 1 ff.; A. García y Bellido, Les religions orientales dans l'Espagne romaine (1967) 135 ff. Abb. 17.

186 RM 5, 1890, 251 Abb. o. Nr.

1.6.8 Badajoz

Im Raum von Cáceres waren unter allen betrachteten 38 Altären nur drei Grabaltäre überliefert. Im Gebiet um Badajoz, welches das Guadianabecken und Teile der südlich davon gelegenen Sierra Morena umfaßt, ist dieses Verhältnis fast als umgekehrt zu bezeichnen. Die Weihaltäre stellen nur den vierten Teil der gesamten Zahl.

Zahlreichen Grabaltären, vor allem aus den gräberreichen Nekropolen Emerita Augustas[187], stehen in der Provinzhauptstadt selbst nur wenige Weihaltäre gegenüber. Unter ihnen sind solche, die ein andersgeartetes religiöses Ambiente anzeigen, so ein Taurobolienaltar (BA 65), vier Rundaltäre (BA 59—BA 62) und Mithrasaltäre (BA 54—BA 56), ohne daß sie den typischen Rahmen sprengten. Da Emerita über leistungsfähige Werkstätten verfügte, welche den dortigen Altarformen ein eigenes Gepräge verliehen, seien die Monumente aus diesem Ort zunächst behandelt, die in Badajoz versammelten Altäre dann angeschlossen. So läßt sich die Reichweite der Werkstattpraxis Emeritas in ihrer wesentlichen Wirkungsrichtung verdeutlichen[188]. Anschließend wird gezeigt, inwieweit der westlich anschließende Raum von Alto Alentejo diese Formen noch widerspiegelt.

Das Eigentümliche der Altäre aus Emerita ist, daß sie im Grunde genommen nur dem Bekrönungstypus mit Giebel und Pulvini angehören und diesen in einigen Varianten abwandeln. Dazu treten die Seitenreliefs, die Form der Profile, die breitgelagerten Proportionen bei relativ geringer Tiefe, Schrifteigentümlichkeiten und der häufig verwendete Marmor als Werkmaterial. Die Gestaltung der genannten Merkmale gibt den Altären ihr eigenes Aussehen, das sie in ihrer Gesamtheit von solchen aus anderen Fundorten unterscheidet.

Wenn man unter den genannten Voraussetzungen eine Gruppierung der Altarformen versucht, dann hat jeweils eine größere Zahl von Altären eine der drei folgenden, nach ihrer Häufigkeit geordneten Bekrönungsweisen gemeinsam: 1. Giebel, Pulvini und Focus; 2. geschweiften Giebel mit Firsteinschnitt und auf den ausschwingenden Schrägen aufsitzenden Pulvini, auch diese Altäre besitzen einen Focus, der meist rund ist, aber auch oval (BA 49) sein kann; 3. zu einer Platte zusammengeschlossene Bekrönungselemente, letzte Gruppe ist an Zahl etwa um die Hälfte geringer als die erste der Altäre mit Giebel, Pulvini und Focus.

Die aus Giebel, Pulvini und Focus bestehenden Bekrönungen weisen im Gang der Betrachtung neue Züge auf. Die runden Foci sind auffallend groß und öffnen sich auf Höhe des Giebelfirstes. Die Giebel haben nur selten Dekor, so etwa sind im Tympanon des Grabaltars BA 25 drei Rosetten dargestellt oder an BA 41 ein fächerartiger Dekor. Meist blieben sie glatt, häufiger tragen sie lediglich das M der aus drei Lettern gebildeten Manendedikation. Die Pulvini sind, bis auf wenige Ausnahmen (BA 38, BA 54), balusterförmig geschwungen und in der Mitte durch Wulst oder Furche geteilt. Ihre Stirnen können in wenigen Fällen (BA 25, BA 26, BA 41, BA 63) rosettengeschmückt sein, häufig sind sie glatt, oder sie zeigen den ersten und letzten Buchstaben der Maneninvokation. Die Schäfte der Pulvini umhüllen, wenn sie geschwungen sind, Blätter.

---

[187] Vgl. jetzt zu den Inschriften aus Mérida L. García Iglesias, Epigrafía romana en Mérida, in: Augusta Emerita. Actas del Bimilenario de Mérida (1976) 63—73.

[188] Vgl. auch schon R. Lantier, Inventaire des monuments sculptés pré-chrétiens de la Péninsule Ibérique. 1. Teil: Lusitanie. Conventus Emeritensis (1918), der einige Altäre auf den Phototafeln abbildet.

64   ALTARFORMEN — MATERIALGRUNDLAGE

Die somit beschriebene häufigste, aus diesen drei Elementen gebildete Bekrönung wird, wie bereits gesagt, abgewandelt. So hat BA 41 einen querrechteckigen Focus mit Wulstrand. Drei Altäre (BA 38–BA 40) weisen eine grob gepickte, vertiefte Fläche zwischen Pulvini und Giebel auf. BA 39 ist ein reichverzierter Altar mit ornamentierten *cymae reversae*, zusätzlich zu den Nebenseitenreliefs einer Girlande auf der Rückseite, sowie Tympanon- und Pulvinusstirnrosetten. Lediglich Giebel und Pulvini scheinen BA 57 und CC 29 bekrönt zu haben.

Die Bekrönungselemente der zweiten Gruppe unterscheiden sich durch die Form des geschweiften Giebels, der mit seinen ausschwingenden Schrägen die Pulvini aufnimmt. Hier gibt es als seltene Fälle furchengeteilte Pulvini der Balusterform, die einen Schaft ohne Blattdekor (BA 45, BA 49) besitzen, sowie die glatten Pulvinuszylinder (BA 50). Die durch den Firsteinschnitt[189] gekennzeichneten Giebel dürften in einem typologischen Zusammenhang mit den Volutengiebeln stehen.

Der Voluten- und Palmettendekor jeweils im Giebelfeld dreier Altäre (BA 47, BA 64 und CC 28) steht in einer ganz klaren Beziehung zu Stelen aus Emerita[190]. Die Vermutung liegt nahe, daß Altäre und Stelen im gleichen Werkstattkreis entstanden sind.

Die Bekrönung der dritten Gruppe besteht aus Akroteren oder Pulvini und Giebel, die in Relief vor eine abschließende Platte treten. Sie tragen die Buchstaben DMS (BA 30, BA 31) oder sind einfach glatt (BA 32). An BA 33 ist die Manendedikation sogar in die glatte Vorderseite der Platte eingetragen. Von gleicher Form ist die Bekrönung des Taurobolienaltars BA 65. An die Stelle des Giebels ist ein Widderkopf getreten, und die Akrotere sind mit Rosetten geschmückt. Ein Altar (BA 37) fällt mit seiner Bekrönung und seiner Inschriftrahmung ganz aus dem bisher gezeichneten Rahmen. Für die Details dieser Bekrönungsform kennen wir in Mérida vorläufig kein zweites Beispiel. Doch ist sie, ihrer kompakten Einheitlichkeit wegen, hier anzuschließen. Die Bekrönung ruht auf einer ausgeprägten Sockelplatte, die durch einen flachen Blattstab ornamentiert und dadurch besonders hervorgehoben wird. Eine von der Mitte ihres oberen Randes ausgehende Zunge stößt nach oben. An sie schmiegen sich kleine, in einem Blatt endende Voluten, die von den Stirnvoluten der Pulvini ausgehen. Diese sind an den Nebenseiten balusterförmig gebildet, von Blättern umhüllt und durch einen gedrehten Wulst geschnürt. Auf der Rückseite wird die Gestaltung der Front nicht wiederholt, sondern statt dessen Pulvinusstirnscheiben und ein Giebel angebracht. Das leisten- und karniesgerahmte, oben gerundete Inschriftfeld kennen wir nur an diesem Altar; an rechteckigen Stelen aus Emerita ist der halbrunde obere Abschluß der Inschrift durch ein ornamentiertes Feld geläufig[191]. Die Form von Deck- und Fußprofil hingegen ist nicht ungewöhnlich. Wir werden auch im Hinblick auf das blaugraue, grobkristalline Kalksteinmaterial nicht mit einem Fremdling rechnen dürfen, sondern einem Altar, der aus den in der Provinzhauptstadt gegebenen Voraussetzungen zu erklären sein wird. Das auf der rechten Nebenseite in Relief dargestellte Gerät[192], das wir nicht durch bekannte Parallelen erklären können, darf vielleicht in einer Beziehung zu dem verstorbenen 16jährigen jungen Mann stehend gedacht werden.

---

189 Vgl. den ganz ähnlichen Einschnitt an den *ansae* von Inschrift*tabulae*: MAMA I Nr. 170; IV Nr. 27 (2); VII Nr. 147. 524.
190 Vgl. z. B. Inst.Neg.Madrid B 100 und Taf. 151a.
191 Vgl. z. B. Inst.Neg.Madrid B 100 und Taf. 151a. Oben gerundete Profilrahmung an der rechteckigen Vorderseite des Körpers gibt es in Hispanien nur an zwei Altären: BA 37 und BAA 8; in Tunesien an einem sechseckigen Grabaltar in Medjez el-Bab.
192 Kein Gefäß, wie es MemMusArq 13, 1952, 9 heißt.

Auf die Betrachtung der drei in Emerita bevorzugten Bekrönungsweisen folge eine Kennzeichnung der Gestaltung des Altarkörpers und der Profile, die in gewissen Grenzen für die drei Gruppen übereinstimmt.

Die Inschrift nimmt in der Regel das ganze Feld der Körpervorderseite ein. Höchst selten beobachten wir, daß sie gerahmt ist, durch eine Leiste (BA 25), durch ein Karnies (BA 39) oder durch eine Leiste mit Karnies (BA 37). Bemerkenswert sind eigentümliche Buchstabenformen, die sich an einer Reihe von Altären feststellen lassen und an einigen sogar einen Werkstattzusammenhang zu bezeugen scheinen. Es sind dies vor allem tildenartig geschwungene Querhasten[193] wie die des T (BA 17, BA 26, BA 29–BA 31, BA 38, BA 42, BA 43, BA 45, BA 48), die als Leitform dienen können, aber auch gebogene Schwänze oben an Buchstaben wie A, I, N, L, P und V. Durch solche Merkmale sind Altäre der drei von uns unterschiedenen Bekrönungsformen miteinander in auffallender Weise verbunden.

Eine weitere für Emerita typische Eigenart sind die Seiten- und vereinzelt auch Rückseitenreliefs. Die Kanne mit der nach vorn gerichteten Tülle findet sich links, die Schale, meist mit Griff, der oft mit einem gehörnten Widderkopf abschließt, ist auf der rechten Nebenseite zu finden. Nur an BA 66 ist diese Anordnung vertauscht. Auch treten einem, gerade in dem Emeritenser Werkkreis mit seinen reichen bildnerischen Möglichkeiten, Ausnahmen von einer solchen regelhaften Plazierung und gegenständlichen Beschränkung entgegen. An der Stelle der Schale trifft man gelegentlich ein *aspergillum* (BA 47) oder das schon genannte, nicht recht deutbare Gerät (BA 37). Auf den Nebenseiten des Altars BA 64 soll jeweils ein Thyrsos dargestellt sein[194]. Figürliches weist nur der stark beschädigte Altar BA 23 auf; er trug auf den Nebenseiten je einen Eros, dessen Beine zum Teil noch erhalten sind[195]. In der Regel wird lediglich ein einziger Gegenstand wiedergegeben; eine Ausnahme bildet hierin die rechte Nebenseite des Altars CC 28, wo zu der diesmal grifflosen Schale ein hakenbewehrter Stab sich gesellt. Altäre ohne Reliefschmuck auf den Nebenseiten des Körpers fehlen aber keineswegs. Sie sind meist auffallend flach (z. B. BA 29) und begegnen gehäuft in der Gruppe der Altäre mit bekrönender Platte (BA 30–BA 32, BA 58, BA 67). Auf der Rückseite der Altäre findet sich oft eine Girlande dargestellt (CC 29, BA 39, BA 47, BA 52, BA 65). Diesen Schmuck haben die Altäre mit einer ganz charakteristischen und nur in Emerita beheimateten Gruppe von architektonisch gefaßten Nischenstelen (z. B. Taf. 150b–e) gemeinsam. Für BA 64 wird das Schöpfgefäß *capis* und eine *patera* als Reliefschmuck der Rückseite genannt[196]. Es kann statt dessen aber auch z. B. ein *aspergillum* (BA 41) oder, durch den speziellen Auftrag bedingt, ein Wickelkind (BA 44) zur Darstellung gelangen.

Der Schmuck der Rückseite des Körpers erfordert eine sorgfältigere Ausarbeitung der gesamten Rückfront. Somit werden in diesen Fällen die Profile um die Rückseite herumgeführt.

Unter den Profilen ist die einfache *cyma reversa* und die von einer Faszie begleitete *cyma recta* mit Randleiste am häufigsten. Diese Formen können in Einzelfällen durch Rundstabteilungen und Kehlen erweitert werden, wodurch die Profilzonen an Höhe gewinnen. Die Kombination von *cyma recta* und *reversa*, welche durch eine Faszie getrennt sind, treffen wir an vier Beispielen (BA 20, BA 37, BA 41, BA 44) unter dem hier vereinigten Material an. Der Normalfall ist, daß sich die Profile an Gesims und Sockel entsprechen, d. h. sich vom Altarkörper aus als horizontale Achse symmetrisch entwickeln.

---

193 Vgl. A. E. Gordon, Album of Dated Latin Inscriptions (1964/65) Bde. II und III, passim. Etwa ab der Mitte des 2. und im 3. Jh. n. Chr.

194 García y Bellido, Esculturas romanas 410f. Nr. 411.
195 Ders., ArchEspArq 39, 1966, 135 Abb. 6–7.
196 García y Bellido, Esculturas romanas 410f. Nr. 411.

Nur an qualitätvolleren Steinen ist nach einer abwechselnden Unterscheidung der beiden Profile gesucht.

Als ganz bezeichnend und für Mérida typisch dürfen die in die Profile eingeführten Halbrundstäbe oder Tori gelten (BA 19, BA 20, BA 25, BA 41, BA 54).

An drei Altären (BA 39, BA 47, BA 64) sind *cymae reversae* ornamentiert in der Form des Blattstabes oder des lesbischen Kymations; Perlstäbe werden an BA 39 und BA 47 hinzugefügt. Der Blattstab wird an drei Altären (BA 37, BA 47, BA 64) in jeweils leicht unterschiedlicher Form verwendet und dürfte noch in die 1. Hälfte des 2. Jahrhunderts n.Chr. gehören. Das aus Akanthusblättern gebildete lesbische Kymation des Altars BA 39 dürfte der gleichen Zeit angehören; es begegnet noch bei einer Reihe weiterer Grabmonumente Méridas, darunter auch den architektonisch gefaßten Nischenstelen, wenn auch nicht in der graphischen Qualität des genannten Altars. Auch das lesbische Kymation in der Form des von M. Wegner[197] so genannten Scherenkymations an BA 64 gehört in das 2. Jahrhundert n.Chr. An der Vorderseite dieses Altars ist ein Adler dargestellt. Vorderseitenreliefs dieser Art begegnen vereinzelt im hispanischen Raum. Wohl nicht zufällig sind unter diesen reichverzierten Altären zwei Grabaltäre (BA 39, BA 47). Sie sind auch größer als der Weihaltar BA 64. Hierin drückt sich die besondere Aufmerksamkeit aus, die man diesen Monumenten zumaß und die sich durch die auch in den Inschriften zum Ausdruck kommende Sorge um das Fortdauern in der Erinnerung der Lebenden erklären läßt.

Der Altarsockel war voll sichtbar und daher durchweg in einer dem Aufbau des Monuments angemessenen Höhe gehalten. Wir finden ihn hier nie überhoch und lediglich bossiert, zum Eingraben in die Erde, und auch nicht in jener Form, die zur Einpassung in einen separaten Basisblock bestimmt war.

Die Altäre sind relativ niedrig, oft erstaunlich flach und unterstreichen mit der die ungerahmte Vorderseite bis zum Rand füllenden Inschrift eine primäre Titulusfunktion. Deck- und Fußprofil fassen die im Aufbau selbständige Inschrifttafel – bei manchen *cymae reversae* gleichsam manschettenartig wirkend – ein. Die Eckfassung durch Säulen (BA 52) oder Pilaster (BA 51) ordnet die Inschrift der einheitlichen tektonischen Struktur des Monuments unter und verweist sie in eine zweite Raumschicht. BA 52 veranschaulicht diesen Typus des Aedicula-Altares vielleicht am besten. Er steht auf einem niedrigen Sockel. Das bereits von anderen Altären (BA 37, BA 47, BA 64) her bekannte Blattzungenkymation in der Form einer *cyma reversa* und ein Astragal mit schon recht gelängten Perlen vermitteln zur Standplatte für die beiden Ecksäulen mit korinthischem Kapitell. Das Epistyl wird von einer *cyma reversa*, einer Faszie, Perlstab, Zahnschnitt und einem Akanthuskymation gebildet, das wir auch bereits von Altar BA 39 her kennen, das aber nicht die für das lesbische Kymation so charakteristischen, die Blätter verbindenden Bügel oder Ösen besitzt. Die Schräggeisa sind von dem gleichen Blattkyma wie im Fußprofil dekoriert. Im Tympanon begegnen wir der im hispanischen Südwesten häufig an dieser Stelle angebrachten *corona lemniscata*. An den Nebenseiten und der Rückseite sind die Profilelemente nicht ornamentiert worden und glatt geblieben, obwohl auf der Rückseite des Körpers

---

197 M. Wegner, Ornamente kaiserzeitlicher Bauten Roms. Soffitten (1957) 54.

eine Girlande und eine Vierblattrosette dargestellt sind[198] und auf den Nebenseiten[199] die obligatorischen Kanne und Schale mit überdimensionierten Ausmaßen (H 32 cm bzw. 30 cm). Der Altar ist vierseitig ausgearbeitet, besitzt aber eine ausdrücklich betonte Vorderansicht, eine Qualität, die dem reich verzierten Altar BA 39 z. B. nicht zukommt. Auf der Aedicula ruhen seitlich die Pulvini, wulstgeschnürt von Balusterform mit glattem Schaft. In die Stirn ist je ein querrechteckiges Dübelloch eingetieft, das auch an BA 51 und an einer großen Zahl der architektonisch gefaßten Nischenstelen zu erkennen ist. Die noch darin verbleibenden Metallreste geben zwar keinen Aufschluß über den Zweck dieser Zurichtung, doch wird man damit rechnen dürfen, daß sie dem Schmuck der Altäre und Stelen diente. In der Mitte erhebt sich bis zur Höhe des Firstes ein großer Rundfocus von 20 cm Durchmesser mit einem horizontalen Rand von 1,5 cm Breite und sauber gepickter Mulde.

An BA 51 fehlt der obere Teil, so daß wir über sein ursprüngliches Aussehen nichts Verbindliches festhalten können. Vielleicht war ein Giebel getrennt gearbeitet und aufgesetzt worden. Der Altar ist im ganzen etwas einfacher mit Eckpilastern statt Säulen, jedoch profilgerahmter Inschrift. Das Blattcyma — nur im Deckprofil — wird aus gereihten aufrechtstehenden Akanthusblättern gebildet. Auf die weiteren konstituierenden Elemente des lesbischen Kymations, die BA 39 und zum Teil noch BA 52 besitzt, ist in diesem Fall verzichtet worden.

Aufgrund der Ähnlichkeit des Altars mit jenem stadtrömischen eines C. Umbricius Venustus[200] ein Aschengefäß statt eines Giebels als Aufsatz zu ergänzen, wäre eine andere denkbare Möglichkeit.

Deutlich sind an beiden Altären die der ausführenden Werkstatt zur Verfügung stehenden künstlerischen Voraussetzungen im städtischen Verwaltungszentrum Emerita, die sich mit jenen in Tarraco messen können[201]. Ihnen verdankt auch die bedeutendste Reihe von Rundaltären auf der Halbinsel ihre Entstehung. In Mérida sind bisher drei Monumente dieser Art aufgefunden worden, die zu einer Serie gehören (BA 60–62). Schon im 17. Jahrhundert werden sie zusammen genannt, 1652 zu einem Säulendenkmal für die Patronin der Stadt, Santa Eulalia, übereinandergestellt. Alle drei haben die gleichen Ausmaße und sind aus gleichem Material, weißem Marmor. Sie waren offenbar für eine gemeinsame Aufstellung bestimmt. Erstaunlich ist dabei, daß einer der Altäre nie ganz vollendet worden ist. Fuß- und Deckprofil sind zwar geglättet, wenn auch ohne die Reliefornamentik der zwei anderen belassen. Das geplante Relief am Altarkörper in Form von Girlanden und Bukranien ist in Bosse stehengeblieben. Wenn man nicht mit einer Abänderung des ursprünglichen Auftrags rechnen möchte, muß man annehmen, daß das Werkstück verhauen worden ist oder aus anderen Gründen nicht mehr zur Vollendung geeignet erschien. Letztere Gründe drängen sich bei einer Prüfung des Altarrohlings auf; doch muß daneben durchaus noch mit nachantiken verändernden Eingriffen in die Materialsubstanz gerechnet werden. In jedem Fall dürfte die Gruppe dieser Altäre Arbeiten einer zumindest zeitweilig ortsansässigen Werkstatt darstellen und damit einen weiteren Beweis für die

---

198 Wir folgen mit diesem Detail der Beschreibung von García y Bellido, Esculturas romanas 303 Nr. 301, da die Rückseite des Altars, durch die Aufstellung bedingt, heute nicht sichtbar ist. Der Altar dürfte in die 1. Hälfte des 2. Jhs. gehören. Vgl. J. M. C. Toynbee, The Hadrianic School (1934) Taf. 57 aus dem Jahr 124 n.Chr.

199 Zu bemerken ist das in Hispanien singuläre Sicheinwölben des Reliefgrundes. Vgl. Altmann, Grabaltäre 177 Nr. 235 Abb. 143; S. 192 f. Nr. 259 Abb. 154; H. Stuart Jones, The Sculptures of the Museo Capitolino (1912) 47 ff. Nr. 1 Taf. 9.

200 Altmann, Grabaltäre 143 Abb. 116.

201 Interessant ist, daß wir auf Münzen Tarracos einen der ersten architektonisch gestalteten Altäre fassen können. s. dazu Verf., Altäre auf hispanischen Münzen, in: Praestant Interna. Festschrift U. Hausmann (1982) 343 Taf. 75,3–5.

hohe Qualität²⁰² in Emerita gefertigter Bildhauerarbeiten, die auch durch Skulpturen signierender Griechen bekannt ist²⁰³. Die Qualitätsunterschiede etwa zur Menge der von uns besprochenen Altäre sind wohl auch gattungs- und zweckbedingter Natur. Zudem lassen sie, etwa bei den vollendeten Altären BA 61 und BA 62, verschiedene Hände erkennen. Dies macht ein Vergleich der Dekorelemente beider Altäre deutlich. Das Verhältnis der gebündelten Früchte zu dem in den Grund tretenden Blattwerk ist unterschiedlich gegeben, ebenso sind es die Tänien, mittels derer die Girlanden an den Hörnern der Nacktschädel aufgehängt sind, ganz so, wie es erstmals an der Ara Pacis vorgebildet war. Die Girlandenmanschetten erhalten durch ihre unterschiedliche Breite ein ungleiches Gewicht. Für das Jahr 18 n. Chr. ist dieses Detail zum erstenmal an einem Geniusaltar in Neapel gesichert²⁰⁴. Die Entwicklungsgeschichte zumindest der stadtrömischen Girlanden ist jüngst systematisch behandelt worden. Solange die Materialbasis für die uns interessierende Zeit nicht reicher wird, muß man demnach eine tiberische Entstehung der Altäre in Erwägung ziehen. Die Trockenheit der wie gedrechselt wirkenden Tänie des Altars BA 61 z. B. und das entsprechend gearbeitete lesbische Kymation am Fußprofil würden einen solchen Ansatz vom Stilistischen her stützen; die stilistische Beurteilung des Altars B 62 wird durch die stärker abgewitterte Oberfläche erschwert. Die beiden lesbischen Kymatien von der Form des sog. Herzkymations²⁰⁵ an den Fußprofilen von BA 61 und BA 62 sind auffallend flach gehalten im Vergleich zu den frühkaiserzeitlichen stadtrömischen Parallelen²⁰⁶ und zu jenen späteren vom Theater in Mérida, wo sie am Architrav zusammen mit dem Bügelkymation erscheinen²⁰⁶ᵃ, und bieten, wenn der aufgrund der hohen Aufstellung gestattete Augenschein nicht trügt, gleichfalls die durch unterschiedliche ausführende Hände bedingten formalen Verschiedenheiten. Daß die Altäre in Emerita entstanden sind, legen zudem die Friesbruchstücke aus Pan Caliente, einem Stadtteil Méridas, nahe²⁰⁷, auf denen eine fast identische Girlande wiederkehrt.

Zwischen der tiberischen Entstehungszeit der Rundaltäre und der großen Masse der privaten Grab- und Weihaltäre, die wohl erst gegen Ende des 1. Jahrhunderts n.Chr. einsetzen, klafft eine bemerkenswerte zeitliche Lücke. Grabstelen scheinen in diese Zeit zu fallen²⁰⁸.

Die Reihe der erhaltenen Grabdenkmäler ist an einem Platz wie Emerita, der sich hierin wieder Tarraco vergleichen läßt, recht vielseitig. Einfache Grabtituli²⁰⁹ stehen neben solchen mit begleitenden Reliefs²¹⁰. Einer²¹¹ davon besitzt wieder die Buchstabeneigentümlichkeiten (Querhasten T, E und F), wie sie an einer Gruppe von Grabaltären aufgefallen waren (BA 17, BA 18, BA 45). Die dadurch nahegelegte Gleichzeitigkeit bezeugt das Nebeneinanderexistieren solcher Monumente mit den entsprechenden Grabaltären. Dies gilt auch für die architektonisch gerahmten Nischenstelen, welche, wie sich aus den Frisuren der dargestellten Frauen ergibt, in das 2. Jahrhundert n.Chr. gehören. Auch eine Stele in Aedicula-Form mit Figurennische ist erhalten²¹².

---

202 García y Bellido, Esculturas romanas 413 Nr. 413, hat diese Qualität an eine augusteische Entstehung denken lassen.
203 Dazu ebenda 120f. Nr. 120. – S. Ferri, Scultori peregrini a Emerita: Demetrios, in: Scritti in onore di Bartolomeo Nogara (1937) 173 ff. Taf. 18.
204 Vgl. M. Honroth, Stadtrömische Girlanden (1971) 21 und die Rez. von H. Gabelmann, BJb 172, 1972, 656 ff.
205 Wegner a.O. 52 f.
206 Ebenda 53; F. J. Hassel, JahrbRGZM 22, 1975, 149.
206a Inst.Neg.Madrid R 217-67-4.

207 García y Bellido, Esculturas romanas 416 ff. Nr. 418 Taf. 298 f.
208 Mérida, MA 179; Inst.Neg.Madrid B 100, B 200 und Taf. 151a; J. M. Álvarez Martínez, RevArchBiblMus 76, 1973, 524 ff.
209 z. B. Inst.Neg.Madrid B 198.
210 z. B. Inst.Neg.Madrid B 154; García y Bellido, Esculturas romanas Nr. 321 Taf. 253; Nr. 324 Taf. 254.
211 Ebenda Nr. 324 Taf. 254.
212 Ebenda Nr. 297 Taf. 242. Eine zweite: Ders., BolAcadHist 168, 1971, 191 f. Nr. 13 Abb. 14 f.

Ein Grabbau läßt sich aus einem Giebelbruchstück mit *corona lemniscata* im Tympanon und der beigeschriebenen Manendedikation erschließen[213]. Große, aus Quadern errichtete Altäre, vermutlich sepulkraler Bestimmung, waren offenbar auch im Raum Mérida vertreten, wie sich aus einem in der Alcazaba aufbewahrten Pulvinus ergibt, dessen exakte Herkunft wir leider nicht kennen. Auffallend ist sein Material, weiß-schwarz gesprenkelter Granit, und sein Dekor, eine Vielblattrosette an der Stirn und im vertieften gerahmten Feld des zur Mitte gerichteten Fortsatzes eine Wirbelrosette. Zum Motiv der Rosetten gibt es Verwandtes in dem durch eine Straße mit Emerita verbundenen Egitania, das in der Süd-Beira gelegen ist, wo entsprechende Teile großer Altäre ebenfalls aus Granit gearbeitet waren. Die Verwendung billigerer Materialien wie etwa graubraunem Kalkstein bei BA 54 und eine geringere Vorliebe zum Dekor etwa bei BA 57 und BA 58 war an Weihaltären aufgefallen. Möglicherweise äußert sich hierin eine gattungsbedingte Neigung zum einfacheren Material und zur bescheideneren unverzierten Form.

Die Altäre, mit denen wir in Badajoz konfrontiert werden, sind zunächst von jenen in dem nicht weit den Guadiana aufwärts gelegenen Mérida nicht sonderlich verschieden. Als Bekrönung haben wir wieder Pulvini, Giebel und Rundfocus (BA 1, BA 5 [mit ovalem Focus], BA 12) oder die Platte, vor die Giebel und Pulvini leicht hervortreten (BA 3, BA 4, BA 15). Wir finden darunter genaue Entsprechungen zu Altären von Mérida. So stimmt z. B. die Bekrönungsfront des Altares BA 3 mit der des etwas kleineren Altares BA 32 in Mérida überein, oder BA 5 von Badajoz mit BA 49 von Mérida, beide mit ovalem Focus. Dabei sind die Altäre in Badajoz mit anderen, durchaus aber auch in Mérida geläufigen Profilen versehen. Hieran wird deutlich, daß sich der Verfertiger offensichtlich nicht an einem bestimmten Altar im ganzen orientiert und ihn übernimmt, sondern die einzelnen Elemente seines Aufbaues variierend kombiniert. Dabei kann auch die Größe unterschiedlich sein.

Wir müssen damit rechnen, daß — wohl auch noch in moderner Zeit — Altäre von Mérida nach Badajoz verbracht worden sind, so wie etwa eine Grabstele vom Aedicula-Typus mit Halbporträt in der Sammlung Calzadilla, Badajoz[214], zu einer Reihe gleichartiger Stücke in Mérida gehört und sicher auch dort gearbeitet ist. Ein Altar derselben Sammlung (BA 13) weist anstelle des Focus einen Pinienzapfen auf. Seitenreliefs, geschweifte Pulvini mit Stirnrosetten zusammen mit der Profilierung und den Proportionen stellen diesen Altar zu solchen, die uns für Mérida typisch erschienen. Den in Hispanien seltenen Pinienzapfen werden wir im Giebelfeld eines Altars aus Sevilla (SE 3) wiedertreffen; er bekrönt auch den Altar CC 4. Mit BA 13 haben wir einen weiteren Beleg für sein Vorkommen im Südwesten[215].

In der Profilierung der Altäre von Badajoz spüren wir allenthalben die Nähe Méridas. Neben *cyma recta* und *reversa* mit oder ohne begleitende Faszie gibt es Kombinationen mehrerer Profilelemente, so in Sockel und Gesims jeweils korrespondierend Viertelrundstab, Faszie und Kehle (z. B. BA 1) oder *cyma recta*, Faszie und *cyma reversa* bei Kehle, *cyma recta*, Wulst am Sockel (z. B. BA 2).

Die unter den Altären in Mérida auch vertretenen rechteckigen Foci (BA 41) haben in Badajoz Altäre mit Bekrönungsplatte (z. B. BA 3, BA 4) sowie ein weiterer Altar mit Pulvini und Giebel (BA 6).

---

213 J. F. Rodríguez Neila — F. Chaves Tristán, Un monumento funerario procedente de Emerita, Habis 4, 1973, 295–310.
214 A. García y Bellido, BolAcadHist 168, 1971, 191f. Nr. 13 Abb. 14f.
215 Leite de Vasconcellos, Religiões III 297 Anm. 3. Vgl. den Grabaltar aus Boulogne-sur-Mer und einen ähnlichen Altar in Vienne: F. J. Dölger, IXΘYC III (1922) Taf. 37,7; P. Paris, Fouilles de Belo II (1926) 34 Abb. 21K und den Altar D 413 im Musée du Bardo, Tunis, oder etwa CIL V 2386 (Mitte 1. Jh. n.Chr.) aus Vigarano in Ferrara, Palazzo dei Diamanti; G. Uggeri, La romanizzazione dell'antico Delta Padano (1975) Taf. 2.

In recht bemerkenswerter Weise heben sich auch in Badajoz Weihaltäre von Grabaltären ab. Im Gegensatz zu diesen, die aus Marmor gearbeitet sind, bestehen jene in der Regel wieder aus Granit und knüpfen formal nur mittelbar an die Formgebung 'klassischer' Altäre an. Man könnte meinen, daß man sich zum Erwerb von Grabaltären an kundige Bildhauer gewandt hat, die Weihesteine jedoch aus dem am Platz verfügbaren Granit unter Umständen selbst gehauen hat. Die Altäre BA 7 und BA 8 orientieren sich an solchen mit kompakt zusammengeschlossenen Bekrönungselementen, wie wir sie anderenorts zum Beispiel aus Sevilla kennen. Die Pulvini bilden mit dem von ihnen eingeschlossenen Giebel und dem Rundfocus eine Einheit. Die Pulvinusstirn, welche nur bei BA 13 und BA 15 mit Rosetten geziert ist, wird hier bei BA 7 durch einen runden Wulst und Mittelscheibe markiert. Die Giebelfelder der übrigen Altäre in Badajoz sind, bis auf BA 15 mit seinen den Schräggeisa parallel verlaufenden Rillen, glatt; BA 7 trägt ein eingeritztes baumartiges Gebilde, ansonsten ist der Altar unverziert. Die Profilierung kennt bei diesen Altären nur horizontal gliedernde Zonen und Wulstbildungen (z. B. BA 14 im Deckprofil), die auch schräge Übergänge, so bei BA 7 zu dem grob gepickten hohen und nach unten zu ausladenden Sockel, bilden können. Die Erstreckung in die Höhe überwiegt im allgemeinen, die Tiefe ist im Verhältnis zur Breite größer als gewöhnlich, bei Altar BA 7 ist sie sogar größer als die Breite und verhält sich zu dieser wie etwa 5:4. BA 9 besitzt zylindrische Pulvini, die sich zu seiten einer zwischen ihnen liegenden Vertiefung erheben. Bei BA 10 sind sie noch in Resten erkennbar. Beider Altäre Pulvini flankierten eine Focusfläche, wie sie uns auch aus dem Norden bekannt ist[216]. BA 11 schließlich ist oben flach abgearbeitet — ob er bereits ursprünglich flach gehalten war, ist heute nicht mehr auszumachen — und besitzt eine Stufenprofilierung aus wulstig gebildeten Faszien; auch letztere ist uns aus dem Norden bekannt[217].

1.6.9 Alto Alentejo

Im westlich breit vorgelagerten Alto Alentejo ist die Wirkung Emeritas noch unverkennbar. Daher gilt vieles bei der Behandlung der dortigen Altäre Gesagte auch für diesen Raum[218]. Der in der Region abgebaute Marmor ist von hoher Qualität; trotzdem wird auch hier für Weihaltäre oft ein minderes Gestein wie Granit vorgezogen.

Unter den Bekrönungen sind, wie zu erwarten, Pulvini und Giebel mit oder ohne Focus vertreten (ALA 12, ALA 16, ALA 17, ALA 24) ebenso wie die auf den ausschwingenden Schräggeisa aufsitzenden Pulvini mit dem in Giebelfirsthöhe sich öffnenden Rundfocus (ALA 1, ALA 2, ALA 9, ALA 18). Die Pulvini sind an ALA 2 von der Balusterform mit glattem Schaft, der durch einen gedrehten Wulst in der Mitte geteilt wird. Ein Giebel von gerundeter Form ziert die Altäre ALA 3 und ALA 4; an letzterem ist er besonders hoch und darin nur noch einem Altar in Valencia vergleichbar (V 9)[219]. Das Giebelfeld des Altars ALA 3 ist reliefdekoriert, die Pulvinusstirnen sind in der Art von BA 7 gegeben, die man auch in Coimbra vorfindet. In jener Stadt und im in der Estremadura gelegenen Odrinhas sind Gruppen separat gearbeiteter Bekrönungen bezeugt, die mit der Bekrönung des Altars ALA 5 u. E. in Verbindung stehen. Balusterförmige Pulvini, von Blättern umhüllt und nicht durch *baltei*, sondern durch einfache Furchung in der Mitte geteilt, sind an der Front durch Sternrosetten geziert. Zwischen den Pulvini wird eine Art Schranke gebildet mit zwei Wirbelrosetten zu seiten eines zentralen

---

216 s. o. Kap. 1.2.1; vgl. auch G. Gamer, MM 15, 1974, 209 ff. Abb. 11f.
217 s. o. Kap. 1.2.1; vgl. auch Gamer a.O. 209 ff. Abb. 14k.
218 Zahlreiche Abbildungen von Altären steuert auch Leite de Vasconcellos, Religiões II. III bei.
219 Vgl. J. Puig i Cadafalch, L'arquitectura romana a Catalunya (1934) 146 Abb. 179.

Blattmotivs. Die Bekrönung ruht auf einer flachen Sockelplatte. Auch die Zurichtung der Oberseite entspricht jenen Altaraufsätzen in Odrinhas, die allerdings immer getrennt gearbeitet worden sind.

Eine flache Oberseite mit seitlich aufsitzenden Zylinderpulvini wie bei BA 9 und BA 10 treffen wir an Altar ALA 11. Auch die von BA 31 etwa her vertraute Bekrönungsplatte mit vorspringenden Akroteren und Giebel begegnet an einem Altar des Alto Alentejo, ALA 10. Beide Altäre haben überdies die gleiche Form der *cyma reversa* gemeinsam, und man wird annehmen dürfen, daß das M D S (*Matri Deum Sacrum*) der Bekrönungsfront bei ALA 10 von einem D M S (*Dis Manibus Sacrum*), wie es etwa BA 31 zeigt, beeinflußt worden ist.

Zwei in Zeichnung publizierte Altäre (ALA 21, ALA 23) geben hinsichtlich ihrer Bekrönungen zu Zweifeln Anlaß. ALA 23 wird wohl eine Pulvinuseinheit mit in der Senke sitzendem Rundfocus besessen haben. Die einstige Bekrönung von ALA 21 können wir aufgrund der seltsamen, in der Zeichnung erscheinenden Details nicht vertrauenswürdig rekonstruieren.

Reliefs an den Seiten des Körpers sind auch an den Altären aus diesem Raum auffallend häufig. Es sind dies Kanne und Schale an den Nebenseiten wie in Mérida. An ALA 1 wurden diese Altargeräte auf unerklärliche Weise seitenvertauscht angebracht, so daß die Schale auf der linken, die Kanne auf der rechten Nebenseite ihren Platz erhielt. Senkrechte Girlanden mit drei Blütenrosetten, wie sie in anderer Form die Nebenseiten der architektonisch gerahmten Nischenstelen Emeritas schmücken, begegnen an ALA 3. Der Motivschatz ist, wie auch die im folgenden zu betrachtenden Altäre zeigen, äußerst vielfältig. Auf ALA 8 ist links der Adler Iupiters auf dem Blitz und rechts wohl ein Eichenblatt dargestellt. An ALA 19 erkennt man eine Taube auf einem blattlosen Baum, an Früchten pickend. Auf der Vorderseite von ALA 20 ist inmitten der Inschrift Mars im Panzer und Helm mit Schild und Lanze wiedergegeben. ALA 6 ist an den Nebenseiten gar mit aus mehreren Gegenständen bestehenden Reliefs ausgestattet. Die Inschrift der Vorderseite ist, ebenso ungewöhnlich, in eine nur einen Teil des Feldes beanspruchende Aedicula gesetzt.

Die Rahmung der Inschrift findet sich ähnlich selten wie in Mérida: ALA 5, ALA 8, ALA 13, ALA 14, ALA 19. ALA 7 besitzt die gleiche, oben gerundete Inschriftrahmung wie BA 37.

Die Profilierung der qualitätvollen Altäre des Alto Alentejo entspricht jener in Emerita üblichen. An ALA 2 stoßen *cymae rectae* und *cymae reversae* unmittelbar mit ihren Wölbungen aneinander. An BA 44 z. B. sind beide Karniese durch eine Faszie getrennt; so wird das unvermittelte Aufeinanderstoßen der konvexen Partien vermieden. Die hohe *cyma reversa* des Weihaltars ALA 11 für die einheimische Gottheit Ocrimira beobachten wir auch an dem angeblich aus dem Distrikt Coimbra stammenden Altar für Issibaeus, eine von Emerita abgewandte Orientierung, die für die 'nichtklassischen' Komponenten dieser Altäre gilt. Auch unter den Altären des Alto Alentejo treffen wir einen Altar mit reich ornamentierten Profilen an, ALA 5. Hier beschränkt sich der Dekor zwar auf das Deckprofil, umfaßt dafür aber auch die Nebenseiten. Das in Emerita heimische Akanthusblatt*cyma* (vgl. BA 52) kehrt an diesem Altar wieder. Darunter folgt, wie an BA 52, der Zahnschnitt und ein Eierstab statt des Perlstabes. Das Fußprofil ist durch den auch in Emerita zu beobachtenden Torus bereichert.

Auch im Alto Alentejo fällt die Einfachheit mancher Weihaltäre für einheimische Gottheiten auf (z. B. ALA 58, vgl. BA 7), mit hohem, zum Eingraben bestimmtem Sockel.

Unter den Weihgaben im Endovellicus-Heiligtum bei S. Miguel da Mota/Terena befinden sich 33 Altäre (ALA 25 – ALA 57). Im epigraphischen Inventar von S. Lambrino[220] werden ihre Ausmaße

---

220 OArqPort 3. Ser. 1, 1967, 161 ff. Ca. 70 Inschriften sind heute bekannt.

angegeben sowie etwaige Nebenseitenreliefs knapp beschrieben. Die Angaben sind von Zeichnungen begleitet, deren Zuverlässigkeit uns zwei verfügbare Photographien (ALA 26[221], ALA 27[222]) zu überprüfen gestatten.

Die Bekrönung des Altars ALA 26 ist unproportioniert wiedergegeben. Zudem wird ihr Aufbau nicht klar: die Pulvinuszylinder sitzen auf den gekurvten Geisa auf. Auch die Elemente des Deckprofils sind nicht ganz deutlich, auf die Wiedergabe der die *cyma recta* und der die Kehle begleitenden Leisten wird ganz verzichtet. Die konvex gewölbte Partie der *cyma reversa* im Fußprofil ist an der Vorderseite bestoßen. Das veranlaßt den Zeichner, hier eine Trennlinie zu ziehen und dadurch das Profil in einer Weise zu entstellen, deren Ergebnis der Regelhaftigkeit antiker Profilabfolgen ganz widerspricht und sofort das Mißtrauen in die Zuverlässigkeit der Zeichnung wecken muß[223].

So werden auch konkave und konvexe Wölbung der *cyma reversa* im Deckprofil des Altars ALA 27 durch eine Linie zerteilt. Ein Gleiches gilt für die *cyma recta* im Fußprofil dieses Altars. Daraus ergibt sich, daß die Zeichnungen der Profile beider Altäre nicht die ursprüngliche Absicht des Verfertigers exakt wiedergeben und für die Betrachtung der Profilformen (sicher auch der anderen Altäre) nur generelle Anhaltspunkte zu liefern vermögen. Einer Gruppierung legen wir deshalb in erster Linie die Bekrönungen zugrunde.

Am häufigsten trifft man anscheinend die Bekrönungsplatte mit knapp vortretenden Akroteren und Giebel (ALA 27, ALA 28, ALA 38, ALA 41–ALA 45), die an dem vierseitig ausgearbeiteten Altar ALA 27 auf allen Seiten angegeben sind. Dichtauf folgen die Altäre mit Pulvini und Giebel, die immer unverziert bleiben (ALA 31, ALA 33–ALA 36, ALA 48, ALA 55). Pulvini auf geschwungenen Geisa, bei ALA 32 mit dem Firsteinschnitt des Volutengiebels und an ALA 26 mit Stirnrosetten, begegnen insgesamt an vier Altären (ALA 26, ALA 29, ALA 32, ALA 51). Mit flacher Oberseite sich darbietende fehlen nicht (ALA 25, ALA 37, ALA 49). Alles in allem ein noch dem Umkreis Emeritas zuzurechnendes Bild, in dem nur die Bekrönungen der zwei Altäre ALA 30 und ALA 39 auffallen, deren Pulvini mit dem Giebel über eine Senke verbunden sind; der Rundfocus überragt hierbei die Bekrönung etwas.

Die Profile mit *cymae rectae*, *reversae*, Kehle und Torus bezeugen Kenntnisse, wie sie in Emerita geläufig waren. An einfacheren und kleinen Altären wie z. B. ALA 55 kann man natürlich auch auf übereinandergestellte Wülste am Deckprofil und auf abgetreppte Faszien am Fußprofil stoßen oder auf in ihrer Formabsicht nicht klar artikulierte Profile (ALA 31, ALA 32, ALA 57).

Die Altäre für den Gott Endovellicus finden wegen ihrer Reliefs, die auf den Seiten jeweils nur einen Gegenstand zeigen, besonderes Interesse. Schien hier doch ein Fall gegeben, wo man aus dem dargestellten Gegenstand auf den Charakter des einheimischen Gottes Rückschlüsse ziehen konnte. Es ist hier nicht der Ort, die Problematik eines solchen Verfahrens im einzelnen zu beleuchten. Immerhin fällt das gehäufte Wiederkehren des Palmwedels auf einer Nebenseite (ALA 27, ALA 40) oder gar auf beiden Nebenseiten (ALA 28) auf. Die Reliefs auf den übrigen Seiten dieser Altäre geben Kranz und Eber wieder (ALA 27)[224] bzw. einen Pinienzapfen (ALA 40). Daneben gibt es aber durch-

---

221 Taf. 86a.
222 Dazu Postkarte des MNAE Lisboa (Taf. 86b).
223 Wir konnten daher weitere, meist stark fragmentierte Altäre, die jedoch noch einzelne Formelemente bewahren, nicht in die Betrachtung einbeziehen, da die Zeichnungen S. Lambrinos zu großen Zweifeln Anlaß geben hinsichtlich der Tektonik des Aufbaues der Altäre und der Abfolge und Identifizierung der Profilformen.
224 Auf einigen Altären sind Darstellungen von Schweinen eingeritzt; vgl. Blázquez, Diccionario 93 f.

aus auch Altäre ohne den Palmwedel und statt dessen mit den üblichen Kanne und Schale (z. B. ALA 26; man vgl. auch d'Encarnação, Divindades Abb. 38[225]) oder den seltenen geflügelten Eroten mit Fackel (ALA 38)[226].

1.6.10 Ribatejo

Die Funde konzentrieren sich anscheinend um den Mittelpunkt der Region zu beiden Seiten des Stromes im unteren Tejobecken, der in den Rang einer Colonia erhobenen Conventshauptstadt Scallabis. Den Toten wurden hier Grabaltäre (RI 2, RI 3) gesetzt. Ihre Inschriften sind ungerahmt. Die Profilierung gibt der von einer Faszie begleiteten *cyma recta* den Vorzug. An den genannten, einzig verfügbaren Stücken ist keine Bekrönung erhalten. Der Weihaltar RI 1 fügt sich mit seiner Form in das gezeichnete Bild ein, besitzt aber in bezeichnender Weise nur ein Viertel der Höhe der beiden Grabaltäre RI 2 und RI 3.

1.6.11 Estremadura

Die Region umfaßt die beiden Halbinseln zu seiten der Tejomündung und noch große Teile des zwischen dem Fluß und der Küste nach Nordosten ziehenden Bergrückens. Einige namentlich bekannte Orte entwickelten sich hier in römischer Zeit zu bevorrechtigten Gemeinwesen[227]. Die Zahl der Altäre ist daher recht beträchtlich und durch die separat gearbeiteten Altaraufsätze als herausragende Gruppe ganz charakteristisch geprägt. Aber auch die Weihungen an einheimische Gottheiten erfahren hier um Olisipo eine neuerliche Konzentration, nachdem ihre Verbreitung, von Nord nach Süd abnehmend, in der Beira Litoral und der Beira Baixa geendet hatte[228]. Die anstehenden Kalkgesteine[229] bestimmen die Zusammensetzung der Werkmaterialien in kennzeichnender Weise.

Altäre mit einer aus Pulvini und Giebel gebildeten Bekrönung sind recht zahlreich (ES 9, ES 10, ES 12, ES 14, ES 26, ES 27, ES 30). Sie sind auffallend gleichförmig. Die Bekrönung bleibt glatt und unverziert, auch die Körperseiten sind ohne Reliefs. Die Inschriften sind ungerahmt. Als Deck- und Fußprofil wird jeweils eine knapp geschwungene, verhältnismäßig niedrige *cyma reversa* verwendet. Die Altäre ES 10 und ES 14 erhalten somit bei nahezu gleicher Größe ein identisches Aussehen. Lediglich der Altar ES 9 für den auf den peninsularen Westen beschränkten Liber Pater ist im Deckprofil mit *cyma recta* und Faszie ausgestattet.

Der einzige Grabaltar (ES 30), der zudem lediglich in einer teilweise rätselhaften Zeichnung aus dem Album des Cenáculo vorliegt, scheint eine gerahmte Inschrift, Stirnrosetten an balusterförmigen Pulvini und eine *corona lemniscata* im Tympanon des Giebels besessen zu haben. Schon A. Vieira da Silva[230] diskutiert die These, ob der Stein aus Italien angekauft worden sei oder ob diese Vermutung

---

225 Dort wird nicht angegeben, um welchen Altar es sich handelt; nach S. 185 ist es ein Grabaltar, der dargestellte Gegenstand gewiß kein Handleuchter, sondern die auf Weihaltären geläufige Griffschale mit Omphalos.

226 Vgl. auch BA 23 und die Eroten und sog. Trauergenien auf Grabaltären Aquileias. V. Santa Maria Scrinari, Museo Archeologico di Aquileia. Catalogo delle sculture romane (1972) Nr. 372 ff. Auch auf dem Sarkophag aus Valado im Museu do Carmo in Lissabon: García y Bellido, Esculturas romanas Nr. 256 Taf. 193. Dazu Altmann, Grabaltäre 257 ff.; Gabelmann, Werkstattgruppen 62 ff.

227 H. Galsterer, Untersuchungen zum römischen Städtewesen auf der Iberischen Halbinsel, MF VIII (1971) 68 f.

228 Im Inneren streuen jedoch einzelne Funde im Alentejo bis nach Beja, worunter das Endovellicus-Heiligtum bei S. Miguel da Mota einen Schwerpunkt bildet (vgl. d'Encarnação, Divindades 310 ff.).

229 Vgl. Mapa Litológico de España Peninsular e Insular (1970); H. Lautensach, Die Iberische Halbinsel² (1969) 489 f.

230 Epigrafia de Olisipo 259 ff. Nr. 144.

auf einem Irrtum beruhe. Die Form des Monuments erlaubt eine solche Entscheidung nicht, obwohl sie mit der eigenartigen Anordnung der Pulvini und Giebel und der kannelierten Nebenseite ebenso ungewöhnlich unter den hispanischen Altären ist wie der Wortlaut der Grabinschrift[231].

ES 27 ist ebenfalls von Pulvini und Giebel bekrönt, stellt sich aber mit dem Arkadendekor seiner Nebenseiten zu der Gruppe der separat gearbeiteten Altaraufsätze[232]. Die meisten dieser Monumente vermutlich sepulkraler Bestimmung befinden sich im Museu Arqueológico de S. Miguel de Odrinhas. Weitere werden in Coimbra und in Lissabon aufbewahrt. Ein kompletter Altar, der den Aufbau jener Denkmäler vor Augen stellen könnte, ist nicht erhalten. Der im Museum von Odrinhas zusammengefügte Altar ES 16 gibt zu Zweifeln hinsichtlich seiner Vollständigkeit und Zusammengehörigkeit Anlaß. Eine Vorstellung könnten nur die monolithen Altäre dieses Bekrönungstypus geben wie auch der Altar ALA 5, der mit seiner Bekrönung dem gleichen Typus folgt. Doch entsprechen sie in ihrem sonstigen Aufbau dem Normalaltar. Ob man nach dem Beispiel des ohne Deckprofil gearbeiteten Altars oder Altaraufsatzes ES 27 und bei dem augenscheinlichen Fehlen separater Deckprofilglieder für die zusammengesetzten Altäre Unterschiede voraussetzen darf, können wir als Möglichkeit nicht ausschließen.

Mit den Altaraufsätzen in Verbindung stehen auch die Bekrönungen der Grabaltäre ES 17 und ES 31. Das vegetabilische, palmettenartige Mittelmotiv steht hier allein ohne die flankierenden Rosetten der Schranke. Die seltenen Voluten der Pulvinusstirn (ES 17) sind gerade an den separaten Altaraufsätzen bezeugt (ES 18–ES 20, ES 23, ES 25, ES 28). Bemerkenswert sind an den beiden Altären ES 17 und ES 31 die *cymae reversae* der Profile.

Durch den weißgrauen Marmor, ähnliche Ausmaße und Bekrönungseigentümlichkeiten sind zwei Grabaltäre verbunden (ES 32, ES 33). Eckakrotere stehen zu seiten eines durchgehenden Giebels (ES 33) bzw. eines Rundgiebels in Gestalt eines Tonnensegmentes (ES 32). Letzterer trägt an der Front einen leicht eingegrabenen Dekor aus Kranz und zu den Akroteren weisenden Blättern. Diese seltene Form der Bekrönung konnten wir bislang nur an ALA 3 und ALA 4 beobachten. Sie begegnet wieder an einem Altar im Raum Valencia (V 9).

Eine ähnlich seltene Form mit weitreichenden Beziehungen ist uns in ES 7 zu einem Teil erhalten geblieben. Ein Manenaltar sitzt in einer monolithen Kombination auf einem hochrechteckigen Inschriftquader, dessen Vorderseite profilgerahmt ist. Der Altartypus ist in Hispanien selten und anscheinend auf intensiv romanisierte Gebiete beschränkt (vgl. CO 7). Den Verfertigern haben oberitalische Monumente dieser Form vor Augen gestanden, wie der Altar aus dem Grabbezirk der Sertorier in Verona[233]. Der gleiche Aufbau mit der knappen Profilierung hier wie dort, lediglich an der Bekrönung des Manenaltars ES 7 scheint der im hispanischen Westen verbreiteten flachen Oberseite mit eingetieftem Rundfocus der Vorzug gegeben. Das Werkmaterial ist der lokale Liaskalk. Stand ein behaubares Gestein nicht zur Verfügung wie an dem auf einem Dünenstreifen[234] an der Sadomündung, Setúbal[235] gegenüber gelegenen Tróia, dann konnte ein Grabaltar, so z.B. ES 8 für einen fünfjährigen Jungen, auch aus Ziegeln aufgemauert, verputzt, geweißt und wie das vorliegende Beispiel

---

231 CIL II S. 7 Nr. 33.
232 s. die zusammenfassende Behandlung unten Kap. 3.3.
233 G. A. Mansuelli, MonPiot 53, 1963, 34 Abb. 2.
234 Der auch in der deutschsprachigen einschlägigen Literatur gebräuchliche geomorphographische Fachausdruck ist »Cabedêlo«. Es ist ein durch die Ablagerungen des Sado entstandener Riegel, der die Flußmündung zu einer Bucht staut; vgl. Lautensach a.O. 488.
235 J. D. F. de Almeida – A. Cavaleiro Paixão, Setúbal Arqueológica 4, 1978, 215 ff. Taf. 2,1 (Altaraufsatz mit westgotischer Inschrift aus S. Justo e Pastor).

an den Kanten des Körpers mit roten Streifen bemalt werden[236]. Als Bekrönung hatte dieser Altar einst wohl Pulvini und Focus, die Profile waren aus Mörtel *cyma recta*-ähnlich geformt. An der Frontseite ist eine marmorne Inschriftplatte eingelassen. Solche Altäre, die leicht zerfallen, hat es sicher in weit größerem Umfang gegeben. Bezeichnend ist das Vorkommen für einen Platz, an dem es offenbar an geeignetem, billigem Werkmaterial fehlte.

An die Seite der die Region sehr kennzeichnenden Formen treten einige Einzelstücke mit Bekrönungen, wie wir sie im Westen bereits angetroffen haben. Das Fragment ES 29 gehört zu einem Altar mit von barrenförmigen Pulvini flankierter flacher Oberseite (vgl. ALA 11). An ES 13 schwingen die zylindrischen Pulvini gerundet zu gleich hohen Giebeln aus.

An diesen Altären, einschließlich der Gruppe durch Pulvini und Giebel bekrönter, fällt die Dekorlosigkeit und die größere Tiefe im Verhältnis zur Breite auf. Dekor findet sich nur bei den separaten Aufsätzen und den monolithen Altären, die sich um sie gruppieren wie ES 17 und ES 31, und an den durch Eckakrotere bekrönten mit rundem Giebel oder hohem Spitzgiebel (ES 32, ES 33).

1.7 DER SÜDWESTEN

1.7.1 Baixo Alentejo

Im südlichen Teil des weiträumigen Alentejo bewirtschafteten Großgüter[237] das fruchtbare Land. Mittelpunkte des Lebens bildeten Municipien wie Mirobriga[238] (Santiago do Cacém) und die am Sado bzw. Guadiana gelegenen Salacia (Alcácer do Sal) und Myrtilis (Mértola). Der Vorort des Convents war die Colonia Pax Iulia (Beja[239]). Die Altäre kommen aus einem so umschriebenen Fundmilieu.

Die Altäre mit Pulvini und Giebel stellen die zahlenmäßig größte Gruppe. Grabaltäre und Weihaltäre für Iupiter Optimus Maximus (BAA 10) wie für die Göttin Ataegina (BAA 15) — südlichstes Zeugnis für eine einheimische Gottheit in Portugal überhaupt — sind darunter. Der Iupiteraltar besitzt jeweils Leiste, *cyma recta* und eine Faszie in Deck- und Fußprofil, der Ataeginaaltar statt dessen eine *cyma reversa*. Die Weihaltäre sind gänzlich unverziert. Reliefschmuck findet man hingegen an zweien der drei Grabaltäre. An BAA 16 sind es nur einfach geritzte Stirnrosetten. BAA 1 ist reich ausgestattet mit blattbedeckten Pulvinusschäften, Stirnrosetten, *corona lemniscata* als Tympanonrelief, profilgerahmter Vorderseite, Nebenseitenreliefs und lebhaft geschwungener, mehrgliedriger Profilierung. Der Grabaltar BAA 2 entspricht in seiner durch eine Zeichnung veranschaulichten Form in auffallender Weise jenem Grabaltar BA 21 aus Mérida, wenn er auch ohne Focus gearbeitet ist. Dieser ist dagegen an dem giebellosen Altar BAA 3 ausgebildet.

Pulvini allein auf der sonst flachen Oberseite besitzt der Venus-Altar BAA 14 aus Mirobriga. Auch er bleibt gänzlich unverziert und ist durch je eine schmale *cyma reversa* mit zurückhaltenden Wölbungen profiliert, die im Südwesten, die modernen Provinzen Badajoz und Estremadura umfassend, so kennzeichnend verbreitet ist.

---

236 Auch Inschriften wurden aufgemalt, Leite de Vasconcellos, Religiões III 502.

237 s. z.B. F. Nunes Ribeiro, A villa romana de Pisões (1972).

238 s. dazu jetzt W. Biers — J. Caeiro — A. Leonard — D. Soren, Investigations at Mirobriga, Portugal in 1981, Muse 15, 1981, 30—38

239 Dazu Galsterer a.O. (s.o. Anm. 227) 68f.

Mit dem Bruchstück eines Altars (BAA 17) aus Sandstein tritt ein weiteres Werkmaterial zu den vorherrschenden Marmor und Kalkstein. Dessen Bekrönung schließt die Pulvini zusammen und stellt sich somit nahe zu den beiden Altären mit Bekrönungsplatte, vor die Pulvini (BAA 11) oder Akrotere (BAA 18) und Giebel in Relief vortreten. BAA 11 aus Salacia gibt neben Kanne und Schale auf den Seiten im unteren Teil der Vorderseite ein Jagdrelief. Die gelungene Profilierung aus jeweils Leiste, *cyma recta*, Faszie und Kehle entspricht dem anspruchsvollen Charakter dieses mit 134 cm Höhe großen Altars. Auffallend bleiben jedoch der konzentrische Rillenschmuck der Pulvinusstirnen.

Ein separat gearbeitetes Profilstück im Museum der Câmara Municipal von Santiago do Cacém[240] setzt sich aus einer *cyma recta*, drei Faszien und einer *cyma reversa* zusammen. Die drei zwischen die *cymae* geschobenen Faszien sind ungewöhnlich und nur noch am Deckprofil des Grabaltars oder -postaments ES 6 in der gleichen ausladenden Weise des Gesamtprofils zu beobachten. Vielleicht darf darin ein Hinweis auf die Herkunft dieses an der steinarmen, im Dünensand der Sadomündung gelegenen Ruinenstätte Tróia (Setúbal) gefundenen Monuments aus dem Umkreis von Mirobriga (Santiago do Cacém) gesehen werden.

Unter den Altären ohne erhaltene Bekrönung sind außer BAA 9 mit der schmalen, knapp geformten *cyma reversa* nur Grabaltäre. Nebenseitenreliefs, bestehend aus Kanne und Schale (BAA 5–BAA 8), ornamentierte Profile (BAA 6), gerahmte Inschrift (BAA 7 mit Karnies und Perlstab, BAA 12 mit Inschrift in vertieftem Feld, BAA 6, BAA 8 oben gerundet wie BA 37) und die hier zum erstenmal an der Vorderseite zu beobachtende, auch im Süden vorhandene Girlande (BAA 5) zeichnen sie aus. Die von A. Viana vorgelegte Zeichnung des Altars BAA 8 ist, wie wir anhand einer Photographie[241] nachweisen können, mißverstanden und entspricht nicht dem tatsächlichen Befund. Viana fügt mit Vorliebe scharfgratige Stege in das Profil ein; sie begegnen auch an den Zeichnungen der übrigen von ihm erfaßten Altäre, denen man daher in gleicher Weise wird mißtrauen müssen.

1.7.2 Algarve

Die antiken Siedlungen bevorzugten hier den klimatisch und wirtschaftlich begünstigten Küstenstreifen. Dieser bildet einen Landschaftsraum, der durch selten markante Grenzen definiert wird[242]. Nur die Altäre ALG 9 und ALG 10 kommen aus dem Hochalgarve, den Thermen von Monchique, durch ein Flußtal mit dem Algarve Litoral verbunden.

Die Gesamtzahl der Altäre ist mit 23 wieder höher als im benachbarten Baixo Alentejo (18) und wird nur vom Alto Alentejo (58), von der Beira Baixa (32) und der Estremadura (33) übertroffen; in der Beira Litoral ist sie gleich hoch (23). Weihungen an indigene Gottheiten sind nicht mehr darunter. An ihre Stelle treten ausschließlich Weihungen an römische Götter. Grabaltäre sind in einem solchen Zielgebiet der Romanisierung, das überdies über zwei privilegierte[243] Gemeinden verfügte, recht zahlreich gewesen.

---

240 Inst.Neg.Madrid R 157–68–7. Es kann gut zusammen mit einem zweiten, ebenfalls einzeln gearbeiteten Stück im selben Museum (Inst.Neg.Madrid R 164–68–8) Basis und Gesims eines Grabdenkmals wie z. B. ES 6 darstellen. Der Körper war in die profilierte Basis eingelassen. Das Deckprofil ist identisch, wie wir noch sehen werden, mit jenem von ES 6; das Fußprofil ist ähnlich aufgebaut: Kehle und Leiste sind gleich, die *cyma recta* an ES 6 ist an dem entsprechenden profilierten Werkstück in Santiago do Cacém in Torus und Faszie zerlegt, denn oft scheint es schwierig gewesen zu sein, aus einem Werkmaterial gröberer Textur konvexe und anschließende konkave Krümmungen sauber herauszuarbeiten.

241 Taf. 92a.

242 s. dazu Lautensach a.O. (s. o. Anm. 229) 512.

243 Ossonoba und Balsa. Nekropole: A. Viana, Balsa y la necrópolis romana de As Pedras d'El-Rei, ArchEspArq 25, 1952, 261 ff.

Eine Bekrönung von Giebel und Pulvini zeichnet sechs Altäre aus (ALG 5, ALG 7, ALG 8, ALG 11, ALG 17, ALG 18). Darunter sind undekorierte Pulvini und Giebelfelder (ALG 8, ALG 11, ALG 17); die übrigen sind unverziert mit je einer Rosette an den Pulvinusstirnen und dem Tympanon (ALG 7) oder einem von zwei Blättern flankierten Pinienzapfen im Giebelfeld von ALG 5.

ALG 18 besitzt einen Volutengiebel, im Feld des Giebels ein stehendes Blattmotiv, blattbelegte und *balteus*-umfaßte Pulvini mit Stirnrosetten, dazu einen Rundfocus, eine profilgerahmte griechische Inschrift[244], leistengerahmte Nebenseiten, deren linke einen Vogel trägt und deren rechte eine Traube wiedergibt. Die Profile dieses Altars bestehen jeweils aus Leiste, *cyma recta* und Faszie. Zwei der Altäre (ALG 7, ALG 8) sind nur mehr in ihrer Bekrönung mit Deckplatte und Deckprofil erhalten. Vermutlich waren sie in dieser Form separat gearbeitet. Mit den Altaraufsätzen in Estremadura haben sie dann aber wenig gemein. Solche Beziehungen verrät eher der monolithe Altar ALG 5, der an der Bekrönungsbasis mit dem Arkadenornament und darüber dem schräg gerillten Wulst versehen ist, wie sie an dem Altaraufsatz ES 2 wiederkehren. Eine fragmentierte Bekrönung (ALG 6), vielleicht auch eines separaten Aufsatzes, gibt an gleicher Stelle einen so geformten Wulst zu erkennen. Am oberen Rand einer hohen Profilzone erscheint ein umlaufender Rosettenfries, den wir von einer Gruppe ganz homogener und sicher aus einer Werkstatt stammender Giebelstelen, gleichfalls aus Faro, kennen[245]. Im übrigen ist die Bekrönung ALG 6 in Hispanien ganz ohne Parallelen. Dies gilt auch für die weiteren Dekorelemente an den schmalen, spitzen Giebelchen und an den breiten Eckakroteren in Form der auf der Halbinsel einmaligen Volutenhaken.

Die Altäre mit Bekrönungsplatte fehlen hier nicht. ALG 1, ein Grabaltar aus Faro, ist, wie ALG 5 vom gleichen Fundort, über der Deckplatte mit dem Arkadenmotiv ornamentiert; die spitze Form der Arkaden erinnert an BA 37, ohne allerdings die lanzenförmigen Zwischenspitzen jenes Kymations zu besitzen. Kanne und Schale zieren die Nebenseiten dieses Altars. Vor die bekrönende Platte treten an ALG 2 Akrotere, an ALG 15 Pulvini und Giebel.

Als einzelner Fund ist auch hier ein Weihaltar (ALG 23) mit auf flacher Oberseite sitzenden Pulvini vertreten.

Ob der große, die Oberseite ganz einnehmende rechteckige Focus an dem durch sekundäre Einwirkung stark veränderten Altar ALG 3 authentisch ist, muß bezweifelt werden.

Mit flacher Oberseite zeigen sich heute die Altäre ALG 14, ALG 16, ALG 19. Das unter ALG 4 verzeichnete Monument, dessen Inschrift von einer Wellenranke mit vollständig umhülltem Stengel gerahmt wird, dürfte wohl eher ein Postament dargestellt haben. ALG 22, ALG 9 und ALG 20 geben nicht mehr zu erkennen, wie sie bekrönt waren. Auch für ALG 21 gilt dies, obwohl eine Zeichnung[246] vorliegt, die wir jedoch nicht zu interpretieren vermögen. Hinsichtlich der vielgliedrigen Profile muß gefragt werden, ob ihre gezeichnete Form die tatsächliche wiedergibt. Vielgliedrigkeit und eine Abfolge nicht klar definierbarer Elemente zeichnen in der Tat eine Reihe der Altäre aus dem Algarve aus (ALG 2, ALG 4–ALG 6, ALG 8). Eine solche Profilierung scheint, wie die genannten Beispiele lehren, ausschließlich in Faro geübt worden zu sein.

Zwei Grabaltäre aus Silves (ALG 12, ALG 13) gehören eng zusammen. Für beide ist der gleiche graubraune Kalkstein verwendet. Vorderseiten und Nebenseiten sind profilgerahmt. Die Nebensei-

---

244 IG XIV 2542.
245 Taf. 152d; vgl. auch V. Santa Maria Scrinari, Museo Archeologico di Aquileia. Catalogo delle sculture romane (1972) 167 Nr. 512 Abb. 516.
246 S. Lambrino, OArqPort 4, 1962, 281 f. Abb. o. Nr.

tenreliefs an ALG 13 sind seitenvertauscht angebracht, links die Omphalosschale mit nach oben (vgl. BAA 5, BAA 6) gerichtetem und von zwei Rosetten flankiertem Griff.

Rechts die Kanne, darüber stehen wieder zwei Rosetten. Der Altar ALG 12 zeigt im Feld der linken Nebenseite einen Kranz um eine Mittelrosette, rechts die grifflose Omphalosschale. Die identische Machart beider Altäre deutet auf eine Entstehung im selben Umkreis. Bemerkenswert ist die Hinzufügung von Kranz und Rosetten zu dem anderenorts üblichen Nebenseitenrepertoire. Im Algarve scheinen Reliefs wieder häufiger zu sein und in ihrer Thematik weniger eingeengt. So an ALG 3 je eine Omphalosschale links und rechts, Widder und Messer (?) an einem Silvanusaltar (ALG 22), Vogel und Traube an dem Grabaltar ALG 18. ALG 14 ist auf der rechten Nebenseite mit der Schale und links einem nicht mehr erkennbaren Reliefgegenstand geschmückt. Kanne, wenn auch ohne Standfläche und mit Doppelvolutenhenkel, und Griffschale mit Omphalos in konventioneller Plazierung lassen sich nur am Grabaltar ALG 1 nachweisen.

1.8 DER SÜDEN

1.8.1 Huelva

Wir wenden uns nun über den Guadiana, der in der nationalen peninsularen Geschichte nachantiker Zeit eine klare kulturgeographische Grenze gebildet hat, aber auch schon, in seinem Unterlauf zumindest, die römischen Provinzen Lusitania und Baetica trennte, in die offenen Räume Niederandalusiens. Flußläufe, das sei uns hier anzumerken gestattet, sind immer in der Antike für den Steintransport verwendet worden. Dies gilt für die die Niederalgarve verhältnismäßig tief erschließenden, den Gezeiten unterworfenen, schiffbaren Flüsse ebenso wie für den Guadiana. Doch ist dieser große und lange Strom, an dem die lusitanische Provinzhauptstadt Emerita Augusta gelegen war, nicht von seiner Mündung aus durchgehend schiffbar gewesen; denn oberhalb von Myrtilis stürzt er durch einen schmalen Spalt, der »von einem Menschen übersprungen werden kann«[247], in eine Schlucht. Den für Emerita bestimmten Transporten war also der Flußweg zumindest an dieser Stelle versperrt.

Im Raum Huelva ist ein Altar (H 1) von jenem schon im Südwesten angetroffenen Bekrönungstypus, der zylindrische Pulvini mit einem durchgehenden Giebel vereint, erhalten. Das Ganze ruht auf einer vorn nicht abgesetzten Basisplatte. Profilgerahmte Vorderseite, Kanne und Schale auf den Nebenseiten und jeweils Leiste, *cyma recta* und Faszie in den Profilen verraten die Arbeit einer geschulten Hand an diesem aus weißem Marmor bestehenden Altar[248]. Die beiden querrechteckigen Ausnehmungen jeweils im oberen und unteren Teil der Vorderseite sind nicht recht erklärlich. Auch der Weihaltar für die einheimische Göttin Ataegina aus Beja (BAA 15) hatte solche Vertiefungen, die jedoch jeweils in Deck- und Fußprofil lagen. Zuweilen sind sie eindeutig zum Aufnehmen einer Inschrifttafel bestimmt; dann ist es aber immer nur eine Vertiefung. Ein Altar aus Córdoba (CO 3)

---

247 Lautensach a.O. 94.
248 Eine vergleichbare Kunstfertigkeit verrät ein Postament des MAP Huelva (Inst.Neg.Madrid R 203−71−8 bis 10), das − zwar aus Kalkstein gearbeitet − vier profilgerahmte Seiten und gut gearbeitete Profile besitzt, wovon das Fußprofil, aus Kehle, Leiste, *cyma recta*, Leiste, Torus, identisch an einem Postament vor der Pfarrkirche von Alhambra (Ciudad Real) wiederkehrt.

kam mit einer solchen Einarbeitung aus der Erde, eine moderne Veränderung ist hier also auszuschließen[249].

H 2 stellt wohl das Oberteil eines Altars mit Bekrönung, Deckplatte und -profil dar. Es entspricht damit den kleineren ALG 7 und ALG 8. Bei Monumenten wie dem vorliegenden aus einfachem lokalem Stein, der aus dem abgelegenen, in römischer Zeit bereits ausgebeuteten Minengebiet des Río Tinto stammt, wurde man anscheinend zu einer Arbeit und Transport vereinfachenden Teilung der Werkstücke gezwungen.

Der Rundaltar H 3 kommt aus dem unweit von Huelva gelegenen Trigueros. Er ist schon seit dem 16. Jahrhundert bekannt und wiederverwendet worden. Daher rührt der außerordentlich schlechte Zustand der Reliefs und Profile. Am Deckprofil ist noch ein Zahnschnitt zu erkennen. Das Fußprofil ist flach ansteigend und weit ausladend gebildet: über schmalem Torus eine fein geformte *cyma recta*, die zu einem beidseitig eingefaßten Perlstab überleitet. Am Körper waren vier Eroten dargestellt, die einen durchgehenden Girlandenstrang[250] tragen, dessen gespitzte Blättchen von einer Tänie umwunden sind. Das hellenistische Vorbild des Motivs ist unverkennbar. In Anbetracht der zudem vorauszusetzenden einst hohen Qualität des Rundaltars wird man in ihm ein Importstück sehen dürfen.

1.8.2 Cádiz

Mit Onoba (Huelva) war Gades (Cádiz) einer der wichtigsten antiken Hafenplätze an der Küste, denen für den Austausch, nicht nur von Wirtschaftsgütern, eine erste Rolle zukam. Auch am Bild der Altäre scheint dies deutlich zu werden (so z. B. H 3). Dabei handelt es sich allerdings meist um Einzelstücke, und es lassen sich kaum gleiche Bekrönungen etwa in größerer Reihe aufzeigen, demnach auch keine klar definierten Werkstattgruppen erkennen, wenn auch die wenigen erhaltenen Altäre zumeist am Ort gearbeitet zu sein scheinen.

Das weltoffene Gades, wo Einflüsse von außen wie in einem Brennpunkt zusammentrafen, war naturgemäß von großer Bedeutung. Die infolge der Siedlungskontinuität am Platze nur zahlenmäßig gering erhaltenen Altäre sind in ihrer Gesamtheit durchaus kennzeichnend. In Sevilla schon Beobachtetes läßt sich auch hier nachweisen, darüber hinaus ist ein starker 'klassischer' Einfluß wirksam, der über den Hafenplatz mit seinen direkten Kontaktmöglichkeiten unter anderem auch von Italien selbst vermittelt worden ist.

Ein nur 50 cm hoher, wohl am Ort gearbeiteter Altar (CA 2) aus gelblichem feinkristallinem Marmor für ein elfjähriges Mädchen erinnert an Altäre in Sevilla, in der Form der Pulvini, kaum geschwungen und wenig in der von einem gedrehten Wulst umfaßten Mitte eingezogen, mit aufgelegten Blattzungen, ebenso wie in der in das Deckprofil übergehenden *cyma recta* und besonders auffällig in der Vertauschung der Nebenseitenattribute Kanne rechts und Schale links. Der Focus ist aus-

---

[249] Zuweilen sollen schon Reliefdarstellungen auf diese Weise herausgeschnitten worden sein, so daß eine solche rechteckige Vertiefung zurückgeblieben ist. Eine andere Bestimmung vertiefter rechteckiger Felder an der Vorderseite von Altären, nämlich zur Aufnahme des gemalten Porträts des Verstorbenen, beschreibt R. Pagenstecher, Nekropolis. Untersuchungen über Gestalt und Entwicklung der alexandrinischen Grabanlagen und ihrer Malereien (1919) 16.

[250] Vgl. den Rundaltar in der Galleria dei Candelabri, G. Lippold, Die Skulpturen des Vaticanischen Museums III 2 (1956) 201f. Nr. 66 Taf. 95. 97. Ähnliche Girlande am Denkmal der Julier in Saint-Rémy aus dem letzten Viertel des 1. Jhs. v.Chr. Espérandieu I Nr. 114; H. Rolland, Le Mausolée de Glanum (1969) Taf. 25 ff. Zur Herleitung der Eroten mit Girlanden aus dem Hellenismus: F. Matz, Ein römisches Meisterwerk. Der Jahreszeitensarkophag Badminton–New York, 19. Ergh. JdI (1958) 48–61; zu ihrer Interpretation ebenda 95 ff.

nahmsweise rechteckig, der rosettengeschmückte Giebel vorgelegt. Für einen Platz von der Bedeutung wie Cádiz sind bereichernde Varianten selbstverständlich zu erwarten.

Auch an dem Altar CA 12 der Sicinia Tuscilla in Jeréz de la Frontera ist die Position der Nebenseitenreliefs dieselbe (man vgl. auch CA 4 in Arcos de la Frontera), vergleichbar sind auch die Pulvini mit den Rosetten und der Übergang vom Deckprofil zur Deckplatte. Der Focus ist jedoch rund. Und die schmäleren Profile[251] zusammen mit der guten Qualität bezeugen in diesem Fall eine gute Kenntnis 'klassischer' Formen, die sich z. B. in dem weiter unten zu behandelnden Altar CA 13 von Medina Sidonia deutlich manifestiert. Diese Tatsache hat schon Th. Mommsen beobachtet, wenn er schreibt: »Aber in der ganzen Baetica ist nicht ein einziger Votivstein gefunden worden, der nicht ebenso gut auch in Italien hätte gesetzt sein können«[252]. Der Ausschließlichkeit eines solchen Urteils sollen hier die Formeigentümlichkeiten baetischer Altäre gegenübergestellt werden.

H. Gabelmann[253] hat bemerkt, daß der friesgerahmte Altartypus in Oberitalien in hochrechteckigem Format und gleichwertig auch in breitrechteckiger Form vorkommt. In Hispanien gibt es breitrechteckige Altäre in der Regel nur in der Gruppe der kleinen tragbaren Altärchen. Solchen scheint formal auch der in seinen Ausmaßen bescheidene (H 34,5 cm; B 32 cm; T 25,5 cm) Grabaltar CA 3 für den Knaben Marcus Aurelius Castor verpflichtet zu sein. Seine Inschrift ist ungerahmt. Das Fußprofil bilden Kehle oder *cyma* und Halbrundstab (Wulst). Der obere Teil ist zu beschädigt, um heute noch eine eindeutige Aussage über seine ehemalige Bekrönung zuzulassen; möglicherweise bestand sie lediglich aus einem gerundeten flachen Focus auf der planen Oberseite.

Die Bekrönung ist bei den bisherigen Beschreibungen des Altars CA 13 in Medina Sidonia ganz übersehen worden, weil sie bei dessen verbreitetster Abbildung[254] nicht erfaßt wurde. Trotzdem ist sie vorhanden, wenn auch schwer erkennbar und in ihren oberen Teilen zudem beschädigt.

Die Pulvinusstirnen schmücken Gorgonenköpfe. Aus den Zwickeln entspringen Ranken, die sich zur Mitte hin antithetisch einrollen, wo sie in Rosetten enden und somit eine Zwischenpulvinusfront bilden, die stadtrömischen Altären mit Volutengiebeln unmittelbar vergleichbar ist. Auch die auf der Halbinsel nicht gewöhnliche Form der Inschriftrahmung mit Leiste und *cyma* findet dort ihre Parallelen. Die umlaufenden Ranken sind ganz nach stadtrömischem Schema gearbeitet. Ihr klarer, gewellter Verlauf, ihre ungehinderte Fortbewegung von unten nach oben in reichlich verfügbarem Raum, aus dem sie sich wenig abheben oder gar herauslösen, stellen sie zu claudischen Altären Roms wie dem des Atimetus Pamphilus[255]. Der mit diesen Elementen schon ausreichend konstituierte Altar ist überdies architektonisch gefaßt mit Eckpilastern, die als Bereicherung bemerkenswert sind, zumal stadtrömische Grabaltäre mit tektonischer Fassung im allgemeinen nur einen Ornamentstreifen in der Kapitellzone besitzen[256]. Die Pilasterkapitelle tragen ein profiliertes Gesims, das, wie das Sockelprofil, verkröpft ist. Dies sei insofern betont, als bei den vergleichbaren architektonisch gefaßten Nischenstelen, die in Mérida hergestellt wurden, auf ein solches, der Grammatik 'klassischer' Formgebung entnommenes Detail verzichtet ist. Auch die Profile verraten diese 'klassische' Abkunft, die *cyma recta – cyma reversa*-Kombination im Deckprofil und Kehle, *cyma recta* und Halbrundstab im Sockel. Die von Pilaster zu Pilaster hängende Fruchtgirlande[257] kennen wir u. a. auch von einem unpublizierten Grabbau in Mengíbar (Prov. Jaén) in Oberandalusien, wo sie, ähnlich flach auf den Reliefgrund

---

251 Vgl. Altmann, Grabaltäre Abb. 62. 188.
252 Th. Mommsen, Das Weltreich der Caesaren (1933) 104.
253 Gabelmann, Werkstattgruppen 6.
254 García y Bellido, Esculturas romanas Taf. 243 Nr. 299.

255 Altmann, Grabaltäre 125 Nr. 131 Abb. 100.
256 Ebenda 40 Abb. 26.
257 Vgl. auch CA 14 (verschollen), der, nach einer alten Zeichnung zu schließen, eine solche Girlande besaß.

bezogen, eng mit ihm verbunden gearbeitet ist, aber dennoch recht bemerkenswerte Unterschiede aufweist. Sie steht in der auf dem Altar wiedergegebenen Form Girlanden auf stadtrömischen Grabaltären nahe[258]. Wenn auch an Nägeln zu seiten der Kapitelle aufgehängt, besitzt sie die doppelten Manschetten und die davon ausgehenden spitzen gewellten Blätter und ist in der gleichen Weise locker, überwiegend aus Früchten zusammengesetzt. Darunter sind Blüten gestreut, und es sind auch Beeren zu erkennen, ohne daß diese richtige Trauben bildeten. Die Mitte der Girlande ist jedoch mehr betont als bei jenen, so daß der runde Schwung hier gebrochen erscheint. Das große Weinblatt an dieser Stelle ist in Girlanden an Altären in Brescia wiederzutreffen[259]. Dieser Knick sowie die beiden im Verlauf der den Rankenfries querenden langen Aufhängebänder zwischen Manschetten und Nägeln zu beobachtenden Biegungen dürften durch die etwas gezwungene Plazierung der Girlande vor dem schriftlosen Teil des Inschriftfeldes bedingt sein[260]. Auch die erst von den Manschetten ausgehenden Tänien wirken sehr eigenartig, da sie durch die überlangen Aufhängebänder weit von den Nägeln entfernt sind.

Ein Vergleich der beiden Girlanden des Altars in Medina Sidonia und des Grabbaus in Mengíbar ist zum Erkennen der Eigenart beider Monumente ganz aufschlußreich.

Die Girlande des Altars ist, wie oben bereits gesagt, an Nägeln jeweils zu seiten des Kapitellfußes aufgehängt. Die langen Bänder, die zu den Manschetten führen, sind abgeknickt bzw. gebogen geführt. Die Manschetten bestehen aus einem doppelten Überfall, der noch nicht so stark geschlitzt ist, wie es an flavischen Altären zu beobachten ist. Auch die den Girlandenansatz hüllenden Blätter sind noch einfach gespitzt, keine ausgreifenden Wein- oder Akanthusblattformen. Die Girlande ist gegenläufig, ihre Mitte durch ein von oben her sie umgreifendes Weinblatt betont, unter dem eine Anzahl von Beeren sichtbar wird. Ihr durchschwingendes Hängen ist in der Mitte abgeknickt. Auf diese Stelle weisen von beiden Seiten her zwei Ähren mit ihren langen Grannen. Ein Knick im Bogen einer Girlande ist selten[261] und dürfte hier in gleicher Weise wie der gekrümmte Verlauf der Aufhängebänder oder das Fehlen der gewöhnlich von den Manschetten außerhalb des Girlandenbogens herabführenden Tänien als Anzeichen für das individuelle Sichauseinandersetzen des Bildhauers mit den Raumverhältnissen an der Altarfront zu werten sein.

Trotz dieser nach unten weisenden Momente, die der Girlande statisches Gewicht verleihen, erreicht sie nicht das schwere und volle Durchhängen von Girlanden auf flavischen Altären. Diese setzen sich bereits in höherem Relief von dem Grund ab; am Altar in Medina Sidonia ist sie noch mehr in diesen eingebunden. Letzteres trifft auch für die Girlanden an dem Grabbau in Mengíbar zu. Im übrigen sind sie jedoch gegenüber jener in Medina Sidonia und ihren stadtrömischen Parallelen ganz verschieden. Sie spannen sich nur in flachem Schwung von Pilaster zu Pilaster. Anstelle der Manschetten sind sie von einer Tänie umwunden, die dann hinter der Girlande senkrecht nach unten fällt, ganz in der Art und Form hellenistischer Vorläufer, deren Nachwirkungen sich bis in tiberische Zeit in Rom nachweisen lassen[262]. Große Blätter verdecken den Blick auf einen Teil der Früchte des nun nicht gegenläufigen Gewindes und verhindern durch ihre zu den Seiten gespreizten Blattspitzen die Bildung eines klar umgrenzten Festons. In die Lunetten antithetisch entsandte Eichen- bzw. Lor-

---

258 z.B. Altmann, Grabaltäre 92 Abb. 77.
259 Vgl. ebenda 187; H. Gabelmann, RM 76, 1969, 230 Taf. 70,2; 71,1.
260 Vgl. dagegen die Girlande an der Front des Grabaltars eines Freigelassenen der Livia, Altmann, Grabaltäre Nr. 111 Taf. 1.
261 Vielleicht auch M. Honroth, Stadtrömische Girlanden (1971) Nr. 90 Taf. 9,1.
262 Ebenda S. 23.

beerzweige stützen den Eindruck, als verwüchse dieser mit seiner Umgebung. Zwei Weintrauben unterhalb der Bogenmitte eines Girlandenstranges und die dort symmetrisch gruppierten liegenden Eroten bestärken erneut die noch engen Beziehungen dieser wohl doch schon flavischen Girlanden mit dem hellenistischen Osten.

Selbstverständlich besitzt der Altar CA 13, wenn auch in eingemauertem Zustand heute nicht sichtbar, Seitenreliefs: links Kanne, rechts Schale und auf der Rückseite einen Lorbeerzweig. In ikonographischer Hinsicht dürften weniger in den Gorgonenköpfen der Pulvini, die, zwar auf solchen monumentaler Altäre Hispaniens häufig, auch in Rom bezeugt sind[263], als in der überreichen Ausstattung mit Friesrahmung und Pilastern und besonders in der im Vergleich zu stadtrömischen Altären[264] ungeschickten und offenbar speziell für diesen Altar konzipierten Einpassung der Girlande in das Inschriftfeld Anzeichen der lokalen Fertigung gesehen werden. Dazu kommen die gerade im Vergleich mit dem oben genannten Altar des Atimetus Pamphilus[265] deutlichen Eigentümlichkeiten der Ausführung: geringere Präzision und weniger Sicherheit im Detail. Der Lorbeer, der für die nicht sichtbare Rückseite von CA 13 angegeben wird[266], ist auch auf der durch eine Photoabbildung[267] bekannten Seite eines verschollenen Altars dargestellt. Er entstammt zweifellos nach Thema — es dürfte sich nach Ausweis stadtrömischer Parallelen[268] um einen den Larenaltären verwandten handeln — und Stil einem vergleichsweise stark romanisierten Bereich und dürfte zeitlich dem Altar in Medina Sidonia noch vorangehen. Ein Kranz ist auch für einen Grabaltar aus Cádiz (CA 1) und für einen anderen in Arcos de la Frontera (CA 4) zum Schmuck von deren Vorderseite und zur Einfassung der Grabinschriften gewählt. Solche Altäre sind nur in diesem Raum verbreitet. Und auch hierfür stehen uns römische Parallelen vor Augen[269]. Ihre gleich geformten Sockelprofile entsprechen jenem des Altars aus Medina Sidonia (CA 13)[270]. Die Anlage der Bekrönung von CA 1 mit den nicht isoliert stehenden Pulvini findet Vergleichbares unter den Altären in Sevilla[271]. Die Seitenreliefs Kanne und Schale sind selbstverständliche Beitat, an CA 4 wieder seitenvertauscht. Stilistisch dürfte der Altar CA 1 in flavische Zeit gehören. Dies kann der in sich gewellten Wiedergabe der beiden Enden der Kranzschleife entnommen werden[272]. Die Art der stofflichen Belebung ist kennzeichnend für die flavische Zeit und z. B. auch an Flügeln von Eroten zu beobachten[273]. Auch die Formel DIS MANIB. stützt eine solche Datierung.

Um einen Lorbeerkranz scheint es sich im Schmuck des Tympanons eines Altaroberteils aus Barbate (Prov. Cádiz) zu handeln (CA 7). Der abstrakt graphische Stil gibt ihm eine Sonderstellung im Rahmen der bisher besprochenen Altäre dieser Region und weist auf nordafrikanische Parallelen aus Mauretanien (Volubilis, Banasa) hin[274]. Auch ikonographische Gründe sprechen gegen eine lokale

---

263 Altmann, Grabaltäre 89 Nr. 54 Abb. 74, flavisch.
264 Ebenda Nr. 184 Abb. 126; Nr. 191 Abb. 128.
265 s. o. Anm. 255.
266 García y Bellido, Esculturas romanas 302 Nr. 299.
267 Ebenda 302 Nr. 300 Taf. 243; A. Alföldi, Die zwei Lorbeerbäume des Augustus (1973) 38 Nr. 9, bezeichnet das Monument als Reliefplatte.
268 Altmann, Grabaltäre 174 ff.
269 Vgl. ebenda 182 Nr. 248 Abb. 148.
270 Kehle, Leiste, *cyma recta*, Leiste, Torus auch an römischen Altären: Vgl. ebenda 210 Nr. 270 Abb. 168 u. a. m.
271 Kap. 1.8.3.
272 Vgl. Altmann, Grabaltäre 180 f. Nr. 242 Abb. 145.
273 Gabelmann, Werkstattgruppen 7 Taf. 2,1.

274 Daß Form- und Dekorelemente nach Nordafrika weisen, ist nicht verwunderlich, denn auch andere Gattungen wie die sog. *cupa*-Grabmäler in Barcelona und Olisipo (vgl. J. Mallon, BAAlger 1, 1962—65, 175 ff. Das Exemplar von Baelo gleicht solchen aus Henchir—Zoura und Tipasa.) und die Giebelstelen in Faro (vgl. die Giebelstelen aus Sétif, die auch den gleichen, roh belassenen Sockelstreifen besitzen: P.-A. Février — A. Gaspary, BAAlger 2, 1966/67, 11 ff.) haben solche Beziehungen. Letztere sind durch die Form des Monuments, die Aufteilung der Stelenvorderseite, die Anbringung der Rosetten, Zurichtung des Sockels und in einem Fall durch den Charakter als Doppelstele Taf. 152d mit nordafrikanischen Stelen verbunden.

Manufaktur. Die Schrägen des Giebels werden durch Fackeln markiert, im Kranz eine Stierkopfprotome mit Halbmond über den Hörnern, in den ein sechszackiger Stern einbeschrieben ist. Eine solche Zusammenstellung ist in Hispanien ohne Parallele, Stierköpfe als solche sind, wie wir sahen[275], durchaus geläufige Reliefzutat. In den Pulvinusstirnrosetten und dem sie umgebenden Fischgratwulst scheinen uns die unplastischen zeichnerischen Reminiszenzen, wie sie an mauretanischen Altären zu sehen sind, am deutlichsten[276]. Auch die Oberseite der Bekrönung entspricht nicht dem allgemeinen Kanon. Es finden sich drei größere Einlassungsvertiefungen mit Metallresten, mit Hilfe derer die Befestigung eines Gegenstandes vorgenommen worden war[277]. Auch der Grabaltar CA 8 aus dem nahen Baelo zeigt eine ähnlich bearbeitete Oberseite. Die Autoren, die ihn gemeinsam publizierten, setzen ihn in die 1. Hälfte des 2. Jahrhunderts n.Chr. Blattzungenbelegte Pulvini mit Stirnrosetten, eine Rosette im Tympanon des Giebels, Inschriftrahmung und Nebenseitenreliefs zeichnen ihn aus.

Zwei Altäre vor dem Kapitol von Baelo (CA 9) waren einst aus grob behauenen Steinen aufgemauert und verstuckt. Auf der monolithen Deckplatte lagen, nach weitem Rücksprung, zwei halbzylindrische Pulvini mit nach innen gerichteten, knappen Fortsätzen, eher in der Art des Altars SA 1 als in jener der Altäre in Katalonien, wo die Pulvinusform mit den ausgeprägten, meist hochschwingenden Fortsätzen ausschließlich verbreitet war.

Um die Reihe der Altäre aus Baelo zu vervollständigen, seien hier noch der nicht mehr erhaltene Altar CA 10 am Nymphäum und ein kleiner Rundaltar (CA 11) mit Resten eines bacchischen Reliefs angeführt. Kleine Rundaltäre sind nur noch aus Mérida (BA 59) und Cartagena (MU 5) bekannt.

Die Motive Kranz und Girlande werden weiter im Landesinneren, so etwa an einem Altar in Arcos de la Frontera (CA 5), wiederholt, allerdings mit den dort zur Verfügung stehenden formalen Mitteln, welche auch die Profile bestimmen: vorspringender Sockel und Gesims aus einer Schräge bzw. einer hohen *cyma recta* mit scharf umbrechenden Kurven. Die Fruchtgirlande wird in ihrer Mitte von senkrecht sie umgreifendem Blattwerk überlappt, von dem nach unten seitlich ein Stiel und an dessen Ende eine Sternblüte ausgehen, eine Zutat ohne Parallele. Die gewöhnlich von Tänien umwundene Stelle des Kranzes ist hier vertieft gebildet. Die weit zurückspringende, flache Bekrönung erinnert an solche wie die eines Iupiteraltars in Soria (SO 11), hat aber hier knappe Giebelaufwölbungen mit trennendem Mitteleinschnitt. Im ganzen ein mit einfachen Mitteln in eben solchem Material (piedra de Espera, lokaler, hellgrauer, sandiger Stein, der relativ weich ist und reich an Muscheleinschlüssen) originell gearbeiteter vierseitiger Altar, der als Grabaltar wohl nicht gedient haben dürfte. Der Altar erinnert in vielem an GE 2 gleicher Größe in Ampurias. Dieser ist gleichfalls aus grobkörnigem Material (Granit) gearbeitet mit ganz ähnlicher Oberflächenwirkung. Alle vier Seiten tragen große runde Reliefs, Schalen und Rosetten, wobei wiederum je zwei, nun aber anstoßende Seiten identische Darstellungen aufweisen. Auch Fuß- und Deckprofile scheinen sich auf den ersten Blick zu entsprechen, sie springen an GE 2 lediglich nicht so weit vor, auch die Schräge ist hier kürzer. An GE 2 ist das Deckprofil leider beschädigt, so daß es sich nicht mehr eindeutig vergleichen läßt; das des Altars in

---

275 s.o. Kap. 1.2.6. Zum Motiv: R. Egger, Der Grabstein von Čekančevo (1950) 14 ff.

276 Vgl. die gleichen Rosetten an einer der Stelen (Taf. 152d) der Gruppe Faro, die wir gleichfalls mit Nordafrika verbunden sahen. Eine zweite Stele dieser Gruppe besitzt Blattkranz und kranzumgebene Rosette (Inst.Neg.Madrid R 28-68-7), letztere auch ALG 12.

277 C. Posac Mon, der den Altar gesehen hat, denkt an eine Statue. Photographien und Informationen über das unpublizierte Stück werden Herrn Posac Mon, Tanger, verdankt.

Arcos de la Frontera besitzt die Form der fortgeschritteneren Kaiserzeit mit dem knappen Umbruch der konvexen Wölbung und dem weiten Schwung des dadurch hohen konkaven Teils des Karnies. Die Bekrönung des Altars GE 2 ist gleichfalls beschädigt, doch erlaubt ihr Rest zu sagen, daß der Pulvinus zwar nicht nach weitem Rücksprung ansetzte, aber gleichfalls zylindrisch glatt war und sich nach innen zu langsam absenkte. Es hat sich hier aber nicht um eine jener von CA 5 in Arcos identische Bekrönung gehandelt. Immerhin ist der Altar in Ampurias in das Ende des 2. Jahrhunderts v. Chr. datiert worden, eine zu korrigierende Datierung oder das Anzeichen geringer Wandelbarkeit der Form des Altars schlechthin?

Inschriftlich als Weihung ausgewiesen ist ein weiterer Stein in Arcos de la Frontera (CA 6), leider heute ohne Sockel und Bekrönung. Er ist etwa von gleicher Größe wie der Vorhergenannte, doch aus hellbraunem Marmor gearbeitet. Er zeichnet sich durch eine Karnies- und Perlstabrahmung des Inschriftfeldes aus und durch die Darstellung von je einer großen Dattelpalme mit schweren Fruchtklötzen auf beiden karniesgerahmten Seitenfeldern. Dabei ist auf einen hohen und gewöhnlich geschuppten 'Stamm' der Palmen verzichtet. Die schematische Übereinanderreihung der Wedel und die heraldische Wirkung des durch die Rahmung begrenzten Reliefs sind kennzeichnend.

Gades dürfte eine Vermittlerrolle zumindest für die Kenntnis stadtrömischer Altäre gespielt haben. Im Innern des bergigen Andalusien schwächt sich mit zunehmender Entfernung von den bedeutenden Küstenplätzen und den Zentren der Romanisierung dieser Einfluß ab.

1.8.3 Sevilla

Das Bild der Altäre aus dem nach Emerita Augusta zweiten großen Zentrum des südlichen Hispanien, Hispalis, ist ein etwas anderes. Das Formengut ist zwar nicht grundsätzlich verschieden, dies kann auch innerhalb der Gattung der Altäre gar nicht erwartet werden, doch sind die Unterschiede markant und wert, festgehalten zu werden. Im Fehlen besonders reich ausgestatteter Denkmäler, wie sie etwa in BA 52 vertreten sind, darf ein allgemeines Charakteristikum der Altäre in Sevilla erkannt werden. Diese sind, wie wir im einzelnen sehen werden, einfacher und wirken oft geradezu farblos.

Es lassen sich folgende Gruppierungen bilden:
1. Grabaltäre mit Giebel, Pulvini und Rundfocus (SE 1–SE 9, letzterer allerdings mit rechteckigem Focus).
2. Grabaltäre mit Pulvini, Rundfocus und Giebel mit senkrechtem Einschnitt am First (SE 10, SE 11). Diese Gruppe war kennzeichnend auch in Mérida belegt.
3. Grabaltäre mit kompakt zusammengeschlossenen Bekrönungselementen (SE 12–SE 17).
4. Grabaltar mit Doppel-Volutenbekrönung (SE 18).
5. Grabaltäre mit Akroteren (SE 19, SE 20).
6. Ehren- und Weihaltäre (SE 21–SE 25 sowie der inschriftlose Altar SE 26).
7. Kleine Weihaltäre (SE 27–SE 29).
8. Rundaltäre.

Ganz einfachen Grabaltären stehen einige mit größerem Aufwand gearbeitete gegenüber. Sie können ein gerahmtes Inschriftfeld besitzen (SE 1, SE 2), einmal sogar überdies gerahmte Nebenseiten (SE 2), wie sie bei den übrigen Altargruppen Sevillas mehrfach vorkommen. Die Profilierung fügt dann zwei Elemente zusammen, so *cyma recta* und Kehle, die durch Faszie und Wulst erweitert werden können (etwa bei SE 1) und dadurch an Höhe gewinnen. Diese Tendenz wird durch die zwischen Bekrönung und Deckplatte eingeschobene Zwischenplatte betont, ähnlich wie etwa bei CA 12;

an Altären in Mérida dagegen ist sie nicht zu beobachten. Im Gegensatz etwa zu Emerita unterstützen hier auch hohe Basen die hochgestreckten Proportionen. Die Pulvini sind in einer für den Raum Sevilla ganz bezeichnenden Weise gestaltet. Sie sind kaum geschwungen oder in der Mitte eingezogen, wirken daher unförmig und plump. Ihre Außenseiten bedecken zungenförmig aufgelegte Blätter. Sie sind nicht balusterförmig im echten Sinne. Am Giebel kann das Schräggeison leistenartig vortreten (SE 2, SE 3, SE 5). Das Tympanon enthält keine raumgreifenden Reliefs (Blattwerk etc.), sondern einfache, klar umrissene Figuren, eine Kreisscheibe etwa bei SE 2 oder einen Pinienzapfen bei SE 3. Der Pinienzapfen[278] tritt sonst nur selten in der Grabdekoration der Altäre auf (vgl. ALG 5, BA 13, CC 4).

SE 3 besitzt eine Profilierung mit nur einem Element wie die meisten Altäre der Gruppe, doch wechselt die *cyma recta* im Deckprofil mit der *cyma reversa* im Sockel, was als nicht regelhafte Verbindung bezeichnet werden darf. Die üblichere Form vertritt Altar SE 4 mit je einer *cyma reversa* im Sockel und Gesims. Eine *cyma recta*, diesmal von einer Faszie begleitet, besitzen die Altäre SE 5, SE 6, SE 7, wobei die *cyma recta* verschliffen in die Deckplatte übergehen kann (SE 6) und in der Regel nicht durch eine Leiste von ihr abgesetzt wird, ein Zug, der auch an CA 2 und CA 12 zu beobachten war, dagegen nie an den Altären Emeritas. Ein derartiges Abschleifen und unartikuliertes mangelndes Definieren der Profilierung weist auch SE 9 auf mit seinen *cymae reversae*, die in die Sockel- bzw. Deckplatte übergehen. Der Altar SE 8 deutet Profile nur unklar an. Solche Merkmale bezeichnen die kleinen Grabaltäre der einfacheren Bevölkerungsschichten, die hier aber trotzdem aus Marmor gearbeitet werden und nur in seltenen Fällen (so z. B. SE 4) auf die Nebenseitenreliefs in Form von Kanne und Schale verzichten.

Eine den Altären SE 5, SE 6 und SE 7 ähnliche Profilierung zeigt der Altar SE 10 mit seiner in die Deckplatte übergehenden, steilen und relativ hohen *cyma recta*. Mit den Altären BA 42–BA 50 aus Mérida hat er die Bekrönung mit dem Giebeleinschnitt gemeinsam, Rundfocus und auf den ausschwingenden Schräggeisa sitzende Pulvini, letztere aber sind glatt und lediglich mit *hederae* auf der Stirn geschmückt. Auch im Schriftcharakter zeigen sich Ähnlichkeiten, etwa mit BA 17, in den oben genannten Querhasten von F, E, T und L zum Beispiel. Das M ist in einer auf vielen Altären im Raum Sevilla feststellbaren und gemeinhin als zeitbedingt angesehenen Weise gebildet mit zwei kurzen geraden und steil stützenden Aufstrichen und zwei geschwungenen langen, weit über dem Kopfpunkt ansetzenden Abstrichen. Ein zeitlich später anzusetzender, etwa gleich großer Altar (SE 11) läßt gleichfalls den Giebeleinschnitt erkennen. Die Profile sind hier um weitere Elemente bereichert. Die Inschrift umgibt ein einfacher Rahmen. Der runde Focus ist gleich geblieben, die Schriftzüge haben die Regelmäßigkeit der früheren Altäre verloren.

Auch den Grabaltären mit kompakt zusammengeschlossenen Bekrönungselementen (SE 12 ff.) entsprechen einige in Mérida (BA 30 ff.), die allerdings mit in Relief vor eine Platte tretendem Giebel, Pulvini oder Akroteren abweichende Formen besitzen[279]. Wir begegnen in Sevilla wieder den glatten Pulvinuszylindern (etwa bei SE 12), was im Süden als auffällige Ausnahme zu gelten hat. Exzeptionell ist auch die Anordnung der Seitenreliefs entgegen der allgemein gültigen und im allgemeinen genau eingehaltenen Regel. Wir finden hier die immer grifflose Schale auf der linken und die Kanne auf der

---

[278] In Oberitalien: G. A. Mansuelli, Aspetti dell'arte romana nel ferrarese, in: Insediamenti nel ferrarese (1976) 44 Abb. 20; 24; G. Uggeri, La romanizzazione dell'antico Delta Padano (1975) Taf. 2; CIL V 2386.

[279] s. o. Kap. 1.6.8.

rechten Seite des Altars. Daß es hierfür sogar eine gewisse Tradition gab, erhellt die Tatsache, daß gleich drei Altäre der Gruppe (SE 12—SE 14) diese Vertauschung der obligaten Attribute aufweisen, obwohl sie in den Details untereinander recht verschieden sind und durchaus keine genauen Wiederholungen einer verbindlichen Prägung darstellen. Zur vorliegenden Gruppe, welche durch die kompakte Bildung der Bekrönung zusammengeschlossen wird, einem Ordnungsprinzip, das durch die teilweise Gemeinsamkeit der Seitenreliefvertauschung zusätzliche Berechtigung zu erhalten scheint, gehört im Grunde genommen auch der Altar CA 2 mit seinem vorgelegten Giebel.

Die unterschiedliche Gestaltung dieser Bekrönung sei kurz beschrieben: Gemeinsam ist allen Varianten, daß die Pulvini zu seiten eines gleich hohen oder erhöhten Zwischenpulvinusteils gelagert sind. Er kann an der Vorderseite unverziert und auffallend formlos sein (SE 12, SE 13) oder einen Giebel tragen (SE 14, SE 16) oder aber einen Reliefdekor im großen, nicht eigentlich begrenzten Feld (SE 15), etwa in der Form von Halbmond und *cornucopiae*. Die Pulvinusstirnen sind den Buchstaben D S (z. B. bei SE 12) oder den im Raum Sevilla wieder häufigeren Rosetten (SE 13—SE 16) vorbehalten. Die Schäfte der Pulvini sind glatt (SE 12) oder in einer charakteristischen, am Material in Sevilla zu beobachtenden Weise geschwungen, geschnürt und mit Blattzungen belegt. Der Focus ist rechteckig gebildet mit runder (SE 13, SE 15) oder ovaler (SE 14) Vertiefung. Diese grob gepickte Mulde fehlt bei SE 12. Die übrigen Details sind nicht gruppencharakteristisch, können aber lokal verhaftete Züge tragen. Zu nennen sind die geläufige Profilierung mit *cyma reversa* (SE 12), *cyma recta* und Kehle (SE 13 Deckprofil, SE 15), *cyma recta* und Faszie (SE 14, SE 16 Deckprofil) und die seltenere Profilgebung mit Kehle, Leiste, Wulst (SE 16), *cyma reversa* und Faszie (SE 17 Deckprofil) und die vereinfachend aufgelöste *cyma recta* in zwei Wulstbildungen bei SE 13 aus Alcalá del Río im Fußprofil. Zur Vorderseitenrahmung bei SE 14—SE 16 tritt bei SE 13 zusätzlich die Rahmung der Nebenseiten.

Die Verwendung von Kalkstein, der dann deutlich die Zeichen einer materialbedingten Bearbeitung trägt, kommt vor (SE 15, SE 17). So wirken am Altar SE 17 Profile und Buchstaben geschnitten. Es ist ein einfaches Denkmal, dessen Bekrönung lediglich aus einer Platte besteht, mit nachträglichen Eingriffen ist möglicherweise zu rechnen.

Für einen der Grabaltäre (SE 18) besitzen wir in Sevilla sonst nichts Vergleichbares. Dieser Altar entspricht ganz römischen Vorbildern in Proportion, Profilen und Einzelheiten der Bekrönung mit Doppelvoluten, die Pulvini und Giebel verbinden. Man wird sich fragen müssen, ob er vielleicht importiert ist, obgleich der helle Marmor mit den charakteristischen roten Adern, aus dem er gearbeitet ist, auch im heutigen portugiesischen Südwesten der Iberischen Halbinsel vorkommt. Auffallend ist die Anbringung der Inschrift ein zweites Mal gleichlautend auf der Rückseite. Ob dadurch Gegebenheiten der Aufstellung des allansichtig gearbeiteten Monuments Rechnung getragen werden sollte? Die Kanne auf der linken Nebenseite scheint nachträglich von anderer Hand in minderer Qualität eingearbeitet zu sein; bei der Schale gegenüber ist dies weniger deutlich.

Die gleichen Profile wie der Altar mit Volutenbekrönung SE 18 besitzt ein Altar mit Eckakroteren (SE 19), nun aber mit allen Zeichen der lokalen Ausführung. Die Kehle ist nicht schmales, verbindendes Zwischenglied, sondern ein breites, Beachtung heischendes Profilelement. Die *cyma recta* selbst ist steil und hoch und im Gesims bezeichnenderweise nicht von der Deckplatte mittels einer Leiste und unterschiedlicher Kragweite wie bei SE 18 abgesetzt. Wir hatten das unmittelbare Übergehen des Deckprofils in die Deckplatte an den Altären in Sevilla oben bereits als typisch vermerkt. Das Karnies des Inschriftrahmens ist relativ breit, verglichen wieder mit jenem an SE 18. Das eigentlich Neue ist jedoch, daß der Altar dem Schema der Bekrönung mit Giebeln auf drei bzw. vier Seiten folgt, über den Ecken sitzenden Akroteren, die hier an der Vorderseite mit Palmetten geschmückt sind, und dem überhöhten Rundfocus. Dieser Bekrönungstypus ist auch andernorts, etwa in Tarragona, vertreten. Eine Vereinfachung dieses Typus stellt wohl SE 20 dar. Seitliche Giebel und Focus fehlen. Die Inschrift ist ungerahmt, auch auf die Seitenreliefs ist verzichtet. Profiliert ist dieser Altar mit je einer einfachen *cyma reversa*. Auch einfache Grabaltäre sind in Sevilla aus Marmor gearbeitet, wie wir schon mehrfach beobachtet haben.

SE 21, ein Ehrenaltar, der mit 90 cm Höhe kleiner ist als viele Grabaltäre, ist nichtsdestoweniger mit reichem Profilornament ausgearbeitet. Am Gesims weist er Blatt*cyma*, Eierstab und Zahnschnitt auf, am Sockel Blatt*cyma* und Flechtbandwulst. Letzterer kann hier zum einzigen Mal in der hispanischen Altarornamentik nachgewiesen werden. Die Bekrönung bildet, auf einer Platte erhöht, mit den Pulvini eine Einheit, in die der Focus rechteckig vertieft ist und an deren Front ein Rankenornament dem Schema des Volutengiebels folgt, eine Form also, die wir unter der 3. Gruppe der Altäre aus Sevilla behandelt haben, und wie bei einer Reihe jener Altäre besitzt auch dieser die Vertauschung der Nebenseitenattribute Kanne und Schale.

Die Altäre (?) aus Munigua (SE 22–SE 24) sind gleichfalls ornamentiert. Die Aussage der Inschrift wird durch den Rahmen aus Perlstab und Wellenranke unterstrichen; um so mehr als die Profile und Nebenseitenrahmen ohne Ornament geblieben sind. Die Bekrönungen aller drei Altäre sind nicht erhalten[280].

Aus einem 1974 gefundenen Bruchstück eines weiteren Altars (SE 25) geht hervor, daß die Pulvinusstirnen Rosetten tragen konnten und daß in dem Zwickel zum Pulvinuszwischenteil Ornament vorausgesetzt werden darf; in diesem Fall entspringt hier ein Rankenast. Die Ranken des Inschriftrahmens sind exakt spiegelbildlich aus dem unten in der Mitte liegenden Ursprung entwickelt.

Aus der Verwandtschaft der Altäre (?) SE 22 und SE 23 darf auf Gleichzeitigkeit geschlossen werden in einem flavisch-trajanischen Rahmen. SE 24, wohl dem gleichen Altartypus angehörend, zeigt ein anderes Schriftbild. Auch die Wellenranke folgt einem unterschiedlichen Anordnungsprinzip und besitzt metallisch dünne, wohlgeschwungene Triebe mit kreisrunden Rosetten und gebohrtem Mittelpunkt. Kanne und Schale in karniesgerahmter Nebenseite gehörten zur Ausstattung dieser Altäre aus dem flavischen Municipium wie die Kehle und *cyma recta* (bei SE 22 im Fußprofil noch erhalten), die ein hohes Sockelprofil bilden. Große Ehrenbasen konnten an Ort und Stelle auch aus lokalem Granit gearbeitet werden wie eine DIVO CAESARI AUGUSTO VESPASIANO dedizierte mit ganz ähnlichem Profil[281]. Solche Denkmäler, Aren oder Basen, oft — da inschriftlos — ungewisser Zweckbestimmung, sind aus dem Raum Sevilla in größerer Zahl überliefert. Aus Kalkstein gearbeitet, ein pfeilerförmiges Monument[282] von 90 cm Höhe, einer ganz eigenartigen Profilierung, bei der Wölbungen, Stege und Flächen einander ablösen und Reliefs auf allen Seiten des Körpers, die einem Musterbuch entnommen und ungeschickt appliziert scheinen. Ganz anders ist dies auf der ikonographisch anspruchsvollen Isisbasis aus Guadix (Prov. Granada)[283], aber auch auf dem Stein aus Marchena (Prov. Sevilla)[284] mit Palmbaum und springendem Tier (Pferd?) in Relief. Mit dem fremden Inhalt gewinnen hier auf der Basis von Guadix auch Formkräfte Gestalt, die für das Hispanische nicht unbedingt kennzeichnend sind.

---

280 Vgl. das Postament in Carmona. Epigrafía de Munigua 391 Nr. C–44 Abb. 59 f.
281 Inst.Neg.Madrid R 202–71–4.
282 Inst.Neg.Madrid B 395 bis B 398.
283 Inst.Neg.Madrid R 202–71–6 bis 11.
284 Inst.Neg.Madrid I 671. I 675.

Kränze hatten wir schon mehrfach angetroffen, meist klein im Giebelfeld der Altäre. Im Süden der Hispanischen Halbinsel gibt es eine Reihe von Altären, bei denen sie am Körper angebracht sind (vgl. CA 1, CA 4 und CA 5). Auch an einem Altar aus Munigua (SE 26) nimmt der Kranz die Vorderseite ein; die Nebenseiten tragen Kanne und Schale, diesmal von auffallender Größe. Die Kanne besitzt einen gerieften Hals, ein Ausführungsdetail, das bei der generalisierenden Wiedergabe dieses Gegenstandes gewöhnlich entfällt. Eine Inschrift fehlt. CA 1 und CA 4 mit den gleichen Nebenseitenattributen sind Grabaltäre[285].

Im Raum Sevilla liegen die Fundorte einiger Rundaltäre. So wurden bei den Grabungen im Theater von Italica drei aufgefunden (SE 39–SE 41)[286]. Zugleich trat SE 38 zutage, an dessen sechs Ecken tordierte Säulen stehen. Ein eigenartiges Stück (SE 32) von geringem Durchmesser wird in der Nekropole von Carmona aufbewahrt und dürfte eine davon unabhängige lokale Arbeit darstellen.

Wie aus anderen großen zivilen Ansiedlungen sind auch besonders aus Italica kleine Weihaltärchen bekannt. Sie tragen auch hier in starkem Maße fremde Züge, so daß vielfach mit Import gerechnet werden muß. Neben fast kubischen Formen (SE 27, SE 28, SE 35) steht eine seltene breitrechteckige Form (SE 29). Das Material ist fein- bzw. grobkristalliner, weißer Marmor. Die Profilierung ist auffallend einfach. Der *cyma reversa* ist der Vorzug gegeben. Für die Bekrönung des Altärchens SE 27 kennen wir auf der Halbinsel keine Parallele. Die an und für sich schon seltenen, nach unten eingerollten Pulvini senken sich zur Mitte hin ab[287]. Durch einen Steg ist die Senke nach vorn und hinten abgeschlossen. Die Pulvini als solche sind glatt, von einer Mittelmanschette umfaßt, die durch eine Rinne gekennzeichnet ist, eine im Raum Sevilla nicht gebräuchliche Form der *baltei*. Schale und Kanne sind vorn bzw. hinten angebracht. Die Kanne ist von einer im Fundumkreis nicht zu beobachtenden Form und zudem zum Ausguß hin geneigt, was auch nur hier zu beobachten ist. Ein anderes Altärchen (SE 28) hat den weitverbreiteten Rundfocus und eingeschnürte Pulvini, die Seitenflächen sind zu großformatigen Reliefs genützt; Stier, Olive, Feige und Rebe werden angegeben. SE 29, von breitrechteckiger Form[288], hat eine Inschrift auf einem bekrönenden Streifen, aber auch figürlichen Reliefschmuck in Gestalt zweier antithetisch einem Altar zugeordneter eingerollter Schlangen.

Der Blick auf Altäre aus außerhalb von Hispalis gelegenen Fundorten ergibt kein anderes Bild[289].

Ein etwa 10 cm hohes Altärchen aus Osuna (SE 35) ist, was Bekrönung und Sockel betrifft, wie bestimmte Aschenkisten etwa in Córdoba gearbeitet. Flach sich zur Mitte absenkende Pulvini enden in Wülste, welche die giebelartige Erhebung seitlich begleiten; dahinter liegt eine runde Focusmulde. Das Doppelvolutenmotiv des Sockels ist an hispanischen Altärchen selten, findet sich aber an den erwähnten Aschenkisten wieder. Daß Aschenkisten Formen der Altäre übernehmen, ist bekannt[290]. Den umgekehrten Vorgang belegt SE 35.

---

285 Zu Kränzen als militärischen Auszeichnungen s. E. Meyer, MM 13, 1972, 193 ff. Taf. 39, wo die Deutung eines kranzartigen Ringes als *corona aurea* oder als *torques* diskutiert wird.

286 Grabung Luzón 1971/72. J. M. Luzón, MM 19, 1978, 272–289 Taf. 57–68. Weißer Marmor; mit dem Motiv der tanzenden neuattischen Mänaden dürfte es sich um Importstücke handeln. Zu einem entsprechenden Fragment aus Mérida s. R. Lantier, Inventaire des monuments sculptés pré-chrétiens (1918) 24 Nr. 103 Taf. 39, 96.

287 Wie bei einem Altar aus der Mauretania Caesariensis,

Ph. Leveau, AntAfr 8, 1974, 103–110 oder an Altärchen in Pompeji, E. Pernice, Die hellenistische Kunst in Pompeji V (1932) 66 ff. Taf. 40,2 ff. oder einem Altar in Capua, H. Koch, Hellenistische Architekturstücke in Capua, RM 22, 1907, 403 f. Nr. 8 Abb. 20.

288 Sog. Langaltärchen in Pompeji: E. Pernice, Die hellenistische Kunst in Pompeji V (1932) 69 Taf. 42,2. 5 rechts.

289 Vgl. auch den Grabaltar bei I. Millán González-Pardo, Ara funeraria de »Ulisi«, y pruebas de un nuevo municipio de Roma en la Bética, ArchEspArq 50/51, 1977/78, 57–76.

290 s. Altmann, Grabaltäre passim.

SE 36 aus Osuna mit Kanne und Schale auf den Nebenseiten, der eigenartigen kurzgewölbten und breit gekehlten *cyma recta* und der singulären Inschrift erlaubt nur schwer einen Schluß auf sein ursprüngliches Aussehen. A. Blanco Freijeiro[291] nimmt Focus und Pulvini an.

SE 37 ist ganz ähnlich wie CA 12 gearbeitet; selbst der bezeichnende unvermittelte Übergang der *cyma recta* in die Deckplatte, der auch SE 34 aus Astigi auszeichnet, fehlt nicht.

Die Bekrönung von SE 30 mit den vor eine Platte tretenden Akroteren und Giebel hat in dieser klaren, BA 31 aus Mérida entsprechenden Form unter den oben[292] zusammengestellten Beispielen des Bekrönungstypus 3 gefehlt.

1.8.4 Córdoba

Obwohl wir mit den 20 Stücken doch wohl nur über eine recht schwache Basis verfügen, wollen wir versuchen, aufgrund des vorliegenden Materials auch die Altarformen in Córdoba zu charakterisieren. Córdoba war immerhin Hauptstadt der Provinz Baetica und hat ausgedehnte Nekropolen besessen, auf die man zu einem Teil offenbar jedoch schon früh gestoßen ist, wie die bereits im Omaijadenschloß Medina-az-Zahra aufgestellt gewesenen antiken Sarkophage lehren. Diese scheinen von den siegreichen arabischen Eroberern im 11. Jahrhundert in die kleinen Fragmente zerschlagen worden zu sein, in denen sie wiederaufgefunden wurden[293]. Die Altäre, die zu Zeiten, bevor sich die Forschung für sie interessierte, in den weniger tief als etwa in Sevilla liegenden römischen Straten zutage kamen, werden, wie auch sonst üblich, zu Bauzwecken wiederverwendet worden sein. So sind viele heute für unsere Untersuchung nicht mehr verfügbar. Ob damit die bemerkenswerte Tatsache, daß wir aus Córdoba relativ wenige Altäre kennen, ausreichend erklärt ist, werden wir erst sicher sagen können, wenn die römerzeitlichen Nekropolen der Stadt und ihre Funde besser bekannt sind.

Bei den erhaltenen Grabaltären fehlt nicht die Standardform mit Giebel, Pulvini und Rundfocus; doch wird auch im einzelnen von der Norm abgewichen. So ist der Focus des Altars CO 1 rundoval, die Pulvini sitzen auf dem seitlich verlängerten Giebel auf. Die Stirnrosetten haben die Form in vier Sektoren geteilter Kreise, ähnlich wie an dem Weihaltar CO 14. Es dürfte darin ein zeitliches Stilmerkmal zu sehen sein, das sich mit solchen der Hand des Steinmetzen verbindet, ohne daß hiermit ein Werkstattzusammenhang postuliert werden könnte. Zur verschwommen flüchtigen Bildung der Profile, die mit der Abfolge Kehle, Wulst, Kehle im Gesims noch zusätzlich mißverstanden sind, und der rahmenden Leisten kommt die fehlende Ausarbeitung der Profilvorsprünge auf der Rückseite. All dies und die wortreiche Inschrift dürften für eine Entstehung im 3. Jahrhundert n.Chr. sprechen. Aufgrund seiner Ähnlichkeiten mit diesem und den beiden ins 3. Jahrhundert datierten Altären CO 10 und CO 11 gehört CO 14 in die gleiche Zeit.

Wenn die die Pulvini hüllenden Blätter mit der trennenden Mittellinie noch zu Parallelen in Sevilla weisen, so ist diese verbindende Nähe bei folgenden Altären weniger deutlich. Hier (CO 10, CO 14) sind die Pulvini in der Mitte ihres Schaftes von einem breiten Band umfaßt. Die hier begegnenden griechischen Inschriften (CO 13, CO 14) sind im Südwesten und Süden der Hispanischen Halbinsel keineswegs ungewöhnlich.

---

291 ArchEspArq 41, 1968, 95 ff.
292 Kap. 1.8.3.

293 García y Bellido, Esculturas romanas 255 ff. Nr. 264 Taf. 206.

Auch an einigen Altären von Córdoba werden die Bekrönungselemente zu einer Einheit zusammengeschlossen. Bei CO 2–CO 4 ist in der von Pulvinus zu Pulvinus über den Giebel hinwegziehenden Fläche kein Focus angegeben. Der Giebel des Kalksteinaltars CO 3 nimmt in seltener Weise die ganze Breite der Oberseite ein, die Pulvini sitzen entsprechend höher über den Giebelschrägen. Der Altar hat vorspringende Schrägen als überleitende Profile und trug wohl eine eingelassene Inschriftplatte auf der Vorderseite[294]. Ungewöhnlich ist gleichfalls CO 5. Er weist anstelle der Pulvini zwei Rillen bzw. Doppelstege auf, dazwischen die trichterförmige Focusvertiefung. In der Mitte der Vorderseite und der Nebenseiten der Bekrönung über der Deckplatte ist je eine leicht vertiefte, nach unten gerichtete, halbkreisförmige Rundung zu beobachten. Könnte man hier noch etwa an die Senke der 'Pulvinuseinheit' im Norden denken – die Art der 'Pulvinus'-Wiedergabe ist an jenem Altärchen aus Sasamón (BU 12) in Burgos ganz ähnlich –, so ist mit der gleichen Rundung, nun nach oben gerichtet, bei CO 6 der Giebel gemeint. Die glatten Pulvinusbarren geben einer zwischen ihnen liegenden rechteckigen, senkrecht eingetieften Öffnung Raum, in der mit einem den Rand umgebenden feinen Saumschlag eher eine Einlassung als ein rechteckiger Focus zu sehen sein dürfte.

Ein seltenes Monument stellt die monolithe Verbindung von querrechteckigem Inschriftstein und darauf stehendem Manenaltar (CO 7) dar. Der Altar geht auf der Halbinsel nur in Ausnahmefällen eine Verbindung mit einem zweiten Monument ein. Vor allem gibt es hier keine Doppel- oder Zwillingsaltäre, wie sie in Afrika so häufig sind. Ein kombiniertes Monument anderer Art hatten wir in B 41 in Barcelona kennengelernt. Dort war es eine Aedicula, die einen kleinen Altar birgt. Hier ist es ein Manenaltar selbst, der den Inschriftquader bekrönt. Die flachen Pulvini zu seiten der Focusfläche sind im Norden eine häufige Bekrönungsform. Wie bei den Altären jenes Gebietes bleiben auch in diesem Fall die Seitenflächen ohne Relief. Einen zeitlichen Hinweis noch auf das 1. Jahrhundert n.Chr. können, wenn ein Vergleich mit Altären aus anderen Räumen, etwa aus Tarragona, erlaubt ist, die schmalen *cymae reversae* in den Profilen und die breiten Proportionen geben, wobei wir uns auf formale Merkmale beschränken und die epigraphischen außer Betracht lassen wollen[295].

Bei CO 8 fehlt die Bekrönung. Wir nehmen diesen Altar zum Anlaß einer Betrachtung der Profile. Das Material, hellbrauner Kalkstein, und die quadratische Form im Horizontalschnitt sind Anzeichen einer wahrscheinlich lokalen Fertigung. Die hohen und steilen *cymae reversae* in den Profilen bekräftigen diese Vermutung im Verein mit der ungeschickten, schon auf dem Deckprofil einsetzenden Inschrift. Auch wenn wir eine datierte Reihe von Altären vor uns hätten, ließe sich kaum eine verbindliche Entwicklung der Profilformen im Raum Córdoba zeichnen. Unterschiede des Materials, solche der Fertigkeit des Steinhauers und Bedingtheiten lokaler Art wirken vielfältig auf die Gestaltung der Profilzonen ein. Wir zielen daher zunächst auch gar nicht auf ein Erkennen der 'stilistischen' Entwicklung dieser eigentlich wandelbaren Teile des Altars. Durch das Registrieren des Vorhandenen soll vielmehr das am Platz Gearbeitete charakterisiert und für ein Beurteilen der lokalen Arbeiten nutzbar gemacht werden.

Die steile *cyma recta* ohne (bei CO 6) und mit Leiste (bei CO 17, bei CO 2 ist die Leiste gewölbt verschliffen) ist vertreten. Unpräzise Formen, deren Verfertiger das genaue Zitieren nicht beherrschten oder nicht für notwendig hielten, sind häufig; so zeigt etwa CO 1 Kehle, Wulst, Kehle im Deckprofil,

---

294 Die rechteckige Ausnehmung scheint authentisch zu sein. E. Romero de Torres, MemJuntaExc 108, 1929, 9

Taf. 7A (Altar in Fundlage mit der sichtbaren Eintiefung an der Vorderseite des Körpers).
295 Vgl. G. A. Mansuelli, MonPiot 53, 1963, 34 Abb. 2.

CO 5 Wulst, Faszie im Deckprofil. Bei CO 3 wird das Profil mit Bestimmtheit zu einer schräg überleitenden Faszie vereinfacht. Auch bei CO 14 ist eine klare, aber eigentümliche *cyma reversa* mit Faszie gewählt. Die schmale *cyma reversa* bei CO 7 folgt am entschiedensten einem 'klassischen' Vorbild.

Nun zu den Weihaltären. Zwei Taurobolienaltäre, CO 10 und CO 11, des 3. Jahrhunderts unterscheiden sich zwar in den Proportionen und in der Hand der Inschrift[296]. Im übrigen besitzen sie bemerkenswerte Gemeinsamkeiten: undekorierte Pulvinuszylinder, Giebel und Rundfocus, eine Profilierung aus *cymae reversae* mit Faszie (so auch das Fragment CO 12, im Fußprofil von CO 11 ist auf die Faszie verzichtet), wobei die Profile und das Inschriftfeld glatter gearbeitet sind als die übrige Oberfläche der beiden Altäre, ihre Rückseiten sind überhaupt nicht ausgearbeitet. Nur hier findet sich die Darstellung eines Widderkopfes auf den Nebenseiten, finden sich die plastischen Stege, die die Pulvinusmitte umfassen, im Winkel umbrechen und zu den Focusmulden laufen. Unterschiedlich ist die Anbringung der Seitenreliefs. Für den Widderkopf ist einmal die linke (CO 11) und einmal die rechte (CO 10) Nebenseite gewählt. Dementsprechend sind Kanne und Schale auf die gegenüberliegende Nebenseite verwiesen bzw. ist dort nur eine Schale (liegend) angebracht (CO 10). Es scheint sich damit die schon getroffene Feststellung zu bestätigen, daß Nebenseitenreliefs in Córdoba nicht üblich waren.

Der Altar CO 13, wieder mit griechischer Inschrift und von breiten Proportionen, besitzt am Giebel sowie an der Deckplatte runde Vertiefungen, die vielleicht zur Anbringung von Schmuckelementen aus anderem Material gedient hatten. Ähnliche Vorrichtungen hatten wir schon mehrfach angemerkt[297].

Zwei fragmentierte Weihaltäre (CO 15, CO 16) bringen andere Profilformen, die geläufige *cyma reversa* mit Faszie sowie Wulst und Kehle mit Leiste als Deckprofile. Eine Bekrönungsform (bei CO 15) läßt sich noch erschließen: Pulvini mit Stirnrosetten ruhen auf der planen Deckplattenoberseite auf, in die ein gerundeter Focus eingetieft ist. CO 16 zeigt noch einmal Kanne und Schale in Regelposition, wie sie im Raum von Córdoba nur noch der Altar CO 1 hat. Der untere Teil eines einst großen Altars (CO 17) mit Seitenreliefs (Kanne und Schale), gerahmtem Inschriftfeld und einem sorgfältigen Sockelprofil aus Faszie, *cyma recta* und Wulst ist von ganz anderer Art.

Kleine tragbare Altärchen sind aus der Provinzhauptstadt zahlreich zu erwarten. Drei im Museum ausgestellte zeigen die gewohnte Formenvielfalt dieser Gruppe. In unserem Zusammenhang ungewöhnlich sind die Reliefs auf allen Körperseiten etwa bei CO 20 und die Bekrönung von CO 10: Über der Stufe mit allseitiger Angabe von Giebel und Eckakroteren erhebt sich in der Form eines Omphalos wohl ein Pinienzapfen. Diese Altärchen sind alle aus Marmor, doch spricht nichts gegen eine lokale Herstellung. Sie scheint sich deutlich in der steilen *cyma recta* (bei CO 19) und der *cyma reversa*-Profilierung (bei CO 18) kundzutun.

Einige Grabaltäre aus Córdoba sind in das Museum von Málaga gelangt. Der neue Katalog der lateinischen Inschriften des Museums gibt hierüber Auskunft, wie auch über die wenigen einschlägi-

---

[296] s. auch M. J. Vermaseren, Cybele and Attis. The Myth and the Cult (1977) 131.
[297] Hierbei ist dauernder Dekor von temporärer Schmückung zu unterscheiden. Zur letzteren s. auch E. Pernice, Die hellenistische Kunst in Pompeji V (1932) 69f. Taf. 42,3. 7. Dio Cassius 75,4,1ff. beschreibt, wie im Leichenbegängnis für Pertinax ein vergoldeter Altar mitgeführt wurde, der mit Elfenbein und mit Edelsteinen aus Indien geschmückt war. J. J. Pollitt, The Art of Rome c. 753 B.C. – 337 A. D. Sources and Documents (1966) 193.

gen Denkmäler aus dem südlichen Küstenbereich um Málaga[298]. Das östlich gelegene Almería verzeichnet einen Altar[299].

1.8.5 Jaén

Die moderne Provinz Jaén umfaßt einen Raum, an dem drei Landschaften, Hoch- und Niederandalusien sowie noch im Norden die Sierra Morena, teilhaben und der bis an die Übergänge zu den anschließend behandelten östlichen Küstenregionen heranreicht.

Die Grabaltäre J 1 und J 9 sind von einem Bekrönungstypus, der durch die in Relief vor eine Platte tretenden Giebel und Pulvini (J 1) oder Akrotere (J 9) bestimmt ist. Beide Monumente sind zwar von erheblichen Größenunterschieden, in ihrer Form gleichen sie sich jedoch weitgehend: Beide besitzen weder Inschriftrahmung noch Nebenseitenreliefs. Selbst der deutlich geführte Meißelstrich in dem braunen brecciosen Kalkstein verbindet sie. An J 6 besteht die Bekrönung lediglich aus einer Platte. Die Bildung der Profile dieses Iupiteraltars verknüpft ihn wiederum mit dem gleich aufgebauten Fußprofil des Altars J 9.

Die Profilierung mit dem beherrschenden Karnies erfährt an J 2, aus gleichem Kalkstein, eine Bereicherung und Verbreiterung durch die Zufügung je eines weiteren Elements; im Deckprofil ist es eine weitgeschwungene Kehle und im Fußprofil ein Torus. Dazu tritt eine Rahmung der Inschrift, während Nebenseitenreliefs fehlen. Der Altar ist ohne Bekrönung. Nach der Zurichtung seiner Oberseite mit einem Saumzuschlag zu schließen, war sie vermutlich dazu bestimmt, eine separat gearbeitete Bekrönung zu tragen.

Daß solche Bekrönungsaufsätze auch im Raum Jaén einst bekannt waren, lehrt J 10. Es ist ein sehr eigenartiges Monument ohne hispanische Parallele, das deutlich noch dem Typus des Doppelvolutengiebels mit Pulvinusstirnvoluten folgt. Die Pulvinusstirnen nehmen zwei Köpfe auf, ein dritter, etwas kleinerer sitzt im Tympanon des oben geöffneten Giebels. Einen vergleichbaren Kopf an entsprechender Stelle der Pulvini einer Altarbekrönung war uns bisher in Hispanien nur einmal begegnet, an T 80, wenn wir die Medusenköpfe an den Altären Barcelonas außer Betracht lassen. Im Gegensatz zu jenem sind die Köpfe an J 10 von Blattkränzen umgeben. A. García y Bellido möchte sie als Sol und Luna deuten und denkt dabei wohl, ohne dies auszusprechen, an die Büsten dieser Götter auf den Mithrasreliefs. Gleichwohl sind beide in keiner Weise voneinander unterschieden gebildet, Luna bliebe als solche also nicht gekennzeichnet. Wir würden daher eher dazu neigen, sie namenlos zu belassen wie etwa jene beiden blattkranzumgebenen Protomen in den Pulvinusstirnen eines Altars aus einem Mithräum in Carnuntum[300] und in dem bärtigen Kopf des Giebels mit den Schwingen im Haar einen der Windgötter zu sehen. Die ausschließliche Einansichtigkeit dieses Aufsatzes ist singulär und ließe sich gut mit einer Aufstellung in dem engen Raum eines Mithräums erklären. Ein Säulchen mit Basis und quadratischem Kapitell, in dessen Oberseite ein Focus eingearbeitet ist, findet gleichfalls eine Parallele im Mithraskult[301].

Drei monumentale Altäre sind durch Bruchstücke großer Pulvini (J 3–J 5) bezeugt. Ihre Schäfte werden, von den *baltei* aus, nach beiden Seiten hin durch Blattschuppen bedeckt, die von kurzer oder

---

298 E. Serrano Ramos – R. Atencia Páez, Inscripciones latinas del Museo de Málaga (1981).

299 R. Lázaro Pérez, Inscripciones romanas de Almería (1980) 93 Nr. 49. Der Verbleib des als »pedestal« bezeichneten Altars war damals unbekannt. J. A. Tapia Garrido, Historia general de Almería y su provincia II (1982) 226f.

300 M. J. Vermaseren, Corpus Inscriptionum et Monumentorum Religionis Mithriacae II (1960) 216 Nr. 1685 Abb. 431–434.

301 Ebenda 298 Nr. 2028 Abb. 532.

langgestreckter Form sein können. Die gerandeten *baltei* sind gleichfalls geschuppt (J 4, J 5) oder durch zwei sich kreuzende Bänder gebildet (J 3). Nur an dem Pulvinus von J 5 ist die Stirn erhalten. Sie wird in einer bislang noch nicht angetroffenen Weise durch ein sich einrollendes Akanthusblatt geschmückt; hierin dürfte sich die Unabhängigkeit dieser Gruppe von jenen in Katalonien und Südbeira genannten Beispielen dokumentieren.

In Hispanien häufig begegnende Übernahmen von Formelementen der Altäre auf Stelen sollen unten besprochen werden. Ein noch als Altar zu bezeichnendes Monument sei hier unter J 7 angeführt. Zylindrische dekorlose Pulvini und ein Rundfocus bekrönen das breite Kopfteil, ein zurückgesetztes Plättchen vermittelt zum Körper und läuft auch auf der Rückseite um, obwohl das Iupiter Optimus Maximus geweihte Monument nur etwa 15 cm Tiefe besitzt. Ein gleich tiefes Grabmonument von noch ca. 1 m Höhe wird man hingegen eher als Stele bezeichnen. Der Aufbau entspricht J 7. Rundfocus, zylinderförmige Pulvini, nun mit zirkelgezogenen Sechsblattrosetten, begegnen auch hier. Das breite Kopfteil trägt aber nun an der Vorderseite eine *tabula ansata* mit dem Beginn der Grabinschrift, auf dem hochrechteckigen, gleichfalls durch eine Faszie abgesetzten Körper folgt auf einer zweiten *tabula ansata* der Schluß der Inschrift. Eine solche Zweiteilung der Inschrift in *tabulae ansatae* beobachten wir etwa an Stelen aus Iniesta im Museo Provincial von Cuenca. Diese sind von einfacher rechteckiger, durch Giebel und Pulvini bekrönter Form. J 7 und die genannte Grabstele in Jaén dürften in einer Werkstattverbindung stehen. Der Altar ist mit seinen wesentlichen Bestandteilen hier im Raum Jaén aber nicht nur eine enge Verbindung mit der *tabulas ansatas* tragenden Stele eingegangen, sondern zusätzlich auch noch mit einer Form der Halbrundstele[302], bei der oben links wie rechts die Pulvinuszylinder zwei Ohren gleich angebracht sind und zwischen ihnen in der Mitte ein rundovaler Focus sauber eingetieft ist. Die profilgerahmte Grabinschrift enthält die in der Region weit verbreitete Formel ... *pia* (bzw. *pius*) *in suis* (J 1, J 2, J 9).

1.9 DER OSTEN

1.9.1 Murcia

Aus den die südliche Peripherie Hochandalusiens bildenden Räumen liegen uns keine Altäre vor[303]. Erst im Bereich von Carthago Nova setzen sie wieder ein. Ihre Mehrzahl kommt aus dieser durch den einzigartigen Naturhafen und die nahen Erzlagerstätten begünstigten Stadt. Aber auch das Hinterland, der *campus spartarius*, mit seinen ausgedehnten und wirtschaftlich genutzten Halfagrasbeständen (*stipa tenacissima*)[304] ist mit Funden vertreten[305].

---

302 C. Fernández-Chicarro, ArchEspArq 31, 1958, 191f. Abb. 15. Vgl. auch die Variante dieser Stelenform: J. de M. Carriazo, BollnstEstGiennenses 15, 1969, 50f. Abb. 7.

303 Vgl. dazu die Verbreitung lateinischer Inschriften: J. Untermann, Elementos de un atlas antroponímico de la Hispania Antigua (1965) 18. Zur Verbreitung der verschiedenen Gattungen von Skulpturen in dieser Region und ihrer Interpretation s. H. G. Niemeyer, in: XIV CongrNacArq Vitoria 1975 (1977); R. Lázaro Pérez, Inscripciones romanas de Almería (1980). Kürzlich ist ein anepigraphischer Rundaltar aus dem Theater in Málaga bekanntgemacht worden, der wohl dem 1.Jh. n.Chr. angehört. P. Rodríguez Oliva, Un ara romana en Málaga, Jábega 15, 1976, 77–80.

304 A. Schulten, Iberische Landeskunde. Geographie des antiken Spanien II (1957) 536ff. Zur Ausdehnung der antiken Halfasteppe bei Carthago Nova s. H. Lautensach, Die Iberische Halbinsel² (1969) 613.

305 Vgl. auch C. Belda Navarro, El proceso de romanización de la provincia de Murcia (1975) mit einer »Carta Arqueológica« der Provinz S. 141 ff.; J. Lozano, História de Jumilla (1895) soll von Altären sprechen.

Die Fundstelle des Altars MU 8 liegt im dichtbesiedelten antiken Stadtgebiet von Carthago Nova. Zwar ist es bisher nicht gelungen, in dem in Frage kommenden Bezirk des 'Cerro de Saturno' und seinem zum Zentrum der alten Stadt hin streichenden Südabhang aufgrund der bisher gewonnenen Bodenaufschlüsse die angetroffenen Gebäude- und Ausstattungsreste in ihrer ehemaligen Funktion zu bestimmen. Der öffentlich-religiöse Charakter des Altars dürfte dennoch deutlich sein, zumal es sich dabei in keinem Fall um einen gewöhnlichen Weihaltar oder Grabaltar handelt. Er trägt nicht die typischen Züge hispanischer Altäre, sondern gehört vielmehr in den Kreis der Arbeiten in den mediterranen Zentren, welche die aus Italien vermittelten 'klassischen' Inhalte in unmittelbarer Weise widerspiegeln.

Die Ikonographie der Reliefs hat mit dem von der Schlange umwundenen Zweig besondere Beachtung gefunden; die Darstellung ist nämlich auf den lokalen Kult des Aesculap bezogen worden[306]. Auch in der örtlichen Münzprägung begegnet das Motiv der Schlange. Eine Münze, die den lorbeerbekränzten Kopf des Augustus auf dem Avers zeigt und auf dem Revers einen Priester mit *albogalerus* und *apex*, in der Rechten das *simpulum* und in der Linken einen Olivenzweig haltend, veranlaßt A. Beltrán zu der Hypothese, in Carthago Nova sei, wie in Tarraco, ein Altar des Augustus errichtet gewesen, und dieser Altar sei uns möglicherweise in MU 8 überliefert. Münze und Altar datierten aus dem Jahr 2 n.Chr. Für die numismatische Evidenz basiert diese Datierung auf dem Resultat des Studiums einer Münzreihe, der 'serie latina' von Carthago Nova, und des Instituts der *duumviri quinquennales* am selben Platz. Die allein mögliche stilistische Prüfung des inschriftlosen Altars würde einem Datum im fortgeschrittenen 1. Jahrhundert n.Chr. den Vorzug geben[307], so daß dessen Verbindung mit der genannten Münze und damit seine Identifikation mit dem Altar des Augustus unmöglich würde.

Der Weihaltar MU 1 aus dem Inneren des Seguralandes verkörpert eine Gegenposition. Glatte Pulvinuszylinder ohne Stirndekor, ein Rundfocus und vor allem das sorgfältig, aber unkundig in den roten, brockig-löchrigen Kalkstein gearbeitete Deckprofil (das Fußprofil ist nicht erhalten) kennzeichnen ihn. Dazu tritt die Profilrahmung der Inschrift; die Nebenseiten sind ohne Reliefschmuck geblieben, das Profil läuft dagegen auf der Rückseite um. Die vielfach abgestufte Profilierung erinnert bereits an Altäre aus dem Raum Valencia.

Die östlichen Küstenprovinzen sind demnach durch die Formcharakteristika lokaler Altäre wie durch das Vorhandensein italisch-römischer Formen verbunden.

Die Pulvinusfortsätze des ungewöhnlich breit gelagerten Grabaltars MU 3 weisen sogar nach Katalonien, wo diese Eigentümlichkeit ausschließlich verbreitet zu sein scheint[308]. Hier fehlt jedoch der Giebel, und der Rundfocus war in die gekehlte Bekrönungssockelplatte eingetieft. Die feinen faszienlosen *cymae rectae* mit schmaler Leiste in den Profilen sprechen überdies im Verein mit der ungerahmten Inschrift für eine frühere Entstehung als die jener katalanischen Altäre.

---

306 A. Beltrán, Ampurias 9/10, 1947/48, 213 ff.
307 Der Vergleich der Füllhörner mit jenen auf dem gegen 14 n.Chr. datierten Altar aus Karthago in Tunis macht ihre spätere Entstehung deutlich: Th. Kraus, Das römische Weltreich (1967) Abb. 187. Vgl. auch H. Stuart Jones, The Sculptures of the Palazzo dei Conservatori (1926) 285 Nr. 5a Taf. 113. G. Rodenwaldt plädierte auf Befragen durch L. Deubner für »flavisch«, RM 45, 1930, 42. Bei der Kontroverse um die Deutung der weiblichen Gestalt (W. Hermann, Römische Götteraltäre [1961] 110) ist übersehen worden, daß der obere Teil der Gestalt nachgearbeitet worden ist, ein Schicksal, das dieser seit dem 16. Jh. bekannte Altar mit vielen 'alten' Funden teilt.
308 Vgl. Alföldy, Inschriften Tarraco Nr. 54. 20.

Einen Weihaltar für Victoria (MU 7), dessen Fußprofil MU 8 ähnelt, wird man nicht ohne Zwang mit dem Jahr 23 v.Chr., dem Ende der kantabrischen Kriege, verbinden können, wie es A. Beltrán vorschlagen möchte[309].

Weihaltäre aus den südlichen und nördlichen Winkeln des Seguralandes (MU 2, MU 9) sind aus Sandstein gearbeitet; sie sind nur einfach durch Wulst und Faszie profiliert (MU 2) oder bleiben ganz ohne Profilierung (MU 9).

Ein Rundaltärchen (MU 5) von 29 cm Höhe aus weißem, feinkristallinem Marmor besitzt dagegen außerordentlich fein geformte Profile, verglichen etwa mit einem entsprechenden steinernen Beispiel aus Pompeji[310], dessen Körper sich gleichfalls nach oben zu verjüngt. Formdetails pompejanischer rechteckiger sog. Hausaltärchen wie Zahnschnitt und Schrägrillung horizontaler Elemente des Aufbaus[311] weist auch MU 4 auf mit seinem nahezu quadratischen Focus und dem *cyma reversa*-artig anlaufenden Fußprofil, das ihn mit dem größeren Altärchen MU 6 verbindet. Beide, MU 4 und MU 6, sind aus einem rauhen Gestein gearbeitet, das an MU 6 tuffartig wirkt.

1.9.2 Alicante

Aus dem nördlich nächstgelegenen Küstenzentrum der Colonia Iulia Ilici Augusta (Elche) kennen wir vorläufig nur kleine Altäre, die in reichlicher Zahl auf der Alcudia zutage traten, angeblich in einem römischen Haus des 2.–3. Jahrhunderts n.Chr. Sie sind alle von rechteckiger Form. Hinsichtlich der Profile zeigen sie eine große Vielfalt. Ornamentiert sind nur die vier Seiten des Körpers von A 8. Focusmulden beobachten wir an A 2 und A 3, letzteres Altärchen weist Feuerspuren auf, die am Focus schwarze, nach außen zu rote Verfärbungen hinterlassen haben. Ein moderner Nachvollzug eines antiken Opferfeuers ist hier auszuschließen, so daß wir einmal sichere Anzeichen antiker Feuerspuren festhalten dürfen, wie übrigens auch an A 9, der wie A 10 einen rechteckigen Focus besitzt. Die Höhe der Altärchen schwankt um 20 cm[312], A 8 und A 9 sind nur 12 cm groß, A 10 sogar lediglich 7,5 cm. Das Material bildet bei allen ein heller, sandig wirkender Stein von rauher Oberfläche.

Focus, Profilierung und in einigen Fällen auch die Gestaltung des Körpers sind, verglichen mit den Normalaltären, oft so ungewöhnlich, daß wir mit Recht von einer eigenen Gattung sprechen können. So besteht das Fußprofil von A 2 aus fünf abgetreppten Faszien. Der Altarkörper ist in diesem Fall aus zwei Teilquadern zusammengesetzt zu denken, die in der Mitte durch eine horizontale Rille voneinander getrennt sind. Hohe, ausladende Profilzonen bei A 9 stehen neben knapp geformten etwa bei A 8, A 10. Zuweilen, so etwa bei A 4, werden in den relativ weichen Stein eine Anzahl horizontal gliedernder Profilelemente angebracht, die ihre Form mehr oder weniger unwillkürlich ohne klare Absicht zu erhalten scheinen. Ähnliche Profillösungen begegnen in Elche, etwa bei A 7, wie in Cartagena (MU 4, MU 6). Die tordierten oder schräg gerillten Pulvini beobachten wir ebenfalls an beiden Orten (A 8, MU 4). Das Ornament der vier Körperseiten von A 8 kehrt auf keinem der hispanischen Kleinaltäre wieder.

Die mehrfach zwischen Murcia und Tarragona festzustellenden Beziehungen nach Italien, die wohl auch im Einzelfall den Import eines Altares[313] nicht ausschließen, erfahren durch zwei Grabstelen in

---

309 ArchEspArq 23, 1950, 263 f.
310 z.B. C. G. Yavis, Greek Altars (1949) 176 Nr. 54 Abb. 83.
311 Ebenda 176 Nr. 55–58 Abb. 80. 81.
312 Ebenda 176.
313 s. dazu unten Kap. 1.9.3, V 5.

Denia[314] und Tarragona[315] eine überraschende Ergänzung und Erweiterung. Die Form beider Monumente ist nur unter dem Einfluß griechischer Grabstelen[316] denkbar. Sie verjüngen sich nach oben, die Inschriften stehen in vertieftem Feld; in Denia gilt die Widmung einem Arzt mit dem Beinamen Eutychus, in Tarragona ist nur mehr ein XAIPE erhalten. Über der Inschrift trennen eine schmale *cyma reversa* und eine Faszie auf der Vorder- und den Nebenseiten ein mäßig hohes Kopfteil ab, das den Umriß der Stele fortführt und horizontal abschließt.

Der Grabaltar aus Altea (V 4), das vorläufig einzige, neben den Kleinaltären stehende Beispiel in der Provinz Alicante, findet unter den Altären im Land Valencia nichts Vergleichbares. Von annähernd gleicher Höhe und ähnlich breiten Porportionen[317] ist jedoch der Grabaltar MU 3, der noch weitere Gemeinsamkeiten aufweist: die Bekrönungssockelplatte, das unabgekürzte DIS MANIBUS und *cymae rectae* von äußerst verwandter, feiner Durchformung. Der Altar aus Altea besitzt die im ganzen Osten sonst, außer bei MU 1, nicht mehr belegte Bekrönung aus Pulvini, Giebel und Rundfocus. Auf der Vorderseite und den beiden Nebenseiten findet sich je ein profilgerahmtes Feld, in dem vorn ein Vogel und drei Gegenstände, auf den Seiten je eine grifflose Omphalosschale dargestellt sind; die Formel DIS MANIBUS SACRU(M) bleibt außerhalb über diesem Bildrahmen. Die Rückseite des Altarkörpers ist zwar glatt, doch laufen die Profile auch hier um.

1.9.3 Valencia

Im früh romanisierten Land Valencia[318] können wir uns auf eine in ihren Formeigentümlichkeiten bemerkenswerte Reihe von Altären stützen.

Grabaltäre aus graubraunem, hartem Kalkstein löchrig-poröser Konsistenz besitzen eine Bekrönung, die sich aus Giebel, Pulvini oder Akroteren zusammensetzt. Einen runden Focus kennen diese Altäre nicht. Vielmehr ist hinter dem Giebel und zwischen den Pulvini eine grob gepickte ebene Fläche belassen (V 2, V 12). Oder es wird der Giebel von vorn nach hinten durchgehend gebildet (V 3, V 7, V 11), hierbei wird er von den seitlichen Pulvini oder Akroteren nur unvollständig getrennt (V 16), an V 6, V 13 und V 17 gar treten die Bekrönungselemente nur in Relief vor eine geschlossene, ungegliederte Platte.

Die Pulvini sind von glatter Zylinderform, auch die Akrotere und Giebel bleiben ohne Dekor. Lediglich an V 12 tragen die Pulvinusstirnen ein Spiralornament, das als Giebelvoluten des Grabaltars V 10 wiederkehrt und das wir in dieser Form auf der Halbinsel nur hier kennen[319]. Das Tympanon

---

314 Aus hellbraunem Kalkstein. Museo Arqueológico Municipal de la Ciudad im Castillo. Taf. 152b.
315 Erhalten nur der untere Teil. H noch 64 cm, B unten 48 cm, oben 42 cm, T unten 42 cm, oben 41 cm. Gelblicher, poröser Kalkstein. Museu Nacional Arqueològic (ehemals MAP) de Tarragona. Taf. 152a.
316 Die ehemalige Form der Stele in Tarragona mag eine Grabstele römischer Zeit aus Korfu veranschaulichen. P. Kalligas, ADelt Chronika 27, 1972, 477 Taf. 415b; G. Touchais, BCH 101, 1977, 570 Abb. 127. — Vgl. etwa die griechische Stelentradition in Ancona: L. Mercando, L'ellenismo nel Piceno, in: Hellenismus in Mittelitalien (1976) 168ff. Abb. 70—77. Über griechische Altäre informiert neben C. G. Yavis, Greek Altars. Origins and Typology. Including the Minoan-Mycenaean Offertory Apparatus. An Archaeological Study in the History of Religion (1949), auch D. W. Rupp, Greek Altars of the Northeastern Peloponnese c. 750/725 B.C. to c. 300/275 B.C., Bryn Mawr Dissertation 1974 (1975). — Immer noch wichtig: E. Pfuhl, Tanagräische Grabaltäre, AM 28, 1903, 331—337; H. Koch, Hellenistische Architekturstücke in Capua, RM 22, 1907, 393ff.
317 Vgl. auch den Grabaltar in Verona mit Bekrönungssockelplatte und profilgerahmten Reliefs auf den Seiten: G. A. Mansuelli, MonPiot 53, 1963, 47 Abb. 15.
318 Vgl. R. Wiegels, Chiron 4, 1974, 153ff. A. García y Bellido, BolAcadHist 169, 1972, 247ff. — Vgl. jetzt zu den epigraphischen Denkmälern aus Valentia Pereira IRV (1979).
319 Pulvinusstirnspiralen auch an T 39 mit Tympanonrosette, T 86.

des Altars V 12 ist zusätzlich mit einer kreiseinbeschriebenen Sechsblattrosette geschmückt. Auch sie ist nochmals an den Pulvinusstirnen des Altars V 20 nachzuweisen.

Die Nebenseiten sind, bis auf das Fragment V 15 mit Griffschale links und Kanne rechts, ohne Reliefs. An je einem Altar mit Giebel und Pulvini (V 12), mit unvollständig getrennten Bekrönungselementen (V 16) und mit Bekrönungsplatte (V 6) sowie an dem Fragment V 15 ist auf der rechten Nebenseite in jeweils unterschiedlicher Form derselbe Gegenstand dargestellt. Wenn er sich auch von den *asciae* in Katalonien unterscheidet, so darf in ihm doch der gleiche Gegenstand erkannt werden, der etwa im Giebel einer Grabstele in Ravenna wiedergegeben ist und den G. A. Mansuelli[320] als *ascia* bezeichnet. Bei den Reliefs an den Altären in Valencia ist die unmittelbare Vorstellung eines Beiles offenbar nicht gegenwärtig, ähnlich wie auch oft die dargestellten Ritualkannen den Eindruck erwekken, als ob ihnen gleichfalls kein reales Vorbild zugrunde liege.

Die Rückseiten dieser Altäre sind unbearbeitet, die Profile laufen daher auch nicht um.

Unter den Profilen fallen anliegende senkrechte *cymae rectae* auf, die recht hoch sind (V 6, V 7, V 12, V 13, V 15). V 16 und V 17 zeichnen sich durch unverwechselbare *cymae reversae* aus. Die Profilrahmung der Inschrift tritt an V 16 als Accessoire hinzu und kaum als Kennzeichen einer Grundform (Typus). Ungewöhnliche Profilkombinationen wie an V 3 mit Kehle, Torus und Faszie im Deckprofil und einer *cyma reversa* im Fußprofil sind ebenso vertreten wie eine Vorliebe für vielgliedrige Profile, die zum Teil auf die herkömmlichen Elemente verzichten (V 10).

Der graubraune grobe Kalkstein ist nicht das einzige Werkmaterial, das im Raum Valencia verwendet worden ist, wenn auch die überwiegende Zahl der Altäre aus ihm gearbeitet ist. Im Süden wurde auch ein gelblich-brauner bis grauer Sandstein (V 7, V 8) und der rosa Marmor von Buixcarró (V 18, V 19) benutzt.

Fünf Einzelformen müssen gesondert betrachtet werden (V 1, V 5, V 9, V 14 und V 20).

V 9 besaß vier Eckakrotere und dazwischen eine hohe halbtonnenförmige Aufwölbung, wie sie selten (ähnlich bei ALA 4) auf der Halbinsel begegnet. Auch die Friesrahmung der Vorderseite mit einer im Zickzack geführten Weinrebe findet man nur an diesem Altar.

Ein seltener Grabaltar, der wohl von einer geschweiften Pyramide gekrönt war, ist der allerdings nur durch eine Zeichnung überlieferte Altar V 20 aus Sagunt[321]. Auch seine Inschrift war gerahmt und besaß anscheinend *ansae* oder einen seitlichen Rankenfries. Über das Deckprofil erlaubt die Zeichnung, wie gewöhnlich, keine verbindliche Aussage. Im unteren Teil der Dachpyramide saßen offenbar rosettengezierte Pulvini[322]. Die hier bezeugte Form des Grabdenkmals, dessen ursprüngliche Gesamterscheinung noch nicht wiederhergestellt werden konnte, repräsentiert vielleicht auch ein Aufsatzstück aus Benifairó nahe bei Sagunt[323]. Vermutlich handelt es sich auch in diesem Fall um die Bekrönung eines Altars, ein Pyramidion vielleicht mit eingeschwungenen Seiten; doch ist dies einzig erhaltene Teilstück nicht ausreichend dokumentiert, um Gewißheit zu erlangen[324].

---

320 Le stele romane del territorio Ravennate e del Basso Po (1966) 144f. Nr. 42 Taf. 22 Abb. 58.
321 An die Stelle von Grabaltären traten in Sagunt Grabbauten, wie uns G. Alföldy freundlich mitteilt.
322 Vgl. die Altäre des C. Oetius Rixa und Q. Etuvius Capreolus. V. Santa Maria Scrinari, Museo Archeologico di Aquileia. Catalogo delle sculture romane (1972) 132 Nr. 376; S. 135 Nr. 387.
323 F. Beltrán Lloris, Epigrafía latina de Saguntum y su territorium, Servicio de Investigación Prehistórica. Serie de Trabajos Varios 67 (1980) auf Nr. 296 Taf. 81.
324 Zu den Saguntiner Altären vgl. auch die in Zeichnung veröffentlichten Teile von Altarbekrönungen, Arse 21 Nr. 16, 1980, 242f. (Sep. 38f.) 3 Abb.; zu den pyramidenbekrönten Monumenten in Italien: G. A. Mansuelli, Monumenti a cuspide e cippi cuspidati, AquilNost 1960, 17–24 (nicht zugänglich); ders., Les monuments commémoratifs romains de la vallée du Po, MonPiot 53, 1963, 47.

Auch der qualitätvollere Altar V 1 ist durch Weinrankenfriese gerahmt, aber nicht nur an seiner Front, sondern auf allen vier Seiten. Die Rebe ist hier als Wellenranke geführt, die abwechselnd Blätter und Trauben nach den Seiten entsendet, aber nur die senkrechten Kanten des Altarkörpers begleitet. Ungewöhnlich ist der Altar noch in mehrfacher Hinsicht. Auf der linken Nebenseite steht eine Kanne in regulärer Plazierung, rechts eine Griffschale, wenn auch mit dem Griff nach oben, auf der Rückseite schließlich eine grifflose Omphalosschale. Das Fußprofil ist erhöht durch die nur hier belegte[325] Zwischenschaltung eines beidseitig von Faszien begleiteten Torus zwischen *cyma reversa* und *cyma recta*.

Die Inschrift war offensichtlich auf einer Metallplatte in die Vorderseite eingelassen. Möglicherweise lag der Grund hierfür in dem für ein so anspruchsvolles Monument nicht genügenden Werkmaterial, einem rosafarbenen Marmor, der nicht ganz rein, von Adern durchzogen, weiße rauhe Einschlüsse enthält.

Das Grabmonument V 5 ist nur an der Vorderseite ausgearbeitet, alle übrigen Seiten einschließlich der Oberseite sind gliederungslos geglättet. An der Vorderseite wird durch Leisten eine Bekrönungszone abgeteilt und ein Feld für eine profilgerahmte Inschrift geschaffen. Das Fehlen der Profile und Deckplatte ist Aschenkisten eigen, die hochgestreckten Proportionen bei 73,5 cm Höhe und die monolithe Ausführung kennzeichnen Altäre. Die Aufteilung der Front und ihr Dekor sind geläufig an flavischen Altären[326] aus Rom und öfter beschrieben worden. Der weiße feinkristalline Marmor ist unter den Valencianer Altären fremd. Wir gehen wohl nicht fehl, wenn wir V 5 als römischen Import betrachten.

Zu einem gleichen Ergebnis führt uns die Analyse des Fragments V 14, ebenfalls aus weißem feinkristallinem Marmor. Für die sauber ausgeführte Bekrönung mit den balusterförmigen Pulvini, den durch Rosetten gezierten Stirn- und Giebelvoluten und den Zwickelpalmetten – Details, die ihre Entsprechungen an stadtrömischen Altären finden[327] – sehen wir im Land Valencia keine lokalen Voraussetzungen.

In dem 1980 erschienenen Werk von F. Beltrán Lloris, Epigrafía latina de Saguntum y su territorium, sind auch einige Altäre enthalten, so etwa die Nummern 5 ff. 310 ff. VIII. XII. Der Grabstein Nr. 280 ist wegen der Reste eines ihn an der Front bekrönenden Reliefs von Interesse. Es stellte wohl einen Vogel mit ausgebreiteten Schwingen dar. Die ursprüngliche Form dieses ungewöhnlichen, aber für die spanische Levante bezeichnenden Monuments ist nicht ganz klar. Die Pedestale Nr. 10. 11 aus den Jahren 4/3 v. Chr. bewahren noch unter der *cyma reversa* des Deckprofils den charakteristischen breiten Streifen, wie er an hellenistischen Altären zu beobachten ist. Bemerkenswert sind die am epigraphischen Material von Sagunt immer wieder begegnenden Ranken, welche die Inschriftrahmen begleiten (Nr. 113. 210. 307 bis), wenn nicht gar der zwischen Säulen stehende Inschriftrahmen bei Nr. 234 auf einen größeren tektonischen Zusammenhang hinweist.

---

325 Vgl. eine ähnliche Profilbildung an ALG 4 mit Rankenfriesrahmung.
326 M. Honroth, Stadtrömische Girlanden. Ein Versuch zur Entwicklungsgeschichte römischer Ornamentik (1971) 32 Taf. 5,3. Adler und Schlange im Giebel einer Aschenkiste: Altmann, Grabaltäre 99 f. Nr. 81 Abb. 83.
327 z. B. Altmann, Grabaltäre 73 f. Nr. 21 Abb. 63.

1.10 BEMERKUNGEN ZUR HÄUFIGKEIT DER ALTÄRE

Im Anschluß an die Erfassung der Altäre in den Provinzen der Iberischen Halbinsel sei noch kurz der Frage nach der Anzahl dieser Monumente in den einzelnen Räumen nachgegangen.

Aus Spanien konnten 659 Altäre erfaßt werden, aus Portugal 244, von der Hispanischen Halbinsel insgesamt also 903.

Sie sind recht ungleichmäßig verteilt. Wir haben versucht, dies auf einer Karte (s. Abb. 2) anschaulich zu machen, auf der die Provinzen nach der Häufigkeit der Altäre durch eine dichter werdende Schraffur dargestellt sind. Der katalanische Küstenraum und die lusitanische Hauptstadt sind Zentren der Produktion, gefolgt vom äußersten Nordwesten und der Guadalquivirebene. Interessant sind auch die leer gebliebenen Flächen, für die wir keineswegs absolute Fundleere postulieren wollen; man beachte dazu vielmehr das einleitend zum Denkmälerkatalog Gesagte. Doch haben wir hier Räume vor uns, die sich charakteristisch von den Zentren der Fundhäufung abheben[328].

In Portugal macht sich die Öffnung durch den Tejo durch eine größere Fundhäufung bemerkbar. In gleicher Weise wirken die Nähe der lusitanischen Hauptstadt, der Einfluß des romanisierten Südens und die starke indigene kultische Aktivität im Norden und mittleren Teil, die ja im extremenischen Cáceres ihre Fortsetzung findet.

2. Die regionale Gliederung der Altarformen

Nachdem im vorausgehenden das ganze Material an Altären nach den modernen Provinzen geordnet dargelegt worden ist, soll hier versucht werden, die Altarformen in ihrer Gesamtheit vom Kleinaltar bis zum monumentalen, aus einzelnen Werkteilen errichteten, nach ihren örtlichen Formeigentümlichkeiten zu erfassen und somit verschiedene Werkkreise, welche Altäre jeweils gemeinsamer Merkmale hervorbrachten, voneinander abzusetzen. Als Ergebnis steht eine regionale Differenzierung der Altarformen, die es erlaubt, das unverwechselbare Gepräge, welches ein Platz oder Landstrich durch diese Gattung von Steinmetzarbeiten erhält, zu erkennen.

---

328 V. Sevillano Carvajal, Las inscripciones romanas de la Provincia de Zamora, BolArteArqValladolid 37, 1971, 459 ff. gibt folgende Übersicht:
Prov. Salamanca 181 Inschriften
Prov. León 224 Inschriften
Prov. Valladolid 3 Inschriften
Prov. Zamora 214 Inschriften
D'Encarnação, Divindades 300 f. mit Karte auf S. 310 teilt Beobachtungen zur Verbreitung der Weihaltäre für einheimische Gottheiten in Portugal mit. So konzentrieren sich die Altäre auf das Gebiet nördlich des Tejo. Bemerkenswert häufen sich die Fundpunkte in den Räumen um Chaves und Braga. Hier im Nordwesten zwischen Douro und Minho liegt ein Zentrum ihrer Verbreitung in flächiger Streuung, die, durch die Serra da Gralheira unterbrochen, um Viseu wieder zahlenmäßig zunimmt. Von hier reihen sich die Fundorte der Altäre bis um Coimbra im Südwesten und Torre de Moncorvo im Nordosten. Jenseits der Serra da Estrêla liegt ein weiterer Fundschwerpunkt um Fundão – Indanha-a-Nova, auch hier nicht durch geographische Gegebenheiten an einer flächigen Ausbreitung gehindert. Bis zur Tejomündung scheint das Land fundleer zu sein. Um Lisboa selbst häufen sich noch einmal die Funde. Südlich des Tejo sind im Landesinneren vereinzelte Weihungen zutage getreten. Dort liegt allerdings auch das große Endovellicus-Heiligtum von Terena, Alandroal, mit seinen rund fünfzig erhaltenen Weihesteinen. Die überregionale Bedeutung dieses Kultplatzes wird dadurch deutlich. Der unterschiedliche Forschungsstand in den einzelnen Landesteilen ist natürlich für das Aussehen der Verbreitungskarte mitverantwortlich zu machen. Doch wird mit einer wesentlichen Änderung des Bildes nicht gerechnet (ebenda 301).

2.1 GRUPPEN IM MITTELMEERRANDGEBIET

Die Zone der vorwiegend östlichen Peripherie der Halbinsel, welche die modernen Provinzen Gerona bis Murcia umfaßt, war italischem Einfluß unmittelbar geöffnet. T 1 und sicher V 5 dürften gar importiert sein.

Altäre lassen sich hier in drei große Werkgruppen[329] gliedern, welche in Tarragona, Barcelona und im Land Valencia beheimatet sind. Vereinzelte Altäre dürften zudem sicher im Ampurdán (GE 3, GE 4) und im Seguraland (MU 1, MU 2, MU 9) gearbeitet sein.

2.1.1 Tarragona

Nachdem die Eigentümlichkeiten der einzelnen Formelemente der Altäre aus Tarraco oben bereits im Zusammenhang der Darstellung der Materialgrundlage abgehandelt worden sind, sei hier das Charakteristische dieser Fundgruppe hervorgehoben, um es zum Vergleich mit anderen festzuhalten.

Die Altäre sind überwiegend aus dem Steinmaterial der bei Tarragona gelegenen antiken Steinbrüche[330] von am Ort ansässigen Werkstätten gearbeitet[331]. Die hauptsächlichsten Werksteine sind zwei Arten grauen Kalksteins, die man heute piedra de Santa Tecla und llisós nennt. Eine weitere, seltener verwendete Qualität gleichfalls grauen Kalksteins führt die moderne Bezeichnung soldó. Ein anderes Gestein schließlich, aus dem, wie G. Alföldy festgestellt hat, vor allem republikanische Steindenkmäler gefertigt wurden, ist unter dem Namen sabinosa bekannt[332].

Gleiche Merkmale führten dazu[333], für die Altäre T 11 und T 12 dieselbe Werkstatt in Anspruch zu nehmen; Alföldy möchte sogar vermuten, daß Arbeiten ein und desselben Steinmetzen vorliegen[334]. Keramische Werkstätten beschäftigen sich daneben auch mit der Herstellung sog. Hausaltärchen aus Ton (T 22, T 28, T 29).

Ein gemeinsames Kennzeichen der Altäre von Tarraco ist die Dekorlosigkeit der Seiten des Altarkörpers. Hiervon gibt es nur vereinzelte Ausnahmen (T 8, T 20, T 48) zu verzeichnen, jeweils an einem Weih-, einem Haus- und einem Grabaltar; die Seitenvertauschung von Kanne und Schale an T 8 zeigt überdies, wie ungewöhnlich dieser Altardekor in Tarraco war, auch wenn man sie vielleicht am besten so erklären wird, daß aus irgendwelchen Gründen die Inschrift auf der zu diesem Zweck vorbereiteten Rückseite des Altars angebracht worden ist.

Profilgerahmte Vorderseiten des Körpers begegnen an mehreren Altären, die in das 2. Jahrhundert n. Chr. gesetzt worden sind (T 44–T 46, T 73, T 74, T 81) und die auch gewisse Elementabfolgen im Deck- und Fußprofil gemeinsam haben. Selten ist die Wiedergabe der *ascia* (T 41), die nur an der Ostküste Hispaniens (neben Tarragona im Raum Barcelona und Valencia) nachzuweisen ist.

---

329 Den Begriff Gruppe fassen wir hier unspezifisch als Zusammenschluß einer Reihe von Monumenten mit ähnlichen Merkmalen.
330 J. Puig i Cadafalch, L'arquitectura romana a Catalunya (1934) 271 ff.; Alföldy, Inschriften Tarraco 472.
331 Die historische Dimension des Werkstattbegriffs soll hier nicht erörtert werden; vgl. etwa E. Pack, Gnomon 54, 1982, 290 f.
332 Die Zahl der zur Verarbeitung geeigneten, in Hispanien abgebauten Stein- und Marmormaterialien ist recht groß. Noch heute lokalisierbare Brüche, die antike Werkmaterialien geliefert haben, liegen in Ereño (Prov. Bilbao), Hontoria de la Cantera (Prov. Burgos), Espeja, Cantalucia und Manzanares (Prov. Soria), um nur einige zu nennen. Zu den Marmoren s. W. Grünhagen, Farbiger Marmor aus Munigua, MM 19, 1978, 290–306 Farbtafel.
333 Alföldy, Inschriften Tarraco 25 Nr. 45.
334 Ebenda Nr. 32. 45.

An den Bekrönungen sind die zur Mitte gerichteten Fortsätze der Pulvini im 2. und 3. Jahrhundert n.Chr. als Eigentümlichkeiten hervorzuheben. Der große und immer runde Focus in Gestalt eines Kegelstumpfes wird gern überhöht und ragt in einigen Fällen sogar über den Giebelfirst und die obere Pulvinusperipherie hinaus. Er geht im Verlauf der Kaiserzeit verstärkt eine Verbindung mit den übrigen Elementen der Bekrönung, Pulvini und Giebel, zu einer kompakten Bekrönungseinheit ein. Ein Flammenkegel tritt bei T 86 und wohl auch T 87 an die Stelle des Rundfocus. An T 44 aus dem 2. Jahrhundert ist besonders gut ausgeprägt das Herausrücken des Focus aus der Mitte der Oberseite in deren rückwärtigen Teil, eine Erscheinung, die sich nur in Tarragona beobachten läßt und die Hand in Hand geht mit der Akzentuierung der inschrifttragenden Vorderseite, als deren Folge die Profile auf der Rückseite nicht herumgeführt werden. Die Form der Pulvini ist gewöhnlich die der zylindrisch glatten Rolle ohne Dekor. Es gibt aber auch die balusterförmige, zwar ohne blattbelegte Schäfte, aber meist mit dekorierter Stirn (Rosetten oder Kreisrillen). Anstelle der Pulvini finden sich auch Akrotere (T 42, T 47, T 49, T 56, T 59, vor einer Bekrönungsplatte: T 54, T 60).

Dekor wird wie an den Seiten des Altarkörpers so auch sonst an den Altären Tarracos nur selten verwendet; wenn ja, gehören diese in der Mehrzahl dem 2. Jahrhundert n.Chr. an.

Die Bekrönung besteht in der Regel aus Pulvini, Giebel und Rundfocus. Fünf dem 2./3. Jahrhundert n.Chr. angehörende Altäre (T 48, T 53, T 75, T 77, T 82) besitzen eine Bekrönungsplatte, vor die die Elemente in Relief vortreten.

Der Pulvinus eines Monumentalaltars (T 80) bezeugt zumindest ein Beispiel eines solchen auch für Tarragona.

In der Profilierung begegnen neben den allerorts vertrauten Elementen *cymae*, Kehle, Faszie und Wulst und deren regelhafter Komposition auch eigentümliche Kombinationen. So stoßen etwa die *cyma recta* und *cyma reversa* mit ihren konvexen Partien an den identischen Sockel- und Deckprofilen der Altäre T 48 und T 75 des 3. Jahrhunderts n.Chr. unmittelbar aneinander. Die Profilelemente der vorhergehenden Zeit werden im 3. Jahrhundert n.Chr. durchaus weiter benutzt (T 56). Vielfach ist es jedoch möglich, einen zeitlich bedingten Wechsel in Form und Ausführung der Profile festzustellen, die mit fortschreitender Zeit höher, schwer und gar unförmig werden, sich nicht mehr an den 'klassischen' Kanon halten und eine weniger sorgfältige Ausarbeitung aufweisen (z.B. T 13 aus dem 3. Jahrhundert n.Chr.). Der allgemeine Bau der Profile ist folgender: Bei einer Kombination mehrerer Elemente steht am Sockel in der Regel das einfacher aufgebaute Profil, das durch seine wenig unterteilten und somit klaren Formen die statische Wirkung der Altarbasis unterstützt.

Die Sockel selbst, welche flacher und höher sein können, weisen in dieser Hinsicht nicht die Einheitlichkeit der Altäre etwa von Mérida[335] auf.

Die Zahl der in ihrem Gesamteindruck eher schlanken Altäre überwiegt in Tarragona zum 3. Jahrhundert hin, etwa ab der Mitte des 2. Jahrhunderts n.Chr., und gipfelt in den kolossalen, über 2 m hohen Grabaltären T 56 und T 58. Im früheren Teil des 2. Jahrhunderts begegnen wir einer Reihe breiter, ausgewogen proportionierter Grabaltäre. Die Proportionsverhältnisse verbindlich zu bezeichnen ist nur mittels eines Vergleichs absoluter Werte möglich. Dieser soll auf den beigefügten Tabellen veranschaulicht werden. Anhand der Eintragungen sind die Verhältnisse von Höhe zu Breite und von Breite zu Tiefe im Laufe der Kaiserzeit zu verfolgen.

---

335 Dazu unten Kap. 2.6.

Um die Wende zum 2. Jahrhundert n.Chr. setzen die Weih- und Grabaltäre in Tarraco ein. Eine formale Verbindung zu dem früheren Altar T 1 ist nicht deutlich.

Grabstelen als Totengedenksteine sind im Raum Tarragona selten. Diese Beobachtung gilt allgemein für die stark romanisierten Gegenden der Halbinsel.

2.1.2 Barcelona

Das Tarragona benachbarte, nur rund 90 km davon entfernte Barcelona, das aber wegen der Gebirge einst von jenem am leichtesten zur See erreichbar war, bietet nicht nur eine andere Zusammensetzung seiner Altarformen — diese selbst unterscheiden sich in ihrer Ausführung von jenen in Tarraco —, sondern kann sogar mit einer dort gar nicht vertretenen Gruppe von Altären aufwarten, welche durch eine Senke verbundene Pulvini besitzen.

Schon das lokale Werkmaterial prägt den äußeren Eindruck; die piedra de Montjuich des küstennahen Stadtbergs von Barcelona dürfte darunter das bekannteste sein.

Der durch Pulvini, Giebel und Rundfocus bestimmte Bekrönungstypus ist nur in drei Beispielen vertreten (B 1, B 3, B 4). Das wesentliche Merkmal der entsprechenden Tarraconenser Altäre, den großen, hohen Rundfocus, besitzen diese Altäre nicht. Auch in Dekor und Giebelform wird Eigenes vorgetragen.

Die durch Pulvini mit nach innen gerichteten Fortsätzen bekrönten Altäre sind für Barcelona überaus kennzeichnend. Dieselbe Form der Pulvini sitzt auf den monumentalen Grabaltären Barcelonas und hat den Rahmungen der *cupa*-Inschriften zum Vorbild gedient. Wir dürfen hier sicher den hispanischen Verbreitungsschwerpunkt fassen. Neben den genannten unterschiedlich durchgeführten Beispielen in Tarragona steht nur noch ein Altar in Cartagena (MU 3). Die vor dem Kapitol von Baelo aufgemauerten Altäre (CA 9) hatten solche Ansätze an der Innenseite ihrer Pulvini, und nur schwach ausgeprägt begegnen sie an dem Altar SA 1 aus Ciudad Rodrigo. An vier der Grabaltäre dieser Gruppe in Barcelona (B 6—B 8, B 10) wird an die Stelle des Focus ein Flammenkegel gesetzt. Auch dieses Detail ist in Hispanien am häufigsten in Barcelona belegt. Der Übergang vom Altarkörper zum Gesims und Sockel vollzieht sich bei den meisten dieser Altäre in schweren Wölbungen. Hauptprofilelemente sind *cymae rectae* und *reversae*.

Acht Altäre einer zusammengehörigen Weihung DIBUS DEABUS bilden den Kern einer Gruppe, deren Pulvini durch flache Einsenkungen verbunden sind, aus denen sich oft nur Andeutungen von Giebelchen am vorderen und hinteren Rand erheben. Zwei Varianten in der Ausführung dieser Altäre lassen sich trennen, in denen man vielleicht die Arbeit zweier Steinmetzen erkennen kann.

Dem gleichen Bekrönungstypus folgen noch drei weitere Altäre in Barcelona (B 40, B 12, B 13). Er besitzt in der Pulvinuseinheit nordhispanischer Altäre eine verwandte Lösung.

Die Monumentalaltäre waren im Raum von Barcelona, nach dem heutigen Fundbestand zu schließen, vielleicht am intensivsten verbreitet. Zugleich haben sie hier eine ganz spezifische Formung erfahren, die sich von weiteren Gliedern dieser Altargattung im übrigen Hispanien oder im südfranzösischen Narbonne klar unterscheidet. Den untenstehenden[336] zusammenfassenden Bemerkungen zu diesen Altären soll hier nicht vorgegriffen werden.

---

336 Kap. 3.1.

Die Einzelformen bestehen aus drei Kleinaltären (B 15—B 17), zwei stark beschädigten Altären ohne erhaltene Bekrönung (B 14, B 42), die nichts nennenswert Neues zu dem Bild der Altäre beitragen.

Ein singuläres Monument stellt die monolithe Verbindung einer Aedicula mit unterhalb vor ihr stehendem Altar dar (B 41).

Die etwa 50 Altäre unter den rund 300 Inschriftdenkmälern Barcelonas lassen sich, wie wir gesehen haben[337], im wesentlichen in nur vier Gruppen aufteilen, die dank der lokalen Werkstätten ein durchaus eigenes Gepräge erhielten.

Die geschilderte Werkpraxis Barcinos scheint auch im Umland spürbar:

Die Bekrönung des Altars B 53 dürfte nach dem Vorbild jener Zwölf-Götter-Weihung (B 32ff.) und der sich um sie gruppierenden Altäre gearbeitet sein. Der Pulvinus mit Medusenmaske eines großen Altars B 57 in Mataró orientiert sich an entsprechenden Altären in Barcelona (B 20ff., B 44ff.).

Obwohl es an selbständigen Gemeinden, wenn auch nicht des hohen Rechtsstatus wie Barcino und Tarraco, entlang der Küste und im Landesinneren nicht fehlt, sind Werkstätten, die in größerem Umfang Altäre hergestellt und dabei eigene Vorstellungen in Stein umgesetzt hätten, nicht kenntlich. Lediglich an Einzelstücken läßt sich ein Abstand zu den tätigen Küstenzentren ablesen (B 56, B 58). An anderen Plätzen wie den Heilthermen von Caldas de Montbuy und Caldas de Malavella orientieren sich zumeist Postamente an den entsprechenden Monumenten in Tarragona. Auch die Denkmäler in Lérida stehen unter dem Eindruck Tarracos.

Das zum Oberlauf der Garonne gehörende Valle de Arán zeichnet sich durch eigene Formen aus (L 3—L 5), die, aus lokalem Marmor gearbeitet, mit nordhispanischen Altären in Verbindung zu stehen scheinen.

2.1.3 Valencia

Altäre aus dem Raum Valencia erinnern durchaus noch in manchen Details an Dekor- und Profileigentümlichkeiten, die wir in Tarragona gesehen hatten. So begegnen die Pulvinusstirnspiralen an V 12 sowie an T 39 und T 86 gleichzeitig mit einem Tympanonornament, das an V 12 und T 39 eine Rosette ist. Eine solche Übereinstimmung ist bei der Seltenheit dieser Ornamentkombination bei beiden durch vorwiegende Dekorlosigkeit gekennzeichneten Werkkreisen und der Volute im besonderen unter den hispanischen Altären wohl nicht zufällig. An den Profilen von V 12 wie T 89 ist eine senkrechte *cyma recta* mit einer schräg geneigten Kehle verbunden. Dies bewirkt einen eigentümlichen Knick im Anstieg des Profils.

Doch begründen andere Züge die Selbständigkeit der Gruppe. So besitzt keiner der Altäre im Land Valencia einen Rundfocus[338]. Die Bekrönungen variieren zwischen Pulvini oder Akroteren und Giebel (V 12) über eine Bekrönungsform, die diese Elemente nur unvollständig trennt (V 16), zu ausgesprochenen Bekrönungsplatten (V 6, V 13), vor die Giebel und Akrotere in Relief treten. Gemeinsame Merkmale dieser Altäre sprechen dafür, sie als Gruppe zu betrachten und Unterschiedlichkeiten — so auch die Profilrahmung von V 16 — als Varianten aufzufassen. So sind sie verbunden durch das gleiche Material, einen graubraunen Kalkstein, die regelhafte Dekorlosigkeit der Bekrönungen — Ausnah-

---

337 Kap. 1.1.2.
338 Vgl. jedoch den Votivaltar aus Villavieja (Montaña de Santa Bárbara), F. Beltrán Lloris, Epigrafía latina de Saguntum y su territorium, Servicio de Investigación Prehistórica. Serie de Trabajos Varios 67 (1980) Nr. XII Taf. 92.

men, die einfachstes Ornament (Spiralen, Rosetten) aufweisen, stellen lediglich V 10, V 12 und V 20 dar – und die gemeinsamen Kennzeichen der Profile: anliegende, hohe *cymae rectae* (V 6, V 7, V 12, V 13, V 15) und *cymae reversae*, die am Ende ihrer konkaven Wölbung gratartig ausschwingen und dort von einer schmalen Faszie begleitet werden (V 16, V 17).

Daneben gibt es ungewöhnliche Profilkombinationen, wie an V 3 mit Kehle, Torus und Faszie, Elementen, denen am Fußprofil eine hohe *cyma reversa* entspricht. Eine Vorliebe für vielgliedrige Profile scheint deutlich zu sein, die zum Teil auf die herkömmlichen Elemente verzichten (V 10).

Nur der Altar V 15 ist mit Nebenseitenreliefs, Schale und Kanne in seitenvertauschter Plazierung[339], versehen. Zusätzlich besitzt dieser Altar mit weiteren Gliedern seiner Gruppe jeweils auf der rechten Nebenseite die Darstellung einer etwas hybriden Form einer *ascia*[340] (V 6, V 12, V 15, V 16). Bemerkenswert scheint uns auch, daß jeweils ein Vertreter der drei Bekrönungsvarianten mit dieser Zutat versehen ist (V 6, V 12, V 16).

Neben dem genannten Kalkstein ist im Süden des Raumes Sandstein (V 7, V 8) und der rosa getönte Marmor von Buixcarró (V 18, V 19) verwendet worden.

Unter den fünf Einzelformen sind interessante Denkmäler. V 9 mit der rundgiebelartigen Aufwölbung zwischen Eckakroteren, die nur noch bei ALA 4 wiederkehrt, findet seine Vorbilder ebenso wie V 20 als einziger hispanischer Altar mit geschwungener Pyramidenbekrönung im Mutterland. V 5 und V 14 dürften direkt von dort importiert sein.

V 1 dürfte eine lokale, aus rosa Marmor (Buixcarró?) gefertigte Arbeit sein. Seine Weinwellenranke läuft in singulärer Weise nur entlang den senkrechten Kanten aller vier Seiten. Auch das Fußprofil weist eine nur hier belegte Eigentümlichkeit auf: *cyma reversa* und *cyma recta* sind durch einen beidseitig von Faszien begleiteten Wulst getrennt.

2.1.4 Land Alicante – Adra, Seguraland

An der südöstlichen Peripherie der Halbinsel ist ein Gegensatz im Bild der Altäre zwischen der Küstenzone und dem dahinterliegenden Seguraland deutlich faßbar.

MU 8 aus Cartagena gilt als lokale Arbeit, wenn sich ihm auch in seiner Gattung am Platze nichts zur Seite stellen läßt. Die Ikonographie der in ihrer kompositionellen Abgerundetheit und Vereinzelung austauschbar wirkenden Wohlfahrtsembleme, die mit markant ausgeprägten Umrissen auf den Körperseiten haften, ist aus dem Mutterland überliefert.

Für das Rundaltärchen MU 5, das mit dem wesentlich kleineren, aus der lusitanischen Provinzhauptstadt Emerita Augusta stammenden BA 59 diese Gattung einzig in Hispanien vertritt, sind gleiche Beziehungen vorauszusetzen.

Mit Altären aus Tarragona und Barcelona ist MU 3 durch die Pulvinusfortsätze verbunden. Gewisse Verbindungen bestehen auch, in seinen Proportionen sowie der ausgeschriebenen epigraphischen Formel DIS MANIBUS und Elementen des Aufbaus wie der Bekrönungssockelplatte und den *cymae rectae*, zu dem Altar V 4 = A 11 aus Altea (Alicante).

Schließlich entsprechen Kleinaltärchen aus der bedeutenden Küstenstadt Ilici (Elche) in den schräggerillten oder tordierten Pulvini und dem zum Körper abgeschrägten Fußprofil dem mit Zahnschnitt versehenen Exemplar MU 4 in Cartagena.

---

339 Wie auch an T 8.
340 Auch in Tarragona und Barcelona vorhanden, doch anderer Form. Zur Bedeutung: D. Manacorda, „Ex Ascia«?, ArchCl 24, 1972, 346 ff.

Solche formalen Beziehungen, wie sie die Altäre an der hispanischen Ostküste untereinander besitzen, bestätigen auch zwei Stelen in Denia (Alicante) und Tarragona (Taf. 152a. b), die mit ihrem griechischen Zuschnitt für die in der betrachteten Küstenzone deutliche transmediterrane Überlieferung stehen.

Altäre aus dem Inneren des Seguralandes sind aus Kalk- und Sandstein (MU 2, MU 9) und von einfacher Art.

MU 1 aus rotem, grobstrukturiertem Kalkstein besitzt als Deckprofil eine vervielfachte Folge von Wulstbildungen, glatte Pulvinuszylinder und einen Rundfocus. Nichtsdestoweniger ist die IOVI OPTIMO MAXIMO geltende Weihinschrift profilgerahmt.

2.2 NORDHISPANISCHE GRUPPEN

Der Bedarf an Grabdenkmälern wurde in diesem Raum vorwiegend durch Stelen gedeckt. Altäre liegen deshalb in der Regel als Weihaltäre vor. Sie sind ihrer Natur gemäß nicht — wie gewöhnlich die Grabaltäre — an romanisierte Siedlungen und deren große Nekropolen gebunden, wie wir dies in Tarragona oder Barcelona sehen konnten, sondern sind in weiter Streuung über das Land verbreitet, wo sie nun in starkem Maße den einheimischen Gottheiten dediziert sind. Ihre Formen und ihr Zuschnitt werden daher nicht durch große produktionskräftige Werkstätten serienweise geprägt, sie scheinen eher verschiedenenorts lokal nach Bedarf und in dementsprechender Formvariation entstanden zu sein, wenn es ihnen auch trotzdem nicht an unter solchen Voraussetzungen stehenden gemeinsamen Merkmalen mangelt.

Unter Berücksichtigung solcher Formeigentümlichkeiten und der Verbreitung der sie aufweisenden Altäre[341] lassen sich Gruppen bilden, welche die Fundpunkte am Oberlauf des Duero, aus den Übergängen des Iberischen Randgebirges zur Nordmeseta einerseits zusammenfassen — die wenigen Funde aus Palencia und Kantabrien sind hier angeschlossen — und andererseits das deutliche Verbreitungszentrum im oberen Ebrobecken und besonders an seinen nördlichen, zu den Pyrenäen und dem kantabrischen Bergland hin gelegenen Rändern beachten. Nach der von A. García y Bellido[342] anhand der Stelen dieses Raumes getroffenen Gliederung in die Gruppen Burgos und Navarra, die, wie wir meinen, auch dem vorliegenden Materialbefund im großen und ganzen gerecht werden dürfte, sei auch unsere Gruppierung der Altäre benannt.

2.2.1 Burgos

Die Weihaltäre unterscheiden sich nicht nur durch ihre überwiegend geringe Größe von den beiden Grabaltären aus Clunia (BU 1, BU 2), sondern auch durch ihre absolute Dekorlosigkeit. Die Bekrönungen sind in der Regel flach gehalten, auch die Pulvini entsprechen einer solchen Tendenz (BU 7, BU 13). Ihre Schäfte sind nie in der Mitte unterteilt oder gar balusterförmig gebildet. Eine besonders charakteristische, hier verbreitete Bekrönungsform ist die der durch eine konkav geschwungene Einsenkung einheitlich verbundenen Pulvini (BU 6, BU 9, BU 10, BU 19). In der Senke ist meist eine fla-

---

341 s. die Verbreitungskarte Gamer, MM 15, 1974, 209 ff. Abb. 15.

342 García y Bellido, Esculturas romanas 321 ff.

che Focusscheibe plastisch angedeutet (BU 6, BU 9, BU 10), Giebel fehlen. Altäre ohne eine solche Pulvinuseinheit können Pulvini, Giebel und einen Rundfocus auf Höhe des Giebelfirstes besitzen (BU 2, BU 4, BU 13, BU 23), oder es liegt der Rundfocus auf einer planen Fläche zwischen den Pulvini (BU 11, BU 14, BU 18). Auf den Giebel wird hierbei, wie es scheint, verzichtet (BU 14, BU 18), bei BU 7 auch auf den Rundfocus, so daß die flachen Pulvini lediglich eine geglättete Fläche seitlich begrenzen.

Unter den Profilprägungen wollen wir auf zwei charakteristische Formen aufmerksam machen. Eine ist an vier Altären (BU 3, BU 6 [oben], BU 7, BU 13) zu beobachten. Schräg nach unten vorspringende Faszien sind übereinandergesetzt. Sie tritt auch sonst noch vereinzelt auf. Wir haben sie als Volantprofil bezeichnet. Die andere besteht in einer Umformung der *cyma*, die an BU 11 in einer extremen Stufe verwirklicht ist. Der einheitliche Schwung von konvexer Wölbung und konkaver Einziehung der *cyma recta* ist hier kraß übertrieben und zerteilt.

Abgetreppte Faszien treffen wir als Profile an BU 4, BU 14, BU 22, die einfache Schräge bei BU 15 oder verschliffene, mehrfach gegliederte Profilbildungen wie bei BU 12 und BU 18 als ganz bezeichnende Vereinfachungen. Leiste, *cyma recta* und Faszie sind durchaus vertreten; die zweifach übereinander gestellten *cymae rectae* am Deckprofil des Grabaltars BU 2 stellen, offenbar einer auch von uns mit dem Volant- und Stufenprofil festgestellten Neigung zur Reihung gleicher Profilelemente folgend, eine mit DL 1 singuläre Lösung dar.

Die Fuß- und Deckprofile werden in diesem Raum gewöhnlich auch um die Neben- und Rückseiten geführt.

Dem Prinzip der Dekorlosigkeit dieser Weihaltäre entsprechend sind die Neben- und Rückseiten der Altarkörper immer als glatte Flächen gehalten. Eine Profilrahmung der inschrifttragenden Vorderseite begegnet in keinem Fall.

Im Raum Soria treten zu dem Kalkstein als Werkmaterial, das in Burgos ausschließlich Verwendung fand, Sandsteine hinzu.

Hier herrscht unter den Bekrönungen die Pulvinuseinheit vor (SO 1–SO 3, SO 9 mit Giebel an der Front, SO 11, SO 14, SO 15). SO 1, SO 11, SO 14, SO 15 sind wieder mit einem Rundfocus in der Senke versehen. SO 10 besitzt zwischen flachen, glatten Pulvini einen runden Focus mit breitem wulstigem Rand und vorn und hinten je eine knappe Giebelandeutung. SO 12 erinnert mit seinem rechteckigen Aufsatz an BU 5. Der einzige Grabaltar (SO 20) hebt sich mit seinem Schmuckbedürfnis an den Pulvinusstirnen und der giebelartigen Zwischenpulvinusfront von allen Weihaltären dieses Raumes ab, wie wir es entsprechend für Burgos festgestellt hatten. Auch, daß sich die Bekrönungen oft erst hinter einem relativ weiten Rücksprung erheben (SO 9, SO 11), galt als Kennzeichen von Altären in Burgos.

Die Nebenseiten und Rückseiten der Altarkörper bleiben wieder unverziert glatt, auch die Vorderseite ist in keinem Fall profilgerahmt. Lediglich an einem stark beschädigten, aber sehr qualitätvoll gearbeiteten Postament (?) in der Vorhalle des Museums in Soria ist eine äußerst feine Karniesrahmung der Inschriftseite und einer Nebenseite erhalten. Fuß- und Deckprofil laufen jedoch im Gegensatz zu den betrachteten Altären nicht auf der Rückseite um.

Wie ein Altar in Navarra (NA 26) weist SO 10 einen Körper mit stark eingezogenen Seiten auf.

Die Profile entsprechen im großen und ganzen den für Burgos getroffenen Feststellungen.

Einige Kleinaltäre folgen mit ihrer Form ganz den in der Region verhafteten Auffassungen (SO 1–SO 4). Drei der kleinsten – SO 5 hat nur ca. 10 cm Höhe – überraschen jedoch mit neuen Formen, deren Herkunft wir bei der leichten Transportmöglichkeit solcher Objekte wohl außerhalb suchen müssen. Die Schrägrillung der Deckplatte von SO 6 kennen wir bereits von Pulvini solcher Altärchen in Cartagena (MU 4) und Elche (A 8), die tordiert scheinen, und an der Deckplatte eines Altärchens aus Pompeji, dort sogar in derselben Richtung eingetieft[343].

Der Grabaltar P 1 aus Palencia schließt mit seiner dekorierten Bekrönungsfront, in dem doppelhenkligen Gefäß wohl auch inhaltlich, an den Grabaltar SO 20 an. Der stark beschädigte vermutliche Grabaltar P 5 wiederholt die Anordnung der Bekrönungselemente des Altars P 1. Auch P 4 und P 6, obgleich von extremen Größenunterschieden, besitzen die gleiche Bekrönung: einen Rundfocus auf der giebellosen, planen Fläche zwischen zwei glatten Pulvini, eine Form, der wir bereits in Burgos begegnet sind (z. B. BU 14 u. a.). Dort trafen wir auch das Profil der abgetreppten Faszien, etwa bei BU 4. Die Profile von P 4 fügen sich in ihrer Form durchaus in den gezeichneten Rahmen, die gewählte Anordnung der einzelnen Elemente selbst ist jedoch nicht allzu häufig und begegnet mit der Faszie vor der konkaven Einziehung der *cyma reversa* z. B. an zwei Grabaltären in Valencia (V 16, V 17).

Die Pulvinuseinheit von P 7 = S 2 hatten wir als typisch für den Raum Burgos herausgestellt. Auch die vermutlich für P 8 = S 3 zu ergänzende Bekrönung aus Giebel, Pulvini und Rundfocus war dort vertreten. Erwähnt hatten wir dort ebenfalls die Profilierung beider durch einfache Schrägen bei BU 15.

P 6 zeigt ein durch eine brüchige Rille gerahmtes Inschriftfeld. In diesem Zusammenhang wurden offenbar auch die Faszien und die Deckplatte an ihrer Vorderseite gezahnt. Solche Einzelerscheinungen vermögen aber kaum diesen östlichen Teil der Nordmeseta von dem zuvor besprochenen Raum zu trennen.

Im kantabrischen Santander sind zwei Altäre, S 1 und S 4, von der Bekrönungsform, die Pulvini gleichsam als seitlichen Abschluß der planen Oberseite des Altars aufweist, wie wir sie etwa bei BU 7 angetroffen hatten.

S 4 ist mit einem invertierten Volantprofil ausgestattet. Singulär ist das Deckprofil von S 1 mit seinen drei kurzen Kehlen über einer breiten Wölbung; man wird es mit Profilen des ausgehenden 4. Jahrhunderts, etwa des Altars eines Konsulardiptychons[344] in Verbindung bringen dürfen. Auch diese beiden kantabrischen Altäre sind nicht gerahmt, noch tragen sie irgendwelchen Dekor.

Zwei nachträglich stark veränderte Altäre, BI 1 und BI 2, tragen mit dem rotbraunen Marmor aus Ereño als Material das Siegel ihrer lokalen Entstehung. Formdetails sind, bis auf die Profile von BI 1, heute verloren. Jene erinnern mit der verschliffen in die konvexe Wölbung der *cyma recta* übergehenden Faszie außerordentlich an den Altar BU 10, der zudem aus gleichem, möglicherweise demselben Stein von Ereño gearbeitet ist. Rahmung und Dekor fehlt auch diesen beiden Altären.

SS 1 ist mit Pulvini und einer Folge wulstiger Profile versehen, die eine wertende Beurteilung aufgrund der vorliegenden Veröffentlichung nicht erlauben.

Die weitgehend ihrer Merkmale beraubten Altäre aus Alava ordnen sich, etwa mit den Profilen von VI 1 aus Leiste, steiler *cyma recta* und Faszie, durchaus in das die weitere Region kennzeichnende Bild ein. An VI 3 und VI 4 sind die in die Oberseite eingetieften Rundfoci bemerkenswert. Die breiten Proportionen des aus einer Villa stammenden Nymphenaltars VI 4 fallen unter den Altären des Raumes auf; sie sind in Hispanien überhaupt selten anzutreffen.

---

343 C. G. Yavis, Greek Altars (1949) 176 Nr. 56 Abb. 80.

344 R. Delbrueck, Die Consulardiptychen und verwandte Denkmäler (1929) 209 ff. N 54.

108 DIE REGIONALE GLIEDERUNG DER ALTARFORMEN

2.2.2 Navarra

Die durch eine Senke verbundenen Pulvini bekrönen eine Reihe von Altären (NA 11, NA 16, NA 17, NA 21, NA 22, NA 27).

Nur einmal, bei NA 11, ist in der Einsenkung ein gerundeter Focus mit aufgeworfenem wulstigem Rand angegeben, ein anderes Mal ist es ein Giebel (NA 21). Die flachen Pulvini zu seiten einer ebenen Fläche sind ebenfalls einmal belegt (NA 5).

Der reich mit Reliefdekor ausgestattete Iupiteraltar NA 1 widerspricht den bisher getroffenen Beobachtungen, wonach nur Grabaltäre eine solche reiche Ausgestaltung erfuhren. Die Mittelteilung und Schuppung seiner Pulvini hatten wir bisher allein in Tarragona nachgewiesen (T 73); dort waren die Altäre auch mit großen Foci versehen, wie sie in Navarra NA 1 und NA 4 auszeichnen.

Die einzigen bekannten Reste monumentaler Grabaltäre aus dem gesamten Norden der Halbinsel (NA 8, NA 20, NA 23) haben in Barcelona und Tarragona ihre Parallelen. Selbst der Knoten am *balteus* des Pulvinusschaftes B 22 findet in Navarra an dem Pulvinus NA 23 in groß geführten Schleifen eine Wiederholung. Die mannigfachen Beziehungen der Altäre dieser Region zur Ostküste der Tarraconensis spiegeln auch die Profile in ihrer Spannweite zwischen 'klassischen' und lokalen Lösungen wider.

Das eigenartige Grabmonument NA 13 darf vielleicht so erklärt werden, daß die Inschriftfassung der *cupae* in Barcelona und Tarragona, welche auch zwei *cupae* in Navarra, nun aber an der Schmalseite, aufweisen, mit der im Ebrobecken verbreiteten *tabula ansata*[345], wieder zu einem selbständigen Denkmal umgebildet worden ist, das zwar kaum als Stele bezeichnet werden kann, im Gegensatz zu den tektonisch aufgefaßten Altären dagegen einen Tafelcharakter bewahrt.

Im Raum Logroño im oberen Ebrobecken herrschen gleiche Formen vor. So charakterisiert auch LO 4 die Pulvinuseinheit ohne Rundfocus in der Einsenkung, LO 3 die Bekrönung mit flachen Pulvini auf der planen Oberseite. LO 1 und LO 2 werden durch Pulvini, Giebel und Rundfocus bekrönt. Weder Rahmung noch Dekor kennzeichnet diese Weihaltäre.

Neben im Norden generell verbreiteten Formen sind im oberen Ebrobecken Beziehungen zur Ostküste faßbar, denen der Fundbestand im mittleren und unteren Ebrobecken unerklärlicherweise nicht zu antworten scheint[346].

2.3 ALTÄRE IM INNEREN DER TARRACONENSIS

Sie sind zwar gering an Zahl, aber in ihren Formen genügend aufschlußreich, bezeugen sie doch ihre Verbundenheit mit den Altären im nordhispanischen Raum.

SG 1 folgt in seiner Bekrönung den Altären mit Pulvini auf der planen Oberseite (vgl. z. B. BU 7), in den abgetreppten Profilen Formen wie BU 4. Dem Verfertiger des Iupiteraltars GU 1 stand die Pulvinuseinheit vor Augen, doch füllte er mit einem großen Rundfocus die Einsenkung bis zur oberen Pulvinusperipherie. Stirnrosetten wie an diesem Weihaltar begegneten wir vereinzelt schon im Norden (etwa bei SO 15).

---

345 G. Fatás – M. A. Martín Bueno, Epigrafía romana de Zaragoza y su provincia (1977) Nr. 4. 17. 32. 33. 46. 51.

346 Dies. ebenda verzeichnen aus Zaragoza und seiner Provinz keinen Altar.

Im Raum der Provinz Cuenca überwiegen sogar die Altäre mit den durch eine Einsenkung verbundenen Pulvini (etwa CU 2, CU 4). CU 1 mit Pulvini, Giebel und Rundfocus in der Art etwa von LO 1 und LO 2, wenn auch mit einer bewußt durchgeführten *cyma recta*-Faszie-Profilierung, bleiben Einzelformen. Das Bruchstück eines unpublizierten Monumentalpulvinus (CU 6) aus Segobriga bezeugt nun auch diese Gattung am Platze.

Ein Altar wie TO 1 folgt einer Bekrönungsweise, der auch z. B. BU 14 verpflichtet ist mit seinen flachen Pulvini und dem niedrigen Rundfocus ohne Giebel. Nebenseitenreliefs oder Inschriftrahmung sind unter diesen Altären ebenfalls unbekannt.

Die Altäre aus dem Umkreis des oberen Tajobeckens scheinen sich demnach, insofern sie als repräsentativ gelten dürfen, durchaus an den nördlichen Formen zu orientieren. Ihre Fundorte liegen auch ausnahmslos noch im keltiberischen Raum[347], in dem die Voraussetzungen für die Rezeption des römischen Altars überall die gleichen gewesen sein dürften.

2.4 LEÓN, OVIEDO

Mit der Bekrönung von LE 13 klingt noch die Pulvinuseinheit des Nordens an. Der nur einige Kilometer südlich zutage getretene Altar LE 12 nimmt hingegen mit der bekrönenden Reihe von drei Pulvini ein Charakteristikum des Nordwestens auf, das in der Vervielfachung dieser Elemente besteht. Eine solche Mischung nördlicher und nordwestlicher Züge scheint sich auch an dem Apollon-Altar LE 1 anzudeuten. Glatte Pulvinusrollen und Giebel sind uns aus den zuvor betrachteten Teilen der Tarraconensis vertraut, der auffallend kleine, hinter den Giebeln eingetiefte Rundfocus wird uns dagegen bei der Behandlung der nordwestlichen Altäre noch zu beschäftigen haben.

Die Leoneser Nordmeseta scheint sich demnach bei einer deutlich verringerten Fundhäufigkeit als ein Raum des Übergangs von den nördlichen zu den nordwestlichen, in beiden Gebieten recht zahlreich repräsentierten Formen zu geben. Von eigener Prägung ist die Reihe der im Umkreis der Militärstandorte gearbeiteten Denkmäler (LE 2–LE 11, LE 14). Sie finden in ihrem Erscheinungsbild auf der Hispanischen Halbinsel keine Parallelen. Sie sind durch einen die tektonische Struktur vernachlässigenden Tafelcharakter gekennzeichnet. Vegetabilischer Dekor (LE 14) und Reliefs aus der militärischen Ikonographie treten an die Vorderseite (LE 6–LE 9, LE 14). Mit ihren Themen der Waffenreliefs, Legionsadler, Dioskuren, Victoria und Iupiter sind Inhalte lebendig, die auch den Fortuna-Altar LE 2 mit den wulstgeteilten Pulvini und seinen Nebenseitenreliefs verstehen lassen. Auf der anderen Seite steht die Übernahme von Motiven aus der einheimischen Ornamentik, Sechsblatt- und Wirbelrosetten oder die senkrechten Zweige auf der hohen Deckplatte des Weihaltars eines Praefekten der Ala II Flavia Hispanorum Civium Romanorum vom Platz des Militärlagers in Rosinos de Vidriales, der darin an Altäre aus dem benachbarten östlichen Hochportugal erinnert (TAD 10, TAD 13).

Das nur durch steile Gebirgspässe zugängliche Asturien scheint mit den Formen der wenigen altarähnlichen Denkmäler, deren Fundorte in den zur Küste führenden Bergtälern liegen[348], auf eine sol-

---

347 Man vgl. die modifizierte Grenzziehung für Keltiberien durch M. L. Albertos, La onomástica en la Celtiberia, in: II. Interdisziplinäres Kolloquium über die Sprachen und Kulturen des vorrömischen Hispanien, Tübingen 1976 (= Actas del II Coloquio sobre Lenguas y Culturas Prerromanas de la Península Ibérica [1979]) 131ff. Karte.

348 Vgl. F. Diego Santos, Epigrafía romana de Asturias (1959) Verbreitungskarte der epigraphischen Denkmäler auf S. 5.

che geographische Abgeschlossenheit zu antworten. Die eine plane Oberseite seitlich begrenzenden Pulvini begegnen mehrfach (O 2–O 4). Die Profile sind auf einfachste überleitende Formen beschränkt (O 3). An O 1 ist nur die Deckplatte und der Sockel angegeben, an O 2 gar auf sämtliche horizontale Gliederung verzichtet.

2.5 NORDWESTHISPANISCHE GRUPPEN

Wir zählen zu ihnen Altäre aus Galicien und dem nördlich des Douro gelegenen Bergland Hochportugals.

Drei Formen der Bekrönung begegnen immer wieder, wenn auch in unterschiedlicher Häufigkeit: Altäre mit Pulvini und Giebel, solche mit Pulvini und Rundfocus und schließlich solche mit Pulvini allein auf der flachen Oberseite. Diese Bekrönungen sind in durchaus eigener Weise gestaltet. So besitzen etwa die Foci der zweiten Gruppe, bei der sie mit den Pulvini allein auf der Oberseite erscheinen, in der Regel nur einen geringen Durchmesser und unterscheiden sich darin von aus gleichen Elementen gebildeten Altarbekrönungen des Nordens (z. B. BU 14).

Eine in diesem Raum überall vertretene Altarform ist jene mit flacher Oberseite. Sie macht in der Provinz Orense zum Beispiel mit 25 Exemplaren runde zwei Drittel der dort verzeichneten Altäre aus. Darin sind allerdings auch alle die Altäre mitgezählt, welche aus irgendeinem Grunde später abgearbeitet worden sind; im Nordwesten haben auffallend viele Altäre eine Wiederverwendung in Kirchen, am Altartisch oder als Weihwasserbecken, gefunden (etwa OR 20, OR 21, OR 25).

Neu sind hier die Altäre mit hoher Deckplatte oder hohem Kopfteil (LU 3, LU 29, LU 31), auf das der Beginn der Inschrift (z. B. LU 3) oder ein Dekor angebracht werden können (LU 31).

Deutlich ausgeprägt ist auch schon in Lugo die Vervielfachung von Bekrönungselementen, so des Focus. Bei LU 33 begegnen wir drei flachen, in Kleeblattform angeordneten Foci, LU 4 bekrönen allein drei quer nebeneinandergesetzte, relativ hohe Rundfoci, auch LU 23 ist mit drei Foci ausgestattet.

Die beiden einzigen Altäre aus Hispanien, bei denen ein Giebeldach den Focus schützt, sind hier im Nordwesten bezeugt (LU 7 und TAD 4).

Die Altäre mit rechteckigem Focus gehören auf der Halbinsel zu den Ausnahmen; gewöhnlich sind dann die Seiten dieser Foci parallel zu jenen des rechteckigen Altars ausgerichtet (z. B. LU 2). Im Nordwesten kennen wir zudem zwei Altäre mit rhombischen Foci, deren Spitzen auf die vier Seiten der Altarkörper weisen (LU 12, PO 15).

Grabaltäre (LU 15–LU 17, LU 19–LU 22) begegnen in Lugo, dem Hauptort eines *conventus iuridicus*. Sie sind durch Giebel und Pulvini bekrönt (LU 17, LU 21), durch Pulvini und einen kleinen Rundfocus allein (LU 15, LU 20), wenn sie sich heute nicht mit flacher (LU 16) oder ganz beschädigter Oberseite (LU 19) zeigen; alles Formen, in denen auch die Weihaltäre gearbeitet werden. Nur die Bekrönungsplatte mit in Relief vortretenden Akroteren ist allein an dem Grabaltar LU 22 belegt und dürfte sich damit als spezifisch 'römische' Altarform empfehlen, die jedoch, im Unterschied zu ihresgleichen in Mérida, die 'nordwestliche' hohe Deckplatte mit dem Beginn der Grabinschrift kennt.

Auch die beiden Iupiter Optimus Maximus geweihten Altäre C 8 und C 11 haben solche vor eine Platte tretenden Giebel und Pulvini in der Art von BA 32 aus Mérida. Eine sich daraus ergebende Vermutung, Altäre für römische Götter seien durch entsprechende 'römische' Formen gekennzeichnet, wird durch die Denkmäler in ihrer Gesamtheit allerdings nicht bestätigt.

Der Iupiteraltar eines Sulp(icius) Clemens (LU 3) scheint Pulvini mit den von der Ostküste vertrauten Fortsätzen zu besitzen. Die Schäfte der Pulvini bleiben undekoriert, wechseln aber von niedrigen Erhebungen (so etwa bei LU 31, OR 4) zu den auch im Bergland der nördlichen Peripherie vereinzelt anzutreffenden hohen 'cornua' (C 10 wie O 4, S 1 oder S 4).

Neben den in Lugo, Pontevedra (PO 23) und Minho (MI 8) nachzuweisenden Focusvervielfachungen steht in Orense ein Altar für Diana (OR 3), an dessen Bekrönung acht Pulvini in zwei Reihen übereinander angeordnet sind.

Nur ein Grabaltar ist aus dieser Provinz bekannt. Er steht in seinen Profilen, der partiellen Wulstrahmung des Kopfteils und seiner Bekrönung Weihaltären aus Heiligtümern in der Provinz Pontevedra nahe. Diese sind von ganz eigenen Formen, einer pfeilerartigen Gestalt von einer die Breite erreichenden oder sogar übertreffenden Tiefe (PO 8, PO 9). Ein hohes Kopfteil kann mit stehenden oder hängenden Arkaden geschmückt sein. Die Pulvini drängen sich an ein erhöhtes Zwischenstück, in das auf seiner Oberseite ein runder Focus eingetieft ist. An PO 23 sind vier Foci allein quer über die Oberseite gereiht. Horizontale Gliederungselemente wie Deckplatte oder Profile treten kaum vor den Umriß der Monumente vor. Diese eigenartigen Altäre gelten nicht nur einheimischen Göttern wie Vestio Alonieco (PO 8–PO 10), sondern ebenso Diana Venatrix (PO 3), Neptun (PO 2), den Lares Viales (PO 6, PO 7). Der höchste dieser Altäre (MI 13) aus dem benachbarten Minho erreicht 196 cm und überragt damit alle anderen Altäre der Halbinsel. An ihm ist das Kopfteil mit eingezogenen Seiten wie bei MI 2 gegeben.

Die Altäre mit flacher Oberseite gehen in diesem an die Atlantikküste grenzenden Teil Hochportugals auf einen Anteil von rund einem Viertel zurück. Faszien und wulstige Faszien sind häufige Profilformen, die ohne klare Absicht formuliert werden (MI 4–MI 6, MI 12). Auch das Karnies erhält hier wie auch im Westen häufiger eine Form, die zwei konvexe Wölbungen zu beiden Seiten einer konkaven stellt (MI 6, DL 9a).

Der Rundaltar MI 9 mit den 'spätrepublikanischen' Manschetten, wie sie auch TE 1 aufweist, und seiner konischen Form verrät den Einfluß der Conventushauptstadt Bracara Augusta; Gleiches gilt für die beiden Grabaltäre MI 10 und MI 11.

Der mit Ornamentschmuck versehene Altar MI 8 findet, wenn auch in anderen, dem regionalen Motivschatz entnommenen Formen, Entsprechungen im östlichen Hochportugal (TAD 10, TAD 13, TAD 15). Die bemerkenswerten Beziehungen von TAD 10 und TAD 13 zu der militärischen Weihung ZA 1 hatten wir bereits betont. TAD 10 ist ein Iupiteraltar eines Veteranen der Legio VII Gemina. Die bisher noch nicht erkannten Zusammenhänge scheinen uns offenkundig.

TAD 16 ist von der in Lugo bereits angemerkten Bekrönung, die einen kleinen Rundfocus mit zwei niedrigen Pulvini vereint. Der Altar stellt ein bemerkenswertes Beispiel für die durch Vervielfachung der Profilelemente bewirkte Erhöhung der Gesimszone dar. Das somit gebildete horizontal gerillte Kopfteil ragt nur wenig vor und unterstreicht die hochgestreckte Form des Altars, die an einem Grabaltar[349] mit gleich aufgebautem Körper in Vigo auf 148 cm, also mehr als das doppelte Maß gesteigert worden ist. An seiner Bekrönung ist in nicht geringerer minuziöser Liebe zum Detail je ein Giebeldreieck vor und hinter den Focus gesetzt.

---

349 J. M. Álvarez Blázquez – F. Bouza Brey, Inscripciones romanas de Galicia. Supl. al fasc. III Vigo (1961) 18f. Nr. 1 Taf. 1.

An dem Iupiteraltar eines Soldaten der Legio VII Gemina TAD 13b ist eine Bekrönungsform gewählt, die auch im Norden und Nordwesten verbreitet ist, mit seitlichen, etwas flach gedrückten Pulvini und einer ebenen Zwischenfläche auf Höhe der Pulvinusgrundlinie; ebenso stellen die abgetreppten Faszien des Deck- und Fußprofils keine regional häufigen Profilformen dar (vgl. DL 6).

Die Inschrift des Altars TAD 15 steht in vertieftem Feld, eine an Altären des Nordwestens einmalige Eigentümlichkeit, die hier, wie auch das Ornament dieses Altars, von Stelen des Raumes übernommen worden sein dürfte[350].

Die beschriebenen Formen sind durchaus auch in der den Douro vor seiner Mündung begleitenden Zone vertreten, so die drei eingangs genannten Bekrönungsformen einschließlich der Altäre mit flacher Oberseite. Das in Pontevedra beobachtete Arkadenornament begegnet noch an DL 7, die durch übereinandergesetzte Wulstfaszien erhöhte Gesimszone an DL 10, die sich an den Mittelteil der Bekrönung schmiegenden Pulvini an DL 9b oder das Karnies mit zweifacher konvexer Wölbung an DL 9a.

Als Einzelform darf hier DL 1 zählen, LARI PATRIO geweiht, mit der Darstellung eines Boviden auf der linken Nebenseite und den seltenen doppelten *cymae rectae* an Gesims- und Sockelplatte, die sich nur am Deckprofil des Grabaltars BU 2 noch beobachten ließen, jedoch nicht in der exuberanten barock geschwungenen Form wie hier. Die Bekrönung von DL 11 erinnert an die Pulvinuseinheit mit ganz leichten Aufwölbungen in der Mitte; dahinter erhebt sich ein plastisches Gebilde, in dem wir wohl einen Flammenkegel erkennen dürfen der Art, wie ihn Altäre in Tarragona (T 86, T 87) und Barcelona (B 6–B 8, B 10) besitzen.

Die durch das Vorhandensein gleicher Bekrönungsformen geprägte Zusammensetzung der nordwesthispanischen Altäre reicht bis an den Douro und im östlichen Hochportugal nach Süden über ihn hinaus in die Beira Alta. Ihre Verbreitung beschränkt sich auf die Gebiete der nordwestlichen Peripherie. Die angrenzenden Zentralräume der Nordmeseta sind in anderer Weise charakterisiert (León) oder nur durch ganz vereinzelte Funde repräsentiert (ZA 1 und SA 1, SA 2). Auch die in der westlichen Peripherie nach Süden anschließenden Räume bieten, wie im folgenden gezeigt werden soll, ein anderes Bild der Altarformen.

2.6 GRUPPEN AUS DEM TERRITORIUM DER RÖMISCHEN PROVINZ LUSITANIA

Wenn wir die Altäre aus dem Gebiet der römischen Provinz Lusitania zusammenfassen, soll damit jedenfalls keine ethnische Zuweisung ausgesprochen werden.

Südlich des Douro setzt sich der Landschaftsraum Hochportugal fort, und so treffen wir im Gebiet der Beira Alta, die hinsichtlich der Altardichte an zweitletzter Stelle in Portugal steht, auf Formen, die gegenüber den nordwestlichen noch keine wesentlich neuen Akzente setzen.

BEA 1 mit der großen gerundeten Vertiefung in der flachen Oberseite ist, was die Frage der Authentizität dieses Details oder dessen nachträglicher Zufügung betrifft, nicht leicht zu beurteilen. Einen Rundfocus in flacher Oberseite als antike Bekrönungsform scheinen einige andere Altäre (BEB 27, BEB 28)[351] als gesichert zu verbürgen.

---

350 s. z. B. die Stele im Seminario Maior in Porto aus S. Leocadia, Concelho Baião. Granit. H 192 cm, B 43 cm, T 22 cm. Inst.Neg.Madrid O 494.

351 Ein Beispiel aus der Germania Superior bildet ab: H. Luckenbach, Kunst und Geschichte I. Altertum[8] (1910) 121 Abb. 297.

Gelegentlich kann man hier und im weiteren Raum der westlichen Peripherie beobachten, daß die bekrönenden Elemente von der Deckplatte oder einem hohen Kopfteil nicht abgesetzt werden, so etwa bei BEA 3, BEA 7, TAD 10, TAD 13, OR 9, PO 9, PO 16, PO 23. In der Regel erfolgt die Trennung durch die horizontal leicht vorspringende Deckplatte. Bereits in deren obere Ecken eingesetzt[352] erscheinen die Pulvinusrollen eines Altars für den Genius 'Depenoris'. Seine Deckplatte ist breit und trägt den Beginn der Inschrift; der Altar selbst, von schmaler Gestalt, folgt in seiner Auffassung im Nordwesten Gearbeitetem, wie etwa den galicischen Altären PO 2 und PO 3.

Die Küsten-Beira hat einige bemerkenswerte Beispiele westlicher Altäre geliefert. Der Grabaltar BEL 17 nimmt einen Dekor auf, der auch an LU 12 anklingt, vertiefte Scheiben, mit denen nicht nur die Bekrönung, sondern auch das hohe Kopfteil und die Profile in wohlgeordneten Reihen versehen sind. Ein Rundfocus fehlt diesem Altar, wie eigenartigerweise allen übrigen aus der Beira Litoral; der Giebel wird hier in der Regel durchgehend gebildet. Damit ist deutlich, daß die vier Bekrönungstypen, welche die Zusammensetzung der nordwesthispanischen Altäre kennzeichneten und auch in der Beira Alta noch anzutreffen waren (Pulvini und Giebel: BEA 3, BEA 7. Pulvini und Rundfocus: BEA 9. Pulvini allein: BEA 2. Flache Oberseite: BEA 1, BEA 4, BEA 5, BEA 8), hier nicht mehr das Bild der Altäre bestimmen. Neben zehn Altären mit Pulvini und Giebel stehen zehn mit angearbeitetem oder separatem Aufsatz, eine Eigentümlichkeit örtlicher und wohl im unteren Tejobecken ansässiger Werkstätten. Ein Rundaltar und ein Achteckaltar sowie ein Altar mit heute flacher Oberseite vervollständigen das Spektrum der Altäre dieses Raumes.

Im Bereich des Portugiesischen Scheiderückens, welcher, die Küsten-Beira tangierend, zur Tejomündung zieht, dominieren die vor allem an den Ort Odrinhas gebundenen separaten Altaraufsätze. Sie sind Träger einer reichen Ornamentik. Zu ihnen stellen sich monolithe Altäre mit vereinfachter Bekrönung, die aus Pulvini mit Stirnrosetten (ES 31) oder Stirnvoluten (ES 17) bestehen und an der Stelle des Giebels ein palmettenartiges vegetabilisches Gebilde tragen. Auf dem Weg nach Süden treffen wir an ES 31 auf die ersten balusterförmigen und blattbelegten Pulvinusschäfte und mit ES 32 und ES 33 Altäre mit den Nebenseitenreliefs Kanne und Schale. Letztere besitzen einen jeweils von Eckakroteren umgebenen hohen, gespitzten Giebel (ES 33) oder einen Rundgiebel (ES 32), für den allein sich in V 9 aus Valencia eine Parallele nennen läßt[353].

Die übrigen Altäre, außer einer Gruppe von sieben durch Pulvini und Giebel bekrönten alles Einzelstücke, sind unverziert.

Die Neigung zu größerer Tiefe im Verhältnis zur Breite der Monumente ist an den separaten Aufsätzen, den ihnen nahestehenden monolith gearbeiteten Altären wie ES 31, aber auch an solchen wie ES 11, unverkennbar.

Die Gruppe der Altäre mit Giebel und Pulvini (ES 9, ES 10, ES 12, ES 14, ES 26, ES 27, ES 30) ist überwiegend durch je eine *cyma reversa* in Deck- und Fußprofil charakterisiert. ES 10 und ES 14 gleichen sich weitgehend.

Unter den Einzelformen wie ES 11, einer Bekrönungsplatte mit Focus (vgl. SO 12), oder den zum Giebel ausschwingenden Pulvini bei ES 13 ist nur jene des Bruchstücks ES 29 mit den auf planer Oberseite aufsitzenden Pulvini uns aus dem Norden und Nordwesten bekannt.

---

352 Ein Altar aus Pompeji zeigt die gleiche Lösung. Er ist von breiteren Proportionen, die Deckplatte flach, zum Körper leiten doppelte, abgestufte Faszien über. C. G. Yavis, Greek Altars (1949) 162 Nr. 86 (f) Abb. 77.

353 Oder in dem Altar des Musée du Bardo D 413 in Tunis.

Der Verfertiger des monolithen Manenaltars auf hochrechteckiger, vorn profilgerahmter Inschriftbasis (ES 7) hatte wohl oberitalische Altäre gleicher Form vor Augen[354].

Der Großteil der Altäre ist aus dem den Portugiesischen Scheiderücken bildenden Kalkstein gearbeitet. Das auf einem cabedêlo in der Sadomündung liegende Tróia verfügte nicht über nahe Steinbrüche behaubarer Materialien, die es erlaubten, groß dimensionierte Werkteile zu fertigen. Ein einfacher Altar für einen fünfjährigen Jungen wurde daher aus Ziegeln aufgemauert und verputzt, bemalt, die Inschrifttafel vorn eingetieft (ES 8). Ein separates Profilstück[355] aus Mirobriga (Santiago de Caçém) besitzt das seltene und nur noch an E 6 aus Tróia aufzeigbare Profil mit drei Faszien zwischen *cyma recta* und *cyma reversa*. Beide Profile springen ähnlich weit vor und haben gleiche Ausmaße. In Anbetracht der Seltenheit solcher Werkteile wird man ihre Entstehung in einem gewissen Umkreis voraussetzen und die Tatsache des Auftretens eines zweiten Exemplars in Mirobriga als Hinweis für den Sitz der für Tróia arbeitenden Werkstatt werten dürfen.

Das Zentrum des eigentlichen Tejobeckens ist der Conventsvorort Scallabis (Santarém). Grabaltäre waren dort in Gebrauch. Ihre Bekrönungen sind nicht erhalten. Sie tragen ungerahmte Inschriftfelder, und bei den Profilen scheinen *cymae rectae* mit begleitender Faszie vorzuherrschen.

Der Weihaltar RI 1 ist nur ein Viertel so hoch wie die Grabaltäre RI 2 und RI 3.

Die Landschaft Südbeira, auf der einen Seite durch die schwer übersteigbaren Kämme des Portugiesischen Hauptscheidegebirges von den Regionen der westlichen Peripherie abgetrennt, auf der anderen Seite sich an die Zentralräume anlehnend, hat eine originelle Reihe von Altären hervorgebracht, die ihm eine Sonderstellung verleihen.

Zunächst sind es Weihungen an einheimische Gottheiten wie Trebaruna (BEB 5 oder BEB 28) mit ganz eigenwilligen Formen. Interessant ist, daß etwa von demselben Dedikanten des Altars BEB 28 eine Zwillingsweihung gleicher Form für Victoria existiert, die 'unklassische' Tektonik der Altäre für die einheimische wie für die römische Gottheit Verwendung findet.

Daneben stehen aber auch klar und gut geformte Weihaltäre wie jener für Liber Pater (BEB 17), für Iupiter Optimus Maximus mit einer Bekrönung aus Akroteren und Giebel vor einer Platte (BEB 1) oder ein Grabaltar (BEB 5b) mit den Nebenseitenreliefs Kanne und Schale, welche die Verbindung Emerita Augusta – Tejomündung/Olisipo spüren lassen. Zwei Weihaltäre (BEB 2, BEB 5a) überraschen mit der Volantprofilierung, die uns in der Gruppe Burgos bemerkenswert erschien (BU 7 u. a.). Eine solche Beziehung bliebe vereinzelt und wohl zufällig, wenn nicht auch die ebenfalls in Burgos und Soria so häufige Pulvinuseinheit gleich mit drei Altären vertreten wäre (BEB 4, BEB 23, BEB 26, BEB 7 mit Giebelaufwölbung).

Ähnlich weitreichende Beziehung verraten die neun Pulvini von monumentalen Grabaltären, deren Verbreitungszentrum wir in Katalonien festlegen konnten mit Ausstrahlungen nach Navarra, Segobriga (Cuenca) und Jaén. Ihre Formen und ihr Dekor unterscheiden sich jedoch von jenen anderen Gliedern ihrer Gattung.

In der schon den Binnenräumen zuzurechnenden modernen Provinz Cáceres, die zu beiden Seiten des Tajo liegt, stellen den größten Anteil mit zehn Altären solche, die allein Pulvini auf der ebenen Oberseite tragen. Fünf weitere Altäre (CC 16, CC 17, CC 34, CC 36, CC 38) sind zusätzlich noch durch einen Rundfocus bekrönt. Darunter sind die Zwillingsaltäre CC 16 und CC 17 für das gemein-

---

354 G. A. Mansuelli, MonPiot 53, 1963, 34 Abb. 2.

355 Mus. Câmara Municipal, Santiago do Cacém (Baixo Alentejo). Inst.Neg.Madrid R 157–68–7.

sam auftretende Götterpaar Arentia und Arentius Amrunaecus, deren Bekrönung, Pulvini und rechteckiger Focus, aus Halbrundstäben gefügt ist in einer Art, zu der es auf der Halbinsel keine Parallele gibt.

Neun Altäre sind mit Giebel und Pulvini ausgestattet. Darunter befinden sich allein fünf Nymphenaltäre aus den Heilthermen von Baños de Montemayor. Wenn Kanne und Schale, trotz ihrer seitenverkehrten Anbringung (CC 11), und die Bekrönungsplatte mit inkorporierten Pulvini (CC 12) an Altären aus diesem Ort auf Vermittlung durch die römische Pronvinzhauptstadt Emerita Augusta hindeuten, so darf dies vielleicht auch für die Bekrönung durch Giebel und Pulvini selbst gelten, die sich somit als in besonderem Maße 'römisch' erwiese in der von 'einheimischen' Weihaltären geprägten Umgebung.

Aus den sechs Altären, die sich heute mit flacher Oberseite zeigen (CC 12, CC 15, CC 21, CC 33, CC 41), läßt sich nicht klar erschließen, daß dieser Altarabschluß der antike war.

Als Ergebnis wollen wir festhalten, daß dieselben vier Altarformen, welche die Zusammensetzung der Altäre des Nordwestens bestimmten, auch die rund 35 Altäre aus der Provinz Cáceres kennzeichnen.

Hinzu treten vier Emerita Augusta verpflichtete Altäre, dessen Wirkung hier entlang der 'via romana de la Plata' deutlich spürbar scheint[356]. Zwei Grabaltäre, CC 26 und CC 27, dürften in einer Werkstatt von Caparra gearbeitet sein, die den in Mérida herrschenden Formen folgt und dort geläufige Bekrönungstypen übernimmt; der unprofilierte Altar CC 27 für ein sechzehnjähriges Mädchen wird wohl nicht importiert sein. Gleichfalls aus Marmor und ganz von der Form jener Altäre in Mérida, einschließlich der Nebenseitenreliefs und der regelmäßigen Profilierung durch Leiste, *cyma recta* und Faszie, sind Altäre aus Holguera (CC 22) und Valencia de Alcántara (CC 37). In diesem Fall wird man an eine Herkunft aus der Provinzhauptstadt denken. Alle Altäre bis auf drei (CC 22, CC 26, CC 27) sind Weihaltäre.

Aus dem nördlich anschließenden Salmantiner Teil der Nordmeseta ist ein Iupiteraltar bekannt, der zwar Inschriftrahmung vorweisen kann, dagegen auf eine tektonische Gliederung so gut wie ganz verzichtet. Bekrönt wird er durch zwei flache Pulvini, an deren Innenseite eine wulstige Aufhöhung eine Art Fortsatz bildet, der eher an LU 3 erinnert als an die katalanischen Beispiele. Mit seinen Formeigentümlichkeiten steht dieser aus lokalem Granit gearbeitete Altar allein.

Südlich des Kastilischen Hauptscheidegebirges, am Fuß dessen höchster Erhebung, des Almanzor, hat ein einheimisches Heiligtum gelegen. Von dort stammende Altäre, zwölf an der Zahl, sind, bis auf zwei wohl von außerhalb hergebrachte Kalksteinaltäre, aus dem anstehenden Granit mit größter Wahrscheinlichkeit in einer ortsansässigen Werkstatt gearbeitet.

Die Hälfte bietet eine flache Oberseite. Vier sind von Pulvini, Rundfocus und Giebel oder Giebelwülsten bekrönt (AV 4, AV 6, AV 7, AV 12), einer (AV 2) gibt eine Pulvinuseinheit mit wulstgerandetem Rundfocus in der Einsenkung zu erkennen, ein anderer (AV 9) noch eine schwache Andeutung von Pulvini und Focus auf der ebenen Oberseite. Faszien sind das häufigste Profilelement. *Cymae reversae* (AV 4, AV 10, AV 11) stellen lokale Zitate 'klassischer' Profilformen dar; sie sind alle auffal-

---

[356] A. Lozano Velilla, Tipología de las estelas y la población de Hispania, Revista de la Universidad Complutense de Madrid 22 Nr. 86, 1973, 114, macht aufmerksam darauf, daß einheimische Stelen vom Typus Cáceres in der Nähe dieses Süd-Nord-Hauptverkehrsweges nicht gefunden wurden. Dagegen kommen aber die von uns genannten Grabaltäre CC 22, CC 26 und CC 27 von Plätzen an dieser Straße. Auch hier wird wieder der Gegensatz deutlich: hier einheimische Grabstele, dort römischer Grabaltar.

lend schmal und wenig geschwungen. Die Verbindungen zu den im Raum Cáceres verbreiteten Formen mit ihren nordwestlichen Bezügen sind deutlich. Sie dürfen gesehen werden in der Eintragung des Gottesnamens auf die Deckplattenvorderseite, den Profilwiederholungen, der pfeilerförmigen Gestalt ohne vortretende Sockel und Gesimse und der allfälligen Neigung zur Bildung eines Kopfteils (etwa bei AV 4).

Ganz gleich geformte Altäre wie am Fuß der Sierra de Gredos scheinen auch im offenen Tajobekken vertreten gewesen zu sein (als ein Beispiel sei TO 11 aus Vascos genannt). Alle Altäre, außer den drei Grabaltären aus Oropesa (TO 4—TO 6), sind aus Granit gearbeitet und scheinen Weihaltäre dargestellt zu haben. Es fallen unter ihnen die regelmäßig geformten *cymae rectae* auf (so bei TO 10), von Faszie und Leiste begleitet (TO 8), die an den Altären aus dem Heiligtum bei Postoloboso (Avila) nicht festzustellen sind.

Ganz überraschend sind in der geschilderten Umgebung die drei Grabaltäre TO 4, TO 5 und TO 6 in Oropesa. Sie deuten, gleich den im Verlauf der Betrachtung an Zentren der Romanisierung, meist den Conventushauptstädten, beobachteten Grabaltären, auf einen unmittelbaren römischen Einfluß hin, der in diesem Fall letztlich aus der lusitanischen Provinzhauptstadt Emerita Augusta herzurühren scheint. TO 4 wiederholt exakt einen nur dort verbreiteten Bekrönungstypus. Wahrscheinlich sind die Altäre TO 4 und TO 5 in Emerita Augusta selbst hergestellt worden.

Altäre aus Emerita Augusta sind durch Merkmale geprägt, die im allgemeinen ihre Herkunft unmißverständlich erkennen lassen.

Die Grabaltäre sind in der Regel aus Marmor gearbeitet. Bei Weihaltären scheint eine Neigung zu billigerem Material, so z. B. graubraunem Kalkstein bei BA 54, und zur einfacheren Form (z. B. BA 57, BA 58) deutlich zu werden[357].

Die Bekrönung besteht häufig aus Giebel, Pulvini und großem Rundfocus auf Höhe des Giebelfirstes. BA 41 besitzt einen rechteckigen Focus an dieser Stelle. Zudem machen Altäre in Badajoz und wohl auch von Oropesa[358], die im Emeritenser Typus gearbeitet sind, wahrscheinlich, daß der Rechteckfocus ein Distinktiv der Werkstätten Emeritas war, wenn wir für dort bislang auch nur ein Beispiel anführen können (BA 41).

Eine zweite Gruppe von Grabaltären zeichnet sich durch Bekrönungen aus, bei denen die Pulvini auf den aussschwingenden Giebelschrägen aufsitzen. In diesen Fällen ist der Focus gewöhnlich ein runder, zuweilen hat er auch ovale Form (BA 49). Der Giebel weist dann in der Regel an der Spitze einen Einschnitt auf. Wir vermuten hier ein Anzeichen für einen typologischen Zusammenhang mit dem Volutengiebel.

Eine dritte Bekrönungsform ist die Platte (z. B. BA 33), vor welche die Elemente der Bekrönung in Relief vortreten können (BA 30—BA 32, BA 37).

Die Bekrönung ist, bis auf die in der Mitte wulst- oder auch furchengeteilte Balusterform der Pulvini, die oft von Blattwerk umhüllte Schäfte haben, in der Regel schmucklos. Häufig tragen die Pulvinusstirnen und das Tympanon des Giebels die Buchstaben D M S, an deren Stelle gelegentlich Rosetten treten (z. B. BA 25).

---

357 Weihaltäre können offenbar auch von unkundiger, nichtfachmännischer Hand hergestellt werden, vgl. J.-L. Fiches – M. Py – J.-Cl. Bessac, Trois dépôts d'objets votifs du Ier siècle de notre ère dans la région nîmoise, Documents d'archéologie méridionale 1, 1978, 159. 168. 183 ff. (Analyse technique des autels votifs en pierre).

358 Konnte nicht vor Ort geprüft werden.

Dagegen ist auf den Nebenseiten des Altarkörpers fast immer Reliefschmuck angebracht. In der Regel links eine Kanne und rechts eine Schale. Auch die Rückseite des Körpers kann ein Relief tragen (so z. B. BA 44). Auf der zur Betrachtung bestimmten Rückseite sind die Profile ausgeführt und, bei den beiden Altären mit ornamentierten Profilen, BA 47 und BA 39, voll dekoriert im Gegensatz zu dem 'klassischen' Aedicula-Altar BA 52 oder dem durch Eckpilaster gefaßten architektonischen Altar BA 51, deren Profilornamentierung nur die Vorderseite erfaßt und die darin einer von H. Gabelmann[359] betonten Tendenz stadtrömischer Altäre folgt. Solche Details der Ausführung, wohl auch die Größe der Monumente, waren durch die geplante Aufstellung bestimmt.

An den Profilen fällt die Zufügung eines Torus oder geteilten Rundstabes auf (etwa bei BA 19, BA 20, BA 25, BA 41, BA 54).

Die Vorderseite des Körpers ist nur in Ausnahmefällen gerahmt (BA 25, BA 37, BA 39). Die Inschrift steht also im Aufbau gleichwertig zwischen Sockel und Gesims.

Der Sockel ist niedrig. Die Altäre wirken häufig auffallend flach.

Aus dem Rahmen fällt der Aedicula-Altar (BA 52), der einem Typus aus dem italischen Mutterland folgt. Aedicula-Stelen mit Nische und architektonisch gefaßte Nischenstelen sind in Emerita häufig von Pulvini und Rundfocus bekrönt. Sie werden – in Hispanien – nur in Emerita gearbeitet.

Die drei tiberischen Rundaltäre (BA 60–BA 62) sind wohl eher stadtrömischen Vorbildern verpflichtet, wenn auch, wie der unvollendete Altar BA 60 nahelegt, wohl am Ort gearbeitet. Zwischen ihnen und dem Einsetzen der privaten Grab- und Weihaltäre gegen Ende des 1. Jahrhunderts n.Chr. klafft eine Lücke, die von einigen Grabstelen ausgefüllt zu werden scheint. Zwei uns bekannte Beispiele[360] wiederholen in einem Segmentfeld über der Inschrift einen Doppelvolutendekor, wie er die Bekrönungsfront stadtrömischer Grabaltäre claudischer Zeit in ähnlicher Weise ziert[361].

Die Grabaltäre von Badajoz entsprechen jenen von Mérida weitgehend. Es sind allerdings nicht dieselben Gruppen in gleicher Weise vertreten.

Bekrönungen aus Giebel, Pulvini, Rund-, Oval- oder Rechteckfocus zeichnen eine Gruppe aus. Der Rechteckfocus ist dreimal belegt, bei BA 3, BA 4 und BA 6. In Mérida kennen wir ihn bislang nur an BA 41. Aber auch einer der beiden Altäre in Oropesa, die in der Art der Emeritenser gearbeitet sind, scheint, wie wir oben andeuteten, einen solchen rechteckigen Focus zu besitzen. Er dürfte so eine Eigenart Emeritenser Werkstätten darstellen wie wohl auch die Bekrönung durch Pinienzapfen anstelle des Focus (BA 13, CC 4).

Die zweite Gruppe von Bekrönungen bilden wieder jene mit einer Platte, vor die die Bekrönungselemente in Relief vortreten (BA 3, BA 4, BA 15).

Die in der Regel aus Granit gearbeiteten Weihaltäre – die Grabaltäre sind auch hier aus Marmor – heben sich in bemerkenswerter Weise von den Grabaltären ab, auch in den Formdetails. Ihre Bekrönungselemente sind kompakt zusammengeschlossen (BA 7, BA 8), oder sie haben eine flache Oberseite mit seitlichen zylindrischen Pulvini (BA 9, BA 10) wie Altäre in der nördlich benachbarten modernen Provinz Cáceres. Eine ganz flache Oberseite haben BA 2 und BA 11; BA 14 ist hier beschädigt.

Ihre Profilierung besteht aus horizontal gliedernden Zonen und Wulstbildungen, im Gegensatz zu den Grabaltären, die jene in Emerita üblichen Profile benutzen.

---

359 Zuletzt in BJb 177, 1977, 207.
360 Inst.Neg.Madrid B 100 und Taf. 151a.

361 Altmann, Grabaltäre 126 Abb. 101; S. 131 Abb. 107.

Deutlich ist, daß die Elemente des Altaraufbaus frei variierend kombiniert werden, d.h., mit einem bestimmten Bekrönungstypus ist keine bestimmte Profilform verbunden.

Im nördlichen Teil des Alentejo ist die Wirkung Emerita Augustas unverkennbar. Zu den von dort vertrauten Bekrönungen (Pulvini und Giebel etwa bei ALA 12, ALA 16, ALA 17, ALA 24; Pulvini auf ausschwingenden Schräggeisa und Rundfocus, wobei in keinem Fall jedoch der typisch emeritensische Firsteinschnitt zu beobachten ist, z.B. bei ALA 1, ALA 2, ALA 9, ALA 18; Bekrönungsplatte mit vortretenden Akroteren und Giebel, etwa bei ALA 10) finden sich hier neue Bekrönungen mit Rundgiebel (ALA 3, ALA 4), der an ALA 4 die Höhe jenes von V 9 erreicht. Wir kennen nur vier derart bekrönte Altäre auf der Halbinsel: außer den beiden genannten des Alentejo und jenem von Valencia (V 9) noch ES 32. Die westlichen Altäre, ALA 3, ALA 4 und ES 32, bilden mit dem Altar ES 33 eine zusammengehörende Gruppe. ALA 3, ES 32 und ES 33 sind zudem aus demselben, feinkristallinen grauweißen Marmor gearbeitet.

Der obere Abschluß des Altars ALA 5 mit einer Schranke aus Wirbelrosetten zu seiten eines mittleren Blattmotivs steht unseres Erachtens mit den separaten Aufsätzen vom Typus Odrinhas in Verbindung. Das vegetabilische Mittelmotiv anstelle des Giebels begegnet bei monolithen Altären nur noch an ES 17 und ES 31, die wir schon mit jenen Altaraufsätzen in Beziehung gesetzt hatten.

Rahmung und Profilierung der Altäre des Alentejo entsprechen, zumindest bei den qualitätvolleren Stücken, jener in Emerita Augusta geübten Praxis. Das dekorierte Akanthusblatt*cyma* ist, wie dort, vertreten. Die senkrechten Girlanden mit Blütenrosetten auf den Nebenseiten von ALA 3 zieren, in etwas anderer Form, die Schmalseiten der architektonisch gefaßten Nischenstelen, welche, wie wir schon betonten, auf der Halbinsel ausnahmslos in Emerita Augusta gefertigt wurden.

Aus dem Endovellicus-Heiligtum bei S. Miguel da Mota stehen für unsere Untersuchung 33 Altäre unter jetzt ca. 70 bekannten epigraphischen Denkmälern bereit. Sie sind alle aus Marmor oder auch Kalkstein gearbeitet und geben mit ihren Bekrönungen gleichfalls die Nähe Méridas zu erkennen. Auch die Profile scheinen sich an solchen in der Provinzhauptstadt gängigen zu orientieren. Es gibt darunter aber auch einfachere und kleine Altärchen mit Wulstbildungen und abgetreppten Faszien oder ohne klar artikulierte Formabsicht gegebene Profile.

Bemerkenswert sind die solitären Reliefs auf den Nebenseiten, die zur Erklärung des infernalen Charakters des Endovellicus herangezogen worden sind. In ihrer ikonographischen Kombination sind sie auf der Halbinsel nur an den Altären dieses Heiligtums anzutreffen. Häufig erscheinen Palmwedel (ALA 27, ALA 28, ALA 40), aber auch Kanne und Schale (ALA 26), Pinienzapfen (ALA 40), Kranz (ALA 27), Eber (ALA 27) und Eroten mit Fackel (ALA 38) werden dargestellt.

Im Norden und Nordosten der Provinz Alto Alentejo liegen Fundorte von Weihaltären für andere einheimische Götter. Sie können aus Granit gearbeitet sein; auffallend ist der hohe Sockel zum Verankern des Monuments, etwa bei ALA 58, vergleichbar am ehesten dem Iupiteraltar BA 7. Es ergeben sich also auch hier wieder keine regelhaften Verfahren für einheimische Gottheiten auf der einen und römische auf der anderen Seite.

Am Westrand der Montes de Toledo, in denen im Raum Cáceres eine ganz nordwestlich wirkende Zusammensetzung der Altarformen herrschte, treffen wir auf gleiche Formen: ALA 11 mit zylindrischen glatten Pulvini auf planer Oberseite und einer hohen *cyma reversa* (vgl. BEL 20). ALA 23 greift die in der benachbarten Südbeira verbreitete Pulvinuseinheit, diesmal mit Rundfocus, auf, deren Hauptverbreitung unter den nordhispanischen Altären festzustellen war.

Im südlichen Teil des Alentejo (Baixo Alentejo) liegt zugleich der im portugiesischen Raum südlichste Fundort eines Weihaltars für eine einheimische Gottheit (BAA 15). Dieser ist, wie ein Altar für

Iupiter (BAA 10), unverziert und durch Giebel und Pulvini bekrönt. BAA 2 erinnert sehr an BA 21 aus Mérida. Solche Bezüge sind spürbar in der reicheren Ausstattung von zumeist Grabaltären mit Stirnrosetten (BAA 16, BAA 1) an blattbedeckten Pulvinusschäften (BAA 1), *corona lemniscata* im Tympanon des Giebels (BAA 1), Nebenseitenreliefs, ornamentierten Profilen (BAA 6), Inschriftrahmung (mit Karnies und Perlstab bei BAA 7) und der hier zuerst begegnenden und im Süden verbreiteten Girlande an der Vorderseite (BAA 5), einem Dekorelement stadtrömischer Altäre. So bemerken wir auch an der Vorderseite des Altars BAA 11 ein Jagdrelief; die Bekrönung dieses Altars ist in der Art jener Gruppe in Mérida gegeben, die sich durch Giebel und Pulvini oder Akrotere (z. B. BAA 18) vor einer Platte auszeichnet.

Eine niedrige, knapp gewölbte *cyma reversa* (BAA 9, BAA 14) wird hier im peninsularen Südwesten wie auch im unteren Guadiana- und Tejobecken (Badajoz, Estremadura) häufiger verwendet.

Algarve, ein Landschaftsraum mit ungewöhnlich markanter Grenze, erfuhr, seinem Charakter entsprechend, eine ganz eigene kulturgeographische Prägung. Die Siedlungen liegen im Küstenstreifen, der verhältnismäßig tief durch die den Gezeiten unterworfenen schiffbaren Flüsse erschlossen wird. Zwei privilegierte Gemeinden, Balsa und Ossonoba, lagen in diesem Zielgebiet der Romanisierung. Einheimischen Göttern geweihte Altäre gab es hier nicht mehr; an deren Stelle treten Weihungen für die römischen Gottheiten. Grabaltäre sind, entsprechend den geschilderten Voraussetzungen, recht zahlreich, wenn auch die Nekropolen von Balsa und Ossonoba bislang noch nicht hinreichend erforscht sind[362]. Daneben gab es Stelen, die durch eine charakteristische, in Faro beheimatete Werkstattgruppe bezeugt werden[363]. Diese Gruppe steht über einen Rosettenfries ihres Dekors mit einem Altaraufsatz (ALG 6) in Verbindung.

Unter den Altären lassen sich fünf unter dem Ordnungsprinzip der durch Pulvini und Giebel gebildeten Bekrönung zusammenfassen. Zwei davon (ALG 7, ALG 8) stellen heute nur mehr aus Bekrönung, Deckplatte und Deckprofil erhaltene Altaroberteile dar. Sie haben mit den Aufsätzen vom Typus Odrinhas wenig gemeinsam. Dies hat eher die Bekrönung eines monolithen Altars, ALG 5, der mit seinem Arkadenfries, der Bekrönungsbasis und dem darüberliegenden schräg gerillten Wulst dem Aufsatz ES 2 gleicht. Das bruchstückhafte Altaroberteil ALG 6 ist ohne hispanische Parallele in Form und Dekor, steht aber über seinen umlaufenden Rosettenstreifen, wie wir schon sagten, mit der genannten Giebelstelenwerkstattgruppe Faro in Verbindung.

Der Grabaltar ALG 18 mit griechischer Inschrift besitzt Volutengiebel, dahinter Rundfocus, blattbedeckte Pulvini mit Stirnrosetten, profilgerahmte Inschrift, als Nebenseitenreliefs links Vogel, rechts Traube.

Unter den Bekrönungen fehlt auch die Bekrönungsplatte allein ohne weitere Bekrönungselemente in diesem Raum nicht. Drei Altäre sind so gestaltet. Einer von ihnen, ALG 1, besitzt einen Spitzarkadenfries an der Bekrönungsbasis, der sich eher als zu den separaten Aufsätzen zu jenem Blatt*cyma* am Altar BA 37 aus Mérida stellt.

Auch der Typ mit Pulvini auf flacher Oberseite ist im Algarve einmal, bei ALG 23, vertreten. Hinsichtlich der rechteckigen Focusmulde bei ALG 3 dagegen bestehen Zweifel an deren Authentizität.

An vier Altären ist die Oberseite heute flach. ALG 4 dürfte eher ein Postament dargestellt haben, das aufgrund seiner Rankenfriesrahmung wohl noch in das 1. Jahrhundert n.Chr. gehört.

---

362 J. Alarcão, The Princeton Encyclopedia of Classical Sites (1976) s. v. Balsa, Ossonoba.

363 Taf. 152d und Inst.Neg.Madrid R 28–68–7, R 28–68–5.

120   DIE REGIONALE GLIEDERUNG DER ALTARFORMEN

In Silves saß offenbar eine in charakteristischer Weise arbeitende Werkstatt, wie ALG 12 und ALG 13 nahelegen.

Die Nebenseitenreliefs sind im Algarve, bis auf einen konventionellen Fall, thematisch recht frei gestaltet und plaziert. Unter den Profilen fallen besonders in Faro eine große Zahl von vielgliedrigen und aus 'unklassischen' Elementen zusammengesetzten auf.

Neben Monumenten mit einem durch eine graphische Auffassung gekennzeichneten Ornament steht ALG 4, das mit weiteren friesgerahmten Altären der Baetica eine direkte römische Komponente zur Geltung bringt.

2.7 SÜDHISPANISCHE GRUPPEN

Hier werden die Altarformen im wesentlichen aus der Guadalquivirniederung zusammengefaßt. Diese erstreckt sich weit aus dem Landesinneren in westlicher Richtung und öffnet sich dabei in einer Form, die einer Trompete vergleichbar ist. Von Norden her tritt die Sierra Morena auf weite Strecken direkt an den Mittellauf des Flusses. Aus den in ihr gelegenen Orten römischer Minentätigkeit sind eine Reihe von Altären bekannt. Von Südosten her engen die fundarmen Gebirgszüge Hochandalusiens den niederandalusischen Talraum ein. Es ist dies das Territorium der römischen Provinz Baetica. Lediglich die Fundorte aus den um den Oberlauf des Guadalquivir gelegenen Gebieten fallen schon auf das Territorium der Tarraconensis. Diese sind jedoch zum Guadalquivir hin orientiert[364]. Ihre Altäre werden deshalb sinnvollerweise mit denen aus der Baetica zusammen behandelt.

Im äußeren Westen sind ein Altar (H 1) wie auch ein allseitig profilgerahmtes Postament[365] von durchaus kundiger Hand gearbeitet. H 1 besitzt glatte Pulvinuszylinder und einen durchgehenden Giebel (vgl. ALG 7) auf einer vorn nicht abgesetzten Basisplatte. Seitenreliefs mit Kanne und Schale, profilgerahmte Vorderseite und die Leiste, *cyma recta*, Faszie-Profilierung zeichnen diesen Altar aus. In der Vorderseite finden sich zwei querrechteckige Vertiefungen wie an dem Ataegina-Altar in Beja (BAA 15).

Ein Altaroberteil aus dem Minengebiet am Río Tinto entspricht den beiden kleineren in Faro (ALG 7, ALG 8) und nicht jenem Typus in Odrinhas. Es ist wohl aus technischen Gründen (einfacher Stein bei einer Breite von 105 und einer Höhe von noch 55 cm) getrennt gearbeitet worden.

Der unweit Huelva zutage getretene Rundaltar (H 3) steht ganz in hellenistischer Tradition und ist wohl importiert worden, seine ehedem gute Qualität ist allerdings wegen der starken Beschädigungen nur mehr schwer wahrnehmbar.

Im Raum Cádiz haben wir heute im Grunde genommen lediglich Einzelstücke vor uns, keine verschiedenen Reihen von Altären mit gleicher Bekrönung. Keine zwei Bekrönungen gleichen sich, ebensowenig die Körper zweier Altäre.

Immerhin verbinden drei Altäre (CA 2, CA 5, CA 12) gleiche Bekrönungselemente, Pulvini, Giebel und Focus. Zwei Altäre (CA 7 und CA 8) besitzen Pulvini und Giebel und dahinter eine zum Aufsetzen eines Gegenstandes bestimmte Fläche. Damit aber sind die Gruppierungsmöglichkeiten erschöpft.

---

364 Vgl. etwa die Karte der privilegierten Gemeinden bei H. Galsterer, Untersuchungen zum römischen Städtewesen auf der Iberischen Halbinsel, MF VIII (1971).

365 Inst.Neg.Madrid B 973/1.

CA 2 und CA 12 gleichen sich in den aufgelegten Blattzungen der Pulvini, den Stirn- und Tympanonrosetten, der Seitenvertauschung der Nebenseitenreliefs Kanne und Schale und dem unabgesetzten Übergehen der *cyma recta* im Deckprofil in die Deckplatte. Ihr wesentlichster Unterschied besteht darin, daß CA 2 einen Rechteck- und CA 12 einen Rundfocus besitzt. Der dritte Altar, CA 5, ist ganz anderer Art, er ist auch nicht aus Marmor wie jene, sondern aus lokalem Stein (piedra de Espera) gearbeitet. Seine Bekrönung erinnert an SO 11, hat aber einen flachen Giebel, von dem im Süden verbreiteten Typus des Volutengiebels mit Mitteleinschnitt. Auf den vier jeweils gegenüberliegenden Körperseiten erkennen wir Kranz und Girlande.

Von den zwei Altären CA 7 und CA 8 mit der zur Befestigung eines Aufsatzes zugerichteten Oberseite ähnelt CA 8 in seinem Habitus (Stirn- und Tympanonrosetten) ganz dem Altar CA 12. CA 7 scheint sich mit seinem graphischen Stil und dem Gegenstand seiner Reliefs zu nordafrikanischen Altären zu stellen. Der gleiche Kranz und die gleiche kranzumgebene Rosette findet sich an einer der Stelen jener Gruppe aus Faro[365a], die uns schon mit Nordafrikanischem[366] verwandt schien. Auch ALG 12 besaß auf einer Nebenseite eine kranzumgebene Rosette.

Der frühflavische Altar CA 13, den wir, da eingemauert, nur von seiner Vorderseite her beurteilen können, dürfte in der Region gearbeitet, wenn auch stark stadtrömischen Parallelen verpflichtet sein.

Eine Girlande schmückte auch die Vorderseite von CA 14.

Die die Grabinschrift umgebenden *coronae lemniscatae* kennen wir auch von Rom. Hier im Raum Cádiz ist ihr häufigeres Auftreten (CA 1, CA 4) auffallend, da sie sonst in Hispanien nicht repräsentiert sind. Diese Altäre zeichnen sich zugleich durch identische Fußprofile aus, wie sie auch CA 13 besitzt und wie wir sie wiederum in Rom wiedertreffen. Die Bekrönung von CA 1 ist aber, wie es scheint, von einer in Sevilla recht verbreiteten Art mit ihrer unbestimmten, erhöhten Pulvinuszwischenzone.

Aus Baelo ist, außer CA 8, eine Reihe in Hispanien sonst selten repräsentierter Altäre bekannt. Unter CA 9 haben wir zwei heute völlig zerfallene Altäre zusammengefaßt, die vor dem Kapitol aus Steinen aufgemauert waren. Auf der monolithen Deckplatte befanden sich zwei weit zurückspringend ansetzende halbzylindrische Pulvini mit niedrigen seitlichen Fortsätzen, eher in der Art von T 4 als der Altäre in Barcelona. Der ehemalige Altar vom Nymphaeum, CA 10, besaß, dem Plan nach, Vorlagen an den vier Ecken, wohl Anzeichen einer architektonischen Eckfassung. CA 11 stellt ein kleines, reliefiertes Rundaltärchen dar, wie sie noch, dort allerdings unverziert, aus Mérida (BA 59) und Cartagena (MU 5) bekannt sind.

Heute oben flach sind CA 3 und CA 6; CA 3, von seltener, querrechteckiger Form, besaß vielleicht einen gerundeten flachen Focus. CA 6 ist durch eine profil- und perlstabgerahmte Inschrift ausgezeichnet sowie durch je eine Dattelpalme in profilgerahmtem Feld auf den beiden Nebenseiten.

Im Raum Sevilla ließen sich folgende Gruppen von Formmerkmalen bilden:
1. Grabaltäre mit Giebel, Pulvini, Rundfocus (lediglich SE 9 hat einen rechteckigen Focus);
2. Grabaltäre mit Pulvini, Rundfocus und Giebel mit senkrechtem Einschnitt an der Spitze;
3. Grabaltäre mit kompakt zusammengeschlossenen Bekrönungselementen;

365a Inst.Neg.Madrid R 28−68−7.
366 Vgl. hierzu etwa die Reliefs des Bogens in Volubilis (L. Chatelain, Le Maroc des Romains [1949] Taf. 28), einen Altar in Thuburbo Majus (A. Lézine, Architecture romaine d'Afrique [1961] Taf. 10b) und Grabstelen in Sétif (P.-A. Février − A. Gaspary, BAAlger 2, 1966/67, 11 ff.); s. auch J. M. Blázquez, Relaciones entre Hispania y África desde los tiempos de Alejandro hasta la llegada de los árabes, in: Die Araber in der Alten Welt (1969) 470 ff.

4. Grabaltar mit Volutengiebelbekrönung (SE 18);
5. Grabaltäre mit Akroteren;
6. Ehren- und Weihaltäre und der inschriftlose Altar SE 26 mit Kranz an der Vorderseite;
7. Kleine Votivaltäre;
8. Rundaltäre aus Italica, Carmona und Sechseckaltar aus Italica.

Als charakteristische Merkmale der Altäre Sevillas können wir folgende festhalten:

Die Form der Pulvini ist häufig nur leicht geschwungen; sie werden von einem gedrehten Wulst umfaßt und mit abstehenden Blattzungen belegt (z. B. SE 2).

Das Profil geht in die Deckplatte unmittelbar über ohne Absetzung[367] (so z. B. bei SE 1, SE 2, SE 34), ebenso das Fußprofil in den Sockel (etwa bei SE 5, SE 6, SE 10). Am unteren Ende des Sockelprofils wird häufig ein Torus eingeschoben.

Die Nebenseiten des Altarkörpers tragen häufiger Profilrahmung (z. B. SE 2, SE 13). Die Nebenseitenattribute Kanne und Schale werden öfter vertauscht (z. B. SE 8, SE 12–SE 14). Die Schale ist immer grifflos (z. B. SE 3)[368].

Der Sockel ist, etwa im Vergleich zu Mérida, verhältnismäßig hoch (z. B. bei SE 1, SE 2).

Dagegen entspricht der Bekrönungstypus mit Pulvini auf ausschwingenden Schräggeisa, Giebel mit Firsteinschnitt[369] und Rundfocus jener Bekrönungsform in Mérida. Stirnrosetten an den Pulvini finden sich in Sevilla wieder häufiger als in Mérida (z. B. SE 2).

Charakteristisch ist der Rundfocus mit großem Durchmesser (vgl. z.B. SE 3, SE 4). Das amorphe Zwischenpulvinusfeld bei SE 12 ff. trafen wir bereits an CA 2 mit vorgelegtem Giebel. Diese Altäre sind häufig (CA 2, SE 12, SE 13, SE 15) mit einem rechteckigen Focus versehen.

In Cádiz und Arcos de la Frontera hat auch SE 26 mit dem Kranz auf der Vorderseite seine nächsten Parallelen; dort sind es Grabaltäre.

Das Altärchen SE 35 aus Osuna übernimmt die Bekrönungs- und Sockelform von Aschenkisten, wie sie etwa aus dem Raum von Córdoba gut bekannt sind.

Besonders bemerkenswert sind die Rundaltäre von Itálica. Drei Exemplare mit reichem Reliefschmuck in Gestalt neuattischer Mänaden (SE 39–SE 41) wurden erst jüngst bei neueren Grabungen im Theater gefunden. Daneben fand sich der Sechseckaltar SE 38, der mit jenen in einem Werkstattzusammenhang stehen könnte, wie er von Gabelmann für Rund- und Achteckaltäre festgestellt worden ist. SE 32 dürfte eine davon unabhängige lokale Arbeit darstellen.

Wir verfügen hier im Raum Sevilla über eine große Zahl von Grabaltären. Der Name des Verstorbenen wird in den Grabinschriften stets im Nominativ genannt.

Bemerkenswert sind die 'klassischen Formen' wie Volutengiebel, Eckakrotere mit Palmetten, in der Profilierung die Vervollständigung des Fußprofils aus Kehle, Leiste, *cyma recta*, Leiste durch den Torus, oder, im Ornament, das lesbische Kymation, Eierstab, Zahnschnitt; an SE 21 treffen wir den einzigen Flechtbandtorus der Halbinsel, wohl lokaler Fertigung.

---

367 Diese Eigenart stadtrömischer Altardeckprofile ist an Altären aus Sevilla und Cádiz bemerkenswert.

368 Nach den Bemerkungen H. U. Nubers, 53. BerRGK 1972, 91. 107. 111, wonach Griffschale und Kanne besonders in den Provinzen auf den Nebenseiten der Altäre dargestellt werden, würde sich in der Wiedergabe von griffloser Schale und Kanne in Sevilla eine stadtrömische Komponente manifestieren.

369 Auf die Herleitung dieses Giebels vom Doppelvolutengiebel, die wir oben bereits kurz andeuteten, führt auch die Betrachtung eines Altars wie jenes vor dem Antiquarium in Karthago, der den Firsteinschnitt und die Doppelvoluten besitzt.

Verhältnismäßig wenig Altäre sind dagegen aus einer Provinzhauptstadt vom Range Córdobas erhalten.

Die Bekrönung durch Giebel, Pulvini, Focus finden wir auch hier vertreten, jedoch treffen wir Kanne und Schale hier, im Gegensatz zu Sevilla, so gut wie immer in Regelposition. CO 1 datiert wohl aus dem 3. Jahrhundert n.Chr. mit seinen unsicher gearbeiteten Profilen und der wortreichen Inschrift.

Altäre mit Kompaktbekrönung ohne Focus sind vertreten.

Die allgemein geringe Qualität (etwa bei CO 5, CO 6 und CO 8) ist bemerkenswert.

Zweimal fällt als Eigenart eine überschmale, ein Karnies begleitende Faszie auf (CO 2, CO 17). Auffallend ist auch die *cyma reversa* mit die konvex gewölbte Seite begleitender Faszie bei CO 10—CO 12, CO 14; die Taurobolienaltäre CO 10 und CO 11 sind in das 3. Jahrhundert datiert. In diese Zeit gehören also auch die bandumfaßten Pulvini, wie sie außer CO 10 und CO 11 noch CO 14 besitzen und CO 1, der zudem mit CO 14 die in vier Sektoren geteilten Pulvinusrosetten gemeinsam hat.

Der Unterschied im Bild der Altäre von Córdoba zu jenen von Emerita Augusta, der Hauptstadt Lusitaniens, ist überraschend.

Die Formulareigentümlichkeit ... *pia* (oder *pius*) *in suis*...[370] schließt die Grabaltäre und Grabstelen des Raumes am oberen Guadalquivir und seinen Nebenflüssen zusammen.

Zwei Altäre, J 1 und J 9, zeichnet eine Bekrönungsplatte mit in Relief vortretenden Giebel, Pulvini bzw. Akroteren aus. Beiden gemeinsam sind auch in den Profilen die steile *cyma recta* mit Faszie. Die *cyma reversa* mit Faszie am konkaven Teil der *cyma* (etwa bei J 9 und J 6) scheint eine Besonderheit des Werkkreises darzustellen, der keine Nebenseitenreliefs anbringt und auch sonst auf Dekor, etwa bei den Pulvini, verzichtet. An J 2 wird im Deckprofil eine Kehle und am Sockel ein Wulst hinzugefügt, zusätzlich eine Profilrahmung der Inschrift. Wahrscheinlich trug dieser Altar einen bekrönenden Aufsatz der Art, wie ihn J 10 darstellt. J 10, mit Köpfen in den Pulvinusstirnen[371], die, wenn auch namenlos, doch eine Parallele in M. J. Vermaseren, CIMRM[371a] II Nr. 1685 Abb. 431—434 besitzen; der geflügelte Kopf im Tympanon des Giebels dürfte einen der mithräischen Windgötter darstellen. Die Einansichtigkeit des Aufsatzes könnte also von seiner Aufstellung in einem engen Mithräum herrühren.

J 8 als Säulchen mit Basis und focustragendem Kapitell kann mit Vermaseren a.O. Nr. 2028 Abb. 532 verglichen werden.

Fragmentierte Pulvini von Monumentalaltären stellen die Bruchstücke J 3—J 5 dar. Der Unterschied ihres Dekors zu jenem der Vertreter dieser Gattung in Katalonien und Südbeira ist bemerkenswert.

Sehr interessant sind die Altarstelen aus dem Raum von Jaén. J 7 wird man noch als Iupiteraltar bezeichnen dürfen, wenn er auch im Aufbau ganz einer größeren Grabstele entspricht und wie diese nur ca. 15 cm Tiefe besitzt.

Beziehungen in den nordöstlichen Küstenraum sind deutlich erkennbar.

---

370 Vereinzelt schon in Sevilla: SE 15, SE 17.
371 Das einzige hispanische Beispiel außerhalb Kataloniens für Köpfe an der Pulvinusstirn; vielleicht darf darin eine Bestätigung der von G. Alföldy (mündlich) gemachten Beobachtung gesehen werden, daß Gattungen von Inschriftträgern aus Castulo Parallelen in Tarraco finden. Die Monumentalpulvini im Raum Jaén stellen einen weiteren Beweis dar.
371a Corpus Inscriptionum et Monumentorum Religionis Mithriacae.

3. Zu einigen Gattungen von Altären und den Stelen/Altar-Mischformen

Zumeist sind die Altäre monolith aus einem Quader gearbeitet. Ihre Proportionen, die Form der Bekrönung, der Profile, die Behandlung von Körper und Sockel sind einem Wechsel unterworfen, den wir darzustellen versucht haben. Die Form des ungerahmten Altarkörpers überwiegt bei weitem. Vereinzelt ist eine Verjüngung nach oben zu beobachten[372] oder ein Einziehen der Seiten. Die Rahmung erfaßt in der Regel nur die Vorderseite, oft auch nur die Inschrift. Die Nebenseiten oder gar die Rückseite sind nur selten gerahmt; aber nur dann würde man von einer profilgerahmten Grundform sprechen können[373]. Im Südwesten ist vereinzelt eine oben gerundete Rahmung anzutreffen. Auch die architektonisch aufgebauten Altäre mit Ecksäulen wie etwa BA 52 oder Eckpilastern wie etwa BA 51 und CA 13 sind außerordentlich selten. Allein in der Baetica und in der lusitanischen Hauptstadt waren profilgerahmte und architektonische Altäre verbreitet. Sie offenbaren Beziehungen zum Mutterland, die eigenartigerweise in Tarraco nicht zum Tragen kamen. Dort gab es zwar eine Reihe an ihrer Vorderseite gerahmter Altäre, doch scheint Tarraco eher für die Vermittlung des sog. postamentförmigen Altars eine wichtige Rolle zuzukommen.

Nicht überall stand ein behaubares Gestein zur Verfügung[374]. So errichtete man Altäre auch aus mit Mörtel gebundenen Bruchsteinen und Ziegeln und gab ihnen dann mit dem Stuckbewurf ihre endgültige Form. Nur einer dieser Altäre ist heute noch erhalten (ES 8). An die Stelle einer Profilrahmung tritt hier die auf einer Nebenseite noch erhaltene Rahmung durch einen roten Farbstreifen.

Zu weiteren Formen von Altären sollen im folgenden einige zusammenfassende Bemerkungen gemacht werden.

3.1 MONUMENTALE ALTÄRE

Die Vermittlung der monumentalen Altäre in das Ebrobecken, nach Südbeira, Cuenca und Jaén dürfte vom katalanischen Küstenraum aus erfolgt sein. Wir dürfen dies vermuten, weil dort der hispanische Verbreitungsschwerpunkt solcher Altäre liegt und sich aus den übrigen Zeugnissen der Halbinsel keine zeitliche Priorität ersehen läßt. Außerdem weisen Formdetails der von uns betrachteten Denkmäler aus jenen Räumen mehrfach in die nordöstliche Küstenzone der Tarraconensis und bezeugen somit Verbindungen, die durch die gleichzeitige Anwesenheit auch der monumentalen Altäre auf das glänzendste bestätigt werden.

---

372 Vgl. W. Hermann, Römische Götteraltäre (1961) 12. Der auf seiner Vorderseite leistengerahmte Altar BA 25 verjüngt sich ebenfalls nach oben. H. Gabelmann, BJb 177, 1977, 225 weist darauf hin, daß die profilgerahmten Altäre Oberitaliens sich im Gegensatz zu den postamentförmigen nicht verjüngen.

373 s. Gabelmann a.O. 218 Anm. 81. Die hier genannten Grabaltäre aus Tarraco mit Profilrahmung sind nur an der Vorderseite gerahmt. Zu der Auffassung, hierin eine örtlich und zeitlich bedingte Eigentümlichkeit fassen zu können, tritt neuerdings die Meinung, die Profilrahmung (bei Meilensteinen) sei ein Kennzeichen von Gemeinden gestifteter Inschriften (R. Nierhaus, JbSchwGesUrgesch 59, 1976, 307).

374 Zu den auf der Iberischen Halbinsel vorkommenden Gesteinen s. Mapa Litológico de España Peninsular e Insular (1970). Zur Herkunft von Marmoren s. W. Grünhagen, Farbiger Marmor aus Munigua, MM 19, 1978, 290–306 Farbtaf.

Die lokalen Werkstätten variieren den Dekor und auch die Form der Teile, eine Tatsache, aus der wir die Berechtigung unserer Untersuchung schöpfen.

Basen solcher Altäre sind in der sog. Necrópolis Cristiana in Tarragona zutage getreten[375]. Auf einem zweistufigen Unterbau erhob sich der Altarkörper, zu dem eine weit vortretende und nur leicht ansteigende *cyma reversa* auf niedriger Faszie überleitete. Auf einem der Sockel[376] war noch die unterste Quaderreihe des Altarkörpers in situ erhalten, dessen Kern aus Bruchsteinmauerwerk bestand.

Unter den Bruchstücken dieser Altäre[377] ist u. a. der Teil eines Pulvinus mit einem Frauenkopf im Zentrum der Stirnrosette erhalten (T 80), dessen Haartracht mit jener der jüngeren Faustina verglichen werden kann. Der zugehörige Altar wäre demnach im späteren 2 Jahrhundert n.Chr. entstanden. Große, deutlich als solche erkennbare Porträtköpfe werden an den Pulvinusstirnen entsprechender Altäre in Narbonne[378] dargestellt.

Aus einem im dortigen Musée Lapidaire unter der Nr. 1525 aufbewahrten Pulvinus geht hervor, daß an seinem Ansatz nicht unmittelbar ein weiteres Element der Altarbekrönung anschloß; denn er ist an dieser senkrechten Seite mit Blattschuppen dekoriert. Auf der Halbinsel kennen wir bislang keinen an gleicher Stelle mit Reliefschmuck versehenen Pulvinus.

In Analogie zu den monolithen Altären Barcelonas kann zwischen beiden Pulvini ein Giebel gesessen haben. Lediglich von den Rundpulvini, die wir unter B 45 zusammengefaßt haben, wissen wir, daß sie aufgrund ihres allseitig ausgeführten Dekors freiplastisch auf der Altaroberseite ihren Platz gefunden haben müssen.

In Barcelona tritt in der Regel an die Pulvinusstirn der Monumentalaltäre ein Medusenhaupt, und zwar an beiden überlieferten Bekrönungsformen, jener mit Rundpulvini (B 45) und jener häufigeren, welche Pulvini mit jeweils zur Mitte gerichteten Fortsätzen besitzt. Unter den Gorgoneia lassen sich drei Varianten des einen 'menschlichen' Gorgoneiontypus[379] scheiden. B 21, B 27, B 45, B 46 sind geeint durch die gewunden zu den Brauen züngelnden Schlangenköpfe und die Plazierung des Flügelpaares über dem Scheitel. Eine zweite Variante trägt die Flügel seitlich an der Stirn und besitzt nicht die zu den Brauen geführten Schlangenköpfe (B 24, B 44). Die dritte ist an dem gewaltigen, sich sträubenden Haarkranz erkennbar (B 48). Die Serie hat noch nicht die Stilstufe der Gorgoneia der Clipei vom severischen Forum in Leptis Magna[380] erreicht. Der Medusenkopf B 48 gleicht in seiner plastisch ungeschmälerten Haarfülle dem Gorgoneion einer hadrianischen Büste[381] und dürfte am Beginn der Reihe stehen. Die Entstehung der Altäre wird demnach im 2. Jahrhundert zu suchen sein.

Nur eine Pulvinusstirn unter den Monumentalaltären im katalanischen Raum (B 47) ist mit einer Sechsblattrosette einer besonderen, reichplastisch aus zwei Blattkränzen aufgebauten Form geziert. Dieses Motiv ist an den Altären der Gattung in Südbeira fast ausschließlich zur Geltung gekommen. Die Sechsblattrosette hat hier die graphisch abstrakte Form einheimischer Stelen, dementsprechend

---

375 J. Puig i Cadafalch, L'arquitectura romana a Catalunya (1934) 144 Abb. 174–176. – Von den monumentalen Grabaltären ist keiner ganz erhalten. Sicher verbergen sich noch Teile von Sockeln, Körpern und Gesimsen unter Fundmaterialien in den Museen.
376 Ebenda Abb. 174.
377 Ebenda 144.

378 Musée Lapidaire Nr. 1525. 1526. 1625. 1715. Espérandieu I Nr. 659.
379 E. Buschor, Medusa Rondanini (1958) 22 ff.
380 M. Floriani Squarciapino, Sculture del Foro Severiano di Leptis Magna (1974) 65 ff. Taf. 25 ff.
381 Buschor a.O. Taf. 33,3, oder den Gorgoneia eines hadrianischen Girlandensarkophags im Lateran, J. M. C. Toynbee, The Hadrianic School (1934) Taf. 43,1.

sehen wir sie auch als Wirbelrosette (BEB 15) und als Vielblattrosette auch mit doppeltem Blattkranz (BEB 11, BEB 13)[382].

In gleicher Form ziert sie die Stirn eines monumentalen Pulvinus in Mérida (BA 53), der sich auch durch die Wirbelrosette auf der Front des Ansatzstückes zu jenen Pulvini in Südbeira stellt. Die Schäfte dieser Pulvini waren im Gegensatz zu jenen in Barcelona nicht mit einem Blattschuppendekor versehen. Ein solcher Dekor kennzeichnet auch die Altäre in Navarra (NA 8, NA 20, NA 23), Cuenca (CU 6) und Jaén (J 3–J 5). Die Schuppen haben ein gerundetes Ende oder sind zugespitzt. Durch Mittelgrat, -rippe oder -rille verraten sie ihre vegetabilische Abkunft. NA 23 zeigt als einziger große Akanthusblätter, die durch auffallende Bohrrillen und -löcher unterschattet sind. Das doppelachtförmige Geschlinge an der Stelle des *balteus* ist nichts anderes als der Knoten (sog. Heraklesknoten) von B 22, der die den Pulvinus hier umfassenden, gedrehten Stricke schürzt. Die Gestaltung der Mitte des Pulvinusschaftes ist an keinem der erhaltenen Beispiele identisch gelöst. In Jaén hat man quer den Schaft umfassende Bänder mit in gleicher Richtung geordneten Schuppen versehen (J 4, J 5) oder mit zwei sich kreuzenden Bändern (J 3). Von der Mitte des Schaftes aus laufen die Schuppen nach beiden Richtungen. Darin unterscheiden sich unsere Altäre von dem kolossalen Pulvinus[383] der Ara Ditis Patris et Proserpinae, an dem die Blattschuppen unter dem *balteus* hindurch nur einer Richtung folgen[384].

3.2 RUNDALTÄRE

Rundaltäre begegnen auf der Hispanischen Halbinsel vor allem im Süden. In Form, Dekor und Verbreitung kennzeichnet sie aber nicht jene Einheitlichkeit etwa oberitalischer Rundaltäre[385]. Vielmehr stellen sie heterogene Einzelstücke dar, von denen sich zwar hin und wieder, etwa in Mérida und Italica, gleichzeitige und gleichartige Wiederholungen finden, die aber weder örtliche Voraussetzungen noch Nachfolgen erkennen lassen[386].

Die dekorierten unter ihnen erlauben die Gewinnung einer zeitlichen Vorstellung, sie dürften dem ausgehenden 1. Jahrhundert v. Chr. und noch der 1. Hälfte des 1. Jahrhunderts n. Chr. angehören, also einem relativ kurzen Zeitraum innerhalb der langen, bis in die Spätantike reichenden Lebenszeit hispanischer Altäre.

---

382 BEB 11, dessen Ansatz in einem zweiten kleineren Pulvinus mit rosettengeschmückter Stirn endet, dürfte mit getrennt gearbeiteten Altaraufsätzen wie etwa ES 2 verwandt sein.

383 H. Stuart Jones, The Sculptures of the Palazzo dei Conservatori (1926) 13 Nr. 20 Taf. 5; E. Nash, Bildlexikon zur Topographie des Antiken Rom (1961) I 59 Abb. 56.

384 Neben den pompejanischen Grabmälern in Altarform werden große Altäre in Italien auch anderenorts bezeugt. s. den ursprünglich wohl 3 m langen Pulvinus aus dem samnitischen Terventum (Trivento). Dazu und zu zwei weiteren Fragmenten aus demselben Ort s. M. Matteini Chiari, Terventum, in: Ricognizione archeologica e documentazione cartografica, Quaderni dell'Istituto di Topografia Antica della Università di Roma 6, 1974, 156 Abb. 13.

385 H. Gabelmann, Oberitalische Rundaltäre, RM 75, 1968, 87 ff. Taf. 19–26.

386 Zu einem fragmentierten Rundaltar aus dem Theater von Málaga vgl. P. Rodríguez Oliva, Un ara romana en Málaga, Jábega 15, 1976, 77–80, datiert in das 1. Jh. n. Chr. Vier Rundaltäre aus den Theatern von Itálica und Mérida: J. M. Luzón, Die neuattischen Rund-Aren von Italica, MM 19, 1978, 272 ff.; García y Bellido, Esculturas romanas Nr. 410 Taf. 292.

Der auf das Jahr 3/2 v.Chr. inschriftlich datierte Altar MI 9, welcher die bekannte Persönlichkeit des Paullus Fabius Maximus[387] als Legaten nennt, ist zwar ohne Dekor; doch sind an ihm die Schmuckbänder am oberen und unteren Ende der Trommel hellenistischer Altäre[388] als leicht erhöhte Zonen noch zu beobachten. Auch das Fußprofil entspricht mit Torus und Kyma zwar nicht der Form, aber immerhin dem Schema der Profile hellenistischer Altäre.

Auch der Altar H 3 kann in seinen niedrigen und breiten Proportionen, den Profilen und der von Eroten getragenen, bandumwundenen Blattgirlande als durchgehender Strang seine hellenistische Abkunft nicht verleugnen.

An zweien der drei gleichartigen Altäre in Mérida (BA 60–BA 62) sind die Girlanden bereits an den Hörnern der Skelettbukranien aufgehängt. Die Altäre dürften schon in tiberische Zeit gehören. Einer der Altäre (BA 60) ist aus irgendwelchen Gründen nicht vollendet worden. Die Profile sind zwar ausgeführt und geglättet, der Bukranien- und Girlandendekor jedoch in Bosse stehen geblieben. Ein solcher Werkvorgang war offenbar nicht nur auf oberitalische Sarkophage und Altäre beschränkt[389].

Das ornamentierte lesbische Kymation am Fußprofil der Altäre aus dem Theater in Italica (SE 39–41), die die Reliefs tanzender neuattischer Mänaden und Satyrn tragen, zeigt ausgeprägtere Ösen zwischen den Blättern des Herzkymations als die Altäre in Mérida und ist wohl ab tiberischer Zeit möglich[390]. Die beiden einzigen Bruchstücke von Altären oder Basen mit neuattischen Figurentypen (CA 11 und BA 63a) sind durch diese Altäre aus Italica in ein neues Licht gerückt worden. Auffallend ist die quadratische Bodenplatte dieser neuattischen Altäre; die hispanischen Rundaltäre sind sonst alle, bis auf BEL 10, mit zylindrischer Standplatte versehen[391]. Der gleichzeitig im Theater zutage getretene sechseckige Altar mit tordierten Ecksäulen ist singulär in Hispanien. In Nordafrika war er nicht häufig, aber durchaus vertreten. Mehrere Beispiele werden aus Lambaesis genannt[392].

Die beiden glatten Rundaltärchen BA 59 und MU 5 sind nur durch das nichtornamentierte *cyma* allein an Sockel und Gesims profiliert[393]. Vermutlich gehören sie einem unbestimmbaren späteren Zeitabschnitt an.

Die Form des im südlichen und westlichen Teil der Halbinsel vereinzelt auftretenden Rundaltars ist von den Werkstätten nicht generell aufgegriffen worden. Der Girlandendekor der frühkaiserzeitlichen Altäre Emeritas scheint im Süden bereits Vorläufer[394] gehabt und in Emerita[395], Hispalis[396] und Corduba[397] selbst dankbare Aufnahme gefunden zu haben.

Ein sicher im Lande gearbeiteter und dazu noch einem einheimischen Gott mit dem Namen Tabudicus geweihter Altar (BEL 10) ist mit einer von zwei Bukranien gehaltenen Blattgirlande geschmückt. Man hat ihn aufgrund dieses Dekors und paläographischer Gesichtspunkte in die 1. Hälfte des 1. Jahr-

---

387 RE VI (1909) 1783 s. v. Fabius Nr. 102 (Groag).
388 H. Gabelmann a.O. 90 Anm. 22; D. Levi, ASAtene 23/24, 1961/62, 547 Abb. 70. 71; M. Honroth, Stadtrömische Girlanden (1971) Taf. 1,1.
389 s. H. Gabelmann, BJb 177, 1977, 205.
390 Vgl. F. J. Hassel, JahrbRGZM 22, 1975, 149 Abb. 5. 6.
391 Meist fehlt diese ganz an hellenistischen und oberitalischen Rundaltären: H. Gabelmann, RM 75, 1968, 88.
392 St. Gsell, Les monuments antiques de l'Algérie II (1901) 46 Anm. 3. Vgl. auch E. Pfuhl, JdI 20, 1905, 86 f.
393 Am Deckprofil von MU 5 vermittelt zwischen *cyma* und Deckplatte zusätzlich noch eine Kehle. Somit ist das Altärchen reicher profiliert als vergleichbare Exemplare aus Pompeji (E. Pernice, Die hellenistische Kunst in Pompeji V [1932] 70 Taf. 42,1), die aus Travertin, Tuff, Marmor und Ton gearbeitet wurden. C. G. Yavis, Greek Altars (1949) Abb. 83.
394 In Córdoba: A. M. Vicent, ArchEspArq 45–47, 1972–74, 113 ff. Abb. 3.
395 García y Bellido, Esculturas romanas Nr. 418 Taf. 298 f.; Vicent a.O. 124 Anm. 3.
396 Ebenda 124 Anm. 4 Abb. 14.
397 Ebenda 124 Abb. 13.

hunderts n.Chr. datiert[398]. Die Verjüngung des Schaftes und die manschettenartigen Streifen an dessen oberem und unterem Ende, wie sie noch MI 9 auszeichnen, sind hier nicht mehr zu beobachten. Das Fußprofil mit Torus, *cyma* und Kehle bildet jedoch einen ähnlich schwer voluminösen Ring. Als einziger der hispanischen Rundaltäre steht er auf einer rechteckigen Sockelplatte.

Nicht ohne die Kenntnis dieses Rundaltars ist wohl die Entstehung des Achteckaltars BEL 16 zu sehen, dessen Form in einem engen typologischen Zusammenhang zu den Rundaltären steht. Sein facettierter Schaft trägt nur die Inschrift. Das einzig erhaltene Fußprofil entspricht dem eines Rundaltares: Rundstab, *cyma* und Torus. Die relativ hohe Sockelplatte folgt der achteckigen Form des Fußprofils. Neben der reich ornamentierten oberitalischen Gruppe dieser Altäre gibt es nur seltene Beispiele für diese Altarform, in deren Behandlungen er bisher gefehlt hat[399]. In Oberitalien besaßen beide Gattungen, Rund- wie Achteckaltäre, gemeinsame Produktionszentren und einen gleichen Zeitraum ihres Auftretens. Es ist denkbar, daß die lusitanischen Altäre aus in vergleichbarer Weise befähigten Werkstätten kommen, so daß auch dort eine Entstehung von Rundaren und Achteckaltar aus einer verwandten Wurzel verständlich wird.

Die vereinzelten und weit gestreuten Beispiele von Rundaltären und ihre unterschiedliche äußere Erscheinung geben zu erkennen, daß sie vermutlich nicht als Arbeiten aus leistungsfähigen lokalen Werkstätten allgemeine Geltung gefunden hatten und keine der oberitalischen vergleichbare geschlossene Gruppe bilden. Die Übermittlung dieser vordem hellenistischen Altarform ging voneinander unabhängig vonstatten über die Hafenstädte Malaca und Carthago Nova, das offene untere Guadalquivirtal, die Provinzhauptstadt Emerita und die beiden Zentren im mittleren Westen Aeminium/Coimbra und Bracara Augusta. Sie erreichte die Halbinsel von verschiedenen Ausgangspunkten sicherlich nicht zur gleichen Zeit, wenn allerdings doch wohl kurz vor und im 1.Jh. n.Chr. Ein in Lyon zum Vorschein gekommener Rundaltar könnte einen parallelen Vorgang bezeugen, wenn es sich dabei tatsächlich um einen verbürgten Bodenfund aus ungestörten Schichten handelte[400].

3.3 GETRENNT GEARBEITETE ALTARBEKRÖNUNGEN

Aus Gründen, die in der Natur des Werkmaterials gelegen haben mögen oder vielleicht auch durch die handliche Maße übersteigende Größe des Monumentes bedingt waren, hat man den Teil im Aufbau der Altäre, welcher den Körper oben abschließt, zuweilen getrennt gearbeitet[401]. Beispiele für eine solche Werkpraxis liegen aus Tarragona (T 66) und Río Tinto (H 2) vor. J 10 verkörpert eine separate Bekrönung singulärer Form, deren große, protomengeschmückte Pulvini formal mit jenen katalanischer monumentaler Altäre verglichen werden können. Eine an Zahl reiche Gruppe gleich aufgebauter und im Gegensatz zu den genannten Aufsätzen aus Tarragona und Río Tinto ornamentierter Bekrönungen verteilt sich im wesentlichen auf die zwei Orte Coimbra und Odrinhas, wo auch die Werkstätten zu suchen sind. Wir kennen aus Hispanien keine separaten Altarabschlüsse dieser Art mehr. Da es auch sonst an Parallelen mangelt, wäre man geneigt, sie für Erfindungen der genannten

---

398 M. Cardozo, Conimbriga 2/3, 1960/61, 223ff. Abb. 1. 2.
399 H. Gabelmann, Achteckige Grabaltäre in Oberitalien, AquilNost 38, 1967, 18ff.; W. Hermann, Römische Götteraltäre (1961) 31.
400 So z.B. H. Dragendorff, JdI 52, 1937, 117ff.

401 Auch um einen Hohlraum, der die Asche barg, zu verschließen. Vgl. B. Candida, Altari e cippi nel Museo Nazionale Romano (1979) Nr. 4. 5. 7. 10. 11. 25. 26. 28. 30. 32 (Aschenurne). 35.

Werkstätten zu halten. Dies mag für den eigenwilligen Dekor auch zutreffen. Für den Aufbau dieses Elements und seine Stellung in der Tektonik des Monuments gilt es dagegen nicht. Zwei zusammengehörige Grabsteine aus Mainz[402] besitzen entsprechende Altarbekrönungen. Gewiß folgt die Gestaltung der Zwischenpulvinuszone den lokalen Gegebenheiten. Die Seiten der Bekrönungssockelplatte sind jedoch bei beiden, den germanischen wie den lusitanischen Altarbekrönungen der Ort reicher Ornamentierung. Übereinstimmungen liegen auch in der Tektonik der Monumente. Die Aufsätze der Mainzer Denkmäler ruhen unmittelbar auf dem Körper und sind weder durch vorkragende Deckplatte noch Profile abgesetzt. Solche Teile können natürlich, wenn sie einzeln gearbeitet waren, verlorengegangen sein. Aber auch für die zahlreichen Altaraufsätze in Mittelportugal sind weder Deckplatten noch Profile erhalten, so daß die Rekonstruktion eines Grabaltars (ES 16) im Museum von Odrinhas in einer den Mainzer Steinen gleichenden Weise vorgenommen worden ist[403].

Die Arbeiten sind nicht einheitlich. Neben einer plastischen Auffassung des Dekors steht eine flach graphische Sehweise, in der etwa BEL 9 und ES 27 gehalten sind. Beide Altäre besitzen einen durchgehenden Giebel und waren nicht von einem aufgesetzten Gegenstand bekrönt, der von einer etwa auf Höhe der oberen Pulvinusperipherie liegenden Fläche, in die ein Dübelschlitz eingelassen ist, aufgenommen werden sollte (BEL 6—BEL 8). Eine dritte Variante weisen die Aufsätze von Odrinhas auf. Hier liegt zwischen den Pulvini und hinter den deren Stirnen verbindenden Schranken eine unregelmäßig vertiefte Fläche, aus der seitliche Öffnungen unter den balusterförmigen Pulvini hindurchführen. Hier konnte sich sammelndes Wasser abfließen. Die Anzahl der Öffnungen könnte auf eine Benutzung beim Versetzen des schweren Deckteils hindeuten. Die Sockelplatte der Aufsätze in Odrinhas ist in der Regel durch einen Blattzungendekor geschmückt, der sich von einem lesbischen Blatt*cyma* herleiten könnte.

An den Bekrönungen dreier monolither Grabaltäre (ALA 5, ES 17, ES 31) liegen Anklänge an die separaten Aufsätze in Odrinhas[404] vor. Deutlich ist eine solche Beziehung auch bei dem Grabaltar BEL 2 zu sehen oder dem einfachen Weihaltar BEL 5. Die monolithen Altäre sind alle mit Deckplatten und Deckprofil und dementsprechend auch mit Fußprofil und Sockel ausgestattet.

Aufgrund ihrer Ausarbeitung würde man drei auch auf den Nebenseiten profilgerahmte und zum Teil mit Reliefs versehene, Grabinschriften tragende Quader (BEL 1, BEL 3, BEL 4, letzterer ohne Reliefs) als Körper von separat bekrönten Grabaltären in Erwägung ziehen.

In der Oberseite dieser Altarkörper findet sich, soweit wir dies überprüfen konnten, keine Höhlung zur Aufnahme einer Brandbestattung, wie dies im oberitalischen Raum häufig zu beobachten ist, wo der Altar die Funktion einer Urne erhält[405]. Die separaten Aufsätze können demnach nicht als Deckel zum Verschließen solcher Behältnisse gedient haben, obwohl sie — dies sei hier nicht verschwiegen — mit ihrem nahezu quadratischen Grundriß (z. B. BEL 9, ES 15, ES 18—ES 20, ES 25) sich eher zu aus denselben Elementen aufgebauten Deckeln von Aschenurnen stellen als zu Altären, die

---

402 F. Koepp, Die Römer in Deutschland (1912) 159 Abb. 141. 142. Zwei Altäre für einen Verstorbenen sind nicht ungewöhnlich. Vgl. dazu St. Gsell, Les Monuments Antiques de l'Algérie II (1901) 46 Anm. 4; CIL VIII 7202. Vgl. auch die separaten Bekrönungen in Speyer (Espérandieu VIII Nr. 5951) und aus Buzenol (Espérandieu XIV Nr. 8399) oder aus Baden-Baden (Espérandieu, Complément [1931] Nr. 451).

403 Die Rekonstruktion vereint mit dem Altar ein weit vorspringendes Fußprofil, dessen Zugehörigkeit wegen des weiten Rücksprungs zum Altarkörper, der ja der vermittelnden Absicht des Profils widerspricht, bezweifelt werden kann.

404 ALA 5 weist zudem dieselbe Zurichtung der Oberseite zur Aufnahme eines Aufsatzes auf wie BEL 6—BEL 8.

405 G. A. Mansuelli, MonPiot 53, 1963, 47.

gewöhnlich eine geringere Tiefe als Breite besitzen. Mit ihren Ausmaßen scheinen sie aber Aschenurnendeckel bei weitem zu überragen, zumindest in den Fällen, wo wir deren Maße kennen[406].

Eine große Zahl der Aufsätze verfügt neben den Pulvinusrosetten über ein weiteres Rosettenpaar zu seiten des Mittelmotivs als weiteres Dekorelement (BEL 8, ES 2, ES 16, ES 18—ES 20, ES 23, ES 25; Voluten statt Rosetten bei ES 28, BEL 7; vgl. den monolithen Altar ALA 5). Gehen wir der Herkunft dieses Motivs nach, so werden wir zunächst zum auch in Hispanien bekannten Volutengiebel mit seinen Rosetten geführt, der die Anregung zu einer solchen Lösung gegeben haben könnte. Auch noch der einzeln gearbeitete Pulvinus mit einem Fortsatz, der in einen zweiten kleineren, gleichfalls rosettengeschmückten Pulvinus endet (BEB 11), dürfte deutlich mit derartigen Bekrönungen verwandt sein.

3.4 MONOLITHE KOMBINATION VON INSCHRIFTQUADER UND MANENALTAR

Unter den achteckigen Grabaltären Oberitaliens ist ein Exemplar[407], das auf einem breitrechteckigen Quader steht, mit dem es monolith verbunden ist. Der Altar selbst ist reich ornamentiert, und so rückt die Grabinschrift in ein profilgerahmtes Feld dieses Quaders, der allerdings nicht als Basis des Altars bezeichnet werden darf[408]; denn er ist ihm tektonisch nicht zugeordnet. Inschriftquader und Achteckaltar bilden zwei zwar untrennbar verbundene, aber trotzdem unabhängige Einheiten.

Auf gleiche Weise werden auch rechteckige Altäre mit Inschriftquadern verbunden[409]. Letztere sind dann wieder der Ort für Grabinschriften in profilgerahmtem Feld. An der Front der Altäre erscheint nun aber die Formel der Manenweihung. Bemerkenswert ist, daß diese Manenaltäre nicht profilgerahmt sind, während die Inschriften der Quader immer solche Profilrahmungen aufweisen. An den hispanischen Exemplaren (CO 7, ES 7) erfassen sie nur die Frontseite, an dem oberitalischen Inschriftquader des zuvor genannten Achteckaltars auch die Nebenseiten.

Im übrigen sind die beiden hispanischen Beispiele und das Monument in Verona von einer so auffallenden Übereinstimmung, die sich bei der seltenen Wiederholung der Form in Hispanien aus einer direkten Übernahme dieses für uns vorläufig nur in Oberitalien nachweisbaren Typus erklären dürfte.

Die offenbar wichtige Verbindung von Manenweihung und Grabinschrift war durch ein monolithes Denkmal gewährleistet. Einen einzeln gearbeiteten Manenaltar, dessen Bezug zu einem die Grabinschrift tragenden Monument verlorengegangen ist, stellt V 4 dar. Auch typologisch ist er von den Manenaltären in der monolithen Kombination unterschieden. Pulvini, Giebel und Rundfocus bilden

---

406 P. G. Guzzo, ArchCl 23, 1971, 249 Nr. 17 Taf. 65,2. Das Beispiel hat die Ausmaße H 8 cm, B 38 cm, T 37 cm. Unter den mittelportugiesischen Altaraufsätzen sind nahezu doppelt so große: ES 19: H 29 cm, B 72 cm, T 71 cm; ES 20: H 40 cm, B 73 cm, T 72 cm. — Zuweilen sind die Pulvini und Giebel der Urnendeckel gar nicht bis zur Rückseite geführt, sondern erheben sich nur in der Art eines Frontprospekts. Dies kann, wenn etwa wie bei Altmann, Grabaltäre 99 Nr. 81 Abb. 83, Angaben dazu fehlen, nur den seltenen Abbildungen der Nebenseiten entnommen werden, so z.B. G. Daux, BCH 90, 1966, 831 Abb. 4.

407 A. Levi, Sculture greche e romane del Palazzo Ducale di Mantova (1931) 85 Nr. 184 Taf. 94. Auch rechteckige Altäre können mit solchen Quadern monolith kombiniert werden: M. Labrousse, in: Mélanges Charles Picard II (1949) Abb. 4, A 18.

408 Levi a.O.

409 Verona, Museo Maffeiano: G. A. Mansuelli, MonPiot 53, 1963, 34 Abb. 2, als Beispiel aus dem oberitalischen Raum. Das Monument stand im Zentrum eines Grabbezirks.

die Bekrönung, die Vorder- und Nebenseiten des Körpers tragen profilgerahmte Relieffelder. Die ihn von selbständigen Grabaltären unterscheidenden gedrungenen Proportionen hat er vermutlich aufgrund seiner Bestimmung als Manenaltar erhalten[410].

3.5 STELEN/ALTAR-MISCHFORMEN

Der Altar als Glied einer wichtigen, wenn auch regional unterschiedlich verbreiteten Gattung von Sepulkraldenkmälern geht innerhalb dieses Rahmens Verbindungen zu anderen Gattungen ein.

So wird er zum einen auf Stelen dargestellt[411]. Hier steht er nicht im Zusammenhang einer Opfer-

---

[410] Hier ist die Zweiteilung der sonst monolithen Kombination von Inschriftquader und Manenaltar auch im Äußeren vollzogen, indem beide Teile getrennt gearbeitet wurden. Ein verwandtes Vorgehen wird an venetischen Grabstelen deutlich: Eine mit Fuß- und Deckprofil versehene Basis trägt auf der Vorderseite die Inschrift und ist von ihrer Oberseite her zur Aufnahme der Brandbestattung rechteckig ausgehöhlt. Verschlossen wird dieser Behälter durch die aufgesetzte Stele. G. A. Mansuelli, MonPiot 53, 1963, 64 Abb. 28f. Bei Altären ohne Inschrift ist damit zu rechnen, daß ein zugehöriges Basisstück verlorengegangen ist. H. Gabelmann, AquilNost 38, 1967, 26. Vgl. auch den Grabaltar auf einer Travertinbasis mit Inschrift: W. v. Sydow, AA 1973, 619 Abb. 60. 61.

[411] z. B. G. Gamer, MM 15, 1974, 214 Taf. 49a–d; s. dazu auch N. Firatli, Les stèles funéraires de Byzance gréco-romaine (1964) 40; E. Pfuhl, Das Beiwerk auf den ostgriechischen Grabreliefs, JdI 20, 1905, 89 Anm. 177; 91f.; F. Jacques, Inscriptions latines de Bourges, Gallia 31, 1973, 297ff., oder ein unübersehbares Beispiel aus Vaison: Espérandieu I Nr. 302. Zu den Darstellungen von Altären auf hispanischen Münzen: G. Gamer, in: Praestant Interna. Festschrift U. Hausmann (1982) 334–344. Die hispanischen Altarmünzen aus der Zeit des Tiberius sind Zeugnisse der hispanischen Städteprägungen kurz vor deren Ende. Sie geben Altarformen wieder, die, nicht einheimisch, der 'klassischen' Typologie entsprechen und letztlich aus dem italischen Mutterland übernommen worden sind, ohne allerdings in der Regel, entgegen der herrschenden Forschungsmeinung, reale, am Ort existierende Altäre abzubilden. Es gelingt nämlich zu zeigen, daß nicht generell auf am Ort stehende Altäre als Vorbilder zurückgegriffen wurde, sondern daß bereits im Gattungsbereich geprägte Bildformen auf den Münzen verwendet worden sind, wie etwa auf den Prägungen von Emerita und Italica. Eine Emission aus Lascuta, wohl aus der Mitte des 1. Jhs. v.Chr., folgt noch nicht einem solchen Verfahren und bringt eine von den 'klassischen' Typen unabhängige Form des Altars zur Darstellung, die auch nicht einfach als 'einheimisch' zu bezeichnen ist und in der wir einen der Altäre des hochberühmten Herakleion von Gades sehen möchten, in einer generalisierenden und vereinfachenden Darstellung. Der Altar des Augustus in Tarraco geht in der Form, in der er uns überliefert ist, nämlich auf den tiberischen Münzen, wohl kaum noch in augusteische Zeit zurück. Seine architektonisch gefaßte Gestalt ist nach unseren Kenntnissen über die Architektonisierung des Altars in den Jahren 26–24 v.Chr., der Zeit des Aufenthalts des Augustus in Tarraco, noch nicht denkbar. Die tiberischen Münzen geben also eine gleichzeitige Altarform wieder und stellen nicht in historisierender Weise einen Altar aus einer zurückliegenden Epoche dar. Auch die Quintilianpassage (Inst. VI 3,77) kann in ihrem Charakter als Witz kein konkretes Zeugnis für die augusteische Existenz des Altars oder eines bereits etablierten, wenn auch vorerst nur städtischen Kultes sein. Erst ab Tiberius werden Altar und Tempel zum Gegenstand eines Provinzialkults des Augustus auf dem 'capitolium' von Tarraco. Weitere Altardarstellungen in Hispanien sind vereinzelt, so auf dem Silberteller mit der Umschrift SALUS UMERITANA, García y Bellido, Esculturas romanas Nr. 493 Taf. 345. Auf dem Mosaik aus Ampurias mit dem Opfer der Iphigenie ist es ein aus Bruchsteinen geschichteter Altar, eine *ara temporaria*, die es wohl noch in römischer Zeit gegeben hat und deren altertümlicher Wert in dem landschaftlich geprägten Rahmen des Mosaiks den Entwurf bestimmt zu haben scheint. H. Heydemann, Das Opfer der Iphigeneia. Mosaik von Ampurias, AZ 27, 1869, 7ff. Taf. 14. Silberschale mit vier Altären: Blázquez, Religiones Taf. 2. Eine späte Darstellung eines Altars datiert wohl aus der 1. Hälfte des 5. Jhs. n.Chr. auf einem frühchristlichen Sarkophag in Écija (Prov. Sevilla) mit dem Opfer Abrahams vor einem rechteckigen Altar mit brennender Flamme. H. Schlunk – Th. Hauschild, Hispania Antiqua. Die Denkmäler der frühchristlichen und westgotischen Zeit (1978) 150f. Taf. 42. 43. Der antiquarische Wert der Darstellungen für das tatsächliche Aussehen der Altäre ist vergleichsweise gering. Der entscheidende Wert wurde bei der Abbildung in der Regel auf das Opfergeschehen als solches gelegt. Die Opfergaben und das Opferfeuer wurden gezeigt. Dem eigentlichen Altar als Träger dieser rituellen Funktion wird in der Darstellung eine sekundäre Rolle zugewiesen. Wir sehen, wie er 'funktioniert', eine unschätzbare Ergänzung, wodurch der Altar in die heilige Handlung einbezogen vor Augen steht, für die er bestimmt war. Der ebenso wie der Akt des Opfers vorübergehende Schmuck zu Fest und Opfer bereichert dieses Bild, für das die Darstellungen anschauliche Quellen liefern.

szene, vielmehr erscheinen Altäre hier nur als Beiwerk im Reliefschmuck, und ihre formale Aussage ist nicht sonderlich groß. Immerhin wird die Profilierung mehrfach gegliedert wiedergegeben, dabei bleibt sie darstellungsbedingt gewulstet oder abgestuft, eine Ausprägung, die allerdings im Verbreitungsgebiet auch an realen Altären nachweisbar ist. Bekrönungsdetails sind summarisch angegeben. Die Bedeutung solcher Altardarstellungen scheint uns darin zu liegen, daß in einem Gebiet, in dem man den Altar als Grabmonument nicht kannte, sein sepulkraler Symbolwert auf den Reliefs der Grabstelen offenkundig wird.

Zum anderen tritt seine Front an die Lang-, aber auch an die Schmalseite der *cupa*-Halbtonnen[412] (Taf. 148. 149). Hier dient sie jedoch lediglich der dekorativen Rahmung der Inschrift und erhält somit die seitlichen *ansae* der *tabulae ansatae*, wie sie einige Sarkophage aus Tarraco aufweisen[413]. Sie übernimmt dabei nicht ganz das Vierseitig-Gleichgewichtige der Flächenrahmung, sondern kann den tektonischen Aufbau mit Fußprofil, Deckprofil und Deckplatte bewahren[414].

Formelemente des Altars finden schließlich Eingang in die Ausgestaltung der Grabstelen. Hierbei kann in Einzelfällen die Verbindung beider Gattungen so eng sein, daß man in Zweifel gerät, ein Denkmal als Altar oder als Stele zu bezeichnen.

Die Iupiterweihung J 7 etwa bezeichnet eine solche Grenzposition. Möglicherweise steht sie in Werkstattverbindung mit Stelen/Altar-Mischformen, die in erster Linie zu Sepulkralzwecken gearbeitet worden sind. Ein Beispiel befindet sich im Magazin des Museo Provincial in Jaén. Hier wird ein Rundfocus durch ein dreifach horizontal gegliedertes Zwischenstück über die seitlichen Pulvinusrollen hinausgehoben, deren Stirnen mit Sechsblattrosetten geschmückt sind. Diese Bekrönung ruht auf einer hohen Deckplatte, an deren Vorderseite in *tabula ansata* die beiden ersten Zeilen der Grabinschrift stehen. Eine Faszie vermittelt zu dem schmalen, hochrechteckigen Körper, auf dessen Vorderseite sich gleichfalls in *tabula ansata* die Inschrift fortsetzt. Das nur etwa 15 cm tiefe Monument ist hinten völlig plan gearbeitet.

Ein zweites Grabmonument[415], gleichfalls im Museo Provincial in Jaén, verzichtet auf den geschilderten tektonischen Aufbau. Es ist ein Stein von 25 cm Tiefe, 46 cm Breite und einer Höhe von 92 cm, oben mit halbrundem Abschluß – eine Stele. In ihre Oberseite ist jedoch ein rundovaler Focus eingetieft, und links und rechts ragen voll über den gerundeten Umriß der Stele zwei zylindrische Pulvinusrollen heraus (Taf. 151c). Auf der Vorderseite in profilgerahmtem, rechteckigem und darüber halbrundem Feld die Grabinschrift bzw. in flachem Relief die Darstellung von Toilettengerät, von links nach rechts einem Schminkgefäß, einem Griffspiegel und einem Kamm[416]. Die Rückseite und die Nebenseiten sind rauh gepickt belassen. Wir haben hier eine Stele vor uns, die in exemplarischer Weise die in Hispanien häufige Verbindung der Stele mit den Elementen der Altarbekrönung, Pulvini, Rundfocus und Giebel, vor Augen stellt[417] (Taf. 151b).

---

412 In Barcelona jeweils an einer Langseite der *cupae*, z. B. bei Mariner, Inscripciones de Barcelona Nr. 160 (Taf. 148c) und Nr. 153 (Taf. 148b). An den Schmalseiten zweier *cupae* im Museo de Navarra in Pamplona, unveröffentlicht.

413 Alföldy, Inschriften Tarraco Taf. 127 ff. Gleiche Form der *ansae* in Oberitalien und Kleinasien. Gabelmann, Werkstattgruppen Taf. 50 u. a.; W. M. Calder, MAMA I (1928) passim. Zur Herkunft des Motivs s. jetzt F. Rebecchi, RM 84, 1977, 138 ff.

414 Ebenda Taf. 99,1.

415 C. Fernández-Chicarro, BollInstEstGiennenses 13, 1957, 161 f. Abb. 19. 20; dies., ArchEspArq 31, 1958, 191 f. Abb. 15.

416 Kein Kästchen, wie es C. Fernández Chicarro, ebenda, sehen möchte.

417 Eine weitere, oben gerundete Grabstele mit seitlichen Pulvinuszylindern im Museo Provincial, Jaén, kommt aus Santo Tomé. J. de M. Carriazo, BollInstEstGiennenses 15, 1969, 50 f. Abb. 7.

Unter dem Gesichtspunkt der Übernahme von Altarbekrönungselementen auf die Stelen müssen auch die Aedicula-Stelen mit Halbfigurennische[418] und die architektonisch gefaßten Nischenstelen, welche beide nur in Emerita Augusta gefertigt wurden, gesehen werden (Taf. 150). Diese Stelen erhalten hier oft Rundfocus und Pulvini der Altäre. Eine Stele[419] vom Aedicula-Typus mit Nische besitzt eine komplette Altarbekrönung aus Pulvini, Giebel und Rundfocus (Taf. 150a). Die Form des glatten Giebelfeldes und seine Beschriftung wie die der Pulvinusstirnen mit den Buchstaben DMS der Manenkonsekrationsformel entsprechen ganz der an Altären Emeritas gehandhabten Praxis. Die so gestaltete Bekrönung Emeritenser Stelen unterscheidet sich von den oberitalischen[420] und rheinischen[421] Gliedern dieses Typus und darf als Eigenart der in Emerita beheimateten Werkstatt angesehen werden. Sie folgt demnach der auch sonst in Hispanien beobachteten Neigung, Stelen mit den Bekrönungselementen der Altäre zu versehen.

Die eingangs genannte Rahmung der *cupa*-Inschriften und ihre Bekrönung durch Giebel und Pulvini scheint selbst noch an einfachen Stelen zu beobachten zu sein[422]. An vielen Stelen[423] dürften jedoch die Rosetten in den Zwickeln zu seiten eines Giebels oder eines Bogens (Taf. 151a), die sich in gleicher Weise an italischen Stelen[424] finden, auf die Rosetten der griechischen Schaftstelen[425] zurückgehen. Anders, wieder im Sinne der hispanischen Übernahme von Altarelementen, liegt der Fall, wenn Giebel und Pulvini freiplastisch die Stele bekrönen. Eine Serie von Stelen[426] dieser Form aus Iniesta sind im Museo Provincial von Cuenca versammelt. Eine davon erreicht eine Höhe von fast 2 m. An der Vorderseite sind die Inschriften jeweils in zwei übereinander angeordneten, gerahmten Feldern angebracht, die seitlich mit dreieckigen *ansae* versehen sein können. Hierin gleichen sie der zuvor besprochenen Grabstele in Jaén.

Zwei Grabstelen aus Portugal[427] (Taf. 151d. e) zeigen diese Bekrönungsform in eigenwilliger Ausprägung. Kleine Pulvinusrollen sitzen seitlich an der Basis hoher Spitzgiebel wie Scharniere. Ein aufrechtstehendes Fischgratritzmuster auf den zwei Nebenseiten einer der beiden Stelen spart die Schäfte der Pulvini aus, indem es sie glatt beläßt, und setzt sich auf den Giebelschrägen nach oben hin fort.

In Hispanien nehmen Stelen Altarelemente in regional verschiedener Weise auf. Dies geschieht offenbar nicht in diesem Maße in Oberitalien[428]. Die dort verbreitete Stelenbekrönung mit Giebel und Akroteren war auch eine der Altarbekrönungen, sie findet sich wie in Rom so auch in Hispanien verbreitet. In Hispanien erscheint sie allerdings in der Regel in Form der Bekrönungsplatte, vor die Giebel und Akrotere in Relief knapp vortreten.

---

418 z. B. J. M. Blázquez, ExcArqEsp 34 (1965) Taf. 15,2. 3; EAA Suppl. (1970) 723 Abb. 741. Die Stele in Sevilla hat den Fundort Mérida. García y Bellido, Esculturas romanas Nr. 280 Taf. 235.

419 Badajoz, Sammlung Calzadilla (Taf. 150a).

420 G. A. Mansuelli, MonPiot 53, 1963, 62 Abb. 25. 26.

421 H. Gabelmann, BJb 172, 1972, 94 ff.

422 z. B. aus Asturien: J. M. Iglesias Gil, Epigrafía Cántabra (1976) Taf. 117.

423 Zu Beispielen aus Emerita Augusta s. Taf. 151a und Inst.Neg.Madrid B 100, B 200.

424 G. Susini – R. Pincelli, Il lapidario Bologna (1960) Taf. 11. 12.

425 G. v. Kieseritzky – C. Watzinger, Griechische Grabreliefs aus Südrußland (1909) Taf. 12 ff.; vgl. auch H. Gabelmann, BJb 177, 1977, 228.

426 Eine der Stelen ist abgebildet bei M. Osuna Ruiz – F. Suay Martínez, Yacimientos romanos de la provincia de Cuenca, Revista Cuenca, Diciembre 1974, Taf. 7a.

427 Lisboa MNAE Inv Nr. E 6780 und E 6770 (Taf. 151d.e), aber auch sonst, z B. Stele aus Brebach im Museum für Vor- und Frühgeschichte, Saarbrücken Nr. 58/29.

428 G. A. Mansuelli, Le Stele Romane del Territorio Ravennate e del Basso Po (1967) Taf. 1 ff. s. jedoch die Stele mit Giebel und seitlichen Pulvinusröllchen aus dem samnitischen Terventum/Trivento: M. Matteini Chiari, Terventum, in: Ricognizione archeologica e documentazione cartografica, Quaderni dell'Istituto di Topografia Antica della Università di Roma 6, 1974, 172 Abb. 45.

4. Altarweihungen in Heiligtümern

Eine beachtliche Anzahl der behandelten Altäre stammt aus Heiligtümern. Von diesen selbst, von ihrer Gestaltung ist meist kaum etwas erhalten. So wissen wir auch nichts darüber, wie die Altäre dort aufgestellt waren, und müssen uns damit begnügen, ihren Fundort zu notieren, wobei wir nicht allzuselten nicht einmal die exakte Lage des heiligen Bezirks angeben können[429]. Unter diesen Voraussetzungen dürften sicher noch viele andere Weihaltäre, deren Fundumstände unbekannt sind, eigentlich in das Kapitel »Altäre in Heiligtümern« einzureihen sein, zumal die Zahl der geheiligten Plätze in Hispanien zweifelsohne das Bekannte weit überstiegen hat[430].

Auch tragbare Kleinaltäre wie SE 28 und SE 29 aus Italica standen einst wohl in Heiligtümern, so wie viele weitere dieser Altärchen an geheiligter Stelle im Privathaus Aufstellung gefunden hatten.

Wir wollen uns hier auf größere Gruppen von Altären aus mutmaßlichen heiligen Bezirken beschränken, die, als in einem Kontext stehende Weihungen, in ihrer Gesamtheit weitergehende Auskünfte vermitteln können, als dies ein Einzelfund vermag, dessen Fundzusammenhang verlorengegangen ist.

Eine auffallend große Zahl solcher Weihaltäre (ALA 25 ff.) hat der Cerro de San Miguel da Mota (Concelho de Alandroal) im Alto Alentejo überliefert. Hier befand sich ein Heiligtum des Gottes Endovellicus, dem die Altäre ausnahmslos geweiht worden sind. Zunächst sei dort kein heiliger Bezirk abgegrenzt gewesen; der ganze Hügel habe als geheiligt gegolten. Später sei dann aber ein Tempel errichtet worden, bestimmt für den Kult des Gottes und zur Niederlegung und Aufbewahrung der Weihungen[431]. Die Existenz von weiteren Baulichkeiten (»*aedeolu(m)*«) zur Aufnahme solcher Weihungen erschließt man aus Inschriften[432]. Aus den peninsularen Binnenräumen sind entsprechende Tempel nicht bekannt[433]. Auch am Ort der Vaelico-Weihungen in Postoloboso (Candeleda, Ávila) konnte F. Fernández Gómez bislang keine Reste einer Baukonstruktion gleicher Zeit finden, wenngleich er nicht ausschließt, daß sich u. U. eine solche an noch nicht untersuchten Stellen des Bezirks verbergen könnte[434]. Möglicherweise dürfen wir aber auch hier mit einem tempellosen heili-

---

429 Die nur aus den antiken Schriftquellen bekannten hispanischen Heiligtümer oder Tempel verzeichnet Blázquez, Diccionario 165f.; A. Cuenca Anaya, Un conjunto epigráfico romano en Villarrodrigo (Jaén), Habis 1, 1970, 199–203. Auch die literarisch überlieferten »Arae Sestianae« und die in den Itinerarien genannten hispanischen Ortsnamen »Ad Aras« stellen Probleme der Lokalisierung. E. Hübner, RE II 1 (1896) s. v. Ara, Arae Nr. 1. 2. 15; A. Tovar, Iberische Landeskunde. II. Teil: Die Völker und die Städte des antiken Hispanien. Bd. 1 Baetica (1974) 100; M. Montáñez Matilla, La vía romana Lisboa-Alter-Mérida, ArchEspArq 19, 1946, 360 (»Ad Septem Aras«, Station an der Straße Emerita – Olisipo). – Pomponius Mela (III 13), Ptolemaios (II 6,3) und Plinius (n. h. IV 111) überliefern drei dem Augustus geweihte Altäre, die sog. Arae Sestianae. Sie sind an der Nordwestküste der Halbinsel zu suchen; die Angaben für die genaue Lokalisierung fehlen. R. Étienne diskutiert die Probleme in: Le culte impérial dans la Péninsule Ibérique d'Auguste à Dioclétien (1958) 379–384. Über ihre Form und die Gegebenheiten der Aufstellung ist nichts bekannt, auch ein monumentaler Nachweis durch die Identifikation eines der Altäre mit CIL II 2703 ist nicht gelungen. Zu den »Arae Sestianae« vgl. auch A. Rodríguez Colmenero, Augusto e Hispania. Conquista y organización del Norte Peninsular (1979) 187 ff.

430 Dazu s. Leite de Vasconcellos, Religiões III 81. 477f. Altäre treten in der Regel nur selten bei Grabungen zutage, wie etwa die Weihaltäre aus Votivdepots im südfranzösischen Languedoc: J.-L. Fiches – M. Py – J.-Cl. Bessac, Trois dépôts d'objets votifs du Ier siècle de notre ère dans la région nîmoise, Documents d'archéologie méridionale 1, 1978, 155ff.

431 Leite de Vasconcellos, Religiões II 131 ff.; F. de Almeida, OArqPort 5, 1964, 453.

432 S. Lambrino, Catalogue des inscriptions, OArcPort 3. Ser. 1, 1967, 163 f. Nr. 87; Blázquez, Diccionario 95.

433 Blázquez, Religiones 7; ders., Diccionario 171.

434 F. Fernández Gómez, NotArqHisp (Arqueología) 2, 1973, 249f.

gen Bezirk rechnen, wie ihn die Forschung für die Räume der Meseta voraussetzt. Daß es dort bestimmte Plätze gab, die der Ausübung religiöser Praktiken vorbehalten waren, erhellt aus den angetroffenen Weihungen[435]. Die »piedras de sacrificios« einiger castros weisen ebenfalls in diese Richtung. Um sie herum vermutet man die ehemalige Abhaltung religiöser Feierlichkeiten mit Tieropfern, an denen Menschen in größerer Zahl teilgenommen haben; es gibt darüber sogar vereinzelte Berichte in römischen literarischen Quellen[436].

Das Vaelicus-Heiligtum von Postoloboso zeigt überraschende Parallelen in der Tradition des Kultes, der, wie es scheint, ohne nennenswerte Unterbrechung sich bis in vorrömische Zeit zurückverfolgen läßt, mit dem Heiligtum des Endovellicus vom Cerro de San Miguel da Mota. Schon die Namensformen beider Gottheiten gleichen sich, der Unterschied besteht nur darin, daß der Name des Endovellicus durch das Praefix eine Steigerung oder Intensivierung seiner Eigenschaften erfährt[437]. Unterschiede werden dagegen in bemerkenswerter Weise deutlich beim Vergleich der Weihungen, insbesondere der Altäre. Nicht nur deren Zahl und Qualität, auch die soziale Stellung der Weihenden ist verschieden[438]. Im lusitanischen Heiligtum befinden sich unter diesen zahlreiche römische Bürger neben Ingenui, Einheimischen, Sklaven, auch ein *eques romanus* ist darunter[439]; die Gottheit weist infolgedessen bemerkenswerte Varianten in der Schreibung ihres Namens auf. Im Heiligtum am Fuße des Almanzor dagegen sind es nur Einheimische, wenn man die acht lesbaren Weihungen von hier mit jenen siebzig des Endovellicus vergleichen darf. Diesem gelten denn auch ca. dreißig skulptorische Weihungen, während solche für Vaelicus bisher nicht bekannt geworden sind. Unter den Altären für Endovellicus gibt es hervorragend gearbeitete, versehen mit Seitenreliefs sich wiederholender ikonographischer Aussage. Die Altäre in Postoloboso besitzen als Weihungen Einheimischer ein Gepräge wie entsprechende Altäre aus ähnlich abgelegenen Gebieten, die wir hiermit eindeutig als in ihrer Ausführung durch Einheimische bestimmt definieren können, die zwar die römische Sprache und die Grundelemente des Aufbaus römischer Altäre kannten, der 'klassischen' Formgebung im einzelnen jedoch nicht folgen.

Ein ländliches Heiligtum von lokaler Bedeutung, wenn auch mit Altären für Apollon, Salus und die Laren (CC 34–CC 37), kann mit dem Platz 'Fuente Blanca' in der Nähe des heutigen Valencia de Alcántara identifiziert werden[440]. Die Gegend ist fruchtbar und reich an Quellen. Erhalten sind Reste einer römischen Quellfassung und einer Wasserleitung, die an einer später umgestalteten Stelle endet, wo die Altäre gefunden worden sind. Einer unter ihnen entspricht in seiner Form und dem Material Altären aus Mérida, wo er gearbeitet worden zu sein scheint. Die übrigen drei sind aus lokalem, grobkörnigem Granit; sie lassen nur mehr Reste von Profil (CC 34) und Bekrönung erkennen. Weihungen für Apollon und Salus kommen häufiger an Quellgewässern vor, denen Heilwirkung zugeschrieben wurde.

---

435 Vgl. etwa in Syrien: M. Pillet, Les autels de l'»el-Karassi« (Syrie Centrale), RA 6. Sér. 17, 1941, 5–17.
436 Blázquez, Religiones 7ff. 32ff.
437 Fernández Gómez a.O. 229ff.; Blázquez, Diccionario 94.
438 Wir berühren hier das Thema: Altarformen und soziale Stellung der Dedikanten und Grabinhaber bzw. Grabaltarveranlasser, d.h. die Frage, inwieweit bestimmte Altarformen Angehörigen einer bestimmten sozialen Gruppe zuzuweisen sind (vgl. etwa P. Zanker, Grabreliefs römischer Freigelassener, JdI 90, 1975, 267ff.). Die Bedingtheit von Denkmälern durch soziale Faktoren zu klären, insbesondere der Erwartung zu entsprechen, bestimmte Denkmäler seien mit Angehörigen klar umschreibbarer sozialer Zugehörigkeit zu verbinden, bedarf einer eingehenden Untersuchung. Denkmäler, die dem militärischen Leoneser Werkkreis zuzuordnen sind, haben wir bereits beispielhaft als solche gekennzeichnet.
439 CIL II 131.
440 7 km südöstlich von Valencia de Alcántara: C. Callejo Serrano, Zephyrus 18, 1967, 92ff.

Auf solche Quellheiligtümer stößt man vielerorts in Hispanien[441], wenn die Plätze auch heute diesen Charakter verloren haben. Am Quellursprung am Fuße einer Felswand in Boñar (León) etwa galt eine Weihung dem »Genio Fontis Aginees(i)«[442], an den Thermalwässern von Retortillo (Salamanca) den »Aquis Eletesibus«[443], »Aquis Sacris« ist ALG 9 geweiht. Nach der Zahl der Altäre für die Nymphen und Salus (CC 5–CC 14) zu schließen, kam den Thermen von Baños de Montemayor größere Bedeutung zu. Ein anschaulicher Bericht vergegenwärtigt noch die Fundsituation der unter VI 1 (Nymphenaltar) zusammengefaßten Altäre, die gleichfalls am Fuß einer Felswand bei einer Quelle aufgefunden wurden. Von diesen Weihungen oft einfachster Art unterscheiden sich jene im Quellheiligtum der Heilthermen von Caldas de Montbuy, die nach dem Vorbild Tarraconenser Werkstätten gut gearbeitet sind, wobei die Form des Postaments statt der des Altars (B 54, B 55) bevorzugt worden zu sein scheint. Dem Platz der Fontes Tamarici (P 3) schrieb man nach Plinius (nat.hist. 31, 23–24) sogar die Qualitäten einer Orakelstätte zu, da das Wasser in einem unerklärlichen Rhythmus versiegte und wieder zutage trat.

Die Örtlichkeiten der genannten Heiligtümer sind durch ganz bestimmte Vorzüge ausgezeichnet. Unbekannt geblieben sind uns dagegen bis heute die lokalen Qualitäten eines Heiligtums am Platze des Dorfes Cavernães, 8 km. nordöstlich von Viseu. J. Untermann hat dessen Existenz aufgrund dreier Inschriften (BEA 3) erschlossen[444]. Der Name des hier verehrten Gottes ist Luru. Über seine Eigenschaften geben die Texte keine Auskunft. Auf dem Stein CIL II 413 ist der Kopf eines Boviden dargestellt; daß es sich um eine männliche Gottheit handeln muß, hat Untermann gezeigt. Die unprofilierte Form des Altars mit kräftiger Deckplatte, Pulvini und Giebel ist in ländlichen Heiligtümern einheimischer Gottheiten geläufig.

Im Museo de Castrelos in Vigo werden 13 Altäre und Altarteile aufbewahrt (PO 16 ff.), die auf dem steil über dem Atlantik sich erhebenden Berg »El Facho« am Westende der Halbinsel von Morrazo (Vigo) entdeckt worden sind. Sie verbindet eine deutliche formale Abhängigkeit. Drei scheinen sogar nicht nur in derselben Werkstatt und zur selben Zeit gearbeitet, sondern sogar von derselben Hand ausgeführt worden zu sein[445]. Gottheit und Dedikant dürften identisch sein, auch sind Unsicherheiten in der Orthographie allen drei Altären gemeinsam. Ein zuweilen recht hoher (so z. B. bei PO 18) bossierter Sockel diente der Verankerung. Von ihm leitet eine Schräge zu dem rückspringenden Körper über, der auf seiner Vorderseite die Inschrift mit großen Lettern in ungerahmtem Feld trägt. Über der Inschrift folgt ein nur knapp hervortretendes, einfaches Deckprofilelement in Form einer gewulsteten Faszie, das auch nur schwach horizontal markiert ist. Darüber liegt eine außerordentlich hohe, mehrfach horizontal gegliederte Zone, die auf der Vorderseite und den Nebenseiten dem Dekor vorbehalten bleibt. Dieser besteht aus geradlinig sich kreuzenden Rillen in Form eines X oder aus Arkaden und Nischen. Die oben den Altar abschließende Bekrönung ist detailliert mit zylindrischen glatten Pulvini gearbeitet, die an der Stirn mehrmals eine zentrale Vertiefung tragen. Überdies zeichnet ein Rundfocus (bei PO 23 sind es vier Rundfoci quer in einer Reihe) die Altäre aus; er liegt auf Höhe der oberen Pulvinusperipherie. Der Giebel in der Pulvinuszwischenzone scheint hier bemerkenswerterweise keine Rolle zu spielen. PO 23 ist, wie wir bereits andeuteten, mit vier Foci ausgestattet und bestätigt somit die im Nordwesten beobachtete Tendenz zur Vervielfachung der Foci. Im übrigen ent-

---

441 Blázquez, Religiones 167 ff.; ders., Diccionario 132 ff. s. v. Ninfeo de Santa Eulalia de Boveda (Lugo).
442 Blázquez, Diccionario 101 f.
443 Ebenda 28.
444 J. Untermann, ArchEspArq 38, 1965, 18 ff.
445 Aras de Donón 72 ff. Nr. 1–3.

spricht er den anderen Altären vom Platze, wenn er auch auf der Vorderseite unterhalb der Bekrönung eine scheibenförmige Vertiefung statt der Arkaden oder Nischen zeigt. An dem Altar PO 25 mit unleserlicher Inschrift ist die sonst sehr hohe Ornamentzone auf gewöhnliche Deckplattenbreite reduziert.

Am Platze des Ortes Lourizán fanden sich, verbaut in Häusern, drei Altäre (PO 8—PO 10) sowie ein mit einem figürlichen Relief versehener Granitblock[446]. Zwei der Altäre sind Weihungen für Vestio Alonieco. Den dritten Altar, von dem nur mehr der obere Teil erhalten ist ohne die Inschrift, und das Relief hat man auf denselben Gott bezogen, der mit Hörnern und großen gespreizten Händen dargestellt wird. Als einer der seltenen Abbildungen einer einheimischen Gottheit kommt diesem Relief große Bedeutung zu[447]. Um so bedauernswerter ist es, daß unsere Kenntnis des hier erschlossenen Heiligtums auf die wenigen genannten Stücke beschränkt bleibt. Die Altäre zeichnen sich wieder durch die zwischen Inschrift und Bekrönung geschobene hohe Zwischenzone aus, die linear mit Swastikaornamenten über Arkaden dekoriert ist (PO 9). Die Profilierung bleibt in diesem Fall auf eine gewulstete Faszie als vermittelndes Glied beschränkt. Bei dem dritten Altar (PO 10) ist dieses Element verdreifacht, leitet dann aber zu einer nicht ornamentierten gewöhnlichen Deckplatte über. Die Verbreiterung der Zone zwischen Inschrift und Bekrönung bleibt jedoch auch hier beachtet. Detailliert ist aus dem rauhen Granit die Bekrönung mit Zylinderpulvini, Giebel und Focus herausgearbeitet. Eine Vereinfachung der überkommenen Form geht also nicht auf Kosten der Wiedergabe der einzelnen Bekrönungskomponenten.

Beide im Nordwesten der Halbinsel gelegene Heiligtümer zeichnen sich durch eine große Zahl recht bezeichnender Altarformen bzw. durch das Hinzutreten einer seltenen Reliefdarstellung[448] aus. Alle diese Altäre standen nicht mehr in einer lokalen Beziehung zu dem ursprünglichen Heiligtum; meist waren sie zu Bauzwecken wiederverwendet worden[449]. Allein der Altar TE 1 wurde im Inneren eines als Tempel bezeichneten Gebäudes bei den Ausgrabungen J. Cabres[450] in situ angetroffen[451]. Der Bau entspricht, seinem Grundriß nach, einem Tempel in antis[452]. Er stand nicht frei, sondern war in einen Häuserblock eingefügt. Bei flachem Pronaos ist die Cella etwa in halber Tiefe durch eine den hinteren Teil einnehmende Estrade zerteilt. Etwa in der Mitte des Raumes, unmittelbar vor der eine bronzene Statuengruppe tragenden Estrade, stand der Altar. In dieser Ehrung, die, unterschiedlich beurteilt, entweder Augustus und Livia oder einer unbekannten Persönlichkeit der 1. Hälfte des 1. Jahrhunderts v.Chr. zuteil wurde, hat Cl.-J. Nony[453] ein bedeutendes Monument für die Geschichte des 'culte du chef' in Hispanien gesehen (Taf. 35).

---

446 F. Bouza Brey, Vestio Alonieco, nueva deidad galaica, ArchEspArq 19, 1946, 110—116 Abb. 1—5.

447 Blázquez, Diccionario 181f. Abb. auf S. 83D.

448 Zu den ganz vereinzelten Darstellungen aus dem Kreis einheimischer Gottheiten s. J. M. Blázquez, Ciclos y temas de la Historia de España: La romanización II (1975) 384f.

449 So weist auch eine große Zahl von Altären, allerdings ohne Inschriften und von recht unterschiedlicher Größe, vom Cabeço das Fráguas (Guarda) auf ein noch unbekanntes Heiligtum hin. A. Vasco Rodrigues, Inscrição tipo »porcom« e aras anepígrafes do Cabeço das Fráguas (Guarda), Humanitas 11, 1959, 71—75.

450 J. Cabré, ArchEspArteArq 1, 1925, 9 Abb. 6; S. 297ff.

451 Ebenda Abb. 13. 14; vgl. auch die Schilderung der Mitfunde und deren Fundlage bei Blázquez, Diccionario 171.

452 M. Beltrán Lloris, Arqueología e historia de las ciudades antiguas del Cabezo de Alcalá de Azaila (Teruel) (1976) 151f. Die Datierung des Bauwerks sieht man heute zwischen 54/53 v.Chr. und der Schlacht von Ilerda im Jahr 49 v.Chr.

453 Une nouvelle interprétation des bronzes d'Azaila, MelCasaVelazquez 5, 1969, 5ff. Zur Deutung auf Augustus und Livia s. U. Hausmann, Zur Typologie und Ideologie des Augustusporträts, ANRW II 12.2 (1981) 547f.

Die in der Regel verlorengegangene unmittelbare Beziehung zur ursprünglichen Funktion der Altäre wird in willkommener Weise durch einige epigraphische Urkunden ergänzt, die Einzelheiten aus dem Kultritual überliefern. So wird ein einheimisches, den Suovetaurilia möglicherweise verwandtes Opfer genannt[454] und auf einem in das Jahr 147 n.Chr. datierten Altar (DL 2) der erste Opfertarif der Halbinsel überhaupt verzeichnet. Die durch die Angabe der Konsuln gesicherte Datierung legt die Form dieses Altars auf die Mitte des 2. Jahrhunderts n.Chr. fest und löst in diesem Fall glücklicherweise das Problem der zeitlichen Einordnung. Der hohe, pfeilerförmige Körper wird durch ausladendes Gesims und ausladenden Sockel abgeschlossen, die *cymae rectae* sind schräg gerichtet. Der von P. Le Roux und A. Tranoy[455] betonte Wert dieses Altars für die Typologie der Altäre im allgemeinen tritt jedoch beim Vergleich mit dem Lar Patrius-Altar (DL 1), den beide Autoren zugleich mit dem Opfertarif behandelten und der 1. Hälfte des 2. Jahrhunderts n.Chr. zuwiesen, zurück. Dessen Körper ist beinahe kubisch zu nennen. In den Profilen sind senkrecht gerichtete *cymae rectae* in einer ganz seltenen[456] Verdoppelung übereinander getürmt. Beide Altäre, die zeitlich nicht sehr weit voneinander entfernt gesehen werden, unterscheiden sich in der formalen Auffassung also recht erheblich.

Die Onomastik der Dedikanten ist einmal indigen (DL 1), das andere Mal römisch (DL 2). Der Verehrerkreis einheimischer Gottheiten in Hispanien bleibt nicht auf bestimmte Personen beschränkt. Natürlich sind viele Eingeborene darunter, es reihen sich aber auch Fremde, Soldaten römischer und einheimischer Abkunft, *liberti*, *sacerdotes* und Körperschaften wie die Res Publica Asturica Augusta unter die Dedikanten ein[457].

Eine bedeutende Reihe von Altären aus dem Herakleion von Cádiz ist nur durch die Schilderung antiker Autoren bekannt[458]. Zunächst sind es zwei Altäre aus Bronze[459], von denen ausdrücklich gesagt ist, daß sie ohne figürlichen Schmuck gewesen seien im Gegensatz zu einem dritten, der figürliche Reliefs auf dem Körper getragen habe und aus Stein gewesen sei. Die beiden ersteren, dem ägyptischen Herakles geweihten, waren, wenn die Überlieferung an bronzenen Altären vor Augen

---

454 A. Tovar, L'inscription du Cabeço das Fráguas et la langue des Lusitaniens, Études Celtiques 11, 1964–67, 237 ff. s. auch M. Faust, Die Kelten auf der Iberischen Halbinsel, MM 16, 1975, 199 f.; J. M. Blázquez, La romanización (1975, s. o. Anm. 448) 387.

455 Contribution à l'étude des régions rurales du N. O. Hispanique au Haut-Empire: Deux inscriptions de Peñafiel, in: Actas do III Congresso Nacional de Arqueologia I (1974) 253 Anm. 24.

456 Wie BU 2.

457 Blázquez, Diccionario 138 f. s. v. Procedencia y capas sociales de los devotos. Die Aufgabe zu untersuchen, wie die Formen und das Aussehen der Altäre auf den Rang, die soziale Stellung des Veranlassers antworten, kann innerhalb unserer eigentlichen Fragestellung der Formendifferenzierung als subsequent angesehen werden. Alle solche zu erwartenden Unterschiede sind naturgemäß in die auf der Halbinsel bestehenden Voraussetzungen eingebettet, die Denkmäler in den verfügbaren Materialien und mit den steinbildhauerischen Fähigkeiten und Möglichkeiten der peninsularen Werkstättenpraxis gearbeitet, wenn man von den wenigen importierten Stücken absieht. Wenn somit spektakuläre, ins Auge fallende Unterschiede in den Altardenkmälern verschiedener Stände kaum zu erwarten sind, gibt es natürlich auch hier Differenzierungen, und diese gilt es zu beobachten und festzuhalten. Wir haben auf die eigenen Formen einer militärischen Werkstatt in León hingewiesen. Auch in Lugo lassen sich entsprechende formale Eigentümlichkeiten, nun in lokalem Granit gearbeitet, beobachten, wie u. a. an dem Weihaltar zweier Centurionen (LU 5) für zwei Kaiser und die Lares Viales deutlich wird, der sich zu stattlichen Grabaltären, gerade auch von Sklaven, stellt. Der Weihaltar eines Soldaten der Legio X Gemina (LU 32) für eine wohl lokale Gottheit zeigt hinwiederum einen durchaus einheimischen Werkcharakter. Die Möglichkeiten einer solchen Untersuchung lassen sich etwa durch einen Blick in das Werk von F. Arias Vilas – P. Le Roux – A. Tranoy, Inscriptions romaines de la Province de Lugo (1979) abschätzen, in dem die Denkmäler nicht nur abgebildet werden, sondern auch nach dem sozialen Status der Genannten geordnet sind.

458 s. dazu A. García y Bellido, ArchEspArq 36, 1963, 120–123.

459 Wohl dargestellt auf den Münzen von Lascuta. A. Vives y Escudero, La moneda hispánica (1926) 47 ff. Taf. 92,7–10.

steht, möglicherweise aus dem Orient importiert, wo die dort geläufige Form etwa des bronzenen Hörneraltars verbreitet war[460]. Der dem thebanischen Herakles geweihte Steinaltar mit den Reliefs dagegen wäre im Strom der 'klassischen' Direktkontakte Südhispaniens verständlich, wenn ihn darin auch die Darstellungen der zwölf Taten des Herakles herausheben. Aber auch die Existenz der Bronzealtäre am Ort braucht nicht zu befremden[461], wenn man die gerade für Cádiz naheliegende Möglichkeit des orientalischen Imports einbeziehet, wie ihn Funde aus dem Meer dort aufs trefflichste bezeugen[462].

Ständig brennende Opferfeuer[463] auf diesen Altären und das tägliche Opfer an einem von ihnen[464] halten unterschiedliche Quellen für bemerkenswert.

Neben solchen Hauptaltären gab es zusätzliche Altäre, die etwa dem Alter, dem Tod, der Armut, der Kunst, dem Jahr oder dem Monat geweiht gewesen sind. Verschiedene Autoren berichten von diesen merkwürdigen Altären und suchen eine Erklärung zu finden für derartige offenbar nicht alltägliche Kulte[465].

5. Altäre in Grabzusammenhang

Einen der seltenen Fälle, daß ein Altar im Fundzusammenhang einer Nekropole[466] während der Ausgrabung angetroffen wurde, stellt der Altar B 10 aus Barcelona dar. Im ausgegrabenen Teil der Gräberstraße (Taf. 25b. c; 148c; 149) fanden sich keine weiteren Altäre. In zwei Sockel waren vermutlich, ihren Ausmaßen nach zu urteilen — einer der Sockel ist von quadratischem Grundriß —, zwei weitere Altäre eingelassen. Beides sind unprofilierte Stufensockel. Auf der unteren Stufe erhebt sich hinter einem Rücksprung eine niedrigere obere Stufe, in die rechteckig eine Vertiefung zur Aufnahme der

---

460 Vgl. dazu K. Galling, Der Altar in den Kulturen des Alten Orients (1925) 65 ff. Bronzene Exemplare auch in Kairo, Ägyptisches Museum. W. Deonna, Mobilier Délien II, BCH 58, 1934, 381 ff.; F. W. v. Bissing, AA 1903, 147 (neigt zu einer syrischen Herkunft der Kleinaltäre). Wenn die Münzen von Lascuta (A. Vives y Escudero, La moneda hispánica [1926] 47 ff. Taf. 92,7—10) eine solche Form wiedergeben, dann wären die Altäre von einfacherer Art gewesen. s. dazu jetzt auch G. Gamer, Altäre auf hispanischen Münzen, in: Praestant Interna. Festschrift U. Hausmann (1982) 338 ff. Taf. 75. Die breiten Sockelplatten entsprächen jenen orientalischer Altäre, die Hörner wären zugunsten des Zweigschmuckes zurückgetreten. Ein römischer Altar aus Bronze wurde bei den Grabungen in Sulmona gefunden, dazu H. Blanck, AA 1970, 345 Abb. 98, und in Ercavica (Prov. Cuenca). Schriftlich überlieferter Bronzealtar, 168 n.Chr.: H. Wrede, RM 78, 1971, 163 Nr. 2.

461 So ungewöhnlich waren bronzene Altäre nicht (vgl. auch Anm. 460), wie García y Bellido a.O. (s. o. Anm. 458) 120 f. es trotz der von ihm beigebrachten orientalischen Beispiele glaubte, daß deshalb Zweifel an der Authentizität der Nachricht Philostrats (vita Apollonii V 5) angebracht wären.

462 C. Blanco, ArchEspArq 43, 1970, 50 ff.

463 Sil. III 29.

464 Zum αἱμάσσειν τοὺς βωμούς (Porph. abst. 1,25) W. Burkert, Homo Necans (1972) 12 Anm. 20.

465 Erwähnt seien hier noch die Rundaltarfunde aus den Theatern von Itálica und Málaga (J. M. Luzón, MM 19, 1978, 272—289 Taf. 57—68; P. Rodríguez Oliva, Jábega 15, 1976, 77—80), zu denen noch ein älterer Fund aus dem Theater in Mérida tritt (García y Bellido, Esculturas romanas Nr. 410 Taf. 292) und die in Form und Funktion als Nachfahren der Thymele eine eigene Gruppe bilden. Ein weiterer Altar aus dem Theater in Mérida, Inv. Nr. 985: W. Hermann, Römische Götteraltäre (1961) 112 f. Nr. 44. T 1 wurde im Theater von Tarraco gefunden.

466 A. Durán y Sanpere, Una vía sepulcral romana en Barcelona, Cuadernos de Arqueología e Historia de la Ciudad 4, 1963, 61 ff.

Brandbestattung und darüber des Altars eingeschnitten ist. Im Inneren des einen Sockels[467] wurden noch Reste von kalziniertem Leichenbrand gefunden. Im anderen[468] lag folgendes Grabinventar: eine Urne (tipo cerámica ahumada) mit einem Henkel, auf niedrigem Fuß von geringem Durchmesser, die 10 eiserne Nägel enthielt und Teile menschlicher Knochen; außerhalb der Urne der Kiefer eines Equiden. Einen weiteren Altar wird man über einem Block ergänzen dürfen, der eine Höhlung zur Aufnahme des Leichenbrandes enthält[469] und zum Einpassen eines Altarsteines hergerichtet zu sein scheint.

Die Sockel dieser Altäre dienten also nicht nur der Sicherung eines aufrechten, festen Standes der eingelassenen Denkmäler[470], sondern gleichzeitig der Aufnahme des Leichenbrandes mit den Beigaben[471]. Am deutlichsten macht dies der kleine Altar B 15 des siebenjährigen Geminianus. Er war zwar beim Bau eines anderen Grabes wiederverwendet worden, blieb jedoch in seinem monumentalen Bestand erhalten. Er besteht aus zwei Teilen, dem eigentlichen Altar mit der Inschrift und dem hohlen Sockel, der zur Aufbewahrung des Leichenbrandes und der Beigabenreste diente. Davon waren noch vorhanden: Kalzinierte Knochenteile, einzelne Keramikfragmente, darunter ein Henkel, zwei Randbruchstücke von Urnen, eines vom Typ der 'cerámica ahumada', ein Lampenfragment, vereinzelte Scherben von Glasunguentarien, die bei der Verbrennung zu Bruch gegangen waren. Die Tatsache, daß sich die Bestattung im Altarsockel erhalten hat, deutet darauf hin, daß das Grab mit seinem Mal bis zu seiner Wiederverwendung in der Konstruktion eines zweiten Grabes unversehrt geblieben war, vermutlich ganz in der Nähe dieses Grabes aufgestellt war, und daß möglicherweise eine familiäre oder verwandtschaftliche Beziehung beider Grabinhaber bestanden haben könnte.

Im ganzen sind aus dieser Nekropole an der Plaza de la Villa de Madrid in Barcelona nur zwei Altäre geborgen worden. Die Varietät der Monumente ist jedoch recht groß: *Cupae* sind darunter, eine Stele, einzelne Inschriftplatten, zahlreiche aus Bruchsteinen errichtete und dann verputzte Monumente (tomba a cassone), die auf einem langrechteckigen Sockel einen halbzylindrischen Körper tragen, konische Grabbauten in derselben Technik, dann Körpergräber mit die Bestattung schützenden Ziegeln und Amphoren und Gräber ohne solche Zurichtung sind entlang den beiden Seiten der Straße vereint. Nach dieser richtet sich auch ihre Orientierung[472].

Den Komplex der Inschriften hat S. Mariner[473] zwischen der 1. Hälfte des 2. Jahrhunderts und dem Beginn des 3. Jahrhunderts n.Chr. paläographisch verständlich gemacht. Der erforschte Teil der Nekropole selbst dürfte, den Münzen nach (alle aus nicht geschlossenen Grabkomplexen), von der Mitte des 1. Jahrhunderts bis zur Mitte des 3. Jahrhunderts n.Chr. angelegt worden sein.

Bei der Auffindung des Altars P 1 wurden Funde beobachtet, die als Beigaben der Bestattung gelten können[474]. Eine Datierung der Deckelurne und der drei Gefäße ist bisher nicht möglich, da man

---

467 Ebenda Grab Nr. 48.
468 Ebenda Grab Nr. 47.
469 Ebenda Grab Nr. 17.
470 Vgl. den Weihaltar für Fortuna in einem separat gearbeiteten Sockelstein im Bonner Landesmuseum, Espérandieu VIII Nr. 6204; Espérandieu, Complément (1931) Nr. 6a. Nr. 69; Espérandieu II Nr. 854.
471 In Oberitalien: H. Gabelmann, AquilNost 38, 1967, 25 Anm. 39 bis, mit dem Verweis auf Mansuellis Bemerkungen zur Aufstellung von Stelen (MonPiot 53, 1963, 64f.) und den Altar des C. Oetius Rixa in Aquileia (AquilNost 26, 1955, 18 Abb. 1. 2. 8).

472 Der Forderung Vitruvs (IV 9): *Arae spectent ad orientem*, sind Grabaltäre hier also nicht unterworfen worden; sie dürfte nur für sog. Hauptaltäre in den *temenea* gegolten haben.
473 S. Mariner, Los conjuntos epigráficos romanos del Museo de Historia de la Ciudad, Cuadernos de Arqueología e Historia de la Ciudad 2, 1961, 5–106.
474 Plan der hispano-römischen Nekropole auf dem Gelände der Firma Electrolisis del Cobre S. A. im Nordwesten von Palencia bei A. García y Bellido, Contribución al plano arqueológico de la Palencia romana, ArchEspArq 39, 1966, 154f. Abb. 11.

die Gattungen dieser kaiserzeitlichen Keramik der Nordmeseta zu wenig kennt. Das gleiche gilt für die vereinzelt existierenden Berichte von Gewährsleuten, daß bei der Auffindung des einen oder anderen Altars Asche, Ziegelreste oder Keramikscherben beobachtet worden seien.

Im Gegensatz zu den für Aquileia geltenden Gegebenheiten trat die Sitte, Grabaltäre aufzustellen, gegen Ende des 1. Jhs. n.Chr. in Hispanien nicht zurück. Sie scheint vielmehr, gemessen an dem datierten Material in Tarragona und dem anderorts gewonnenen Eindruck, dann erst verstärkt eingesetzt zu haben. Es bietet sich somit ein anderes Bild als in Aquileia, wo die Grabaltäre mit dem Ende des 1. Jhs. n.Chr. zurückgingen und an ihre Stelle seit trajanischer Zeit Sarkophage traten, die in denselben Werkstätten gearbeitet worden sind[475]. Die Erscheinung darf als ein weiteres Zeugnis für die Verschiedenheit der Bestattungsbräuche und -formen während der römischen Zeit in den einzelnen Reichsteilen gewertet werden[476].

6. Der Formenschatz der hispanischen Altäre in seiner Eigenart

Die Altäre partizipieren, was ihre äußere Gestalt, ihren Dekor angeht, am Stand und den Möglichkeiten der plastischen Produktion auf der Halbinsel. Diese soll mit den folgenden Bemerkungen kurz umrissen werden, um vom Blickpunkt verwandter Denkmäler her die Eigenart der Altäre verständlich werden zu lassen[477].

Daß die Kunst der römischen Epoche sich auf der Hispanischen Halbinsel in einer eigenen Weise darbietet, ist schon von anderer Seite festgestellt worden[478]. Aber auch innerhalb der Halbinsel selbst ist die künstlerische Produktion keineswegs einheitlich. Schon in der vorrömischen Epoche stellt man solche regionalen Unterschiede fest; und dies sowohl im iberischen Siedlungsgebiet als auch im keltisierten Bereich. Der naheliegende Versuch, nun in der Kaiserzeit für diese Unterschiede ethnische

---

475 Gabelmann, Werkstattgruppen 7. 199. Für Rom gilt Gleiches; Grabaltäre enden mit dem Beginn des 2. Jhs. n.Chr. Altmann, Grabaltäre 27.
476 Zu Altären im Zusammenhang der Bestattung s. auch J. M. C. Toynbee, Death and Burial in the Roman World (1971) 253f. 265ff. Ein Hauptgewicht liegt hier auf der Schilderung der Formen, ausgehend von Altmann, Grabaltäre. Der Altar tritt als Grabmonument etwa in Campanien in sullanischer Zeit auf. W. Johannowsky, in: Hellenismus in Mittelitalien I (1976) 278. Zu frühen Formen im griechischen Osten vgl. E. Pfuhl, Tanagräische Grabaltäre, AM 28, 1903, 331–337. Kleine Altärchen dienten in griechischer wie römischer Zeit auch als Grabbeigabe. Vgl. auch den Altar an der Schmalseite eines Sarkophags, nach der Schnittzeichnung mit dem Sarkophagkasten in einem Stück gearbeitet, aus Oum el-Aouamid, südlich von Tyros. E. Renan, Mission de Phénicie (1864) Taf. 50. Bemerkenswert ist die Serie von ehemals wohl vier Altären, von denen drei erhalten sind, von einem Grabbau iulisch-claudischer Zeit in Polla (Salerno). V. Bracco, Le are del mausoleo romano di Polla, RendLinc 8. Ser. 25, 1970, 431–435, Taf. 1. 2; ders., Forma Italiae III 2 Volcei (1978) 84ff. Nr. 74.

477 Ja, man sollte die Altarformen vor dem Hintergrund des gesamten archäologischen Umfeldes betrachten. Für den Bereich des Conventus Cluniensis z. B. ist hierfür die Zusammenstellung der archäologischen Materialien durch C. García Merino hilfreich: Población y poblamiento en Hispania romana. El conventus cluniensis (1975) 207–360. Auf den beigegebenen Plänen sind auch die epigraphischen Denkmäler im archäologischen Kontext kartiert. Vgl. auch die Charakterisierung mittelitalischer Landschaften als kulturelle Einheiten anhand archäologischer Denkmäler der späten Republik und der frühen Prinzipatszeit: B. M. Felletti Maj, La tradizione italica nell'arte romana I (1977) bes. 256f. 326ff. oder die historische Deutung der Verbreitung einer Gattung von Grabmonumenten durch M. Torelli, DArch 2, 1968, bes. 47ff.

478 A. Balil, Sull'arte della penisola iberica in età romana, in: Hispania Romana 47f.

Voraussetzungen verantwortlich zu machen, läßt sich anhand der verfügbaren archäologischen Materialien nicht durchführen. Man neigt deshalb dazu, sozioökonomische Gegebenheiten der Lebensbedingungen in den von großen geographischen Gegensätzen geprägten Räumen als Gründe ins Auge zu fassen. A. García y Bellido hat sich in seiner kurzen Bemerkung unter dem Titel »Sobre el arte provincial romano en España«[479] zu dem Problem der importierten und lokal entstandenen Skulptur geäußert und der Unsicherheit einer Entscheidung im Einzelfalle, solange keine Analyse des Werkmaterials vorliege. Das Problem wird weniger in einer sozialen Differenzierung gesehen als in der Bedingtheit der Qualität der Plastik durch den Grad der Romanisierung[480].

R. Bianchi-Bandinelli entwirft in einer knappen und genialen Skizze[481] ein Bild der hispanischen Kunst. Er stimmt darin mit den genannten Autoren überein, daß die Kunst Hispaniens sich von der römischen Kunst anderer Provinzen unterscheide. Gründe hierfür sieht er in den alten Beziehungen zu Griechen, Phönikern und Puniern, die zur iberischen Kultur führten. Den iberischen Söldnern, die in der Alten Welt dienten, wird eine Rolle bei der Vermittlung kultureller und künstlerischer Werte zugebilligt. Zum dritten war es die frühe römische Eroberung, die der offiziellen römischen Kunst bei der Oberschicht Eingang verschafft habe und dadurch eine »eigentliche Provinzialkunst« nicht habe entstehen lassen.

Einheimische und volkstümliche Elemente erfassen die Gattungen der römischen Kunst in oft eigener Weise. Eine Auflösung setzt auch hier gegen Ende des 4. Jahrhunderts ein. Unter Aufgabe der antiken formalen Tradition leben 'klassische' ikonographische Elemente weiter, die, von einheimischen Äußerungen durchdrungen, den Arbeiten das Gepräge »volkstümlichen Handwerks« geben. Die Schaffung einer eigenen Stiltradition lasse sich nicht erkennen.

Eine Orientierung über die zur Verfügung stehenden Denkmäler erlauben zwei Arbeiten A. Balils, »Plástica provincial en la España romana«[482] und der oben in Anm. 478 bereits genannte Vortrag »Sull'arte della penisola iberica in età romana«.

Im Verbreitungsgebiet der iberischen Kalksteinskulptur geben sich Stücke wie die 'palliati' vom Cerro de los Santos zunächst nur aufgrund antiquarischer Details als 'römisch' zu erkennen. Offenkundiger tragen diesen Charakter zur Schau eine Reihe von Porträts, die eine Verbindung römisch-iberischer Elemente dokumentieren, so wie es für die bekannten Reliefs von Osuna beschrieben worden

---

479 ArchEspArq 42, 1941, 223 Abb. 1–4.
480 Auf eigene Bedingungen für die künstlerische Produktion in Hispanien weisen weitere Beobachtungen. So üben die importierten Sarkophage keine nennenswerte Wirkung auf die lokale Produktion aus. Dies gilt auch noch für die frühchristlichen Sarkophage des 4. Jhs. (vgl. auch H. Brandenburg, ByzZ 69, 1976, 626). Die späteren Sarkophage aus Tarragona, der Bureba und Andalusien haben Beziehungen zu afrikanischen und solchen aus der östlichen Reichshälfte, wie am Sarkophag aus Écija deutlich wird. Auch die Mosaikkunst unterliegt in Hispanien eigenen Gegebenheiten. In der Spätantike sind die Verbindungen zu Afrika enger als nach Italien. Mosaiken des 5. Jhs. entstehen vielfach in lokalen Schulen, nachdem die Mosaikkunst seit dem 4. Jh. in großem Umfang in den Villen der Landgüter Eingang gefunden hatte. Entsprechende Beobachtungen, welche die besonderen Entstehungsvoraussetzungen zum Ziel haben, lassen sich auch an anderen Denkmälergattungen machen. In der Beurteilung des regional unterschiedenen Bildes der römischen Keramik sind in jüngerer Zeit erhellende Einsichten gelungen. Angesichts der Materialfülle und der Größe des Landes sind wir heute jedoch noch weit davon entfernt, abschließend urteilen zu können, und die bisher getroffenen Feststellungen bedürfen noch weiterer Klärung. Insbesondere wird auch die Prüfung von Neufunden und Ergebnissen der Forschung in den Gebieten, die unserer Meinung nach die Anregungen vermittelt haben, unser Wissen festigen oder modifizieren.
481 R. Bianchi-Bandinelli, Rom. Das Ende der Antike (1971) 183 ff.
482 RevGuimarães 70, 1960, 107–131. s. auch A. Balil, RevGuimarães 84, 1975, 3 ff.

ist⁴⁸³. Für diese Erscheinungen hat man die Zeit vom Ende des 2. Jahrhunderts v.Chr. bis ins 1. Jahrhundert v.Chr. in Betracht gezogen, um einen Datierungsanhalt zu geben.

Als »Inkunabeln« der frühen römischen Kunst wurden einige Statuen und Reliefs apostrophiert⁴⁸⁴. Sie gehören dem öffentlichen (Liktorenrelief in Barcelona) und sepulkralen Bereich an und sind in Barcelona, Tarragona, Sagunt, Valencia und Cartagena vertreten, finden sich aber auch in Andalusien, so im Gebiet von Castulo. Balil möchte sie in einer engen Verbindung mit Mittel-/Norditalien sehen, deren soziologische und produktionsimmanente Voraussetzungen durch das 1. Jahrhundert n.Chr. erhalten geblieben seien. In Kalk-, Granit und weichem Sandstein gearbeitet, sind ihnen die zeichnerische Auffassung, die inzidierten Gewandfalten und die Umrißrillung gemeinsam. Nicht ausschließen möchte Balil die Tätigkeit italischer Steinmetzen selbst. H. Brandenburg⁴⁸⁵ fragt sich, ob die von Balil gesehenen Einflüsse der »arte plebea« Nord- und Zentralitaliens »nicht eher als typische Erscheinungsformen einer abgeleiteten Provinzialkunst zu verstehen« sind. In der Tat sind solche Übernahmen schwer zu beweisen, eher gelingt dies für Inschriftformulare und einzelne figürliche Typen. Auf der anderen Seite gibt es in Spanien keine Vorläufer der frühen Statuen und Reliefs, an denen sich eine Entwicklung zur Stufe der Provinzialkunst ablesen ließe, auf der die genannten figürlichen Denkmäler auftreten. Zeugnisse der 'offiziellen' Kunst, die die Ansprüche der römischen Elite widerspiegeln, sind im Gegensatz hierzu nicht allzu häufig anzutreffen. Archaistische und neuattische Werke als Zeugnisse römischen Kunstgeschmacks sind selten⁴⁸⁶. So traten sie bezeichnenderweise im Theater von Italica zutage (SE 39—SE 41).

Werkstätten, in denen solche Skulpturen gearbeitet wurden, existierten durchaus auf der Halbinsel, wie die noch unpublizierten Untersuchungen zur Plastik der Maresme durch J. Guitart Durán ergeben haben. Neben weiteren, noch nicht lokalisierbaren, sind vor allem jene in Mérida zu nennen, in denen einige Bildhauer mit Namen signierten⁴⁸⁷. Skulpturen aus Clunia im Museum von Burgos⁴⁸⁸ und aus Iruña im Museum von Vitoria⁴⁸⁹ kontrastieren in ihrer Zugehörigkeit zur 'arte culta' so sehr zu den Arbeiten lokalen Gepräges, daß sie auch in Anbetracht ihrer relativ geringen Zahl nicht in ansässigen Werkstätten gearbeitet sein dürften. Dazu muß auch der bekannte 'Torso von Valladolid' im Metropolitan Museum gerechnet werden⁴⁹⁰.

Auch das römische Porträt hat auf der Halbinsel eine bemerkenswerte Prägung erfahren⁴⁹¹. Es war bei den 'keltischen' und iberischen Völkerschaften auf unterschiedliche Voraussetzungen getroffen. Die Abhängigkeiten des Kaiserporträts von offiziellen Typen und seine Eigengesetzlichkeit sind in speziellen Arbeiten behandelt worden⁴⁹², ohne daß wir heute schon über ein *corpus*artiges Repertoire der hispanischen Kaiserporträts verfügten. Unter den Versuchen, die zeitliche und geographische

---

483 A. Balil, Sull'arte della penisola iberica in età romana, in: Hispania Romana 49.
484 Ebenda 49 Anm. 9.
485 ByzZ 69, 1976, 626.
486 H. Herdejürgen, Ein Athenakopf aus Ampurias. Untersuchung zur archaistischen Plastik des 1. Jahrhunderts n.Chr., MM 9, 1968, 213 ff.
487 A. García y Bellido, Nombres de artistas en la España romana, ArchEspArq 28, 1955, 5 ff.
488 García y Bellido, Esculturas romanas 152 f.
489 A. Balil, PrincViana 26, 1965, 29 ff.

490 G. M. A. Richter, Catalogue of Greek Sculptures in the Metropolitan Museum of Art (1954) Nr. 181 Taf. 125. 126.
491 Die Dissertation von E. Heimpel zu diesem Thema ist ungedruckt geblieben.
492 M. Wegner, Römische Herrscherbildnisse des zweiten Jahrhunderts in Spanien, ArchEspArq 26, 1953, 67 ff.; H. Drerup, Augustusköpfe in Spanien, MM 12, 1971, 138 ff.; W. Trillmich, Ein Bildnis der Agrippina Minor von Milreu/Portugal, MM 15, 1974, 184 ff.

Verbreitung der Porträts zu umreißen, seien jene von A. García y Bellido[493], R. Étienne[494] und H. G. Niemeyer[495] genannt. Interessant ist, daß die Anzahl der Porträts der julisch-claudischen Epoche 55% des peninsularen Gesamtbestandes ausmacht.

Das Privatporträt setzt mit einzelnen republikanischen Beispielen ein und geht im Laufe der Entwicklung durchaus eigene Wege, wie ein oft abgebildetes Frauenporträt in Mérida[496] und der unter der Bezeichnung 'Güell' bekannte Kopf aus Ampurias[497] in Barcelona zeigen. In der Zeit Marc Aurels ist eine Gruppe von Bildhauern tätig, hinter denen man Griechen vermutet hat. Die relativ zahlreichen Porträts gehören in einen vergleichsweise kurzen Zeitraum und genügen in ihrem ideologischen Gehalt gebildeten urbanen Ansprüchen[498]. Im 3. Jahrhundert und danach geben Privatporträts eine zu geringe Grundlage, um generelle Aussagen über ihren Charakter zuzulassen. Deutlich ist jedenfalls das im Porträt ausgedrückte individuelle Interesse am einzelnen, das nun gegenüber den 'iberischen' Vorläufern und den neuerdings für römisch erachteten 'lusitanischen Kriegern'[499] gar nicht so selbstverständlich ist und durchaus etwas Neues darstellt. Das typisierte Porträt war jedoch nicht ausgestorben, und wir finden es im 1./2. Jahrhundert n.Chr. sogar in der stark romanisierten Baetica in Baelo[500], wo die sog. 'muñecos' der Nekropolen ursprünglich als Grabgenien erklärt worden sind. Auch in den Nischen der Grabstelen, besonders im Raum Mérida, begegnet man solchen typisierten Porträts[501].

Der hauptstädtische Einfluß Méridas auf das umliegende Land verlor sich rasch und war an Plätzen der Umgebung kaum mehr wahrzunehmen, wenn man die Stelen Norbas[502] oder jene der ganz bezeichnenden Gruppe von Trujillo betrachtet. Solche Stelen stehen zuweilen beziehungslos neben importierten Sarkophagen wie in Ager (Lérida)[503], die selbst die heimische Sarkophagproduktion in Tarragona oder in der Bureba kaum beeinflußten[504].

Bisher war im wesentlichen von der künstlerischen Produktion in der Baetica und in der mediterranen Hispania Citerior die Rede. Wenn wir nun auf die Stelen zu sprechen kommen, dann beschäftigen wir uns mit Monumenten, die nicht mehr mit den Begriffen »patrizisch« oder »plebejisch«, um mit R. Bianchi-Bandinelli[505] zu sprechen, zu fassen sind. Sie sind in dem anderen Teil Hispaniens zu Hause, der wohl gut ein Drittel der Halbinsel ausmachen dürfte. Unter den verschiedenen, als solche

---

493 García y Bellido, Esculturas romanas 5ff.
494 R. Étienne, Le culte impérial dans la Péninsule Ibérique d'Auguste à Dioclétien (1958) 16. 389. 424. 433f. 472ff.
495 Aspectos de la escultura romana de la Península Ibérica, in: XIV CongrNacArq (1977) 915ff. Das Bild der monumentalen Überlieferung in den Küstengebieten, vordem griechischen und punischen Einflusses, ist noch in der Kaiserzeit unterschiedlich geprägt. Die Tätigkeit von Steinmetz- und Bildhauerwerkstätten scheint in der punischen Zone merklich reduziert.
496 García y Bellido, Esculturas romanas 71f. Nr. 56 Taf. 51.
497 Ebenda 73f. Nr. 58 Taf. 53.
498 H. Jucker, Retratos romanos procedentes de las murallas de Barcelona, Cuadernos de Arqueología e Historia de la Ciudad 4, 1963, 55ff.
499 Leite de Vasconcelos, Religiões III 43ff.; J. Taboada Chivite, Escultura celtorromana (1965).
500 P. Paris, Fouilles de Belo II (1926).
501 A. García y Bellido Estela emeritense de Lutatia Lupata, ArchEspArq 30, 1957, 242ff.; ders., Sobre un tipo de estela funeraria de togado bajo hornacina, ArchEspArq 40, 1967, 110ff.
502 A. Lozano Velilla, Tipología de las estelas y la población de Hispania, Revista de la Universidad Complutense de Madrid 22, 1973, 106ff.
503 R. Pita Mercé, Ampurias 24, 1962, 315ff. s. die Liste der stadtrömischen Sarkophage in Spanien und Portugal mit einer Verbreitungskarte bei G. Koch, Ein Endymionsarkophag in Arles, BJb 177, 1977, 261ff. Abb. 10.
504 P. de Palol, Arqueología cristiana de la España romana (1967) 306ff. Produktion und Import paganer Sarkophage haben auf der Halbinsel nur einen vergleichsweise geringen Umfang erreicht. García y Bellido, Esculturas romanas 205ff. zählte insgesamt rund 30 Exemplare. Dazu jetzt G. Koch – H. Sichtermann, Römische Sarkophage, HdArch (1982) 308–311.
505 R. Bianchi-Bandinelli, Arte plebea, DArch 1, 1967, 7ff. (Oft wird der Begriff enger gefaßt, als es sein Urheber beabsichtigt hatte.)

umschriebenen Gruppen sind recht bekannt geworden jene aus dem Raum Burgos wegen ihrer ornamentalen und ikonographischen Qualitäten der Darstellungen, die mit ihrem, der römischen Skulptur fremden Charakter zu den lateinischen Inschriften, die sie tragen, kontrastieren. Deren gute Ausführung in dem weichen Kalksteinmaterial überrascht[506] nicht zuletzt beim Vergleich mit den aus Granit gearbeiteten Stelen in Galicien[507] und anderenorts oder jenen mit eingeritzten Dekorationen, Darstellungen und Inschriften (Vadinienser Stelen). Paläographische Überlegungen haben dazu geführt, Salmantiner Stelen und solche der kantabrischen Region vor allem in das 3. Jahrhundert n.Chr. zu setzen[508]. Das Kerbschnittornament kann seine enge Verwandtschaft zu Holzarbeiten nicht verleugnen, die sicher gleichzeitig vielleicht auch als Grabstelen vorausgesetzt werden können. Wenn auch dadurch nicht der umgrenzte Rahmen ihrer Verbreitung entscheidend verändert werden dürfte, so würde vielleicht doch das scheinbar unvermittelte Auftreten des Kerbschnittes in anderem Licht erscheinen. Denn wir kennen durchaus einheimische Arbeiten der Kaiserzeit und bereits vorrömische Keramik in dieser Technik[509].

Durch weitere Denkmäler eigener Prägung wie mehrere Gruppen von Stelen, aber auch die Hausurnen von Poza de la Sal in der Bureba von Burgos[510], sind Regionen in charakteristischer Weise gekennzeichnet. Dabei läßt sich eine Trennung des Nordwestens von im Norden vertretenen Monumenten erkennen. In der durchweg ornamentalen, nichtfigürlichen Auffassung sind Unterschiede der Durchführung festzustellen.

Die Stelen hat man immer als keltisch beeinflußt erachtet oder, wie Bianchi-Bandinelli[511], mehr der keltischen Tradition des La Tène als der römischen Skulptur verbunden gesehen. Wir finden sie auch in einem Gebiet verbreitet, das sich als solches alter indogermanischer Sprachtradition scharf von jenem den Süden und Osten beherrschenden nichtindogermanisch-iberischen Sprachbereich abhebt. Archäologisch läßt sich jedoch keines ihrer Formelemente als eindeutig keltischer Herkunft bestimmen. Es fehlt dazu auf der Halbinsel gänzlich an vergleichbaren Materialien. Vieles, was bisher als vorrömisch gegolten hat, wird heute anders gesehen und in seinen Hauptvertretern als erst in der Kaiserzeit entstanden erachtet. Selbst eine Prüfung der Hinterlassenschaften der sog. Castro-Kultur zeitigt hierin negative Resultate. Der Raum ist nicht als völlig nach außen hin abgeschlossen aufzufassen. Neben mehr zufälligen Beziehungen zum griechischen Handel[512] stehen Kontakte zu den Turdetanern und Puniern, die nach Galicien auch zu Schiff kamen[513]. Mediterrane Elemente sind in der vorrömischen Goldschmiedekunst nachgewiesen worden[514]; die Gestaltung bleibt aber grundlegend ornamental. Mit der römischen Epoche treten erzählerische Momente, figürliche Darstellung und gewisse 'klassische' Dekormotive zu den lateinischen Inschriften.

---

506 R. Bianchi-Bandinelli, Rom. Das Ende der Antike (1971) 184. Zu den Stelen aus Lara de los Infantes s. jetzt J. A. Abásolo Álvarez, Epigrafía romana de la región de Lara de los Infantes (1974).

507 S. Rodríguez Lage, Las estelas funerarias de Galicia en la época romana (1974).

508 J. M. de Navascués, ArchEspArq 43, 1970, 175 ff.; ders., BolAcadHist 152, 1963, 159 ff.; Bd. 158, 1966, 181 ff.; Bd. 159, 1967, 7 ff.

509 F. Wattenberg, Ampurias 22/23, 1960/61, 288 ff.; ders., BolArteArqValladolid 30, 1964, 318 ff.

510 J. A. Abásolo – M. L. Albertos – J. C. Elorza, Los monumentos funerarios de época romana, en forma de casa, de la región de Poza de la Sal (Bureba, Burgos) (1975).

511 Ebenda 184.

512 A. Balil, Historia Económica de España I (1973) 126.

513 Ders., in: Actas do II Congresso Nacional de Arqueologia, Coimbra 1970 (1971) II 341 ff.; ders., in: Actas do III Congresso Nacional de Arqueologia (1974) 211 ff.

514 A. Blanco, CEG 12, 1957, 267 ff.; K. Raddatz, Die Schatzfunde der Iberischen Halbinsel (1969).

In die städtischen Siedlungen innerhalb dieses Raumes gelangen zumindest in den beiden ersten Jahrhunderten n.Chr. Kunstwerke gehobenen Geschmacks, die die 'scultura colta' repräsentieren. So der Bronzekopf mit seinen Beifunden aus Fuentes de Ebro im Museum von Zaragoza[515] oder die heute verlorenen Bronzestatuen aus Pamplona[516]. Der schon genannte Torso aus Iruña gehört in diesen Kreis[517] und ein Panzertorso desselben Fundorts[518]. In Clunia haben neben den bereits im Museum von Burgos befindlichen einschlägigen Skulpturen die neueren Grabungen im Forumgebiet einen sehr beschädigten weiblichen Kopf geliefert[519].

Eine Gruppe für sich bilden eine Reihe von Reliefs aus den heutigen Provinzen Navarra und Aragón, die von Grabbauten herrühren[520]. Diese waren in Barcelona schon begegnet und sind vor allem in der Narbonensis geläufig. Die Reste des Grabmonuments der Attilier in Sádaba bilden ein noch aufrecht stehendes Zeugnis, wenn auch durchaus eigener Art[521].

Diese plastische Produktion und künstlerische Wertschätzung geht neben jener der Grabstelen einher. Noch deutlicher wird dies in Galicien. Skulpturen gehobener Kunstauffassung sind in den Nordwesten kaum gelangt. Genannt wird der Kopf einer Venus aus Lugo, aus Mourazos (Orense) die Gruppe eines auf einen Satyr gestützten Dionysos[522]. Das Relief aus Sarria (Lugo) wird wegen der Darstellung von Odysseus' Sirenenabenteuer in diesen Kreis gezählt[523]. Auf der Gegenseite trägt es eigenartigerweise die Darstellung zweier Togati.

Erstaunlich ist, daß diesen außerordentlich geringen Zeugnissen rundplastischer Werke in Stein eine relativ reiche Überlieferung von Bronzestatuetten gegenübersteht, die fast ausschließlich 'klassischen' Typen folgen. Vertreten sind Darstellungen von Göttern wie Tyche-Fortuna, sehr häufig Merkur, Minerva, hinter denen oft einheimische Götter zu suchen sein werden, sowie Togati beim Opfer, die man als Laren oder Genien zu erklären versucht hat. Es gibt aber auch Geräteappliken als Möbel- und Wagenschmuck[524].

Wegen des besonderen Interesses, das das Faktum beanspruchen kann, sei nochmals gesagt, daß diese Bronzen aus Gebieten stammen, in denen wir keine Rundskulptur kennen und kaum Reliefs. Im Gegensatz zur Baetica oder der mediterranen Citerior stellen die Bronzen hier einen guten Teil, vielleicht sogar den zahlreichsten, der künstlerischen Produktion dar. Die Frage der lokal gefertigten und importierten Stücke bleibt dabei im einzelnen oft unentschieden. Für beide gab es auf der Halbinsel Abnehmer.

Die sog. provinzialrömische Kunst nimmt eine eigene Entwicklung und strahlt von am Mittelmeer gelegenen Plätzen z. B. bis an Orte im mittleren Ebrotal aus. Dort sind ihre Träger reiche Grundbesitzer. Die Voraussetzungen zu einer eigenen Ausdrucksweise sind jedoch nicht gegeben. In den Tälern des Guadiana und des Tajo liegen die Verhältnisse anders. Eine Stadt wie Mérida besitzt keine 'provinzialrömische' Produktion wie Barcelona und nicht deren Ausstrahlung. Der Unterschied zwischen

---

515 A. Beltrán Martínez, Caesaraugusta 9/10, 1957, 99 ff.; M. Beltrán Llorıs, Museo de Zaragoza (1976) 110 Abb. 25.
516 J. C. Elorza, PrinzViana 35, 1974, 49 ff.
517 A. Balil, PrincViana 28, 1965, 29 ff.; vgl. auch J. M. Blázquez, Esculturas romanas de Segóbriga, Zephyrus 16, 1965, 119–126 Taf. 1. 2.
518 J. C. Elorza, La escultura »thoracata« de Iruña, EstArqAlav 5, 1972, 195–204.
519 P. de Palol, BolArteArqValladolid 27, 1961, 5 ff.
520 J. E. Uranga, in: IV Symposium de Prehistoria Peninsular, Pamplona 1965 (1966) 223.
521 J. Menéndez Pidal, El mausoleo de los Atilios, ArchEspArq 43, 1970, 89–112.
522 J. Taboada Chivite, CEG 24, 1969, 27 ff.
523 A. Balil, Plástica provincial en la España romana, RevGuimarães 70, 1960, 124 ff.
524 A. Fernández de Avilés, Pasarriendas y otros bronces de carro, romanos, hallados en España, ArchEspArq 31, 1958, 3 ff.

Stadt und Land ist daher unübersehbar. Auch im Tajotal, ohne administratives Zentrum, ist keine derartige Entwicklung festzustellen.

Der vorstehende Überblick kann nur einen grob orientierenden Charakter haben. Denn, wie Balil zu Recht betont, bedingen noch heute der lückenhafte Forschungsstand und das ungeteilte Interesse am 'schönen' Fundgegenstand voraufgehender Zeiten sowie die in den Sammelwerken obwaltenden klassizistischen Kriterien der Auswahl das sich bietende Bild.

Die Altäre stehen als Gattung nicht gleichwertig neben den genannten Denkmälern der Skulptur. Eine Tatsache setzt sie deutlich von den Erzeugnissen der Plastik ab: Sie waren nämlich in nahezu allen Räumen der Halbinsel bekannt und verbreitet, wenn auch ihre Grundformen in unterschiedlicher Weise aufgenommen und abgewandelt wurden. Die Verfertiger der schmucklosen Monumente verfügten oft nicht über die Fähigkeiten von Bildhauern. Mit den Aufgaben der Profilgebung dagegen waren auch Steinmetzen am Bau beschäftigt. Selbst der hervorragend bemalte Altar aus Ampurias (GE 3) ist wohl nicht von Altarfachleuten errichtet worden. Auch in Pompeji gibt es im häuslichen Hof Altäre, die einen solchen Eindruck erwecken. Den Hauptanteil am Entstehen trug hierbei der Maler, der gewöhnlich Wandmalereien ausführte.

Die Werkstatt, die in Mérida Altäre mit Volutengiebeln gearbeitet hat, dürfte auch Grabstelen hergestellt haben. Wir besitzen dort zwar keine ganz erhaltene, können uns aber aus den fragmentierten Stelen ein Bild machen: Eine rechteckige Platte, wohl nicht allzu hoch, trug auf der Vorderseite eine Grabinschrift, darüber spannte sich ein Bogen, im Bogenfeld das ornamentale Bekrönungsmotiv, das von den Altären her bekannt ist (Taf. 151a). Auch dort war an verschiedenen Beispielen zu sehen gewesen, wie es sich aus seiner strukturellen Verbindung mit den Bekrönungselementen Pulvini und Giebel gelöst hatte. Das flächige Übertragen des Ornaments in das Bogenfeld der Stele ist ein weiterer Schritt. In den Ecken der rechteckigen Stele seitlich über dem Bogen waren Rosetten angebracht.

An einer Stele ist deutlich, daß nach Fertigstellung des ornamentalen Teils von anderer Hand die Inschrift und wohl auch der Inschriftrahmen, bezeichnenderweise als Rille, eingetragen worden sind.

Die Beeinflussung von Altären durch Stelen hat sich vereinzelt etwa im keltiberischen Gebiet nachweisen lassen. Beide Gattungen sind offenbar gleichzeitig, so daß sich ein Einwirken einer zeitlich primären Gattung auf eine folgende, wie etwa die der oberitalischen monumentalen Grabaltäre auf die architektonischen Sarkophage[525], nicht feststellen läßt.

León war durch die Kaiserzeit hindurch militärischer Standort. Auch in seiner Umgebung im Westen und Südwesten waren Truppen stationiert. Einige Inschriftsteine kommen aus Villalís bei Astorga, wenn auch der Platz des dort vermuteten Lagers noch nicht mit Sicherheit lokalisiert ist[526]. Sie sind durch Truppenteile »ob natale signorum« oder »ob natale aprunculorum« gesetzt und durch Nennung der Konsuln auf Jahre in der 2. Hälfte des 2. Jahrhunderts n.Chr. datiert. Nicht nur durch den Inhalt der langen Inschriften, sondern auch durch Eigentümlichkeiten der äußeren Form und die spezielle Ikonographie ihrer figürlichen Reliefs heben sich diese Inschriften von den privaten Weih- und Grabinschriften ab. Zwei seien hier kurz betrachtet: Der in dem von A García y Bellido genannten Aufsatz[527] auf Taf. 3 abgebildete Stein könnte in der Art eines Altars bekrönt gewesen sein mit seitlichen Pulvini, wenn wir die Photoabbildung richtig deuten. Zwischen den Pulvini an der Vorderseite

---

525 Gabelmann, Werkstattgruppen 64.
526 A. García y Bellido, Cohors I Gallica Equitata Civium Romanorum, Conimbriga 1, 1959, 29–40.
527 Vgl. Anm. 526.

— vielleicht ist dort auch ein Giebel anzunehmen — ist ein senkrecht stehender Anker in Relief dargestellt, ein in der hispanischen Altarikonographie sonst nicht wieder begegnendes Motiv, dessen Bedeutung an dieser Stelle noch nicht erklärt worden ist. Auf dem zweiten Votivstein[528] mit Eckakroteren und Giebel ist hier eine Victoria, fliegend, mit dem Kranz in der erhobenen Rechten und umgeben von den beiden Dioskuren, dargestellt. Bemerkenswert an der Komposition ist, daß die Victoria und die Dioskuren nicht jeweils in das Tympanon und die Akroterien verwiesen werden, sondern daß ihnen die einheitliche Fläche der zu diesem Zweck durch das Fehlen einer Deckplattenabtrennung hoch gehaltenen Bekrönungsvorderseite zur Verfügung steht. Die Profilierung der beiden, nur acht Jahre auseinanderliegenden Monumente springt kaum über den Umriß hervor. Im Deckprofil scheint es sich um äußerst knappe *cyma reversa*-Formen zu handeln, am Sockelprofil ist dies anhand der Photoabbildungen nicht exakt auszumachen. Generell bilden kurze Wölbungen mit anschließender, ebenso knapper Kehlung schmale und beiläufige Profilzonen, die sich von jenen an anderen Gattungen von Inschriftträgern dieser Zone zu unterscheiden scheinen. Ausnahmsweise besitzen wir für diese beschriebenen Werkstatteigentümlichkeiten eine Datierung in die 60er und 70er Jahre des 2. Jahrhunderts n.Chr.

A. García y Bellido kommt in einem späteren Artikel mit dem Titel »Nuevos documentos militares de la Hispania Romana«[529] auf die Inschriften aus Villalís zurück. Er bildet Neuaufnahmen der Denkmäler ab, die nun aus den Mauern der Kirche von Villalís herausgenommen worden sind und in der Colegiata de San Isidro in León eine vorläufige Bleibe gefunden haben. Vervollständigt werden diese durch den oberen Teil eines weiteren Weihesteins, der vom selben Verfasser in anderem Zusammenhang publiziert worden ist[530]. Der Vergleich dieser Steine vermag unsere bereits getroffenen Feststellungen über ihren Charakter zu bestätigen und zu erhärten. Ihre Proportionen sind durchaus nicht gleich, breitere wechseln mit schmäleren ab. Die größte Bedeutung maß man der langen Inschrift zu. Ihr und den exzeptionellen Vorderseitenreliefs ist die äußere Erscheinung der Denkmäler untergeordnet. Um Platz für die Reliefdarstellungen zu schaffen, wird die Zone über dem Gesims entsprechend erhöht. An zwei Weihesteinen sind die Dioskuren antithetisch einmal um Victoria, das zweite Mal um Iupiter gruppiert. Der Typus der Reiterheroen differiert in Details und ist sicher nicht von derselben Hand gearbeitet. Die raumgreifendere Komposition des Reliefs mit Iupiter ist nicht zuletzt dadurch bedingt, daß hier ein rechteckiges Feld uneingeschränkt zur Verfügung stand, indes bei dem Relief mit der Victoria durch die spitzen Einschnitte zwischen Giebel und Akroterien die Stellung der Figuren bestimmt wird. Das Thema ist ganz ungewöhnlich und nur als durch das Militär bestimmt verständlich. Die göttlichen Zwillingsbrüder spielen auf den Beinamen der *legio VII*, nämlich Gemina, an. Die Bekrönungsdetails sind zwar beschädigt, scheinen aber in der Beachtung, die sie durch den Steinmetzen fanden, zurückzutreten. Das gleiche gilt ganz ausgesprochen für die Profile. Das häufigste und mit einiger Wahrscheinlichkeit erkennbare Element ist eine *cyma reversa*. Sie ist schmal und außerordentlich prononciert geschwungen und tritt in ihrem Ansatz bereits ungewöhnlich stark vor den Altarkörper vor. Sie allein bildet an vier Steinen in jedesmal variierter Form das Deck- und Sockelprofil[531]. An drei Steinen sind die Profile noch weniger sorgfältig gearbeitet und ohne bewußte Formabsicht gestaltet[532].

---

528 García y Bellido a.O. (s. o. Anm. 526) 29 ff. Taf. 2.
529 Ders., ArchEspArq 39, 1966, 34–37 Abb. 5–13.
530 Ders., ArchEspArq 36, 1963, 205 f. Abb. 26.

531 Ders., ArchEspArq 39, 1966, 34 ff. Abb. 5. 6. 10; ders., ArchEspArq 36, 1963, 205 f. Abb. 26.
532 Ders., ArchEspArq 39, 1966, 34 ff. Abb. 7. 8. 16.

Ein Altar aus Priaranza de la Valduerna (León) gehört zweifellos in denselben militärischen Umkreis[533]. Von seiner Inschrift ist praktisch nichts erhalten, dafür aber die Bekrönung über dem Gesims mit dem Relief, das sie auf der Vorderseite trägt. In seiner Komposition berücksichtigt es die vorherrschende Einteilung in Giebel und Pulvini. Der Giebel dient zugleich als Giebel einer kleinen Relief-Aedicula, die einen auf einem Blitz stehenden Legionsadler birgt. Zu seiten der Aedicula und unterhalb der Pulvini sind Waffen dargestellt. Ikonographisch und stilistisch haben wir es hier mit einer Sondergruppe zu tun, die sich von den verwandten Denkmälern nichtmilitärischer Art unterscheidet. Wir gehen wohl kaum fehl, wenn wir diese Denkmäler einer militärischen Werkstatt zuschreiben, die in diesem Raum gearbeitet hat und allein in der Lage war, solche, im Vergleich zu bürgerlichen Denkmälern ungewöhnlichen Stücke herzustellen[534].

Für einen weiteren Fall einer vermutlichen Werkstattgleichheit können die Altäre BEL 2 und BEL 5 beispielhaft genannt werden, die sich in der formalen Auffassung sehr ähnlich sind. Gleiche Proportionen verleihen den Monumenten eine schlanke Erscheinung. Über dem Deckgesims setzt sich der Altarkörper jeweils dekorlos nach oben fort. Die Bekrönung bilden hier wie dort zwei Pulvini mit hochgezogenem Verbindungsteil, an dessen Vorderseite bei BEL 2 ein Reliefdekor angebracht ist, der in seiner 'unklassischen' Unbeholfenheit mit der Perfektion der Steinarbeit an Profilen, Inschriftrahmung und Letternschnitt kontrastiert. An den Pulvinusstirnen sitzen bei BEL 2[535] sechsstrahlige Kerbschnittrosetten, die ganz wie vergleichbare im Raum von Burgos gearbeitet sind. Sie werden von gestielten Voluten flankiert, die man mit den 'latèneoiden' S-Voluten auf Stelen in Mainz z. B. vergleichen kann. Wir begegneten hier also einem Motiv, das den Versuchen, die einheimisch-hispanischen Züge solcher Steinarbeiten ethnisch zu definieren, eine Richtung geben könnte. P. Le Roux und G. Fabre[536] steuern dazu noch onomastische Gesichtspunkte bei, die sie aus den Namen der Familie, die den jeweiligen Grabstein setzt, entnehmen. Zusammenhänge in der lokalen Formtradition zwischen beiden Altären bestehen zweifellos. Die Unterschiede liegen in der verschiedenen Bestimmung, einmal als Weih-, das andere Mal als Grabaltar. Grabaltäre sind oft aufwendiger gearbeitet. Dies wird auch in diesem Fall durch den Grabaltar der Vagellia Rufina (BEL 2) bestätigt, der nach epigraphischer Beurteilung zeitlich wohl nicht allzuweit in der 2. Hälfte des 2. Jahrhunderts n.Chr. anzusetzen sein wird. Der zeitliche Abstand zu dem Weihaltar des *genius Baselecae* (Wende zum 3. Jahrhundert n.Chr.) würde für eine längere Werkstatttradition sprechen[537].

Kerbschnittarbeiten dieser Art sind, außer an den separaten Altaraufsätzen, in der Gegend selten. Dies gilt in gleicher Weise für die Rosette als Motiv, die z. B. nur einmal unter den Inschriften von Colipo begegnet als Vielblattrosette ohne die Kennzeichen des Steinkerbschnitts[538].

---

533 Ebenda 38 f. Abb. 16.
534 Weitere Aspekte eines umfassenderen sozialhistorischen Werkstattbegriffes wollen wir an dieser Stelle nicht erörtern. – Die Art der Verwendung von Bildvorlagen für Altarreliefs durch Werkstätten augusteischer Larenaltäre untersucht P. Zanker, Über die Werkstätten augusteischer Larenaltäre und damit zusammenhängende Probleme der Interpretation, BullCom 82, 1970/71 (1975) 147–155 Taf. 52–58. Der dort Taf. 57 abgebildete Altar des Vicus Sandaliarius wird in leichter Aufsicht mit sichtbarem Focuseinschnitt abgebildet: Mostra Augustea della Romanità³ (1938) Taf. 32.

535 An BEL 5 sind die Stirnen der Pulvini in einer in Hispanien auch sonst belegten Weise mit konzentrischen Ringen dekoriert. Die Pulvini sind nicht als Voluten, der Stirndekor nicht als Rosetten zu bezeichnen, denen auch nicht der Charakter prophylaktischer Augen zuzumessen ist, wie P. Le Roux – G. Fabre, Conimbriga 10, 1971, 120, meinen.
536 Ebenda 129 f.
537 Ebenda 130 Anm. 3.
538 D. de Pinho Brandão, Conimbriga 11, 1972, 76 ff. Nr. 22 Abb. Taf. 22.

Formale Beziehungen unter einzelnen Altären sind also nicht nur bei den ausgesprochenen Altarserien wie B 32 ff., PO 16 ff., PO 5 festzustellen. Eine enge Verwandtschaft besteht etwa auch zwischen den Altären aus Saldanha (TAD 10) und Castro de Avelãs (TAD 13). Der erste ist Iupiter, der andere Aernus geweiht. Die Überlegungen[539], den Charakter des Gottes Aernus aus dem bei beiden Altären fast gleichen Ornament, nämlich den Zweigen oder Bäumchen, erklären zu wollen, sind in Anbetracht dieses Überlieferungstatbestandes u. E. nicht gerechtfertigt.

Der unterschiedliche soziale Ort, an dem die Altäre entstanden sind, kann, wie das Beispiel des militärischen Werkkreises León lehrt, seinen Niederschlag in einem differenzierten Gepräge der Monumente finden. TAD 10 und TAD 13 sind noch über ZA 1 mit jenen militärischen Altären verbunden. Eine Reihe weiterer, durch Militärs gesetzte Steine aus Trás-os-Montes entsprechen den dortigen Altarformen, zeigen untereinander aber keine Gemeinsamkeiten, ebensowenig mit jenen Altären in León, d. h., schichtspezifische Merkmale der Denkmälerformen sind in diesen Fällen nicht offenkundig.

Altäre, vor allem in Barcelona, aber auch in Tarragona, sind mit einer Pulvinusform bekrönt, die durch an der Innenseite aufschwingende Fortsätze gekennzeichnet ist. W. Hermann[540] sucht nach einer Erklärung, indem er hierin »eine Weiterbildung des griechischen Volutenpolsterauslaufes« vermutet. Eine Verknüpfung beider zeitlich getrennter Formdetails scheint uns nicht so naheliegend und zur Erklärung dienlich wie die Beobachtung, daß griechische Stelen römischer Zeit Akrotere mit ebenso geformten Appendices aufweisen.

Anstelle der Pulvini wurden an Altären zuweilen, wie wir sahen, Akrotere verwendet, die ja auch Grabreliefs wie z. B. die attischen bekrönen[541]. Sie sitzen dort nicht nur auf Giebeln, sondern auch auf horizontalen Architraven. In diesem Fall sind sie zwischen den Eckakroteren mit nur kurzen Abständen über der Front aufgereiht. Die seitlichen Fortsätze haben nun[542] ganz das Aussehen jener der Pulvini. Zuweilen sind die Akrotere der Kreisform angenähert, besitzen als Eckakrotere nur einen nach innen gerichteten Fortsatz. Und wenn man berücksichtigt, daß bekrönende Pulvini als Akrotere aufgefaßt werden können und die herangezogenen attischen Grabreliefs und die hispanischen, gallischen oder rheinischen Altäre der gleichen Zeit angehören, dann ist eine Beziehung beider und die wahrscheinliche Übernahme dieser speziellen Form von den Stelen als Möglichkeit in Betracht zu ziehen[543]. Beide Denkmälergattungen, Stelen wie Altäre, gehören ja in denselben sepulkralen Bereich. Allerdings wurden, soweit wir wissen, solche Stelen, im Gegensatz zu Sarkophagen, gewöhnlich nicht exportiert, so daß die Vermittlung auf anderem Wege erfolgt sein müßte[544].

Auf Kanne und Schale als Nebenseitenreliefs ist jeweils, wenn sie auftraten, hingewiesen worden[545]. Auch die Fälle eines Abweichens von der Regelposition Kanne rechts, Schale links schienen uns bemerkenswert, da man nach Gründen für das Aufgeben der auch für Hispanien geltenden regelhaften Plazierung von Kanne und Schale fragen muß. Zuweilen scheint dahinter eine örtliche Werk-

---

539 d'Encarnação, Divindades 84 f.
540 W. Hermann, Römische Götteraltäre (1961) 36 f.
541 A. Muehsam, Attic Grave Reliefs from the Roman Period, Berytus 10, 1952/53, 51–114 Taf. 7–24, bes. 96 f.
542 Vgl. ebenda Taf. 13,3. 4; 16,2; 23.
543 Der umgekehrte Vorgang, eine Aufnahme fremder Formen, in Gestalt von Palmettenakroterien, die auch und gerade in den westlichen Provinzen weit verbreitet waren, ist im Falle der Stele Conze 2131 nachgewiesen worden. Muehsam a.O. 97 Taf. 18,2.
544 Vgl. die Exklave griechischer Stelen in Ancona. L. Mercando, L'ellenismo nel Piceno, in: Hellenismus in Mittelitalien I (1976) 160 ff., bes. 168 ff. Abb. 70 ff. und die Stelen 'griechischer' Form an der spanischen Mittelmeerküste Taf. 152a.b.
545 Zum figürlichen Dekor vgl. auch B. Candida, Altari e cippi nel Museo Nazionale Romano (1979) 137 ff.

stattpraxis zu stehen und nicht allein das Belieben eines individuellen Verfertigers. Es kann auch kaum mit einer mangelnden Qualität der entsprechenden Altäre erklärt werden; denn etwa CA 12 ist von vorzüglicher Arbeit. Vielmehr scheint das Anbringen oder der Verzicht auf Kanne und Schale an örtliche oder regionale Bedingungen gebunden zu sein. Ob dies eine Werkstatttradition allein war, wissen wir nicht. Im Norden, Nordwesten, im Zentrum und an der Ostküste, kurz in der gesamten Tarraconensis ist nur in Ausnahmefällen Kanne und Schale als Nebenseitenrelief zu finden. In Mérida und im Süden Lusitaniens und in der Baetica hingegen waren diese Attribute regelmäßig auf den Nebenseiten der Altäre vorhanden[546]. An Orten wie Mérida wurden vorwiegend Griffschalen dargestellt, häufig mit Widderkopfende, in Sevilla statt dessen ausschließlich grifflose Schalen. An einen bedeutungsmäßigen Unterschied ist bislang nicht gedacht worden[547]. Da in der Kaiserzeit wesentliche Differenzen im Grabkult zwischen Emerita und Hispalis kaum vorauszusetzen sind, glaubte man auch darin eher eine Eigentümlichkeit der Werkkreise erkennen zu können. Nach der Untersuchung H. U. Nubers[548] zu Kanne und Griffschale müssen wir heute annehmen, daß unterschiedliche Gefäße zur Darstellung kamen[549], die Griffschale zur Handwaschung, die grifflose Schale zum Opfer bestimmt war. Ein Altar in Valencia (V 1) zeigt denn auch beide Formen, die Griffschale, mit dem selten nach oben gerichteten Griff, auf der rechten Nebenseite und die grifflose Schale auf der Rückseite. Beide Schalen hatten hier offensichtlich eine unterschiedene Bedeutung, die aber von gleichem Rang gewesen zu sein scheint, so daß beide nebeneinander auf ein und demselben Monument wiedergegeben werden konnten, die grifflose Opferschale und die Griffschale für die Waschung jeweils mit der Kanne, aber auch allein zur Darstellung kamen. Die regional beschränkte Verbreitung einmal der einen, dann der anderen Form, wie wir ihr in Hispanien begegnen, findet dadurch aber noch keine Erklärung. Vielleicht ist es die öfters festzustellende stadtrömische Komponente der Altäre in der Baetica, die hier wirksam wird[550]. Ein fallweises Entscheiden des Steinmetzen oder seines Auftraggebers, »welchem Gefäß, bzw. Symbolcharakter desselben, er den Vorzug gab«[551], würde wohl eher zu einem farbigeren Verbreitungsbild geführt haben.

In dem überaus häufig an der Oberseite der Altäre ausgearbeiteten Rundfocus eine reale »Omphalosschale oder eine entsprechende Vertiefung... wie Dübellöcher zeigen, auch aus Metall« zu erkennen, »so daß sich eine weitere Abbildung derselben auf einer seitlichen Schmalseite erübrigte«[552], dafür fehlen uns, zumindest für Hispanien, zwingende Hinweise. Ein kleines tragbares Altärchen (SO 6) ist auf dem Grunde seines Rundfocus mit einer Rosette geschmückt. Hier könnte man möglicherweise an eine Omphalosrosette denken. Diese kleinen Altärchen sind jedoch oft von eigenwilliger Form und Ornamentik, so daß wir die ungewöhnliche Gestaltung des Focus in gleichem Sinne sehen möchten. Dieses Altärchen ist wie eine Unzahl monolither Altäre ganz ohne Relief. Es wäre also die Omphalosschale allein vorhanden ohne die Kanne, mit der sie ja sonst immer eng verbunden auftritt. Außerdem werden auch die Altäre, welche die Darstellung der grifflosen Schale auf einer Nebenseite tragen, nicht selten von einem Rundfocus bekrönt, der, wenn mit ihm die Schale gemeint wäre, überflüssig wäre. Eine Reihe von Altären besitzt zudem einen rechteckigen Focus, der wegen seiner Form kaum als Schale erklärt werden kann.

---

546 Vgl. die ähnlichen Beobachtungen von H. U. Nuber, Kanne und Griffschale, 53. BerRGK (1972) 91 Anm. 507.
547 Vgl. dazu ebenda 91. 97 ff.
548 s. ebenda 1 ff.
549 Ebenda 107 speziell auf den Nebenseiten von Altären.

550 Ebenda 91. 107. 111 betont mehrfach die Verbreitung von Griffschale und Kanne auf den Nebenseiten von Altären besonders in den Provinzen.
551 Ebenda 99.
552 Ebenda.

Auch die seit H. C. Bowerman[553] geltende Erklärung der Regelposition für Kanne und Schale an Altären, nämlich auf der linken bzw. rechten Nebenseite (vom Betrachter aus gesehen), erscheint nicht sehr befriedigend. Sie soll durch den – durch Darstellungen belegten – Standort des Opfernden mit Schale rechts vom Altar und des *camillus* mit Kanne links bestimmt sein. Letzterer trägt oft selbst noch eine Griffschale in der Linken, die Kanne jedoch immer in der Rechten. Dieses festgelegte Halten der Geräte könnte als Grund gelten für die Anbringung der Kanne auf der rechten Seite (vom Altar aus gesehen) des Monuments und die der Schale auf der linken. Die strenge Beachtung der Opfervorschriften zwang wohl auch zur Einhaltung einer solchen Regel. Wenn nun, wie in der Baetica, die umgekehrte Plazierung befolgt wurde, darf man darin wohl weniger ein Mißachten der Vorschriften sehen als eine Verdrängung der Kanne durch die gleichfalls mit der Rechten geführte grifflose Omphalosschale, der als Gerät, mit dem die eigentliche Opferhandlung ausgeführt wurde, eine primäre Bedeutung zukam.

Veröffentlichte Beschreibungen von Altären und ihren Formeigentümlichkeiten sind für unsere Zwecke nur bedingt verwendbar gewesen, da bis heute keine Übereinkunft in der Benennung der sie unterscheidenden Formmerkmale existiert. Insbesondere die Profilelemente sind es, die in diesen Beschreibungen die unterschiedlichsten Bezeichnungen erfahren haben[554], wenn ihnen überhaupt einige Worte gewidmet sind, oft dagegen sind sie, auch in den abgebildeten Zeichnungen[555], weitgehend oder völlig mißverstanden. Dies führt dann zu recht subjektiven Wertungen der Abfolge und des Aufbaus der Profile; wir wollen und können die zahllosen Beispiele hierfür weder anführen noch kritisch besprechen.

Auch die übrigen Elemente des Altars werden mit den verschiedensten Namen belegt, und auch hier bedarf es nicht selten des Vergleichs mit dem photographisch abgebildeten Original, um zu erkennen, wie die verwendeten Begriffe zu verstehen sind.

Tektonische Formelemente wurden systematisch untersucht in einem Aufsatz von Alfonso Jiménez mit dem Titel »De Vitruvio a Vignola: Autoridad de la Tradición«[556]. Wir müssen uns hier auf die Inhalte beschränken, die unsere Fragestellungen tangieren. S. 282 ff. werden hispanische Monumente der Architektur aufgeführt und in diesem Zusammenhang auch ihre Zeitstellung referiert und die Profilierung besprochen. Die Häufigkeit des Vorkommens der *cyma reversa* ist in einer Graphik dargestellt[557]. Sie fand schon früh in republikanischer Zeit Verwendung in der römischen Architektur und

---

553 H. C. Bowerman, Roman Sacrificial Altars. An Archaeological Study of Monuments in Rome (1913) 87 ff. 92 f.

554 Selbst in einem Werk, das sich gerade mit der äußeren Form inschriftlicher Denkmäler beschäftigt (J. M. Iglesias Gil, Epigrafía Cántabra [1976] 69,3), ist die Profilierung eines Altars, der als Repräsentant eines Typus herausgestellt wird, mißverstanden. Ein weiteres Beispiel einer entsprechenden Beschreibung der Profile eines Altars gibt G. Chic García, Inscripciones de Peñaflor, Habis 6, 1975, 358 f. Wie ein klarer Formenbefund kompliziert erscheinen kann, zeigt RevGuimarães 77, 1967, 47 ff. Abb. 2: Die *cyma reversa* ist in der Zeichnung in zwei vorspringende Grate zerteilt worden.

555 Besonders ältere Zeichnungen sind im allgemeinen nicht sehr hilfreich, so etwa die von S. Lambrino veröffentlichten, der allerdings auch Details wie die Pilastergliederung an der Vorderseite eines Altars nicht wiedergibt (OArqPort 3. Ser. 1, 1967, 210 Nr. 146). Aber selbst später veröffentlichte sind hinsichtlich der Profile oft nicht befundgetreu wiedergegeben. – Größere Serien von Profilzeichnungen auf einem modernen Standard veröffentlichen etwa B. Candida, Altari e cippi nel Museo Nazionale Romano (1979) und J.-Cl. Bessac, Analyse technique des autels votifs en pierre, Documents d'archéologie méridionale 1, 1978, 183 ff. Profilzeichnungen von Altären enthält schon H. Koch, Hellenistische Architekturstücke in Capua, RM 22, 1907, 393 ff.; vgl. zum folgenden auch unsere Abb. 3–5.

556 A. Jiménez, Habis 6, 1975, 253–293.

557 Ebenda 290 Abb. 4. Wir verwenden in der vorliegenden Arbeit die Begriffe *cyma reversa* und *cyma recta* im Sinne von A. Marquand, AJA 10, 1906, 85. s. auch zur *cyma reversa* L. T. Shoe, Profiles of Greek Mouldings (1936) 54; dies., Profiles of Western Greek Mouldings (1952) 19. 159. 165; dies., Architectural Mouldings of Dura-Europos, Berytus 9, 1948/49, 1 ff., bes. 32 f. Die zuweilen vorkommende und ungewöhnlich wirkende Begleitung des konkaven Teils der *cyma reversa* durch eine Faszie begegnet ebenso am tuskanischen Basisprofil von Säulen. P. Rouillard, MelCasaVelazquez 12, 1976, 489 Abb. 6c.

greift erst spät, gegen Ende der Republik, auf die Westprovinzen über. Seit Caesar werde sie in Italien nicht mehr verwendet. Die spätesten Beispiele, schon des 1. Jahrhunderts n.Chr., seien aus Hispanien, Gallien und Afrika bekannt, wo die *cyma reversa* nach einer Verzögerung dann auch verschwinde. Dies stehe in Verbindung mit der Einführung griechischer Profile und mit der zunehmenden Verwendung im Westen heimischer Marmore, die die Ausführung komplizierter Profile eher ermögliche als grober Granit. Diese Feststellungen wurden an der Architektur gewonnen. An Altären ist die *cyma reversa* jedoch während der ganzen Kaiserzeit nachzuweisen.

Schmale, aus mehreren Elementen zusammengesetzte Profile sind in der Tat materialbedingt nur in feinkonsistenten Materialien auszuführen. Sie sind darüber hinaus zeitlich auf das 1. Jahrhundert n.Chr. festzulegen. In der fortgeschrittenen Kaiserzeit nehmen die Profile breitere Zonen ein, unterstützen die langgestreckten Proportionen und laden oft stark aus[558].

An den Altären bestätigt sich also zumindest die Feststellung von A. Jiménez über das *cyma reversa*-Profil im Bereich der Architektur nicht. Der durchaus vorhandene Einstrom 'klassischer' Profilierungen und die vermehrte Verwendung von Marmor vermögen trotzdem die *cyma reversa* und den lokalen Werkstein bei der Herstellung von Altären nicht zu verdrängen.

Bei der Profilierung eines Gesimsbruchstückes von der mutmaßlichen Aedicula für einen Sarkophag aus Córdoba der 1. Hälfte des 3. Jahrhunderts n.Chr. leitet[559] eine *cyma reversa* zu einer Serie von Faszien über, die einen mächtigen Viertelrundstab begleiten. Die Profilkombination als solche wird an Altären nicht verwendet, dürfte also als eine der Architektur eigene anzusehen sein. Die Einzelelemente jedoch sind alle auch an Altären zu beobachten, wobei ein Formwandel naturgemäß am ehesten an den gekurvten (Karnies, Rundstab und Kehle) abgelesen werden kann. Aufgrund der *cyma reversa* an dem Gesimsfragment aus Córdoba müßte man im 3. Jahrhundert n.Chr. eine Form voraussetzen, die aus gleichen Anteilen konvexer und konkaver Wölbung besteht. Ein Blick auf die beigegebene Photoabbildung lehrt, daß hierin die Zeichnung möglicherweise unkorrekt ist[560]. Dort scheint nämlich der konvexe Anteil gegenüber dem konkaven zu überwiegen. Die niedrige und relativ ausladende Form dieser *cyma reversa* bleibt hervorzuheben.

Noch in situ, an bis heute aufrecht stehenden Monumenten, treffen wir Profile in Ruinenstätten wie Mérida und Italica, an einzeln erhaltenen Großbauten wie dem Theater in Ronda la Vieja, dem Tempel in Vich, an Grabbauten wie in Sádaba, an Toren wie dem Arco de Barà, um nur einige Beispiele zu nennen. Ihre Profilierung war nicht Gegenstand eigener Untersuchungen. Selbst aus den zur

---

558 Im Zuge dieser Entwicklung kann das Deckprofil an Volumen zunehmen und dann gar gegenüber dem Sockelprofil dominieren. Parallele Beobachtungen erlauben die oberitalischen Achteckaltäre (H. Gabelmann, Achteckige Grabaltäre in Oberitalien, AquilNost 38, 1967, 40 f.). Hier gewinnt die *cyma recta*/Faszie/*cyma reversa*-Kombination im Deckprofil an plastischer Substanz. Die *cyma reversa* wird dabei zu einem breiten und bestimmenden Element. Die einzelnen Profilelemente können sich in Deck- und Fußprofil wiederholen, oft sind sogar die Abfolgen in beiden Profilen dieselben (z. B. Faszie, *cyma recta*, Leiste), eine Sequenz, die symmetrisch vom Altarkörper nach oben bzw. nach unten hin sich entwickelt. Wir haben uns wegen dieser genannten Gründe, der oft zu beobachtenden Dominanz des Deckprofils und der nicht minder deutlichen symmetrischen Gruppierung der Profilelemente um den Altarkörper entschlossen, die Profile von oben nach unten zu benennen, was einer tektonisch empfundenen Beschreibung von unten nach oben bei exakter Symmetrie entspricht.

559 So nach A. García y Bellido, El sarcófago romano de Córdoba, ArchEspArq 32, 1959, 5 f. Abb. 19.

560 Auch bei weiteren Zeichnungen architektonischer Karniesformen hegt man beim Vergleich mit den Photoabbildungen Zweifel hinsichtlich der Korrektheit solcher Details (etwa ArchEspArq 29, 1956, 143 Abb. 18 f.).

Verfügung stehenden Veröffentlichungen lassen sich Daten nur von Fall zu Fall entnehmen[561]. Für ein *cyma reversa*-Profil an der Basis über dem Südtor im römischen Circus von Sagunt ist eine Datierung um die Wende vom 2. zum 3. Jahrhundert n.Chr. vorgeschlagen worden[562]. Bemerkenswert sind der flache Anstieg der *cyma* und der gleiche Anteil an konvexer und konkaver Wölbung, sofern diese Details korrekt wiedergegeben sein sollten[563].

Das Kämpfergesims am Mausoleum der Attilier in Sádaba zeigt auf der Bauaufnahme durch J. Menéndez-Pidal[564] eine Profilabfolge Ablauf, Leiste, Halbrundstab, Faszie, Kehle, Leiste von unten nach oben. Die Kehle an dieser Stelle ist außerordentlich überraschend, und wenn wir a.O. Abb. 11 vergleichen, so scheint es, als ob anstatt der Kehle eine *cyma recta* einzuschieben wäre, die den scharfkantigen Eindruck der Zeichnung gar nicht besitzt. Auch hier hätten wir mit der vorgeschlagenen Datierung in severische Zeit einen zeitlichen Anhalt für die Profilierung ebenso wie für die hohe *cyma recta* am Sockel.

Eine Ausgewogenheit der Kurven der *cyma recta* besitzt zweifellos das Sockelprofil des römischen mutmaßlichen Grabbaus von Fuentidueñas (Plasencia)[565]. Anders als am Mausoleum in Sádaba setzt sich dieses Profil aus drei Elementen zusammen, einem Halbrundstab, *cyma recta* auf Leiste und Kehle auf Leiste, wobei die Kehle als Anlauf unmittelbar in die Wand übergeht.

Profile an Bauten und Werkstücken könnten sinnvoll in Beziehung gesetzt werden zu solchen, die zur Wandgliederung an Teilen der Raumausstattung angebracht waren. Profilierte Verkleidungsplatten aus dem gelben Marmor des unweit gelegenen Bruches von Espejon traten bei der Ausgrabung des 'Palastes' in Clunia z. B. zutage[566]. Von der Mitte des 2. Jahrhunderts n.Chr. bis um 284 n.Chr. soll er bestanden haben. Die Wahl der Profilelemente in Abhängigkeit zu ihrer Funktion scheint hier deutlich zu werden. Parallele, in gewissem Abstand voneinander verlaufende *cymae rectae* an den senkrechten Fußplatten und durch eine Faszie getrennte verdoppelte *cymae rectae* überbrücken hier breite Abstände an Gesimsteilen.

In die Betrachtung einbezogen werden müßten natürlich auch die gar nicht so seltenen Reste von Stuckprofilen aus Gebäuden, auf die man hier und da in Veröffentlichungen stößt und deren Existenz wegen der Vergänglichkeit des Materials gegenüber den Steindenkmälern ganz dem Zufall der Erhaltung anheimgegeben ist. Aus einer Villa des 4. Jahrhunderts n.Chr. in Zaragoza hat A. Beltrán z. B. ein solches Stuckprofil in Zeichnung vorgelegt[567]. Es besteht danach aus Faszien und Rundstabsegmenten, keinen Karniesformen. Der Wechsel von Rundstab, doppelter Faszie zu Rundstab zeigt zwar Präzision in der Definition des Profilelements, in ihrer Abfolge jedoch eine große Gleichförmigkeit.

---

561 So hat z. B. der römische Siedlungsplatz »Els Estanys« bei Almenara (Castellón de la Plana) ein profiliertes Werkstück geliefert, von dem eine brauchbare Photoabbildung vorliegt. Vgl. N. Mesado, Breves notas sobre las ruinas romanas de »Els Estanys« (Almenara), ArchPrehLev 11, 1966, 177 ff. Taf. 3,4. – Aufschlüsse über die Profilierung an stadtrömischen Bauten gibt S. Neu, Römisches Ornament. Stadtrömische Marmorgebälke aus der Zeit von Septimius Severus bis Konstantin (1972). s. auch die Arbeiten von L. T. Shoe, von der auch Architekturprofile der ersten drei Jahrhunderte n.Chr. vorgelegt werden: Architectural Mouldings of Dura-Europos, Berytus 9, 1948/49, 1 ff.

562 S. Bru y Vidal, Datos para el estudio del circo romano de Sagunto, ArchPrehLev 10, 1963, 207 ff. Abb. 6.

563 Viertelrundstab ist mit Kehle kombiniert an einem Werkstück, ArchEspArq 18, 1945, 153 Abb. 7B.

564 J. Menéndez-Pidal, El Mausoleo de los Atilios, ArchEspArq 43, 1970, 89. 112 Plan.

565 A. García y Bellido, ArchEspArq 44, 1971, 145 ff. Abb. 19–22. Vgl. auch die Profile der 'Torre de los Escipiones', Th. Hauschild – S. Mariner Bigorra – H. G. Niemeyer, Torre de los Escipiones. Ein römischer Grabturm bei Tarragona, MM 7, 1966, 162 ff. Abb. 10.

566 B. Taracena, El palacio romano de Clunia, ArchEspArq 19, 1946, 39 f. Abb. 6.

567 A. Beltrán, Interesante pieza escultórica hallada recientemente en una »villa« romana de Zaragoza, ArchEspArq 23, 1950, 500 Abb. 2.

Zu vergleichen wäre das größere Stuckprofil mit einer *cyma reversa* von 'La Muela' bei Hinojosa de Jarque (Teruel)[568]. Zur Beurteilung solcher Profile, auch in unserem Rahmen, wäre allerdings eine umfassende und vergleichende Behandlung dieser eine notwendige Voraussetzung.

Am nächsten standen, was die Profilierung anbetrifft, den Altären aber die zumeist monolithen profilierten Monumente wie Basen oder Postamente, deren Profilierung dieselbe Funktion der Gliederung im tektonischen Aufbau hat. In Tarragona wurden Statuenpostamente mit Sockel und Aufsatz erst ab der Mitte des 2. Jahrhunderts n.Chr. errichtet. Die unterlebensgroße Bronzestatue eines Kriegers vom Talayot 'Son Favar' (Capdepera/Mallorca) steht noch heute auf einer Kalksteinbasis (H 12,5 cm, B 13 cm, T 15,5 cm), die oben und unten mit einer *cyma reversa* profiliert ist. Weder ausladend noch hochgestreckt vertritt sie einen republikanischen Typus des 3. Jahrhunderts v.Chr. Durch die schmaleren Sockel und Deckplatte wird ihre Gliederungsabsicht unterstützt, indem diese den formalen Eigenwert der *cyma* zur Geltung kommen lassen.

Was nun die Altäre selbst betrifft, so möchten wir, noch stärker als H. Gabelmann[569], den Unterschied zwischen den frühen augusteischen Larenaltären wie dem des C. Manlius und den späteren profilgerahmten Altären betonen. Zunächst besteht bei ersterem die Rahmung nicht aus einem 'Profil'. Dann aber reiht er sich nicht in die Tendenz, die zur verselbständigenden Isolierung und Verblendung der gerahmten Tafel führt, sondern demonstriert das Gegenteil. Die räumliche Wirkung des Reliefgrundes wird erhöht durch seine optische Abtrennung von dem Reliefträger, der materiell auf den schmalen Rahmen reduziert wird. Es sind vor allem die Unterschiede, die es zu betonen gilt, zwischen dieser Art von Rahmung und den genannten, ganz verschiedenen Eigenschaften der späteren Profilrahmung.

Nur an zwei Altären Hispaniens, BA 37 und BAA 8, beide also aus dem Südwesten der Halbinsel, findet sich an der rechteckigen Vorderseite des Körpers eine oben gerundete Profilrahmung. Dadurch entstehen leere Zwickelfelder an den oberen Ecken, die nicht ursprünglich beabsichtigt sein können; denn sie bleiben im Gegensatz zu Stelen etwa aus Mérida, die hier eine Rosette tragen, ohne Dekor. An BAA 8 füllt dieser Profilrahmen nicht die Vorderseite, er reicht weder an den Seiten nach oben und wohl auch nicht unten bis an die Ecken bzw. den Rand des Altarkörpers. Es handelt sich demnach nicht um eine oben gerundete Profilrahmung der Vorderseite des Altars, sondern nur der Inschrift. Eine solche zeigt auch ein sechseckiger Grabaltar in Medjez-el-bab/Tunesien.

In den meisten Fällen einer rechteckigen Profilierung ist die Vorderseite des Altarkörpers oder auch — bei einigen Altären — die Nebenseite und selten die Rückseite profiliert. Vielfach ist nur die Inschrift als solche profilgerahmt[570]. Eine solche Unterscheidung scheint uns bei der Konstitution eines profilgerahmten Altartypus sehr wichtig zu sein. Denn erst, wenn auch die Seiten profilgerahmt sind, wird der glatte Körper, die sog. 'Postamentgrundform', verändert. Dies ist in Hispanien nur bei wenigen Altären der Fall (z.B. SE 13 u.a.). Dabei ist nicht so entscheidend, ob auch die Rückseite profiliert ist; denn deren Ausarbeitung, die ja durch die Aufstellung vor einer Wand nicht nachprüfbar war, wird dann in vielen Fällen suggeriert. H. Gabelmann[571] legt auf eine solche Unterscheidung

---

568 ArchEspArq 18, 1945, 153 Abb. 7A.
569 H. Gabelmann, BJb 177, 1977, 212ff. 230.
570 In Tarraco ab dem 2. Jh. n.Chr. (Alföldy, Inschriften Tarraco Taf. 80f.). R. Nierhaus beobachtet, daß die Profilrahmung der Inschrift auf Meilensteinen »vorwiegend bei von Gemeinden gestifteten Steinen« begegnet (JbSchwGesUrgesch 59, 1976, 307 Anm. 7).

571 H. Gabelmann, BJb 177, 1977, 218 Anm. 81. Im nordhispanischen, nicht nordwesthispanischen, wie Gabelmann eberda, Raum gibt es nur einen fries- und leistengerahmten Altar (BU 1). BU 2 und NA 1 besitzen lediglich profilgerahmte Inschriften.

keinen Wert oder setzt, wie in Oberitalien, eine allseitige Profilrahmung auch z. B. in Tarraco voraus, dessen Altäre er dem profilgerahmten Typus zurechnet, auch wenn nur die Inschrift gerahmt ist (etwa bei T 74).

An den Altären sind vielfach Löcher, Vertiefungen oder Einarbeitungen zu sehen, die zum Teil mit Zufügungen aus anderem Material erklärt werden können. Denkbar wären Aufsätze in Gestalt von Dächern, Ossuarien, Cinerare, auch Porträt*clipei* und dem Schmuck dienende Metallinkrustationen. Oft sind noch in Blei vergossene Metall(Eisen, Bronze)reste festzustellen (BA 51, BA 52, T 52). Aufsätze auf der Oberseite (Giebel-, Kuppel-, halbtonnenförmige Baldachine etc.) können aus speziellen Zurichtungen erschlossen werden. An einem Altar aus Chaves/Portugal (TAD 4 Taf. 58a) ist z. B. eine giebelförmige Verdachung erhalten. Auch bekrönende Pinienzapfen, wie bei BA 13 (Taf. 70a) können getrennt gearbeitet werden[572].

Zum Teil werden aber auch Vorrichtungen angebracht gewesen sein, die dem temporären Schmuck der Altäre dienten. Auf Opferdarstellungen sind oft Girlanden am Altar zu sehen, die, wenn sie übereck aufgehängt sind, wie am Suovetaurilienrelief im Louvre[573], den vergänglichen momentanen Dekor meinen dürften. Jeden Zweifel nimmt das Relief, auf dem eine Ziege an der Altargirlande frißt und sie dabei leicht hochhebt[574].

In eine entsprechend zugeschnittene Vertiefung in der Altaroberseite konnte eine Focusplatte aus feuerbeständigerem Material eingelassen werden[575] oder ein demselben Zweck dienender Gegenstand auch nur zeitweilig aufgesetzt werden. Ein solcher Befund hat sich, wie zu erwarten, bei keinem der hispanischen Altäre erhalten, bei denen in der Regel die plastische Ausarbeitung des Focus bevorzugt wurde. Am ehesten könnte die horizontale und ungeglättete Abarbeitung der Fläche zwischen den Pulvini oder im Focus wie bei CA 12 fallweise mit der Auflage bzw. Einlassung einer solchen Platte erklärt werden, deren Form man sich auch in Gestalt einer flachen Pfanne (aus Metall) vorstellen könnte.

Hinsichtlich der beabsichtigten Funktion rechteckiger Eintiefungen an den Altarkörperseiten (H 1, CO 3) wird man an die Einlassung von Inschrift*tabulae* in den aus lokalem Gestein gearbeiteten Körper denken. In einem Fall (V 1) war die Inschrifttafel wohl aus Bronze, in einem anderen (verschollener Altar aus Ubrique) soll, wie uns berichtet wurde, ein Seitenrelief herausgeschnitten worden sein, das dann in den Kunsthandel gelangte.

Um die Berechtigung unserer regionalen Betrachtungsweise zu unterstützen, sei schließlich ein Vergleich der hispanischen Altäre mit jenen vom Rhein gestattet. Auch hier scheinen die Altäre recht charakteristisch geprägt[576].

---

572 H. Gabelmann, RM 75, 1968, 91.
573 É. Michon, MonPiot 17, 1909, Taf. 17.
574 G. Gatti, NSc 1906, 246 Abb. o. Nr. — Auch an Stelen und Sarkophagen sind entsprechende Löcher bzw. in Blei vergossene Haken beobachtet worden. Ihre Schmückung zu gewissen Festtagen ist überliefert. RE I A 1 (1914) 1113f. s. v. Rosalia (Nilsson). — Zum Schmuck der Altäre wurden Blumen, Kränze, Zweige, Kräuter, Binden, Hörner, Bukranien und Girlanden verwendet. Zeugnisse hierfür hat E. Reisch, RE I (1894) 1678. 1687 s. v. Altar zusammengestellt. Über das Schmücken von Altären handelt auch M. Bulard, La religion domestique dans la colonie italienne de Délos (1926) 25. 27f. 358f. 376.

575 RE I (1894) 1677 s. v. Altar (Reisch).
576 Der Grabaltar als mediterrane Form erreicht die Rheinlande, wie es scheint, im 2. Jh. n.Chr. A. D. Nock, Cremation and Burial in the Roman Empire, HarvTheolR 25, 1932, 325. Auf diesen Raum des Römischen Reiches kann unser Blick ganz ungezwungen gelenkt werden durch die Tatsache, daß Formeigentümlichkeiten hispanischer Monumente, etwa Barcelonas, dort in gleicher Weise begegnen, so die inneren Fortsätze der Pulvini, die Masken an der Pulvinusstirn und die sog. *cupae*. Sie sind Formen Triers (Espérandieu IX 410), aber auch von Speyer (Espérandieu VIII Nr. 5951), Mainz (z. B. Espérandieu VII Nr. 5796) und Bonn (Espérandieu VIII Nr. 6235).

Ob hier der Rundfocus möglicherweise häufiger an Weihaltären auftritt als an Grabaltären[577], müßte eine statistische Auszählung zeigen; er ist jedoch keineswegs die Regel, viele Weihaltäre sind ohne Rundfocus. Sonstige Unterschiede zwischen Grab- und Weihaltären sind nicht auffällig. Qualität und detailliertere Ausarbeitung scheinen an beiden gleich.

Als gemeinsame Kennzeichen dürfen festgehalten werden: Ein kleiner Giebel sitzt zwischen den Pulvini, die fast immer mit Fortsätzen gebildet sind[578]. Oft ist der Giebel vorn und hinten ausgearbeitet. Es gibt aber auch Beispiele mit nur einem vorderen Giebel[579]. Das Tympanon ist mit einem Blattmotiv mit Mittelknopf gefüllt.

Oft ist kein Rundfocus anzutreffen, sondern lediglich eine Focusfläche, zu der sich die Giebel gerundet absenken und auslaufen. Die Pulvini schwingen zu den Enden der Fortsätze hin aus und leiten so zur horizontalen Focusfläche über. Sie sind zylindrischer Form, in der Mitte des Schaftes nicht geteilt und deshalb ohne *balteus*. Ausnahmen stellen die Altäre CIL XIII 8187[580] und CIL XIII 8384[581] dar. Die Bekrönung dieses letzteren Altars ruht auf einer der Deckplatte aufliegenden rückspringenden Untersatzplatte. Sie besteht aus den Pulvini mit den Fortsätzen und einem Rundfocus mit stegähnlich hervortretendem Rand. Die Pulvini sind nicht balusterförmig, aber ein *balteus*-Band ist eingeritzt, desgleichen den Schaft in Längsrichtung deckende akanthisierte Blätter. Die Stirnen schmücken Vierblattrosetten. Dieser Altar ist durchaus kölnisch, verfügt aber über die genannten Formdetails, die sonst nicht auftreten.

Ganz bezeichnend für die Gruppe sind die plastisch angegebenen Opfergaben. Sie liegen entweder auf der Focusfläche, auf den Schrägen eines durchgehenden Giebeldaches oder der gleichfalls von vorn nach hinten durchgehenden Giebelwölbung. Es sind Äpfel oder Birnen und nicht exakt identifizierbare rundplastische früchteähnliche Gebilde, eine Traube auf dem Iupiteraltar Inv. Nr. 39,134[582], ein Blatt auf dem Altar CIL XIII 8384[583]. Der Rundfocus eines Iupiteraltars ist mit einer fladenartig sich hochwölbenden Masse gefüllt.

Die Profile sind auffallend schmal, haben wenige übereinander angeordnete Elemente, oft nur eins, und treten wenig vor. Trotz herumgeführter Profile sind die Altäre auf die Vorderseite hin angelegt. Manchmal ist die ganze Rückseite glatt abgeschnitten oder die Bekrönung an der Rückseite glatt belassen. Auffallend in Bonn und Köln ist eine *cyma* mit kaum merklicher konvexer Wölbung.

Ungewöhnlich sind die Nebenseiten. Alle ihre Dekormotive sind in Hispanien nicht vertreten, während die dortigen Nebenseitenreliefs, Kanne und Schale, in Köln nicht vorkommen. Hier sind es wohl am häufigsten Lorbeerbäume und Akanthusblattkandelaber oder ähnliche Akanthusbildungen, Füllhorn mit Pinienzapfen und Früchte, Palmwedel[584], Figuren, Opferdiener (bei Matronenaltären und dem Iupiteraltar). Auf den Nebenseiten des Semelealtars[585] sind es rechts Kymbala, die an eine profilierte Basis oder einen Altar gelehnt sind, und links Pedum und Lochscheibe (Schallbecken) auf einem Rundaltar. Der Rundaltar wird auch hier eher dargestellt als real gebildet.

Die Karniesrahmung der Inschrift, ja, der Altarkörperseiten überhaupt, ist am Rhein nicht zu beobachten. Der Grabaltar CIL XIII 8384[586] besitzt eine Stegrahmung der Nebenseiten.

---

577 So W. Hermann, Römische Götteraltäre (1961) 75.
578 Ausnahme: Köln, Römisch-Germanisches Museum, Inv. Nr. 759; Galsterer 524.
579 z. B. Köln, RGM, Inv. Nr. 60,127; Galsterer 64.
580 Köln, RGM, Inv. Nr. 706; Galsterer 35.
581 Köln, RGM; Galsterer 399.

582 Köln, RGM; Galsterer 52.
583 Köln, RGM; Galsterer 399.
584 Etwa bei dem Grabaltar CIL XIII 8384; Galsterer 399.
585 CIL XIII 8244; Galsterer 134.
586 Galsterer 399.

158   DER FORMENSCHATZ DER HISPANISCHEN ALTÄRE IN SEINER EIGENART

Infolge der Aufmerksamkeit, die der Vorderseite des Altars galt, sind die meisten Altäre im Rheingebiet breit und wenig tief proportioniert.

Bekrönungseigentümlichkeiten von Altären in Barcelona begegnen auch in Köln. Hinweise für eine gegenseitige Abhängigkeit haben wir aber nicht, eher liegt eine gemeinsame Wurzel zugrunde. Die Pulvini sind mit kurzen Ansätzen gebildet wie dort; im Falle des Altars für die Aumenahenischen Matronen in Köln[587] steigen diese leicht an und brechen dann senkrecht ab zu einer Zwischenpulvinusfläche, aus der sich Rundfocus und Giebel erheben, eine Bekrönungsform, die Altären Barcinos ganz entspricht.

Auch für eine weitere hispanische Eigentümlichkeit, die wir als Pulvinuseinheit bezeichnet haben, gibt es in Köln und Umgebung Parallelen. Ein schlankes, überaus hochgestrecktes Altärchen für die Audrinehischen Matronen[588] hat die aus Hispanien bekannte Pulvinuseinheit mit in der Senke verlaufenden Giebelchen[589]. Sie ruht auf einem von der Deckplatte rückspringenden Plättchen. Das Altärchen ist im Kölner Material auffällig, es kommt aber aus der Kölner Umgebung (Hermülheim) und ist aus dort verfügbarem Stein gearbeitet. Die beschriebene Form der Bekrönung ist wohl als provinzielle Verschleifung des Kölner Modells zu erklären. Wie es dazu kommt, dürfte ein anderes Altärchen aus Hermülheim verdeutlichen[590]. Dort sind die Pulvini mit Ansätzen, auch eine Giebelandeutung, gerade noch zu erkennen; diese Einzelheiten werden beim Verschmälern der Bekrönung zur Pulvinuseinheit verschliffen. Auch an dem Altar für Iupiter und den Genius des Kaisers[591] glauben wir, den Übergang von den Pulvini mit Ansätzen durch Verschleifung zur Pulvinuseinheit sehen zu können. Vorn befindet sich noch eine kleine Giebelerhebung, die zur Focusfläche hin gerundet ausläuft.

Auch für eine dritte Detailform hispanischer Altäre finden wir in Köln eindeutige Hinweise, wenn sie auch nicht gerade häufig sind. Ein anscheinend zusammen mit dem Fortsatz als Teilwerkstück gearbeiteter Pulvinus gehört zu einem größeren Altar, wie wir sie in der Tarraconensis, aber auch in Lusitanien nachweisen konnten. Genau wie bei den dortigen Altären ist der Schaft geschuppt und trägt an der Stirn ein Medusenhaupt.

Die Matronenaltäre sind eine eigene Spezies. Sie benötigen an der Vorderseite Raum für eine Inschrift und darüber die architektonisch gefaßte Figurennische der Matronen, die oft regelrecht das Matronenheiligtum selbst auf dem ungegliederten Altarkörper darstellen. Ebenso fallen die Altäre aus Mithräen — wie üblich — aus dem Rahmen des Gewöhnlichen. Eines der Altärchen aus Köln hat sogar einen rechteckigen Focus, aber sonst eine durchaus Kölner Bekrönung. Zwei stellen gar Rundaltärchen dar mit glattem an- und ablaufendem Körper, rechteckigen Fuß- und Deckplatten und je einem Torus als Profile. Auf der linken Nebenseite eines Mithrasaltars ist ein Rundaltar wiedergegeben; darauf liegen ein Globus und eine Peitsche als Mithrassymbole.

Nicht in den Werkstätten entstanden, die sich gewerblich mit der Herstellung von Altären befaßten, dürften zwei große Altäre in Bonn sein. Sie zeigen denn auch abweichende Formdetails. Auffallend am Altar für IOM und Hercules Saxanus sind der rechteckige Focus, die zylindrischen glatten Pulvini ohne Ansätze, die Giebel mit seitlichen Buckeln, die vortretende, mehrfach gegliederte Profilierung. Seine Verfertiger sind damit offensichtlich eigenen, ihnen geläufigen Formvorstellungen

---

587 CIL XIII 8215; Köln, RGM, Inv. Nr. 328; Galsterer 95.
588 Köln, RGM, Inv. Nr. Lückger 753; Galsterer 90.
589 Auch der Iupiteraltar; Köln, RGM, Inv. Nr. 60, 127; Galsterer 64.
590 Köln, RGM, Inv. Nr. Lückger 755; Galsterer 92.
591 Köln, RGM, Inv. Nr. 60, 127; Galsterer 64.

gefolgt, die sie wohl aus anderen Gegenden mitgebracht haben. Am Altar der Rheinflotte für Antoninus Pius sind diese mit regional geläufigen gemischt. Das lesbische Kymation als Inschriftrahmung wird seitlich von Blattranken begleitet, die auch die beiden Nebenseiten einfassen. Beide Ornamente konnten wir an den rheinischen Altären bislang nicht beobachten, statt dessen aber den Akanthusblattkandelaber im rundlich vertieften Feld der Nebenseiten, der links aus einer Vase aufsteigt. Auch die *cyma recta* mit kaum ausgeprägter konvexer Partie im allein erhaltenen Fußprofil ist in der Region verbreitet. Hier ist auch der Weihaltar für Victoria aus Köln, Alteburg[592], anzuschließen, für dessen fremdartige Kerbschnittformen man Steinmetzen aus Zonen, in denen dieses Ornament zu Hause war, verantwortlich zu machen versucht hat.

Die Bonner Altäre bestärken den in Köln gewonnenen Eindruck. Die Pulvini besitzen hier gleichfalls, wie auch in Trier, außer bei dem genannten Altar für IOM und Hercules Saxanus, die charakteristischen Ansätze. Die Schäfte der Pulvini sind glatt, geschuppt oder von akanthisiertem Blattornament umhüllt. Sie können in der Mitte von einem *balteus* umfaßt werden, ohne an dieser Stelle eingezogen zu sein. Die plastische Wiedergabe der Opfergaben und die Seitenreliefs begegnen in gleicher Weise wie in Köln.

Dieser allgemeine Eindruck, der auf wenige Werkstätten zurückgehen kann, kann natürlich von anders aussehenden Stücken durchbrochen werden. So hat ein Altar für Magna Mater aus dem 3. Jahrhundert n.Chr. hinter dem Giebel eine rechteckige erhöhte Focusplatte, die nicht gemuldet ist. Oder ein zu Beginn des 3. Jahrhunderts n.Chr. für eine Bauinschrift in der Kalkbrennerei bei Iversheim wiederverwendeter Altarstein läßt ein ganz 'hispanisches' Deckprofil erkennen, das mit Faszie, senkrechter *cyma recta* und Leiste zur Deckplatte vermittelt. Auch seine Bekrönung mit glatten Halbkreispulvini, Giebelaufwölbung vorn und hinten ohne Focus und Dekor hebt ihn aus dem gezeichneten Bild heraus.

Beobachtungen solcher Art könnte man fortsetzen, so etwa die charakteristischen Altäre der Trierer Werkstätten in unsere vergleichende Betrachtung mit einbeziehen oder gar versuchen, gemeinsame Kennzeichen der weitgestreuten obergermanischen Altäre zu definieren. Dies will bei einzelstehenden Fundstücken gegenüber den Produkten aus einer regen Werkstattätigkeit jedoch nur schwer gelingen, eine Erfahrung, die auch für andere, gar für alle Regionen des Imperiums gilt.

Wenn man sich mit dem Fortleben vorrömischer Strukturen auf der Halbinsel und damit auch möglicher vorrömischer Elemente bei Form und Dekor der Altäre auf der Hispanischen Halbinsel beschäftigt, betritt man ein Forschungsgebiet, das von sehr kontroversen Thesen geprägt ist[593]. Auf der einen Seite steht Bosch-Gimpera mit der Theorie von der 'superestructura' römischer Herrschaft, die den indigenen Menschen praktisch unberührt lasse. Auf der anderen Seite Sánchez Albornoz und Américo Castro, die den entgegengesetzten Standpunkt einnehmen und der vorrömischen Völkerschaften wesentliche Bedeutung für die spätere historische Entwicklung absprechen. Die Gelehrten zielen mit ihren Thesen jedoch im Kern auf die nachantike Geschichte und Zukunft Hispaniens, bei deren Gestaltung sie das Gewicht der einheimischen Kräfte unterschiedlich beurteilen.

---

592 CIL XIII 8252; Köln, RGM; Galsterer 147.
593 s. dazu die Diskussion der unterschiedlichen Standpunkte durch J. M. Blázquez, Ciclos y temas de la Historia de España: La romanización I (1974) 59 ff. Das Folgende ist in einer ersten Fassung veröffentlicht worden: Actas del II Coloquio sobre Lenguas y Culturas Prerromanas de la Península Ibérica (1979) 237–256.

Wir wollen hier von archäologischer Seite her das Problem des Weiterlebens einheimischer Komponenten während der römischen Epoche prüfen. Dafür stehen unter den Sachaltertümern aus Stein gearbeitete Denkmäler zur Verfügung. Man denkt hierbei natürlich sogleich an die bekannten Stelen, deren Verbreitung, grob gesprochen, im nordwestlichen Quadranten der Halbinsel zu suchen ist. Von ihnen soll auch im folgenden die Rede sein; denn sie bilden für die Beantwortung unserer Fragestellung eine wichtige Quelle. Kaum geringer zu veranschlagen ist die Bedeutung einer zweiten Gattung von Monumenten, unserer Altäre, die, während der ganzen Kaiserzeit gearbeitet, überdies ihre Verbreitung auf der gesamten Halbinsel finden und im engen Zusammenhang mit der Romanisierung des Landes stehen. In ihren Inschriften[594] ist die Mehrzahl der einheimischen Götternamen überliefert. Hier geht es nun um die Eigenheiten ihrer äußeren Gestalt[595].

Wie wir gesehen haben, gelangt der römische Altar in seiner kanonischen Form in augusteischer Zeit nach Hispanien[596]. Nach zögerndem Beginn im frühen 1. Jahrhundert n.Chr. setzt die Altarproduktion um die Wende zum 2. Jahrhundert n.Chr. verstärkt ein und verläuft erkennbar bis zur Wende zum 5. Jahrhundert n.Chr. mit Schwerpunkt im 2. und 3. Jahrhundert n.Chr. Der späteste datierbare Altar kommt aus dem kantabrischen Bergland im Norden Spaniens und datiert in das Jahr 399 n.Chr. (S 1).

---

594 Inschriften sind auch auf der Hispanischen Halbinsel einem an charakteristischen Merkmalen kenntlichen zeitlichen Wechsel unterworfen. Wortlaut, Buchstabenform und Plazierung der Inschrift auf dem Altar sind jedoch auch regional unterschieden oder bleiben lokal mit der Tätigkeit bestimmter Werkstätten verbunden. Untersuchungen größerer Reihen von Monumenten aus einem Ort lassen Eigentümlichkeiten deutlicher hervortreten und ermöglichen es, diese überzeugender zu benennen, wie G. Alföldy am epigraphischen Material Tarracos gezeigt hat (Inschriften Tarraco). Auch Mérida bietet eine breite Materialgrundlage. In der westlichen Baetica und in Lusitanien sind ab flavischer Zeit unverwechselbare Schriftformen verwendet worden. Die Beurteilung von über das Land zerstreuten kleineren Fundgruppen und gar von Einzelfunden gestaltet sich schwieriger. Es darf jedoch eine in den Grundlinien analoge Übung angenommen werden, wo mit der Ausstrahlung der großen, die Entwicklung tragenden Zentren zu rechnen ist. Der Wandel im Inschriftenformular, im Schriftcharakter und die Einführung der Profilrahmung im 2. Jh. n.Chr. etwa fanden eine übergeordnete Resonanz. Formulareigentümlichkeiten konnten ebenso wie auch Bildtypen und Dekorformen von Ort zu Ort übertragen werden, etwa auf Wunsch des Bestellers. Bei den Denkmälertypen selbst fanden solche Übernahmen nicht statt. Die Stele des Asturers Pintaius in Bonn ist ein ganz und gar rheinischer Grabstein (CIL XIII 8098). F. Diego Santos, ANRW II 3 (1975) Taf. 3; G. Bauchhenß, CSIR Deutschland III 1, Germania Inferior, Bonn und Umgebung (1978) 26f. Nr. 5.

595 Nicht alle Altäre, die man heute auf der Iberischen Halbinsel antrifft, sind Bodenfunde, die sicheren Bestandteil des antiken monumentalen Inventars des Landes darstellen. Das in EE VIII (1899) 509 erwähnte Altärchen der Proxumae aus Nemausus (Nîmes), CIL XII 3122, bei einem Markgrafen zu Elche, ist durch Versteigerung der Metzer Sammlung Victor Simon in Paris 1868 dahin verbracht worden; vgl. Korr.-Bl. d. Westd. Ztschr. 15, 1896, 4f., Lothr. Jahrb. 12, 1900, 354,2 und RE Suppl. III Sp. 1220 s.v. Ilici (Keune). – Vorsicht hinsichtlich der Herkunft der Altäre gebietet auch der Bericht, wonach ehedem Trierer Steindenkmäler über Holland nach Spanien verschifft worden seien. Graf Peter Ernst von Mansfeld hatte als Statthalter der Habsburger in Luxemburg eine große Sammlung römischer Steindenkmäler zusammengebracht, die, dem spanischen König vererbt, 1609 auf dem beschriebenen Weg nach Spanien gelangt sein sollen. Alexander Wiltheimius (Wiltheim), Luciliburgensia sive Luxemburgum Romanum, ed. A. Neyen (1842) XI, dort zitiert aus J. N. v. Hontheim (pseud.: J. Febronius), Prodromus Historiae Trevirensis Diplomaticae et Pragmaticae I (1757) 181: »*Scilicet Mansfeldensia, post Mareschalli Petri Ernesti Comitis de Mansfeld decessum, ab haeredibus in Hispaniam avecta,...*« Die Sammlung, die sich im Palast und den Mansfeldischen Gärten in Luxemburg befunden hatte, soll nach v. Hontheim a.O. 181 neben Inschriften Statuen und Altäre mit Reliefdarstellungen enthalten haben, unter denen Grabaltäre ausdrücklich genannt werden (»..., *non in inscriptionibus tantum, sed et in statuis, aris, mortuariis aliisque ectypis emblematis et symbolis consistentia,...*«). Umgekehrt ist ein Altar aus Ampurias in das Museum von Nîmes gelangt: M. Oliva Prat, Miscelánea Arqueológica II (1974) 100 Abb. 8.

596 Zu augusteischen Altären in Hispanien s. auch R. Étienne, Le culte impérial dans la Péninsule Ibérique d'Auguste à Dioclétien (1958) 379ff. Die tiberischen Münzdarstellungen von Altären haben keine realen hispanischen Vorbilder. G. Gamer, Altäre auf hispanischen Münzen, in: Praestant Interna. Festschrift U. Hausmann (1982) 338ff. Ein Altar aus Urgavo (CIL II 2106), 11/12 n.Chr. geweiht durch den Munizipalmagistraten L. Aemilius Nigellus, als Monument privaten Kults. F. Chaves Tristán, Las monedas de Italica (1973) 43.

In Tarragona beginnt die Reihe der erhaltenen Altäre mit einem dem Numen Augusti geweihten (T 1). Er ist aus hellgrauem Marmor gearbeitet und fällt durch eben dieses Material, seine gute Ausführung und Qualität der Darstellung, *patera*, *urceus* und *lituus*, so sehr aus dem Rahmen der Tarraconenser Altäre, daß man ihn für importiert halten muß. Auch zeichnet ihn die Ausgewogenheit seiner Proportionen aus. Bei quadratischer Grundfläche verhält sich die Breite zur Höhe wie etwa 2:3. Die Bekrönung ist gekennzeichnet durch niedrige unterteilte Pulvini, eine kleine, geschwungene Giebelaufwölbung und einen großen Rundfocus. Eine *cyma recta*, Faszie, *cyma reversa*-Kombination im Deckprofil schafft hier eine dichte Folge von Linien, die am Sockel mit *cyma reversa* und Kehle allein in gemächlicherem Schritt ansteigen. Die Profilfolge, vor allem die außerordentlich schmalen Profilzonen, in Verbindung mit den übrigen genannten Zügen, und die epigraphische Beurteilung sprechen für eine Entstehung im frühen 1. Jahrhundert n.Chr., möglicherweise noch in augusteischer Zeit.

Ein Altar (CA 13) in Medina Sidonia stehe als Beispiel aus der Baetica daneben. An ihm dürfte die enge Beziehung solcher Monumente zum Prozeß der sog. Romanisierung deutlich werden, der zweifellos, chronologisch gesehen, im 1. Jahrhundert n.Chr. einen Schwerpunkt hat — denn nicht zu allen Zeiten ist er von gleicher Intensität — und der zum zweiten in räumlicher Hinsicht im Süden und im mediterranen Hispanien am wirkungsvollsten aufgrund der dort geltenden historischen, wirtschaftlichen und urbanistischen Voraussetzungen Fuß faßt.

Ganz anders ist die Situation im Norden und Nordwesten der Halbinsel. Hier sind Altarformen zu Hause, die sich von dem bisher Gesagten unterscheiden.

Beginnen wir mit dem keltiberischen Raum. Stellvertretend für die dortigen Altäre soll ein Weihaltar für Iupiter (SO 9) aus Numantia gelten. Er ist aus braunem Sandstein, einem für diese Gegend typischen Altarsteinmaterial. Langgestreckte Proportionen überwiegen. In diesem Fall verhält sich die Breite zur Höhe wie 2:5. Auch die breiten Profilzonen, die dazu noch schwer und wuchtig ausladen, fördern diese Tendenz. Ganz bezeichnend sind die hohen Karniesformen, hier *cyma recta* mit Faszie und begleitender Leiste im Fuß- und Deckprofil. Auf der Deckplatte ruht, nach weitem Rücksprung, die Bekrönung des Altars, zwei durch eine Senke zu einer Einheit verbundene Pulvini. In der Einsenkung erhebt sich nur vorn ein Giebel. Die Bekrönung ist gänzlich glatt und unverziert. Die Pulvini werden nicht durch *baltei* geschnürt. Auch die Neben- und Rückseiten sind ohne Dekor, das Inschriftfeld ist ungerahmt. Die Profile sind jedoch auch auf der Rückseite ausgeführt. In dieser Beschreibung sind eine ganze Reihe der Charakteristika der Altäre im keltiberischen Raum enthalten. Selbst die Tatsache, daß es sich hier um einen Weihaltar handelt, ist außerordentlich bezeichnend. Denn statt der Grabaltäre, die in den romanisierten Gegenden Verwendung fanden, hat man in Keltiberien überwiegend Grabstelen gesetzt.

Der spanische Nordwesten zeigt nun durchaus Formen, die in Keltiberien nicht verbreitet sind. Beispielhaft stehe dafür ein Grabaltar (PO 15a) in Vigo, mitten im Verbreitungsgebiet der galicischen Grabstelen, der kaum 'klassische' Elemente in seinem Aufbau kennt. Profilierte Zonen unter- und oberhalb der Inschrift könnten abgearbeitet sein. Die außerordentliche Höhe ist bemerkenswert. Sie gleicht den Altar zwar sehr den Stelen an. Er soll aber trotzdem eindeutig als solcher verstanden werden durch das Aufsetzen der zwei glatten zylindrischen Pulvinusrollen und den akroterhaften Mittelgiebel. Die Zone zwischen Inschrift und Deckplatte erscheint außerordentlich verbreitert durch sieben dazwischengeschobene, gewulstete Faszien. Wenn diese Form auch nicht die Regel darstellt, so begegnen wir doch dem pfeilerartigen Altar noch häufiger in dieser Region.

Ein Weihaltar für Neptun (PO 2) in Pontevedra ist noch schmaler und schlanker, seine Breite verhält sich zur Höhe wie 1:5. Wieder liegen zwischen Inschrift und Bekrönung breite Zwischenzonen;

die untere zeigt einen Bogen. Trotz dieser augenfälligen Entfremdung vom römischen Altar ist nicht auf die beiden Pulvini und auf den Focus verzichtet.

Damit es über die Gattungszugehörigkeit keinen Zweifel gibt, ist in der Inschrift eines weiteren Altars für Diana Venatrix (PO 3) dieser als *ara* bezeichnet[597]. Er ist im übrigen dem vorhergehenden ganz ähnlich. Die Bogenmotive zwischen Inschrift und Bekrönung sind durch Umkehrung variiert und vervielfacht und finden sich auch an den übrigen Seiten.

Altäre dieser Art gibt es, wie wir gesehen haben, im Raum von Pontevedra eine ganze Reihe. Aber auch in Portugal konnten wir im Charakter sehr ähnliche Monumente vorstellen, so daß ein Wechsel der Formen sich erst nach Südportugal hin abzeichnet. Wir wollen hier nicht noch einmal im einzelnen die zeitraubende Gruppierung der Altäre nachzeichnen und die Nuancen ihres Formenspektrums auf der Halbinsel in ihrer regionalen Bedingtheit darstellen; dies ist oben bereits geschehen. Wir können hier auch nicht noch einmal auf einzelne Altarformen und formale Besonderheiten eingehen, so aufschlußreich deren Verbreitung auch sein mag. Wie etwa die hellenistisch-römischen Rundaltäre, die im Süden von Cartagena bis Huelva vorkommen, oder die Reste von monumentalen Grabaltären, die aus einzeln versetzten Bauteilen errichtet waren und die wir nur in Katalonien, Navarra, Cuenca, aber auch in der portugiesischen Beira Baixa nachweisen konnten. Auch nicht die einzeln gearbeiteten Altaraufsätze, deren Zentrum in Mittelportugal ermittelt werden konnte. Vervielfachungen der Bekrönungselemente Focus und Pulvinus haben wir im Nordwesten und Westen in ihrer ornamentalen Umgestaltung verfolgt, wobei die Pulvinusstirnscheibe bis zu dreißigmal an ein und demselben Altar wiederholt werden konnte. Stelen/Altar-Mischformen, denen wir in den Randzonen des eigentlichen Verbreitungsgebietes der Stelen begegneten, haben wir als ganz bezeichnende hispanische Schöpfungen kennengelernt.

Liegt den Gruppierungen der Altäre nun, diese Frage sei uns hier gestattet, eine echte und tiefgehende territoriale Gliederung zugrunde, wie es die sprachliche und ethnische der Halbinsel ist, die ja in vielem mit dem übereinstimmt, was Geschichtsschreiber und Geographen aus der Antike überliefern? Auch Zeugnisse religiöser Art zum Beispiel sind in gleicher Weise regional beschränkt. Wenn man etwa die Fundorte der ca. 300 inschriftlich überlieferten Namen einheimischer Götter mit den Orten vergleicht, für die der Kaiserkult und seine Träger, die (Seviri) Augustales bezeugt sind[598], dann schließen sich beide Räume gegenseitig aus, ähnlich wie die indogermanischen und nicht indogermanischen Sprachgebiete. Andere räumliche Aufteilungen, etwa politischer Natur, wie sie die römische Administration mit sich brachte, gar die scheinbar territoriale der *conventus iuridici*, an deren Hauptstätten sich ein größerer römischer Einfluß feststellen läßt, sind mit ihren Grenzziehungen im Hinblick auf unsere Gruppierung der Altäre von sekundärer Bedeutung, wenn sie auch oft der regionalen Erfassung von Monumenten zugrunde gelegt worden sind[599].

---

597 Aber auch ein Statuenpostament, das als Grabstein dient, kann im 3. Jh. n.Chr. inschriftlich als *ara* bezeichnet werden: Alföldy, Inschriften Tarraco 591 Taf. 65,1; ders., Bildprogramme 234 Anm. 177. – Zum Begriff *ara* vgl. auch B. Candida, Altari e cippi nel Museo Nazionale Romano (1979) 4ff.
598 R. Étienne, Le culte impérial dans la Péninsule Ibérique d'Auguste à Dioclétien (1958) Karten Nr. 15f.
599 »Das Mosaik von Völkern verschiedener Herkunft im Schnittpunkt von Europa, Afrika und dem Mittelmeer« (Bosch-Gimpera) zu gliedern, war eine in der Geschichte sich ständig neu stellende Aufgabe. Die Indoeuropäisierung hatte gewisse ethnische und sprachliche Vereinheitlichungen gebracht, die noch vorhandene und weiterwirkende vorrömische Strukturen bestehen ließen. Die politische Gliederung der Römer in provinziale Administrationseinheiten war zunächst eine zweifache, welche die zeitgenössischen Zugangsmöglichkeiten einesteils vom Mittelmeer her, anderenteils vom Atlantik beachtete. Im Laufe der Antike wurde diese Struktur unter Berücksichtigung u.a. von Gegebenheiten der räumlichen Einheit, wie es scheint, verfei-

Darf in möglichen Entsprechungen der Altargruppen zur Gliederung der Halbinsel, wie sie der Sprachforschung gelungen ist[600], ein Hinweis gesehen werden, welche Faktoren für die jeweiligen Formeigentümlichkeiten verantwortlich zu machen sind?

Im Norden und Nordwesten dürften die Voraussetzungen für die Entstehung der Altäre denen der Stelen sehr ähnlich gewesen sein. Berührungspunkte zwischen beiden Gattungen gibt es durchaus, und wenn es die Neigung zu aufwendigeren Schmuckformen und zu größerem Format ist, die wir an Grabaltären Keltiberiens zum Beispiel beobachten; die Weihaltäre sind dort weitgehend dekorlos und von geringeren Ausmaßen. Oft wird man sogar mit den gleichen Werkstätten oder Handwerkern rechnen dürfen. In diesen Fällen werden dieselben Ursachen für die Eigenheiten in der Formgebung der Stelen auch für die besondere Formprägung der Altäre verantwortlich zu machen sein. Da die Stelen diese sie kennzeichnenden Züge in wesentlich markanterer Weise tragen, als es die im Grunde römischen Altäre überhaupt können, die ja ursprünglich eine auf der Halbinsel fremde Denkmalsform sind, die fertig in Hispanien aufgenommen wurden und eine mehr oder weniger starke Umwandlung erfuhren, sei nun geprüft, wie man die Frage nach den einheimischen Formkräften hinsichtlich der Stelen zu beantworten hat.

Die Grabstelen[601] sind die charakteristischste und außerordentlich zahlreiche Gruppe von Steinmetzarbeiten im Norden und Nordwesten der Halbinsel, die ca. drei Viertel der steinbildhauerischen Überlieferung aus jenen Regionen ausmachen. Man hat immer die keltische Beeinflussung dieser Stelen betont, die sich in den Namen der auf ihnen Verewigten äußert, durch eine gewisse Verwandtschaft mit mitteleuropäischen Formen belegt werde und durch ihr Verbreitungsgebiet im indogermanisierten Teil der Halbinsel gegeben sei. Auch die Ikonographie figürlicher Szenen und die Thematik ihrer nichtfigürlichen Darstellungen, seien sie symbolischen oder nur ornamentalen Charakters, Halbmondformen und Rosetten, denen man wieder und wieder begegnet, hat man mit den Vorstellungen der indigenen keltischen Bevölkerung dieses Raumes verbunden; denn außerhalb, in der Baetica zum

nert. Die in den einzelnen Regionen unterschiedlich intensive Romanisierung zeitigte auch unterschiedliche Wirkungen auf die Bewahrung der vorrömischen Strukturen. Parallele Erscheinungen zur 'keltischen Renaissance' im 3. Jh. in Gallien und Britannien werden unterschiedlich bewertet. Resistenz einheimischer Kräfte und damit eine weniger tief greifende Romanisierung finden sich im Norden des Landes; dies gilt auch noch für den Norden Lusitaniens. Nur für den Norden wird daher die 'Superstruktur-These' von Bosch-Gimpera angenommen. Die Herrschaft der Westgoten legte neue Maßstäbe an die Notwendigkeit einer politischen Struktur. Der Islam brachte nach der kalifalen Einheit neue politische Gruppierungen in den an einheimischen Strukturen sich orientierenden Taifa-Königtümern. Die christliche Wiedereroberung hatte eine Gliederung zur Folge, in der sich vorrömische Einheiten und tribale Grenzen wiederfanden. Gerade diese letzten Punkte sind jedoch in der Forschung umstritten. — Wenn auch unser Gliederungsversuch archäologische Sachaltertümer der Römerzeit zum Gegenstand hat, so ist er doch in einer Weise, deren Gründe zu untersuchen über den Rahmen unseres eigentlichen Vorhabens hinausgeht, an solche, wenn nicht politische, so doch geographisch, vielleicht auch ethnisch, wirtschaftlich oder sozial bedingte Grundstrukturen gebunden. Er könnte sogar zu deren Nachweis dienlich sein, wenn sich solche Gegebenheiten in Gruppierungen archäologischer Materialien spiegelter. Aber gerade die Vielfalt solcher Momente ist es, die Gliederungsversuche, sei es linguistischer, ethnischer oder archäologischer Art, erschwert, wenn nicht gar unmöglich macht. Von einer klaren Bevölkerungsstruktur kann man nicht ausgehen und auch die These P. Bosch-Gimperas wohl nicht in diesem Sinne interpretieren.

600 Vgl. J. Untermann, Sprachräume und Sprachbewegungen im vorrömischen Hispanien (1961); ders., Elementos de un atlas antroponímico de la Hispania antigua (1965); ders., Monumenta Linguarum Hispanicarum I. Die Münzlegender (1975); ders., Trümmersprachen zwischen Grammatik und Geschichte (1980).

601 Als Gesamtbearbeitung ist immer noch grundlegend García y Bellido, Esculturas romanas 321 ff. — Die Datierungsweise nach der konsularischen Ära, die spät auf kantabrischen Grabstelen begegnet, stellt eine interessante Parallele zu den von uns aufgezeigten regionalen Phänomenen dar. F. Diego Santos, Die Integration Nord- und Nordwestspaniens als römische Provinz in der Reichspolitik des Augustus. Von der konsularischen zur hispanischen Ära, ANRW II 3 (1975) 523 ff.

Beispiel und in der Levante, die dem ursprünglich nichtindogermanischen Bereich angehören, aber zugegebenermaßen stärker romanisiert waren, fehlen sie. Es ist bis heute nicht gelungen, in befriedigender Weise Zeichen mit symbolischer Bedeutung von solchen rein dekorativen Charakters zu trennen. Man rechnet vielmehr mit der durch den Ablauf der Zeit bedingten inhaltlichen Entleerung, die ein Symbol erfährt, das nach dem Schwinden der ihm zugrundeliegenden Glaubensvorstellungen eine dekorative Funktion übernimmt, wie dies schon E. Linckenheld vertreten hatte[602]. Die Bedeutung der Zeichen wird nämlich aus der Darstellung allein nicht ersichtlich. Der Halbmond in zunehmender Phase als häufigstes Zeichen auf den Grabstelen darf in Verbindung mit den Toten gesehen werden. Schon im vorrömischen Galicien spielte der Mond im Glauben eine für antike Schriftsteller erwähnenswerte Rolle. In Anbetracht des Fortdauerns solcher Vorstellungen und gar einer Wiederbelebung, die sie in der fortgeschrittenen Kaiserzeit anscheinend erfuhren, denkt man an die plausible Möglichkeit der zusätzlichen Neuaufnahme affiner religiöser Inhalte und Symbole. Die Deutung der Bogenstellungen auf Grabstelen als Hadespforte wird heute zu Recht in Frage gestellt. Aber auch der Versuch, sie als Bogen von Brücken zu erklären, ist vereinzelt geblieben. Kreis, Scheibe, Stern oder Rosette werden eng verbunden gesehen. Gegenüber dem Halbmondmotiv, mit dem sie gemeinsam dargestellt werden, wird eine solare Deutung als nächstliegend erachtet. Die Gammadionzeichen (escuadras de albañil und andere Bezeichnungen mehr) werden nicht einheitlich beurteilt; die Autoren waren schon hinsichtlich des Erkennens als solche unsicher. So wurde denn auch das Zeichen der Tanit damit in Verbindung gebracht, dieser Versuch von anderer Seite aber wieder verworfen. Wir bewegen uns hier also auf einem äußerst unsicheren Boden, und es muß ausdrücklich davor gewarnt werden, auf der monumentalen Überlieferung weitergehende Folgerungen aufzubauen, wie es immer wieder vorkommt, wenn sich ein Autor einer der sicher scheinenden Interpretationen anschließt.

Eine Bearbeitung der galicischen Stelen durch Sara Rodríguez Lage[603] definiert die Kunst dieser Stelen als unter Aufnahme vieler klassischer Elemente in einem bestimmten gesellschaftlichen und wirtschaftlichen Milieu der römischen Kaiserzeit auf keltischer Grundlage stehend.

Trotz der Entstehung der Stelen in dem weiten Territorium des Nordens und Nordwestens aus eben dieser sog. keltischen Wurzel gibt es unterschiedliche Gruppen: neben der galicischen die Leoneser, die Vadinienser und die asturische. Wir wollen hier ihre Unterscheidungsmerkmale nicht näher bezeichnen, sie beginnen bereits bei der Verwendung verschiedener Materialien. Beträchtlicher ist der Abstand dieser Stelengruppen zu jenen im Raum Burgos und in den heutigen Provinzen Álava und Navarra. Es ist also eine Differenzierung der Stelenformen des Nordens von denen des Nordwestens möglich, eine Erscheinung, die sich ja auch bei den Altarformen in gewisser Weise niederschlägt.

Die Ursachen für solche unterschiedlichen Formprägungen zu nennen, dürfte schwerfallen, gleichwie deren beweiskräftige Verbindung mit den für diese Regionen überlieferten Völkergruppen, da einfach vergleichbare, gesichert vorrömische Skulpturen als zuverlässige Äußerungen dieser Völkerschaften oder selbst der sog. Castro-Kultur bislang fehlen. Wir wollen es hier nicht als unsere Aufgabe ansehen, anhand des behandelten Materialausschnittes in die komplexe Diskussion um die Bestimmung ethnischer Komponenten in der sog. provinzialrömischen Kunst einzugreifen. Man hat diese

---

602 So F. Acuña-Castroviejo, Studia Archaeologica XXXII »a Ranuccio Bianchi-Bandinelli« (Valladolid 1974) 19.

603 Las estelas funerarias de Galicia en la época romana (1974).

Frage schon sehr positiv im Hinblick auf die ethnischen Faktoren beantwortet[604], ist jedoch zu Recht wieder vorsichtiger geworden. Und wir möchten auch, bevor wir Genaueres sagen können, unter dem Begriff 'einheimisch' eher Hispanisches, am Ort Gearbeitetes verstanden wissen, als das in irgendeiner Weise schon faßbar ethnisch Bestimmte.

Wir haben also für die Halbinsel ganz charakteristische hispanische Erscheinungen vor uns, die uns recht homogen gegenübertreten aufgrund ihrer allein mit archäologischen Mitteln geringen zeitlichen Differenzierbarkeit innerhalb des 1. bis 4. Jahrhunderts n.Chr. und ihres hohen Anteils am Gesamtbestand der Steindenkmäler, der für die galicischen Stelen zum Beispiel 80% ausmacht. Sehr entscheidend für die Formprägung dieser Monumente sind sicher auch sozio-ökonomische Grundlagen der Lebensbedingungen im Raum ihrer Entstehung.

Um das Deutlichwerden einheimischer Züge dieser Art zu erklären, hat man auf die Krise des 3. Jahrhunderts hingewiesen, das Zurücktreten des römischen Einflusses, mit dem eine 'einheimische Renaissance', wie man sie oft genannt hat, feststellbar werde in Techniken und Dekor-Motiven[605]. Als exemplarisch für die handwerkliche und formale Tradition aus dem Vorrömischen bis in die Spätantike gilt eine Gruppe von Waffen, nämlich die eisernen Dolche vom Typus Simancas aus dem 4. Jahrhundert n.Chr. Hier sieht man in Technik und Dekoration vorrömisch-eisenzeitliche Elemente bewahrt und weitergegeben, wie ein Vergleich mit den keltiberischen Waffen aus Las Cogotas oder La Osera, aus Monte Bernorio und Alpanseque zeigen kann. Auch in Britannien etwa hat die einheimische Religiosität nicht unter dem Eindruck der Romanisierung kontinuierlich abgenommen, sondern, wie in einer Untersuchung von Miranda Green[606] über die Religionen in den zivilen Bereichen im Unterschied zum militärischen gezeigt wird, erlebt die romano-keltische Religion gerade im 2. und 3. Jahrhundert n.Chr. ihren Höhepunkt mit einer hartnäckigen Persistenz im 4. Jahrhundert n.Chr. neben dem bereits starken Christentum. Keltische Züge sind zweifellos in den figürlichen Darstellungen der Deae Matres oder Genii Cucullati z. B. festzustellen, wenn auch in großem Maße gilt, daß zum Ausdruck keltischer Glaubensvorstellungen römische Sprache, Namen, Kunst- und Architekturformen verwendet wurden.

Interessant ist auch zu sehen, wie sich die Frage nach dem ethnischen Anteil in anderen Gebieten des Römischen Reiches stellt und zu beantworten ist[607]. Wir wollen nur kurz darauf eingehen, wieder

---

604 A. Schober, ÖJh 26, 1930, 33 ff.

605 Dazu zusammenfassend A. Tovar – J. M. Blázquez, Historia de la Hispania romana (1975) 332 ff. – Vgl. auch R. MacMullen, The Celtic Renaissance, Historia 14, 1965, 93–104. Die Wiederaufnahme von eisenzeitlichen Traditionen etwa in der bemalten Keramik des 3. und 4. Jhs. n.Chr. wird verneint von A. und J. de Alarcão, in: Dez anos de actividade arqueológica em Portugal 1960–1969 (1970) 37. Das Phänomen der Entromanisierung ist auch in anderen Randgebieten des Imperiums beschrieben worden, vgl. etwa W. H. C. Frend, The Revival of Berber Art, Antiquity 16, 1942, 342–352; E. T. Leeds, Celtic Ornament in the British Isles down to A. D. 700 (1933) Kap. 6. Die Bewertung ist unterschiedlich. Gegen »bewußt antiklassische, von antirömischen Kräften getragene ethnische Strömungen« spricht sich etwa K. Parlasca aus: Der Übergang von der spätrömischen zur frühkoptischen Kunst im Lichte der Grabreliefs von Oxyrhynchos, Enchoria 8, 1978, 115* (161).

Vgl. auch Assimilation et résistance à la culture gréco-romaine dans le monde ancien, in: Travaux du VIe Congrès International d'Études Classiques 1974, hrsg. D. M. Pippidi (1976).

606 The Religions of Civilian Roman Britain, British Archaeological Reports 24, 1976, 116 ff.

607 Nordafrika z. B. bietet hierfür archäologische Materialien. J.-P. Brisson, Autonomisme et christianisme dans l'Afrique romaine (1958), betont die grundlegende Tatsache der Gegensätzlichkeit römischer Kultur und einheimischer Bevölkerung. Bemerkenswert scheint uns, daß er die für die Entwicklung wichtigen wirtschaftlichen und sozialen Faktoren herausstellt (27 f.) gegenüber den ethnischen Gegebenheiten, denen manche, wie W. H. C. Frend, The Donatist Church (Reprint 1971), mehr Gewicht einräumen wollen. Dieser schildert den Dualismus von Stadt und Land und weist etwa auf die archäologisch relevanten Begräbnishöhlen der Einheimischen hin (36 Anm. 1), die, so in der Nähe

mit einem Vergleich mit den Verhältnissen in der Rheinzone. Auch dort hat man die aus Stein gearbeiteten Denkmäler aufgrund ihres Charakters zu gruppieren versucht[608]. Niedergermanische Arbeiten scheinen zumindest in der frühen Kaiserzeit von anderer, differenzierterer Art zu sein als Grabsteine in Mainz. Beide Regionen setzen sich aber auch gegenüber dem westlich angrenzenden Land an Mosel und Maas ab, dem reichere Aussagemöglichkeiten in thematischer und formaler Hinsicht innewohnen.

Als Grund hierfür hat H. v. Petrikovits auf den Unterschied zwischen militärischem Grenzland und bürgerlichem Hinterland, also die Bestimmtheit durch soziale Faktoren, hingewiesen, die noch bis in die mittlere Kaiserzeit gelte. Über die Beteiligung ethnischer Faktoren läßt sich nicht leicht Klarheit gewinnen. So sind gewisse Unterschiede in der Spätlatène-Zivilisation an Nieder- und Oberrhein für die genannten frühkaiserzeitlichen Abwandlungen im Erscheinungsbild der Steinarbeiten dieser Regionen als Voraussetzung in Betracht gezogen worden, die sich aber dann im Laufe der Kaiserzeit ausgleichen und verwischen. Im allgemeinen gilt, daß gallische oder latèneoide Einwirkungen nur gering zu veranschlagen sind, wenn, dann hauptsächlich im Ornamentalen. Hier im Ornament lag ja die Stärke der keltischen Kunst und insbesondere des Kunstgewerbes. So ist es auch zu verstehen, daß von der latènezeitlichen Großplastik, die gerade im südwestdeutschen Raum Vorläufer schon aus dem 7. Jahrhundert v.Chr. hat[609], kein erkennbarer Weg zum Beginn der provinzialrömischen Steinplastik führt, die wieder neu auf südlichen und südwestlichen Anregungen beruht.

Germanischer Einfluß auf die Bildwerke des Rheingebietes ist ganz ausgeschlossen worden, gerade auch im Kerbschnittdekor, in dem man ihn lange erkennen zu können geglaubt hat, nicht zuletzt auch wegen der chronologischen Unvereinbarkeit. Während der mittleren Kaiserzeit tritt nämlich überraschend eine Gruppe von kerbschnittdekorierten Altären auf. Sie gehören in ihren datierten Exemplaren dem 2. und Beginn des 3. Jahrhunderts n. Chr. an und sind, da überwiegend militärischer Natur, wohl in einer militärischen Werkstatt gearbeitet. Sie sind am Neckarlimes in Obergermanien konzentriert, kommen aber auch am Main vor und als Einzelfall in Niedergermanien.

Einer der Steine aus Obergermanien, ein Altar[610] aus Heilbronn-Böckingen, ist DEO TARANUCNO geweiht, dem keltischen Iupiter. Sechsstrahlige Kerbschnittrosetten an der Pulvinusstirn mit dreieckigen Kerbschnittzwischenfeldern, ein Lunulamotiv an der Stelle des Giebels und den Kerbschnittstreifen an der Deckplatte wollen wir hervorheben. Das Inschriftfeld ist von einem schräggeriefelten Wulst gerahmt. Man hat versucht, die Herkunft dieser zeitlich und regional umgrenzten Arbeiten zu erklären. v. Petrikovits verweist aus diesem Anlaß zwar auf mittelkaiserzeitlichen Kerbschnittdekor in Jugoslawien, Spanien und England, möchte aber den Orient mit Mesopotamien, Syrien und Palästina als Ursprungsgebiet erkennen.

von Hippo, römischen Bestattungsformen gegenüberstehen. Das Hervortreten einheimischer künstlerischer Äußerungen und Techniken im 4. Jh. n.Chr. wird von ihm im Sinne verschütteter Tradition als »Wiederbelebung« oder »Wiedererwachen« gesehen und im Falle der sog. donatistischen Kunst Numidiens als »berberisch« gekennzeichnet. (66 f.; vgl. dens., RAC IV [1959] 136 s. v. Donatismus). Vgl. auch A. Mandouze, Le donatisme représente-t-il la résistance à Rome de l'Afrique tardive? in: Travaux du VIe Congrès International d'Études Classiques 1974 (1976) 357 ff.; H. J. Diesner, Kirche und Staat im spätrömischen Reich (1963); ders., Der Untergang der römischen Herrschaft in Nordafrika (1964); ders., Afrika und Rom in der Antike (1968). s. jetzt auch R. Sheldon, Romanizzazione, acculturazione e resistenza: problemi concettuali nella storia del Nordafrica, DArch N. S. 1, 1982, 102–106.

608 H. v. Petrikovits, Die Originalität der römischen Kunst am Rhein, in: Le rayonnement des civilisations grecque et romaine sur les cultures périphériques, VIIIe Congrès International d'Archéologie Classique, Paris 1963 (1965) 145 ff.

609 W. Kimmig, Der Krieger von Hirschlanden, ebenda 94 ff., bes. 98.

610 Petrikovits a.O. Taf. 8,3.

Es ist nicht leicht, sich einen Eindruck von der Überlieferung zu verschaffen. Außer Stuckarbeiten liegen vor allem Ossuarien publiziert vor[611]. Wir vergleichen ein Ossuarium aus dem Felsgrab Maḥanayim in Jerusalem. Das Material ist weicher Kalkstein. Im Zentrum der Front ist eine Vielblattrosette dargestellt, flankiert von kleinen achtstrahligen Rosetten, die von einem Blätterzweig umschlossen werden. Der gleiche stilisierte Zweig umgibt die ornamentierte Fläche. Nach mitgefundener Keramik wird das Ossuarium zwischen die 30er Jahre des 1. Jahrhunderts v.Chr. und ca. 70 n.Chr. datiert. Auf weiteren Ossuarien kommt auch die sechsstrahlige Rosette vor, doch ohne die bezeichnenden dreieckigen Kerbschnittzwischenfelder. Im übrigen sind die Ornamentmotive in Thema und Ausführung zu verschieden gearbeitet, als daß der Schluß v. Petrikovits' zwingend wäre, daß die Truppe einen tüchtigen orientalischen Steinmetzen in ihre Dienste genommen habe; denn zu der fraglichen Zeit sei keine orientalische Einheit an den obergermanischen Limes verlegt worden, die den Kerbschnitt habe mitbringen können. Nun, neben militärischen Oberbefehlshabern aus Hispanien kamen in der fraglichen Zeit auch hispanische Truppen nach Obergermanien. Wohl seit Domitian bis unter Hadrian war die in Spanien rekrutierte II. Hispaner-Kohorte *equitata* am Platz der wichtigen Nahtstelle zwischen Odenwald- und Neckarlimes in Bad Wimpfen stationiert[612]. Dann wird die Einheit nach Stockstadt verlegt, wo sie noch unter Antoninus Pius nachweisbar ist. Und auch aus dieser Gegend kennen wir Kerbschnittarbeiten, fünf allein aus Stockstadt selbst. Zeitweise darf die Einheit vielleicht in Untergermanien vermutet werden. Auch von dort kennen wir noch ein Kerbschnittbeispiel. Es gibt natürlich noch weitere aus Hispaniern rekrutierte Einheiten in den beiden Germanien. Eine ihrer Vexillationen arbeitete in den Steinbrüchen des Brohltals, war also zumindest bei der Gewinnung des Rohmaterials dieser Branche beschäftigt.

Mit der Dislokation solcher militärischer Verbände von Hispanien in die germanischen Provinzen hat die Forschung die große Ähnlichkeit römischer Waffen in Spanien und am Rhein zu erklären versucht. Aber man rechnet, das sei noch hinzugefügt, auch mit militärischen Gruppen aus Germanien, die in spätrömischer Zeit im Duero-Tal nachweisbar zu sein scheinen und für einen Austausch im Erscheinungsbild archäologischer Materialien sorgten[613].

Wenn man nun die obergermanischen Beispiele mit den hispanischen Kerbschnittarbeiten vergleicht, fallen die großen Übereinstimmungen ins Auge. Wir beziehen uns etwa auf eine Stele[614] aus Lara de los Infantes in der Provinz Burgos. Die Rosetten sind völlig übereinstimmend mit den dreieckigen Zwischenfeldern gearbeitet. Die Kerbschnittleiste, hier senkrecht an den Seiten, wird auch

---

611 C. Watzinger, Denkmäler Palästinas II (1935) 74 ff. Abb. 6. 69. 70; L. Y. Rahmani, Jewish Rock-cut Tombs in Jerusalem, ʿAtiqot 3, 1961, 93 ff. Zusammenfassend: M. Avi-Yonah, Oriental Art in Roman Palestine, Studi Semitici 5, 1961, 13 ff.

612 E. Stein, Die kaiserlichen Beamten und Truppenkörper im römischen Deutschland unter dem Prinzipat (1932) 194 ff.; J. M. Roldán Hervás, Hispania y el ejército romano. Contribución a la historia social de la España antigua (1974) 68 ff. Durch schriftliche Nachrichten sind Steinmetzen als Militärhandwerker »ausdrücklich bezeugt«. H. v. Petrikovits, Römisches Militärhandwerk. Archäologische Forschungen der letzten Jahre, Anz. Wien Phil.-hist. Kl. 111, 1974, 13 und Anm. 25; zur »Streitfrage, ob es militärische Steinmetzen gegeben hat«, S. 14. Es ist allerdings fraglich, ob der hier genannte Nachweis, daß »militärische Steinmetzen mit ihrer Truppe von Syrien nach Obergermanien versetzt wurden«, als gelungen betrachtet werden darf. Als Parallele dazu wird eine Versetzung von Pannonien nach Numidien angeführt. Es kam auch vor, daß »truppeneigene Zivilhandwerker« von den Legionen mitgenommen wurden; ebenda 17.

613 Zusammenfassend Tovar – Blázquez a.O. 334 ff.

614 García y Bellido, Esculturas romanas 351 Nr. 330 Taf. 257,330.

waagerecht angebracht. Wir finden dies z. B. an einer weiteren Stele[615] aus Monte Cilda in der Provinz Palencia. Die Rahmung der Inschrift mit einem gekerbten Wulst, wie sie der obergermanische Altar zeigt, ist in Keltiberien recht häufig. Das Dekorieren der Altardeckplatte kennzeichnet Altäre im hispanischen Nordwesten und Westen.

Wenn auch der Produktionsschwerpunkt der hispanischen Stelen in die fortgeschrittene Kaiserzeit fallen dürfte, so waren sie, auch nach Meinung der neueren Forschung, durchaus schon im 1. Jahrhundert n.Chr. verbreitet, so daß das Auftreten des Kerbschnitts in der 1. Hälfte des 2. Jahrhunderts n.Chr. in Obergermanien durch Vermittlung der genannten Truppen auch in chronologischer Hinsicht möglich wäre. Gewiß ist die Kohorte nur zu Beginn in Hispanien rekrutiert worden. Eine formale Uneinheitlichkeit, wie es scheint, innerhalb der Kerbschnittgruppe, dürfte dieser Tatsache entsprechen und zugleich deutlich machen, daß man sich den Vorgang nicht zu einfach vorstellen darf, wenn wir auch hier nicht in beim Stand unserer Kenntnis notwendigerweise hypothetische Erörterungen dieser Frage eintreten wollen.

Wir haben versucht, die Formen der Altäre auf der Hispanischen Halbinsel zu differenzieren und räumliche Gruppen zu erkennen. Die sich vom 'klassischen' römischen Altar unterscheidenden Prägungen fanden sich vorwiegend im Nordwesten und Norden. Mit den im selben Gebiet verbreiteten Stelen scheinen diese Altäre Gegebenheiten, die ihre Entstehung bedingen, zu teilen. Die Voraussetzungen, die zur Schaffung der Stelen führten, dürfen unseres Erachtens deshalb auch für die Altäre in Anspruch genommen werden.

Für die Herkunft der Kerbschnittechnik im Westen des Römischen Imperiums hat die Forschung noch keine plausible Erklärung. Meisterhaft geschnittene Stelen der Burgosgruppe zeigen das gekerbte Ornament ebenso wie einige hispanische Altäre. Es kehrt wieder auf einer ganz bestimmten Gruppe militärischer Steindenkmäler zumeist in Obergermanien. Uns scheint die Verbindung dieser Arbeiten mit in Hispanien rekrutierten und nach Germanien verlegten Truppenverbänden, wie etwa der *cohors II Hispanorum equitata*, durchaus denkbar, wenn dies auch noch weiterer Erhärtung bedarf.

---

615 M. A. García Guinea – J. González Echegaray – J. A. San Miguel Ruiz, Excavaciones en Monte Cilda, Olleros de Pisuerga (Palencia), ExcArqEsp 61 (1966) 46 Nr. 22; G. Gamer, MM 15, 1974, 211 Abb. 2.

TEIL II

Vorbemerkung

Als ordnendes Kriterium des Verzeichnisses der Altäre boten sich die Museen und Sammlungen an. Die überwiegende Zahl der 'Fundorte' stellt bereits Plätze dar, an denen Altäre, deren Provenienz sich nicht weiter zurückverfolgen läßt, schon nicht mehr *in situ* gefunden worden waren. Von dieser Verschleppung, bei meist geringeren Entfernungen, ist diese Denkmälerklasse aus Gründen ihrer guten Wiederverwendbarkeit besonders stark betroffen gewesen.

Mit dem zunehmenden Ausbau des Denkmalschutzes und des Museumswesens fanden die Altäre aus dem Bereich einer administrativen Einheit, der Provinz, in den jeweils zugehörigen Sammlungen Aufnahme. In der Regel ist dies das Museo Arqueológico Provincial. Dieses steht denn auch jeweils am Anfang der nach Provinzen geordneten Liste. Die übrigen Orte einer Provinz folgen alphabetisch nach dem Beispiel des Führers Museos y Colecciones de España, Dirección General de Bellas Artes, Inspección de Museos, Madrid 1969. Hieraus sind auch die Bezeichnungen der Museen und Sammlungen Spaniens entnommen. Für den nördlichen Teil Portugals stand die durch J. d'Encarnação erstellte Liste der Museen und Sammlungen zur Verfügung, in denen sich inschriftliche Weihungen für einheimische Gottheiten finden: Divindades indígenas sob o dominio romano em Portugal, Lisboa 1975, 315 ff.

Altäre, deren Verbleib unbekannt ist, sind angeschlossen. Außerhalb ihrer Fundprovinz aufbewahrte folgen in der Regel jeweils zum Schluß. Es erschien nicht sinnvoll, etwa einen aus Mérida nach Santo Domingo de Silos (Provinz Burgos) verbrachten Altar unter letzterem Ort zu verzeichnen; auch die aus Tarragona nach Chevening, Kent, verbrachten Altäre werden so unter Tarragona aufgeführt.

Das Gesagte bedarf der Erläuterung. Es könnte naheliegend erscheinen, die Ordnung des Verzeichnisses der Altäre nach dem Vorbild des Corpus Inscriptionum Latinarum durchzuführen. Neue Fundorte wären lediglich in die Abfolge des vorhandenen Systems einzugliedern. Nun bringt es die Natur dieser blockförmigen Steindenkmäler mit sich, daß sie in der Regel bereits aus ihrem Fundkontext gerissen waren, schon als das erste Interesse der Altertumsforschung sich auf sie richtete, und somit die eigentliche Fundstelle heute nicht mehr zu ermitteln ist. Die 'Fundorte' stellen demnach, wie schon gesagt, oft die Plätze dar, an welche die Monumente im Lauf ihrer Geschichte verbracht worden sind. Großräumige Verlagerungen von Denkmälern haben in diesem Zusammenhang nur selten stattgefunden. Heute werden sie gewöhnlich in einer regionalen Sammlung aufbewahrt. Die Museen beherbergenden Städte sind in der Regel mit antiken Zentren identisch.

Wir haben nach diesen Überlegungen einer Ordnung nach den modernen kleinräumigeren Verwaltungseinheiten, den Provinzen, den Vorzug gegeben unter Wahrung des regionalen ('fundörtlichen') Gliederungsprinzips. Die Reihung ist dabei streng alphabetisch, um willkürliche Abfolgen zu vermeiden, ein Mittel, zu dem bereits E. Hübner im 2. Band des CIL gegriffen hatte. Verweise auf Altäre in überregionalen Zentralmuseen gewährleisten die Regel der geographischen Fundverknüpfung. Somit ist es auch hier möglich, wissenschaftliche, an den Fundort gebundene Fragen zu diesen Monumenten akzessibel und transparent zu halten.

Die konsequente Ordnung nach Verbleib trägt dem zuvor Dargelegten, insbesondere der Fundortproblematik, Rechnung und erfolgte, trotz des damit beschworenen Odiums, kunstarchäologischen Gesichtspunkten zu obliegen.

Die Altäre jeder Provinz erhalten eine eigene Numerierung und sind durch eine Letternabkürzung des Provinznamens gekennzeichnet. Für Spanien standen offizielle Abkürzungen, wie sie auch in der Fahrzeugmatrikel Verwendung finden, zur Verfügung. Für Portugal haben wir Abkürzungen nach diesem Beispiel gewählt, die eine Verwechslung ausschließen. Eine Karte informiert über die räumliche Gliederung nach Provinzen in beiden Ländern und gibt zugleich die Namen der Provinzen und ihre Abkürzungen (s. Abb. 1).

Die Reihenfolge unter mehreren Altären eines Museums konnte angesichts der Uneinheitlichkeit im Aussagewert der Stücke nicht streng nach bestimmten Gesichtspunkten durchgeführt werden, weder chronologischen noch typologischen. Sie gibt von Fall zu Fall zeitlich vorangehenden Altären einen vorderen Platz, versucht aber auch, typologisch verbundene Stücke zusammenzustellen. So sind die Altäre aus Tarragona, wo uns ein reiches Material überliefert ist und wir überdies uns glücklicherweise auf eine moderne epigraphische Bearbeitung stützen können, innerhalb einer typologischen Gliederung zudem chronologisch geordnet. Oft genug war dagegen nur eine gleichwertige Reihung möglich innerhalb einer bestimmten Gruppierung. Zuweilen schien es geraten, die Reihenfolge einer vorliegenden epigraphischen Publikation zu übernehmen, so etwa der Inscripciones romanas de Galicia IV, Provincia de Orense, ed. J. Lorenzo Fernández (1968), u. a.

Weih- und Grabaltäre sind in der Regel unterschieden. In Einzelfällen war dies nicht möglich, da keine verläßlichen Lesungen der bruchstückhaften Inschriften vorlagen oder der Altar inschriftlos war.

Die Angaben zu den einzelnen Altären sind unterschiedlich vollständig. Viele der Steine konnte der Verfasser selbst prüfen auf Reisen, deren Ziele in der Einleitung genannt worden sind[1]. Bei ande-

---

1 Wir haben es vorgezogen, von einem Autopsievermerk zu den einzelnen Altären abzusehen, und haben lediglich die Ziele der Reisen zur Aufnahme der Altäre in der Einleitung genannt, da ein einheitliches Vorgehen bei der umfassenden Prüfung der Details sich in der Praxis nicht durchführen ließ, dem Autopsievermerk also ein zu unterschiedliches Gewicht hinsichtlich seiner Aussage über die Natur des jeweiligen Denkmals zugekommen wäre.

ren mußte er jedoch auf die Angaben in der Literatur zurückgreifen. Werden dort Altäre genannt, aber nicht beschrieben und abgebildet, so konnten sie zwar für die formale Untersuchung keine Daten liefern, ebenso wie verschollene Altäre, von denen keine zuverlässigen Angaben zu ihrem Aussehen existieren. Doch sind sie nicht nur etwa für religionsgeschichtliche oder statistische Fragen von grundsätzlicher Wichtigkeit. In Fällen geschlossener und sehr reger Produktionskreise, wie etwa Tarracos, können solche Monumente recht aufschlußreich sein zur Gewinnung eines möglichst umfassenden Bildes der Altarproduktion. Sie sind dann als unverzichtbar für eine bestmögliche Dokumentation und als Voraussetzung einer Rekonstruktion der antiken Verhältnisse zu berücksichtigen.

Beobachtungen zur Technik der Steinbearbeitung sind in die Katalogtexte nicht aufgenommen worden, da sie den Rahmen des Möglichen überschritten hätten. Daß auch solche Feststellungen wichtig sein und vielfältige Ergebnisse bringen können, haben beispielsweise die Untersuchungen von J.-Cl. Bessac, Analyse technique des autels votifs en pierre, gezeigt, die als Teil II der Studie von J.-L. Fiches und M. Py, Trois dépôts d'objets votifs du Ier siècle de notre ère dans la région nîmoise, Documents d'archéologie méridionale 1, 1978, 155—188 erschienen sind.

Die Beschreibung der Profilelemente in Deck- und Fußprofil erfolgt in der Regel von oben nach unten. Obwohl dies einer tektonischen Auffassung des Altars widerspricht, stimmten nicht zuletzt praktische Erwägungen dafür, die sich aus den Erfahrungen im Umgang mit den Monumenten ergaben. Die Bezeichnungen »links« und »rechts« sind vom Betrachter aus gesehen. Maße werden in cm angegeben.

Die bibliographischen Angaben umfassen Hinweise auf die epigraphischen Sammelwerke und nennen in der Regel die zuletzt erschienene Behandlung, in der die vorausgehende Literatur verzeichnet ist. Ist einem Altar eine eigene Untersuchung gewidmet, so wird ihr Titel in der Regel genannt. Ein besonderes Augenmerk liegt auf solchen Publikationen, die den Altar abbilden.

Auf eine Wiedergabe der Inschrift wurde in der Regel verzichtet; statt dessen wurde auf die entsprechenden epigraphischen Publikationen verwiesen, etwa die grundlegende Arbeit von G. Alföldy, Die römischen Inschriften von Tarraco, Madrider Forschungen X (Berlin 1975). Allerdings liegen nicht alle inschriftlichen Denkmäler in einer solchen, modernen Ansprüchen genügenden Publikation vor; die Zahl der als in einem weiteren Sinne unpubliziert geltenden Inschriftsteine dürfte jedoch, abgesehen von Neufunden, sehr gering zu veranschlagen sein. Es gibt kaum eine Inschrift, zu der keine Lesungsvorschläge gemacht worden sind, wenn sie oft auch sehr kontrovers sind. Solchen Problemen nachzugehen, konnte aber nicht unsere Aufgabe sein. Namen von Gottheiten, Dedikanten und der Bestatteten sollen lediglich der Kennzeichnung des jeweiligen Altars dienen.

Katalog

PROVINZ ALICANTE

Elche, Alcudia, Slg. Ramos Folqués

A 1 Taf. 131a
Altärchen. Von der Alcudia, gefunden in einem römischen Haus des 2.–3. Jhs. n.Chr. 'Piedra caliza'. H 19. B 13. T 17.
Bekrönung und Deckprofil sind fast vollständig weggebrochen. Am Körper kein Dekor, auch keine Spuren ehem. Bemalung. Als Fußprofil Schräge, Faszie. Das Fußprofil ist zum Körper hin abgeschrägt, vergleichbar einem Altärchen in Cartagena (MU 4). Es läuft allseitig um.

A 2 Taf. 131b
Altärchen. Von der Alcudia, gefunden in einem römischen Haus des 2.–3. Jhs. n.Chr. Sandig wirkender Stein. H 22. T 16.
Die Oberseite ist geglättet in Form einer flachen, die gesamte Oberseite einnehmenden Mulde. Mittelrille um den Körper laufend. Oben nur ein Plättchen; als Fußprofil fünf Plättchen, abgestuft über dem etwas breiteren Sockel.

A 3 Taf. 131c
Altärchen. Von der Alcudia, gefunden in einem römischen Haus des 2.–3. Jhs. n.Chr. Sandstein. H 21. B 14. T 16.
Auf der Oberseite Reste einer Focusmulde, die schwarz und, weiter nach außen, rot verfärbt sind (Feuerspuren). Der Focus reicht in der Mitte der Schmalseite bis zum Rand. An der Ecke diagonal nach außen führender, oben gerillter Wulst. Die Profile bestehen aus einer Abfolge von Wülsten (Tori) und Kehlen, hinter denen sich natürlich wegen der Beschädigung nicht klar erkennbare Karniese (*cymae rectae*) verbergen können.

A 4 Abb. 3
Oberer Teil eines Altärchens. Von der Alcudia, gefunden in einem römischen Haus des 2.–3. Jhs. n.Chr.
Den Körper schließt nach oben ab ein Plättchen, ein in seinem unteren Teil dickerer Wulst, eine schräge Faszie, eine senkrechte Faszie und ein vortretendes Plättchen. In dem relativ weichen Kalkstein werden also eine Anzahl horizontal gliedernder Profilelemente angebracht, die ihre Form mehr oder weniger unwillkürlich ohne klare Absicht erhalten.

A 5
Profilstück eines kleinen Altärchens. Von der Alcudia, gefunden in einem römischen Haus des 2.–3. Jhs.

A 6
Kleines Altärchen aus weißem Marmor. Von der Alcudia, gefunden in einem römischen Haus des 2.–3. Jhs.

A 7
Altärchen. Bekrönung und Deckprofil sind weggebrochen. Von der Alcudia, gefunden in einem römischen Haus des 2.–3. Jhs.

Elche, Museo Municipal

A 8 Taf. 131d–g
Altärchen. Von der Alcudia, Oberflächenfund. Sandiger, rauher Stein. H 11. B 8,5. T 8,5.
Tordierte, sonst zylindrische Pulvini. Zwischen den Pulvini ist die Oberseite geglättet. Die vier Seiten des Körpers sind ornamentiert. 1. Senkrechtes vegetabilisches Motiv in Rahmen. 2. Gerundetes Motiv, im In-

nern geflammt. 3. Vegetabilisches Motiv gröberen Zuschnitts als bei 1. 4. Quadrat mit eingezogenen Seiten, in der Mitte gebohrtes Loch. Als Deckprofil *cyma reversa* (?) oder Kehle, als Fußprofil kantige *cyma reversa* (?) oder Kehle oder zwei abgetreppte Plättchen.

A 9   Taf. 131h
Altärchen mit weit ausladenden Profilen und Bekrönung. Von der Alcudia, Oberflächenfund. Inv. Nr. 166. Sandiger, rauher Stein. H 11,6. B 7,5. T 7,5.
Focus mit abgeschrägten Wänden, der die gesamte Oberseite einnimmt. Feuerspuren. Kleiner, weit zurückspringender Körper. Als Deckprofil schmales Plättchen, *cyma reversa*, Plättchen. Als Fußprofil Plättchen, Plättchen, *cyma recta*, in der Mitte leicht horizontal gerillt.

A 10   Taf. 131i
Kleines Altärchen. Von der Alcudia, Oberflächenfund. Inv. Nr. 170. Sandiger, rauher Stein. H 7,5. B 5. T 4,5.
Auf der Oberseite viereckiger Focus mir Randwulst. Körper hochrechteckig mit glatten Seiten. Als Deck- und Fußprofil je eine *cyma reversa*. Schmaler Sockel.

PROVINZ ALTO ALENTEJO

Évora, Museu Regional

ALA 1   Taf. 88a
Grabaltar. Aus Évora. Grauer, mittelfeinkörniger Marmor. H 59. B 32. T 18.
Pulvini, Giebel, Rundfocus. Pulvinusstirn und Giebelfront ohne Dekor. Inschriftfeld ungerahmt. Auf der linken Nebenseite Schale, rechts Kanne. Als Deckprofil Leiste, *cyma recta*, Faszie; als Fußprofil Faszie, *cyma recta*, Leiste, Sockel.
CIL II 5195.

ALA 2   Taf. 89b−d
Grabaltar. Aus Arraiolos. Weißer Marmor. H 69,5. B 41,5. T 27.
Pulvini sitzen auf den ausschwingenden, geschweiften Schrägen des Giebels. Balusterförmig, mit glatten Schäften, durch tordierten Wulst geschnürt. Giebel, Giebelfront wie auch die Pulvinusstirnen ohne Dekor. Rundfocus. Inschriftfeld ungerahmt. Auf der ungerahmten Nebenseite Kanne, rechts Griffschale mit Vogel im Rund. Als Deckprofil Leiste, *cyma recta*, *cyma reversa*; als Fußprofil *cyma reversa*, *cyma recta*, Leiste. Sockel.
CIL II 5198.

ALA 3   Taf. 88c.d
Grabaltar. Aus Évora. Grauweißer Marmor. H 66. B 29. T 17,5.
Glatte Pulvinusrollen ohne *baltei* sitzen auf dem seitwärts ausschwingenden Rundgiebel. Im Giebelfeld gewellter vegetabilischer Dekor (?). An den Pulvinusstirnen plastische Ringe mit Mittelknopf. Inschriftfeld ungerahmt. Auf den beiden ungerahmten Nebenseiten senkrechte Girlande mit drei Blütenrosetten. Als Deckprofil Leiste, *cyma recta*, Faszie; als Fußprofil Faszie, *cyma recta*, Leiste.
CIL II 5194.

ALA 4   Taf. 88b
Grabaltar. Hellbrauner, leicht rosa schimmernder Marmor. H 70,5. B 31,5. T 15.
Pulvini, Pulvinusstirnen ebenso wie die Front des hohen gerundeten Giebels ohne Dekor. Inschriftfeld ungerahmt, die Inschrift läuft über Deckplatte und Profile hinweg. Auf der linken Nebenseite Kanne, rechts Schale. Als Deckprofil Faszie, *cyma reversa*; als Fußprofil Kehle, Leiste, Viertelrundstab. Sockel.

ALA 5   Taf. 91b−d
Grabaltar. Aus Évora. Leicht rosa gefärbter Marmor, großkristallin. H 130. B 73. T 57.
Auf der Oberseite ist eine rechteckige Fläche ausgearbeitet. Darin zwei Löcher, eines mit noch erhaltenen Bleiresten. Die Anordnung der Bekrönungselemente entspricht dem Typus von Odrinhas. Balusterförmige Pulvini, von Blättern umhüllt, nicht durch *baltei*, sondern durch einfache Furchung in der Mitte geteilt, Stirnrosetten. Zwischen den Pulvini an der Vorderseite eine Art Schranke mit zwei Wirbelrosetten zu seiten eines zentralen Blattmotivs. Die Bekrönung ruht auf einer flacher Sockelplatte. Vorderseite profilgerahmt. Auf den ungerahmten Nebenseiten links reichverzierte Kanne, rechts Griffschale mit Ompha-

los. Als Deckprofil Blatt*cyma* in *cyma recta*-Form, Zahnschnitt, Eierstab; als Fußprofil *cyma reversa*, Kehle, Leiste, Torus.
CIL II 111.

ALA 6   Taf. 90c–e
Grabaltar. Aus S. Margarida do Sado (Alcácer do Sal). Nicht einheitlich blaugrauer Marmor, grobkristallin. H 123. B 63. T 32.
Die Bekrönung, zu der von der Deckplatte eine flache Kehle überleitete, ist weitgehend abgeschlagen. Auf der Vorderseite wird der größte Teil der Grabinschrift bis auf die Eingangs- und Schlußformel von einer Aedicula ohne Stylobat eingefaßt. Im Tympanon des Giebels tordierter Kranz mit Schleife. Auf den ungerahmten Nebenseiten (B nur 21,5) ungewöhnliche Reliefs. Links Griffschale, Baum mit Blättern, Frucht und Blüte; rechts doppelhenkeliges Gefäß, darunter kreuzweise schraffierte Fläche. Als Deckprofil Leiste, *cyma recta*, Faszie; als Fußprofil Faszie, *cyma recta*, Leiste.
CIL II 38 add. p. 802.

ALA 7   entfällt

ALA 8   Taf. 92b–d
Unterer Teil eines Weihaltars für Iupiter Optimus Maximus. Aus S. Margarida do Sado (Alcácer do Sal). Bräunlich grauer Marmor. B 57. H 80. T 52.
Inschriftfeld profilgerahmt. Auf den ungerahmten Nebenseiten links Adler auf Blitz, rechts vegetabilisches Motiv. Als Fußprofil Faszie, Viertelrundstab oder Torus, *cyma reversa*. Sockel.
CIL II 32 add. p. 802.

Elvas, Museu Arqueológico, im Largo do Colegio

ALA 9
Grabaltar. Aus Herdade de Alentisca de Caia, feligresia de Santa Eulalia, conc. de Elvas, gefunden 15 km nordöstlich der Stadt Elvas bei der Eisenbahn. Weißgrauer Marmor, feinkristallin. H 125. B 55. T 25.
Pulvini, Giebel mit geschweiften Seiten, Focus. Inschriftfeld ungerahmt. Auf den ungerahmten Nebenseiten links Kanne, rechts Schale. Als Deckprofil Faszie, *cyma reversa*; als Fußprofil Kehle auf Leiste, *cyma recta*, Leiste.
CIL II 5213; A. García y Bellido, BolAcadHist 168, 1971, 199 Nr. 21 Abb. 19.

Estremoz, Senhora dos Mártires

ALA 10
Weihaltar für »Mater Deum«. Aus Senhora dos Mártires, südöstlich von Estremoz. Weißer Granit. H 34. B 16. T 8,5.
Eckakrotere und Giebel treten in leicht erhöhtem Relief vor den Bekrönungsquader. Darauf die Buchstaben MDS. Inschriftfeld ungerahmt. Unter der Deckplatte *cyma reversa* als Deckprofil, auch als Fußprofil eine *cyma reversa*. Sockel.
Die Verwandtschaft zu für Mérida charakteristischen Altären ist auffallend. Der Altar wird aus paläographischen Gründen in das 2. Jh. n.Chr. datiert.
J. Mendes de Almeida – F. Bandeira Ferreira, Varia Epigraphica, RevGuimarães 77, 1967, 47–52 Abb. 1. 2 (Zeichnung). 3 (Inschriftfeld).

Marvão, Museu Municipal

ALA 11   Taf. 89a
Weihaltar für Ocrimira. Aus Aramenha, Marvão (Alto Alentejo). Granit.
Zylindrische glatte Pulvini außen seitlich auf der Deckplatte. Eine bezeichnende *cyma reversa* (vergleichbar der am Altar für Issibaeus [BEL 20], der angeblich aus dem Distrikt Coimbra stammt), darunter eine schmale Faszie als Deckprofil; am Fußprofil könnte (nach der Photoabbildung zu schließen) eine Faszie gemeint sein. Auffallend ist hier die Vernachlässigung des Fußprofils gegenüber dem Deckprofil. Inschriftfeld ungerahmt, Nebenseiten ungerahmt und ohne Dekor.
d'Encarnação, Divindades 255 f. Abb. 59.

ALA 12
Weihaltar für die Gottheit Toga. Aus Barretos, Aramenha, Marvão.
Pulvini, Giebel. Inschriftfeld ungerahmt. Ungerahmte Nebenseiten ohne Dekor. Zweigliedriges Deckprofil (Faszien). Vom Sockel her unregelmäßiger Anlauf zum Körper.
d'Encarnação, Divindades 280 ff. Abb. 67.

Viana do Alentejo, Senhora de Aires

ALA 13
Grabaltar. Aus Senhora de Aires, Viana do Alentejo. Oberseite flach, möglicherweise abgearbeitet. Inschrift karniesgerahmt. Auf der linken Nebenseite Kanne, rechts Schale. Das Deckprofil ist aufgrund

der publizierten Abbildung nicht bestimmbar. Als Fußprofil Faszie, *cyma recta*, Leiste, Torus, Sockel.
CIL II 88; J. Mendes de Almeida — F. Bandeira Ferreira, Varia Epigraphica, RevGuimarães 77, 1967, 66f. Abb. 8.

ALA 14
Grabaltar. Aus Senhora de Aires.
Bekrönungsplatte. Inschrift gerahmt. Auf der linken Nebenseite Kanne, auf der rechten Schale. Deckprofil dreifach gegliedert (aufgrund der publizierten Abbildung nicht bestimmbar), als Fußprofil Faszie, *cyma recta*, Leiste. Vgl. ALA 13.
CIL II 89; J. Mendes de Almeida — F. Bandeira Ferreira, RevGuimarães 77, 1967, 67f. Abb. 9.

Vila Viçosa, Museu do Castelo de Vila Viçosa

ALA 15
Altar für die Göttin Salus. Aus Pardais, bei Vila Viçosa. Granit. H 73. B 44. T 35.
Pulvini, Giebel über die Gesamtbreite des Altars, im Tympanon liegender Halbmond. Focus. Als Deckprofil gerundete Platte, als Fußprofil Schräge. Sockel. Inschriftfeld ungerahmt.
Aus paläographischen Gründen um die Mitte des 2. Jhs. n.Chr. datiert.
F. de Almeida, Uma inscrição inédita, dedicada à Deusa Salus, OArqPort 5, 1964, 453–458 Photoabb. und Zeichnung.

Folgende Altäre der Provinz befinden sich heute in Lisboa, Museu Nacional de Arqueologia e Etnologia:

ALA 16
Grabaltar. Aus Montemor-o-Novo, Quinta de Santa Margarida, freg. de São Mateus. Inv. Nr. 7271. Marmor. H 83. B 35. T 30.
Pulvini, Giebel, Focus. An Pulvinusstirn und Giebelfront die Buchstaben D.M.S. Inschriftfeld ungerahmt. Als Deckprofil Karnies, Faszie; als Fußprofil zwei schmale und ein breites Profilelement, aufgrund der Zeichnung nicht bestimmbar.
S. Lambrino, Catalogue des Inscriptions Latines du Musée Leite de Vasconcelos, OArqPort 3. Ser. 1, 1967, 155f. Nr. 76 Zeichnung.

ALA 17
Grabaltar. Aus Bencatel (Terena, Juromenha). Inv. Nr. E 6288. Kalkstein. H 120. B 52. T 40.
Pulvini, Giebel, Focus. Inschriftfeld ungerahmt. Vielfach gegliederte Profilierung an Gesims und Sockel, aufgrund der publizierten Zeichnung nicht bestimmbar.
S. Lambrino, OArqPort 3. Ser. 1, 1967, 157 Nr. 78 Zeichnung.

ALA 18
Grabaltar. Aus Fronteira, herdade de Val-Paredes. Inv. Nr. E 5299. Marmor. H 52. B 22. T 10,5.
Pulvini auf ausschwingenden Giebelenden, Rundfocus auf Höhe der oberen Pulvinusperipherie. Inschriftfeld ungerahmt. Profile aufgrund der publizierten Zeichnung nicht klar bestimmbar, vielleicht jeweils Leiste und Kehle an Gesims und Sockel.
S. Lambrino, OArqPort 3. Ser. 1, 1967, 209 Nr. 145 Zeichnung.

ALA 19 Taf. 90a.b
Grabaltar. Aus Avis, herdade da Defesa dos Barros. Inv. Nr. E 5297. Marmor. H. noch 100. B 52. T 33.
Bekrönung beschädigt und vielleicht nachträglich verändert. In der Oberseite eine rechteckige Vertiefung (42 × 17 × 07). An der Vorderseite korinthische Pilaster, dekorierte Profilrahmung (Perlstab?). Auf der linken Nebenseite (nach Lambrino auf der rechten) Taube auf blattlosem Baum, an Früchten pikkend. Im Deckprofil Zahnschnitt und dekoriertes Kymation; im Fußprofil dekoriertes Kymation und Perlstab.
J. Leite de Vasconcelos, Notas epigráficas, OArchPort 21, 1916, 316ff. Abb. 1f.; S. Lambrino, OArqPort 3. Ser. 1, 1967, 210 Nr. 146 Zeichnung (diese Zeichnung zeigt den Altar ohne Pilaster; auch die Profile sind einfacher wiedergegeben).

ALA 20 Taf. 91a
Weihung für Mars. Aus Torre de Palma (Monforte). Weißer Marmor mit gelbbrauner Patina, grobkristallin. H 120. B 65. T 30.
Oberseite beschädigt. Auf der Vorderseite, inmitten der Inschrift, Mars mit Helm, Panzer, Schild, Lanze und Beinschienen. Als Deck- und Fußprofil je eine *cyma reversa*.
Wird aus paläographischen Gründen in das 1. Jh. n.Chr. datiert.
M. Heleno, OArqPort 4, 1962, 337 Anm. 1 Taf. 27; J. de Alarcão, Portugal romano (1973) 162 Abb. 67.

ALA 21
Weihaltar für Iupiter Optimus Maximus. »Aus dem Alentejo«. Grauer Kalkstein. H 68. B 37. T 38.
Pulvini oder Eckakrotere (sie haben, nach der publizierten Zeichnung, eine eigenartig flache, kantige Form), Focus. Inschriftfeld ungerahmt. Unter der Deckplatte als Deckprofil cyma reversa oder doppelt konvex geschwungene cyma recta, Faszie; als Fußprofil Faszie, cyma reversa oder cyma recta wie oben. Sokkel.
S. Lambrino, OArqPort 3. Ser. 1, 1967, 123 f. Nr. 38 Zeichnung.

ALA 22
Weihaltar. Aus Ervedal (Avis). Inv. Nr. E 6356. Marmor. H 50. B 37.
Pulvini, der größte Teil der Bekrönung stark beschädigt. Inschriftfeld ungerahmt. Nebenseiten ohne Dekor. Als Deckprofil cyma reversa, als Fußprofil ebenfalls cyma reversa (Beurteilung nach publizierter Zeichnung).
J. Leite de Vasconcelos, OArchPort 12, 1912, 286; ders., Religiões III 620 f. Abb. 334; Lambrino, OArqPort 3. Ser. 1, 1967, 211 Nr. 147.

ALA 23
Weihaltar. Gefunden in Tapada dos Paianes, zwischen Nisa und Póvoa e Meadas. Granit. H 55. B 30. T 26.
Pulvinuseinheit, Rundfocus. Inschriftfeld ungerahmt. Als Deckprofil cyma reversa. Vom Sockel vermittelt ein Anlauf zum Körper.
AE 1934, 21; S. Lambrino, OArqPort 3. Ser. 1, 1967, 216 Nr. 154.

ALA 24
Weihaltar. Aus Montalvão, conc. de Nisa, herdade de Pero Galego. Granit. H 65. B 26. T 23.
Pulvini, Giebel, Inschriftfeld ungerahmt. Als Deckprofil Torus, cyma reversa; als Fußprofil drei Tori (Beurteilung nach publizierter Zeichnung).
J. Leite de Vasconcelos, OArchPort 29, 1931, 183; S. Lambrino, OArqPort 3. Ser. 1, 1967, 217 Nr. 155.

ALA 25
Weihaltar für Endovellicus. Aus dem Endovellicus-Heiligtum bei S. Miguel da Mota. Marmor. H 36. B 56. T 23.
Oberseite flach. Gerahmte Inschrift. Vielfach gegliedertes Deckprofil. Unterteil mit Fußprofil und Sockel fehlt.
CIL II 5204; S. Lambrino, OArqPort 3. Ser. 1, 1967, 161 f. Nr. 85 Zeichnung.

ALA 26 Taf. 86a
Weihaltar für Endovellicus. Eingebaut ehemals in der Kirche der Augustiner in Vila Viçosa, stammt aber sicher aus S. Miguel da Mota. Inv. Nr. E 7909. Kalkstein. H 100. B 52. T 26.
Pulvinusrollen mit Stirnrosetten, hoher Rundfocus. Giebel beschädigt. Inschriftfeld profilgerahmt. Auf den ungerahmten Nebenseiten links Kanne, rechts Schale mit Griff. Als Deckprofil Leiste, cyma recta, Leiste, Kehle, als Fußprofil Kehle, cyma reversa. Die Profildetails der Zeichnungen bei Lambrino sind unkorrekt wiedergegeben.
CIL II 130; d'Encarnação, Divindades 181 ff. Abb. 37; S. Lambrino, OArqPort 3. Ser. 1, 1967, 164 f. Nr. 88.

ALA 27 Taf. 86b–d
Weihaltar für Endovellicus. Aus S. Miguel da Mota. Inv. Nr. E 7980. Marmor. H 109. B (Körper) 48. T (Körper) 33.
Bekrönung in Form einer Platte, vor die die Eckakrotere und die Giebel an der Vorderseite wie auch an den Nebenseiten in Relief vortreten. Inmitten der flachen Oberseite eine Vertiefung. Inschriftfeld ungerahmt. Auf den ungerahmten Nebenseiten links Palmzweig, rechts umwundener Blattkranz mit Schleife unten. Auf der Rückseite ein Eber. Als Deckprofil Leiste, cyma recta, Faszie, cyma reversa; als Fußprofil Faszie, cyma recta, Leiste, Torus.
CIL II 6266; Leite de Vasconcellos, Religiões 126 f. Abb. 8. 9; S. Lambrino, OArqPort 3. Ser. 1, 1967, 165 f. Nr. 89; d'Encarnação, Divindades 181 ff. Abb. 30. 35. 36.

ALA 28
Weihaltar für Endovellicus. Aus S. Miguel da Mota. Inv. Nr. E 7719. Kalkstein. H 64. B 39. T 14.
Bekrönung in Form einer Platte, vor die Eckakrotere und Giebel in Relief vortreten. Inschriftfeld ungerahmt. Als Deckprofil eine cyma reversa. Fußprofil und Sockel fehlen heute. Auf den Nebenseiten je ein Palmwedel.
S. Lambrino, OArqPort 3. Ser. 1, 1967, 167 Nr. 91.

ALA 29
Oberer Teil eines Weihaltars für Endovellicus. Aus S. Miguel da Mota. Inv. Nr. E 7721. Marmor. H 22. B 17. T 11.
Pulvini. Über die obere Pulvinusperipherie hochragender Mittelteil, oben beschädigt. Inschriftfeld ungerahmt. Als Deckprofil Karnies (aufgrund der publizierten Zeichnung nicht genau bestimmbar).
CIL II 5209a; S. Lambrino, OArqPort 3. Ser. 1, 1967, 167 f. Nr. 92.

ALA 30
Weihaltar für Endovellicus. Aus S. Miguel da Mota.
Inv. Nr. E 7713. Kalkstein. H 92. B 47,5. T 42.
Die Pulvini bilden mit dem Giebel eine Einheit, dahinter hoher Rundfocus. Inschriftfeld ungerahmt. Nebenseiten ohne Dekor. Als Deckprofil Leiste, *cyma recta*; als Fußprofil Faszie, *cyma recta*.
CIL II 5202; d'Encarnação, Divindades Abb. 31; S. Lambrino, OArqPort 3. Ser. 1, 1967, 168 f. Nr. 93.

ALA 31 Taf. 87a
Weihaltar für Endovellicus. Aus S. Miguel da Mota.
Kalkstein. H 31. B 16,5. T 12.
Pulvini, Giebel. Inschriftfeld ungerahmt, Nebenseiten ohne Dekor. In Deck- und Fußprofil je ein Karnies, vielleicht *cyma reversa* (nach Zeichnung nicht genau zu beurteilen).
S. Lambrino, OArqPort 3. Ser. 1, 1967, 169 Nr. 94.

ALA 32 Taf. 87b
Kleiner Weihaltar für Endovellicus. Aus S. Miguel da Mota. Kalkstein. H 29. B 15,5. T 9.
Pulvini, Volutengiebel. Inschriftfeld ungerahmt, Nebenseiten ohne Dekor. Als Deckprofil Karnies, als Fußprofil vielleicht Kehle (nach Zeichnung nicht genau zu beurteilen).
S. Lambrino, OArqPort 3. Ser. 1, 1967, 170 Nr. 95.

ALA 33 Taf. 87c
Weihaltar für Endovellicus. Aus S. Miguel da Mota.
Inv. Nr. E 7918. Kalkstein. H 33. B 17. T 11.
Pulvini, Giebel. Inschriftfeld ungerahmt, Nebenseiten ohne Dekor. Als Deck- und Fußprofil je eine *cyma reversa*.
CIL II 6267a; S. Lambrino, OArqPort 3. Ser. 1, 1967, 170 f. Nr. 96.

ALA 34 Taf. 87d
Weihaltar für Endovellicus. Aus S. Miguel da Mota.
Inv. Nr. E 7913. Marmor. H 24. B 17. T 10.
Pulvini mit Giebel verbunden. Inschriftfeld ungerahmt, Nebenseiten ohne Dekor. Als Deckprofil *cyma reversa* (?); Fußprofil und Sockel fehlen heute.
CIL II 6269a; S. Lambrino, OArqPort 3. Ser. 1, 1967, 171 f. Nr. 97.

ALA 35 Taf. 87e
Weihaltar für Endovellicus. Aus S. Miguel da Mota.
Inv. Nr. E 7718. Marmor. H 41. B 23,5. T 11.
Pulvini, flache Zwischenwölbung. Inschriftfeld ungerahmt, Nebenseiten ohne Dekor. Die Profile nehmen relativ hohe Zonen ein und scheinen mehrgliedrig zu sein.
S. Lambrino, OArqPort 3. Ser. 1, 1967, 172 f. Nr. 98.

ALA 36 Taf. 87f
Weihaltar für Endovellicus. Aus S. Miguel da Mota.
Inv. Nr. E 7716. Marmor. H 46. B 24. T 14.
Pulvini, Giebel auf Platte. Inschriftfeld ungerahmt. Nebenseiten ohne Dekor. Als Deckprofil *cyma reversa*, Fußprofil aufgrund der publizierten Zeichnung nicht bestimmbar.
S. Lambrino, OArqPort 3. Ser. 1, 1967, 173 Nr. 99.

ALA 37
Weihaltar für Endovellicus. Ehemals eingemauert in der Augustinerkirche in Vila Viçosa, stammt aber sicher aus S. Miguel da Mota. Inv. Nr. E 7710. Marmor. H 97. B 50,5. T 26.
Bekrönung abgeschlagen. Inschriftfeld ungerahmt. Nebenseiten ohne Dekor. Als Deckprofil Kehle, *cyma reversa*; als Fußprofil *cyma reversa*, Kehle (Beurteilung aufgrund der publizierten Zeichnung).
CIL II 142; S. Lambrino, OArqPort 3. Ser. 1, 1967, 176 f. Nr. 103; d'Encarnação, Divindades Abb. 33.

ALA 38
Weihaltar für Endovellicus. Aus S. Miguel da Mota.
Inv. Nr. E 7711. Marmor. H 95. B 48. T 38.
Bekrönungsplatte mit in die Oberseite eingearbeiteter abgetreppter Vertiefung. Inschriftfeld ungerahmt. Auf den ungerahmten Nebenseiten zwei geflügelte Eroten mit entflammten Fackeln. Als Deckprofil Leiste, *cyma recta*, Leiste, Kehle; als Fußprofil Faszie, Karnies, Torus (nach publizierter Zeichnung nur annähernd bestimmbar).
CIL II 5207; S. Lambrino, OArqPort 3. Ser. 1, 1967, 178 f. Nr. 105.

ALA 39
Weihaltar für Endovellicus. Aus S. Miguel da Mota.
Inv. Nr. E 7712. Marmor. H 104. B 52. T 35.
Der Giebel ist mit den Pulvini verbunden, die nach unten eingedrehte Stirnvoluten besitzen. Hoher Rundfocus. An der Giebelfront von den Voluten her den Rand begleitende Rillen, die sich unterhalb des Giebels gleichfalls zu Voluten rollen. Sie sind dem Vorbild des Volutengiebels verpflichtet. Die Bekrönung ruht auf einer flachen Platte. Inschriftfeld ungerahmt. Nebenseiten ohne Dekor. Als Deckprofil *cyma reversa*; als Fußprofil ebenfalls *cyma reversa*.
CIL II 6268; S. Lambrino, OArqPort 3. Ser. 1, 1967, 180 Nr. 107.

ALA 40
Weihaltar. Aus S. Miguel da Mota. Marmor. H noch 24. B 21. T 11.
Erhalten ist nur der untere Teil des Altars. Inschriftfeld ungerahmt. Auf den ungerahmten Nebenseiten Relief: links Pinienzapfen, rechts Palmwedel. Als Fußprofil *cyma reversa*.
AE 1936 Nr. 105; S. Lambrino, OArqPort 3. Ser. 1, 1967, 181 Nr. 103.

ALA 41
Oberer Teil eines Weihaltars. Aus S. Miguel da Mota. Inv. Nr. E 7728. Kalkstein. H 33. B 29. T 14,5.
Vor die Bekrönungsplatte treten Eckakrotere und Giebel in Relief vor. Inschriftfeld ungerahmt. Nebenseiten ohne Dekor. Als Deckprofil Karnies, Faszie (aufgrund der publizierten Zeichnung nicht exakt zu beurteilen).
S. Lambrino, OArqPort 3. Ser. 1, 1967, 181f. Nr. 109.

ALA 42
Oberer Teil eines Weihaltars. Aus S. Miguel da Mota. Inv. Nr. E 7920. Marmor. H 28. B 17. T 9.
Bekrönungsplatte, vor die Eckakrotere in Relief treten. Inschriftfeld ungerahmt. Seitenreliefs nicht beschrieben. Als Deckprofil *cyma reversa*. Fußprofil nicht mehr erhalten.
CIL II 6329; S. Lambrino, OArqPort 3. Ser. 1, 1967, 182f. Nr. 110.

ALA 43
Weihaltar für Endovellicus. Aus S. Miguel da Mota. Inv. Nr. E 7729. Marmor. H 31. B 23. T 11.
Bekrönungsplatte, vor die Eckakrotere und Giebel in Relief treten. Inschriftfeld ungerahmt, Seitenfelder ohne Dekor. Als Deckprofil *cyma reversa*. Fußprofil und Sockel nicht mehr erhalten.
CIL II 5206; AE 1936, 104; S. Lambrino, OArqPort 3. Ser. 1, 1967, 185f. Nr. 113.

ALA 44
Weihaltar »Deo Sancto Endovellico«. Aus S. Miguel da Mota. Inv. Nr. E 7715. Marmor. H 82. B 55. T 28.
Bekrönungsplatte, vor die Giebel und Akrotere in Relief vortreten. Inschriftfeld ungerahmt. Seitenfelder ohne Dekor. Als Deckprofil Torus, *cyma reversa*. Der untere Teil mit Fußprofil und Sockel fehlt weitgehend.
CIL II 6265; S. Lambrino, OArqPort 3. Ser. 1, 1967, 187f. Nr. 115.

ALA 45
Weihaltar für Endovellicus. Aus S. Miguel da Mota. Inv. Nr. E 7916. Marmor. H 46,5. B (Körper) 16. T (Körper) 12.
Auf der Oberseite eine runde Vertiefung (Dm 4). Bekrönungsplatte, vor die Giebel und Akrotere in Relief treten. Inschriftfeld ungerahmt. Nebenseiten ohne Dekor. Als Deckprofil *cyma reversa*; als Fußprofil Kehle. Hoher Sockel. Der Körper und die ihn optisch fortsetzende Bekrönung verjüngen sich nach oben.
CIL II 6269b; S. Lambrino, OArqPort 3. Ser. 1, 1967, 188f. Nr. 116.

ALA 46
Oberer Teil eines kleinen Weihaltars für Endovellicus. Aus S. Miguel da Mota. Inv. Nr. E 7800. Marmor. H 17. B 18. T 12.
Bekrönung beschädigt. Inschriftfeld ungerahmt. Nebenseitenreliefs zum Teil erhalten, links Vogelkopf, rechts Dolch. Als Deckprofil Karnies, Faszie.
S. Lambrino, OArqPort 3. Ser. 1, 1967, 189f. Nr. 117.

ALA 47
Unterer Teil eines Weihaltars für Endovellicus. Aus S. Miguel da Mota. Inv. Nr. E 7887. Marmor. H 34. B 29,5. T 16,5.
Inschriftfeld ungerahmt. Nebenseiten ohne Dekor. Als Fußprofil *cyma reversa*.
S. Lambrino, OArqPort 3. Ser. 1, 1967, 190f. Nr. 119.

ALA 48
Weihaltar für Endovellicus. Aus S. Miguel da Mota. Inv. Nr. E 7919. Marmor. H 43. B 18. T 7,5.
Pulvini, Giebel. Inschriftfeld ungerahmt, Nebenseiten ohne Dekor. Aufgrund der Zeichnung als Deckprofil von zwei Faszien oder Tori gerahmte Kehle, als Fußprofil von zwei Tori gerahmte Faszie.
CIL II 6265a; S. Lambrino, OArqPort 3. Ser. 1, 1967, 191f. Nr. 120.

ALA 49
Weihaltar für Endovellicus. Aus S. Miguel da Mota. Inv. Nr. E 7768. Marmor. H 56. B 27,5. T 20,5.
Oberseite flach. Platte auf Deckplatte. Als Deckprofil *cyma reversa*, eine solche auch als Fußprofil. Inschriftfeld ungerahmt, Nebenseiten ohne Dekor.
S. Lambrino, OArqPort 3. Ser. 1, 1967, 192 Nr. 121.

ALA 50
Weihaltar für Endovellicus, erhalten nur der untere Teil. Aus S. Miguel da Mota. Inv. Nr. E 7779. Marmor. H noch 23,5. B 23. T 14.

Als Fußprofil Faszie, *cyma recta*. Inschriftfeld ungerahmt, Nebenseiten ohne Dekor.
S. Lambrino, OArqPort 3. Ser. 1, 1967, 193 f. Nr. 123.

ALA 51
Oberer Teil eines Weihaltars für Endovellicus. Aus S. Miguel da Mota. Inv. Nr. E 7773. Marmor. H noch 21. B 16. T 10.
Pulvini, geschwungener Giebel (?). Inschriftfeld ungerahmt. Nebenseiten ohne Dekor. Als Deckprofil Leiste, *cyma recta*, Faszie.
S. Lambrino, OArqPort 3. Ser. 1, 1967, 194 f. Nr. 125.

ALA 52
Unterer Teil eines Weihaltars. Aus S. Miguel da Mota. Inv. Nr. E 7854. Marmor. H noch 23. B 39.
Als Fußprofil Anlauf, Torus. Hoher Sockel.
S. Lambrino, OArqPort 3. Ser. 1, 1967, 199 Nr. 130.

ALA 53
Altar für Endovellicus. Aus S. Miguel da Mota. Inv. Nr. E 7709. Marmor. H noch 57. B 38. T 27.
Oberer Teil ab Deckprofil aufwärts fehlt. Inschriftfeld ungerahmt. Nebenseiten ohne Dekor. Körper verjüngt sich nach oben. Sockel ohne vermittelndes Profil vom Körper abgesetzt.
S. Lambrino, OArqPort 3. Ser. 1, 1967, 200 Nr. 132.

ALA 54
Unterer Teil eines kleinen Weihaltars. Aus S. Miguel da Mota. Inv. Nr. E 7881. Marmor. H noch 26. B (Basis) 24.
Inschriftfeld ungerahmt. Nebenseiten ohne Dekor. Als Fußprofil *cyma reversa*.
S. Lambrino, OArqPort 3. Ser. 1, 1967, 201 f. Nr. 134.

ALA 55
Kleiner Altar. Aus S. Miguel da Mota. Inv. Nr. E 7915. Marmor. H 29. B (Basis) 13. T 7.
Pulvini, Giebel. Auf der Vorderseite »traces de lettres«. Als Deckprofil zwei Tori; als Fußprofil zwei abgetreppte Plättchen
S. Lambrino, OArqPort 3. Ser. 1, 1967, 202 Nr. 135.

ALA 56
Unterer Teil eines kleinen Weihaltars für Endovellicus. Aus S. Miguel da Mota. Inv. Nr. E 7956. Marmor. H noch 12. B 12,5. T 5,5.
Inschriftfeld ungerahmt. Nebenseiten ohne Dekor. Als Fußprofil eine *cyma reversa*.
S. Lambrino, OArqPort 3. Ser. 1, 1967, 205 Nr. 139.

ALA 57
Unterer Teil eines kleinen Grabaltars. Aus S. Miguel da Mota. Inv. Nr. E 7799. Marmor. H noch 17. B 16,5. T 7,5.
Inschriftfeld ungerahmt. Nebenseiten ohne Dekor. Als Fußprofil Faszie, Faszie. Sockel.
S. Lambrino, OArqPort 3. Ser. 1, 1967, 204 Nr. 138.

Mação (Beira Baixa), Museu Municipal do Dr. João Calado Rodrigues

ALA 58
Weihaltar für den Gott Rannelpicius. Aus der Capela de S. João Baptista, Vilar de Mó (Belver, Gavião).
Bekrönung nicht kenntlich. Inschriftfeld ungerahmt, Nebenseiten ohne Dekor. Am Deckprofil wulstige Faszie. Der vorspringende Sockel hat oben einen wulstigen und abgesetzten Rand.
d'Encarnação, Divindades 260 f. Abb. 62.

PROVINZ ALGARVE

Faro, Museu

ALG 1 Taf. 99a
Grabaltar. Aus Faro. Inv. Nr. 2. H 114,5. B 54. T 40.
Bekrönung und Deckprofil beschädigt. Giebel. Unter dem Giebel Platte, die an der Vorderseite mit einem Spitzbogenfries ornamentiert ist. Inschriftfeld profilgerahmt. Auf der linken Nebenseite Kanne, ohne Standfläche, mit Doppelvolutenhenkel; rechts Griffschale mit Omphalos. Als Deckprofil *cyma reversa*, Wulst, Faszie; als Fußprofil Faszie, Wulst, *cyma reversa*. Sockel.
CIL II 4; Vives 4474

ALG 2 Taf. 99b
Weihaltar. Kalkstein, hellbraun. H 45. B 25. T 20.
Stark beschädigt. Giebel, Akrotere oder Pulvini. Inschriftfeld profilgerahmt. Als Deck- und Fußprofil

fünffach gegliederte hohe Profilzonen, deren Elemente nach der vorliegenden Photographie nicht bestimmbar sind.

ALG 3 Taf. 97a
Altar. Aus Estoi. Graubrauner Kalkstein. H 81. B 31. T 29.
Stark beschädigt. Großer rechteckiger Focus. Auf der linken Nebenseite grifflose Schale, rechts grifflose Schale mit Omphalos, der durch zwei sich kreuzende Linien geviertelt ist.

ALG 4 Taf. 99c
Stark beschädigter Altar oder Postament. Inv. Nr. 6. H 127. B noch 68. T 49.
Auf der Deckplatte eine einfache Platte. Rankengerahmte Vorderseite. Kräftige Akanthusranke mit vollständig umhülltem Stengel. Als Deckprofil Kehle oder *cyma reversa*. Im Fußprofil ein Profilelement, bei dem konkave, konvexe und nochmals konkave Wölbungen kombiniert sind. Sockel.

ALG 5 Taf. 97b
Altar. Inv. Nr. 7. Graubrauner Kalkstein. H 140. B 46. T 42.
Pulvini, Giebel. Im Tympanon Pinienzapfen von zwei Blättern flankiert, deren Stiele in die Giebelecken weisen. Das Horizontalgeison ist schräg gerillt. Darunter an der Vorderseite Arkadenornament. Inschriftfeld profilgerahmt, stark abgewittert. Hohe Profilzonen von je einem markant eingezogenen Karnies unterbrochen. Als Deckprofil Wulst, Leiste, *cyma recta*, Faszie, Faszie; als Fußprofil Faszie, Faszie, *cyma recta*, Leiste. Hoher Sockel.

ALG 6 Taf. 98a
Bruchstück einer Altarbekrönung. Graubrauner Kalkstein. H 38. B max. 31.
Erhalten sind zwei aneinanderstoßende Seiten. Breite Eckakrotere, schmale Giebelchen auf beiden aneinanderstoßenden Seiten. Beide sind ornamentiert. Darunter folgt eine Horizontalgliederung durch ornamentierte Streifen. Dann springt das Monument nach außen abgeflacht vor zu einem Rosettenfries. Unterhalb davon Streifengliederung und *cyma reversa*.
Das Stück ist ohne Parallele.

ALG 7 Taf. 98c
Altaraufsatz.
Pulvinuszylinder, Giebel. An den Pulvinusstirnen und der Giebelfront je eine Rosette. Als Deckprofil *cyma reversa*.

ALG 8
Oberteil eines Altärchens.
Glatte Pulvinuszylinder, Giebel. Unterhalb der Deckplatte Zahnschnitt, dann folgt eine hohe Kehle oder *cyma recta* und zwei schmale Faszien (?) (so nach Photo). Das Deckprofil ist außerordentlich hoch und vielteilig.

Caldas de Monchique, Museu

ALG 9 Taf. 98b
Weihaltar. Aus Caldas de Monchique. Oberer Teil beschädigt. Graubrauner Kalkstein. H 65. B 37. T 30,5.
Inschriftfeld ungerahmt. Nebenseiten ohne Dekor. Als Deckprofil unter der Deckplatte flache *cyma reversa*; als Fußprofil *cyma recta*. Sockel.
M. Lyster Franco, As termas romanas de Monchique (1945).

ALG 10
Weihaltar. H 46,5.
Oberfläche abgewittert. Profilierung noch kenntlich, aber nicht bestimmbar.

Lagos, Museu Regional

ALG 11
Grabaltar. Aus Lagos. H 54. B 23. T 22.
Zylindrische, glatte Pulvini. Giebelerhebungen vorn und hinten, die zur Altarmitte der Oberseite hin auslaufen. Inschriftfeld ungerahmt. Nebenseiten ohne Dekor. Als Deckprofil unter der Deckplatte eine Schräge; als Fußprofil Schräge. Sockel.
J. Mendes de Almeida – F. Bandeira Ferreira, RevGuimarães 76, 1966, 339f. Abb. 1 Taf. 1. 2.

ALG 12 Taf. 98e
Mittlerer Teil eines Grabaltars. Aus Silves. Inv. Nr. 2361. Graubrauner Kalkstein. H noch 40. B 43. T 30.
Profilgerahmte Vorder- und Nebenseiten. Im Feld der linken Nebenseite Kranz um Zentralrosette; rechts grifflose Omphalosschale.
A. Viana – J. Formosinho – O. da Veiga Ferreira, ArchEspArq 26, 1953, 135 Abb. 11f.

ALG 13 Taf. 98d
Mittlerer Teil eines Grabaltars. Aus Silves. Inv. Nr. 2362. Graubrauner Kalkstein. H noch 37. B 47. T 34,5.

Vorder- und Nebenseiten profilgerahmt. Im Feld der linken (!) Nebenseite Omphalosschale mit nach oben gerichtetem Griff, der von zwei Rosetten flankiert wird. Rechts (!) Kanne, darüber zwei Rosetten. ALG 12 und ALG 13 sind von identischer Machart, die eine Entstehung im selben Umkreis nahelegt. Der gleichartige Zustand beider Altäre deutet auf ein identisches Schicksal, sie standen einst wohl in derselben Nekropole. Bemerkenswert ist die Eigenheit der Werkstatt, Kranz und Rosetten dem üblichen Nebenseitenrepertoire hinzuzufügen.
A. Viana – J. Formosinho – O. da Vega Ferreira, ArchEspArq 26, 1953, 135 Abb. 13–15.

ALG 14
Weihaltar für Diana. Aus Silves. Inv. Nr. 2360. H 41. B 21. T 22.
Oberseite flach. Vorderseite gerahmt. Auf der rechten Nebenseite Schale, links in Relief nicht bestimmbarer Gegenstand. Profile nach publizierter Zeichnung nicht zu beurteilen.
A. Viana – J. Formosinho – O. da Veiga Ferreira, ArchEspArq 26, 1953, 134f. Abb. 10.

Folgende Altäre der Provinz befinden sich heute in Lisboa, Museu Nacional de Arqueologia e Etnologia:

ALG 15
Grabaltar. Aus Faro. Inv. Nr. E 6358. Kalkstein. H 122. B 59. T 52.
Inschrift in vertieftem Feld. Pulvini, Giebel auf Bekrönungsplatte. Unter der schmalen Deckplatte als Deckprofil *cyma recta*; als Fußprofil *cyma recta*. Sockel.
CIL II 5151; S. Lambrino, OArqPort 4, 1962, 286 Abb. mit Bibliographie.

ALG 16
Grabaltar. Aus S. Romão, nordöstlich von Faro, freg. de S. Braz, conc. de Faro. Inv. Nr. E 6402. Weicher Kalkstein. H noch 103. B 45. T 46.
Oberseite glatt, wohl abgearbeitet. Inschriftfeld gerahmt. Als Deckprofil Faszie, Leiste, *cyma recta*, Faszie, Ablauf; als Fußprofil Anlauf, Faszie, *cyma recta*, Leiste. Sockel.
CIL II 5142 und S. 1028; S. Lambrino, OArqPort 4, 1962, 293 f. Abb. mit Bibliographie.

ALG 17
Grabaltar. Aus Cruzinha, südlich von Mexilhoeira und westlich von Portimão. Inv. Nr. E 6362. Kalkstein. H 123. B 47. T 45.
Pulvini, Giebel. Inschriftfeld ungerahmt. Nebenseiten ohne Dekor. Als Deckprofil Wulst, Ablauf; als Fußprofil Doppelwulst. Sockel.
CIL II 5154 und S. 1028; S. Lambrino, OArqPort 4, 1962, 294 f. Abb. (Zeichnung), mit Bibliographie.

ALG 18 Taf. 97c.d
Grabaltar. Aus Santa Luzia bei Tavira. Inv. Nr. E 6405. Grauer Kalkstein. H 55. B 25. T 23.
Zylindrische Pulvini, von Blättern umhüllt und durch *balteus* umfaßt. Pulvinusrosetten, Voluntengiebel mit Blattrelief im Tympanon. Rundfocus. Profilgerahmte Inschrift. Leistengerahmte Nebenseiten, im Feld der linken Nebenseite Taube, rechts Traube. Als Deckprofil Leiste, *cyma recta*, Faszie, Leiste, Ablauf; als Fußprofil Faszie, *cyma recta*, Leiste. Sockel.
CIL II 5171; IG XIV 2542; A. Viana, ArchEspArq 25, 1952, 266 Abb. 2. 3 Taf. 1; S. Lambrino, OArqPort 4, 1962, 297 f. Abb. (Zeichnung), mit Bibliographie.

ALG 19
Altar (?). Aus Quinta da Torre d'Ares, 6 km von Tavira. Inv. Nr. E 6359. Kalkstein.
Keine Bekrönung. Deckplatte eingezogen zurückspringend. Als Deckprofil Leiste, *cyma recta*, *cyma reversa*; als Fußprofil *cyma recta*, Leiste. Sockel. Sollte die publizierte Zeichnung korrekt sein, läge ein seltener Fall von direktem Zusammenstoß von *cyma reversa* und *cyma recta* vor.
CIL II 4990a und 5163; S. Lambrino, OArqPort 4, 1962, 299 Abb. (Zeichnung), mit Bibliographie.

ALG 20
Grabaltar. Aus Cortes Pereiras, 6 km nördlich von Alcoutim. Inv. Nr. E 5298. Marmor. H 146. B 62. T 40.
Bekrönung beschädigt, sie ruht auf Platte. Darunter Deckplatte. Als Deckprofil Leiste, *cyma recta*, Faszie; als Fußprofil Anlauf, Faszie, *cyma reversa*. Sockel. Inschrift in vertieftem Feld.
S. Lambrino, OArqPort 4, 1962, 302 Abb. (Zeichnung).

ALG 21
Weihaltar. Aus Boliqueime, conc. de Loulé. Inv. Nr. E 6406. Kalkstein. H 63. B 24. T 17,5.
Hohe Pulvinuseinheit mit Girlanden(?)dekor an Vorderseite (so nach publizierter Zeichnung). Inschrift in vertieftem Feld. Als Deckprofil unter der Deckplatte *cyma reversa*, Faszie, *cyma reversa*; als Fußprofil Faszie, *cyma recta*, *cyma reversa*, Faszie oder Wulst, Schräge. Sockel. Die gezeichneten Profilfolgen sind ganz un-

gewöhnlich, es ist fraglich, ob der Zeichnung getraut werden kann.
CIL II 5137 und S.1028; S. Lambrino, OArqPort 4, 1962, 281f. Abb. (mit Bibliographie).

ALG 22
Weihaltar. Aus Serros Altos, conc. de Albufeira. Inv. Nr. E 6411. Kalkstein.
Bekrönung unklar, stark beschädigt. Nebenseitenreliefs: links Widder, rechts Messer (?). Aus der Zeichnung ist nicht zu entnehmen, welche Profile gemeint sind. Es scheint sich um Karniese zu handeln, die durch eine Faszie geteilt sind, also wohl um eine *cyma*-Kombination. Am Sockel eine *cyma reversa*.

CIL II 5138 und S.1028; S. Lambrino, OArqPort 4, 1962, 283 Abb. (mit Bibliographie).

ALG 23
Weihaltar. Aus der Umgebung von Salir, conc. de Loulé. Inv. Nr. E 4936. Kalkstein. H noch 46. B 25. T 22.
Außenstehende Pulvini, dazwischen plane Fläche. Schmale Deckplatte. Ablauf vom Altarkörper. Inschriftfeld ungerahmt. Fußprofil und Sockel fehlen.
EE IX 13,2; S. Lambrino, OArqPort 4, 1962, 284 Abb. (mit Bibliographie).

PROVINZ ÁVILA

Ávila, Museo Provincial de Bellas Artes

AV 1 Taf. 64d
Weihaltar. Aus »El Charcazo« bei El Raso de Candeleda. Grauer Granit. H noch 85,5. B 34,5. T 31.
Bekrönung abgearbeitet. Die Deckplatte ist von jener des oberen Gesimses durch eine eingekerbte Kehle abgesetzt. Zwischen dem vorspringenden Sockel und dem Altarkörper vermittelt eine Schräge.
Blázquez, Religiones 209; Vives 776; F. Fernández Gómez, NotArqHisp (Arqueología) 2, 1973, 209 ff. Nr. 1 Taf. 14 Abb. 22.

Candeleda, Colección Torroba, Postoloboso

AV 2 Taf. 64e
Weihaltar. Aus Postoloboso. Feiner Kalkstein. H noch 34. B 20. T 15.
Pulvinuseinheit, Rundfocus mit Wulstrand. Inschriftfeld ungerahmt. Als Deckprofil Wulst, Wulst oder *cyma reversa*. Sockelprofilierung nicht mehr erhalten.
Formelemente und Inschrift stehen nicht im Einklang. Die Inschrift nimmt auf der Vorderseite auch die Profilzone ein. Das ist nicht ungewöhnlich, doch fehlen in diesem Fall die Profile an der Vorderseite. Dies könnte mit einer Wiederverwendung erklärt werden. Aus der heute noch vollständigen Inschrift und ihrer Anbringung geht hervor, daß der Altar nachträglich nichts von seinem Bestand verloren hat. Die Wiederverwendung würde sich lediglich auf eine Neuanbringung der Weihinschrift beziehen, zu der ein bereits geweihter Altar, wenn auch nicht mehr unversehrt, von anderer Seite benutzt wird (s. auch Fernández Gómez a.O. Nr. 3).
Fernández Gómez a.O. 212 ff. Nr. 2 Taf. 15 Abb. 23.

AV 3
Weihaltar. Aus Postoloboso. Granit. H 51. B 27. T 20.
Oberseite flach, Erhöhung links vielleicht Rest eines Pulvinus. Inschriftfeld ungerahmt. Rückseite gerundet, nach Veröffentlicher ist der Altar aus einem Säulenschaft gearbeitet. Als Deckprofil zwei vorspringende, durch eine Kehle getrennte Faszien, als Fußprofil Faszie, Kehle, auf Sockel.
Fernández Gómez a.O. 215 f. Nr. 3 Taf. 16 Abb. 24.

AV 4 Taf. 64f
Weihaltar. Aus Postoloboso. Granit, hellgrau. H noch 58. B 38. T 30.
Pulvini zylindrisch. Gekappter Giebel. Focus. Bekrönungsplatte. Inschriftfeld ungerahmt. Unter der Deckplatte *cyma reversa* als Deckprofil, das auf der Rückseite umläuft. Fußprofil nicht erhalten.
Größter Altar der Gruppe. Die Kenntnis der Formen des Altars scheint durch Mérida vermittelt worden zu sein; man vgl. entsprechende Altäre in Mérida.
Fernández Gómez a.O. 216 ff. Nr. 4. Taf. 17,1 Abb. 25.

AV 5
Weihaltar. Aus Postoloboso. Kalkstein. H 30. B 16. T 10.

Ohne Bekrönung. Oberes Gesims in Form einer eingemuldeten Faszie. Kein Fußprofil. Inschriftfeld ungerahmt.
Fernández Gómez a.O. 218f. Nr. 5 Taf. 17,2 Abb. 26.

AV 6   Taf. 64g
Oberer Teil eines Weihaltars. Aus Postoloboso. Rötlicher Granit. H noch 20. B 17. T 13.
Zylindrische Pulvini, Giebel, Rundfocus. Deckplatte mit Götternamen. Als Deckprofil *cyma recta*; Sockel und Fußprofil nicht mehr erhalten.
Fernández Gómez a.O. 220 Nr. 6 Taf. 18 Abb. 27.

AV 7   Taf. 64h
Oberer Teil eines Weihaltars. Aus Postoloboso. Granit, weißrosa. H noch 38,5. B 30. T 22.
Zylindrische glatte Pulvini, leicht aufgewölbter Giebelwulst, Rundfocus mit Randwulst, breite Deckplatte. Als Deckprofil Faszie; Sockelprofil nicht mehr erhalten.
Fernández Gómez a.O. 221f. Nr. 7 Taf. 19 Abb. 28.

AV 8
Weihaltar. Aus Postoloboso. Dunkler Granit. H 54. B 16. T 13.
Ohne Bekrönung. Inschriftfeld ungerahmt. Profilierung an Sockel und Gesims besteht aus zwei Faszien, z.T. gewulstet. Über dem Sockel erscheint unterhalb der vorspringenden Faszie des Fußprofils ein Streifen des nach unten fortgesetzten Körpers.
Fernández Gómez a.O 222f. Nr. 8 Taf. 20,1 Abb. 29.

AV 9
Weihaltar. Aus Postoloboso. Granit. H 44. B 21. T 14,5.
Focus. Pulvini schwach angedeutet auf der Oberseite. Als Deckprofil zwei Faszien wie bei AV 8, als Fußprofil eine Faszie. Auf Sockel.
Fernández Gómez a.O. 224 Nr. 9 Taf. 20,2 Abb. 30.

AV 10
Oberer Teil eines Weihaltars. Aus Postoloboso. Granit, dunkel. H noch 18. B 14. T 7.
Oberseite plan. Unter der Deckplatte als Deckprofil eine *cyma reversa*, allseitig umlaufend. Fußprofil nicht mehr erhalten.
Fernández Gómez a O. 224 Nr. 10 Taf. 21,1.

AV 11
Möglicher Altar, ohne Bekrönung. Aus Postoloboso. H 70,5. B 39. T 32.
Deckprofil wird aus der veröffentlichten Abbildung nicht deutlich, es scheint zum Körper mit einer Schräge überzuleiten. Als Fußprofil Faszie, *cyma reversa*, auf Sockel.
Fernández Gómez a.O. 224f. Taf. 21,2.

AV 12
Weihaltar. Aus Postoloboso. Granit. Verbaut in die Ermita.
Pulvini, Rundfocus. Giebelwulst an Vorder- und Rückseite. Bekrönung im ganzen AV 7 verwandt.
Fernández Gómez a.O. 227 Nr. 17 Taf. 24,1.

Die Altäre aus Postoloboso werden als Gruppe zusammengeschlossen durch ihr Material, grauen Granit bzw. Kalkstein, ihre allgemein schmale Pfeilerform mit hohen, aber wenig vortretenden Profilzonen. Drei Lösungen der Bekrönung sind vertreten: 1. Pulvinuseinheit mit wulstig aus der Senke hervortretendem Rundfocusrand. 2. Zylindrisch glatte Pulvini, Giebel und Rundfocus auf Höhe des Giebelfirstes. 3. Zylindrisch glatte Pulvini, plane Zwischenfläche mit Rundfocus, dessen Wulstrand hervortritt. Wulstige Begrenzungen nach vorn (AV 7) und nach hinten (AV 12). Die Anregung zu dieser Bekrönungsweise scheint z.T. durch Mérida vermittelt worden zu sein (AV 4), wo auch der Ursprung der lokalen Zitate 'klassischer' Profilformen zu suchen ist (AV 6. 10). Doch weisen andere Züge in andere Richtung, für die auch die gleichförmigen Profilelementwiederholungen charakteristisch sind.

PROVINZ BARCELONA

Barcelona, Museo de Historia de la Ciudad

B 1 Taf. 30a
Oberteil eines Grabaltars für Pedania Ariste. Aus Barcelona, Turm 10 der Stadtmauer. Inv. Nr. 7823. Grauer Sandstein. H noch 48. B 56. T 48.
Zylinderförmige Pulvini, an deren Stirn eingekerbte Sechsblattrosetten. Giebel vorn und hinten, in der Giebelfront drei eingekerbte Vertiefungen. Im Zentrum der Oberseite kleiner aufragender, runder Focus. Als Deckprofil *cyma recta* und Faszie, auf der Rückseite als Vorsprung vorhanden, aber nicht ausgeführt. Die Inschrift ist gerahmt.
Mariner, Inscripciones de Barcelona Nr. 189.

B 2 Taf. 20a.b
Oberteil eines Altars. Aus Barcelona, gefunden vermutlich in der Stadtmauer. Grauer sandhaltiger Stein.
Flachzylindrische Pulvini. Dazwischen vorn und hinten Giebel. Wulstig nach außen abschließende Deckplatte. Ohne weitere Profilierung. Keine Inschrift.

B 3 Taf. 20c
Kleiner Votivaltar. Aus Barcelona, verbaut unter der Plaza del Rey in einer antiken Kanalabdeckung. Inv. Nr. 52. Hellgrauer Kalkstein. H 50. B 27. T 26.
Zylindrische Pulvini. Giebel vorn und hinten. In die horizontale Oberseite eingetiefte runde Focusmulde. Als Deckprofil *cyma reversa*, ebenso als Fußprofil, beidemal auf der Rückseite auch ausgeführt.

B 4 Taf. 20e
Weihaltärchen. Aus Barcelona, Grabung unter der Plaza del Rey. Inv. Nr. 115. Grauer Kalkstein. H ca. 25.
Zylindrische Pulvini. Flache Giebel vorn und hinten. Runder Focus mit wulstigem Randring. Als Deckprofil abgestufte Faszie, ebenso als Fußprofil. Die Profile sind allseitig ausgeführt. Am Focus schwarze Feuerspuren. In einer der Nebenseiten hochrechteckige, nischenartige Eintiefung.

B 5 Taf. 23a.b
Grabaltar, aufgestellt von Q. Calpurnius Octavius. Aus Barcelona, gefunden bei Turm 8 der Stadtmauer. Inv. Nr. 4011. Hellgrauer sandhaltiger Kalkstein. H 94. B 45. T 42.
Zylinderförmige Pulvini, an der Vorderseite mit kurzen Fortsätzen, die einen Giebel einschließen. Dahinter horizontale, grob gepickte Fläche. Am hinteren Rand der Bekrönung anstelle des Giebels flache, hügelartige Erhebung. Pulvini und Giebel sind an der Vorderseite nicht von der Deckplatte abgesetzt. Das Inschriftfeld wird durch ein breites Karnies gerahmt. Als Deck- und Fußprofil je eine *cyma reversa*, die auf der Rückseite umläuft.
HAE 12–16, 1936; Mariner, Inscripciones de Barcelona Nr. 137.

B 6 Taf. 23c.d
Grabaltar des Q. Tarquetius Agatho. Aus Barcelona. Turm 8 der Stadtmauer. Inv. Nr. 4012. Grauer Kalkstein. H 119. B 54. T 46.
Glatte Pulvini mit zur Mitte hin hochschwingenden Fortsätzen, die einen kleinen Giebel einschließen. Dahinter Flammenkegel. An der Rückseite sind die Fortsätze und der Giebel nicht ausgeführt. Auf der linken Nebenseite *ascia*. Auf der Oberseite der Pulvini mit Blei ausgegossene Löcher, desgleichen am Sockel jeweils in der Mitte der Vorder- und Nebenseiten. Am Deckprofil Leiste, *cyma recta*, Faszie, am Fußprofil Faszie, *cyma recta*, Leiste. Profile laufen auf der Rückseite nicht um.
HAE 12–16, 1937; Mariner, Inscripciones de Barcelona Nr. 140; J. M. de Navascués, Los epitafios hispano-romanos de Antonia Festa y de Clodia Lupa, Klio 38, 1960, 185–206.

B 7 Taf. 22a
Grabaltar für Iulia Paterna. Aus Barcelona, Turm 10 der Stadtmauer. Inv. Nr. 7824. Grauer Kalkstein. H 85. B 50. T 42.
Glatte Pulvini mit zur Mitte hin hochschwingenden Fortsätzen, die einen Giebel einschließen. Dahinter niedriger Kegel. Auch hier im Sockel eingelassene Bleireste auf beiden Nebenseiten, ca. 9–10 cm von der Vorderkante entfernt. Als Deck- und Fußprofil *cyma reversa*, die auf der Rückseite nicht umläuft.
Mariner, Inscripciones de Barcelona Nr. 171.

B 8 Taf. 23e.f
Grabaltar für Marciana. Aus Barcelona, Turm 8 der Stadtmauer. Inv. Nr. 4010. Brauner sandhaltiger Stein. H 85. B 44. T 39.
Glatte zylindrische Pulvini mit Fortsätzen an der Vorderseite, die einen Giebel einschließen. Dahinter ab-

geflachter Kegel. Als Deckprofil Leiste, *cyma recta*, Faszie, als Fußprofil *cyma reversa*, Faszie. Rückseite ohne Profile.
HAE 12–16, 1935; Mariner, Inscripciones de Barcelona Nr. 183.

B 9 Taf. 22b
Grabaltar für Porcius Cerialis. Aus Barcelona, wiedergefunden 1959 zwischen Turm 8 und 9 der Stadtmauer. Inv. Nr. 4002. Grauer sandhaltiger Kalkstein. H 84. B 50. T 43.
Zylindrische Pulvini mit zur Altarmitte hin hochschwingenden Fortsätzen, die kleine Giebel einschließen. Dahinter runder Focus, der sich als flache Mulde in der Oberseite eines Kegelstumpfes erhebt. Als Deckprofil *cyma reversa*, ebenso als Fußprofil. Rückseite ohne Profile.
CIL II 4582; Mariner, Inscripciones de Barcelona Nr. 197.

B 10 Taf. 24a.b
Grabaltar für Terentia Fuscula. Aus Barcelona, Grab 7 der Nekropole unter der Plaza de la Villa de Madrid. Inv. Nr. 7581. Grauer Kalkstein. H 144. B 59. T 52.
Zylindrische Pulvini mit Fortsätzen an der Vorderseite, die einen Giebel einschließen. Dahinter Flammenkegel. Inschrift in vertieftem Feld. Als Deckprofil Leiste, *cyma recta*, als Fußprofil *cyma recta* an gesondert gearbeiteter Basis.
HAE 12–16, 1952; Mariner, Inscripciones de Barcelona Nr. 209.

B 11 Taf. 24c.d
Grabaltar ohne Inschrift. Aus Barcelona, Stadtmauer. Inv. Nr. 7317. H 91. B 50. T 45.
Kleine flache Pulvini mit geradlinig ansteigenden Fortsätzen, die vorn und hinten flache Giebel einschließen. Dahinter ist, in die flache Oberfläche, ein runder Focus eingetieft. Als Deckprofil Faszie, *cyma reversa*, als Fußprofil *cyma reversa*, Faszie.

B 12 Taf. 25a
Altar ohne Inschrift. Aus Barcelona. Grauer Kalkstein. H 55. B 40. T 44.
Pulvini durch Senke verbunden, in deren Mitte am vorderen und hinteren Rand sich eine kleine Erhebung aufwölbt. Als Deckprofil Leiste und *cyma recta*, als Fußprofil *cyma reversa*. Rückseite ohne Profile.

B 13 Taf. 24e.f
Grabaltar für Nicia. Aus Barcelona, Turm 9 der Stadtmauer, in der Calle de la Tapinería. Inv. Nr. 4004. Grauer sandhaltiger Stein. H 117. B 60. T 57.
Einheitliche Bekrönung von Pulvini und Giebel, der Giebel geht von der Vorder- bis zur Rückseite durch. An der Vorderseite der Bekrönung *ascia*. Als Deckprofil Halbrundstab, ebenso als Fußprofil, beide Profile laufen auch auf der Rückseite um.
HAE 12–16, 1934; Mariner, Inscripciones de Barcelona Nr. 186.

B 14 Taf. 22c
Weihaltar »Religioni Cynegioli«. Aus Barcelona, aus den Fundamenten von Turm 6 der Stadtmauer. Inv. Nr. 8697. Grauer sandhaltiger Stein. H 72. B 49. T 43.
Bekrönung abgeschlagen. Als Deckprofil Leiste, *cyma recta*, Leiste, Kehle; als Fußprofil *cyma reversa*.
HAE 1–3, 152; Mariner, Inscripciones de Barcelona Nr. 2.

B 15 Taf. 31b.c
Kleiner Grabaltar für Geminianus. Aus Barcelona, gefunden in sekundärer Verwendung unter der Plaza de la Villa de Madrid. Inv. Nr. 8687. Hellgrauer Sandstein. H 35. B 26. T 20.
Der Altar ist in einer Basisquader von 46 cm Höhe, 41 cm Breite und 22 cm Tiefe eingelassen. Als Bekrönung besitzt er ein allseitig wulstgerahmtes, breitrechteckiges Focusbecken von 19 × 13 cm Größe. Gesims und Basis sind rillengegliedert, auch an der Rückseite.
Zur Bekrönung vgl. Altärchen aus Kölner Mithräum. G. Ristow, Mithras im römischen Köln (1974) 18 Nr. 5. 6. – Mariner, Inscripciones de Barcelona Nr. 165.

B 16 Taf. 20f
Altärchen ohne Inschrift. Aus Barcelona, Grabung unter der Plaza del Rey. Inv. Nr. 4093. Grauer Kalkstein. H 29. B 18. T 19.
Halbzylindrische Pulvini. In der horizontalen Zwischenfläche runder Focus mit Wulstrand. Gesims und Sockel sind dreifach stufenprofiliert.

B 17 Taf. 20d
Altärchen ohne Inschrift. Aus Barcelona. Inv. Nr. 103. Rot-gelb gefleckter Marmor. H ca. 13. B ca. 7. T ca. 7.
Bekrönung abgeschlagen. Als Deckprofil Karnies, abgestuftes Fußprofil.

B 18
Teil eines linken Altarpulvinus mit Fortsatz. Aus Barcelona, Grabung unter der Plaza del Rey. Inv. Nr. 7078. Hellgrauer poröser Kalkstein. B 90. T noch 47. H 51.

Hinten abgearbeitet. Der Schaft ist mit Blattschuppen bedeckt. Die erweiterte Pulvinusstirn ist glatt.

B 19
Teil eines rechten Altarpulvinus mit Fortsatz. Aus Barcelona, Grabung unter der Plaza del Rey. Hellgrauer Kalkstein. H 52. B 86. T noch 54.
Hinten abgearbeitet. Der Pulvinusschaft ist mit Schuppen bedeckt, die erweiterte Pulvinusstirn ist glatt.

B 20 Taf. 139a
Teil eines linken Pulvinus mit langem Fortsatz. Aus Barcelona, Stadtmauer. Inv. Nr. 4058. Grauer sandhaltiger Stein. H 43. B 125. T noch 39.
Hinten abgearbeitet. An der Stirn Medusenkopf, geflügelt und von Schlangen umgeben, gerahmt von doppeltem Perlstab und gedrehtem Wulst. Letzterer rahmt auch das Feld des Fortsatzes, in dem zwei liegende gegenständige Blattkelche in der Mitte von einem gekreuzten Wulst (Strick) gleicher Art umfaßt werden.

B 21 Taf. 139b.c
Pulvini eines monumentalen Altars. Aus Barcelona, Stadtmauer. Hellgrauer poröser Kalkstein. Gesamttiefe ca. 240. Maße der jeweils vorderen Stücke der getrennt gearbeiteten Pulvini: rechts H 50. B 115. T 46; links H 53. B 118. T 38.
Der linke Pulvinus besteht aus drei Teilen. Die Ansatzstellen sind konkav ausgehöhlt (Anathyrose). An den einzelnen Teilen sind an der Oberseite langrechteckige Hebelöcher zu beobachten. An den Pulvinusfronten sind auf Vorder- und Rückseite die gleichen Darstellungen, Medusenkopf mit Flügeln über dem Scheitel, um das Gesicht rahmende Schlangen, der kreisrunde Rand der Stirn mit einer Perlenreihe gefüllt, im leistengerahmten Feld des Fortsatzes Rankenwerk. Die Pulvinusschäfte sind mit Blattschuppen bedeckt, die Blätter weisen je eine Mittelrippe auf. Die an der Stirn erweiterten Pulvinusscheiben sind an ihren Außenseiten fischgratgekerbt.

B 22 Taf. 140a
In zwei Teilen gearbeiteter Pulvinusschaft. Aus Barcelona, Stadtmauer. Inv. Nr. 4031 (?). Grauer poröser Kalkstein. H 46. B 44. T 250.
Der Mittelteil besteht aus einer breiten, mit gedrehten Wülsten gerahmten Zone, die von spitzen Blattschuppen bedeckt ist. Dieser Teil ist zusätzlich von geknoteten 'Schnüren' umwunden. Von hier aus gehen zungenförmig gebildete Schuppen in beiden Richtungen aus. An der Außenseite zwei rechteckige Hebelöcher.

B 23
Zwei blattgeschuppte Schaftstücke von Pulvini. Aus Barcelona, Stadtmauer. Hellgrauer Kalkstein. a) H 42. L 118; b) H 43. L 70.
Je ein Hebeloch an der Außenseite.

B 24 Taf. 138a
Teilstück eines rechten Altarpulvinus. Aus Barcelona. Hellgrauer poröser Kalkstein ('piedra de Montjuich'). H 45. B 90. T 46.
Hintere Ansatzstelle des Pulvinus konkav ausgehöhlt. Der Schaft ist von Schuppen mit Mittelrippe bedeckt. An der Stirn Medusenkopf. Im Feld des Fortsatzes Rankenwerk.
F.-P. Verrié u. a. in: XII CongrNacArq Jaén 1971 (1973) 774 Abb. 5.

B 25 Taf. 138b
Teil eines linken Altarpulvinus. Aus Barcelona. An der Stadtmauer. Ockerbrauner Stein.
An der Stirn einfache Medusenmaske.

B 26 Taf. 140b
Teil eines linken Altarpulvinus. Aus Barcelona. An der Stadtmauer. Grauer Stein. B noch 100.
Allseitig unverziert.

B 27 Taf. 138c
Teil eines rechten Altarpulvinus. Aus Barcelona. An der Stadtmauer. Grauer Kalkstein.
Der Schaft ist blattgeschuppt. An der Stirn Medusenmaske von Schlangen umgeben.

B 28
Teil eines Pulvinusschaftes. Aus Barcelona. An der Stadtmauer.

Barcelona, Museo Arqueológico

B 29 Taf. 21a.b Abb. 3
Weihaltärchen für Iupiter. Aus Barcelona, ehemals Slg. Eusebio Fortuny. Heller Kalkstein. H 27. B 16. T 12,5.
Zylindrische glatte Pulvini, sie werden auf der Innenseite von einem Streifen begleitet, zu dem die Fortsätze reduziert sind. In der horizontalen Oberseite zwischen den Pulvini ist ein rechteckiger Focus eingetieft. Am Deckprofil Leiste, Kehle, Faszie, am Fußprofil Faszie, Kehle, Leiste.

EE VIII 510 Nr. 290; Mariner, Inscripciones de Barcelona Nr. 13.

B 30 Taf. 21c.d Abb. 3
Grabaltar für Aelius Primianus und Caecilius Primianus. Aus Barcelona, Palau. Inv. Nr. 95585. Graubrauner, sandhaltiger Stein. H 94. B 45. T 44.
Kleine glatte Pulvinuswülste, dazwischen ansteigende Fortsätze, die einen kleinen flachen Giebel einschließen. Deckprofil mit *cyma reversa* und Faszie, am Fußprofil Faszie, *cyma reversa*. Rückseite ohne Profile.
CIL II 4558; Mariner, Inscripciones de Barcelona Nr. 124.

B 31 Taf. 32d.e Abb. 3
Oberer Teil eines Grabaltars für Arania Fortunata. Aus Barcelona, Convento de la Enseñanza. Inv. Nr. 9520. Graubrauner sandhaltiger Kalkstein. H 61. B 45. T 43.
Zylinderförmige Pulvini, an deren Stirn sechsblättrige Rosetten. Zwischen den Pulvinusrosetten sind, an der in der Mitte senkrecht geteilten Vorderseite, parallele, leicht durchhängende Linien eingegraben, die an den sehr ähnlichen Dekor eines Altars in Tarragona (T 44, T 73) erinnern. Das vertiefte Inschriftfeld ist durch einen Doppelwulst gerahmt. Als Deckprofil *cyma recta* und Faszie, auf der Rückseite des Altars nicht herumgeführt.
CIL II Suppl. 6162; Mariner, Inscripciones de Barcelona Nr. 131.

B 32 Taf. 27a.b Abb. 3
Weihaltar »Dibus Deabus«. Aus Barcelona. Inv. Nr. 19036. Hellgrauer sandhaltiger Kalkstein. H 69. B 40. T 39.
Die Bekrönung besteht aus zylindrischen Pulvini, die durch eine Einsenkung verbunden sind. Der in ihrer Mitte aufragende Giebel ist hier nur durch eine leichte Erhebung am Rand angedeutet. Als Deckprofil Leiste, *cyma recta*, Faszie, als Fußprofil Faszie, *cyma recta*.
CIL II 4496a; Mariner, Inscripciones de Barcelona Nr. 3.

B 33 Taf. 27c.d Abb. 3
Weihaltar »Dibus Deabus«. Aus Barcelona. Inv. Nr. 19038. Braungrauer sandhaltiger Kalkstein. H noch 73. B 42. T 38.
Bekrönung stark beschädigt, aber einst identisch mit jener von B 32. Als Deckprofil *cyma reversa*, ebenso als Fußprofil.
CIL II 4496b; Mariner, Inscripciones de Barcelona Nr. 4.

B 34 Taf. 28a.b Abb. 3
Weihaltar »Dibus Deabus«. Aus Barcelona. Inv. Nr. 14006. Grauer sandhaltiger Kalkstein. H 64. B 42. T 32.
Durch Senke verbundene Pulvini, an deren Mitte kleine Erhebungen am vorderen und hinteren Rand aufragen. Als Deckprofil Leiste, *cyma recta*, Faszie, als Fußprofil Faszie, *cyma recta*, Leiste.
CIL II 4496c; Mariner, Inscripciones de Barcelona Nr. 5.

B 35 Taf. 28c.d Abb. 3
Weihaltar »Dibus Deabus«. Aus Barcelona. Inv. Nr. 19039. Graubrauner sandhaltiger Kalkstein. H 81. B 48. T 43.
Durch Senke verbundene Pulvini. In der Mitte des vorderen Randes flache Aufwölbung. Als Deck- und Fußprofil je eine *cyma reversa*. Die Profile laufen auf der Rückseite um.
CIL II 4496d; Mariner, Inscripciones de Barcelona Nr. 6.

B 36 Taf. 29a.b Abb. 3
Weihaltar »Dibus Deabus«. Aus Barcelona. Inv. Nr. 19048. Grauer sandhaltiger Kalkstein. H 71. B 51. T 49.
Durch Senke verbundene Pulvini. In der Mitte des vorderen und hinteren Randes Giebelaufwölbung. Als Deck- und Fußprofil je eine *cyma reversa*, die auch auf der Rückseite umläuft.
CIL II 4496e; Mariner, Inscripciones de Barcelona Nr. 7.

B 37 Taf. 29c.d Abb. 3
Weihaltar »Dibus Deabus«. Aus Barcelona. Inv. Nr. 19035. Hellbrauner sandhaltiger Stein. H 63. B 46. T 42.
Durch Einsenkung verbundene Pulvini. In der Mitte des vorderen und hinteren Randes leichte Aufwölbung. Als Deck- und Fußprofil je eine *cyma reversa*.
CIL II 4496f; Mariner, Inscripciones de Barcelona Nr. 8.

B 38 Taf. 30c.d Abb. 3
Weihaltar »Dibus Deabus«. Aus Barcelona. Inv. Nr. 14005. Grauer sandhaltiger Stein. H 70. B 45. T 33.
Durch Einsenkung verbundene Pulvini. Aufwölbungen in der Mitte des vorderen und hinteren Randes. Als Deckprofil Leiste, *cyma recta*, Faszie, als Fußprofil Faszie, *cyma recta*, Leiste.
CIL II 4496g; Mariner, Inscripciones de Barcelona Nr. 9.

B 39 Taf. 30b
Körper eines Weihaltars »Dibus Deabus«. Aus Barcelona. Inv. Nr. 19027. Grauer sandhaltiger Stein. H noch 49. B noch 39. T noch 30.
Neben- und Rückseite glatt abgearbeitet. Oben und unten Profilreste.
CIL II 4496h; Mariner, Inscripciones de Barcelona Nr. 10.

B 40 Taf. 20g Abb. 3
Weihaltar ohne Inschrift. Aus Barcelona. Inv. Nr. 19047. Hellbraun-grauer Kalkstein. H 89. B 52. T 50.
Pulvini durch Senke verbunden, in deren Mitte am vorderen Rand hochgezogene Spitze. Als Deckprofil Leiste, *cyma recta* mit scharf umbrechender Wölbung, Faszie, Fußprofil in Form von Faszie, *cyma recta*, Leiste. Fußprofil vorn und rechts nicht ausgearbeitet. Rückseite ohne Profile.

B 41 Taf. 31a Abb. 3
Kleines doppelstöckiges Weihaltarmonument »...ob libertatem Fuscae...«. Aus Barcelona, Palau. Inv. Nr. 19078. Graubrauner sandhaltiger Stein. H 110. B 32. T 41.
Auf dem Sockel erhebt sich ein Altar, darüber eine Aedicula, an deren Vorderseite Eckpilaster zu den Seiten einer gebogten Nische, darüber Weihinschrift. Das Altärchen hat flache Pulvini und als Deckprofil Kehle, *cyma recta*, Faszie, als Fußprofil *cyma reversa*.
CIL II 4502 Suppl. S. 981; Mariner, Inscripciones de Barcelona Nr. 18.
Altar in Aedicula: Vgl. Mus. Naz. Rom Inv. Nr. 125252, Tituli 2, 1980, 110,9 Taf. 22,1; in der gallischen Provinz: F. Jacques, Inscriptions latines de Bourges, Gallia 31, 1973, 300 ff. Nr. 4 Abb. 4. Kombination von Aedicula und Altar im Sepulkralbereich: B. Candida, Altari e cippi nel Museo Nazionale Romano (1979) 89 ff. Nr. 37 Taf. 31 ff.

B 42 Taf. 22d.e Abb. 3
Weihaltar für die Di Silvani. Aus Barcelona. Inv. Nr. 19052. Hellgraubrauner sandhaltiger Stein. H 81. B 46. T 44.
Bekrönung weggeschlagen. Als Deck- und Fußprofil je eine weit ausladende *cyma reversa*.
CIL II 4499; Mariner, Inscripciones de Barcelona Nr. 16.

B 43
Grabaltar (?) oder Postament für Aemilia Philumena. Aus Barcelona, Calle de Bellafila. Inv. Nr. 19051; Grauer Kalkstein. H 74. B 49. T 51.
Bekrönung in Form einer ungeglätteten Platte. Auf der Oberseite ein Loch mit Bleiverguß. Als Deckprofil Faszie und *cyma reversa*, als Fußprofil *cyma reversa* und Faszie. Geglättet sind nur das Inschriftfeld und die Profile der Vorderseite. Vgl. Alföldy, Inschriften Tarraco Taf. 69.
CIL II Suppl. 6160; Mariner, Inscripciones de Barcelona Nr. 127.

B 44 Taf. 137a
Rekonstruierter monumentaler Grabaltar, aufgestellt von Quintio. Aus Barcelona, aus der Baugrube des Convento de la Enseñanza (Inschrift gefunden in der Calle de los Baños). Dunkelgrauer sandhaltiger Stein. Rekonstruierte H ca. 4 m. Pulvinus: H 46. T 119.
Erhalten sind die Pulvini mit den zur Mitte hin gerichteten Fortsätzen, der linke untere Eckblock und ein Teil des rechten unteren Eckblockes. Die Pulvinusschäfte sind von langen Blattschuppen mit je einer Mittelrille bedeckt. In der Mitte werden sie von *baltei* umfaßt, die in Form von schräg gerillten, einen Doppelsteg umschließenden Wülsten gebildet sind. An der Pulvinusstirn Medusenmaske, geflügelt und ohne Schlangen. Im Feld der anschließenden Fortsätze Darstellung einer Eberjagd. An der Rückseite sind die Pulvinusscheiben unverziert glatt.
García y Bellido, Esculturas romanas Nr. 306; Inschrift: CIL II 4595; Mariner, Inscripciones de Barcelona Nr. 227.

B 45 Taf. 137b. 138d.e
Rekonstruierter monumentaler Grabaltar. Wahrscheinlich aus Barcelona. Hellgrau-grünlicher sandhaltiger Stein. Rekonstruierte H 2,35 m.
Original sind nur die zum Teil ergänzten Pulvini mit den erweiterten Maskenscheiben an der Stirn. Dm der linken 33, der rechten 36. Die zylindrischen Pulvinusschäfte sind mit rhombischen und zungenförmigen Blattschuppen mit Mittelgrat bedeckt. Die Medusenmasken sind über dem Scheitel geflügelt, das Gesicht ist von Schlangen umgeben.
García y Bellido, Esculturas romanas Nr. 307.

B 46 Taf. 138f
Fragment vom linken Pulvinus eines monumentalen Altars. Wohl aus Barcelona. Grauer sandhaltiger Stein. H 46. B 79. T 59.
Auf der Oberseite Hebeloch. An der Stirn Medusenmaske, geflügelt, ohne Schlangen. Im Feld des Fortsatzes Rankenwerk. Den Pulvinusschaft bedecken zungenförmige Schuppen mit Mittelgrat.
García y Bellido, Esculturas romanas Nr. 308.

B 47   Taf. 138g
Vorderer Teil eines rechten Altarpulvinus. Aus Barcelona. Inv. Nr. 9588. Graubrauner sandhaltiger Stein. H 45. B noch 53. T noch 59.
Das Rund der Stirn ist mit einer Rosette geschmückt. Je sechs, in der Mitte geteilte Blätter sind in zwei konzentrischen Blattständen angeordnet. In der Mitte sechs noch geschlossene Blätter um einen Mittelknopf. In den Zwickeln der äußeren Blätter schauen Blattspitzen hervor. Den Pulvinusschaft bedecken lange, in der Mitte gefurchte Blattschuppen. Der seitlich sich fortsetzende Teil ist weggebrochen und fehlt.

B 48   Taf. 138h
Stirn, wohl eines Altarpulvinus. Aus Barcelona. Inv. Nr. 19025. Graubrauner Kalkstein. H 52. B 55. T 31.
Der Schaft ist nicht geschuppt und hinten glatt abgearbeitet. Das vertieft liegende Medusa-Relief unterscheidet sich von den anderen durch die Fülle des sich absträubenden Haars. Die Medusa ist geflügelt, unter dem Kinn sind wohl Reste der Schlangen zu erkennen.
García y Bellido, Esculturas romanas Nr. 312.

B 49   Taf. 32a–c   Abb. 3
Oberer Teil eines Altars. Aus dem Palast von Navas del Marqués (Ávila). Inv. Nr. 19050. Weißer Marmor, an der Oberfläche gelblich verfärbt. H noch 35. B noch 50. T 31.
Pulvinusvoluten, Focus. Zu seiten der Deckplatte Eroten, die eine Girlande über die Vorderseite des Deckprofils spannen. Dieses besteht aus Leiste, *cyma recta*, Faszie, Leiste, Kehle. Die Vorder- und Rückseite des Körpers ist gerahmt. Im Feld der Vorderseite eine erhöhte, ornamental geformte Fläche. Die Nebenseiten sind ungerahmt und ohne Dekor.
Der Altar soll mit anderen Antiken im Palast von Navas del Marqués aus Mérida stammen. Für eine Grabaedicula ist dies zweifellos richtig. Für den Altar kennen wir jedoch nicht nur in Mérida, sondern auf der Halbinsel insgesamt keine Parallele, so daß man vielleicht an eine andere Provenienz denken muß. Der Sammler, Don Pedro Dávila, war zeitweilig Botschafter Philipps II. beim Heiligen Stuhl.
Die Art der Rahmung der Vorderseite entspricht der von Holzarbeiten des 18. Jhs. Girlandenhaltende Putten: C. C. L. Hirschfeld, Theorie der Gartenkunst III (1780) Taf. 1 zw. S. 146 und 147. – Der Altar könnte in der Tat in Italien gearbeitet sein; es ist nicht auszuschließen, daß er in das 18. Jh. gehört.
MemMusArq 1940, 31 Taf. 9; M. Almagro, Un cipo y un ara romanos de Mérida, Ampurias 3, 1941, 146 ff.

Taf. 1. – Zu den Inschriften im Castillo der Marqueses de las Navas: F. Pérez-Mínguez, BolAcadHist 97, 1930, 771 ff.

Weitere Altäre im Museo Arqueológico stammen nicht aus Barcelona selbst

B 50   Taf. 15a   Abb. 3
Grabaltar für T. Cassius Flavinus. Aus Tarraco. Inv. Nr. 9501. Graubrauner, harter Kalkstein. H 119. B 64. T 54. 2. Jh. n. Chr.
Bekrönung mit Pulvini stark beschädigt, z. T. wohl auch abgearbeitet. Inschriftfeld karniesgerahmt. Nebenseiten ohne Rahmung und Dekor. Auf der rechten Nebenseite Inschrift des 19. Jhs. Unter der Deckplatte als Deckprofil Faszie, *cyma reversa*; als Fußprofil Kehle, Leiste, *cyma recta*. Sockel.
CIL II 4151 mit S. 972; Vives 5634; Alföldy, Inschriften Tarraco 179.

B 51   Taf. 26a–c   Abb. 4
Kleines Grabaltärchen für Q. Cassius Calicles. Aus Mérida. Inv. Nr. 9541. Hellgrauer Marmor, vorn und seitlich dunkelrostbraun oxydiert. H 43. B 19. T 14,5.
Zylindrische glatte Pulvini, Giebel. An den Pulvinusstirnen und der Giebelfront die Buchstaben DMS. Inschriftfeld ungerahmt. Auf der rechten Nebenseite Schale mit Griff nach unten; links Kanne. Als Deckprofil unter der Deckplatte *cyma reversa*; *cyma reversa* auch als Sockelprofil. Sockel. Vgl. die ähnlichen Altäre in Mérida.
EE IX 31 f., 60.

B 52   Taf. 26d.e   Abb. 4
Kleines Grabaltärchen für S. Fadius Lamyrus. Aus Écija. Inv. Nr. 9545. Hellgraubrauner Marmor. H 35. B 23. T noch 14 (hinterer Teil abgearbeitet).
Flache Schale als Focus. Zwischen den Pulvinuswülsten bilden gegenständige Voluten einen Giebel. Seine Front ist wie die der Pulvinusstirnen glatt. Inschriftfeld wulstgerahmt. Nebenseiten ohne Rahmung und Dekor. Als Deckprofil unter der Deckplatte Faszie, *cyma reversa*; als Fußprofil *cyma reversa*.
CIL II 1495.

Badalona, Museo Municipal

B 53
Altar. Aus der Grabung an der Calle del Templo (Schicht III: 1. Hälfte 3. Jh. n. Chr.). Hellbrauner Sandstein. H 44. B 24. T 20.

Pulvinuseinheit mit Giebelaufwölbung auf hoher Bekrönungssockelplatte. Keine Inschrift. Seiten des Altarkörpers ohne Rahmung und Dekor. Als Deckprofil unter der Deckplatte Karnies, Faszie; als Fußprofil Kehle, Torus. Sockel. Profile nur vorn und hinten ausgearbeitet, an den Seiten nur als Schrägen gebildet; lediglich rechts unten ist der Wulst ausgearbeitet.
J. Guitart Durán, Baetulo (1976) 125 Taf. 33,1.

Caldas de Montbuy, Thermen

B 54
Teil einer Weihung für Minerva, möglicherweise eines Altars. Aus Caldas de Montbuy.
Flache Platte (Gipsabguß) mit Inschrift und Teil des Fußprofils in der Thermenanlage ausgestellt. Inschrift ungerahmt. Das Fußprofil bilden Plättchen, hohe *cyma recta*, Leiste. Sockel.
CIL II 4492; Vives 388.

B 55
Unterer Teil eines kleinen Altars für Apollon des Q. Cassius Garonicus. Aus Caldas de Montbuy (Barcelona). Graubrauner Kalkstein. H noch 33. B 32. T 28.
Inschriftfeld ungerahmt. Nebenseiten ohne Rahmung oder Dekor. Als Fußprofil *cyma reversa*. Sockel. Das Fußprofil ist hinten herumgeführt.
CIL II 4490; Vives 171. 6013.

Manresa, Museo Municipal

B 56
Weihaltar für Diana (?). Aus San Juan de Vilatorrada, mun. de San Martín de Torruella, part. de Manresa. Sandstein. H 82.
Glatte zylindrische Pulvini. Kein Giebel. Runder flacher Focus auf Deckplattenhöhe. Inschriftfeld ungerahmt. Einfache figürliche Reliefs auf drei Seiten. Auf den Nebenseiten der Deckplatte Efeuranke in flachem Relief. Als Deckprofil unter der Deckplatte Leiste, *cyma recta*, Faszie, als Fußprofil leicht gewulstete Schräge. Sockel.
F. Soler Quintana, Hallazgo de un ara romana en San Juan de Vilatorrada, Ampurias 13, 1951, 195 ff. Abb. 1-3.

Mataró, Museo Municipal

B 57 Taf. 138i
Pulvinus eines Altars, mit grimmig blickender Maske auf der Stirnfront. Marmor.
Es handelt sich um den rechten Pulvinus eines ehemaligen Altars. Medusenmaske.

Vich, Museo Arqueológico Artístico Episcopal

B 58
Altar. Grauer Stein. H 70.
Beschädigt und heute ohne Bekrönung. Oberseite glatt. Seiten des Körpers ohne Rahmung und Dekor. Als Deckprofil zwei, als Fußprofil eine Faszie.

Die Altäre Inv. Nr. 3218 und 3219 kommen aus Mérida und sind dort unter den Nr. BA 66 und BA 67 aufgeführt.

Vilafranca del Panadés, Museo de Vilafranca

B 59
Bruchstück eines Hausaltärchens. Aus Els Monjos, 3,5 km südwestlich von Vilafranca del Panadés. Kalkstein.
Akrotere, dazwischen zwei Dreiecke als Giebel. Schmaler Körper senkrecht durch Kerben gerieft. Als Deckprofil unter der Deckplatte Faszie, zwei gewölbte Schrägen, abgesetzt. Fußprofil ist nicht mehr erhalten.
Der Altar wurde unter iberischer Keramik und campaniense-Imitationen gefunden und danach in das 2./1. Jh. v.Chr. datiert.
P. Giró Romeu, Ampurias 6, 1944, 332 f. Abb. 5.

PROVINZ BADAJOZ

Badajoz, Museo Arqueológico

BA 1 Taf. 79a
Grabaltar. Inv. Nr. 108. Grobkristalliner weißer Marmor. H 91. B 43. T 17.
Pulvini zylindrisch, glatte Stirnscheiben. Giebel mit unterer Horizontalrille. Dahinter kegelstumpfförmiger oben flacher, runder Focus. Das Deckprofil bilden Torus, Schrägplättchen, Leiste, Kehle, das Fußprofil Kehle, Leiste, Schrägplättchen, Torus. Neben- und

Rückseiten sind glatt. Nur das Deckprofil läuft hinten herum.

BA 2

Zu Platten zersägter römischer Altar. Drei Platten sind noch erhalten. Auf der einen ist eine christliche Grabinschrift aus dem Jahre 518 n.Chr. angebracht. In einer anderen ist die rechte Nebenseite des römischen Altars erhalten. Fundort unbekannt, sicher ist er in der 'región extremeña' zu suchen. Inv. Nr. 579. 584. 585. Weißer Marmor. H 96,5. B 41. T 7.
In der Mitte des ungerahmten Nebenseitenfeldes eine Omphalosschale ohne Griff. Als Deckprofil Leiste, *cyma recta*, Schrägfaszie, *cyma reversa*. Als Fußprofil Kehle, Leiste, *cyma recta*, Leiste, Torus.
J. M. de Navascués y de Juan, De epigrafía cristiana extremeña. Novedades y rectificaciones, ArchEspArq 20, 1947, 277ff. Abb. 9. 10.

BA 3 Taf. 82c

Grabaltar. Sockel fehlt. H noch 41. B 30. T 22.
Der Bekrönungsaufsatz ist plattenförmig. An der Vorderseite plastisch vortretend Pulvinusscheiben und Giebel. Der Focus ist rechteckig. Als Deckprofil *cyma reversa*, die auch hinten umläuft.

BA 4 Taf. 79b–d

Grabaltar für L. Rufinius Primus. Aus Llerena (Regina). Weißer Marmor, mittelkristallin. H 86. B 39,5. T 22,5.
Bekrönungsaufsatz plattenförmig. Pulvini zylinderförmig. Giebel eingeritzt. Auf den ausschwingenden Schräggeisa sind die Pulvinusrollen liegend gedacht. Focus rechteckig, mit breitem Horizontalrand. Inschrift leistengerahmt. Auf der rechten Nebenseite Omphalosschale, auf der linken Nebenseite Kanne. Rückseite glatt. Als Deckprofil *cyma recta*, Faszie, als Fußprofil *cyma reversa*, auf dem Sockel.
CIL II 1038 add. p. 836.

BA 5 Taf. 76a–c

Grabaltar. Weißer Marmor. H 58. B 27. T 18.
Pulvini zylinderförmig. Stirnscheiben glatt, sie tragen die Buchstaben DS der Manenweihung. Die Pulvini ruhen auf Plättchen, das an der Seite sichtbar ist. Giebel glatt, trägt den Buchstaben M. Dahinter auf Höhe der Giebelspitze ovale flache Focusmulde. Auf der linken Nebenseite Kanne, auf der rechten Griffschale; die Rückseite ist glatt. Als Deckprofil Leiste, *cyma recta*, Faszie, als Fußprofil Faszie, *cyma recta*, Leiste. Die Profile sind um die Rückseite herumgeführt.

BA 6 Taf. 74d

Altar. Heller Kalkstein (Marmor?). H 99. B 46,5. T 23,5.
Pulvini zylindrisch, sie ruhen auf den ausschwingenden Schräggeisa des Giebels. Focus rechteckig und flach, auf Höhe des Giebelfirstes. Die Neben- und Rückseiten sind glatt. Als Deckprofil Leiste, *cyma recta*, Faszie, als Fußprofil Faszie, *cyma recta*, Leiste. Darunter der Sockel. Die Profile laufen auf der Rückseite um.

BA 7 Taf. 85a

Weihaltar für Iupiter. Aus Campillo de Llerena. Granit. H 99. B 40. T 51.
Bekrönung mit Giebel und Pulvini zu einer Platte zusammengeschlossen. Auf den Pulvinusstirnen konzentrische Kreise. Im Giebelfeld senkrechte Rille mit anderen schräg aufsteigenden. Dahinter runde Focusvertiefung auf Höhe der oberen Pulvinusperipherie. Neben- und Rückseiten glatt. Als Deckprofil unter der Deckplatte breite Faszie, Torus. Als Fußprofil Schräge auf dem grob gepickten und nach unten zu ausladenden Sockel.

BA 8 Taf. 76d

Weihaltar. Aus Granit. H 63. B 32. T 21.
Bekrönung zu hoher Platte zusammengeschlossen. Pulvini oben zylindrisch gerundet. Runde Focusmulde auf Höhe der oberen Pulvinusperipherie. Neben- und Rückseiten glatt. Als Deckprofil Torus, Ablauf (in der Art einer *cyma reversa*), als Fußprofil Anlauf (in der Art einer *cyma reversa*) auf dem Sockel. Die Profile laufen auf der Rückseite nicht um.

BA 9 Taf. 82a.b

Altar. Granit. H 69. B 36. T 33.
Pulvini zylindrisch mit Querrillen. Zwischen den Pulvini Vertiefung. Auf der rechten und linken Nebenseite je ein senkrechter Wulst. Rückseite glatt. Als Deckprofil Wulst unter der Deckplatte. Als unterer Abschluß nur Sockel.

BA 10 Taf. 85b

Weihaltar für Iupiter (?). Granit. H 59. B 25. T 19.
Reste abgeschlagener Pulvini noch erkennbar. Nebenseiten und Rückseite glatt. Als Deckprofil unter der Deckplatte ein Ablaufwulst, als Fußprofil ein Anlaufwulst über dem Sockel. Die Profile laufen auf der Rückseite um.

BA 11 Taf. 73a

Weihaltar. Granit. H 83. B 41. T 32.
Oben flach abgearbeitet. Rückseite mit nachträg-

lichen Einarbeitungen. Im Deckprofil dreifach übereinander gestaffelte wulstige Faszien, am Fußprofil zwei gleiche Faszien. Die Profile laufen auf der Rückseite um.

Badajoz, Sammlung Calzadilla

BA 12 Taf. 82d
Grabaltar für C. Valerius Primus. Aus Mérida. Marmor. H 62. B 31.
Pulvini, Giebel, Rundfocus auf Höhe des Giebelfirstes. Auf der linken Nebenseite Kanne, auf der rechten Nebenseite Schale. Als Deckprofil Leiste, *cyma recta*, Faszie; als Fußprofil Faszie, *cyma recta*, Leiste.
A. García y Bellido, ArchEspArq 33, 1960, 182 Nr. 9 Abb. 31.

BA 13 Taf. 70a
Grabaltar. Aus Jerez de los Caballeros (Badajoz). Weißer Marmor. H 80. T 16.
Bekrönung: Pulvini mit rosettengeschmückter Stirn und Stegteilung in der Mitte des Schaftes, Giebel, Pinienzapfen. Auf der linken Nebenseite Kanne, auf der rechten grifflose Schale mit Omphalos.
A. García y Bellido, BolAcadHist 168, 1971, 195f. Abb. 16f.

La Codosera, Haus des Sr. Ramón Pérez Muñoz, im Patio

BA 14
Weihaltar für die Gottheit Arpaniceus. Gefunden in La Codosera, La Varse. Rötlichbrauner Granit mit schwarzen Einsprengseln. H 60. B 25. T 22.
Bekrönung fehlt. Nebenseiten glatt. Als Deckprofil unter der Deckplatte ein doppelter Torus. Als Fußprofil kurzer Anlauf auf Sockel. Die Profile laufen um.
P. Kneißl, MM 14, 1973, 198f. Taf. 35a.

Fuentes del Maestre, in der Mauer der Pfarrkirche verbaut

BA 14a
Grabaltar. H 45. B 20. T 14.
Pulvini, Rosetten, Giebel mit giebelparallelen Rillen an der Front, die Bekrönung kompakt zusammengeschlossen. Als Deckprofil über der Deckplatte *cyma reversa* (?) mit zweifacher konvexer Wölbung; als Fußprofil ebensolche *cyma reversa* (?) mit zweifacher konvexer Wölbung.
M. Cerezo Magán, Emerita 36, 1968, 316 Taf. 1.

Mérida, Museo Arqueológico

BA 15 Taf. 70c.d
Grabaltar für Modestia Primula. Aus Mérida. Inv. Nr. 185. H 42. B 25.
Giebel, Pulvini, Focus (Rundfocus?). Auf der linken Nebenseite Kanne, auf der rechten Schale. Als Deckprofil *cyma reversa*, als Fußprofil *cyma reversa*.
EE VIII 500, 270.

BA 16 Taf. 71a.b
Grabaltar.
Giebel, Focus, Pulvini, Seitenreliefs (?). Als Deckprofil erkennbar eine Faszie, als Fußprofil *cyma reversa* auf Sockel.
MemMusArq 11/12, 1950/51, 4ff. Abb. 6.

BA 17 Taf. 76e
Grabaltar für Iulia Felicissima. Aus Mérida. H 40. B 25. T 15.
Giebel, Rundfocus auf Höhe der Giebelspitze, Pulvini. Auf der linken Nebenseite Kanne, auf der rechten Schale. Als Deckprofil Leiste, *cyma recta*, Faszie, als Fußprofil Faszie, *cyma recta*.
EE VIII 372, 48.

BA 18 Taf. 71c.d
Grabaltar für Fortunata. Aus Mérida.
Giebel, Rundfocus, Pulvini. Auf der linken Nebenseite Kanne, auf der rechten Schale. Als Deckprofil Leiste, *cyma recta*, Faszie, als Fußprofil Faszie, *cyma recta*, Leiste, auf Sockel.
EE VIII 371, 43.

BA 19 Taf. 70b
Grabaltar für Caecilia Moschis. Aus Mérida. Weißer Marmor. H 92. B 51. T 28. Inv. Nr. 146.
Pulvini geschwungen, glatt, geteilt nur durch eine Furche, mit glatten Stirnscheiben, die die Buchstaben D und S tragen. Giebel vorn und hinten, der vordere trägt ein großes M. Focus rund mit Horizontalrand, innen gepickt. Auf der linken Nebenseite Kanne, auf der rechten Griffschale mit Widderkopf am Griffende. Auf der Rückseite ein neuzeitliches Kreuz, unter den Armen zwei Wappen. Als Deckprofil unter der Deckplatte Leiste, *cyma recta*, Leiste, Kehle; als Fußprofil Plättchen, Karnies (*cyma recta*), Leiste, Wulst,

auf Sockel. Die Profile sind auf der Rückseite herumgeführt.
EE VIII 369, 35.

BA 20 Taf. 72a
Grabaltar. Aus feinkristallinem Marmor, hellbeige, mit rötlichen Adern. H 99. B 56. T 31.
Pulvini geschwungen, glatt, in der Mitte geteilt. Giebel. Runder Focus mit Horizontalrand. Auf der linken Nebenseite Kanne, auf der rechten Griffschale. Die Rückseite ist glatt. Als Deckprofil unter der Platte Leiste, *cyma recta*, Faszie, *cyma reversa*; als Fußprofil *cyma reversa*, Torus, *cyma recta*, auf Sockel.

BA 21 Taf. 77a
Grabaltar. Aus »los silos«, Ostnekropole.
Pulvini, Giebel, Rundfocus. Als Deck- und als Fußprofil je eine *cyma reversa*.
J. Álvarez y Sáenz de Buruaga, MemMusArq 6, 1945, 6 Taf. 3,3.

BA 22 Taf. 82e
Unterteil eines Altars.
Bekrönung fehlt, ebenso ein ehemaliges Deckprofil. Als Fußprofil dienen eine Faszie, *cyma recta*, Leiste, über dem Sockel. Auf der linken Nebenseite Reste einer Kanne.
HAE 4–5, 672.

BA 23 Taf. 80a.b
Fragment eines Grabaltars. Aus der Mauer der Alcazaba. Weißer Marmor. H noch 34. B (Körper) 27. T (Körper) 17,5.
Inschrift gerahmt. Auf den Nebenseiten je ein nackter Eros. Das Sockelprofil bildet eine *cyma reversa*.
A. García y Bellido, ArchEspArq 39, 1966, 135 Abb. 6. 7.

BA 24
Grabaltar. Aus Esparragalejo. Marmor, weiß, recht feinkristallin. H 12,6. B 17. T 9,8.
Pulvinus mit DMS, Giebel. Als Deckprofil unter der Deckplatte eine *cyma reversa*; das Fußprofil ist nicht mehr erhalten.
CIL II 590; M. Cerezo Magán, Emerita 36, 1968, 317f. Taf. 2.

BA 25 Taf. 73c.d
Grabaltar. Weißer feinkristalliner Marmor, fleckig versintert. H 60. B 30,5. T 22.
Tiefer runder Focus, sauber gearbeitet. Blattpulvini, geschweift, mit schräg gekerbtem Wulst geschnürt. An den Stirnen Vierblattrosetten vorn und hinten.
Im Giebelfeld vorn drei Vierblattrosetten, hinten eine. Inschrift gerahmt. Auf der linken Nebenseite Kanne, auf der rechten Griffschale. Als Deckprofil unter der Platte Leiste, Kehle, Torus, Torus, Faszie; als Fußprofil Faszie, Torus, *cyma recta*, Leiste, Torus, auf Sockel. Die Profile laufen auf der Rückseite um.

BA 26 Taf. 72b
Grabaltar. Aus Mérida. Inv. Nr. 157. Weißer, feinkristalliner Marmor. H 63. B 33. T 21.
Runder Focus, Giebel. Pulvini geschweift, glatt. An den Stirnen mit Randleiste Sechsstrahlrosette. Auf der linken Nebenseite Kanne, auf der rechten Griffschale. Rückseite glatt. Als Profil unter der Deckplatte Leiste, *cyma recta*, Faszie, als Fußprofil über dem Sockel Faszie, *cyma recta*, Leiste. Die Profile laufen auf der Rückseite um.
CIL II 523.

BA 27
Grabaltar für C. Rubrius Flaccus. In Mérida bekanntgeworden. Weiß-heller Marmor, mittelkristallin. H 113. B 57. T 36.
Runder Focus mit Wulstrand. Pulvini glatt, geschweift, wulstgeschnürt, in den Scheiben auf Höhe der Unterlagplatte zwei Dübellöcher. Giebel glatt vorn und hinten. Pulvini und Giebel ruhen auf Platte. Vorderseite karniesgerahmt. Auf der linken Nebenseite Kanne, auf der rechten Griffomphalosschale mit Widderkopf am Schalengriff. Rückseite glatt. Als Deckprofil unter der Platte Plättchen, Leiste, Kehle, Schrägplättchen, Karnies, Plättchen, als Fußprofil Plättchen, Karnies, Plättchen, Wulst, über dem Sockel. Profile laufen auf der Rückseite um.
CIL II 522; J. Álvarez y Sáenz de Buruaga, MemMusArq 19–22, 1958–61, 104ff. Abb. 47.

BA 28
Grabaltar für Q. Baebius Florus. Inv. Nr. 7370. Rötlichheller Marmor, fein bis mittelkristallin. H 118,5. B 53,5. T 27.
Focus rund mit Horizontalrand, flacher Schalenboden leicht gepickt. Pulvini glatt, geschweift, gefurcht, glatte Scheiben vorn und hinten. Giebel geschwungen, mit Mittelfurche (Volutengiebel), vermutlich glatt. Kanne auf der linken Nebenseite abgeschlagen, ebenso die Griffschale auf der rechten. Rückseite glatt. Als Deckprofil unter der Platte Karnies, Schrägplättchen, Karnies, als Fußprofil Kehle, aufrechtes Schrägplättchen, Karnies, auf Sockel.
CIL II 516; J. Álvarez y Sáenz de Buruaga, MemMusArq 19–22, 1958–61, 104ff. Abb. 45f.

BA 29 Taf. 77b
Grabaltar. Inv. Nr. 7472. Weißer, gelbbraun patinierter Marmor mit grauen Wolken, mittelkristallin. H 43,5. B 20. T 11.
Pulvini barrenförmig, glatt. Giebel vorn und hinten, flache Focusmulde (rund?). Neben- und Rückseiten glatt, keine Seitenreliefs! Als Deckprofil unter der Platte *cyma reversa*, als Fußprofil auf dem Sockel *cyma reversa*. Die Profile sind auf der Rückseite umgeführt.
HAE 1–3, 264.

BA 30 Taf. 77c
Grabaltar für Athenais. Aus Mérida. H 44. B 20. Inv. Nr. 183.
Mit seinen schlanken Proportionen entsprechender, etwas höherer Bekrönung in Form einer Platte, auf deren Vorderseite Giebel und Viertelkreisakrotere angegeben sind. Als Deck- und Fußprofil je eine *cyma reversa*.
EE IX 29 f., 54.

BA 31 Taf. 77d
Grabaltar. Bekrönungsplatte, in die auf Vorderseite Giebel und Pulvini in Akroterform (Viertelkreis) gearbeitet sind. Darin die Buchstaben DMS. Als Deckprofil *cyma reversa*, als Fußprofil *cyma reversa* auf Sockel.
MemMusArq 7, 1946, 37.

BA 32 Taf. 77e
Grabaltar. Inv. Nr. 8133. Weißer Marmor, gelbhellbraun patiniert, feinkristallin. H 46. B 24. T 16.
Aufsatz plattenförmig. Auf Vorder- und Rückseite in flachem Relief erhaben Pulvinusscheiben und Giebel. Nebenseiten und Rückseite glatt. Als Deckprofil oben Leiste, *cyma recta*, Faszie, als Fußprofil Faszie, *cyma recta*, Leiste. Die Profile sind auf der Rückseite herumgeführt. Es ist der Grabaltar der Veranlasserin von BA 49.
MemMusArq 14, 1953, 8 Taf. 2.

BA 33 Taf. 84a
Grabaltar für Vict(oria) Victulla als flache Platte. Aus Mérida. Inv. Nr. 154. Weißer Marmor, hellbraunrosa patiniert, mit grauen Wolken, feinkristallin. H 37. B 23. T 5,5.
Bekrönungsplatte mit den Buchstaben DMS. Nebenseiten und Rückseite glatt. Als Deckprofil *cyma reversa* unter Platte, als Fußprofil *cyma reversa* auf Sockel.
EE VIII 375, 59.

BA 34
Oberer Teil eines Grabaltars. Inv. Nr. 14079. Weißer Marmor. H noch 45. B 32. T 14.
Zylindrische Pulvini mit glatten Scheiben, die die Buchstaben D und S tragen. Hochgezogener Mittelteil mit dem Buchstaben M. Querovaler Focus. Auf der linken Nebenseite Kanne, auf der rechten Schale mit Griff. Als Deckprofil unter der Deckplatte, auch auf der Rückseite, Leiste, *cyma recta* mit starken Wölbungen, Faszie. Das Fußprofil ist nicht erhalten.
A. García y Bellido, ArchEspArq 33, 1960, 180 Nr. 4 Abb. 29.

BA 35
Grabaltar. Aus Mérida. Marmor. H 23. B 15,5. T 9,5.
Focus, Pulvini, Giebel sind zur Bekrönung zusammengeschlossen. Schale und Kanne als Seitenreliefs.
J. Álvarez y Sáenz de Buruaga, MemMusArq 14, 1953, 12 Abb. 12.

BA 36
Oberer Teil eines Grabaltars. Aus Mérida. Marmor. H noch 21. B 14,5.
Pulvini, Focus, Giebel zu einer geschlossenen Bekrönung vereint, die vorn die Buchstaben DMS trägt. Im Deckprofil *cyma reversa*.
J. Álvarez y Sáenz de Buruaga, MemMusArq 14, 1953, 9 f. Abb. 9.

BA 37 Taf. 85c
Grabaltar für C. Lancius Iulianus. Inv. Nr. 7999. Blaugrauer Kalkstein, grobkristallin. H 148. B 64. T 44.
Focus eine grob gepickte Fläche. Blattpulvini, geschwungen, mit gedrehtem Wulst geschnürt. Pulvinusstirn nicht isoliert auf Vorderseite. Vielmehr senden sie als Voluten zur Mitte hin ein eingerolltes Blatt. Dazwischen ein senkrechtes Mittelmotiv, das sich aus dem Wulstrand über dem Eierstab entwickelt. Letzterer bildet den unteren Abschluß der Bekrönung, an den Ecken Halbblatt. Die Rückseite der Bekrönung wird aus Pulvinusstirnscheiben und Giebel auf glatter Platte gebildet. Inschriftfeld oben gerundet, leisten- und karniesgerahmt. Reliefdekor auf den beiden Nebenseiten. Rückseite glatt. Als Deckprofil unter der Platte Leiste, *cyma recta*, Faszie, *cyma reversa*, als Fußprofil Faszie, Wulst, *cyma reversa*, auf Sockel. Die Profile sind auf der Rückseite umgeführt.
MemMusArq 13, 1952, 9 Abb. 11; CIL II 573.

BA 38 Taf. 80c.d
Grabaltar. Aus Mérida. Inv. Nr. 660. Heller Marmor, feinkristallin. H 57. B 39. T 23.
Pulvini zylinderförmig mit leicht vergrößerten Stirnscheiben. Dreifacher Mittelwulst ohne Einschnürung. Flacher Giebel weitgespannt, dahinter gepickte,

rechteckige Vertiefung, kein eigentlicher Focus. Auf der linken Nebenseite Kanne, auf der rechten Schale ohne Griff. Als Deckprofil *cyma reversa*, als Fußprofil ebenfalls *cyma reversa*, auf Sockel. Die Profile sind auf der Rückseite herumgeführt.
Vives 5512.

BA 39 Taf. 81a–d
Grabaltar des C. Valerius Soldus. Aus der Nekropole der Calle de Fournier von Mérida. Heller Marmor, feinkristallin, versintert. H 109. B 72. T 42.
Kein Focus, statt dessen lediglich gepickte Fläche zwischen Pulvini und Giebel. Pulvini geschweift und blattbedeckt. Auf den Stirnscheiben Fünfblattrosetten. Im Giebel zwei Fünfblattrosetten mit Mittelmotiv, einem gefiederten Blatt. Die Bekrönung ist in gleicher Weise auf der Rückseite ausgearbeitet. Inschriftfeld karniesgerahmt. Auf der linken Nebenseite Kanne, auf der rechten Schale mit Fünfblattrosetten-Omphalos. Im ungerahmten Feld der Rückseite Blattgirlande mit Mittelrosette und Bändern an den Enden. Als Deckprofil Leiste, Kehle, *cyma reversa* (lesbisches Kymation), als Fußprofil *cyma reversa*: lesbisches Kymation, Perlstab, auf Sockel. Die Profile laufen um die Rückseite herum.
MemMusArq 3, 1942, Taf. 42 f.; AE 1946, 195.

BA 40
Grabaltar. Aus Mérida, gefunden 1956 in der Calle de Graciano beim Conventual, in der Porticus des Conventual. Inv. Nr. 14074. Heller Marmor, bräunlich patiniert, feinkristallin. H 90. B 51. T 36.
Schmale Blattpulvini, geschwungen, mit fischgratgekerbtem Wulst geschnürt. Plane Zwischenzone, einst wohl mit Giebel gefüllt; Reliefspuren von senkrechtem Mittelmotiv vorn und hinten. Dahinter rechteckige, grob gepickte Fläche. Rechte Nebenseite glatt, versehen mit Hebe- und Dübelloch, ebenso wie linke Nebenseite. Rückseite glatt. Als Deckprofil Plättchen, Karnies, Plättchen mit Ablauf, als Fußprofil Anlauf-Plättchen, Wulst. Die Profile sind auf der Rückseite herumgeführt.
A. García y Bellido, ArchEspArq 33, 1960, 180 Nr. 3 Abb. 28.

BA 41 Taf. 75a–c
Grabaltar für L. Maelonius Aper. Aus Mérida. Inv. Nr. 144. Weißer Marmor, durchzogen von grauen Wolken. H 75. B 46. T 22.
Blattpulvini geschwungen, geschnürt mit geriefeltem Doppelwulst. An den Stirnen Vierblattrosetten vorn und hinten. Im Giebelfeld Akanthusblattwerk. Längsrechteckiger Focus mit Wulstrand. Auf der linken Nebenseite Kanne, auf der rechten Griffschale. Auf der Rückseite *aspergillum*. Als Deckprofil Leiste, *cyma recta*, Faszie, *cyma reversa*, als Fußprofil *cyma reversa*, Faszie, *cyma recta*, Leiste, Wulst.
CIL II 491.

BA 42 Taf. 77f
Grabaltar. Aus Mérida. Inv. Nr. 145. Gelblich patinierter, weißer Marmor mit schwachen grauen Wolken. H 91. B 42,5. T 27.
Geschwungene glatte Pulvini furchengeteilt. Flach eingetiefter runder Focus hinter Giebeln. Giebel geschweift mit Einschnitt an der Spitze. Die Pulvini sitzen seitlich auf. In den Pulvinusscheiben und auf dem Giebel die Buchstaben DMS. Inschrift ungerahmt. Auf der linken Nebenseite Kanne, auf der rechten Griffschale. Als Deckprofil Leiste, *cyma recta*, Faszie, als Fußprofil Faszie, *cyma recta*, Leiste. Die Profile sind um die Rückseite herumgeführt.
CIL II 505. Vives 3961.

BA 43 Taf. 78a
Grabaltar. Aus Mérida. Inv. Nr. 150. Heller Marmor, feinkristallin, fleckig versintert. H 61,5. B oben 30,5. T oben 17.
Focus rund mit flachem Horizontalrand. Pulvini zylinderförmig, glatte Scheiben mit den Buchstaben D und S. Giebel vorn und hinten, die Seiten geschweift, vorn ausgefüllt von dem Buchstaben M. Auf der linken Nebenseite Kanne, auf der rechten Griffschale. Die Rückseite ist glatt, Profile sind um sie herumgeführt. Als Deckprofil unter der Deckplatte Leiste, *cyma recta*, Faszie, als Fußprofil Faszie, *cyma recta*, Leiste, auf Sockel.
Vives 4607.

BA 44 Taf. 78c.d
Grabaltar. Aus Mérida. Inv. Nr. 158. Heller Marmor, mittelkristallin. H 97. B 47. T 24.
Balusterförmige Blattpulvini durch schräggekerbten Wulst geschnürt, Pulvinusscheiben glatt, mit den Buchstaben D und S. Giebel mit geschweiften Seiten, Einschnitt an der Spitze und seitlich aufsitzenden Pulvini. Im Mittelfeld M. Focus flach gemuldet. Inschrift ungerahmt. Auf der linken Nebenseite Kanne, auf der rechten Griffschale. Auf der Rückseite horizontal gerillter, länglicher Gegenstand mit Kopf: Wickelkind? Als Deckprofil *cyma recta*, Faszie, *cyma reversa*, als Fußprofil *cyma reversa*, Faszie, *cyma recta*. Auf der Vorderseite des Sockels Inschriftreste.
CIL II 497.

BA 45 Taf. 75d—f
Grabaltar. Aus Mérida, Pan Caliente (am Guadiana).
Weißer Marmor, feinkristallin. H 60. B 35. T 16.
Glatte Pulvini, geschweift, furchengeteilt. Auf den Pulvinusstirnen Vierblattrosetten in Kerbschnitt, hinten Scheiben glatt. Giebel mit geschweiften Seiten und Einschnitt an der Spitze. Die Pulvini sitzen seitlich auf. Rundfocus. Auf der linken Nebenseite Kanne, auf der rechten Schale ohne Griff. Als Deckprofil Leiste, *cyma recta*, Faszie, als Fußprofil Faszie, *cyma recta*, Leiste, auf Sockel. Die Profile laufen auf der Rückseite um.
MemMusArq 5, 1944, 45f. Taf. 1,1; AE 1952, 108.

BA 46 Taf. 72c
Grabaltar für Marcia Tyche.
Pulvini mit rosettengeschmückter Stirn, geschweifter Giebel mit Einschnitt an der Spitze. Zwischen diese Bekrönung und die Deckplatte ist noch eine flache Platte geschoben. Auf der linken Nebenseite Kanne, auf der rechten Schale. Als Deckprofil *cyma recta*, Faszie; Fußprofil und Sockel fehlen.

BA 47 Taf. 83a
Grabaltar für T. Pompeius Similis Titullus. Inv. Nr. 7372. Weißer Marmor, feinkristallin. H 100. B 60. T 45.
Blattpulvini mit gekerbter Wulstschnürung. Auf den Pulvinusscheiben Blattrosetten vorn und hinten. Im Giebelfeld gegenständige Voluten um senkrechtes Mittelmotiv. Hinter dem Giebel runde gepickte Mulde ohne ausgearbeitete Ränder. Auf der linken Nebenseite Kanne, auf der rechten Wedel. Auf der Rückseite Girlande (nicht genau sichtbar). Als Deckprofil unter der Deckplatte Perlstab, Faszie, Blattzungenkarnies (*cyma reversa*), als Fußprofil Blattzungenkarnies (*cyma reversa*), Kehle, Perlstab, auf Sockel. Die Profile laufen auf den Nebenseiten und der Rückseite um. In der Mitte der Deckplatte läuft ein tordierter Wulst.
J. Álvarez y Sáenz de Buruaga, MemMusArq 19—22, 1958—61, 104ff. Abb. 48f.

BA 48 Taf. 78b
Grabaltar für Iulia Caesiane.
Bekrönung beschädigt, doch scheinen Pulvini, Giebel vorhanden gewesen zu sein, auf denen die Buchstaben D M S standen. Als Deck- und Fußprofil je eine *cyma reversa*.

BA 49 Taf. 72d
Grabaltar. Aus Mérida, Estadio Municipal. Inv. Nr. 8132. Weißer, hellbraun patinierter Marmor. H 45. B 24. T 13.
Pulvini glatt, geschweift, mit glatten Scheiben. Giebel ist stumpf, bildet oben sich erweiternde Fläche, in die der ovale Focus eingetieft ist. Die Pulvini sitzen auf den geschweift ansteigenden Seiten des Giebels auf. Nebenseiten und Rückseite glatt. Als Deckprofil *cyma reversa*, als Fußprofil *cyma reversa*, auf Sockel.
Der Grabaltar der Veranlasserin dieses Altars, Aesuria Epithymete, ist in BA 32 erhalten.
MemMusArq 14, 1953, 8f. Taf. 3; HAE 1008.

BA 50
Grabaltar der Iulia Sotira. Aus Mérida, gefunden in der Carretera de Cáceres, bei der fábrica de curtidos Fernando López, 1966. Weißer Marmor. H 61,5. B 27. T (Körper) 14.
Geschweifter Giebel mit seitlich aufsitzenden Pulvini, mit den Buchstaben D M S. Rundfocus. Auf der linken Nebenseite Kanne, auf der rechten Schale. Als Deckprofil unter der Deckplatte Leiste, *cyma recta*, Faszie, als Fußprofil Faszie, *cyma recta*, Leiste. Der Sockel ungeglättet.
A. García y Bellido, ArchEspArq 39, 1966, 132f. Nr. 2 Abb. 2.

BA 51 Taf. 84b—d
Grabaltar. Aus Mérida. Inv. Nr. 152. Weißer Marmor, mittelkristallin. H 63. B 47. T 31.
Ohne Aufsatz. Inschrift gerahmt mit Leiste und Karnies. An den Seiten Eckpilaster mit vorspringenden Sockelplättchen. Auf der linken Nebenseite Kanne, auf der rechten Griffschale. Rückseite glatt. Als Deckprofil unter der Deckplatte Leiste, *cyma recta*, vorn senkrechtes Akanthuslaub, Faszie; als Fußprofil Faszie, *cyma recta*, Leiste, auf Sockel.
In Deckplatte vorn zwei flachrechteckige Dübellöcher, in denen rechteckige Bronzestifte noch stecken.
CIL II 580.

BA 52 Taf. 83b—d
Grabaltar in Aediculaform für L. Iulius Amoenus. Aus Mérida, gefunden in der Calle de la Marquesa de Pinares. Inv. Nr. 149. Weißer Marmor mit wenigen grauen Wolkenstreifen. H 78. B 46. T 31.
Focus von 20 cm Dm mit 1,5 cm breitem Horizontalrand, feingepickte Schüssel. Pulvini wulstgeschnürt, Scheiben vorn und hinten glatt, an der Vorderseite

lediglich je ein Dübelloch (für Schmuckelement). Im Giebelfeld Blattkranz mit horizontalen Bandenden. Die Vorderseite wird von zwei Säulen gerahmt. Unter der Giebelhorizontalen: Blatt*cyma* als *cyma reversa*, Zahnschnitt, Perlstab, Faszie, *cyma reversa*. Über den Kapitellen und unter den Säulenbasen Platten. Als Fußprofil Perlstab, Blatt*cyma* als *cyma reversa*, Faszie. Anstelle der Zahnschnitte und Perlstäbe befinden sich an den Seiten Plättchen bzw. Wülste. Im linken Seitenfeld große Kanne in vertieftem Feld. Rechts Griffschale mit Dreiblattrosette im Schalengrund, kanneliertem Griff mit Volutenansatz an der Schale und Widderkopfende. Auf der Rückseite hängende Girlande mit wehenden Bändern, darüber Vierblattrosette.
EE VIII 371, 45; García y Bellido, Esculturas romanas Nr. 301 Taf. 243.

BA 53
Rechtes Bekrönungselement eines Monumentalaltars vom Typ Barcelona. Inv. Nr. 14105. Weißschwarz gesprenkelter Sierragranit. H 44. B 91. T 60.
Rechter Pulvinus mit Fortsatz. In der Pulvinusstirn eine diese ausfüllende Rosette, in dem Fortsatz eine Wirbelrosette.

BA 54 Taf. 74a–c
Mithrasaltar. Inv. Nr. 188. Graubrauner Kalkstein. H 70. B 48. T 27. Datiert in das Jahr 155 n. Chr.
Zylindrische glatte Pulvini, flacher Giebel, runder Focus mit Horizontalrand. Inschriftfeld ungerahmt. Auf der linken Nebenseite Kanne, auf der rechten Griffschale. Als Deckprofil unter der Deckplatte Leiste, *cyma recta*, Leiste, Kehle, als Fußprofil Faszie, *cyma recta*, Leiste, Torus, auf Sockel.
P. Le Roux, MelCasaVelazquez 8, 1972, 154 Abb. 7; M. J. Vermaseren, Corpus Inscriptionum et Monumentorum Religionis Mithriacae I (1956) 276 Nr. 793.

BA 55
Fragment eines Weihaltars für Mithras. Der untere Teil fehlt. Inv. Nr. 156. Weißer Marmor, feinkristallin. H noch 14. B ca. 9 cm.
Giebel, Eckakrotere, dahinter als Focus eine längliche Mulde. Als Deckprofil unter der Platte ein Karnies. Das Fußprofil fehlt.
Vermaseren a.O. 276 Nr. 795.

BA 56
Weihaltärchen. H ca. 26. B ca. 13.
Ehemaliger Aufsatz fehlt. Oben Rille und rechteckiger Zapfen. Als Deckprofil unter der Platte ein Karnies, als Fußprofil ebenfalls ein Karnies auf dem Sockel.
Vermaseren a.O. 277 Nr. 796.

BA 57 Taf. 85d
Kleiner Weihaltar. Marmor, mit starken blauschwarzen Wolken. H 38,5. B 14. T 11.
Zylindrische Pulvini mit gekerbtem Wulst geschnürt. Giebel. Focus fehlt. Als Deckprofil unter der Platte eine *cyma reversa*, als Fußprofil ebenfalls eine *cyma reversa* auf dem Sockel.

BA 58 Taf. 85e
Kleiner Weihaltar für Dea Sancta Turibrigensis. Aus Mérida. Heller Marmor, feinkristallin. H 34. B 15. T 10,5.
Aufsatz stark beschädigt. Nach den Resten zweier gekurvter Rillen dürfte er Eckakrotere besessen haben. Inschrift ungerahmt. Nebenseiten und Rückseite glatt. Als Deckprofil unter der Platte eine *cyma reversa*, als Fußprofil ebenfalls eine *cyma reversa*.
EE IX 26f., 43.

BA 59
Rundaltärchen. Aus Mérida, in »Los Columbarios«. Inv. Nr. 3888. Weißer Marmor. H 10 cm.
Als Deck- und Fußprofil je eine *cyma reversa*.
O. Gil y Farrés, MemMusArq 5, 1944, 49 Taf. 4,1 (Mitte).

Mérida, Säule der Sta. Eulalia auf dem Platz der Sta. Eulalia

BA 60 Taf. 147a
Rundaltar. »Se ignora el lugar preciso de su procedencia, únicamente se sabe que en el siglo XVII estaban tiradas por el campo que había entonces cerca del lugar donde hoy están. En 1652 se levantó el monumento a Santa Eulalia, Patrona de Mérida.« Weißer Marmor.
Unvollendet, deshalb wohl sicher Arbeit einer ansässigen Werkstatt. Reliefs am Körper in Bosse. Deck- und Fußprofil ausgearbeitet, aber nicht ornamentiert. Als Hauptelement in den Profilen eine *cyma recta*.
García y Bellido, Esculturas romanas Nr. 413; W. Hermann, Römische Götteraltäre (1961) 32. 155 Nr. 16A; H. Gabelmann, RM 75, 1968, 98 Anm. 84.

BA 61 Taf. 147b
Rundaltar. Gleiche Herkunft wie BA 60. Weißer Marmor.

Fruchtgirlanden an den Hörnern von Bukranien aufgehängt. Die Manschetten der Girlanden sind ausgeprägt. Die Bukranien sind noch mit geknoteten Binden geschmückt. Im Deckprofil ornamentierte *cyma recta*, Zahnschnitt. Im Fußprofil ornamentierte *cyma recta* und Torus.
García y Bellido, Esculturas romanas Nr. 413.

BA 62 Taf. 147c
Rundaltar. Gleiche Herkunft wie BA 60 und 61. Weißer Marmor.
In seinem Dekor BA 61 eng verwandt.
García y Bellido, Esculturas romanas Nr. 413.

Mérida, Finca de »San Cristóbal« von D. Félix Valverde López

BA 63
Grabaltar. Aus der Nekropole bei Sta. Eulalia in Mérida. Weißer Marmor mit gelblicher Patina, der gut aus Borba/Estremoz stammen könnte. H 68. B 35. T 25.
Pulvinusstirnen mit Rosetten geschmückt. Giebel, darüber sich erhebend der Focus. Auf den Nebenseiten Kanne und Schale. Als Deckprofil Leiste, *cyma recta*, Faszie, als Fußprofil Faszie, *cyma recta*.
J. M. Álvarez Martínez, RevArchBiblMus 76, 1973, 521 ff.

Mérida, Römisches Theater

BA 63a
Altar. Aus dem römischen Theater. Inv. Nr. 986. Weißer Marmor. H 90.
Vier Lorbeer-Girlanden an den Seiten des Körpers. Auf einer Breitseite Schale und Kanne unterhalb der Girlande. Pulvini: Blattkolben mit Wulstschnürung. Deckprofil: Kehle, Wulst, Faszie, Faszie. Fußprofil: Faszie, Faszie, *cyma recta* auf Leiste.
W. Hermann, Römische Götteraltäre (1961) 112f. Nr. 44.

BA 63b
Fragment eines Rundaltars. Aus dem römischen Theater. Inv. Nr. 1137. Weißer Marmor. H 66.
Erhalten ist die Darstellung einer tanzenden Mänade.
García y Bellido, Esculturas romanas Nr. 410 Taf. 292.

---

2 Vgl. auch M. Almagro Basch, Antigüedades de Mérida en el Museo Arqueológico Nacional, in: Augusta Emerita. Actas del Bimilenario de Mérida (1976) 127–139 Taf. 47 ff.

Folgende Altäre aus Mérida wurden verbracht nach Madrid, Museo Arqueológico Nacional[2]:

BA 64 Taf. 73b
Weihaltar für Venus Victrix. Aus Mérida, wo er bereits im 16. Jh. bekannt war. Inv. Nr. 20220. Marmor. H 78. B 42. T 22.
Pulvini mit Stirnrosetten. Geschweifter Giebel, beschädigt, wohl Volutengiebel, im Tympanon hängendes Blattmotiv. Unter dem ungerahmten Inschriftfeld der Vorderseite Adler. Auf den Nebenseiten Thyrsoi, auf der Rückseite 'capis' und 'patera'. Als Deckprofil *cyma reversa*, ornamentiert, ebenfalls als Fußprofil.
CIL II 470; García y Bellido, Esculturas romanas 410f. Nr. 411 Taf. 292; Almagro a.O. (s. o. Anm. 2) Taf. 50.

BA 65 Taf. 85f
Weihaltar für Mater Deum. Aus Mérida. Inv. Nr. 1651 (Taurobolienaltar).
Blockartiger Aufsatz mit rosettengeschmückten Seitenakroteren, dazwischen ein Widderkopf. Inschriftfeld ungerahmt. Auf den Nebenseiten links Kanne, rechts Griffschale. Auf der Rückseite hängende Girlande mit Mittelrosette. Als Deckprofil unter der Platte Faszie; Leistchen, *cyma recta*, Faszie; als Fußprofil Faszie, *cyma recta*, Leistchen, Faszie, auf Sockel.
CIL II 5260; Almagro a.O. Taf. 47; A. García y Bellido, Les religions orientales dans l'Espagne Romaine (1967) 48f. Taf. 7,1. 2; 8,1. 2.

BA 65a
Grabaltar für Silvanus.
CIL II 496; Almagro a.O. 131 Taf. 48b.

BA 65b
Grabaltar für Lebisinia Auge. Aus Mérida.
EE VIII 365, 25; F. Pérez-Mínguez, BolAcadHist 97, 1930, 787; Almagro a.O. 131 Taf. 48c.

Vich, Museo Arqueológico Artístico Episcopal

BA 66
Kleiner Grabaltar. Marmorartiger Kalkstein. Aus Mérida. Inv. Nr. 3218. H 49. B 30. T 23.
Balusterförmige Pulvini, in der Mitte durch Wulst geteilt. Giebel, dahinter Rundfocus auf Firsthöhe. Seiten des Körpers ohne Rahmung, linke (!) Nebenseite mit Griffschale, rechts (!) Kanne. Der Altar verjüngt sich nach oben. Unter der schmalen Deckplatte als Deckprofil Leiste, *cyma recta*, Faszie; als Fußprofil Faszie, *cyma recta*, Leiste. Schmaler Sockel. Die Profi-

le laufen auch auf der Rückseite um. Sie laden bei steilen *cymae rectae* kaum aus.
CIL II 577; Vives 3956.

BA 67
Flaches kleines Grabaltärchen. Aus Mérida. Inv. Nr. 3219. Gelblicher, grobkristalliner Marmor. H 33. B 17. T 6,5.
Bekrönungsplatte, vor die Eckakrotere und Giebel in Relief treten. An der Giebelfront Reste von Dekor (Blatt?). Als Deck- und Fußprofil je eine *cyma reversa*.

Santo Domingo de Silos (Burgos), Museo Arqueológico y de Historia Natural

BA 68
Grabaltar. Aus Mérida. Weißer Marmor. H 60. B (Körper) 32, (max.) 37. T 14,5.
Pulvini, Giebel. Runder Focus auf Höhe des Giebelfirstes. Die Bekrönungselemente sind auf eigener Platte zusammengefaßt. Inschriftfeld ungerahmt. Auf den Nebenseiten in Relief Kanne und Schale. Unter der Deckplatte als Deckprofil Leiste, *cyma recta*, Faszie; als Fußprofil Faszie und zwei weitere Elemente, die aufgrund der Abbildung nicht bestimmbar sind. Sockel.
A. Andres, Estela romana en el Museo Arqueológico de Santo Domingo de Silos, Boletín de la Comisión Provincial de Monumentos Históricos y Artísticos de Burgos 5, 1938–41, 528 f.

Nachtrag: Mérida, Museo Arqueológico

BA 69
Grabaltar für Iulius Urbicus. Aus Mérida, »los silos«, Ostnekropole. Marmor. H 30. B 10. T 4.
Giebel, Pulvini, Rundfocus auf Höhe des Giebelfirstes. Kein Dekor. Als Deck- und Fußprofil je eine *cyma reversa*. Inschrift ungerahmt. Nebenseitenreliefs scheinen zu fehlen.
J. Álvarez Sáenz de Buruaga, MemMusArq 6, 1945, 6 Taf. 3,1.

s. auch: CC 4. 28. 29; B 51; SE 4. 6. 9. 10. 12. 20.

PROVINZ BAIXO ALENTEJO

Beja, Museu Regional

BAA 1
Grabaltar. Aus der Herdade do Zambujal, freg. de Quintos. H 115. B 65. T 38.
Blattumhüllte Pulvini werden in der Mitte des Schaftes durch Wülste geteilt. Die Stirn der Pulvini ist jeweils mit einer Rosette geschmückt. Zwischen den Pulvini ein Giebel. Die Pulvini ruhen auf einer Bekrönungsplatte, das gerahmte Tympanon des Giebels schneidet dagegen in diese Platte ein. Es füllt, in Relief, ein Kranz mit in die unteren Giebelzwickel weisenden Bändern. Profilgerahmte Vorderseite. Auf den Nebenseiten unerklärte Reliefs. Lebhaft geschwungene und mehrgliedrige Profilierung, die jedoch im einzelnen aufgrund der Zeichnung nicht bestimmbar ist.
A. Viana, ArqBeja 2, 1945, 113 Nr. 41 Abb. 3.

BAA 2
Grabaltar. Gefunden bei der Igreja do Carmo, Beja. H 60. B 27. T 11.
Pulvini, Giebel. Inschriftfeld ungerahmt. Als Deck- und Fußprofil je eine *cyma reversa*.
A. Viana, ArqBeja 4, 1947, 205 f. Abb.; J. Leite de Vasconcelos, OArchPort 7, 1903, 247–248.

BAA 3
Altar. Aus Vila Ruiva, gefunden bei der Brücke.
Pulvini, Focus. Keine Rahmung, kein Dekor. Die publizierte Zeichnung läßt als Deckprofil eine Kehle, als Fußprofil vier abgetreppte Plättchen vermuten.
A. Viana, ArqBeja 3, 1946, 29 Abb. 1.

BAA 4
Grabaltar. Aus Beja. Weißer Kalkstein. H 86. B 54. T 35.
Bekrönung beschädigt. Inschriftfeld ungerahmt. An Deck- und Fußprofil breiteres Profilelement, das von zwei schmalen Faszien gerahmt wird (so nach Zeichnung).
A. Viana, ArqBeja 2, 1945, 112 Nr. 39 Abb.

BAA 5
Grabaltar. Aus Vale-de-Vargo, conc. Serpa. Weißer Marmor. H 125. B 65. T 45.
Oberseite flach, Bekrönungsplatte. An der Vorderseite teilen sich die Inschrift und eine Blattgirlande den Raum. Auf der linken Nebenseite Kanne, rechts Griffschale, der Griff der Schale ist nach rechts oben gerichtet. Profile nach der Zeichnung wenig vorspringend, am Sockel aus mehreren Elementen bestehend.
A. Viana, ArqBeja 2, 1945, 124f. Nr. 56 Abb. 6.

BAA 6
Grabaltar. Aus Val de Aguilhão, freg. Santa Clara de Louredo, conc. Beja. H 93,5. B 40,5.
Die publizierte Zeichnung vermittelt nur recht allgemeine Auskunft über das Aussehen dieses Altars. Bekrönung anscheinend beschädigt. Unter der schmalen Deckplatte ein Ornamentstreifen, der durch ein Wellenband geschmückt ist. In den Wellentälern sitzen senkrecht ovale Augen. Eine schräg gerillte Faszie grenzt das Ornament zum Körper des Altars hin ab. Es wiederholt sich über der profilgerahmten Inschrift und am Fußprofil, wo es von zwei schmalen Faszien gefaßt ist, und greift auf die Nebenseiten um. Auf der linken Nebenseite Kanne, rechts Schale mit nach rechts oben gerichtetem Griffstummel.
A. Viana, ArqBeja 2, 1945, 259f. Nr. 2 Abb. o. Nr.

BAA 7 Taf. 96a
Bruchstück eines Grabaltars. Weißer Marmor. H 122. B 66. T 40.
Oberer Teil mit Deckprofil nicht mehr erhalten. Inschriftfeld gerahmt durch Profil und dieses außen begleitenden Perlstab. Auf der rechten Nebenseite grifflose Schale, linke Nebenseite ist nicht mehr erhalten. Als Fußprofil Kehle, Leiste, *cyma recta*, Leiste, Torus.
ArqBeja 2, 1945, 125.

BAA 8 Taf. 92a
Grabaltar. 1794 in Trigaches gefunden. Grauer, grobkristalliner Marmor. H 93. B 74. T 35.
Bekrönung beschädigt. Das rahmende Profil der Inschrift oben gerundet. Auf der linken Nebenseite Kanne. Als Deckprofil Leiste, *cyma recta*, Leiste, Kehle.
A. Viana, ArqBeja 2, 1945, 116ff. Nr. 47 Abb.

BAA 9
Weihaltar. Aus der römischen Villa von Pisões. H 51. B 31.
Bekrönung weitgehend abgeschlagen. Erkennbar noch Rest von Pulvinus-Volutengiebel über der Deckplatte. Inschriftfeld ungerahmt. Als Deck- und Fußprofil je eine *cyma reversa*. Sockel. Die *cyma reversa* ist schmal ohne Betonung der konvexen Kurve (vgl. ALA 10). Die breite Form des Altars erinnert an Verwandtes in Mérida. Seine Tiefe und Relieflosigkeit der Nebenseiten heben ihn jedoch davon ab.
J. Mendes de Almeida – F. Bandeira Ferreira, Varia Epigraphica, RevGuimarães 79, 1969, 61f. Abb. 3; F. Nunes Ribeiro, A villa romana de Pisões (1972) 39f. Taf. 17.

Alcácer do Sal, Museu

BAA 10 Taf. 96b
Weihaltar für Iupiter Optimus Maximus. Grauer grobkörniger Marmor mit schwarzen Einsprengseln. Oberfläche stark abgewittert. H 122,5. B 63. T 36.
Bekrönung stark beschädigt. Erkennbar noch Pulvini und Giebel ohne Dekor. Inschriftfeld ungerahmt, Nebenseiten ohne Dekor. Als Deckprofil Leiste, *cyma recta*, Faszie; als Fußprofil Faszie, *cyma recta*, Leiste.

BAA 11 Taf. 96c
Altar. Schwarz-grau melierter Marmor. H 134. B 63. T 34.
Bekrönung als Platte gebildet, vor die Giebel und Pulvini in Relief vortreten. Pulvinusstirn mit konzentrischen Kreisen. Auf der Vorderseite befindet sich über dem Fußprofil die Reliefdarstellung eines Reiters, der, in der erhobenen Rechten eine Waffe schwingend, einem Tier entgegensprengt. Auf der linken Nebenseite Kanne, rechts Schale mit Omphalos. Als Deckprofil unter der Platte Leiste, *cyma recta*, Leiste, Kehle; als Fußprofil Kehle, Leiste, *cyma recta*, Leiste. Sockel.

Moura, Museu de Moura

BAA 12
Grabaltar. Aus Zambujeira (Santo Aleixo), conc. Moura (nordöstlich von Serpa).
Oberer Teil beschädigt. Inschrift in vertieftem Feld. Als Deckprofil *cyma recta* (?), Faszie; unten wulstiges Dreifachprofil (vom Zeichner nicht richtig gesehen).
J. Fragoso de Lima, OArqPort 1, 1951, 206 Abb. 17 (unrichtig interpretierte Zeichnung).

BAA 13
Altar, erhalten nur der obere Teil. Aus Fonte de S. Miguel, Vale de Vargo, nordöstlich von Serpa auf dem linken Ufer des Guadiana.

Pulvini, Giebel, Focus (?) auf hoher Platte. Als Deckprofil unter der Deckplatte *cyma recta*, Faszie. Der untere Teil mit dem Fußprofil fehlt.
J. Fragoso de Lima, OArqPort N.S. 1, 1951, 195 Abb. 7 (Zeichnung).

Santiago do Cacém, Museu Câmara Municipal

BAA 14 Taf. 96d
Weihaltar für Venus.
Bekrönung stark beschädigt. Erkennbar noch Reste schmaler Pulvini. Inschriftfeld ungerahmt. Nebenseiten ohne Dekor. Als Deck- und Fußprofil je eine schmale *cyma reversa* mit zurückhaltenden Wölbungen (vgl. BAA 9 und ALA 10).

Folgende Altäre aus der Provinz befinden sich heute in:

Évora, Museu Regional

BAA 15 Taf. 96e
Weihaltar für die Göttin Ataegina. Aus der Umgebung von Beja, vielleicht aus Quintos.
Zylinderförmige Pulvini, Giebel vorn und hinten, Focusmulde (rechteckig?). Inschriftfeld ungerahmt. Nebenseiten ohne Dekor. Als Deck- und Fußprofil je eine *cyma reversa* (?). In beiden Profilen finden sich vorn in der Mitte breite Eintiefungen.
CIL II 71; d'Encarnação, Divindades 110 ff. Abb. 12.

Lisboa, Museu Nacional de Arqueologia e Etnologia

BAA 16
Grabaltar mit Grabgedicht. Aus Myrtilis/Mértola. Inv. Nr. E 6404. Kalkstein. H 95. B 45. T 32.
Pulvini mit Stirnrosetten, Giebel. Inschriftfeld ungerahmt. Nebenseiten ohne Dekor. Schmale *cyma recta*-Profilierung im Deck- und Fußprofil.
S. Lambrino, OArqPort 3. Ser. 1, 1967, 136 f. Nr. 52 (Zeichnung).

BAA 17
Weihaltarfragment. Aus Belmeque, conc. de Moura. Inv. Nr. 18709. Sandstein. H noch 21,3. B 17,1. T 11,1.
Pulvini; ob sie durch eine Senke verbunden sind, ist aufgrund der publizierten Zeichnung nicht zu entscheiden. Inschriftfeld ungerahmt. Nebenseiten ohne Dekor. Als Deckprofil *cyma*, Faszie. Fußprofil nicht mehr erhalten.
S. Lambrino, OArqPort 3. Ser. 1, 1967, 143 Nr. 61 (Zeichnung).

BAA 18
Weihaltar. Aus der Umgebung von Beja. Inv. Nr. E 7268. Kalkstein. H 80. B 38,5. T 19.
Bekrönungsplatte, vor die Giebel und Akrotere in Relief treten. Inschriftfeld ungerahmt, Nebenseiten ohne Dekor. Entsprechend der Zeichnung ein wulstiges Deckgesims. Fußprofil beschädigt.
S. Lambrino, OArqPort 3. Ser. 1, 1967, 143 f. Nr. 62 (Zeichnung).

PROVINZ BEIRA ALTA

Viseu, Museu Etnológico do Distrito de Viseu

BEA 1
Weihaltar für Bandis Tatibeaicus. Aus Queiriz, Fornos de Algodres (Beira Alta).
In der flachen Oberseite große Vertiefung (rezent?). Der Körper verjüngt sich nach oben. Nebenseiten ohne Dekor. Als Deckprofil Leiste, *cyma recta*, Faszie, als Fußprofil *cyma recta*.
d'Encarnação, Divindades 134 ff. Abb. 14.

BEA 2
Bruchstück eines Weihaltars für den genius »Depenoris«. Aus Castro do Mau Vizinho, Sul, conc. de S. Pedro do Sul (Beira Alta).
Zylindrische glatte Pulvinusrollen sind seitlich halb in die breite Deckplatte eingefügt, die vorn die Buchstaben des Inschriftanfangs trägt. Als Deckprofil zwei abgestufte Faszien oder Karnies (in der abgebildeten Photographie nicht zu erkennen). Keine Rahmung oder Dekor.
d'Encarnação, Divindades 190 Abb. 40.

Viseu, Museu de Grão-Vasco

BEA 3 Taf. 64a
Altar. Aus Cavernães, 8 km nordöstlich von Viseu.
H 37. B 20. T 12.
Pulvini, Giebel. Deckplatte von Bekrönung nicht abgesetzt. Kein Fußprofil mehr erhalten.
Der kleine Altar ist ohne Profile gearbeitet. Die Bekrönung bildet mit der nicht abgesetzten Deckplatte ein Ganzes, wie es oft an nordportugiesischen Altären zu sehen ist. Daß dieser Teil des Altars nicht stärker erhöht worden ist, liegt an dem bescheidenen Format des Altars.
Am Platz des Dorfes Cavernães lag ein Heiligtum des Gottes Luru.
J. Untermann, ArchEspArq 38, 1965, 18–22 Abb.; d'Encarnação, Divindades 226 ff.

Numão, Vila Nova de Foz Côa, Kirche

BEA 4 Taf. 64b
Weihaltar für die Dii Deaeque Coniumbricensium. Aus Numão; in der Kirche als Weihwasserbecken benutzt.
Bekrönung wohl abgearbeitet. Ohne Rahmung und Dekor. Am Gesims Faszie und breiter Wulst oder *cyma reversa*, darüber eine durch Faszie abgesetzte ausladende Deckplatte. Weit vorspringender Sockel, darüber Faszie und *cyma reversa*, in den Körper übergehend.
J. A. Pinto Ferreira, Numão – notável estação arqueológica. Studium Generale, Boletim do Centro de estudos humanísticos 9, 1962 (= Actas do I Colóquio Portuense de Arqueologia 1961) 118 ff. Taf. o. Nr.; d'Encarnação, Divindades 175 f. Abb. 28.

Zur Zeit Verbleib unbekannt

BEA 5
Weihaltar für Picius. Aus der Kirche de S. Pedro da Lourosa, Oliveira do Hospital (Beira Alta).
Bekrönung fehlt. Ohne Rahmung und Dekor. Als Deckprofil Faszie, *cyma recta*, Leiste als Wölbung; als Fußprofil Faszie, *cyma recta*. Die Profile sind von entschiedener breit geführter Wölbung.
d'Encarnação, Divindades 259 f. Abb. 61.

Folgende Altäre aus der Provinz befinden sich heute in:

Lisboa, Museu do Carmo

BEA 6
Altar. Geweiht dem einheimischen Gott Aro, der Mars angeglichen ist. Aus Castro Daire, distrito de Viseu.
Unter der ersten Zeile der Inschrift ist ein Tier dargestellt, anscheinend ein Wildschwein. Auf der rechten Nebenseite ein Krieger zu Fuß, mit Lanze, wahrscheinlich die Darstellung des einheimischen Gottes Aro.
CIL II 5247; Blázquez, Religiones 117; Leite de Vasconcellos, Religiões II 314; Blázquez, Diccionario 30; d'Encarnação, Divindades 108 ff.

Lisboa, Museu Nacional de Arqueologia e Etnologia

BEA 7
Oberer Teil eines Weihaltars. Aus Esmolfe, conc. de Penalva do Castelo (Beira Alta).
Pulvini, Giebel als schwach unterschiedene Erhebungen. Unter der nicht klar angegebenen Deckplatte im Deckprofil zwei wulstige Faszien. Inschriftfeld ungerahmt, Nebenseiten ohne Dekor.
d'Encarnação, Divindades 132 ff. Abb. 13.

BEA 8
Weihaltar für Bandoga. Aus Castro do Mau Vizinho, conc. de S. Pedro do Sul (Beira Alta).
Bekrönung und Deckplatte nachträglich verändert. Auf der Front der Deckplatte steht der Name der Gottheit. Inschriftfeld ungerahmt. Nebenseiten ohne Dekor. Als Deckprofil zwei schmale gewölbte Faszien.
d'Encarnação, Divindades 138 f. Abb. 15. 16.

BEA 9
Weihaltar für Caepus. Aus Quinta de S. Domingos, freg. de Benespera, conc. do Sabugal (Beira Alta).
Zylindrische Pulvini, Rundfocus, vom Altarkörper abgesetzt. Keine Deckplatte und keine Profile. Die Tiefe ist etwas geringer als die Breite.
d'Encarnação, Divindades 153 f. Abb. 20.

Altäre vom Cabeço das Fráguas (Guarda): A. Vasco Rodrigues, Inscrição tipo »porcom« e aras anepígrafes do Cabeço das Fráguas (Guarda), Humanitas 11, 1959, 71–75.

PROVINZ BEIRA BAIXA

Castelo Branco, Museu de Francisco Tavares de Proença

BEB 1
Weihaltar für Iupiter Optimus Maximus. Gefunden zwischen Escalos de Cima und Louza, Castelo Branco (Beira Baixa). H 32. B 13. T 06.
Kompakte Bekrönung, vor die in Relief ein Giebel und Eckakrotere treten. Inschriftfeld ohne Rahmung. Nebenseiten ohne Dekor. Deck- und Fußprofil scheint aus je zwei wulstigen Faszien zu bestehen.
J. Leite de Vasconcelos, Antigualhas da Beira-Baixa, OArchPort 23, 1918, 6 Abb. 16.

BEB 2 Taf. 63a
Weihaltar für Arantius Tanginiciaecus. Aus Rosmaninhal, conc. de Idanha-a-Nova.
Pulvini und Giebel schließen eine breite Zone ab, die den ersten Teil des Götternamens Arantio trägt. Darunter folgen drei schräg nach oben ansteigende, abgetreppte Profile. Am Sockel finden sich entsprechende, nun fallende, abgetreppte Profilstreifen.
d'Encarnação, Divindades 97 ff. Abb. 8.

BEB 3
Oberer Teil eines Weihaltars für die Gottheit Arentia und Arentius. Aus Ninho do Açor bei Tinalhas (Castelo Branco). Granit. H 45. B 26. T 23.
Pulvini, Giebel sind hier gegenüber der Nr. BEB 2 von der Deckplatte mit Götternamen abgesetzt. Als Deckprofil Faszie, *cyma reversa* (?). Der untere Teil fehlt. Inschriftfeld ungerahmt.
F. Tavares de Proença Junior, Inscrições romanas de Castelo Branco, OArqPort 12, 1907, 176 f. Zeichnung; d'Encarnação, Divindades 97 ff. Abb. 9.

BEB 4 Taf. 63b
Weihaltar für die Lares Cairie(n)ses. Aus Quinta da Nave Aldeã, Zebreira, Idanha-a-Nova. Granit. H 112.
Pulvinuseinheit durch Senke verbunden. Deckplatte. Darunter Durchbrechung der Front durch drei breite »Fenster«vertiefungen. Darunter vier abgetreppte Wulstprofile. Als Fußprofil abgetrepptes Mehrfachprofil, breite Faszie. Sockel. Inschriftfeld ungerahmt.
J. d'Encarnação, Vestígios do Culto dos Lares em Território Português, RevGuimarães 82, 1972, 92 f. Abb. 1; ders., Divindades 210 f. Abb. 49.

BEB 5
Weihaltar für Trebaruna. Aus Lardosa, conc. do Fundão. Granit. H 53. B (oben) 40. B (Körper) 33. T 33.
Auf der Oberseite erhebt sich hinter einem etwas niedriger gelegten Rand eine rechteckige ebene Fläche. Das Deckprofil bilden zwei Wülste (Tori oder auch Karnies; die Photoabbildung läßt keine genauere Bestimmung zu). Es erscheint gegenüber dem knappen profillosen Sockel verbreitert. Auf der Rückseite reicht von der Deckplatte bis zum unteren Wulst des Deckprofils ein liegender, etwas vertiefter Halbkreis. Er ist als Ornament des vierseitigen Altars, dessen Tiefe der Breite etwa entspricht, aufzufassen.
M. de Paiva Pessoa, Ara inédita de Trebaruna, OArchPort 29, 1934, 163 ff. Abb. 1. 2; d'Encarnação, Divindades 288 ff. ohne Abb.

BEB 5a
Weihaltar. Aus Idanha-a-Velha. Marmor mit graugelber Patina. H 66. B 28. T 21.
Pulvini, Giebel. Deckprofil aus drei gleich breiten, schräg nach unten auswärts gerichteten Faszien (Volant). Fußprofil aus zwei gleich breiten, schräg nach oben auswärts gerichteten Faszien.

BEB 5b
Grabaltar. H 89,5. B 38,5. T 28,5.
Auf den Nebenseiten Kanne und Schale. Auf der Rückseite doppelhenkliges, hohes Gefäß von der Form einer Amphora in nicht gerahmtem Feld.

Alcains, Castelo Branco, Privatbesitz

BEB 6
Bruchstück eines Weihaltars für Igaedus. Gefunden bei der Capela da Senhora do Almortão, Idanha-a-Nova (Beira Baixa).
Über dem ungerahmten Inschriftfeld ist ein Teil einer *cyma reversa* als Deckprofil und einer Faszie (Deckplatte) erhalten.
d'Encarnação, Divindades 199 f. Abb. 44.

Escalos de Cima, Privatbesitz

BEB 7
Weihaltar für Iupiter Optimus Maximus. Aus Louza bei Escalos de Cima

Gemäß der abgebildeten Zeichnung Pulvinuseinheit mit Giebeln vorn und hinten. Die Profile bestehen oben aus Kehle und Faszie, unten aus Wölbung, Faszie; sie sind wohl bei der Restaurierung verändert worden.
J. Leite de Vasconcelos, Antigualhas da Beira-Baixa, OArqPort 23, 1918, 5f. Abb. 15.

Idanha-a-Velha, Museu de S. Dâmaso

BEB 8 Taf. 141a
Einzeln gearbeitetes Teil eines Monumentes. Aus Idanha-a-Velha. Granit, grau, grobkörnig. H 34. B 78.
Wohl rechter Pulvinus eines Altars mit der wieder aufschwingenden und dann senkrecht abbrechenden Fortsetzung zur Altarmitte hin. In der gerahmten Pulvinusstirn Sechsblattrosette. Im übrigen leistengerahmten Feld der Vorderseite ein in die obere Ecke und nach rechts weisendes Zweiblatt. Alle übrigen Seiten können nicht geprüft werden, da das Monument im Verband einer 'Denkmälermauer' sitzt.
F. de Almeida, Egitânia. História e Arqueologia (1956) wohl Abb. 87.

BEB 9 Taf. 141b
Einzeln gearbeitetes Teil eines Monuments. Aus Idanha-a-Velha. Grauer, grobkörniger Granit. B 92. H 35.
Wohl linker Pulvinus eines Altars, mit Fortsatz nach rechts. In der gerahmten Pulvinusstirn eine Sechsblattrosette, deren Blattränder leicht plastisch erhöht sind. Im gerahmten Feld Griffschale mit Omphalos als Altargerät.
de Almeida a.O. wohl Abb. 86.

BEB 10 Taf. 141c
Einzeln gearbeitetes Teil eines Monumentes. Aus Idanha-a-Velha. Inv. Nr. 39. Grobkörniger Granit, beige-dunkel meliert. Oberfläche rauh. B 89. H 40. T (soweit meßbar) 43.
Wohl linker Pulvinus eines Altars, mit Fortsatzstück nach rechts. Die gerahmte Vorderseite trägt ungewöhnliche Reliefs. Auf der Pulvinusstirn ein Wirbel aus drei Blättern, dazwischen drei Fünfblattrosetten und weitere Füllmotive. Im Feld des Fortsatzes drei in die Ecken weisende Blätter und eine von oben gesehene rechteckige Griffplatte, auf der ein Fisch liegt. Der Fisch wird als Opfer auf dem Focus von Altären liegend dargestellt (allerdings nicht in Hispanien belegt). Ein derartiger Bezug könnte auch hier vorliegen. BEB 11 zeigt an gleicher Stelle die Griffschale als *vas sacrum*.

BEB 11 Taf. 141d
Einzeln gearbeitetes Teil eines Monuments. Aus Idanha-a-Velha.
Wohl linker Pulvinus eines Altars. Die gewöhnliche Form dieses Bekrönungselements mit senkrecht abbrechendem Fortsatz ist hier in origineller Weise abgewandelt: Am Ende des Fortsatzes liegt eine zweite, kleinere Pulvinusrolle. Das abwärts im Bogen geführte Verbindungsstück springt an der Front etwas zurück, so daß die runden Pulvinusstirnen in an der Basis rechteckige Felder zu liegen kommen. Die Stirn des kleinen Pulvinus trägt eine Sechsblattrosette, die des großen eine in zwei konzentrische Zonen zerlegte vielgliedrige Rosette.
Eine ähnliche Pulvinusstirn bildet ab: de Almeida a.O. Abb. 81.

de Almeida a.O. bildet noch weitere Stirnrosetten ab, die alle von solchen Altarbekrönungselementen stammen:

BEB 12
Achtteilige Rosette, das Stirnrund ist durch einfache Linien geteilt.
de Almeida a.O. Abb. 80.

BEB 13
Vielblattrosette mit zwei konzentrischen Blattringen.
de Almeida a.O. Abb. 81.

BEB 14
Sechzehnblättrige Rosette mit abgerundeten Blattenden.
de Almeida a.O. Abb. 82.

BEB 15
Wirbelrosette nach links.
de Almeida a.O. Abb. 83.

BEB 16
Sechsblattrosette.
de Almeida a.O. Abb. 85.

BEB 17 Taf. 63c
Weihaltar für Liber Pater. Aus Monsanto.
Pulvini, Giebel. Inschriftfeld ungerahmt. Als Deckprofil Leiste, *cyma recta*, Faszie; als Fußprofil Kehle, Leiste, Faszie.
de Almeida a.O. Abb. 188.

Folgende Altäre aus der Provinz befinden sich heute in:

Figueira da Foz, Museu Municipal do Dr. Santos Rocha

BEB 18 Taf. 63d
Weihaltar für Arentius Cronisensis. Aus freg. de Zebras, conc. do Fundão.
Flache Pulvini, Focus. Inschriftfeld ungerahmt. Nebenseiten ohne Dekor. Die Profile sind entsprechend dem rauhen Granit gerundet. Als Deckprofil Faszie, *cyma reversa*; als Fußprofil Faszie.
de Almeida a.O. Abb. 174; d'Encarnação, Divindades 98. 104 ff. Abb. 11.

Lisboa, Museu Nacional de Arqueologia e Etnologia

BEB 19
Altar. Aus Capinha, conc. Fundão, nordwestlich von Idanha-a-Velha. Granit. H 50. B 31. T 22.
Pulvini, Giebel. Profile sind aufgrund der Zeichnung nur schwer zu beurteilen. Man glaubt zu erkennen als Deckprofil unter der Deckplatte einen flachen Wulst, als Fußprofil schräg fallende Faszie (Volant), Wulst. Sockel.
S. Lambrino, OArqPort N. S. 3, 1956, 63 Nr. 42 Zeichnung.

BEB 20
Quadratischer Pfeiler mit Pyramidenabschluß. Aus Monsanto. Granit. H noch 33. B 16. T 16.
Weihung für Iuno. Das einzige mir bekannte Monument-Votiv dieser Art in Hispanien, vielleicht nicht als Altar zu benennen – mit pyramidalem Abschluß. Keine Profilierung.
F. Alves Pereira, OArqPort 14, 1909, 179 Abb.

BEB 21
Weihaltar für Mars. Aus Ponte de Ponsul bei Idanha-a-Nova. Granit. H 74. B (Körper) 31,5. T 26. B (Sockel) 45.
Oberseite flach. Sie besitzt eine große, etwas vertieft liegende, anathyroseartige rechteckige Fläche (Focus?). Inschriftfeld ungerahmt. Nebenseiten ohne Dekor. Im Deckprofil eine Folge von vier Faszien; als Fußprofil Faszie, *cyma recta*, mit Wölbung endend.
F. Alves Pereira, OArqPort 14, 1909, 184 Nr. 7 Abb. o. Nr.; de Almeida a.O. Abb. 108. Vgl. auch F. de Almeida, Aras inéditas, igeditanas dedicadas a Marte, Revista da Faculdade de Letras de Lisboa, 3. Ser. 6, 1962 (5 ff. im Separatum).

BEB 22 Taf. 63e
Weihaltar für Arentius. Aus Chão do Touro, Umgebung von Monsanto, conc. Idanha-a-Nova. Granit. H 49. B 33. T 26.
Die Oberseite nimmt ein mit schrägen Wänden eingetiefter Focus ein. Sein Rand ist von der darunterliegenden Platte abgesetzt. Inschriftfeld ungerahmt. Als Deckprofil *cyma reversa* (?), Faszie, als Fußprofil Faszie, *cyma reversa*. Sockel.
F. Alves Pereira, OArqPort 14, 1909, 174 f. Abb.; d'Encarnação, Divindades 98. 103 f. Abb. 10.

BEB 23
Fragment eines Weihaltars für Munis. Aus Monsanto, nordöstlich von Idanha-a-Velha. Inv. Nr. E 6247. Granit. H noch 22. B 37. T 26.
Pulvinuseinheit flach. Unter der Deckplatte als Deckprofil Leiste, *cyma recta*, Faszie. Inschriftfeld ungerahmt. Fußprofil und Sockel fehlen.
F. Alves Pereira, OArqPort 14, 1909, 176 ff. Abb. o. Nr.; S. Lambrino, OArqPort N. S. 3, 1956, 10 ff. Nr. 1 Abb. 1, Zeichnung o. Nr. (mit Bibliographie); d'Encarnação, Divindades 237 ff. Abb. 55.

BEB 24 entfällt

BEB 25
Weihaltar für die Göttin Nabia. Aus Roqueiro, Pedrógão Pequeno, conc. de Sertã. Granit. H 70. B 28. T 20.
Nach der publizierten Zeichnung scheint die Bekrönung original zu sein, sie ist jedoch nicht bestimmbar. Inschriftfeld ungerahmt. Nebenseiten ohne Dekor. Als Deckprofil *cyma reversa*, Faszie. Fußprofil und Sockel fehlen.
CIL II 5623; J. Leite de Vasconcelos, OArqPort 10, 1905, 399 f. Zeichnung; d'Encarnação, Divindades 240 ff. Abb. 57 (Ausschnitt mit der Inschrift).

BEB 26 Taf. 63f
Weihaltar für Reva Langanitaecus. Aus Medelim, Idanha-a-Velha. Von schlanken Proportionen. Granit. H 68. B 21.
Pulvini durch eine Senke verbunden. Inschriftfeld ungerahmt. Nebenseiten ohne Dekor. Als Deckprofil Faszie, *cyma recta*; als Fußprofil Faszie, *cyma recta*.
d'Encarnação, Divindades 263 ff. Abb. 63.

BEB 27 Taf. 63g
Weihaltar für Victoria. In Idanha-a-Velha zuerst bekannt geworden. Granit. H 92. B (Körper) 30.
In der flachen Oberseite ein Focus von 22 cm Dm. Der Altar gleicht dem der Göttin Trebaruna geweih-

ten desselben Dedikanten (BEB 28). Als Deckprofil läßt sich aufgrund der publizierten Zeichnung vielleicht Faszie und *cyma recta* erkennen, als Fußprofil *cyma recta*, Leiste und breite Faszie; das Fußprofil wird dadurch auffallend hoch und gibt Raum für zwei Zeilen einer nach der Dedikationsformel folgenden Inschrift 'Ardunnus / Comini f(ilius) fe(cit)'. Hierin erinnert der Altar an eine Parallele aus Forua/Vizcaya (BI 1).
J. Leite de Vasconcelos, OArchPort 1, 1895, 225 ff. Abb. o. Nr.

BEB 28 Taf. 63h
Weihaltar für Trebaruna. Aus Fundão (Beira Baixa), wahrscheinlich aus Idanha-a-Velha. Granit. H 93. B (Körper) 31.
Focus von 22 cm Dm. Auf der Deckplatte vorn der Beginn der Inschrift *Ara(m) pos(uit)*; das Monument wird also als *ara* bezeichnet. Inschriftfeld ungerahmt, Nebenseiten ohne Dekor. Als Deckprofil vielleicht *cyma recta* und Faszie, als Fußprofil *cyma recta*, Leiste, Faszie. Das Fußprofil ist auffallend hoch.
Derselbe Dedikant hat den Altar ganz ähnlicher Form für Victoria (BEB 27) geweiht. Beide Altäre sollen jedoch, nach Lambrino, etwa 15/20 Jahre zeitlich auseinander liegen. Eine Datierung in die 2. Hälfte des 2. Jhs. n.Chr. ist vorgeschlagen worden. Die beiden Weihungen werden als Beweis für den Romanisierungsprozeß des Dedikanten gewertet.
Cardozo, Catálogo 39 Nr. 25 Abb. o. Nr.; S. Lambrino, La déesse celtique Trebaruna, Bulletin des Études Portugaises N. S. 20, 1958, 87 ff.; d'Encarnação, Divindades 288 ff. Abb. 68.

BEB 29
Fragment eines Altars. Aus Monsanto (bei Idanha-a-Velha). Granit. H noch 17. B noch 19.
Pulvinus, Giebel. Der Pulvinus besitzt einen glatten Schaft und undekorierte Stirn. Kein Deckprofil.
F. Alves Pereira, OArqPort 14, 1909, 173 Abb.

BEB 30
Unterteil eines Weihaltars. Aus Idanha-a-Velha. Granit. H noch 23. B 23. T 14.
Cyma recta mit weiter Einwölbung als Sockelprofil.
F. Alves Pereira, OArqPort 14, 1909, 196 Abb.

PROVINZ BEIRA LITORAL

Coimbra, Museu Machado do Castro

BEL 1 Taf. 62c
Grabstein, wohl Körper eines Grabaltars. Aus Coimbra, Mauer. Weißer, sehr weicher Kalkstein. H 97,6. B 63,7. T 49,7.
Bekrönung und Profile fehlen. Inschrift profilgerahmt. Nur von der linken Nebenseite liegt uns eine Photodokumentation vor: In karniesgerahmtem Feld bildet eine achtförmige Ranke kreisrunde Tondi, in denen unten eine Muschel, oben ein Spiegel und in der Mitte ein noch unerklärtes Gerät dargestellt sind. Der Inschriftquader wurde sehr wahrscheinlich von einem Aufsatz wie etwa BEL 6 bekrönt. Die Karniesrahmung und Blättchen mit begleitender Randrille sind an beiden sehr ähnlich. Zwischen bekrönendem Aufsatz und Körper dürfte ein Deckgesims nicht gefehlt haben, wie es der folgende Altar BEL 2 zeigt, der für die Tochter der Verstorbenen von BEL 1 gesetzt worden ist.
Für Zuweisungen von einzeln gearbeiteten Bekrönungen an Inschriftquader ist zu beachten, daß an den kompletten Altären BEL 2 und BEL 5 die Bekrönungssockelplatte die gleiche Breite besitzt wie der Körper.
P. Le Roux – G. Fabre, Conimbriga 10, 1971, 126 ff. Nr. 5 Abb. 5 (Vorderseite); Épigraphie de Conimbriga Taf. 33,4.

BEL 2 Taf. 61a
Grabaltar. Aus Coimbra, aus der Mauer (unter der heutigen mathematischen Fakultät). Grauer, sehr weicher Kalkstein. H 57. B 24. T 20,5.
Der Altar liefert den Beweis dafür, daß die einzeln gearbeiteten Aufsätze tatsächlich Teile von Altären sind; denn seine Bekrönung ist mit der hohen Bekrönungssockelplatte von gleicher Form wie jene. An den Pulvinusstirnen Sechsblattrosetten. Bemerkenswert ist bei der meisterlichen Arbeit das Auftreten der Kerbschnittechnik. An einem der Pulvinuskrümmung folgenden Stiel sitzen Voluten, keine Palmetten, wie Le Roux – Fabre a.O. Das Mittelmotiv der Zwischenpulvinusfront erinnert an die Rahmung der Vorderseite des Altars für C. Iulius Maternus (BEL 3)

eher als an das Lebensbaumsymbol (so Le Roux – Fabre a.O.). Es kehrt wieder an dem Altaraufsatz BEL 6. Inschriftfeld karniesgerahmt. Als Deckprofil Leiste, *cyma recta*, Faszie; als Fußprofil Faszie, *cyma recta*, Leiste.

Die Verstorbene ist die Tochter der Verstorbenen des Altars BEL 1. Der Altar wird in die 1. bis 2. Hälfte des 2. Jhs. n.Chr. datiert.

P. Le Roux – G. Fabre, Inscriptions latines du Musée de Coimbra, Conimbriga 10, 1971, 124–126 Abb. 4.

BEL 3

Grabstein, wohl Körper eines Grabaltars. Aus Coimbra. Kalkstein. H 117. B 47,5. T 36.

Der Karniesrahmen des Inschriftfeldes wird auf seiner Innenseite von einem Ornamentstreifen begleitet, der in der Art jenes an BEL 2. 6 beobachteten Zweigmotivs gegeben ist, das gern als 'arbre de vie' bezeichnet wird. An den vier Ecken sitzen Rosetten. Die rechte Nebenseite ist in einem vielgliedrigen Rahmen aus Karnies und Tori gefaßt. Im Feld unten Kanne, darüber Griffschale und oben Kasserolle. Zur linken Nebenseite vgl. Épigraphie de Conimbriga Taf. 33,3. Der Inschriftquader war wohl von einzeln gearbeitetem Gesims und Aufsatz bekrönt.

CIL II 378; Vives 3949.

BEL 4

Grabstein, wohl Inschriftquader eines Altars. H 106. B 47. T 33.

Das Inschriftfeld ist karniesgerahmt. Der Stein ist wohl durch eine separat gearbeitete Bekrönung zu ergänzen.

Épigraphie de Conimbriga Taf. 33,1. 2.

BEL 5 Taf. 62b

Oberer Teil eines Weihaltars für den Genius Baselecae. Aus Coimbra, Kryptoportikus. Kalkstein. H noch 18,2. B 11,2.

Pulvini zu seiten eines erhöhten Zwischenteils, das den rechteckigen Focus trägt. Das Zwischenteil ist an der Vorderseite nicht dekoriert, hat keinen Giebel. Die Bekrönung ist über die Deckplatte in Verlängerung des Altarkörpers hinausgehoben. Die Pulvinusstirnen sind mit konzentrischen, plastisch differenzierten Zonen dekoriert, es sind keine »Voluten«, »rosaces« oder »yeux de caractère prophylactique« (so Le Roux – Fabre a.O.). Das Deckprofil in Form von Leiste, *cyma recta*, Faszie ist scharf und prägnant gebildet.

Eine Datierung ins Ende des 2./1. Hälfte des 3. Jhs. n.Chr. ist vorgeschlagen worden.

AE 1959 Nr. 112; HAE 8–11, 1558; P. Le Roux – G. Fabre, Inscriptions latines du Musée de Coimbra, Conimbriga 10, 1971, 118ff. Nr. 2 Abb. 2; J. de Alarcão, Portugal romano (1973) Abb. 68.

BEL 6 Taf. 142a

Altaraufsatz.

Dieser Aufsatz hat als einziger eine ornamentierte Sockelplatte. Auf der Vorder- und den Nebenseiten sind in profilgerahmtem Feld Rosetten gereiht. Sie sind einem Rund einbeschrieben, das durch zwei eingeritzte Kreisrillen vorgezeichnet wurde, ganz wie an den Nebenseiten von BEL 1. Die dreieckigen Kerbschnittzwischenfelder sind bezeichnend für die hispanischen Kerbschnittrosetten. In die Zwickel zwischen den Rosettenkreisen sind von oben und unten her Blättchen geschoben. Rosetten sind auch an der Pulvinusstirn. Die Schäfte der Pulvini werden von Blättern bedeckt, in der Mitte von einem gerillten Doppelwulst umfaßt. Im Zentrum des Zwischenpulvinusfeldes ein senkrechtes 'Zweig'motiv wie am Altar BEL 2, links und rechts davon nach oben gerichtete Blätter. Die Oberseite ist rauh belassen, wie zur Aufnahme eines weiteren Aufsatzes.

BEL 7 Taf. 142b

Altaroberteil. H 40. B 75. T 57.

Hier ist die hohe Sockelplatte durch einen plastisch aufsitzenden Perlstab gegliedert. An den Pulvinusstirnen sitzen Rosetten. Die balusterförmig geschwungenen Pulvini sind von Blättern umhüllt und in der Mitte von einem breiten, dreigeteilten, lebhaft gerillten und geschuppten *balteus* geteilt. Zwischen den Pulvini eine geschwungene Giebelaufwölbung, geziert von einem symmetrisch aufgebauten Volutenornament. In der rauh und uneben belassenen Oberseite ein Zapfenloch zum Aufsetzen eines weiteren, uns unbekannten Teils des Altars.

BEL 8 Taf. 142c

Altaraufsatz. H 32. B 60. T 45.

Auf die Focusfläche war offenbar noch etwas aufgesetzt. Auffallend ist die hohe, ungegliederte und glatte Sockelplatte. In den Pulvinusstirnen Rosetten, die balusterförmig geschwungenen Schäfte sind von Blättern umhüllt und von einem kreuzweise schraffierten Wulst geschnürt. Zwischen den Pulvini an der Front eine in hohem Relief ornamentierte Schranke. Entfernt dürfte der Volutengiebel ein formales Vorbild geliefert haben.

BEL 9 Taf. 142d
Altaroberteil. H 32,5. B 55. T 52,5.
Hohe ungegliederte Platte. Zylindrische Pulvini, deren Schäfte mit von den *baltei* nach vorn und hinten ausgehenden kleinen Blattschuppen bedeckt sind. In der Stirn Rosetten. Von vorn nach hinten durchgehender Giebel, kein Focus. Im durch einen flachen Wulst gerahmten Tympanon eine von zwei Kreisrillen umgebene Rosette. In die unteren Ecken weist je eine eingeritzte *hedera*. Das Stück ist außerordentlich sorgfältig in einer plastisch zurückhaltenden, flach zeichnerischen Art gearbeitet.

Coimbra, Universität, Museu do Instituto de Arqueologia da Faculdade de Letras

BEL 10
Rundaltar. Weihung für den bisher unbekannten Gott Tabudicus. Aus Murtede, freg. do conc. de Cantanhede, distr. de Coimbra. Kalkstein. H 79. Dm 35. Oberseite flach. Um den Körper Blattgirlande, an zwei Bukranien aufgehängt. Deckprofil beschädigt. Als Fußprofil Kehle, Leiste, *cyma recta*, Leiste, Torus. Rechteckiger Sockel (B 48. H 10).
Eine Datierung in die 1. Hälfte des 1. Jhs. n. Chr. ist vorgeschlagen worden.
M. Cardozo, Uma nova divindade préromana venerada na Lusitânia, Conimbriga 2/3, 1960/61, 223–229 Abb. 1. 2; d'Encarnação, Divindades 274 ff. Abb. 65 A.

Conimbriga, Museu Monográfico

BEL 11
Weihaltar. Aus Condeixa-a-Velha (Conimbriga). Kalkstein. H 26,5.
Pulvini, Giebel. Inschriftfeld ungerahmt. Nebenseiten ohne Dekor. Unter der Deckplatte als Deckprofil Leiste, wohl *cyma recta*, Faszie; als Fußprofil Leiste, *cyma recta*. Sehr hoher Sockel.
Aus paläographischen Gründen ist eine Datierung in das 2. Jh. n. Chr. vorgeschlagen worden.
A. G. R. Madaíl, Uma ara inédita, OArqPort 24, 1920, 197 f. Abb; Épigraphie de Conimbriga 2 o. Abb.

BEL 12
Oberer Teil eines Weihaltars für Fortuna. Aus Conimbriga.
Pulvini, Giebel auf hohem Sockel von der Breite des Altarkörpers. Deckplatte und Deckprofil mäßig auskragend und relativ schmal. Inschriftfeld ungerahmt.
Épigraphie de Conimbriga 4 Taf. 1.

BEL 13 Taf. 61b
Weihaltar für Liber Pater. Aus Conimbriga.
Pulvini, Giebel auf Bekrönungssockel. Deckplatte und Deckprofil (*cyma reversa*) schmal; als Fußprofil *cyma reversa*. Inschriftfeld ungerahmt. Nebenseiten ohne Dekor.
Épigraphie de Conimbriga 13 Taf. 3. Vgl. zum Kult für Liber Pater in Hispanien A. Bruhl, Liber Pater (1953) 239 f.

BEL 14
Weihaltar für die Lares Patrii. Gefunden vielleicht bei Mortágua.
Oberseite flach. Je eine Faszie vermittelt von Deckplatte bzw. Sockel zum Körper, zwischen dem Sockel und dieser zusätzlich eine lange Schräge.
J. de Alarcão, Portugal romano (1973) Abb. 69; Épigraphie de Conimbriga S. 47 f. o. Abb.; J. Alarcão – R. Étienne – G. Fabre, CRAI (1969) 213 ff. Abb.

BEL 15 Taf. 62a
Weihaltar für Flavia Conimbrica und ihre Laren. Aus Conimbriga.
Die Pulvini ruhen auf den geschwungenen Seiten eines über die ganze Breite der Bekrönung reichenden Giebels. Inschriftfeld ungerahmt. Die Deckplatte ist beschädigt, das Deckprofil scheint aus nur einer schmalen Faszie bestanden zu haben. Fußprofil und Sockel fehlen.
J. de Alarcão, Portugal romano (1973) Abb. 70; Épigraphie de Conimbriga 10 Taf. 2.

BEL 16 Taf. 61c
Achteck-Altar. Aus Conimbriga. Inv. Nr. A 43. Kalkstein. H 73. Dm (Schaft) ca. 24. Dm (Plinthe) 37. H (Schaft) 49,5. H (Plinthe) 7. H (Fußprofil) 7,5.
Die obere Profilierung ist weggeschlagen. Die Inschrift befindet sich im oberen Teil des achteckigen Schaftes. Als Fußprofil schmaler Wulst, *cyma recta* mit Wölbung statt Leiste, Faszie oder Torus. Auf Sockel. Es ist das Fußprofil eines Rundaltars.
Épigraphie de Conimbriga 14 Taf. 4.

BEL 17
Grabaltar. Aus Conimbriga. Inv. Nr. A 89. Hellbrauner Kalkstein von körniger Struktur, mit Einschlüssen. H 53. B 19,5. T 15.

Pulvini zylindrisch glatt, Giebel. Die Bekrönung ruht auf hohem Sockel. Die differenziert vertieften Scheiben an der Pulvinusstirn und der Giebelfront werden auf den Seiten des Bekrönungssockels gereiht, aber auch auf den schräg nach außen gerichteten Profilfaszien an Gesims und Sockel.
Vives 4691; Épigraphie de Conimbriga 86f. Nr. 63 Taf. 13; A. Balil, BolArteArqValladolid 45, 1979, 255f. Nr. 53 Taf. 12.

BEL 18 Taf. 61d
Grabaltar, in Sockelplatte eingelassen. Aus Conimbriga. Inv. Nr. A 88. Gelblicher Kalkstein, weich. H 76. B (Altar) 21. T (Altar) 14. H (Sockelplatte) 8,5. B (Sockelplatte) 41,5. T (Sockelplatte) 32.
Gerundeter Giebel, unregelmäßig geformte Pulvini. Die Gesimszone ist in eine schmale und breite Platte gegliedert, die Sockelzone in drei etwa gleich breite, durch Rillen geteilte Streifen. Die breite Sockelplatte, in die der Altar eingelassen ist, demonstriert den selten erhaltenen Fall einer originalen Aufstellung.
Épigraphie de Conimbriga 36 Taf. 10.

BEL 19
Altaraufsatz. Inv. Nr. A 85. Kalkstein, weich. H 30. B 49. T 36.
Kerbschnittartige Behandlung der Rosetten und Profile.

Leiria, Paço Episcopal, Privatbesitz

BEL 20 Taf. 62d
Weihaltar für Issibaeus. Aus Miranda do Corvo, distr. de Coimbra. Sandstein. H 24. B 13,2. T 12,2. B (Körper) 9,2. T (Körper) 7,6.
Pulvini, dazwischen flacher Giebel. Kein Focus. Als Deckprofil hohe *cyma reversa*, Faszie; Fußprofil und Sockel fehlen. Inschriftfeld ungerahmt. Nebenseiten ohne Dekor.
D. Domingos de Pinho Brandão, in: Actas das I Jornadas Arqueológicas I (1970) 79–83 Abb.; d'Encarnação, Divindades 203f. Abb. 47.

Reguengo do Fetal, Residência paroquial

BEL 21
Oberteil eines Grabaltars. Aus S. Sebastião do Freixo-Vizinhanças: Garruchas, freg. do Reguengo do Fetal. Marmor. H noch 23,5. B 19. T 15.
Reste der Pulvini erhalten. Hohe Deckplatte mit den Buchstaben DM. Auf der photographischen Abbildung ist als Deckprofil zu erkennen Leiste, *cyma recta*. Fußprofil und Sockel fehlen. Inschriftfeld ungerahmt.
D. de Pinho Brandão, Epigrafia romana Coliponense, Conimbriga 11, 1972, 113ff. Nr. 21 Abb. Taf. 21.

Folgende Altäre aus der Provinz befinden sich heute in:

Lisboa, Museu Nacional de Arqueologia e Etnologia

BEL 22
Weihaltar. Aus Monte Real, nordwestlich von Leiria (Beira Litoral). Kalkstein. H 22. B 11,7.
Pulvini, Giebel. Inschriftfeld ungerahmt. Wulstiges, von der Deckplatte abgesetztes Deckprofil. Anlauf und Ablauf zum Altarkörper.
OArchPort 25, 1922, 8ff. Abb. 7; CIL II 337 add. p. 813.

Lisboa, Museu dos Serviços Geológicos

BEL 23
Bruchstück eines Weihaltars für Ilurbeda. Aus den römischen Minen bei den Covas dos Ladrões, Alto das Cabeçadas, Alvares, Góis, Serra da Lousã. Gelbbraune, feinkörnige Grauwacke. H noch 24. B 13,5. T 10,5.
Runder Pulvinus links noch erhalten. Inschriftfeld ungerahmt. Nebenseiten ohne Dekor. Unter der Deckplatte Deckprofil in Form einer Schräge, vielleicht *cyma reversa*.
O. da Veiga Ferreira, Ara votiva da Lousã, RevGuimarães 62, 1952, 192–195 Abb. o. Nr.; d'Encarnação, Divindades 200ff. Abb. 45.

PROVINZ VIZCAYA

Forua, Kirche San Martín

BI 1 Taf. 40a Abb. 4
Weihaltar oder Statuenpostament für Ivilia. Links vor dem Eingang der Kirche. Rotbrauner, stark geäderter und gefleckter Kalkstein aus Ereño. H 89,5. B 52. T 45.
Die Bekrönung scheint abgearbeitet. In der horizontalen Oberseite befindet sich heute eine Weihwassermulde. Inschriftfeld ungerahmt. Nebenseiten ohne Dekor. Als Deckprofil Leiste, senkrechte hohe *cyma recta*, Faszie; als Fußprofil Faszie, gleiche *cyma recta* wie oben, Leiste. Sockel. Das »Q. *Vito fecit*« auf der Faszie des Fußprofils hat an dem Altar BEB 27 eine Parallele. Die Profile laufen auch auf der Rückseite um.
HAE 1-3, 229; G. de Balparda, Historia crítica de Vizcaya y de sus fueros I (Madrid 1924) 93 Abb. 14; Blázquez, Diccionario 109 s. v. Iviliae; M. Gómez Moreno, De epigrafía vizcaína, BolAcadHist 128, 1951, 209 f. Taf. 4; G. Gamer, MM 15, 1974, 241 Nr. 19.

Forua, Ermita Santísima Trinidad

BI 2 Taf. 40b
Grabaltar für Iunius Aemilianus. Vor dem Eingang der Kirche, rechts. Lokaler rotbraun gefleckter Kalkstein. H noch 98. B 61. T 39.
Auf der glatten, sicher abgearbeiteten Oberseite halbkugelige Weihwassermulde. Kanten oben abgeschrägt. Daß sicher Abarbeitungen vorliegen, zeigt die Vorderseite mit der Inschrift, an der links, aber auch rechts durch flächiges Abarbeiten Buchstaben verlorengegangen sind. Inschriftfeld ungerahmt. Nebenseiten ohne Dekor. Keine Profile.
HAE 1-3, 228; Gómez Moreno a.O. 208 f. Taf. 4.

PROVINZ BURGOS

Burgos, Museo Arqueológico Provincial

BU 1 Taf. 36a.b
Grabaltar (?) des L. Valerius Marcianus. Aus Clunia. Inv. Nr. 88. Graubeiger Kalkstein, dicht, bräunlich patiniert. H noch 130. B 62. T 47.
Das Inschriftfeld ist rankengerahmt. Die plastische Wulstranke wird in den Zwickeln von Kerbschnitthaken begleitet, die einen eigentümlich schattenden Kontrast hervorrufen. Vom oberen Gesims noch Blattwelle, wohl einst in Karniesform, erkennbar. Auch hier in den Zwickeln Dreiecke in Kerbschnitt. Auf den Nebenseiten in gerahmtem, vertieftem Feld aus Akanthuskelch aufsteigende Wellenranke. Die vier Rosetten sind mit großer Sorgfalt gearbeitet und sprechen darin für die Wertschätzung des Motivs in der lokalen Tradition. Auf der Rückseite in vertieftem gerahmtem Feld nach unten gerichteter Delphin um einen Dreizack. Der Delphin hat mit geöffnetem Maul einen Fisch am Schwanz gepackt, Flossen und Schwanz sind in vegetabilischen Kerbschnittformen wiedergegeben. Auch an dieser Seite sind, wie an den Nebenseiten, Reste des oberen ornamentierten Kymation erhalten. Bekrönung und Basis fehlen.
CIL II 2807; Martínez, Catálogo Burgos 27 f.; García y Bellido, Esculturas romanas Nr. 303 Taf. 244; B. Osaba y Ruiz de Erenchun, BIF 45, 1967, 466 f.; G. Gamer, MM 15, 1974, 238 f. Nr. 1 Taf. 50. — Sehr ähnlicher Rankenfries aus Numantia, der den Typus als in der Gegend heimisch erweist: Celtiberia 17, 1967, 207 Taf. 4,8 und besonders Taf. 5,10. Zu den Blütenrosetten vgl. Grabsteinnebenseite in Carrascosa aus Tiermes: T. Ortego, Celtiberia 14, 1964, 207 Taf. 14,23; ders., Tiermes. Ciudad rupestre celtíbero-romana (1975) 36 Abb. 21. Delphin: V. Santa Maria Scrinari, Museo Archeologico di Aquileia. Catalogo delle sculture romane (1972) Abb. 364. 392 ff. 561. Ranken der Nebenseiten: Altmann, Grabaltäre 157 Nr. 191 Abb. 128; S. 161 f. Nr. 203 Abb. 131.

BU 2 Taf. 36c Abb. 4
Grabaltar des C. Cornelius Maternus. Aus Clunia. Inv. Nr. 160. Graubeiger Kalkstein, hart. H 139. B 61. T 51.

Inschriftfeld karniesgerahmt. Oberes Gesims mit doppelter *cyma recta*. Aufsatz: Zylindrische Pulvini mit glatten Schäften, vorn Achtblattrosetten. Breiter Giebel, dahinter flacher, kegelstumpfförmiger Focus, flach eingemuldet, Nebenseiten glatt. Rückseite im unteren Teil in Bosse, oberes Profil ausgearbeitet. Auffallend ist der rauh gehaltene Aufsatz gegenüber den geglätteten Profilen und Inschriftfeld.
CIL II 2789 Suppl. 5791; Martínez, Catálogo Burgos 41; Gamer a.O. 239 Nr. 2 Taf. 52a.

BU 3 Taf. 37a
Weihaltar für die Lares Viales. Aus Clunia. Inv. Nr. 396. Graubeiger Kalkstein, hart. H 20. B 8. T 7.
Inschrift ungerahmt. Schmal und hoch. Nebenseiten unverziert.
Martínez, Catálogo Burgos 45; Gamer a.O. 239 Nr. 3.

BU 4 Taf. 38a Abb. 4
Weihaltar für die Matres. Aus Clunia. Inv. Nr. 3976. Graubeiger Kalkstein sehr feiner Struktur. H 15,5. B 10,5. T 9.
Inschrift ungerahmt. Obere und untere Profilierung aus drei Plättchen. Aufsatz: Glatte Pulvini, außen von einem schmalen Grat begleitet. Giebel mit doppelter Spitze, dazwischen runder Focus mit hohem plastischem Rand. Nebenseiten und Rückseite glatt. Am Sockel inmitten der Seiten runde Einziehung, dadurch ist die nun würfelförmige Sockelecke betont, entsprechend den Füßen anderer Altäre.
Vgl. etwa W. Deonna, BCH 58, 1934, 425 Nr. 170 Abb. 34f. und Délos XVIII Taf. 111,983 f.; Gamer a.O. 239 Nr. 4 Taf. 53b.

BU 5 Taf. 37b
Weihaltar. Aus Clunia. Inv. Nr. 3977. Grauer Kalkstein, hart, dicht. H 23,5. B 12,5. T 9.
Inschrift ungerahmt. Aufsatz: Rechteckige Platte, zurückspringend, mit rechteckigem, leicht vertieftem gerandetem Focus. Nebenseiten glatt. Profile laufen um.
Gamer a.O. 239 Nr. 5.

BU 6 Taf. 37c
Weihaltar für Epona. Aus Lara de los Infantes. Inv. Nr. 123. Kalkstein, graubeige, hart, dicht, bräunlich patiniert. H 20. B 10. T 9.
Inschriftfeld ungerahmt. Pulvinuseinheit flach sich einsenkend, darauf runder eingemuldeter Focus. Nebenseiten glatt. Profile laufen um.
HAE 8–11, 1524; Martínez, Catálogo Burgos 66; L. Fernández Fúster, Un ara a Epona en el Museo de Burgos, in: IV CongrNacArq Burgos 1955 (1957) 219; Gamer a.O. 239 Nr. 6.

BU 7 Taf. 37d Abb. 4
Weihaltar. Aus Lara de los Infantes. Inv. Nr. 125. Grauer Kalkstein, hart, dicht. H 17. B 8. T 7.
Inschriftfeld ungerahmt. Flache zylindrische Pulvini mit glatten Schäften, dazwischen anstelle des Focus geglättete Fläche. Nebenseiten glatt.
Martínez, Catálogo Burgos 66; Gamer a.O. 239 Nr. 7.

BU 8 Taf. 49f
Weihaltar. Aus Lara de los Infantes. Inv. Nr. 468. Graubeiger Kalkstein, hart, porös. H 23. B 15. T 10,5.
Inschriftfeld ungerahmt. Nebenseiten glatt. Profile laufen um. Aufsatz zerstört.
Gamer a.O. 239 Nr. 8. – Aus der Region Lara de los Infantes werden zehn Altäre zusammengestellt: J. A. Abásolo, Epigrafía romana de la región de Lara de los Infantes (1974) passim und S. 159 Nr. 6–8. 37–42. 206.

BU 9 Taf. 38b
Weihaltar für die Matres. Aus Covarrubias. Inv. Nr. 4600. Graubeiger Kalkstein, hart, hellbraun patiniert. H 31. B 26. T 20.
Inschriftfeld ungerahmt. Pulvinuseinheit, in der Einsenkung plastische Andeutung eines flachen runden Focus. Nebenseiten und Rückseite glatt, Profile laufen um.
B. Osaba y Ruiz de Erenchun, RevArchBiblMus 75, 1968–72, 574f. Taf. 2; Gamer a.O. 239 Nr. 9.

BU 10 Taf. 38c Abb. 4
Weihaltar für die Matres. Aus Covarrubias. Inv. Nr. 4601. Kalkstein, dunkelrotviolett mit hellen Adern und Brecciengartien, aus Ereño (?). H 27. B 16,5. T 15,5.
Inschriftfeld ungerahmt. Weit rückspringende Pulvinuseinheit, in der Mitte der Einsenkung Reste eines erhöhten Focus. Nebenseiten glatt, Profile laufen um.
B. Osaba y Ruiz de Erenchun, RevArchBiblMus 75, 1968–72, 574 Taf. 1; Gamer a.O. 239 Nr. 10.

BU 11 Taf. 37e Abb. 4
Weihaltar für Jupiter. Aus Poza de la Sal. Inv. Nr. 114. Graubeiger Kalkstein, hart, bräunlich patiniert. H 65. B 34. T 27.
Inschriftfeld ungerahmt. Die Profile sind durch überlängte Karniese zerteilt, die den Altarkörper nach oben und unten optisch fortzusetzen scheinen. Profile laufen um, Nebenseiten und Rückseite glatt. Flache schmale, nach innen verlaufende Pulvini, hori-

zontale Zwischenfläche, in der sich mit leicht erhöhtem Wulstrand die flache Mulde des Focus erhebt. Vorn erhöhter Rest wohl eines Giebels, hinten abgeschlagen.
Martínez, Catálogo Burgos 66; Gamer a.O. 240 Nr. 11 Taf.52c; J. M. Solana Sainz, Autrigonia Romana (1978) Abb. 10. 63.

BU 12 Taf. 37f
Weihaltärchen für Jupiter. Aus Sasamón. Inv. Nr. 3839. Kalkstein, rötlichbraun, porig. H 14. B 6. T 4.
Inschriftfeld ungerahmt. Oben und unten dreifach gerillte Profilierung. Auf der flach gehaltenen Oberseite sollen, durch Rillen getrennt, Pulvini etc. angedeutet werden.
B. Osaba, ArchEspArq 28, 1955, 122 Abb. 15; HAE 6–7, 835; MemMusArqProv 15, 1954, 140 Abb. 47; Gamer a.O. 240 Nr. 12.

BU 13 Taf. 38d Abb. 4
Weihaltar. Inv. Nr. 976. Hellgrauer Kalkstein, hart. H 30,5. B 17. T 12,5.
Inschriftfeld ungerahmt. Flachgedrückte Pulvini. Runder Focus mit Wulstrand, flacher Giebel. Nebenseiten glatt, Profile laufen um.
Gamer a.O. 240 Nr. 13.

Burgos, Orden de Predicadores Descalzos

BU 14
Weihaltar für Fortuna. Aus Monasterio de Rodilla (Tritium). Sandstein. H 14. B 7,7. T 6,5.
Niedrige Pulvini, Rundfocus auf der Deckplatte (Scheibenfocus mit Rille). Inschriftfeld ungerahmt, Nebenseiten ohne Dekor. Als Deckprofil zwei, als Fußprofil eine Faszie.
J. M. Alonso Pascual, Zephyrus 23/24, 1972/73, 213 Taf. 1.

Barcina de los Montes (Bureba), Kirche

BU 15
Fragment eines Weihaltars, erhalten ist nur der untere Teil. Verbaut in der Mauer des Portico der Kirche. Aus Barcina de los Montes (Bureba).
Bekrönung, Deckprofil und oberer Teil des Körpers fehlen. Inschriftfeld ungerahmt, Nebenseiten ohne Dekor. Zum Sockel scheint nur eine Schräge zu vermitteln.

J. Martínez Santa-Olalla, Boletín de la Comisión Provincial de Monumentos Históricos y Artísticos de Burgos 1, 1922–25, 248f.; B. Osaba, NotArqHisp 6, 1962, 254.

BU 16
Weihaltar für Vurovio, eine bislang unbekannte Gottheit. Eingemauert. Aus Barcina de los Montes. H 44. B 30.
Keine Bekrönung erkennbar. Hohe Deckplatte, deren Oberseite flach zu sein scheint. Inschriftfeld ungerahmt, Nebenseiten ohne Dekor. Als Deckprofil *cyma reversa* (?) oder gewölbte Schräge, Faszie (?), als Fußprofil Faszie (?), *cyma recta* (?).
J. C. Elorza – J. A. Abásolo, Durius 2, 1974, 120 Abb. 2 (zwischen S. 254 und 255); Taf. 3; Blázquez, Diccionario 49 s. v. Burovio; A. Montenegro – J. M. Solana – F. Sagredo – A. Lázaro, Durius 3, 1975, 347f. Abb. d.

Coruña del Conde, Ermita de Castro (Clunia)

BU 17
Unterer Teil eines Weihaltars. Aus Clunia.
Bekrönung, Deckprofil und oberer Teil des Körpers fehlen. Inschriftfeld ungerahmt, Seitenfelder ohne Dekor. Als Fußprofil *cyma recta* (?), auf Sockel.
CIL II 6338c; P. de Palol, Clunia Sulpicia. Ciudad Romana (1959) 86 Taf. 49,2; Blázquez, Diccionario 48 s. v. Brigeaecis (Matribus).

Hontangas, Roa de Duero

BU 18
Weihaltärchen. Aus Hontangas. Kalkstein. H 13. B 7,5. T 5.
Flache Pulvini, großer Focus. Körper verjüngt sich nach oben zu. Inschriftfeld ungerahmt, Nebenseiten ohne Dekor. Unter der Deckplatte als hohes Deckprofil Faszie, *cyma reversa* (?); als Fußprofil (zweifach abgetreppt) Faszien (?). Sockel mit der Weiheformel V.S.L.M.
Ist aus paläographischen Gründen in die 2. Hälfte des 2. Jhs. datiert worden.
J. A. Abásolo, BSAA 39, 1973, 443f. Taf. 1,1.

Milagros, Privatbesitz Vela Zanetti

BU 19
Weihaltar für Iupiter. Aus Clunia.
Inschriftfeld ungerahmt. Flache Pulvinuseinheit. Als Deckprofil Leiste, *cyma recta*, Faszie; die gleiche Folge beim Fußprofil.
P. de Palol, Una nueva inscripción de Clunia, ArchEspArq 42, 1969, 118–123 Abb. 1; A. García y Bellido, ArchEspArq 44, 1971, 151 f. (mit Berichtigungen); G. Gamer, MM 15, 1974, 240 Nr. 14.

Poza de la Sal, Sakristei der Pfarrkirche

BU 20
Weihaltar. Aus Poza de la Sal, gefunden in der Ermita de San Blas. Kalkstein. H 70. B 43. T 37.
Oberseite flach, ohne die üblichen Bekrönungselemente. Inschriftfeld ungerahmt, Nebenseiten ohne Dekor. Als Deckprofil unter der Deckplatte Leiste, *cyma recta*, Faszie; als Fußprofil Faszie, *cyma recta*, Leiste. Sockel.
J. A. Abásolo, Durius 1, 1973, 99 f. Taf. 2.

BU 21 = NA 24

Verschollen

BU 22
Weihaltar für Iupiter. Aus Covarrubias, gefunden in einer ermita »que se halla en la cumbre de la Muela«. Inschrift auf Vorder- und identischer Rückseite. Die überlieferte Zeichnung des Altars darf, was seine Form betrifft, als nicht zuverlässig gelten. Man kann ihr lediglich mit Sicherheit entnehmen, daß er gegliederte Deck- und Fußprofile besaß, daß die Inschriften ungerahmt und auch die Nebenseiten nicht dekoriert waren. Es ist fraglich, ob die giebelförmige Bekrönung den gleichen offenen Giebel meint, wie ihn der Altar TAD 4 besitzt. Eine vierseitige Pyramide wäre ganz singulär.
J. García Sainz de Baranda, BIF 32, 1953, 730 Nr. 20 Abb. o. Nr.; B. Osaba, NotArqHisp 6, 1962, 257.

Folgender Altar aus der Provinz befindet sich heute in Comillas, Slg. des Marqués de Comillas, Palacio de Sobrellano:

BU 23
Weihaltärchen für die Nymphen. Aus Quintanilla Somuño (Prov. Burgos). Poröser Kalkstein. H 21.
Zylindrische glatte Pulvini, Giebel, Rundfocus auf Höhe des Giebelfirstes. Inschriftfeld ungerahmt, Nebenseiten ohne Dekor. Unter der Deckplatte als Deckprofil hohe Leiste, *cyma recta*, Faszie; als Fußprofil Faszie, *cyma recta*, Leiste. Sockel.
A. García y Bellido, ArchEspArq 36, 1963, 204 Abb. 22; J. M. Iglesias Gil, Epigrafía Cántabra. Estereometría, Decoración, Onomástica (1976) 69,3 (Zeichnung mit in ihrer Form mißverstandenen Profilen); S. 77. 242 Nr. 134 Taf. 134.

s. auch die Altäre aus Clunia in Soria und NA 22. NA 24. NA 25.

PROVINZ LA CORUÑA

La Coruña, Museo Histórico Arqueológico

C 1 Taf. 53a
Altar. Aus La Coruña. H 48,5. B 21,5.
Hinter einem Rücksprung erheben sich flachzylindrische Pulvini, die durch eine knappe Senke verbunden sind. Focus.
A. del Castillo – A. d'Ors, Inscripciones romanas de Galicia. Supl. al Fasc. I: Prov. de La Coruña, CEG 14, 1959, 164 Taf. 6a.

La Coruña, Iglesia de Santiago

C 2
Weihaltar des Reginus für Marc Aurel. H 93. B 45.
Inschrift ungerahmt. Steile *cymae rectae* in Fuß- und Deckprofil. Mit C 3 werkstattgleich.
EE VIII 523 f., 307; del Castillo – d'Ors a.O. 154 f. Taf. 3a.

C 3 Taf. 53b
Weihaltar des Reginus für Lucius Verus. H 93. B 43.
Inschrift ungerahmt. Steile *cymae rectae* in Fuß- und Deckprofil. Formgleich mit C 2.
EE VIII 523f., 308; del Castillo – d'Ors a.O. 155 Taf. 3b.

C 4
Weihaltar für Neptun. H 90. B 38.
Inschrift ungerahmt. *Cyma recta*, Faszie oder Wulst im Deckprofil und Faszie, *cyma recta* im Fußprofil.
del Castillo – d'Ors a.O. 153f. Taf. 2b.

C 5 Taf. 53c
Weihaltar des Iulius Plato für Fortuna. Träger des Altartisches für S. Miguel. H 65. B 26.
Inschrift ungerahmt. Flache *cyma recta* und Wulst im Deckprofil, Faszie und Wulst im Fußprofil.
CIL II 2558; del Castillo – d'Ors a.O. 152 Nr. 10 Taf. 2a.

La Coruña, Museo Provincial de Bellas Artes

C 5a Taf. 55k
Weihaltar für Lucoubus Arquienis. Aus Otero de Rey. H 96. B 45.
Drei flache Foci in Kleeblattform. Außenliegende flache Pulvini, schräg nach innen sich absenkend. Keine Profile vorhanden, möglicherweise abgearbeitet.
F. Vázquez Saco – M. Vázquez Seijas, Inscripciones romanas de Galicia II. Provincia de Lugo (1954) Nr. 18 Taf. 6,18; IRL 68.

Aranga, Casa Rectoral

C 6
Weihaltar für Jupiter. Aus der Pfarrkirche San Vicente de Fervenzas. In der Nähe liegt das »Castro da Cotorra«. Lokaler Granit. H noch 63. B 22,5. T 20.
Rückseite unbearbeitet. *Cyma recta*, Faszie im Deckprofil. Das ungerahmte Inschriftfeld steht unmittelbar über dem hohen Sockel.
F. Vales Villamarín, Una nueva ara galaico-latina, Abrente 1, 1969, 109–113.

Sada, San Martín de Meirás, Atrium der Kirche

C 7
Weihaltar für die Gottheit Cosus. H noch 95. B 59.
Inschrift ungerahmt. Breite steile *cymae rectae* in Fuß- und Deckprofil.
HAE 1–3, 464; del Castillo – d'Ors a.O. 151 Nr. 7 Taf. 1a.

Santiago de Compostela, Museo Catedralicio

C 8 Taf. 53d
Weihaltar. Aus Soandres. H 100. B 40.
Pulvini, Giebel, auf Höhe der Giebelspitze und der oberen Pulvinusperipherie Fläche, in der ein vielleicht einst vorhandener Focus zu einer großen rechteckigen Vertiefung erweitert worden ist. Als Deckprofil schwach konvex gewölbte Schräge, schmale Faszie. Als Fußprofil Wulst, Schräge.
F. Bouza Brey – A. d'Ors, Inscripciones romanas de Galicia I. Santiago de Compostela (1949) Nr. 4 Abb. o. Nr.

C 9
Weihaltar. Herkunft unbekannt. H noch 65. B 42.
Pulvini und niedriger Giebel fließen ineinander über. Deckprofil wohl in Form einer breiten Faszie. Unterer Teil fehlt.
Bouza Brey – d'Ors a.O. Nr. 5 Abb. o. Nr.

C 10 Taf. 53e
Weihaltar. Aus Brandomil. H 80. B 33.
Zwei hohe flachhalbkreisförmige Pulvini. Flache, tiefliegende Focusfläche. Wohl *cyma reversa*-artiges Deckprofil. Zum Sockel vermitteln kurze Schräge.
CIL II 5634; Bouza Brey – d'Ors a.O. Nr. 6 Abb. o. Nr.

C 11 Taf. 53f
Altar. H 96. B 34. B des Sockels 43.
Flachzylindrische Pulvini, Giebel; dahinter rechteckige Eintiefung, 11 × 8 cm weit und 7 cm tief. *Cyma recta* und Faszie im Deckprofil; einfache Schräge leitet zum hohen Sockel.
A. García Romero, Una ara pagana cristianizada, BRAG 17, 1928, 89–94.

PROVINZ CÁDIZ

Cádiz, Museo Arqueológico

CA 1 Taf. 102a
Grabaltar für M. Licinius Optatus. Aus Cádiz, gefunden bei den Aushubarbeiten für den Bau der Eisenbahn. Weißer Marmor. H 106. B 60.
Blattpulvini mit Stirnrosetten. Kein Giebel, sondern ungegliedert wirkende Zwischenpulvinuszone. Auf der karniesgerahmten Vorderseite Blattkranz mit Bändern, unten, oben Rosette. Nebenseiten ungerahmt, links Kanne, rechts Schale. Deckprofil wird aus publizierter Abbildung nicht klar ersichtlich, vielleicht *cyma recta* (?), Kehle. Als Fußprofil Kehle, Leiste, *cyma recta*, Leiste, (1/4 Rundstab)Torus, auf Sokkel.
CIL II 1843; García y Bellido, Esculturas romanas 303 f. Nr. 302 Taf. 243.

CA 2 Taf. 103c–e Abb. 4
Grabaltar der Hilara. Aus Villamartín. Inv. Nr. 7444. Gelblich-weißer Marmor, feinkristallin. H 50. B 22,5. T 16,5.
Blattpulvini durch gedrehten Wulst geteilt. In den gerahmten Pulvinusstirnen wie auch als Zentralmotiv des Giebels Vierblattrosetten. Längsrechteckiger Focus. Inschriftfeld leistengerahmt. Auf den ungerahmten Nebenseiten links (!) grifflose Schale, rechts (!) Kanne. Als Deckprofil *cyma recta*, Faszie, als Fußprofil *cyma reversa*, auf Sockel.
C. Pemán, El arula de Villamartín (Cádiz), ArchEspArq 34, 1961, 202 ff. Abb. 1–3.

CA 3 Taf. 103a
Grabstein für M. Aurelius Castor, wohl Altar (?) oder Postament. Aus Cádiz. H 34,5. B 32. T 25,5.
Keine Bekrönung erhalten; gerundete, flache Mulde in der Oberseite. Auf der Deckplatte D M S. Breitrechteckiges ungerahmtes Inschriftfeld. Als Deckprofil Faszie, als Fußprofil Kehle oder *cyma reversa*, Torus, auf Sockel.
EE VIII 503, 278.

Arcos de la Frontera, Privatbesitz

CA 4 Taf. 101a.b
Grabaltar. Vom Cortijo de Albalá. Kalkstein. H 108. B 60.
Bekrönung fehlt. Auf der Vorderseite in erhobenem Relief Lorbeerkranz, kreuzweise gebunden mit wegflatternden Bändern. Auf der rechten (!) Nebenseite Kanne, auf der linken (!) Schale. Als Fußprofil Kehle, Leiste, *cyma recta*, Viertelrundstab. Schmale Elemente sprechen für frühes Datum.
J. M. Santero – L. Perdigones, Vestigios romanos en Arcos de la Frontera (Cádiz), Habis 6, 1975, 339 f. Nr. 3 Taf. 28. 29a.

CA 5 Taf. 101c.d
Altar. Von einem Fundplatz, der mit dem antiken Carixa Aurelia identifiziert wird. Hellgrauer, sandiger Stein, relativ weich mit Muscheleinschlüssen. H 97 (ohne Bekrönung). B max. 55.
Weit zurückgesetzte flache Pulvini, glatt, senken sich zur Mitte hin ab und wölben sich dann zum gerundeten Doppelgiebelchen auf. Dahinter flacher Rundfocus. Auf ungerahmter Vorder- und Rückseite Kranz aus spitzen Blättern, unten zylindrischer Mittelabschnitt, auf der Rückseite schlechter erhalten. Auf den ungerahmten Nebenseiten Fruchtgirlanden, die mit zylindrischen Enden am Deckprofil ansetzen, Manschetten aus spitzen Blättern, in der Mitte unten Blattüberfall, aus ihm fällt eine Blüte mit acht Blättern an gebogenem Stengel. Als Deckprofil Leiste, *cyma recta*, als Fußprofil Schräge, auf Sockel.

Arcos de la Frontera, oberer Abschluß des Treppengeländers auf der Westseite der Kathedrale

CA 6 Taf. 105a.b
Weihaltar oder Statuenpostament für den Genius Municipii. Hellbrauner Marmor. H 93. B 53. T 49.
Bekrönung nicht vorhanden. Inschriftfeld karnies- und perlstabgerahmt. In dem rechten und linken karniesgerahmten Seitenfeld je eine Dattelpalme mit schweren Fruchtklötzen. Keine Profile vorhanden.
CIL II 1362.

Barbate, Privatbesitz

CA 7 Taf. 104a.b
Oberteil eines Altars. Weißer Marmor. B 80. T 65 (?).
In der Oberseite finden sich drei größere Einlassungsvertiefungen mit Metallresten zur Befestigung eines Gegenstandes. Vorn Giebel, dessen Schrägen durch Fackeln markiert werden. Im Giebelfeld Kranz mit Bändern, innerhalb des Kranzes Stierkopfproto-

me, über den Hörnern Halbmond mit einbeschriebenem Stern. Die Pulvinusstirnen mit von Fischgratband gerahmter Fünfblattrosette, Schäfte mit Fischgratwulst geschnürt. Der graphische Stil nimmt nordafrikanische Formen aus der Mauretania Tingitana auf. Als Deckprofil *cyma recta*, Leiste, Kehle (?) oder *cyma recta* (?).
Photos und Kenntnis des unpublizierten Stückes werden C. Posac Mon (Tanger) verdankt.

Bolonia

CA 8 Taf. 104c—e
Grabaltar für Q. Pupius Urbicus. Aus Baelo. Marmor. H 106. B 60. T 45.
Pulvini von aufgelegt wirkenden Blättern umhüllt, in der Mitte geteilt, an der Stirn Vierblattrosetten. Giebel gerahmt, im Tympanon Dreiblattrosette, die Giebelzwickel füllen gekerbte Dreiecke. Kein Focus. Zwei Löcher auf der Oberseite, die zur Befestigung eines Gegenstandes gedient haben dürften. Die Bekrönung ist von der Deckplatte durch eine kleine Stufe abgesetzt. Alle vier Seiten des Altarkörpers sind karniesgerahmt. Auf der linken Nebenseite Kanne, rechts Schale und darüber Bukranion. Als Deckprofil *cyma recta*, Faszie, als Fußprofil Kehle, Leiste, Torus, auf Sockel.
Wird aus stilistischen und paläographischen Gründen in die 1. Hälfte des 2. Jhs. n.Chr. datiert.
J. C. M. Richard — P. Le Roux — M. Ponsich, MelCasaVelazquez 8, 1972, 577 Abb. 5. 7—9; dies., Un document nouveau sur Belo (Bolonia, province de Cádiz). L'inscription de Q. Pupius Urbicus, ArchEspArq 48, 1975, 129—140 Abb. 1—6 (verschiedene Ansichten und Details des Altars); C. Domergue u.a., ExcArqEsp 79 (1974) 113 ff. Taf. 36. 38 f.

CA 9
Zwei Altäre vor dem Kapitol von Baelo. Heute nicht mehr vorhanden.
Sie waren aus grob behauenen Steinen aufgemauert und verstuckt. Die Deckplatte war monolith und bildete einen profilierten Vorsprung. Zum Körper scheint, nach der Abbildung zu schließen, eine *cyma recta* vermittelt zu haben. Auf der planen Oberseite lagen, nach weitem Rücksprung, zwei halbzylindrische Pulvini mit nach innen gerichteten Ansätzen.
P. Paris u.a., Fouilles de Belo I (1923) 75 f. Taf. 10B und Taf. 6. 7 sowie Abb. 18; R. Thouvenot, Essai sur la province romaine de Bétique (1940) 421 Abb. 41 (Plan des Kapitols mit den Altären).

CA 10
Altar. Er befand sich über dem Nymphäum im NO des Forums von Baelo, dahinter lagen die drei Tempel des Kapitols. Der Altar ist nicht mehr erhalten. Alte Photos (P. Paris) zeigen noch seinen quaderförmigen Kern. Die Pläne geben ihn rechteckig im Grundriß mit betonten Ecken.
C. Domergue u.a., ExcArqEsp 79 (1974) 62 Abb. 18. 35; vgl. auch M. Ponsich, La fontaine publique de Belo, MelCasaVelazquez 10, 1974, 21 ff. Abb. 2. A. García y Bellido, Arte romano[2] (1972) 263 Abb. 404.

CA 11
Unterer Teil eines kleinen bacchischen Rundaltars. Marmor. H noch 36. Dm 41. Er fand sich unter der Cella (Krypta) von Tempel A in Füllerde. Der Tempel war schon von P. Paris/G. Bonsor ausgegraben worden, die Krypta jedoch nicht. Grabungs-Inv. Nr. 3017—2.
Altarkörper reliefverziert. Man erkennt noch Füße und Kleid einer von einem Panther (?) gefolgten Mänade (?) und den Fuß eines Satyrn (?). Unterer Abschluß in der Art einer *cyma reversa*.
A. García y Bellido — G. Nicolini — D. Nony — C. Domergue, MelCasaVelazquez 4, 1968, 395 f. Abb. 1; C. Domergue u.a., ExcArqEsp 79 (1974) 46 Abb. 14.

Jerez de la Frontera, Museo Arqueológico Municipal

CA 12 Taf. 102b—d Abb. 4
Grabaltar der Sicinia Tuscilla. Aus Mesas de Asta (Asta Regia). Hellbeiger Marmor mit wenigen rosa Adern, mittelkörnig. H 71. B 44. T 27.
Die runde, präzise gearbeitete Opferschale hat gepickte Innenseite. Giebel mit karniesgerahmten Schrägen, Rosetten in der Mitte des Giebelfeldes und auf den gerahmten Pulvinusstirnen. Die Blattkörper der Pulvini sind in der Mitte unterteilt. Die Bekrönung wird eigens durch eine Platte von der Deckplatte abgehoben. Inschriftfeld karniesgerahmt. Auf den ungerahmten Nebenseiten links (!) grifflose Schale, rechts (!) Kanne. Als Deckprofil *cyma recta*, Leiste, Kehle, als Fußprofil Kehle, Leiste, *cyma recta*, Leiste. Die Profile sind auf der Rückseite herumgeführt.
A. García y Bellido, ArchEspArq 36, 1963, 217 ff. Abb. 1—3.

Medina Sidonia, Sta. María la Mayor la Coronada, eingebaut neben altem Haupteingang, innen

CA 13 Taf. 103b
Grabaltar des M. Antonius Syriacus. Aus Medina Sidonia. Weißer Marmor. H 160. B 90. T nicht feststellbar.
Pulvini, an der Stirn Medusenköpfe, Rankenvolutengiebel. Bekrönung durch Platte von der Deckplatte abgehoben. Eckfassung des Körpers durch kannelierte Pilaster mit korinthischen Kapitellen. Rahmung der Vorderseite durch umlaufende Wellenranke und des Inschriftfeldes durch Steg und Karnies. Beide überlagert eine Fruchtgirlande, die mittels langer Bänder an Nägeln zu seiten der Kapitelle aufgehängt ist. Auf den nicht sichtbaren Nebenseiten wird links Kanne und rechts Schale genannt. Die Rückseite soll einen Lorbeerzweig oder -baum zeigen. Als Deckprofil *cyma recta*, Faszie, *cyma reversa*, Faszie; als Fußprofil Kehle, Leiste, *cyma recta*, Leiste, Torus.
CIL II 1313; R. Thouvenot, Essai sur la province romaine de Bétique (1940) 614f. Abb. 135; García y Bellido, Esculturas romanas 302 Nr. 299 Taf. 243, dort weitere Literaturangaben.

Vejer de la Frontera, heute verschollen

CA 14 Taf. 105c
Grabaltar oder Statuenpostament, wiederverwendet. H 102.
Das Monument besaß, nach einer alten Zeichnung, eine CA 13 vergleichbare Girlande an der Vorderseite unterhalb der Inschrift.
E. Romero de Torres, BolAcadHist 54, 1909, 100−103 Abb. o. Nr.

PROVINZ CÁCERES[3]

Cáceres, Museo Provincial

CC 1
Weihaltar. Aus Ibahernando. Granit. H 77. B 37. T 29.
Sich nach oben zu erweiternd, zwei Pulvinusprotuberanzen. Keine Deckplatte und Profile, kein vorspringender Sockel. Inschriftfeld ungerahmt.
C. Callejo Serrano, ArchEspArq 36, 1963, 255 Abb. 5.

CC 2
Weihaltar. Aus Valdelacasa (Dehesa de), térm. de Cáceres.
Pulvini, Giebel. Inschriftfeld ungerahmt. Nebenseiten ohne Dekor. Unter der Deckplatte als Deckprofil eine Faszie, als Fußprofil eine Schräge. Sockel.
M. A. Orti Belmonte, MemMusArq 9/10, 1948/49, 344 Taf. 115,2.

CC 3 Taf. 67a
Weihaltar für Ebaroni. Aus Coria, barrera del Cubo. Flache Pulvini, dazwischen plane Fläche. Inschriftfeld ungerahmt. Kein Deckprofil. Als Fußprofil fallender Schrägwulst, Kehle. Sockel.
Orti Belmonte a.O. 344f. Taf. 117,1.

Cáceres, Slg. D. Clemente Sánchez Torres

CC 4 Taf. 67b
Weihaltar. Aus Dehesa del Castillo de Piedrabuena, térm. de San Vicente de Alcántara (Prov. Badajoz). H 100. B 57. T 50.
Auf der Deckplatte wohl Pinienzapfen ohne Reliefoberfläche. Inschriftfeld ungerahmt, Nebenseiten ohne Dekor. Unter der Deckplatte Leiste und Kehle als Deckprofil; als Fußprofil Kehle, Leiste. Sockel.
A. García y Bellido, ArchEspArq 33, 1960, 188 Nr. 20 Abb. 41.

Baños de Montemayor, Balneario

CC 5 Taf. 68a
Weihaltar für Salus. Aus Baños de Montemayor. Grobkörniger Granit. H 40. B 19. T 15.

---

[3] s. auch R. Hurtado de San Antonio, Corpus Provincial de Inscripciones Latinas − Cáceres (1977); J. M. Iglesias Gil − J. L. Sánchez Abal, ArchEspArq 50/51, 1977/78, 421ff. (Grabaltar: 428, 8).

Flache Pulvini, Focus (?). Zweifelhaft, ob 'sicher' ein Giebel vorhanden war, wie Roldán Hervás annimmt. Inschriftfeld ungerahmt. Als Deckprofil Karnies (*cyma recta*?); als Fußprofil Karnies (?).
Eine Datierung ins Ende des 2. Jhs./3. Jh. n.Chr. ist vorgeschlagen worden.
J.-M. Roldán Hervás, Las lápidas votivas de Baños de Montemayor, Zephyrus 16, 1965, 11 f. Nr. 1 Taf. 1.

CC 6
Weihaltar für Salus. Aus Baños de Montemayor. Granit. H 58. B 15. T 16.
Flache Pulvini, Oberseite zwischen den Pulvini plan. Inschriftfeld ungerahmt. Nebenseiten ohne Dekor. Am Deckprofil sind zwei Faszien erkennbar. Vom Sockel vermittelt ein Anlauf zum schmalen, überaus hohen Körper.
Aus paläographischen Gründen in das 2./3. Jh. datiert.
Roldán Hervás a.O. 12 f. Nr. 2 Taf. 2.

CC 7
Weihaltar. Aus Baños de Montemayor. Granit. H 57. B 19. T 13.
Kleine außenliegende Pulvini, dazwischen plane Oberseite, Inschriftfeld ungerahmt. Nebenseiten ohne Dekor. Als Deck- und Fußprofil je eine *cyma reversa*.
Roldán Hervás a.O. 14 ff. Nr. 3 Taf. 3.

CC 8
Weihaltar. Aus Baños de Montemayor. Granit. H 37. B 14.
Leichte Pulvinusaufwölbungen, dazwischen flache Oberseite. Inschriftfeld ungerahmt, Nebenseiten ohne Dekor. Als Deckprofil wohl Karnies. Am Sockel ist eine Profilierung nicht deutlich auszumachen.
Aus paläographischen Gründen in die 2. Hälfte des 2. Jhs./3. Jh. n.Chr. datiert.
Roldán Hervás a.O. 16 ff. Nr. 4 Taf. 4.

CC 9 Taf. 68b
Weihaltar für die Nymphen. Aus Baños de Montemayor. Granit. H 34. B 22,3.
Pulvini, Giebel. Inschriftfeld ungerahmt. Nebenseiten ohne Dekor. Wulstiges Deck- und Fußprofil.
Aus paläographischen Gründen in den Anfang des 3. Jhs. n.Chr. datiert.
Roldán Hervás a.O. 19 ff. Nr. 5 Taf. 5.

CC 10 Taf. 68c
Weihaltar für die Nymphen. Aus Baños de Montemayor. Granit. H 23,5. B 11,2.
Zwei Pulvini schließen einen kleinen Giebel ein. Inschriftfeld ungerahmt, Nebenseiten ohne Dekor. Im Deckprofil zwei Faszien; Fußprofil unbestimmbar. Erhalten ist eine Plinthe, in die der Altar mit einem Sockelzapfen einpaßt. Die Plinthe ist an der Rückseite unregelmäßig geformt.
Wird aus paläographischen Gründen in das 2./3. Jh. n.Chr. datiert.
Roldán Hervás a.O. 21 f. Nr. 6 Taf. 6.

CC 11 Taf. 68d
Weihaltar für die Nymphen. Aus Baños de Montemayor. Granit. H 32. B 15,5.
Pulvini, Giebel. Inschriftfeld ungerahmt. Auf der rechten Nebenseite Kanne, auf der linken Griffschale. Als Deckprofil *cyma recta*; als Fußprofil *cyma recta*, Leiste.
Der Altar erinnert in seiner Form stark an CC 9.
Wird aus paläographischen Gründen in die 2. Hälfte des 1. Jhs./1. Hälfte des 2. Jhs. n.Chr. datiert.
Roldán Hervás a.O. 22 f. Nr. 7 Taf. 7. 8.

CC 12
Weihaltar für die Nymphen. Aus Baños de Montemayor. Marmor. H 30,6. B 16,4.
Bekrönungsplatte mit inkorporierten Pulvini. Inschriftfeld ungerahmt. Nebenseiten ohne Dekor. Als Deck- und Fußprofil je eine *cyma reversa*.
Wird aus paläographischen Gründen in die 2. Hälfte des 1. Jhs. n.Chr. datiert.
Roldán Hervás a.O. 23 f. Nr. 8 Taf. 9; J. M. Blázquez, Caparra II, ExcArqEsp 54 (1966) Taf. 28,2.

CC 13 Taf. 68e
Weihaltar für die Nymphen. Aus Baños de Montemayor. Marmor. H 29. B 16,1.
Pulvini, Giebel zu Bekrönungsplatte zusammengeschlossen. Inschriftfeld ungerahmt. Nebenseiten ohne Dekor. Als Deck- und Fußprofil je eine *cyma reversa*. In Größe, Form und Inschrift CC 12 eng verwandt.
Roldán Hervás sieht in den Lettern weniger Grazie, Eleganz und Spontaneität als bei CC 12 und denkt deshalb an eine Kopie, die er Ende des 1. oder Anfang des 2. Jhs. datieren möchte. Wir halten eher eine Gleichzeitigkeit beider Altäre für gegeben.
Roldán Hervás a.O. 24 f. Nr. 9 Taf. 10; J. M. Blázquez, Caparra II, ExcArqEsp 54 (1966) Taf. 28,4.

CC 14 Taf. 68f
Weihaltar für die Nymphen. Aus Baños de Montemayor. Granit. H 45. B 17,7.

Pulvini, Giebel auf hoher Deckplatte, die den Beginn der Inschrift trägt. Inschriftfeld ungerahmt. Nebenseiten ohne Dekor. Deckprofil aus zwei gewulsteten Faszien, Fußprofil aus einem schmalen Wulst.
Ist aus paläographischen Gründen in das 2. Jh. n.Chr. datiert worden.
Roldán Hervás a.O. 26 f. Nr. 10 Taf. 11; J. M. Blázquez, Caparra II, ExcArqEsp 54 (1966) Taf. 28,3.

Campolugar

CC 15
Fragment eines Grabaltars. Gefunden »cerca de los Hidalgos«, Campolugar. Marmor. H noch 26. B noch 8. T noch 11.
Bekrönung beschädigt. Unter der Deckplatte *cyma reversa* oder hohe Kehle. Unterer und hinterer Teil fehlt.
C. Callejo Serrano, NotArqHisp 13/14, 1969/70, 46 Taf. 12,3.

Coria, finca von D. Antonio García Estévez

CC 16.17 Taf. 67e.f
Zwillingsweihaltäre für die indigenen Gottheiten Arentia und Arentius Amrunaecus. Gefunden beim arroyo Tumabón, 4 km von Coria. Granit.
Beide Altäre gleichen sich, wenn auch nicht in der Beschriftung. Einmalig ist die Formgebung der Bekrönung. Auf der flachen Oberseite ruhen die als Halbrundstäbe gebildeten Pulvini. Auch der rechteckige Focus ist aus solchen Halbrundstäben gefügt, die jeweils nach vorn und hinten aus dem geschlossenen Rechteck überstehen. Beide Altäre besitzen hohe Deckplatten. Der Körper ist ohne Rahmung und Dekor. Zu Sockel und Gesims vermittelt kein Profil, sondern eine unregelmäßig verlaufende Schräge, die bei Altar II unter der Deckplatte kaum ausgeprägt ist.
I: H 90. B (unten) 40. B (oben) 37; II: H 91. B (unten) 35. B (oben) 39.
J. Rodríguez Hernández, Dos nuevas aras en Coria a dos divinidades gemelas, Zephyrus 17, 1966, 121–130 Taf. 1. 2.

Herguijuela, Slg. Francisco García Barroso

CC 18
Weihaltar für Dea Sancta Turibrigensis. Aus Herguijuela, Dehesa El Palacio. Granit. H 76. B 35,5. T 26.

Akroterartige Pulvini, Giebel. Focus. Von der Bekrönung ist die Deckplatte nicht abgeteilt. Dadurch wirkt die Bekrönungsvorderseite erhöht zur Aufnahme der Worte DEAE SANCTAE. Körperseiten ungerahmt und ohne Dekor. Als Deckprofil *cyma reversa*; als Fußprofil *cyma reversa*. Sockel.
C. Callejo Serrano, Nuevo repertorio epigráfico de la provincia de Cáceres, ArchEspArq 43, 1970, 144 f. Nr. 9 Abb. 9.

CC 19
Weihaltar für Sancta Crastena. Aus Herguijuela. Granit. H 69. B 22. T 20,5.
Pulvini und Giebel sind an der Vorderseite nicht von der Deckplatte abgetrennt. Vorderseite der Bekrönung ist erhöht für die Inschrift. Körperseiten ohne Rahmung oder Dekor. Als Deckprofil eine *cyma reversa*, als Fußprofil eine *cyma reversa*. Sockel.
C. Callejo Serrano, ArchEspArq 43, 1970, 146 f. Abb. 10.

CC 20
Weihaltar für Iupiter. Aus Herguijuela, Finca Valzarzoso. Granit. H 75. B 45. T 40.
Pulvinuseinheit mit Giebelaufwölbung. Körperseiten ohne Rahmung oder Dekor. Als Deckprofil eine Faszie. Kein Fußprofil über dem Sockel.
C. Callejo Serrano, ArchEspArq 43, 1970, 149 f. Abb. 12.

CC 21
Weihaltar für Iupiter Optimus Maximus. Aus Herguijuela. Granit. H 83. B 30. T 25.
Bekrönung wird von publizierter Abbildung nicht erfaßt. Inschriftfeld ungerahmt. Nebenseiten ohne Dekor. Sockel- und Deckprofil bestehen aus je einer abgerundeten Platte, zu der An- und Ablauf überleiten.
C. Callejo Serrano, ArchEspArq 43, 1970, 150 f. Abb. 13.

Holguera

CC 22
Grabaltar für Valerius Aquilus. Aus Holguera. Marmor. H 57. B 26. T 18.
Pulvini, Giebel, Focus. Auf Pulvinusstirnen und Giebelfeld die Buchstaben DMS. Auf der rechten Nebenseite Kanne, auf der linken Nebenseite angeblich ein Lorbeerkranz. Unter der Deckplatte als Deckprofil Leiste, *cyma recta*, Faszie; als Fußprofil Faszie, *cyma recta*, Leiste. Sockel.
Erinnert an für Mérida charakteristische Altäre.

J. Ramón y Fernández Oxea, BolAcadHist 1955, 26 Abb. 19.

Montehermoso, Slg. J. A. Pérez Blázquez

CC 23
Weihaltar. Aus Montehermoso. H 97. B 43. T (Körper) 27.
Pulvini, dazwischen Senke. Breite Deckplatte mit Inschriftanfang, zu der ein Ablauf vom Körper vermittelt. Körperseiten ohne Rahmung oder Dekor. Sockel springt abgeschrägt vor.
J. M. Blázquez, ExcArqEsp 54 (1966) 46 f. Abb. 22.

Navaconcejo

CC 24
Weihaltar. Aus Navaconcejo (Plasencia).
Bekrönung nicht mehr zu beurteilen. Weitausstehende Gesims und Sockel. Als Deckprofil Karnies, Faszie; als Fußprofil eine Faszie.
M. Sayans Castaños, in: VIII CongrNacArq Sevilla-Málaga 1963 (1964) 266 Abb. 1.

CC 25
Weihaltar. Aus Navaconcejo (Plasencia).
Pulvinuseinheit, Mulde. Kein Deckprofil. Bekrönung vom Körper durch eine Rille abgesetzt. Kein Fußprofil.
Sayans Castaños a.O. Abb. 2.

Plasencia, Slg. des Duque de Arión, Palacio

CC 26 Taf. 67g
Grabaltar für L. Aelius Fortunatus. Aus Caparra. Marmor. H 59,5. B 29.
Glatte Pulvinuszylinder, Giebel. Auf Höhe der Giebelspitze Rundfocus. Pulvini ruhen auf den ausschwingenden Giebelschrägen. Deckplatte mit den Buchstaben D.M.S. Inschrift ungerahmt. Nebenseiten glatt. Als Deckprofil *cyma reversa*; als Fußprofil *cyma reversa* mit Inschriftschluß.
CIL II 831; J. M. Blázquez, Caparra I, ExcArqEsp 34 (1965) 55 Nr. 1 Taf. 12,1.

CC 27 Taf. 67h
Grabaltar. Aus Caparra. Marmor. H 30,5. B 15,5.
Bekrönung kompakt zusammengeschlossen, Eckakrotere und Giebel treten in Relief vor, auf ihnen die Buchstaben DMS. Deckplatte, Sockel, keine Profile. Inschrift ungerahmt. Nebenseiten ohne Relief.
CIL II 837; Blázquez a.O. 55 f. Nr. 2 Taf. 12,2.

CC 28 Taf. 69a-c
Grabaltar. Aus Mérida. Marmor. H 56. B 45.
Balusterförmige Pulvini, von Blättern umhüllt und in der Mitte des Schaftes von gedrehtem Wulst geschnürt. Sie ruhen auf den ausschwingenden Schrägen des Volutengiebels, ihre Stirn trägt gerahmte Rosetten. Im Giebelfeld hängendes Blattmotiv. Focus. Seiten des Körpers ungerahmt. Auf der linken Nebenseite Kanne, rechts grifflose Omphalosschale mit rechts daneben schräg nach oben gerichtetem, langem Stab. Unter der flachen Deckplatte als Deckprofil Leiste, *cyma recta*, Faszie, Leiste, Kehle; als Fußprofil Faszie, *cyma recta*, Leiste.
Aus paläographischen Gründen in die 1. Hälfte des 2. Jhs. n.Chr. datiert.
Blázquez a.O. 56 Nr. 3 Taf. 13,1-3.

CC 29 Taf. 69d-f
Grabaltar. Aus Mérida. Marmor. H 90. B 50.
Pulvini sitzen außen auf den Schrägen eines die ganze Breite des Altars einnehmenden Giebels. Keine Rahmung der Körperseiten. Auf der linken Nebenseite Kanne, rechts Omphalosschale mit Griff. Auf der Rückseite über die ganze Breite durchhängende Blattgirlande mit Aufhängebändern. Als Deckprofil Leiste, *cyma recta*, Faszie, Leiste, Kehle; das Fußprofil entspricht dem Deckprofil.
Ist aus paläographischen Gründen in die 1. Hälfte des 2. Jhs. datiert worden.
CIL II 501; Blázquez a.O. 56 f. Nr. 4 Taf. 14,1-4.

Robledillo de Gata, Kirche

CC 30
Weihaltar für Iupiter Optimus Maximus. Aus Robledillo de Gata (?). Granit. H 90. B 52. T 45.
Oberseite flach, möglicherweise abgearbeitet. Inschriftfeld ungerahmt, Nebenseiten ohne Dekor. Als Deck- und Fußprofil je eine massige *cyma reversa*.
C. Callejo Serrano, ArchEspArq 43, 1970, 162 ff. Abb. 22.

Santa Marta de Magasca, Finca Pascualete

CC 31
Oberer Teil eines Weihaltars für Belona. Aus Santa Marta de Magasca. Granit. H noch 44. B 35. T 20.

Pulvini, dazwischen plane Fläche. Inschriftfeld ungerahmt. Als Deckprofil ein Karnies. Fußprofil und Sockel nicht mehr erhalten.
Alle Belege der lusitanischen Belona stammen aus dem Einflußbereich der Colonia Norba Caesarina (Cáceres).
C. Callejo Serrano, Zephyrus 18, 1967, 104 ff. Abb. (Zeichnung).

El Sauzar

CC 32
Weihaltar für Sitiovio oder (Po)sit Iovi O(ptimo).
Unter dem Theonym ist ein Stier dargestellt, der die Natur des Gottes andeutet: Schützer der Natur, der Herden und des menschlichen Lebens.
Wird aus paläographischen Gründen in das 2./3. Jh. n.Chr. datiert.
Blázquez, Diccionario 169 s. v. Sitiovio.

Torremenga (Plasencia)

CC 33
Weihaltar »Deo Tritiaecio«.
Oberseite flach. Der Körper verbreitert sich oben in weitgeschwungenem Verlauf und wölbt sich unterhalb der Deckplatte wieder einwärts.
M. Sayans Castaños, in: VIII CongrNacArq Sevilla-Málaga 1963 (1964) 266 Abb. 3; C. Callejo Serrano, ArchEspArq 36, 1963, 225 ff. Nr. 8 Abb. 6.

Valencia de Alcántara

CC 34
Weihaltar für Apollon. Aus dem Quellheiligtum 'Fuente Blanca' von Valencia de Alcántara. Granit. H 81. B 46. T 46.
Flacher Pulvinus in Resten erkennbar, kein Giebel, Reste eines Focus. Inschriftfeld ungerahmt. Als Deckprofil *cyma recta*, Faszie, Faszie; als Fußprofil *cyma recta* (so nach Zeichnung).
C. Callejo Serrano, Zephyrus 18, 1967, 92 f. Taf. 4.

CC 35
Weihaltar für die Laren. Aus dem Quellheiligtum 'Fuente Blanca' von Valencia de Alcántara. H 64. B 26. T 26. Stark beschädigt. Granit.
Es sind nur noch Profilvorsprünge zu erkennen.
Callejo Serrano a.O.

CC 36
Weihaltar für Salus. Aus dem Quellheiligtum 'Fuente Blanca' von Valencia de Alcántara. H 71. B 30. T 22.
Kleiner Focus erkennbar. Horizontal vorspringende Profilzonen.
Callejo Serrano a.O.

CC 37
Weihaltar. Aus dem Quellheiligtum 'Fuente Blanca' von Valencia de Alcántara. Marmor. H 68. B 34. T 10.
Bekrönung beschädigt. Inschriftfeld ungerahmt. Auf der linken Nebenseite Kanne, rechts Schale. Als Deckprofil *cyma recta*, Faszie; als Fußprofil Faszie, *cyma recta*, Leiste. Sockel.
Der Altar erinnert an für Mérida typische Altäre.
Callejo Serrano a.O.

Valencia de Alcántara, Casa Gonzalo Muñoz

CC 38
Kleiner Weihaltar für die Laren. Aus Valencia de Alcántara, von der finca 'El Espadañal'. Granit. H noch 25. B 12,5. T 7.
Reste von Pulvinus und Focus erhalten. Die Deckplatte ist vom Körper durch eine Rille abgesetzt, springt aber nicht vor. Inschriftfeld ungerahmt. Der Sockel springt vor mit abgeschrägtem Übergang.
C. Callejo Serrano, Zephyrus 18, 1967, 98 Taf. 8.

CC 39 Taf. 67c
Weihaltar für Iupiter. Aus Valencia de Alcántara, finca 'El Espadañal'. Grober Granit. H 46. B 16. T 13.
Runde Pulvinuszylinder, dazwischen plane Fläche auf Höhe der Pulvinusgrundlinie. Die Deckplatte ist konvex gewölbt, das Deckprofil gewulstet, ebenso das Fußprofil. Alle diese Gliederungselemente treten kaum vor den Altarumriß vor. Inschriftfeld ungerahmt. Nebenseiten ohne Dekor.
Callejo Serrano a.O. 99 Taf. 9.

Valencia de Alcántara

CC 40 Taf. 67d
Weihaltar. Gefunden im Valle de San Benito, Valencia de Alcántara. H 40. B (Basis) 23. B (Körper) 20. T 20.
Pulvinuszylinder, flache Zwischenfläche auf Höhe der unteren Pulvinusperipherie. Auf Vorderseite der Deckplatte Beginn der Inschrift. Als Deck- und Fußprofil je eine *cyma reversa*. Keine Rahmung oder Dekor auf dem Körper.

Kenntnis durch Brief von E. Diéguez an H. Schubart vom 6.3.75 mit beigelegtem Photo.

Zorita, Dehesa Boyal

CC 41
Weihaltar. Aus Zorita. Granit. H 68. B 27. T 22.
Keine Bekrönungselemente mehr kenntlich. Hohe Deckplatte. Der Körper läuft oben in ein *cyma reversa*-artiges Deckprofil (vgl. CC 33) ab. Vom hohen Sockel vermittelt ein Anlauf zum Körper. Inschriftfeld ungerahmt. Nebenseiten ohne Dekor.
C. Callejo Serrano, ArchEspArq 43, 1970, 155 f. Abb. 16.

PROVINZ CÓRDOBA

Córdoba, Museo Arqueológico Provincial

CO 1 Taf. 120
Grabaltar. Aus Córdoba, Calle Torrijos. Inv. Nr. D 19. Weißer Marmor, schwarz gefleckt. H 89. B 44. T 26.
Blattpulvini in der Mitte durch Rille getrennt, an den Stirnen Rosetten, die durch zwei gekreuzte Rillen viergeteilt sind. Dazwischen Giebel. Im gerahmten Giebelfeld runder Kranz. Auf Höhe des Giebelfirstes rundovaler Focus. Inschriftfeld karniesgerahmt. Auf den ungerahmten Nebenseiten rechts grifflose Omphalosschale, links Kanne. Als Deckprofil Kehle, Torus, Kehle, als Fußprofil Kehle, *cyma recta*, Leiste. Die Profile sind auf der Rückseite nicht ausgearbeitet, im übrigen sehr unpräzise.

CO 2 Taf. 122a
Grabaltar. Aus Córdoba, Calle San Pablo. Inv. Nr. 43. Dunkel gefleckter Kalkstein, grob. H 76. B 38. T 25.
Pulvini und Giebel, auf sie verteilt die Buchstaben DMS. Focus nicht gesondert ausgearbeitet, Fläche. Ungerahmtes Inschriftfeld. Nebenseiten glatt. Als Deckprofil unter der Deckplatte *cyma recta*, Faszie, als Fußprofil Faszie, *cyma recta*, auf Sockel. Profile auf der Rückseite nicht ausgearbeitet. Die Leiste, welche die *cyma recta* fortsetzt, ist hier zu einer Wölbung umgebildet, so daß die *cyma recta* diesmal zwei konvexe Wölbungen besitzt.
CIL II 2236 add. p. 886.

CO 3 Taf. 123d.e
Altar. Aus Córdoba, gefunden am Camino de Mesta, in der Nähe der Brücke über den arroyo de Pedroches. Inv. Nr. 5440. Poröser Kalkstein. H 118. B 47. T 38.
Auf der Körpervorderseite rechteckiges vertieftes Feld, wohl zum Einlassen einer Platte. Grund rauher gepickt. Seitenfelder roh behauen und ohne Dekor. Bekrönungselemente kompakt zusammengeschlossen. Oben horizontale Fläche. Zylindrische Pulvini, glatt. Sie sitzen auf den Schräggeisa des Giebels, der die gesamte Breite des Monuments einnimmt. Unter dem Giebel eine Platte, darunter eine weitere Platte mit nach unten zu einziehender Schräge (vereinfachte Form einer *cyma reversa*). Entsprechend unten eine abgeschrägte Platte (vereinfachte *cyma reversa*) über einer weiteren Platte, darunter der Sockel.
E. Romero de Torres, MemJuntaExc 108, 1929, 9 Taf. 7A.

CO 4 Taf. 122b
Grabaltar. Aus der Sierra de Córdoba, ehem. Slg. Bernier. Kalkstein. H 59.
Bekrönung ausgebildet als Platte, vor die Pulvinusstirnen und Giebel in Relief vortreten. Keine Deckplatte, keine Profile. Nebenseiten glatt. Inschriftfeld karniesgerahmt.
Vives 3079; A. García y Bellido, ArchEspArq 33, 1960, 190 Nr. 26.

CO 5 Taf. 123f
Altar. Löchriger Kalkstein. H 71. B 24. T 18.
Bekrönung kompakt zusammengeschlossen. Runder trichterförmiger Focus. Anstelle der Pulvini zwei durch Rillen geteilte Doppelstege. Dazwischen auf allen drei sichtbaren Seiten leicht vertiefte halbkreisförmige, hängende Rundung. Keine Inschrift. Nebenseiten glatt. Als Deckprofil eine durchhängende Platte, auch auf der Rückseite ausgeführt. Der Altarkörper verbreitert sich nach unten, wo er direkt auf dem ab-

gesetzten Sockel ruht. Das Monument wirkt schlank und hoch.

CO 6 Taf. 127c
Grabaltar. Aus Carcabuey (Córdoba). Hellbrauner, harter Kalkstein. H 60. B 27. T 18.
Pulvini zylindrisch gerundet. Rundgiebel leicht in Relief vortretend. Auf die Pulvini und den Giebel verteilt die Buchstaben DMS. Zwischen den Pulvini ist in die ebene Oberseite eine rechteckige Vertiefung mit einem den Rand umgebenden feinen Saumschlag gearbeitet. Inschriftfeld ungerahmt. Nebenseiten glatt. Als Deckprofil senkrechte *cyma recta*, Faszie, als Fußprofil Faszie, Karnies (*cyma recta*). Die Profile sind um die Rückseite herumgeführt.
CIL II 1653; Vives 5343.

CO 7 Taf. 126c
Grabaltar. Aus Córdoba. Querrechteckiger Inschriftblock, darüber Manenaltar als monolithe Kombination. Dunkelblauer Kalkstein. H 100. B 60. T 48.
Flache kissenförmige Pulvini, dazwischen ebene, gepickte Fläche. Manenaltar: Inschriftfeld ungerahmt. Seitenflächen glatt. Als Deckprofil unter der Platte eine *cyma reversa*, als Fußprofil eine *cyma reversa*. Inschriftquader: Karniesgerahmtes Inschriftfeld. Seitenfelder grob gepickt. Rückseite nicht ausgearbeitet.
CIL II 2239.

CO 8 Taf. 124a
Grabaltar. Hellbrauner Kalkstein. H 81. B 44. T 44.
Oberteil stark beschädigt. Inschriftfeld ungerahmt. Die oberste Zeile der Inschrift steht auf dem Deckprofil. Auf der rechten Nebenseite in Relief ein »Messer« (?). Als Deckprofil unter der Platte eine *cyma reversa*, als Fußprofil ebenfalls eine *cyma reversa*. Roh belassener Sockel.

CO 9 Taf. 124b.c
Mittelstück des Körpers vom Grabaltar des Lucrius. Aus Córdoba. Weißer Marmor. H noch 30. B 49. T noch 25,5.
Inschriftfeld karniesgerahmt. Auf der rechten Nebenseite grifflose Omphalosschale mit Zentralpunkt. Links Kanne mit gedrehtem Fuß, auf Höhe des unteren Henkelansatzes der Kanne zwei Rillen auf der Wandung.
CIL II 5531.

CO 10 Taf. 121a–c
Taurobolienaltar. Aus Córdoba, gefunden bei der Kreuzung der Calle de Gondomar/Calle del Gran Capitán. Inv. Nr. D 5 (?). Marmor. H 90. B 45. T 34.
Großer Rundfocus hinter Giebel auf Höhe der oberen Pulvinusperipherie. Pulvinusmittelstege fassen die Pulvini mit dem Focus zusammen. Bekrönung im ganzen auffallend rauh belassen, wie auch die Profile. Das ungerahmte Inschriftfeld dagegen ist geglättet, einige Worte in Rasur, Zeilenvorritzung. Auf der rechten Nebenseite Widderkopf, auf der linken Omphalosschale mit Griff (im Halbprofil). Als Deckprofil unter der Platte Faszie, *cyma reversa*, als Fußprofil *cyma reversa*, Faszie auf Sockel. Die eigentümliche und seltene Faszie nach der *cyma reversa* besitzt auch der Taurobolienaltar CO 11 von derselben Fundstelle. Beide Altäre sind wahrscheinlich von Vater und Sohn geweiht.
In das Jahr 234 n.Chr. datiert.
A. García y Bellido, Les religions orientales dans l'Espagne Romaine (1967) 46 f. Taf. 5; A. Blanco Freijeiro, Documentos metróacos de Hispania, ArchEspArq 41, 1968, 93–95 Abb. 1. 2.

CO 11 Taf. 122c.d
Taurobolienaltar. Aus Córdoba (gefunden an der Kreuzung der Calle Gondomar/Calle del Gran Capitán). Inv. Nr. 42. Marmor. H 85. B 50. T 15.
Giebel mit grob gepicktem Giebelfeld. Glatte Pulvinuszylinder. Rundlicher Focus. In der Mitte der Pulvinuszylinder plastische Stege, die zur Focusmulde ziehen. Inschrift in geglättetem ungerahmtem Feld. Auf der rechten Nebenseite Kanne, darunter Omphalosschale mit Griff, senkrecht nach unten. Auf der linken Nebenseite Widderkopf. Als Deckprofil unter der Deckplatte Faszie, *cyma reversa*, als Fußprofil *cyma reversa*, auf Sockel. Die Profile sind, wie das Inschriftfeld, geglättet, alles andere ist grob gepickt belassen. Die Rückseite ist konvex gerundet, Profile hier nicht ausgeführt.
Der Altar ist in das Jahr 238 n.Chr. datiert.
CIL II 5521; J. M. de Navascués, Klio 38, 1960, 199 Abb. S. 198; A. García y Bellido, Les religions orientales dans l'Espagne Romaine (1967) 47f. Taf. 6; A. Blanco Freijeiro, ArchEspArq 41, 1968, 93–95 Abb. 1. 2.

CO 12
Unterer Teil eines Taurobolienaltars. Hellbrauner Kalkstein, grob, hart. H noch 51. B 57. T 34.
Bekrönung ist abgeschlagen und fehlt. Ungerahmtes Inschriftfeld. Auf der rechten Nebenseite Schale mit Griff, auf der linken Kanne (?), Widderkopf (?). Als Fußprofil *cyma reversa*. Faszie, auf Sockel. Profil auf der Rückseite nicht ausgearbeitet. Deckprofil nicht mehr vorhanden.

CO 13 Taf. 125a
Altar mit zwei griechischen Distichen für Artemis. Aus Córdoba, Calle Angel de Saavedra 8. Marmor. H 90. B 56.
Zylindrische, glatte Pulvini, Giebel, großer runder Focus. Giebel und Pulvinusstirn wie auch die Deckplatte sind mit runden scheibenförmigen Vertiefungen versehen, die aufgrund ihrer Plazierung an Inkrustationen in anderen Materialien denken lassen. Auf der ungerahmten Vorderseite griechische Inschrift. Als Deckprofil Faszie, *cyma reversa*, als Fußprofil *cyma reversa*.
Nach A. Tovar in die Zeit des Proconsuls Arrian (138–147/8 n.Chr.) zu datieren.
A. Tovar, Un nuevo epigrama griego de Córdoba. ¿Arriano de Nicomedia, Proconsul de Bética? Estudios sobre la obra de Américo Castro (1971) 402–412; ders., ArchEspArq 48, 1975, 167–173; M. Fernández Galiano, Sobre la nueva inscripción griega de Córdoba, Emerita 40, 1972, 47–50; W. Burkert, ZPE 17, 1975, 167 ff.; L. Koenen, Córdoba and no end, ZPE 24, 1977, 35 ff.; C. Castillo García, Städte und Personen der Baetica, in: ANRW II 3 (1975) 606 mit Anm. 20 Taf. 1.

CO 14 Taf. 125b–d
Weihaltar für Helios, Aphrodite und Athena, nur sehr fragmentiert erhalten. Aus Córdoba, gefunden 1921 in der Calle Torrijos 6. Inv. Nr. D 34/1. Heller Marmor. H noch 48. B noch 25. D 25.
Linker Pulvinus mit linkem Teil der Profilierung weggebrochen. Auf der Stirn des rechten Pulvinus ist eine Vierblattrosette eingegraben. Glatte Pulvinuszylinder in der Mitte von Band umfaßt, das bis zur rund eingetieften Focusmulde läuft. Auf der glatten Giebelvorderseite ein Zweig nach oben. Auf der Vorderseite der Deckplatte zweizeilige griechische Inschrift. Eine weitere auf der glatten, ungerahmten Vorderseite des Altarkörpers. Die linke Nebenseite ist rauh gepickt, ebenso die rechte. Als Deckprofil unter der Platte Schrägplättchen, *cyma reversa*. Fußprofil ist nicht erhalten. Rückseite glatt, Profile abgearbeitet, um bei der Wiederverwendung im 4./5. Jh. n.Chr. Platz für ein Chrismon in der Form des Konstantinischen Monogramms zu gewinnen.
Der Altar wird in die Zeit Heliogabals (218–222 n.Chr.) datiert.
F. Hiller v. Gaertringen – E. Littmann – W. Weber – O. Weinreich, Syrische Gottheiten auf einem Altar aus Cordoba, Archiv für Religionswissenschaft 22, 1923/24, 117 ff.; Wiedergabe in Spanisch durch P. Bosch-Gimpera, Boletín de la Academia de Córdoba 3, 1924, 219 ff.; Padre Mouterde, Machriq 1924, 337 ff.; F. Cumont, Une dédicace à des dieux syriens trouvée à Cordoue, Syria 5, 1924, 324 ff.; A. García y Bellido, Sefarad 24, 1964, 262–267 Abb. 12. 13, mit weiteren Literaturangaben; ders., Les religions orientales dans l'Espagne Romaine (1967) 96 ff.; H. Seyrig, Note sur l'inscription de Cordoue, Syria 48, 1971, 370 f.

CO 15 Taf. 127a
Fragment eines kleinen Altars. Aus Córdoba. Marmor. H noch 26. B noch 18. T 27.
Weiter Rundfocus. Auf der linken (einzigen erhaltenen) Pulvinusstirn Rosette. Inschriftfeld ungerahmt. Als Deckprofil unter der Deckplatte *cyma reversa*, Faszie; Fußprofil nicht erhalten. Deckprofil auch auf der Rückseite herumgeführt.
S. de los Santos Gener, MemMusArq 5, 1944, 84.

CO 16 Taf. 124d.e
Weihaltar für Silvanus. Wohl aus Sevilla. Inv. Nr. 783. Grober Kalkstein. H noch 73. B 38. T 32,5.
Altarbekrönung zerstört. Inschriftfeld ungerahmt. Auf der rechten Nebenseite grifflose Omphalosschale, auf der linken Kanne. Als Deckprofil unter der Deckplatte Torus, Leiste, Kehle, als Fußprofil *cyma reversa*. Die Profile sind auf der Rückseite herumgeführt.
CIL II 5388.

CO 17 Taf. 126a.b
Unterer Teil eines Altars. Aus Córdoba. Rötlich gefleckter Kalkstein. H noch 91. B 75. T 49.
Inschriftfeld karniesgerahmt. Auf der rechten Nebenseite grifflose Schale mit Omphalos. Auf der linken Nebenseite Kanne (?). Als Fußprofil Faszie, *cyma recta*, Leiste, Torus auf Vorder- und rechter Nebenseite, auf der linken Nebenseite ist die Profilzone abgeschrägt gepickt. Auf dem Sockel eine weitere Inschriftzeile.
CIL II 2212 add. p. 886.

CO 18 Taf. 127d
Kleiner Altar. Marmor. H noch 23. B 16. T 17.
Pulvini glatt. Kein Giebel. Oben weiter schalenförmiger Focus. Inschriftfeld ungerahmt. Seitenfelder glatt. Als Deckprofil unter der Deckplatte Faszie, *cyma reversa*; Fußprofil fehlt. Der Altarkörper verbreitert sich nach unten.
MemMusArq 8, 1947, 93 Taf. 29,3.

CO 19 Taf. 123a–c
Kleiner Altar. Weißer feiner Marmor. H 21. B 13,5. T 10.

Als Bekrönung dient eine Platte, an deren drei sichtbaren Seiten Giebel und Eckakrotere angedeutet sind. Darauf sitzt ein runder, oben abgestumpfter Omphalos (?) mit Blattschuppen (Pinienzapfen?). Auf der sichtbaren Breitseite des Altarkörpers keine Inschrift, diese war möglicherweise einst in Farbe auf die glatte Fläche aufgetragen. Auf der einen Nebenseite Kanne, auf der anderen grifflose Omphalosschale in stark erhöhtem Relief. Als Deckprofil *cyma recta* (?), Faszie, als Fußprofil Faszie, *cyma recta*.

CO 20 Taf. 127b
Kleiner Altar. Inv. Nr. 33 (?). Marmor.
Die drei sichtbaren Seiten des Altars sind reliefverziert. Man erkennt (trotz der sehr hohen Aufstellung) eine grifflose Schale mit Omphalos, ein Füllhorn (?), eine Kanne. Aufsatz und Deckprofil sind weggebrochen. Als Fußprofil eine *cyma reversa*.

Eine Reihe von Inschriften aus Córdoba, darunter einige Grabaltäre, sind in das Museum von Málaga gekommen. E. Serrano Ramos – R. Atencia Páez, Inscripciones latinas del Museo de Málaga (1981) Nr. 10 ff.

PROVINZ CUENCA

Cuenca, Museo Provincial

CU 1 Taf. 50a
Kleiner Weihaltar. Aus dem Theater von Segobriga. Kalkstein. H 42. B 20. T 19.
Pulvini glatt, zylindrisch; Rundfocus; Giebel. Inschriftfeld ungerahmt. Nebenseiten ohne Dekor. Als Deckprofil Leiste, *cyma recta*, Faszie; als Fußprofil Faszie, *cyma recta*, Leiste, auf Sockel. Profile allseitig umlaufend.
H. Losada Gómez – R. Donoso Guerrero, ExcArqEsp 43 (1965) 10 f. Taf. 9,1.

CU 2 Taf. 50b
Weihaltar für Silvanus. Aus Osa de la Vega.
Unverzierte Pulvini durch eine Senke miteinander verbunden. Als Deck- und Fußprofil je ein Karnies (*cyma recta*?).
M. Osuna Ruiz – F. Suay Martínez, Yacimientos romanos de la provincia de Cuenca, Revista Cuenca, Diciembre 1974, Taf. 10b.

CU 3
Weihaltar für Hercules. H 20. B 19. T 12.

CU 4
Kleines Hausaltärchen. H 9. B 5.
Ohne Inschrift und ohne Dekor. Pulvini, kein Giebel. Deck- und Fußprofil.

CU 5
Unterer Teil eines Grabaltars (?). Aus Carboneras de Guadazaón. Erhalten ist nur das Fußprofil.

CU 6
Pulvinus eines großen Altars. Aus Segobriga.
Erhalten sind Partien des *balteus* und der von ihm ausgehenden gespitzten und in der Mittelachse gerillten Blattschupper. Der *balteus* selbst wird am Rand durch eine Folge von Wulst, Streifen und Wulst eingefaßt.
Zwei weitere Teile von monumentalen Altären mit Blattschuppen (Pulvini) sollen sich an gleicher Stelle befinden.

Vgl. auch das geschuppte Teilstück eines größeren Monuments, das an einem Ende in viereckigem Rahmen eine Porträtbüste besitzt. M. Almagro, Segobriga – ciudad celtibérica y romana. Guía de las excavaciones y museo (1975) Taf. 25.

PROVINZ DOURO LITORAL

Penafiel, Museu de Sobral Mendes

DL 1 Taf. 60a.b
Weihaltar LARI PATRIO. Aus Monte Mòsinho. Douro Litoral. Lokaler Granit. H noch 74. B 42,5. T 44. Bekrönung nicht ganz klar. Pulvini und Giebel seien abgearbeitet. Der Körper ist kubisch. Auf der ungerahmten linken Nebenseite Bovide mit halbgesenktem Kopf. Inschriftfeld ungerahmt. Schwere und breite vorspringende Profilzonen, als Deckprofil Leiste, *cyma recta*, Leiste, *cyma recta*, Faszie, als Fußprofil Faszie, *cyma recta*, Leiste, *cyma recta*, Leiste, allseitig umlaufend.
Wird in die 1. Hälfte des 2. Jhs. n.Chr. datiert.
P. Le Roux — A. Tranoy, in: Actas do III Congresso Nacional de Arqueologia I (1974) 250 ff. Taf. 1 f.

DL 2
Altar mit Opfertarif auf drei Seiten. Aus Marecos, Douro Litoral. Grauer Granit. H 91,5. B 47,5. T 39. Oberseite abgearbeitet. Die auf den 9. April 147 n.Chr. datierte Inschrift mit dem ersten Opfertarif der Halbinsel ist Linie für Linie um den Altar zu lesen, wie die von Untermann publizierte Altarinschrift von Ruscino. Die Verschiedenheiten des mit der Lar patrius-Weihung gleichzeitigen Opfertarifs sind bemerkenswert. Der längere Text erfordert ein größeres Monument, das gemäß einer einheimischen Tendenz hochgestreckt gearbeitet wird und nicht eine proportionale Vergrößerung der kubischen Körpergestalt des Lar patrius-Altars erfährt. Von den drei beschrifteten Seiten sind zwei (wohl die Nebenseiten) etwas schmaler als die dritte (wohl die Vorderseite). Der Text beginnt auf der linken Nebenseite und läuft über die Vorderseite zur rechten Nebenseite. Unter der Bekrönungssockel- und der Deckplatte als Deckprofil Leiste, *cyma recta*, Faszie, als Fußprofil Faszie, *cyma recta*, Leiste, auf Sockel.
Le Roux — Tranoy a.O. 252 ff. Taf. 3.

Póvoa de Varzim, Museu Etnográfico Municipal

DL 3
Weihinschrift auf Altar. Aus Beiriz, Concelho da Póvoa de Varzim, Douro Litoral. Granit. H 68.
Entsprechend einer wohl unzuverlässigen zeichnerischen Abbildung besäße der Altar Pulvini, Giebel mit Halbmond im Tympanon, Miniatur-Rundfocus. Als Deckprofil unter der Deckplatte Faszie, *cyma reversa* lokaler Form, Faszie, als Fußprofil Schräge, auf Sockel.
F. Gonçalves, Inscrições romanas de Beiriz, RevGuimarães 59, 1949, 224 ff. Abb. 1.

S. Tomé de Covelas, Privatbesitz

DL 4 Taf. 60c
Grabaltar. Aus Santa Marinha do Zézere, Concelho de Baião, Douro Litoral. Granit. H 69. B 29,5. T 28. Pulvini zylindrisch, glatt, Giebel, Rundfocus. Eigenartige Profilierung in Form einer Deckplatte, die am unteren und oberen Rand wulstig begrenzt wird. Zum Körper vermittelt eine Rundstabform. Dasselbe wiederholt sich am Sockel.
D. de Pinho Brandão, Monumento sepulcral em forma de ara com inscrição latina, de Santa Marinha do Zézere (Baião), RevGuimarães 70, 1960, 485—490 Abb.

Vila de Feira, Castelo

DL 5 Taf. 60d
Weihaltar für Iupiter. Aus Castro de Fiães, Monte de Santa Maria, Vila da Feira. Granit. H 83. B 37.
Focus, Pulvini. Inschriftfeld ungerahmt. Unter der Deckplatte als Deckprofil eine mächtige *cyma recta*, als Fußprofil zum Körper anlaufende *cyma reversa*, auf Sockel.
C. A. F. de Almeida — E. de Santos, Revista da Faculdade de Letras, Univ. do Porto 2, 1971, 158 ff. Taf. 3,5.

DL 6
Weihaltar für die Gottheit Tueraeus. Aus Castelo de S. Nicolau, de Vila da Feira, Douro Litoral.
Giebel, wohl einst Pulvini. Unter der Deckplatte als Deckprofil zwei abgetreppte Faszien.
F. de T. e Távora, O castelo da Feira (1917) 42 f.; Blázquez, Religiones 216; J. d'Encarnação, Duas importantes aras romanas de Vila da Feira, in: Aveiro e o seu distrito Nr. 11, 1971, 59—61; ders., Conimbriga 12, 1973, 204 f. Taf. zwischen S. 214 und 215; ders., Divindades 291 f. Abb. 68A.

DL 7
Weihaltar für die Gottheit Banda Velugus Toiraecus.
Aus Castelo de S. Nicolau, de Vila da Feira.
Bekrönung fehlt. Deckplatte mit drei Bogen. Inschriftfeld ungerahmt. Deckprofil dreifach mit schmaler werdenden Wülsten. Als Fußprofil Faszie und *cyma reversa* (?), auf Sockel.
J. d'Encarnação, Conimbriga 12, 1973, 204 f. Taf. zwischen S. 214 und 215; Blázquez, Religiones 52; J. d'Encarnação, Duas importantes aras romanas de Vila da Feira, in: Aveiro e o seu distrito Nr. 11, 1971, 59−61; ders., Divindades 128 f. Abb. 14A.

Folgende Altäre aus der Provinz befinden sich heute in:

Guimarães, Museu de Martins Sarmento

DL 8 Taf. 60e
Weihaltar für Abna. Aus S. Martinho de Campo (Santo Tirso). Granit. H 60. B 20. T 21.
Pulvini, Focus (?). Inschriftfeld ungerahmt. Unter der Deckplatte Karnies aus zwei konvexen Wölbungen, Wulst; als Fußprofil Karnies, Faszie, auf Sockel.
Cardozo, Catálogo 23 Nr. 19 Abb. o. Nr.; d'Encarnação, Divindades 77 f. Abb. 1.

DL 9 Taf. 60f
Weihaltar für den einheimischen Gott Tameobrigus. Aus Várzea do Douro (Marco de Canaveses). H 69. B 38. T 25.
Flache, halbzylindrische Pulvini auf flacher Bekrönungssockelplatte. Breite Deckplatte mit Namen des Gottes. Als Deckprofil Schräge mit Wölbung am oberen Ende; als Fußprofil Faszie, auf großem Sockel. Inschriftfeld ungerahmt.
CIL II 2377; M. Cardozo, Catálogo 37 Nr. 14 Abb.; J. M. Blázquez, Ogam (1957) 220; d'Encarnação, Divindades 276 ff. Abb. 66.

DL 9a
Weihaltar für Cusus Neneoecus. Aus Quinta de S. Simão, pertenecente a Casa do Corgo da freguesia de Burgães, conc. de Santo Tirso (Douro Litoral). H 50. B 21.
Bekrönungsreste in Gestalt ehemaliger Pulvini (?), Giebel (?). Unter der Deckplatte Karnies; als Fußprofil wulstige Faszie, Karnies, bestehend aus von zwei Wölbungen begrenzter Einziehung. Sockel. Inschriftfeld ungerahmt. Das Ende der Inschrift folgt auf der rechten Nebenseite. Keine Rahmung oder Dekor.
Cardozo, Catálogo 30 Nr. 21 Abb. o. Nr.; d'Encarnação, Divindades 164 ff. Abb. 26; Blázquez, Diccionario 75.

DL 9b
Weihaltar für Iupiter Optimus Maximus. Aus Quinta de Pascoais (Amarante) (Douro Litoral). H 63. B 33. T 26.
Pulvini. Zwischenpulvinuszone bis etwas unterhalb der oberen Pulvinusperipherie erhöht (Giebel?). Inschriftfeld ungerahmt. Als Deckprofil zwei Faszien unterhalb einer schmalen Deckplatte. Kein Fußprofil, kein Sockel.
Cardozo, Catálogo 50 Nr. 28 Abb. o. Nr.

Lisboa, Museu Nacional de Arqueologia e Etnologia

DL 10 Taf. 60g
Weihaltar für die Lares Cerenaeci. Aus der Igreja de S. Salvador de Tuias. Concelho de Marco de Canaveses.
Pulvinuseinheit durch Senke verbunden (?). Als Deckprofil unter der Deckplatte vier Wülste, als Fußprofil Anlauf, zwei Wülste, Sockel. Inschriftfeld ungerahmt.
CIL II 2384; J. d'Encarnação, Vestígios do culto dos Lares em território português, RevGuimarães 82, 1972, 93 f. Abb. 2; ders., Divindades 211 f. Abb. 50.

DL 11 Taf. 60h
Weihaltar. Aus Alvarelhos, Santo Tirso, bei Porto. Graugrüner Kalkstein. H 70. B 32. T 20.
Pulvini sind durch eine Senke verbunden, in der sich vorn und hinten ein kleiner Giebel andeutet, in der Mitte aber an der Stelle des Focus ein Gebilde in der Form eines gekappten Eies plastisch erhebt. Es könnte ein Flammenkegel, aber auch ein Pinienzapfen gemeint sein. Inschriftfeld ungerahmt. Nebenseiten ohne Dekor. Unter der schmalen Deckplatte im Deckprofil Faszie, wohl *cyma recta* mit Leiste, Faszie; als Fußprofil Faszie, *cyma recta* auf Leiste, auf Sockel. Die Profile laufen allseitig um.
Leite de Vasconcellos, Religiões III 297 Anm. 3; P. Paris u. a., Fouilles de Eelo II (1926) 36 Abb. 21L.

DL 12 Taf. 60i
Altar. Aus Villa-Boa, freguesia de Guilhabreu, concelho de Villa do Conde.

Pulvini, Focus. Inschriftfeld ungerahmt, Nebenseiten ohne Dekor. Deckprofil wulstig, anscheinend zweigeteilt. Zum Sockel leitet eine Schräge über.

J. Leite de Vasconcellos, OArchPort 11, 1906, 371 Abb. 14a.

PROVINZ ESTREMADURA

Lisboa, Museu do Carmo

ES 1/ES 2 (?) Taf. 144a−c
Separat gearbeiteter Bekrönungsaufsatz eines Altars. Pulvini, Stirnrosetten, auf der Zwischenschranke Kreisrosetten und Mittelmotiv. Am oberen Rand der Bekrönungssockelplatte läuft ein Perlstab. Die Bogenstellungen der einen Langseite sind in der Mitte unterbrochen, um einem plastischen Zickzack-Muster in vier Registern übereinander Platz zu machen. Rückseite: Pulvini mit Stirnrosetten, auf der Zwischenschranke zwei kreiseinbeschriebene Rosetten. Die Mitte wird durch ein Fischgratmotiv mit fallenden Ästen markiert. Am oberen Rand der Bekrönungssockelplatte läuft ein tordierter Wulst. Rück- und Nebenseiten der Platte tragen einen Bogendekor. Da wir nur Photographien kennen, ließ sich nicht klären, ob es sich um einen oder zwei Aufsätze handelt.

ES 3
Bekrönungssockelplatte eines Altars.
Tordierter Wulst am oberen Rand, auf den Seiten Blattzungenreihen.

Lisboa, Museu do Castelo de S. Jorge

ES 4
Weihung für Diana. Aus Lisboa, Castelo de S. Jorge. H noch 27. B noch 20. T noch 21.
Erhalten noch Teil eines *cyma reversa*-artigen Deckprofils und der ungerahmten Inschrift.
Epigrafia de Olisipo 94 Nr. 1 Abb. o. Nr. (Zeichnung).

ES 5
Weihung für Mercurius. Aus Lisboa, Castelo de S. Jorge. H noch 28. B noch 16,5. T noch 12.
Erhalten noch Faszie als Teil des Deckprofils und ungerahmte Inschrift der Vorderseite des Altarkörpers.
Epigrafia de Olisipo 95 Nr. 2 Abb. o. Nr. (Zeichnung).

Lisboa, Museu Nacional de Arqueologia e Etnologia

ES 6
Grabstein. Aus Caetobriga, Tróia bei Setúbal. Inv. Nr. 21524. Rot melierter Marmor. H noch 171. B 95 (Basis). T 95 (Basis).
Bekrönung wohl abgearbeitet. Inschriftfeld ungerahmt. Schmale Deckplatte. Weitausladende Deck- und Fußprofile begrenzen den hohen Inschriftquader. Bemerkenswert sind die flachen ausladenden *cymae rectae*, die ohne Leiste am Sockel und an die Deckplatte anschließen. Als Deckprofil *cyma recta*, drei Faszien, *cyma reversa*; als Fußprofil Kehle, Leiste, *cyma recta*. Sockel.
S. Lambrino, Catalogue des inscriptions, OArqPort 3. Ser. 1, 1967, 152 f. Nr. 72 (Zeichnung); Arqueologia e Historia 8, 1958, 177 f. Taf. zwischen S. 176 und 177.

ES 7 Taf. 126d
Manenaltar als Bekrönung eines Inschriftquaders. Aus S. Mamede de Janas, Sintra. 'Lioz rosado'. H 101. B 59. T 59. B (Deckplatte) 53. T (Deckplatte) 49. B (Körper) 45,5. T (Körper) 43.
Auf der flachen Oberseite ein Rundfocus von 9−10 cm Dm und 6 cm T. Unter der wenig vorkragenden Deckplatte zwei schmale Profilelemente. Drei Profilelemente vermitteln unten zum breiteren Inschriftquader, der auf der Vorderseite eine Profilrahmung besitzt.
V. Correia, Uma ara funeraria, OArqPort 19, 1914, 211−214.

ES 8 Taf. 94a
Grabaltar für den fünfjährigen Liberius. Aus Tróia (Setúbal). Aus Ziegeln aufgemauert und verputzt. H 60.
Als Bekrönung wohl Pulvini, Focus. An der Frontseite des Körpers ist eine marmorne Inschriftplatte eingelassen. *Cyma recta*-ähnliche profilierte Übergänge.

Der Altar war geweißt und an den Kanten (des Körpers) mit roten Streifen bemalt.
J. L. Saavedra Machado, OArqPort 5, 1964, Abb. 35.

Lisboa, Palácio de Galveias

ES 9 Taf. 93a
Weihaltar für Liber Pater. Aus Lisboa, Poço de Côrtes. Rosa Kalkstein. H 40,5. B (Körper) 17. T 16.
Pulvini, Giebel, Focus auf Höhe der oberen Pulvinusperipherie. Inschriftfeld ungerahmt. Kein Dekor, auch auf der Bekrönungsfront. Im Deckprofil *cyma recta*, Faszie; im Fußprofil *cyma reversa*.
Epigrafia de Olisipo 270 Nr. 144F. Vgl. auch zu dieser und den folgenden Nummern A. Vieira da Silva, Uma estação lusitano-romana no sítio de Poço de Côrtes, Revista Municipal Lisboa 20/21, 1944, 37–41.

ES 10 Taf. 93b
Weihaltar für Aponianicus Poliscinius. Aus Poço de Côrtes. Inv. Nr. 93. Kalkstein. H 29,7. B (Körper) 17. T 9,8.
Pulvini, Giebel ohne Dekor. Inschriftfeld ungerahmt. Als Deck- und Fußprofil je eine *cyma reversa*.
Epigrafia de Olisipo 271f. Nr. 144G; d'Encarnação, Divindades 91f. Abb. 5.

ES 11 Taf. 93c
Weihaltar für Iupiter Assaecus. Aus Poço de Côrtes. Inv. Nr. 92. Rosa Kalkstein. H 56. B (Körper) 20,5. T 18,5.
Kompakte Bekrönungsplatte mit Focus. Inschriftfeld ungerahmt, Nebenseiten ohne Dekor. Als Deck- und Fußprofil je eine weitgeschwungene Kehle.
Epigrafia de Olisipo 269 Nr. 144E; d'Encarnação, Divindades 206ff. Abb. 48.

Lisboa, Travessa do Almada

ES 12 Taf. 94c
Weihaltar für Mater Deum Magna. Aus Lisboa, Largo da Madalena/Travessa do Almada (dort jetzt eingemauert). Kalkstein. H 47. B (Körper) 23. T nicht meßbar.
Pulvini, Giebel ohne Dekor. Keine Deckplatte. Inschriftfeld ungerahmt. Dem Deck- und Fußprofil aus zwei konvexen Wölbungen dürfte eine *cyma reversa* zugrunde liegen von der Form wie am Altar ES 10. Anlauf und Ablauf leiten zum ungerahmten Körper bzw. zum Deckprofil über.

Durch die Nennung der Konsuln auf das Jahr 108 n.Chr. datiert.
Epigrafia de Olisipo 120f.

Cascais, Instituto Missionário Salesiano, Carrascal de Manique, freg. de Alcabideche

ES 13
Weihaltar für Aracus Aranius Niceus. Aus Manique de Baixo, freg. de Alcabideche, conc. de Cascais (Estremadura).
Zylindrische glatte Pulvini, die nach innen gerundet zu gleich hohen Giebeln schwingen. Focus (?). Die Nebenseiten sind ohne Dekor. Die Tiefe des Altars ist nur etwas geringer als die Breite. Das Deckprofil besteht aus mehreren schmalen Elementen (anscheinend Faszie, *cyma reversa*, Faszie). Fußprofil ist nach der Photoabbildung nicht bestimmbar.
CIL II 4991; d'Encarnação, Divindades 92ff. Abb. 6f.

Quinta do Bravo, Alenquer

ES 14
Weihaltärchen. Aus Alenquer, Quinta do Bravo. Weißer Marmor. H 27. B 15. T 11.
Zylindrische glatte Pulvini, Giebel. Inschriftfeld ungerahmt. Unter der Deckplatte als Deckprofil *cyma reversa*; als Fußprofil ebenfalls *cyma reversa*. Sockel. Deck- und Fußprofil sind von gleicher Form wie an Altar ES 10. Auch Größe, Proportionen und übrige Details entsprechen sich in etwa.
J. Mendes de Almeida – F. Bandeira Ferreira, Varia epigraphica, RevGuimarães 76, 1966, 25f. Abb. 1. 2.

Ameixoeira, Ponte da Póvoa

ES 15
Umgearbeiteter Altaraufsatz. Aus Ponte da Póvoa. 73×72.
Am oberen Rand der Sockelplatte tordierter Wulst. An den Seiten hängende Blattzungenreihen.
F. Alves Pereira, Ara romana na Ponte da Póvoa, OArchPort 22, 1917, 97–105 Abb. o. Nr.

Odrinhas, Museu Arqueológico de S. Miguel de Odrinhas

ES 16 Taf. 93d
Grabaltar mit getrennt gearbeiteter Basis und Aufsatz. Aus Odrinhas. Inv. Nr. 18.

Kein Deckprofil. Als Fußprofil *cyma reversa*, Faszie, Wulst. Die Aufstellung versucht eine Rekonstruktion des Gesamtmonumentes. Auf dem Inschriftquader sitzt ohne Deckplatte und Profil der gleich große Aufsatz mit Pulvinusrosetten, Nebenrosetten und sich auffächerndem Mittelmotiv. Das Fußprofil springt sehr weit vor.
CIL II 323; Vives 4349.

ES 17 Taf. 94d
Grabaltarfragment. Aus Odrinhas. H noch 53. B (Körper) ca. 40–50. T 40.
Zylindrische Pulvini mit Volutenstirn. Sich ausfächernde Mittelpalmette zwischen den Pulvini an der Frontseite. Inschriftfeld ungerahmt. Nebenseiten ohne Dekor. Unter der Deckplatte als Deckprofil eine *cyma reversa*; Fußprofil und Sockel fehlen heute.
CIL II 5023; M. Cardozo, Novas inscrições romanas do Museu Arqueológico de Odrinhas (Sintra), Rev-Guimarães 68, 1958, 361 f. Nr. 3 Abb.

ES 18
Altaraufsatz. Hellbrauner Kalkstein. H 28,5. B 70. T 66.
In Form und Ausmaßen ES 19 eng vergleichbar.
Pulvini mit Stirnvoluten, in deren Zentrum eine Rosette sitzt. Zwischen den Pulvini eine Schranke, deren Frontseite dekoriert ist mit zwei kreiseinbeschriebenen Rosetten, in der Mitte ein vegetabilischer Dekor. Die Herkunft dieser Motive und ihrer Anordnung vom Doppelvolutengiebel dürfte außer Frage stehen. Die Sockelplatte ist relativ niedrig und ohne Dekor.
Zu diesem und den folgenden Monumenten s. F. de Almeida, Escavações em Odrinhas. Comunicações dos Serviços Geológicos de Portugal 39, 1958 (nicht zugänglich); J. Fontes, Museu Arqueológico de S. Miguel de Odrinhas (1960) (nicht zugänglich).

ES 19 Taf. 143a
Bekrönungsaufsatz eines Altars. Inv. Nr. 19. Hellbrauner Kalkstein. H 29. B 72. T 71.
Die balusterförmig geschwungenen Pulvini sind von Blättern umhüllt mit gerillter Nervatur. In der Mitte sind sie von einem tordierten Wulst gegürtet. In den Stirnvoluten Rosetten. Der Raum zwischen den Pulvini ist vorn und hinten durch eine Schranke abgeschlossen, die mit zwei kreiseinbeschriebenen Rosetten und in der Mitte einem vegetabilischen Motiv reliefiert ist.

Pulvini und Schranken bilden die Wandung einer dahinterliegenden unregelmäßig gebildeten Mulde, die seitlich unter den Pulvinusschäften hindurch insgesamt vier Öffnungen besitzt. Die Sockelplatte ist undekoriert.

ES 20 Taf. 143b
Bekrönender Aufsatz eines Altars. Inv. Nr. 20. Hellbrauner Kalkstein. H 40. B 73. T 72.
Der Aufsatz gleicht in seinem Aufbau dem vorhergehenden (ES 19). Die Stirnvoluten sind entlang der Sockelplatte miteinander verbunden, die Rosetten an der Schranke nicht rund gerahmt. Die Seiten der Sockelplatte tragen einen Blattzungendekor, dem ein lesbisches Blattkymation zugrunde liegt.

ES 21 Taf. 143c
Platte eines separaten Altaraufsatzes; Pulvini und Mittelschranke sind abgearbeitet. Inv. Nr. 23. Kalkstein, hellbraun. H noch 29. B 81. T 55.
Am oberen Rand läuft ein tordierter Wulst. Die Seiten der Platte tragen einen Blattzungendekor, der sich von einem lesbischen Blatt*cyma* herleitet.

ES 22 Taf. 143d
Platte eines separaten Altaraufsatzes; Pulvini abgearbeitet. Inv. Nr. 24. Hellbrauner Kalkstein. H noch 21. B 72. T noch 44.
Am oberen Rand läuft ein tordierter Wulst mit betonter Mitte auf einer Langseite. An den Seiten der Platte ein Blattzungendekor.

ES 23 Taf. 94b
Bruchstück eines Altaraufsatzes. Inv. Nr. 78. Brauner Kalkstein. H 31. B noch 33. T 32.
Balusterförmige Pulvini von gezähnten Blättern umhüllt. Stirnvoluten mit Rosetten, daneben gerandete Kreisrosette, in der Mitte der Zwischenfront das sich auffächernde Blattmotiv. Der Raum hinter diesen Bekrönungselementen ist nur flach gemuldet, so daß die seitlichen Öffnungen unter den Pulvinusschäften entfallen. Die Sockelplatte trägt einen Bogendekor.

ES 24
Bruchstück eines Altaraufsatzes. Inv. Nr. 100. Hellbrauner Kalkstein. H noch 26. B noch 46. T noch 28.
Bekrönungselemente abgeschlagen. An den Seiten der Platte Dekor mit abwechselnd bogigem und giebeligem oberen Abschluß.

Lisboa, Museu Nacional de Arqueologia e Etnologia besitzt heute einen der Altäre aus Odrinhas

ES 25
Separate Altarbekrönung auf Sockelplatte. Inv. Nr. E 6457. Rosa Marmor. H 48. B 70. T 65.
Balusterförmige Pulvini mit Mittelgürtung, Stirnvoluten. Auf dem schrankenartigen Zwischenteil Kreisrosette und Kreuz, die Mitte ist senkrecht betont.
S. Lambrino, Les inscriptions de São Miguel d'Odrinhas, Bulletin des Études Portugaises, N. S. 16, 1952, 139 Nr. 19 Abb. 2.

Odrinhas, Museu Arqueológico de S. Miguel de Odrinhas

ES 26
Weihaltar für Mandiceus. Aus Madre de Deus, Sintra. Marmor. H 30. B 15.
Pulvini, Giebel. Inschriftfeld ungerahmt. Nebenseiten ohne Dekor. Unter der Deckplatte als Deckprofil *cyma reversa*, als Fußprofil *cyma reversa*. Auf Sockel. Profile von ausgeprägten Wölbungen.
M. Cardozo, Novas inscrições romanas do Museu Arqueológico de Odrinhas (Sintra), RevGuimarães 68, 1958, 375 f. Nr. 14 Abb.; d'Encarnação, Divindades 232 f. Abb. 54.

S. Gião/Nazaré, Basilika

ES 27 Taf. 144d.e
Altar oder Altaraufsatz. Heller, gelber Kalkstein. H 57. B 43,5. T 35.
Pulvinuszylinder mit glatten Schäften, die Pulvinusstirn ist gerahmt, bleibt aber ohne Dekor. Giebel. Die Bekrönung sitzt unmittelbar auf einem fast kubischen Block, lediglich drei Horizontalrillen schließen ihn nach oben ab. Darunter folgen auf den Breitseiten vier Bogenstellungen und auf den Schmalseiten je drei. Auf einer Breitseite reichen die Bogen weiter nach unten als auf den übrigen drei. Unten schließt weder Sockel noch Profil ab. Man darf vielleicht eher an einen besonders hohen Altaraufsatz denken als an einen Altar.

ES 28
Altaraufsatz.
Balusterförmig geschwungene Pulvini, von Blättern umhüllt, *baltei*, Voluten an der Stirn. Zwischen den Pulvini Schranke mit Dekor in Form von zwei Voluten zu seiten eines sich auffächernden Mittelmotivs. Auf der Sockelplatte Bogenstellungen.

Torres Vedras, Quinta da Boa Água, 800 m von Carregado

ES 29
Fragment eines Altärchens. Aus S. Bartolomeu dos Galegos (Lourinhã). H noch 20. B 20. T 12.
Pulvini in Barrenform, dazwischen glatte Fläche. Unter der Deckplatte wohl *cyma reversa* als Deckprofil. Unterteil fehlt.
J. Mendes de Almeida – F. Bandeira Ferreira, RevGuimarães 76, 1966, 37 ff. Abb. 8.

Folgender Altar aus der Provinz ist heute verschollen:

ES 30
Weihaltar für Isis Domina. Aus Lisboa, FO unbestimmt. H 66. B 44. T 17.
Balusterförmig geschwungene Pulvini, Stirnrosetten. Giebel, im Tympanon Blattkranz mit Schleifen. Inschriftfeld gerahmt. Auf jeder Nebenseite eine Schale (Beschreibung nach der Zeichnung Nr. 15 im Album des Cenáculo 129,1–14).
Epigrafia de Olisipo 259 ff. Nr. 144; CIL II 33 add. p. XXXVIII.

Folgende Altäre aus der Provinz befinden sich heute in Évora, Museu Regional:

ES 31 Taf. 95a
Grabaltar. Aus Lisboa, Rua de S. João da Praça. Rotbrauner Marmor, stellenweise cremefarben. H 112. B 49. T 43.
Balusterförmig geschwungene Pulvini, von Blättern umhüllt, *baltei*, Stirnrosetten. Zwischen den Pulvini an der Frontseite Blattmotiv in der Art einer Schranke (Beschreibung nach der Zeichnung Nr. 5 im Album des Cenáculo 129,1–14). Inschriftfeld ungerahmt, Nebenseiten ohne Dekor. Als Deck- und Fußprofil je eine *cyma reversa*.
Epigrafia de Olisipo 205 Nr. 92.

ES 32 Taf. 95b
Grabaltar. Aus Lisboa. Inv. Nr. 195. Grauweißer, feinkristalliner Marmor. H 54. B 27. T 15.
Eckakrotere, durchgehender Rundgiebel, an der Front Blattkranz mit Schleifen, an deren Enden große Blätter sitzen, die die Front der Eckakrotere zieren. Das Ornament ist eingeritzt. Dagegen treten die Kanne auf der ungerahmten linken Nebenseite und die Schale auf der rechten in Relief hervor. Als Deckprofil schmale *cyma reversa*; als Fußprofil Kehle auf Leiste, Torus. Die Profile wie auch die Deckplatte sind schmal und treten nur wenig vor.
CIL II 205; Epigrafia de Olisipo 256 Nr. 142.

ES 33 Taf. 95c.d
Grabaltar. Aus Lisboa, FO unbestimmt. Inv. Nr. 196. Weißgrauer Marmor. H 52. B 24. T 21.
Hohe Bekrönung mit Eckakroteren und mit darüber hinausragendem Giebel. Ganz ohne Dekor. Inschriftfeld profilgerahmt. Auf der linken ungerahmten Nebenseite Kanne, rechts grifflose Schale. Unter der schmalen Deckplatte als Deckprofil *cyma recta*, Leiste, Kehle; als Fußprofil Anlauf, Leiste, *cyma recta*, Leiste, Wulst. Sockel.
Epigrafia de Olisipo 258 Nr. 143.

PROVINZ GERONA

Gerona, Museo Arqueológico Provincial

GE 1 Taf. 33a
Altar (?), ohne Inschrift. Aus Caldas de Malavella. Inv. Nr. 1706. Sandstein. H 97. B 58. T 52.
Flache, große kreisförmige Focusmulde. Sie reicht fast über die ganze Breite der Oberseite, so daß kaum mehr Platz für Pulvini bliebe. Möglicherweise ist die Mulde rezent. Deckprofil abgeschlagen. Als Fußprofil wulstiges Plättchen, *cyma reversa*.
Ähnlich unsicher ist die Beurteilung des Steines Gerona, MAP Nr. 1705, in seiner typologischen Zugehörigkeit. Er ist gleichfalls aus Sandstein, von ähnlicher Größe (H 105) und scheint oben verändert. Sein Fußprofil ist unkenntlich abgewittert.
M. Oliva Prat, MemMusArq 9/10, 1948/49, 85 Abb. 36.

Ampurias (La Escala), Museo Monográfico de las Excavaciones

GE 2 Taf. 33b–d
Altar. Aus San Martín de Ampurias. Graubrauner Sandstein. H 96. B 61. T 54.
Der ganz nach außen gerückte Pulvinus (nur einer ist erhalten) besitzt auf seiner Innenseite einen flachen Fortsatz. Auf der ebenen Fläche zwischen den Pulvini ist kein Focus besonders markiert. Hier wäre auch Platz für eine Focusauflage, wie sie an dem unten genannten Altar in Athen dargestellt ist. Im übrigen besitzt der Pulvinus einen gerundeten Schaft, der wohl glatt und unverziert war. Die Seiten des Altarkörpers tragen Reliefschmuck, er entspricht sich auf jeweils zwei aneinanderstoßenden Seiten. Zweimal ist es eine Rosette aus 16 Blättern, die durch weitere Unterteilung der achtgliedrigen Rosette gewonnen wurden. Zweimal ist es eine Schale mit Omphalos. Unter der Deckplatte als Deckprofil wohl keine *cyma recta*, sondern eine gelängte Kehle; als Fußprofil Vorsprung, an den eine zum Sockel leitende Schräge ansetzt. Vgl. den Altar auf einer hadrianischen Reliefplatte im Theater des Dionysos in Athen: J. Travlos, Bildlexikon zur Topographie des Antiken Athen (1971) Abb. 687.
»Ende 2. Jh. v. Chr.«
M. Almagro Basch, ExcArqEsp 27, 1964, 8 ff. Taf. 9,1; ders., Ampurias. Historia de la ciudad y guía de las excavaciones (1951) 65 ff.; E. Ripoll Perelló, Ampurias. Beschreibung der Ruinen und des Museums (1970) 52 Nr. 53.

GE 3
Bemalter Altar. Aus der römischen Stadt von Ampurias, Südperistyl des Hauses Nr. 2. Inv. Nr. 43. Aus Ziegelstücken und Bruchsteinen mit Mörtel errichtet, verputzt. H ca. 94. B 88. T 87.
Etwa würfelförmiger Körper von 47 cm Seitenlänge auf zwei Stufen, denen als Bekrönung zwei etwas schwächere und weniger weit vorkragende Platten entsprechen. Die obere stellt die Deckplatte dar; auf ihr, etwas erhöht, zwei nach außen gerückte halbzy-

linderförmige, glatte Pulvini. Die beabsichtigte Wohlproportionierung darf als gelungen gelten. Die zu Sockel und Deckplatte vermittelnden Stufen tragen noch erkennbare Malereireste, Marmorimitation bzw. eine Ranke, die kleine Blättchen entsendet. Eine Girlande umfaßt auf allen vier Seiten den Altarkörper in seinem oberen Teil. Sie ist durch eine einfache Linie dargestellt mit kleinen Undulationen in der ganzen Länge. Die Schleifen an den Ecken deuten an, daß sie dort aufgehängt vorzustellen ist. Wohl die Hauptseite zeigt zwei Schlangen zu seiten eines metallenen Kantharos mit Pinienzapfen, ihre Leiber winden sich noch über die Nebenseiten. Auf der Gegenseite ein Hahn. Reichlich wachsendes Pflanzenwerk gibt einen landschaftlichen Rahmen.
Das Haus wurde Ende des 1. Jhs. v.Chr. erbaut (*terminus post quem*). Der Altar muß in die Zeit des Hauses gehören.
M. Almagro, Una bella ara pintada de Ampurias. Su conservación, Revista de Gerona 5, 1958, 21–26; ders. – C. Cid Priego, Hallazgo y restauración de una ara romana ampuritana con pinturas, in: Atti del VII Congresso Internazionale di Archeologia Classica, Roma 1957 I (1961), 163ff.; A. Balil, Arte helenístico en el Levante español III. Un ara pintada hallada en Ampurias, ArchEspArq 35, 1962, 117–123; ders., Pintura helenística y romana (1962); E. Ripoll Perelló, Ampurias. Beschreibung der Ruinen und des Museums (1970) 51 Nr. 43; S. 64 Plan Nr. 6: Grundriß des Hauses Nr. 2; Plan Nr. 4: Lage des Hauses Nr. 2 in der römischen Stadt; F. J. Nieto Prieto, Un ara pintada de Ampurias dedicada a Esculapio, Ampurias 33/34, 1971/72, 385–390; Farbphoto des Altars: San Jorge 92, 1973, 67 Abb. o. Nr.

Figueras, Museo del Ampurdán

GE 4
Grabaltar (?). Aus Aigueta. Hellbrauner Kalkstein. H 59. B 39. T 35. H (Altarkörper) 28.
Keine Bekrönung. Fläche gepickt, nur Inschriftseite geglättet. Als Deckprofil Wulst, Karnies; als Fußprofil Karnies, Wulst, auf Sockel. Die Profile sind auf der Rückseite nicht herumgeführt.
Vives 4677.

PROVINZ GUADALAJARA

Lupiana, Privatbesitz

GU 1 Taf. 49e
Weihaltar für Iupiter Optimus Maximus. Aus Lupiana 1965. Kalkstein. H 62. B 31. T 25.
Pulvini verbunden zu Einheit, in der Senke erhebt sich bis zur oberen Pulvinusperipherie eine große runde Focusschüssel. Umrandete Rosetten an den Pulvinusstirnen. Inschriftfeld ungerahmt. Als Deckprofil unter der Deckplatte *cyma reversa*, als Fußprofil *cyma reversa*, auf Sockel.
J. Carrete y Parrondo, Ara votiva inédita de Lupiana, ArchEspArq 44, 1971, 164ff. Abb. 1. 2.

PROVINZ HUELVA

Huelva, Museo Provincial

H 1 Taf. 100c–e
Altar. Weißer Marmor, mittelgrobkörnig. H 95. B 38,5. T 27,5.
Giebel, zylindrisch glatte Pulvini, über der Deckplatte durch eine nur seitlich abgesetzte Zone erhoben. Kein Focus. Auf der Vorderseite des Körpers zwei querrechteckige Vertiefungen oben und unten. Auf dieser Seite drei den Rand begleitende Rillen (Kar-

niesrahmung). Nebenseiten ungerahmt, rechts Griffschale, links Kanne mit langem Schnabelausguß. Als Deckprofil Leiste, *cyma recta*, Faszie, als Fußprofil Faszie, *cyma recta*, Leiste, auf Sockel. Die Profile sind allseitig umgeführt.

Río Tinto, Museum

H 2 Taf. 100a.b
Wohl Bekrönung eines Altars. Aus Río Tinto. Lokaler Stein. H noch 55. B 105.
Glatte Pulvinuszylinder, Giebel, Unterhalb der relativ schmalen Deckplatte ist noch das Deckprofil des Altars erhalten, in Form von Faszie, Leiste, *cyma recta* und Faszie. Es scheint sich um einen separat gearbeiteten Altaraufsatz zu handeln, der oft ohne Deckprofile nur die Deckplatte umfaßt, aber auch mit Deckprofil gearbeitet sein kann.

Folgender Altar wurde aus der Provinz Huelva verbracht nach Sevilla, Museo Arqueológico Provincial:

H 3 Taf. 145a−d. 146a−c
Rundaltar. Aus Trigueros. Nr. 756. Weißer Marmor. H 94. Dm oben 86. Wurde zeitweise als Brunnenmündung benutzt, zeitweise als Basis für ein Kreuz. Stark beschädigt. Auf dem leicht nach außen gewölbten Schaft vier Eroten, die eine dicke Girlande tragen. Die Eroten sind nackt, sehr stark bestoßen. Die Girlande besteht aus gespitzten, schuppenförmig angeordneten Blättern mit plastischer Mittelrippe. Sie sind umwunden mit einem zweifach gerillten Band, dessen Enden jeweils vor und hinter den Eroten herabflattern. Unter den Girlandenbäuchen Tiere: Panther oder Widder, Hippokamp, bogenspannender Kentaur, Löwe (?). Oben, unter dem heute amorph wirkenden Randwulst, Zahnschnitt und Plättchen; darunter der zylindrische Schaftansatz, um den die Inschrift läuft. Fußprofil in Form von Plättchen, Perlstab, Wulst, *cyma recta*, Torus.
CIL II 951; Juan Augustin de Mora, Negro y Garrocha. Huelva illustrada. Breve Historia de la Antigua y Noble Villa de Huelva (Sevilla 1762) 26f.; García y Bellido, Esculturas romanas Nr. 412 Taf. 293; Chicarro, Catálogo Sevilla 58 Nr. 14.

PROVINZ HUESCA

Huesca, Museo Provincial

HU 1
Kleiner Altar. Aus Loarre. Hellbrauner feiner Sandstein. H ca. 12.
Focus rechteckig eingetieft, mit abgeschrägten Wänden, ca. 1,5 cm tief. In den vier ungerahmten Feldern des Altarkörpers Stierkopf, springendes Tier, Hahn. Rückseite nicht gesehen (»crátera«). Als Deck- und Fußprofil jeweils dreifache Wülste.
M. R. Donoso, Guía del Museo Provincial de Huesca, (1968) 20.

Fraga

HU 2
Altar oder Basis (Postament). Aus Fraga.
Oberseite plan. Körper nahezu würfelförmig, seine Seiten ungerahmt und ohne Dekor. Deckplatte und Deckprofil beschädigt, doch läßt sich letzteres noch als Abfolge von Leiste, *cyma recta* und Faszie bestimmen. Am Fußprofil kehren dieselben Elemente wieder: Faszie, *cyma recta* auf Leiste. Der vorspringende Sockel ist zweigeteilt.
Vgl. Postamente in Tarragona und Barcelona (MHC, an der Stadtmauer).

PROVINZ JAÉN

Jaén, Museo Provincial

J 1
Grabaltar. Aus Jaén. Dunkler Kalkstein. H 109. B 46. T 31.
Die beiden Pulvini stehen in einer kompakten Bekrönung. Pulvinusscheiben ohne Dekor. Dazwischen, gleichfalls knapp vortretende Giebel. Auf der Oberseite flach eingetiefter runder Focus. Zwischen Deckplatte und Bekrönung vermittelt eine Schräge. Inschrift in ungerahmtem, poliertem Feld. Nebenseiten glatt. Als Deckprofil steile und breite *cyma recta*, Faszie; als Fußprofil Faszie, gleiche *cyma recta* wie oben, Leiste, auf Sockel. Profile allseitig herumgeführt. Charakteristisch: Die horizontalen Ebenen im Profil und am Giebelrand der Bekrönung sind alle schräg gearbeitet, sehr deutlich der schräg geführte Meißelstrich. Ähnlich bei J 9.
Vives 5251; A. Cabezón, ArchEspArq 37, 1964, 134 f. Nr. 42 Abb. 4,42.

J 2
Grabaltar. Aus Jaén. Brauner, brockiger Kalkstein, hart.
Der Stein hat auf der Oberseite einen Saumschlag, darin eine etwas höhere, gepickte Fläche. Diese Zurichtung war vermutlich dazu bestimmt, eine separat gearbeitete Bekrönung zu tragen. Inschriftfeld karniesgerahmt. Nebenseiten ungerahmt und glatt. Als Deckprofil weitgeschwungene *cyma recta*, Leiste, weitgeschwungene Kehle; als Fußprofil Faszie, weitgeschwungene *cyma recta*, Leiste, Torus, auf Sockel. Profile allseitig herumgeführt.
CIL II 3368; Vives 3098.

J 3
Fragment eines Pulvinus. Nicht deutlich erkennbar, von welcher Seite des Altars er stammte. Pulvinusenden nicht erhalten. Aus Jimena, Cortijo »El Pino«. Harter Kalkstein, hellbeige. Erhaltene L ca. 50.
Umfassender Mittelstreifen (*balteus*) mit Bandrand auf beiden Seiten, gefüllt mit sich kreuzendem Band leicht konkaver Oberfläche. Nach beiden Seiten Blattschuppen mit Mittelrippe.

J 4
Monumentaler Pulvinus, wohl von der linken Seite eines Altars. Kalkstein, relativ hart. L 170. B 40 (geschätzt).
Zylindrisch. Die Mitte wird umfaßt von zwei parallelen Wülsten mit zwei randbegleitenden Rillen. Zwischen den beiden Wülsten läuft ein Blattschuppenband. Blattschuppen haben Mittelsteg und überlappen sich. Von diesem Mittelstreifen (*balteus*) ausgehend, ist der Pulvinus mit Blattschuppen versehen, die nach den beiden Pulvinusenden ausgerichtet sind. Auch diese Blattschuppen haben eine Mittelrippe. Pulvinusenden (wegen ungünstiger Aufstellung) nicht sichtbar.

J 5
Fragment eines Pulvinus von der linken Seite eines Altars. Harter Kalkstein. Erhaltene L ca. 45. B 15 (geschätzte Maße).
In der Mitte umfaßt von einem breiten Streifen mit zwei wulstigen Rändern. In dem Streifen kleinteilige Blattschuppung, Blätter mit Mittelkerbe. Von diesem Band hin zu dem scheibenförmigen Pulvinusende lange geschwungene spitze Blätter mit Mittelrippe. In der Pulvinusstirn sich einrollendes Akanthusblatt. Im Zentrum Vierblattrosette mit sich um die Ranke legendem Stiel. Akanthusblatt sehr fein gearbeitet mit Bohrlöchern in den Blattwinkeln.

J 6
Weihaltar für Iupiter Maximus. Aus La Guardia de Jaén. Hellbrauner Kalkstein, etwas porös, aber hart. H 120. B 40. T 25 (Maße geschätzt).
Von der Bekrönung ist nur mehr der Rest einer flachen, rechteckigen Platte erhalten. Einst wohl ohne Pulvini. Inschrift in ungerahmtem Feld. Nebenseiten ohne Dekor. Als Deckprofil unter der Platte *cyma reversa*, Faszie, als Fußprofil Faszie, *cyma reversa* (?), auf dem Sockel. Profile allseitig herumgeführt, das untere nur in Bosse.
CIL II 3376.

J 7
Flacher Altar. Heller Kalkstein. H noch 60–70. B 30. T 15 (geschätzte Maße).
Zwei zylindrische Pulvini, dazwischen geschwungene Mulde, darin in Bosse Erhöhung mit gerundeter Focusmulde. Die Pulvini sind an der Front durch eine Rille markiert. Pulvinusscheiben ohne Dekor. Der Altarkopf durch rückspringendes Plättchen vom Altarkörper abgesetzt. Im glatten, ungerahmten Inschriftfeld am oberen Rand IOM. Vom Fußprofil ist das Plättchen zum Teil noch erhalten, das übrige fehlt.

Profile allseitig herumgeführt.
Vives 7; HAE 841.

J 8
Hausaltärchen. Aus La Guardia, Finca »Cabeza de la Pila«. Sandstein. H 15.
Nach der Beschreibung in Form eines Freisäulchens gearbeitet, mit Plinthe und quadratischem Kapitell, in das auf der Oberseite ein Focus eingearbeitet ist.
BolInstEstGiennenses 3, 1956, 102.

Martos, Colegio San Antonio de Padua

J 9 Taf. 128b
Grabaltar für Calpurnia. Aus Martos. Weißer Marmor. H 55. B 27. T 20.
Bekrönungsplatte, vor die Eckakrotere und Giebel in flachem Relief treten. Inschriftfeld ungerahmt. Als Deckprofil Leiste, *cyma recta*, Faszie; als Fußprofil Faszie, *cyma reversa*, auf Sockel. Faszie und *cyma recta* im Deckprofil sind verschliffen.
A. Cabezón, ArchEspArq 37, 1964, 112 f. Nr. 9 Abb. 1,9; Vives 3104.

Aus Cazlona (Castulo) verbracht nach Madrid, Museo Arqueológico Nacional

J 10 Taf. 128a
Altarbekrönung, separat gearbeitet.
Zylindrische Pulvini, Giebel, nur an der Vorderseite dekoriert. Doppelvoluten umfassen die Stirn der Pulvini und sitzen, klein, an der Spitze des Giebels, allerdings nicht einwärts, sondern auswärts gerichtet. Sie werden gebildet durch ein Band gespitzter Blättchen. In den Pulvinusstirnen menschliche Köpfe mit nach vorn gestrichenem Haar, die von einem Blattkranz umgeben sind. Auch im Giebelfeld wird eine Protome dargestellt. Diese ist bärtig und hat auf dem Kopf zwei Aufsätze (ähnlich den Flügeln am Petasus Merkurs). Darüber treten die Giebelschrägen nach außen zurück und machen einem Gegenstand Platz, der als »*arula*« bezeichnet worden ist.
García y Bellido, Esculturas romanas 308 Nr. 311 Taf. 247.

Castulo, im Mauerverband der »Villa Urbana del Olivar« (1971)

J 11
Altar ohne Inschrift. H ca. 95. B ca. 45.
Von den Pulvini senkt sich die Oberseite der Bekrönung flach zur Mitte hin ab, um sich dort energisch zu einem schmalen Giebelchen aufzuwerfen. Die Vorderseite der Bekrönung ist bis auf die vertieft reliefierten Pulvinusstirnrosetten glatt und ungegliedert. Relativ schmale *cymae reversae* leiten oben und unten zum Körper über. Ein hoher Sockel verleiht dem Altar Stand.
J. M. Blázquez, Castulo II, ExcArqEsp 105 (1979) Taf. 24,1.

Einen Grabaltar, vielleicht aus der benachbarten Provinz Granada, bespricht I. Millán González Pardo, Ara funeraria de »Ulisi«, y pruebas de un nuevo municipio de Roma en la Bética, ArchEspArq 50/51, 1977/78, 57–76 Abb. 1–3. Einen fragmentierten Rundaltar aus dem Theater in Málaga publiziert P. Rodríguez Oliva, Un ara romana en Málaga, Jábega 15, 1976, 77–80 mit Abb.

PROVINZ LÉRIDA

Solsona, Museo Diocesano

L 1
Grabaltar. Gefunden zwischen Cardona und Solsona bei dem Anwesen Can Pons. Sandstein. H 100. B 51. T 43.
Die Bekrönung ist bis zur Unkenntlichkeit abgeschlagen. Als Deckprofil Leiste, *cyma recta*, Faszie, als Fußprofil *cyma recta*, Leiste. Auf allen vier Seiten des Körpers befinden sich Reste von figürlichem Relief. Auf der Vorderseite Blattwerk, auf der rechten Nebenseite Weinranken mit Vogel, auf der linken Nebenseite nach Lara Peinado sieben Ähren, auf der Rückseite zwei sechsstrahlige Rosetten, darunter Reste einer Schale.
F. Lara Peinado, Epigrafía romana de Lérida (1973)

Nr. 117 Taf. 54; ders., La religión y el culto romanos en las tierras de Lérida (1976) 57f. Taf. 32.

L 2 Taf. 34b
Grabaltar. Aus Solsona. Marmor. H 88. B 51. T 40.
Die Bekrönung besteht aus Pulvini und Giebel. Als Deckprofil *cyma recta*, Faszie und Viertelrundstab, als Fußprofil Kehle auf Leiste und *cyma recta*. Nebenseiten und Rückseite sind glatt.
F. Lara Peinado, Epigrafía romana de Lérida (1973) Nr. 118 Taf. 55; R. Wiegels, BJb 175, 1975, 387 ff.; F. Lara Peinado, La religión y el culto romanos en las tierras de Lérida (1976) 58 Taf. 33.

Verbleib unbekannt

L 3 Taf. 34c
Oberer Teil eines Weihaltärchens. Aus Artíes (Valle de Arán). 9,8 × 7,4.
Beschreibung nach der Zeichnung von M. Gourdon: Über der Deckplatte erhebt sich ein flacher Quader, an dessen Seitenkanten die Pulvini mit rundem Querschnitt sitzen. An der Stirn zwei Kreisrillen. Die Vorderseite des Quaders ist gerahmt. Von der Deckplatte zum Körper vermittelt eine einfache Schräge. Die Vorderseite des Körpers war offenbar dekoriert mit einem in der Mitte geteilten Spitzbogen, in dessen Hälften sich eine unbestimmte Innenzeichnung weiter nach unten fortsetzte.
F. Lara Peinado, Epigrafía romana de Lérida (1973) Nr. 64 Taf. 30,2; R. Wiegels, BJb 175, 1975, 387 ff.

L 4 Taf. 34e
Weihaltärchen für den Gott Lexi. Aus Lés, Valle de Arán. Weißer Marmor, möglicherweise aus dem Steinbruch von Saint-Béat. 21 × 11.
Beschreibung nach der Zeichnung von M. Gourdon: Über der Deckplatte setzt sich der Altar in der Breite des Körpers nach oben hin fort und wird dann durch eine mit einer Senke verbundene Pulvinuseinheit abgeschlossen. Zum Körper und Sockel vermitteln einfache Schrägen.
F. Lara Peinado, Epigrafía romana de Lérida (1973) Nr. 70 Taf. 30,4.

L 5 Taf. 34d
Weihaltärchen für die Nymphen. Aus Lés, Valle de Arán, römische Thermen. Weißer Marmor, möglicherweise von Saint-Béat.
Über der Deckplatte setzt sich der Altar in der Breite des Körpers nach oben fort. Zwei flache, seitlich außen sitzende Pulvini schließen ihn ab. Zwischen beiden liegt eine horizontale Focusfläche. Deck- und Fußprofil in Form einer einfachen Schräge.
F. Lara Peinado, Epigrafía romana de Lérida (1973) Nr. 72 Taf. 30,5.

L 6 Taf. 34a
Hausaltärchen. Aus Guisona (IESSO), einer iberischen Siedlung und Nekropole. Wohl frührömisch. Schräg nach oben gerichtete Pulvini, dazwischen vorn und hinten je zwei Giebelchen. Dahinter Focusvertiefung. Deckplatte, Rille, Platte am Gesims; über dem Sockel durch Rille abgesetzte Platte.
J. Colominas, Ampurias 3, 1941, 35 ff. Taf. 5; M. Tarradell, in: História dels Catalans I² (1968) 269 Abb. o. Nr.

PROVINZ LEÓN

León, Museo Arqueológico Provincial[4]

LE 1
Weihaltar für Apollon. Aus Lancia.
Zylindrische Pulvini, Giebel, Rundfocus auf Höhe des Giebelfirstes. Inschriftfeld ungerahmt. Nebenseiten ohne Dekor. Als Deckprofil *cyma reversa*, Faszie; als Fußprofil Faszie, *cyma reversa*.
M. Gómez-Moreno, Catálogo Monumental. León (1925) 55 Abb. 13; EML 3.

---

[4] s. auch M. C. Fernández Aller, Epigrafía y numismática romanas en el Museo Arqueológico de León (1978), im folgenden abgekürzt: EML.

LE 2
Weihaltar für Fortuna. Aus Boñar.
Wulstgeschnürte Pulvini, Giebel, Focus. Inschriftfeld ungerahmt, Nebenseiten ungerahmt, aber mit Reliefdekor. Als Deckprofil *cyma recta*, Faszie; als Fußprofil Faszie, *cyma recta*.
R. Menéndez Pidal (Hrsg.), Historia de España II (1935) 443 Abb. 254; CIL II 564; EML 7.

LE 3 Taf. 51c
Weihaltar für Diana. Aus León.
Pulvini mit sechsgliedrigen Rosetten in der gerahmten Stirn. Sie setzen direkt an der Außenkante der Deckplatte an. Liegender Halbmond im Giebeltympanon. Inschriftfeld ungerahmt. Charakteristisch der breite Tafelcharakter des Altars. Schmale, nicht vor das Deckprofil vorspringende Deckplatte. Schmale, kaum vortretende, aber entschieden gewölbte Profile. Als Deckprofil eine *cyma reversa*, als Fußprofil eine *cyma reversa*.
CIL II 2660; EML 5.

LE 4 Taf. 51a
Kleiner Weihaltar für den Genius der Legio VII Gemina Felix. Aus León. Kalkstein, grau. H noch 41. B 29. T 7.
Pulvini und Giebel in Relief vor den weitergeführten und oben plan abschließenden Körper vortretend. Schmale Deckplatte nicht vor den Umriß des Altarkörpers vorragend. Keine Profile. Auf Vorder- und Rückseite gleich ausgearbeitet und beidseitig beschriftet in ungerahmtem Feld. Zwischen 249 und 251 n.Chr. datiert (nach A. García y Bellido).
Der Altar zeigt die Charakteristika der Leoneser Militärwerkstatt in Auffassung von Bekrönung und Profilen.
A. García y Bellido, ArchEspArq 44, 1971, 147 ff. Nr. 9 Abb. 24–26; EML 9.

LE 5
Votivplatte für Zeus Serapis mit der Wiedergabe von Elementen einer Altarfront. Aus Quintanilla de Somoza. 60 × 29 × 10.
Seitlich Darstellung einer architektonischen Fassung in Form gedrehter Säulchen.
M. Gómez-Moreno, Catálogo Monumental. León (1925) 38 Abb. 6; CIL II 5665; EML 1.

Von Interesse sind auch die beiden Weihaltäre EML 2 (CIL II 5678) und EML 4 für Merkur und Liber Pater aus der Mauer von León. Letzterer besitzt Halbpalmetten zu seiten eines Giebels, in den die Darstellung einer Amphora eingegraben ist.

León, Real Colegiata de San Isidoro

LE 6
Altar. Aus Villalís.
Giebel und Eckakrotere bekrönen eine breite Zone über dem Deckprofil, auf der in Relief Victoria, in der Mitte, und die beiden Dioskuren links und rechts dargestellt sind. Als Deck- und Fußprofil je eine schmale *cyma reversa* von ausgeprägten Wölbungen. Inschriftfeld ungerahmt.
Datiert 15. Okt. 167 n.Chr.
CIL II 2553; ILS 9127; A. García y Bellido, Nuevos documentos militares de la Hispania romana, ArchEspArq 39, 1966, 34 ff. Abb. 6. Dort weitere beschädigte Weihesteine, unter denen sich möglicherweise auch noch Altäre befinden. Ders., Conimbriga 1, 1959, 33,5 Taf. 2; AE 1910, 4; M. Gómez-Moreno, Catálogo Monumental. León (1925) 72.

LE 7
Altar. Aus Villalís.
Pulvini, im Giebelfeld senkrecht nach unten gerichtetes anker- oder peltenförmiges Gebilde. Inschriftfeld ungerahmt. Als Deck- und Fußprofil je eine der typischen *cymae reversae*, kurzer An- und Ablauf.
Datiert 22. April 175 n.Chr.
ILS 9130; A. García y Bellido, ArchEspArq 39, 1966, 34 ff. Abb. 10. 11 (Rückseite in westgotischer Zeit wiederverwendet und ornamentiert); ders., Conimbriga 1, 1959, 33 f., 6 Taf. 3; AE 1910, 1; M. Gómez-Moreno, Catálogo Monumental. León (1925) 73.

LE 8
Oberer Teil einer Weihinschrift. Aus Villalís. Vordem in Villalís an der Fassade eines Hauses eingebaut. 40 × 30.
Die breite Zone über der Deckplatte trägt an der Vorderseite Reliefs, Jupiter in der Mitte, links und rechts die beiden Dioskuren. Von Pulvini oder Eckakroteren und Giebel ist nichts zu erkennen. Schmale Deckplatte und schmale *cyma reversa* von ausgeprägten Wölbungen, nicht vorkragend.
A. García y Bellido, ArchEspArq 36, 1963, 205 f. Abb. 26.

Astorga, Museo de los Caminos

LE 9
Weihaltar. Aus Priaranza de la Valduerna. Weißer Marmor. H noch 135. B 53.
Pulvini, Giebel, Focus. Die Vorderseite der Bekrönung ist bis zur Deckplatte sehr verbreitert, um Platz

für Reliefdarstellungen zu schaffen: Waffen, Aedicula mit Legionsadler auf Blitz und Globus. Aedicula mit Säulen und Giebel, im Tympanon liegender Halbmond. Mehrfach gegliedertes Deckgesims, das, wie bei diesen Militärsteinen zu beobachten ist, ohne bewußte Formabsicht gestaltet ist. Fußprofil auf abgebildeter Aufnahme nicht erfaßt.
A. García y Bellido, Nuevos documentos militares de la Hispania romana, ArchEspArq 39, 1966, 38f. Abb. 16.

LE 10
Weihaltar für die Götter und Göttinnen. Aus Astorga.
Quader trägt auf der Vorderseite Inschrift, darüber und darunter sind Profile als zwei flache parallele Leisten eingetragen. Ebenso ist die Bekrönung an der Vorderseite des sich nach oben fortsetzenden und plan abschließenden Quaders in flachem Relief angegeben: Giebel und Pulvini mit Zentralkreis an der Stirn.
Auch der Iupiter/Iuno-Minerva-Altar des Publius Aelius Hilarianus besitzt die gleiche Profilierung. Er gehört in dieselbe Zeit wie LE 10, die nach D. Nony (A propos des nouveaux procurateurs d'Astorga, ArchEspArq 43, 1970, 195f. Abb. 1. 2) die Jahre 185–192 n.Chr. umfaßt. Mit dem beschriebenen Äußeren der Altäre fassen wir wieder Merkmale der mutmaßlichen Militärwerkstatt in jenem Raum, die in einer eigenartigen Vernachlässigung der Profile und Bekrönung beruhen.
A. García y Bellido, BolAcadHist 163, 1968, 202f. Nr. 4 Abb. 4; Nony a.O. 195–202 Abb. 1. 2.

LE 11
Weihaltar für Iupiter Optimus Maximus, Iuno Regina und Minerva Victrix. H 102. B 54. T 23.
Pulvini mit Wirbelrosetten, gerahmter Giebel. Das Deckprofil wird durch zwei nicht vortretende Streifen gebildet, das Fußprofil in gleicher Weise. Inschriftfeld ungerahmt.
A. García y Bellido, BolAcadHist 163, 1968, 203f. Nr. 5 Abb. 5.

LE 12   Taf. 51b
Weihaltar. Aus Arlanza, einige km südlich von Noceda del Bierzo. Sandstein. H 50. T 8.
Focus. Drei Pulvini mit Stirnrandstreifen und Markierung des Zentrums. Wir glauben nicht, wie A. García y Bellido, daß es sich hier um Kreismotive der Astralsymbolik handelt; auch der Gedanke an Kronen liegt fern, ebenso das Bild eines »Frieses mit drei gleichen Ringen« (a.O. 139). Die Pulvinus- und Focusvervielfachung trifft man im Nordwesten häufiger an. Das Inschriftfeld ist tiefer gelegt und erscheint so auf den Seiten und oben leistengerahmt. Nach unten zu geht der Körper in den roh belassenen Sockel über. Auf eine Profilierung ist gänzlich verzichtet.
A. García y Bellido, ArchEspArq 39, 1966, 138f. Abb. 12.

LE 13
Weihaltar für Cossuenidoiedius. Aus Noceda del Bierzo. H 58. B 40. T 30.
Pulvini, Focus. Inschriftfeld ungerahmt. Als Deck- und Fußprofil je ein zweifaches Wulstprofil.
A. García y Bellido, ArchEspArq 39, 1966, 138 Abb. 11.

LE 14   Taf. 51d
Grabaltar. Aus Astorga, gefunden in der römischen Stadtmauer. Grauer Marmor. H 105. B 66.
Pulvini mit konzentrischen Kreisen, Giebel. Keine Deckplatte und Profile. Inschrift seitlich von Ranken umgeben, die aus Gefäßen steigen. Unterhalb der Inschrift Waffenrelief.
Nach A. García y Bellido muß Sulpicius Placidinus einen Kommandoposten in der Legio VII Gemina bekleidet haben. Sulpicius Messor ist sein Freigelassener. Die Waffen unter der Inschrift sind in Hispanien in diesem Zusammenhang einmalig. Sie stammen thematisch aus der gebildeten Ikonographie, die der Militärwerkstatt zu Gebote stand.
A. García y Bellido neigt zu einer Datierung in das 3. Jh. n.Chr. wegen des Fehlens der Vornamen und der Form der Efeuranken, die im 3. Jh. im Norden häufig sei.
A. García y Bellido, ArchEspArq 44, 1971, 150f. Nr. 11 Abb. 28; M. Macías, Epigrafía romana de la ciudad de Astorga (1903) 98ff. Nr. 48 Abb.

LE 15
Grabstein der Iulia Amma, mit Grabaltarbekrönung in Relief. Da eingemauert, nur von seiner Vorderseite her zu beurteilen.
Das Giebeldreieck und die seitlichen Sechsblatt-Kerbschnittrosetten in Kreisen legen den Gedanken nahe, daß die Anordnung der Ornamentmotive nach dem Vorbild der Altäre mit Giebel und Pulvini mit Stirnrosetten erfolgt ist. Wir haben also wieder ein Beispiel der Durchdringung der Gattungen Altar und Stele bzw. Grabstein vor uns, das in regional eigener Weise lokale Motive dazu benutzt.
A. García y Bellido, ArchEspArq 39, 1966, 142f. Abb. 17.

PROVINZ LOGROÑO

Logroño, Museo Provincial[5]

LO 1 Taf. 47a
Weihaltar für Iupiter Optimus Maximus. Aus Rasillo de Cameros. Graubrauner Sandstein. H 32. B 18. T 17.
Inschriftfeld ungerahmt. Einfache wulstige Profilierung umlaufend. Zylindrische Pulvini. Giebel mit vertieftem Feld. Rundfocus in Form von Scheibe mit Randwulst.
EE VIII 425 f. Nr. 165; F. Fita, BolAcadHist 23, 1893, 367; IRR 38; G. Gamer, MM 15, 1974, 244 Nr. 48.

LO 2 Taf. 47b
Weihaltar für Mercurius. Aus Murillo de Río Leza. Sandstein. H 54. B 27. T 26.
Inschriftfeld ungerahmt. Einfache umlaufende Platten-Wulst-Profilierung. Zylindrische Pulvini. Giebel nur vorn. Focus in Form eines flachen Rundwulstes.
CIL II 5810; F. Fita, BolAcadHist 42, 1903, 305f.; IRR 32; Gamer a.O. 244 Nr. 49.

LO 3 Taf. 47c
Weihaltar für Jupiter. Aus Varea. Grauer Sandstein. H 35. B 23. T 20.
Inschriftfeld ungerahmt. Umlaufende Profilierung aus Platte, Wulst und Schräge. Flachgedrückte Pulvini auf horizontaler Oberseite. Nebenseiten und Rückseite ohne Dekor.
F. Fita, BolAcadHist 42, 1903, 304f.; IRR 63; Gamer a.O. 244 Nr. 50.

LO 4 Taf. 47d
Grabaltar für Valeria. Aus Alcanadre. Hellgrauer Sandstein. H 44. B 26. T 18.
Inschriftfeld ungerahmt. Umlaufendes einfaches, an Karnies orientiertes Profil. Flache, durch Einsenkung verbundene Pulvinuseinheit. Nebenseiten und Rückseite ohne Dekor.
A. Marcos Pous, Berceo 86, 1974, 122 ff.; T. Garabito – E. Solovera, Aras y estelas romanas de territorio berón (Rioja), Durius 3, 1975, 332f. Taf. 1b; IRR 9; Gamer a.O. 244 Nr. 51.

Monasterio de San Millán de Yuso

LO 5
Weihaltar für den Gott Dercetius. Aus San Andrés, Berceo, gefunden »al monte Castello«, nahe S. Cristóbal. H 100. B 60. T (Deckplatte) 44. T (Sockel) 30. Reste von Pulvini (?), vertiefter gerundeter Focus (?). Inschriftfeld und Nebenseiten ungerahmt und ohne Dekor. Unter der Deckplatte als Deckprofil Leiste, *cyma recta*, Faszie; als Fußprofil Faszie, *cyma recta*.
Dercetius ist mit dem 2265 m hohen Berg San Lorenzo in der Sierra de la Demanda in Verbindung gebracht worden.
CIL II 5809; M. L. Albertos, EstArqAlav 6, 1974, 153 ff. Abb.; IRR 42.

Slg. Granado Azpeitia, Herramélluri

LO 6
Weihaltar für Fortuna. Aus Herramélluri. Sandstein. 55 × 34.
Schweres Kopf- und Fußteil. Zum Körper vermitteln unten zwei, oben drei Profilabtreppungen. »*Fortunae sacrum*« auf der breiten Deckplattenfront. Auf der Oberseite Focus.
IRR 28 Abb. 15. Vgl. A. Marcos Pous, Berceo 86, 1974, 129 ff.

Ermita de San Pelayo

LO 7
Weihaltar für Silvanus. Aus Nieva de Cameros. Kalkstein. 140 × 38.
Auf hohem Sockelteil, *cyma recta* und Faszie in Fuß- und Deckprofil. Zwischen den einheitlich verbundenen Pulvini erhebt sich ein knapper Giebel.
IRR 34 Abb. 19.

---

[5] s. auch zu den im folgenden genannten Altären H. Morestin, ArchEspArq 49, 1976, 181 ff.; J. C. Elorza – M. L. Albertos – A. González, Inscripciones romanas en la Rioja (1980) (= IRR).

Slg. Victoriano Labiano

LO 8
Oberer Teil eines Weihaltars für Caldus (?). Aus Rasillo de Cameros. Sandstein. 30 × 37.
Reste von Pulvini und Focus.
IRR 40 Abb. 24.

PROVINZ LUGO[6]

Lugo, Museo Provincial

LU 1 Taf. 54a
Weihaltar für Iupiter. Aus Lugo, gefunden in der Stadtmauer. H 74. B 29.
Flache Pulvini. Auf der Zwischenfläche kleiner Rundfocus. Als Deckprofil *cyma reversa*. Der Körper erhebt sich unmittelbar auf dem hohen Sockel.
F. Vázquez Saco − M. Vázquez Seijas, Inscripciones romanas de Galicia II. Provincia de Lugo (1954) Nr. 3 Taf. 1,3; IRL 4.

LU 2 Taf. 54b
Weihaltar für Iupiter. Aus Lugo, gefunden in der Stadtmauer. H noch 118. B 35.
Flache Pulvini. Rechteckiger Focus. Als Deckprofil hohe *cyma reversa*. Sockel nicht vorhanden.
Vázquez Saco − Vázquez Seijas a.O. Nr. 4 Taf. 2,4; CIL II 5644; IRL 2.

LU 3 Taf. 54c
Weihaltar für Iupiter. Aus Lugo, gefunden in der Stadtmauer. H noch 80. B 38.
Pulvini mit senkrecht gerilltem Kreis an der Stirn. Hohe Deckplatte, die den Anfang der Inschrift trägt. Als Deckprofil *cyma reversa*, Sockel fehlt.
Vázquez Saco − Vázquez Seijas a.O. Nr. 5 Taf. 2,5; CIL II 2571; IRL 3.

LU 4 Taf. 54d
Weihaltar für die Lares Viales. Aus Arcos (Pol). H 46,5. B 20.
Auf der Deckplatte sitzen nebeneinander drei Rundfoci. Wulstige Halbrundstäbe vermitteln zum Körper.
Vázquez Saco − Vázquez Seijas a.O. Nr. 9 Taf. 3,9; IRL 61.

LU 5 Taf. 54e
Weihaltar für die Augusti und die Lares Viales. Aus Lugo, gefunden in der Nähe der Stadtmauer. H 110. B 43. Aus Granit.
Von der Bekrönung ist erhalten ein flacher, breiter Dreieckgiebel mit Halbkreisrille im Tympanon. Dahinter Rundfocus. Mit der Profilierung ist am Deckprofil wohl eine *cyma reversa* mit Faszie gemeint, am Fußprofil eine *cyma reversa*.
Vázquez Saco − Vázquez Seijas a.O. Nr. 11 Taf. 4,11; CIL II 2572; IRL 22.

LU 6 Taf. 54f
Weihaltar für Lahus Paraliomegus. Aus Lugo, gefunden beim Stadttor Obispo Aguirre. H 62. B 26.
Pulvini, Giebel. Zweifach gegliedertes Deckprofil, gleiches Fußprofil.
Vázquez Saco − Vázquez Seijas a.O. Nr. 12 Taf. 4,12; IRL 5.

LU 7 Taf. 54g
Weihaltar für Verora. Aus Lugo. H 80. B 21.
Als Bekrönung dient eine zunächst senkrecht, dann spitz zulaufende Aedicula, die einen Focus schützt. Als Deckprofil *cyma reversa*. Kein Fußprofil.
Vázquez Saco − Vázquez Seijas a.O. Nr. 13 Taf. 5,13; CIL II 2576; IRL 12.

LU 8 Taf. 54h
Weihaltar für Virrora Viliaegus. Aus Lugo. H 91. B 26.
Flache, außenstehende Pulvini. Als Deckprofil konvexe Schräge und breite Sockelfaszie.
Vázquez Saco − Vázquez Seijas a.O. Nr. 15 Taf. 5,15; CIL II 2575; IRL 14.

---

6 Vgl. auch F. Arías Vilas − P. le Roux − A. Tranoy, Inscriptions romaines de la province de Lugo (1979) (= IRL).

LU 9 Taf. 54i
Weihaltar für Verora. Aus Lugo. H noch 35. B 29.
Pulvini. Auf dem nur unwesentlich abgesenkten Zwischenteil sitzt ein kleiner Rundfocus. Als Deckprofil eine eigentümliche *cyma reversa*. Der untere Teil des Altars fehlt.
Vázquez Saco – Vázquez Seijas a.O. Nr. 16 Taf. 5,16; CIL II 2578; IRL 13.

LU 10
Weihaltar für Rego. Aus Lugo. H 62. B 26.
Schmale Faszie unter der Deckplatte. Am Sockel Kehle.
Vázquez Saco – Vázquez Seijas a.O. Nr. 17 Taf. 6,17; CIL II 2574; IRL 8.

LU 11
Weihaltar für Cuhvetena Berralogecus. Aus Santa Cruz de Loyo. H noch 56. B 27.
Gekehltes Deckprofil. Unterteil fehlt.
Vázquez Saco – Vázquez Seijas a.O. Nr. 21 Taf. 7,21; IRL 58.

LU 12 Taf. 54k
Weihaltar für Cohvetena. Aus Trasparga, gefunden am Platz Os Curveiros. H 71. B 21.
Pulvini mit Kreisrille und Mittelpunkt an der Stirn. Gleiche Kreisrillen an der Vorderseite der Deckplatte. Keine Profilierung. Hoher, vom Körper abgesetzter Sockel.
Vázquez Saco – Vázquez Seijas a.O. Nr. 22 Taf. 7,22; IRL 57.

LU 13 Taf. 55a
Weihaltar für Poemana. Aus Lugo, gefunden in der Stadtmauer. H noch 85. B 32.
Flache Pulvini. Rundfocus. Als Deckprofil flacher Wulst. Sockel fehlt.
Vázquez Saco – Vázquez Seijas a.O. Nr. 23 Taf. 7,23; CIL II 2573; IRL 6.

LU 14 Taf. 55b
Weihaltar für (...)migus. Aus Lugo, gefunden in der Stadtmauer. H 48. B 21.
Flache Pulvini, Rundfocus. Als Deckprofil schmaler Wulst. Kein Fußprofil. Der verbreiterte Sockel ist in einen oben profilierten Basisblock eingelassen (Faszie, *cyma recta*).
Vázquez Saco – Vázquez Seijas a.O. Nr. 25 Taf. 8,25; IRL 15.

LU 15 Taf. 55c
Grabaltar für Publilia Florina. Aus Lugo, gefunden in der Stadtmauer. H 56. B 31.
Runde Pulvini mit Stirnornament. Kleiner Focus. Als Deckprofil gewulstete Schräge. Kein Fußprofil.
Vázquez Saco – Vázquez Seijas a.O. Nr. 27 Taf. 8,27; CIL II 5647; IRL 44.

LU 16
Grabaltar für Aemilia Homullina. Aus Lugo, gefunden in der Stadtmauer. H 100. B 31.
Zweifach gegliedertes Deckprofil. Kein Fußprofil.
CIL II 5645; Vázquez Saco – Vázquez Seijas a.O. Nr. 28 Taf. 9,28; IRL 36.

LU 17 Taf. 55d
Grabaltar für Iulius Rufinus Leontius. Aus Lugo, gefunden in der Stadtmauer. H 96. B 44.
Pulvini, Giebel. Gewölbter Streifen als Deckprofil. Kein Fußprofil.
Vázquez Saco – Vázquez Seijas a.O. Nr. 29 Taf. 9,29; IRL 28.

LU 18
Unterer Teil eines Grabaltares für Severiana (?). Aus Lugo, gefunden in der Stadtmauer. H noch 40. B noch 32.
Als Fußprofil *cyma reversa*.
Vázquez Saco – Vázquez Seijas a.O. Nr. 31 Taf. 10,31; CIL II 5648; IRL 45.

LU 19
Grabaltar für Aelia. Aus Lugo, Stadtmauer. H 121. B 46.
Oberteil stark bestoßen. Einzelheiten nicht mehr erkennbar. Kein Fußprofil.
CIL II 2587; Vázquez Saco – Vázquez Seijas a.O. Nr. 32 Taf. 10,32; IRL 35.

LU 20 Taf. 55e
Grabaltar für Philtate (Sklavin). Aus Lugo, gefunden in der Stadtmauer. H 128. B 54.
Focus. Als Deckprofil *cyma reversa*, Faszie. Als Fußprofil *cyma reversa*.
Vázquez Saco – Vázquez Seijas a.O. Nr. 33 Taf. 10,33; IRL 32.

LU 21 Taf. 55f
Grabaltar für Aquilius Euprepes. Aus Lugo, gefunden in der Stadtmauer. H 128. B 54.
Pulvini, Giebel. Geteiltes Deckprofil. Als Fußprofil *cyma reversa*.

Vázquez Saco – Vázquez Seijas a.O. Nr. 34 Taf. 11,34; IRL 37.

LU 22
Grabaltar für Iulia Flaccilla. Aus Lugo. Marmor. H noch 58. B 36.
An der Bekrönung Eckakrotere. Deckprofil in Gestalt einer *cyma reversa*. Unterteil fehlt.
CIL II 2586; Vázquez Saco – Vázquez Seijas Nr. 35 Taf. 11,35; IRL 30.

LU 23
Weihaltar für die Lares Viales. Aus Castillones, ayunt. Pantón, Monforte de Lemos. H 50. B 26.
Die hohe Bekrönung und der hohe Sockel springen nur wenig vor den Altarkörper vor, zu dem keine Profile überleiten. Auf der Oberseite drei Foci.
N. Ares Vázquez, Boletín Lugo 9, 1973, 84 f. Abb.; IRL 64.

LU 24
Weihaltar für die Lares Viales. Aus Parga.
Pulvinuserhebung, sonstige Oberseite flach. Inschriftfeld ungerahmt. Nebenseiten ohne Rahmung und Dekor. Deckprofil in Form eines gliedernden Streifens. Sockel ohne Fußprofil vom Körper abgesetzt.
F. Acuña Castroviejo, Nueva ara romana de Parga (Lugo), Boletín Lugo 8, 1969/70, 223–227; IRL 66.

Lugo, Museo Diocesano

LU 25 Taf. 55g
Weihaltar für Mercurius. Aus Aday. H 33. B 21.
Pulvini, Giebel. Als Deckprofil *cyma reversa*. Kein Fußprofil.
Vázquez Saco – Vázquez Seijas a.O. Nr. 24 Taf. 8,24; IRL 70.

Belesar (Chantada), Pfarrkirche

LU 26
Weihaltar für die Lares Viales. Aus Belesar. In der dortigen Pfarrkirche noch heute als Weihwasserbekken benutzt. H noch 45. B 28.
Bekrönung fehlt. Reste von horizontalen Rillen scheinen Teile der Deckplatte und des Sockels als Übergänge zum Körper abgetrennt zu haben.
Vázquez Saco – Vázquez Seijas a.O. Nr. 8 Taf. 3,8; IRL 60.

Buriz, ayunt. Trasparga

LU 27
Weihaltar für die Lares Viales. Aus Buriz.
Pulvinuserhebung, sonstige Oberseite flach. Zwischen Bekrönung und Körper ein horizontaler gliedernder Streifen. Inschriftfeld ungerahmt. Nebenseiten ohne Dekor. Hoher, nicht vorspringender Sockel ohne überleitendes Fußprofil.
N. Ares Vázquez, Boletín Lugo 9, 1973, 75 f. Abb.; IRL 65.

Curbián (Palas de Rey), Casa Rectoral

LU 28
Weihaltar für Bandua Boleccus. Aus Curbián. H 80. B 40.
Dreifach gegliedertes Deckprofil. Am Sockel große *cyma recta* auf Leiste.
Vázquez Saco – Vázquez Seijas a.O. Nr. 20 Taf. 6,20; IRL 56.

Guntín

LU 29 Taf. 55h
Weihaltar für Navia Arconunieca. Aus Santa Cristina de San Román, San Mamed de Lousada. H 96. B 26.
Pulvini senken sich schräg zur Focusfläche ab. Zweifach horizontal gegliedertes Deckprofil. Der amorphe Sockel sitzt ohne Übergang am Körper.
Vázquez Saco – Vázquez Seijas a.O. Nr. 6 Taf. 2,6; IRL 72.

Liñarán (Sober), Pfarrkirche San Martín

LU 30
Weihaltar für Lugubus Arquienobus. Aus Liñarán. Dient in der Pfarrkirche von Liñarán als Basis einer Holzsäule, die das Dach über dem Haupteingang trägt.
Vázquez Saco – Vázquez Seijas a.O. Nr. 19; IRL 67.

San Martín de Montedemeda

LU 31 Taf. 55i
Weihaltar für Navia. Aus Castro del Picato. H 104. B 36.
Flache Pulvini. Horizontale Focusfläche. Hohe Deckplatte, auf deren Vorderseite ein liegender Halbmond

eingetieft ist. Unterhalb der Deckplatte schmale Faszie. Sockel und Körper stoßen unmittelbar aneinander.
Vázquez Saco – Vázquez Seijas a.O. Nr. 7 Taf. 3,7; IRL 71.

San Román, Slg. Antonio García

LU 32
Weihaltar eines Soldaten für eine Gottheit, deren Name verloren ist. Ohne Gesims und Bekrönung. Aus San Román de Cervantes (Lugo), in einer Einfriedungsmauer. Granit. H noch 76.

Hoher schmaler Altarkörper ohne Rahmung und Dekor. Auf der rechten Nebenseite mittelalterliche Inschrift. Als Fußprofil *cyma reversa*, Wulst, Faszie. Bemerkenswert ist die schwere Form der *cyma reversa* in Hinblick auf die Datierung vor 69/70 n.Chr.: die Legio X Gemina wurde zu diesem Zeitpunkt aus Spanien abgezogen.
A. García y Bellido, Nuevos documentos militares de la Hispania romana, ArchEspArq 39, 1966, 27 f. Nr. 3 Abb. 3; IRL 75.

Ein Altar aus der Provinz befindet sich heute in La Coruña; s. C 5a.

PROVINZ MINHO

Braga, Privatbesitz[7]

MI 1
Weihung für Ocaera. Aus S. João do Campo (Gerês), conc. de Terras do Bouro. In ihrem Aussehen veränderte Ara (?). Granit. H 81. B 36. T 38.
Der »Focus« ist rezent erweitert zur Aufnahme von – zur Zeit – Erde und Blumen. Gesims und Sockel wohl auch verändert. Der Sockel springt ohne überleitendes Fußprofil vor. Inschriftfeld ungerahmt. Seiten ohne Dekor.
M. Braga da Cruz, A ara de S. João do Campo (Gerês), RevGuimarães 82, 1972, 105–108; d'Encarnação, Divindades 253 ff. Abb. 58A.

Verbleib nicht besonders angegeben

MI 2
Altaroberteil. Aus Castro de Santa Luzia (Viana do Castelo). Granit.
Pulvini und Giebel bilden die Bekrönung. Zwischen ihr und dem Altarkörper liegt eine breite Gesimszone, die nicht durch Profile, sondern lediglich durch Einziehung der Nebenseiten gekennzeichnet ist. Inschrift vergangen.

J. Leite de Vasconcelos, OArqPort 8, 1903, 20 Abb. 12.

Guimarães, Museu de Martins Sarmento

MI 3 Taf. 59a
Weihaltar für Antiscreus. Aus Castro de Monte Redondo in Braga. H 86. B 39. T 37.
Pulvini abgebrochen. Leichte Giebelerhebung. Inschriftfeld ungerahmt, Nebenseiten ohne Dekor. Unter der Deckplatte eine *cyma reversa*, als Fußprofil ebenfalls *cyma reversa*. Sockel.
Cardozo, Catálogo 25 Nr. 15 Abb.; d'Encarnação, Divindades 88 ff. Abb. 4.

MI 4 Taf. 59b
Weihaltar für Coronus. Aus Campo dos Pinheiros (Casal do Castro), freguesia de Cerzedelo, Guimarães (Minho). H 76. B 27. T 27.
Focus. Drei gleich breite Wulstfaszien bilden die Bekrönung, zu der ein schmaler rückspringender Wulst überleitet. Fußprofil ist aufgrund der Photoabbildung unklar, vielleicht Karnies, Faszie. Inschriftfeld ungerahmt. Nebenseiten ohne Dekor.
CIL II 5562; Cardozo, Catálogo 29 Nr. 17 Abb. o. Nr.; d'Encarnação, Divindades 160 ff. Abb. 24.

---

7 Zwei weitere Altäre, einer davon ohne Inschrift, aus Braga: H. Morestin, Autels et inscriptions de Braga, MelCasaVelazquez 15, 1979, 489–501.

MI 5 Taf. 59c
Weihaltar für die Nymphen. Aus Guimarães, rua 5 de Outubro, Nr. 8. H 89. B 32. T 20.
Pulvini, Zwischengiebel. Inschriftfeld ungerahmt. Nebenseiten ohne Dekor. Unter der Deckplatte Faszie als Deckprofil; als Fußprofil Wulst, Faszie. Sockel.
Cardozo, Catálogo 56 Nr. 33 Abb.; J. R. Santos Júnior – M. Cardozo, Ex-Votos às Ninfas em Portugal, Zephyrus 4, 1953, 60.

MI 6 Taf. 59d
Weihaltar für die Nymphae Lupianae. Aus der Kirche von Tàgilde, conc. de Guimarães (Minho). H 72. B 30. T 31.
Ohne Bekrönung. Inschriftfeld ungerahmt, Seitenfelder ohne Dekor. Deckplatte. Das Deckprofil bildet einen breiten Streifen. Mehrere Elemente sind kombiniert, schmale und breite, gewölbte und eingezogene. Eindeutig bestimmbar sind sie nicht. Es scheint auch ein Karnies darunter zu sein, das in dem Komplex Guimarães schon öfter ins Auge fiel. Es besteht nicht nur aus einer konvexen und einer konkaven Wölbung, sondern es schließt an die konkave Einziehung noch eine konvexe an, so daß zwei konvexe Wölbungen eine konkave Einziehung zu beiden Seiten begleiten. Am Fußprofil drei nach außen gewölbte Faszien.
CIL II 6288; Cardozo, Catálogo 36 Nr. 34 Abb.; J. M. Blázquez, Le culte des eaux, Ogam 1957, 216; d'Encarnação, Divindades 224 ff. Abb. 52.

MI 7 Taf. 59e
Weihaltar für die Nymphen. Aus S. João de Ponte, conc. de Guimarães (Minho). H 70. B 40. T 30.
Pulvini, Giebel. Inschriftfeld ungerahmt. Nebenseiten ohne Dekor. Unter der Deckplatte als Deckprofil *cyma reversa*; als Fußprofil *cyma reversa*. Sockel.
Cardozo, Catálogo 55 Nr. 190 Abb.; J. R. Santos Júnior – M. Cardozo, Ex-Votos às Ninfas em Portugal, Zephyrus 4, 1953, 63 Abb. 3.

MI 8 Taf. 59f
Weihaltar für die Laren. Aus der Region Minho.
Pulvini, Giebel, hinter den Giebeln zwei Foci, ein kleinerer und ein größerer. Die glatten Pulvinusschäfte werden von breiten tordierten *baltei* umgeben. In der Pulvinusstirn Volutenhaken, die auch an der Vorderseite der Deckplatte, nun alle nach links gerichtet, dargestellt sind. Das Deckprofil besitzt eine lebhaft vor- und rückspringende Profilierung, ähnlich das Fußprofil. Beide scheinen aus wulstigen Faszien und Karniesformen (*cymae rectae*) gebildet zu sein. Das Deckprofil wird durch einen eingekerbten Streifen von der Deckplatte getrennt. Die hochgestreckte Form des Altars und die Betonung von Gesims und Bekrönung sind bemerkenswert.
J. J. Rigaud de Sousa, Nova ara dedicada aos lares no Convento Bracaraugustano, BracAug 25/26, 1971/72, 179–184 Abb. o. Nr.

MI 9
Rundaltar. Gefunden »junta da capela do Senhor do Lírio, freguesia de Semelhe, Braga«. H 118. B 90. T 82.
Unter der Deckplatte als Deckprofil Rundstab, Faszie, Manschette; als Fußprofil vorspringende Schräge, Rundstab. Sockel. Inschriftfeld ungerahmt. Geweiht am Geburtstag des Paullus Fabius Maximus, *legatus pro praetore* von Hispania Citerior im Jahre 3/2 v. Chr.
Cardozo, Catálogo 66 Nr. 83 Abb.

MI 10
Grabaltar. Gefunden »no quintal da casa ... em Braga (Minho)«. H 105. B 29. T 19.
Pulvini, Zwischengiebel. Unter der Deckplatte langgestreckte *cyma reversa* (?); als Fußprofil ebenfalls langgestreckte *cyma reversa* (?). Die Profile sind auf der Vorderseite und der linken Nebenseite abgearbeitet.
Cardozo, Catálogo 102 Nr. 60 Abb.

MI 11
Grabaltar. Gefunden wie MI 10. H 80. B 30.
Oberseite flach. Unter der Platte Faszie und leicht gekurvte *cyma reversa* als Deckprofil; kein Fußprofil über dem Sockel. Inschriftfeld ungerahmt.
Cardozo, Catálogo 103 Nr. 61 Abb.

Folgende Altäre aus der Provinz befinden sich heute in Lisboa, Museu Nacional de Arqueologia e Etnologia:

MI 12
Weihaltar für den Genius Tiauranceaicus. Aus Estorãos, conc. Ponte de Lima (Minho).
Bekrönung fehlt. Zur Deckplatte leiten schwach ausgebildete Profile über, die zusammen eine auskragende Schräge bilden. Auch am Fußprofil entsteht ein ähnlicher Eindruck, wenn auch dort Faszie und *cyma recta* erkennbar zu sein scheinen. Inschriftfeld ungerahmt. Nebenseiten ohne Dekor.
d'Encarnação, Divindades 192 ff. Abb. 42.

MI 13 Taf. 59g
Altar in Pfeilerform für die Gottheit Macari. Inv. Nr. E 5209. Aus Lisouros, conc. Paredes de Coura. Graubräunlicher Granit. Es handelt sich um den hochragendsten Altar der Halbinsel. H 196. B 46. T 37.
Ein schwerer klotziger Sockel sorgte für guten Stand. Zum Körper vermittelt eine Faszie. Dieser ist schmal und hochgereckt, seine Seiten sind ohne Rahmung und Dekor, oben wird er durch eine Faszie abgeschlossen. Auch hier ist der Teil zwischen Körper und Bekrönung erhöht, nicht durch eine Vervielfachung der Profilelemente. Das Zwischenstück erhält seine Form durch Einziehen der Seiten. Auf der Deckplatte als Bekrönungselemente zylindrisch glatte Pulvini und Giebel. Wir dürfen also das Monument als Altar ansehen und nicht als Stele.
d'Encarnação, Divindades 230f. Abb. 53.

PROVINZ MURCIA[8]

Murcia, Museo Arqueológico Provincial

MU 1 Taf. 129a.b
Obere Hälfte eines Weihaltars für Iupiter. Aus Cehegín, Cabezo de Roenas (Bigastro). Inv. Nr. 108. Roter brockig-löchriger Kalkmarmor. H noch 55. B 61. T 46.
Zylindrische glatte Pulvini ohne Stirndekor, dazwischen vielleicht einst Giebel, heute dort stark beschädigt. Inschriftfeld karniesgerahmt. Nebenseiten, soweit erhalten, ohne Rahmung und Dekor. Als Deckprofil unter der gekehlten Deckplatte eine Folge von vier Elementen (Faszien, Tori). Die vielfach abgestufte Profilierung erinnert an Altäre aus dem Raum Valencia. Fußprofil nicht erhalten. Profile allseitig umlaufend.
HAE 1233; Vives 46; CIL II 5948; A. Fernández de Avilés, MemMusArq 2, 1941, 112 Taf. 44,1; Museo Arqueológico de Murcia, Guías de los Museos de España IV (1956) 63 mit Abb.; Belda Navarro a.O. 154 Taf. 51.

MU 2
Weihaltar für Iupiter. Aus Cehegín, Cabezo de Roenas. Sandstein. H 60.
Bekrönung fehlt. Ungerahmtes Inschriftfeld. Unter der Inschrift Rosette. Als Deckprofil Faszie; als Fußprofil Faszie, Wulst, auf Sockel.
Fernández de Avilés a.O. 104 Taf. 38,4.

Cartagena, Museo Arqueológico Municipal

MU 3 Taf. 128c
Flacher vorderer Teil eines Grabaltars für Secunda Cornelia. Aus Cartagena. Graubräunlicher harter Kalkstein. H 75. B 57. T noch 12 cm.
Pulvini mit nach innen gerichteten Fortsätzen. Sie ruhen auf einer Platte, die gekehlt zur Deckplatte überleitet. Dazwischen Focusmulde. Ungerahmtes Inschriftfeld. Nebenseiten ungerahmt und ohne Dekor. Als Deckprofil Leiste, *cyma recta*; als Fußprofil *cyma recta*, Leiste, auf Sockel.
CIL II 3503; A. Beltrán, Las inscripciones funerarias en Cartagena, ArchEspArq 23, 1950, 399 Nr. 30.

MU 4 Taf. 129c
Altärchen. Aus Cartagena. Hellgraubrauner, sandig wirkender Stein. H 9,5. B 7,5. T 7,3.
Leicht erhöhte Pulvinuspolster, außen schräg gerillt. Rechteckig eingetiefter Focus nahezu quadratischen Umrisses. Glatter Altarkörper. Unter der Deckplatte Zahnschnitt. Fußprofil zum Altarkörper hin abgeschrägt, durch umlaufende Rille vom Sockel abgesetzt. Profile laufen allseitig um.

MU 5 Taf. 146d
Kleiner Rundaltar. Aus Cartagena. Weißer feinkristalliner Marmor. H 29. Dm unten ca. 24.
Sich nach oben zu verjüngender Altarkörper. Ober-

---

[8] s. auch C. Belda Navarro, El proceso de romanización de la Provincia de Murcia (1975).

seite geglättet, völlig eben. Unterseite etwas rauher, auch völlig plan. Keine Spur ehemaliger Bemalung. Als Deckprofil unter der Deckplatte Kehle, *cyma reversa*; als Fußprofil anlaufender Schaft, *cyma recta*. Sockelplatte.

MU 6 Taf. 129d
Vorderer Teil eines Altars. Aus Cartagena. Tuffartiger Stein, hart, porös. H noch 32. B 23. T noch 14.
Bekrönung ist abgeschlagen. Oben scheint der Altar ablaufend gebildet gewesen zu sein. Die Seiten sind glatt. Über dem abgesetzten Sockel ein *cyma reversa*-artiger Anlauf. Die beschriebenen Profile laufen allseitig um.

Folgende Altäre aus Cartagena befinden sich heute in:

Madrid, Museo Arqueológico Nacional

MU 7
Weihaltar. Aus Cartagena. Inv. Nr. 16516. H noch 90. B 32.
Bekrönung fehlt. Inschrift ungerahmt. Vom Oberteil vermittelt ein Ablauf zum Altarkörper. Als Fußprofil Faszie, Kehle, Leiste, Torus. Sockel.
A. Beltrán, Las lápidas latinas religiosas de Cartagena, ArchEspArq 23, 1950, 263f. Nr. 7 Abb. 6.

Barcelona, Museo Arqueológico

MU 8 Taf. 130a–d Abb. 4
Altar. Aus Cartagena, vom Monte Sacro. Inv. Nr. 19056. Hellgrau-grünlicher Marmor. H 124. B 66. T 59.
Leicht geschwungene Pulvini, in der Mitte des Schaftes durch Doppelwulst geschnürt. Sie sind von langen, spitz zulaufenden Blättern mit welltem Rand bedeckt[9]. An den Pulvinusstirnen auf Vorder- und Rückseite Vierblattrosetten. Zwischen den Pulvini liegen Schranken, die mit antithetischen Voluten und Palmetten in den Zwickeln dekoriert sind. Dahinter befindet sich eine große rechteckige Vertiefung mit gepickter Oberfläche. Auf den ungerahmten Seiten des Körpers Reliefs: Stehende weibliche Gestalt mit Zweig in der erhobenen Linken, Kopf-Halspartie ist überarbeitet, wie am Haar deutlich zu sehen ist. Auf der Gegenseite Omphalosschale, darüber zwei gekreuzte Füllhörner (wie an der Zwischenpulvinusfront von SE 15) mit Ähren, Früchten und Trauben. Auf der einen Schmalseite Zweig mit sich hochwindender Schlange, auf der anderen ein Ruder. Die Profilfolge im Deckprofil ist *cyma recta*, Leiste, Kehle, im Fußprofil *cyma reversa*, Faszie, Torus.
A. Beltrán, El ara romana del Museo de Barcelona y su relación con el culto de la Salud y Esculapio en Carthago Nova, Ampurias 9/10, 1947/48, 213–220 Taf. 1. 2; García y Bellido, Esculturas romanas Nr. 407 Taf. 288f.; A. Alföldi, Die zwei Lorbeerbäume des Augustus (1973) 38 Anm. 148; L. Deubner, Eine unbekannte Ara Pacis, RM 45, 1930, 37–42 Taf. 25. 26.

Yecla, Colección de Arqueología

MU 9
Rechte Hälfte eines Weihaltars. Vom Cerro de los Santos, Montealegre. Grauer Sandstein. H noch 32. T 14.
Pulvini glatt, zylindrisch, mit der Giebelaufwölbung zu einer Einheit verbunden. Keine selbständige Deckplatte. Inschriftfeld ungerahmt, rechte Nebenseite glatt und ungerahmt. Zum Sockel leitet eine Schräge über. Auch oben wäre, nach dem publizierten Photo, eine Schräge denkbar.
A. Fernández de Avilés, Escultura del Cerro de los Santos. La Colección del Colegio de PP. Escolapios, de Yecla, ArchEspArq 21, 1948, 361. 376 Abb. 49, dort weitere Bibliographie.

---

[9] Wie an einem Altar aus Caere, Altmann, Grabaltäre 177f. Nr. 235 Abb. 143f. Vgl. auch den Altar in Sevilla SE 18.

PROVINZ NAVARRA

Pamplona, Museo de Navarra[10]

NA 1 Taf. 41a–d Abb. 4
Weihaltar für Iupiter. Aus Aibar. Heller Sandstein, hart, grau patiniert. H 104. B 50. T 38.
Inschriftfeld karniesgerahmt. Profilierung oben: *cyma recta*. Faszie, *cyma reversa*; unten: Kehle, Leistchen, *cyma recta*. Die Pulvini sind wulstgeschnürt, an ihrer Außenseite haben sich Reste rhombischer Blattschuppen erhalten, auf der Stirn Vielblattrosetten mit Mittelknopf, von einem gedrehten Wulst umgeben. Vorn und hinten Giebel, dazwischen großer runder Focus in Form einer runden, flachen Schale. Im vorderen vertieften Giebelfeld Stierkopfprotome mit aufrechtem Dreieck zwischen den Hörnern, zu beiden Seiten Füllhörner. Auf der linken Nebenseite plastische Weintraube über Kanne mit senkrecht geriefelter Wandung. Auf der rechten Nebenseite Ährenbündel über Schale (?) mit geriefeltem Rand. Auf der Rückseite plastisch aufgehöhte Wirbelrosette. Die Profile laufen um.
B. Taracena – L. Vázquez de Parga, Excavaciones en Navarra I (1947) 123 Nr. 1 Taf. 1. 2; Museo de Navarra. Guía (Pamplona 1956) 22 f. Taf.; AE 1951, 280; IMdeN 17; G. Gamer, MM 15, 1974, 241 Nr. 21 Taf. 54.

NA 2 Taf. 44a
Weihaltar für Iupiter. Aus Arellano. Beiger Kalkstein, hart, porös. H noch 113. B noch 55. T noch 30.
Inschriftfeld ungerahmt, hohe Karniese begrenzen es oben und unten. Ansatz eines zylindrischen, glatten Pulvinus ist noch erhalten. Nach den Abarbeitungen zu schließen, waren einst Rundfocus und Giebel vorhanden. Profile liefen wohl um.
Taracena – Vázquez de Parga a.O. 124 f. Nr. 5 Taf. 5; Museo de Navarra. Guía (Pamplona 1956) 21; AE 1951, 281; IMdeN 18, Gamer a.O. 241 Nr. 22.

NA 3
Weihaltar für Loxa. Aus Arguiñáriz. 29 × 43.
Taracena – Vázquez de Parga a.O. 126 Nr. 6 Taf. 6,1; Blázquez, Religiones 80 Taf. 8,16; Gamer a.O. 241 Nr. 23.

NA 4 Taf. 45a Abb. 4
Weihaltar des Asclepius Paternus für Selatse. Aus Barbarín. Sandstein, hart, rosa patiniert. H 106. B 55. T 42.
Inschriftfeld ungerahmt. Profile laufen um. Zylindrische Pulvini. Giebel vorn und hinten. Runder Focus mit Randwulst. Nebenseiten und Rückseite ohne Dekor.
Taracena – Vázquez de Parga a.O. 129 Nr. 13 Taf. 7,2; Blázquez, Religiones 84 f. Taf. 10,19; IMdeN 21; Gamer a.O. 241 Nr. 24 Taf. 56a.

NA 5 Taf. 43c Abb. 4
Weihaltar für Selatse. Aus Barbarín. Sandstein, rötlich patiniert. H 96. B 40. T 32.
Inschriftfeld ungerahmt. Karnies-Plättchen-Profilierung umlaufend. Flachgedrückte, glatte Pulvinusschäfte, dazwischen erhöhte horizontale Fläche. Nebenseiten und Rückseite ohne Dekor. Der Altar ist außerordentlich hoch und schlank, mit ausladender Profilierung und sehr niedrigem, flachem Aufsatz.
Taracena – Vázquez de Parga a.O. 129 Nr. 12 Taf. 7,1; Blázquez, Religiones 84 Taf. 10,18; AE 1911, 93; IMdeN 20; Gamer a.O. 241 Nr. 25 Taf. 55d.

NA 6 Taf. 45b Abb. 5
Weihaltar für Selatse. Aus Barbarín. Sandstein, rötlich patiniert. H 163. B 76. T 55.
Inschriftfeld ungerahmt. Eigenartige Profilierung in Form einfacher Schrägen, auf denen jeweils drei leicht aufgehöhte Leisten verlaufen. Zum Aufsatz vermittelt eine Platte. Flache Pulvini mit glattem Schaft. Da stark beschädigt, ist nicht klar, ob sie durch eine Einsenkung verbunden waren. Profile laufen um. Nebenseiten und Rückseite glatt.
Taracena – Vázquez de Parga a.O. 128 Nr. 11 Taf. 6,2; Blázquez, Religiones 85; AE 1911, 92; IMdeN 19; Gamer a.O. 241 f. Nr. 26 Taf. 55c.

NA 7 Taf. 42c
Weihaltar für Iupiter. Aus Eslava. Graubrauner Sandstein. H 66. B 40. T 38.
Inschriftfeld ungerahmt. Obere Profilierung und Aufsatz abgearbeitet, unteres Profil mit *cyma recta*, Leiste,

---

10 Vgl. auch C. Castillo – J. Gómez-Pantoja – M. D. Mauleón, Inscripciones romanas del Museo de Navarra (1981) (= IMdeN).

gewulstetem Plättchen läuft um, zum Altarkörper vermittelt ein Anlauf.
AE 1951, 282; IMdeN 22; Taracena – Vázquez de Parga a.O. 131 Nr. 16 Taf. 9,2; Gamer a.O. 242 Nr. 27.

NA 8
Fragment vom Pulvinus eines Monumentalaltars. Aus Eslava. Hellgrauer Sandstein, hart. 59 × 45 × 38. H der Sockelplatte 13.
Außenwölbung geschuppt, die Schuppen sind am Ende gerundet, im oberen Teil geschlitzt, in Fortsetzung des Schlitzes leichte Kante. Das Fragment besitzt eine Sockelplatte.
Museo de Navarra. Guía (Pamplona 1956) 16; Gamer a.O. 242 Nr. 29 Taf. 57b

NA 9 Taf. 43a Abb. 5
Bruchstück eines Weihaltars für Sol. Aus Ibañeta/Roncesvalles. Bräunlicher Sandstein, hart. H noch 44. B 54. T 39.
Inschriftfeld karniesgerahmt. Das obere Profil besteht aus Plättchen, Karnies, Kehle. Die Pulvini sind durch Wülste in der Mitte geteilt, die zwei Hälften sind gebaucht und haben scheibenförmig betonte Stirn, vermutlich bildeten sie eine durch eine tiefe Einsenkung verbundene Einheit. Die runde Eintiefung anstelle des Focus ist wohl modern. Nebenseiten und Rückseite ohne Dekor.
Museo de Navarra. Guía (Pamplona 1956) 22; IMdeN 23; Gamer a.O. 242 Nr. 30 Taf. 53d.

NA 10
Weihaltar für die Nymphen. Aus Leire.
Inschriftfeld ungerahmt. War als Bauquader verwendet, Profile abgearbeitet.
Taracena – Vázquez de Parga a.O. 138 Nr. 34 Taf. 16; IMdeN 26; Gamer a.O. 242 Nr. 31.

NA 11 Taf. 43d Abb. 5
Weihaltar für Losa. Aus Lerate. Hellbeiger Kalkstein, porös. H 51. B 26. T 24.
Einfache umlaufende Profilierung. Inschriftfeld ungerahmt. Durch Einziehung verbundene Pulvinuseinheit, in der ein gerundeter Focus mit aufgeworfenem, wulstigem Rand eingetieft ist. Nebenseiten und Rückseite unverziert.
Taracena – Vázquez de Parga a.O. 138 Nr. 35 Taf. 17,1; Blázquez, Religiones 80 Taf. 8,15; Blázquez, Diccionario 117; IMdeN 24; Gamer a.O. 242 Nr. 32.

NA 12
Weihaltar ohne Inschrift. Aus Liédena. Hellgrauer Sandstein. H ca. 25.
Plättchen-Karnies-Profilierung umlaufend. Annähernd quadratisch eingetiefter Focus mit schräg ansteigenden Wänden.
M. A. Mezquíriz Irujo, PrincViana 15, 1954, Taf. 15; Gamer a.O. 242 Nr. 33.

NA 13 Taf. 44b
Grabaltar des M. Caelius Flavinus und M. Caelius Flavus. Aus Marañón. Graubrauner Sandstein, hart. H 110. B 67. T 41.
Breiter, auf Vorderansicht angelegter Altar, der auf vorspringende Profilgliederung verzichtet. Der tafelartige Charakter der Vorderseite wird entsprechend durch die Inschrift in einer *tabula ansata* unterstrichen. Deren Form wird durch einen fein gerillten Rand begleitet. Dieselbe feine Rillung trennt Aufsatz und darunter befindliche Platte und setzt die Sockelzone ab und erweist sich somit als letzter Gliederungsrest. Die Pulvini sind glatt, nach innen zu flach sich absenkend. Der Typus mit durch Einsenkung verbundener Pulvinuseinheit wird hier durch Hochziehen zur Mitte zu einem flachen Giebel abgewandelt. Focus ist nicht angegeben. Die Vorderseite schmücken zwei Halbmonde. Nebenseiten rauh gelassen, Rückseite zum Teil abgeschlagen.
EE VIII 426 Nr. 167; Taracena – Vázquez de Parga a.O. 139 Nr. 38 Taf. 19; J. Cantera Orive, PrincViana 11, 1950, 329; M. L. Albertos Firmat, EstArqAlav 5, 1972, 150, 2 Abb. S. 154,2; IMdeN 53; Gamer a.O. 242 f. Nr. 34 Taf. 56c.

NA 14 Taf. 42d
Weihaltar für Mars. Aus Monteagudo. Graubrauner Sandstein, hart, gelblich patiniert. H 73. B 44. T 40.
Inschriftfeld ungerahmt. Profile verwaschen und schlecht erhalten, laufen um. Nebenseiten und Rückseite ohne Dekor.
CIL II 2990; IMdeN 27; Taracena – Vázquez de Parga a.O. 140 Nr. 39 Taf. 20,1; Gamer a.O. 243 Nr. 35.

NA 15 Taf. 46a.b
Weihaltar für Peremusta. Aus Rocaforte. Grauer Sandstein, dunkelrotbraun patiniert. H 35. B 17. T 16.
Inschriften auf Vorderseite und linker Nebenseite ungerahmt. Profile stark abgewittert, laufen um. Kleine zylindrische Pulvini von der horizontalen Zwischenfläche abgesetzt, in die ein runder Focus eingetieft ist, dessen Mulde von einer Rille begleitet wird. Rechte Nebenseite und Rückseite ohne Dekor.
F. Escalada, BolAcadHist 78, 1921, 458 f.; Taracena – Vázquez de Parga a.O. 142 Nr. 45 Taf. 22,1. 2; IMdeN 29; Gamer a.O. 243 Nr. 36.

NA 16 Taf. 45c
Weihaltar für Sol Invictus. Aus San Martín de Unx. Grauer Sandstein. H 69. B 34. T 29.
Inschriftfeld ungerahmt. Profile aus zum Altarkörper hin abgeschrägten Platten bestehend. Glatte Pulvini, die durch tiefe Einsenkung zur Einheit verbunden sind. Der Altar hat einen schmalen hohen Körper zwischen schwerem ungegliedertem Gesims und Sockel.
Taracena – Vázquez de Parga a.O. 143 Nr. 49 Taf. 25,2; J. A. Abásolo – J. C. Elorza, EstArqAlav 6, 1974, 254 ff. Abb. 7; IMdeN 31; Gamer a.O. 243 Nr. 37 Taf. 55b.

NA 17 Taf. 45d Abb. 5
Weihaltar für Magna Mater (?). Aus San Martín de Unx. Grauer Sandstein, hart. H 83. B 39. T 29.
Inschriftfeld ungerahmt. Umlaufendes Karniesprofil. Hohe, durch Einsenkung verbundene Pulvinuseinheit. Nebenseiten und Rückseite unverziert.
Taracena – Vázquez de Parga a.O. 143 Nr. 48 Taf. 25,1; Abásolo – Elorza a.O. 254 ff. Abb. 6; IMdeN 30; Gamer a.O. 243 Nr. 38 Taf. 56d.

NA 18 Taf. 44c.d Abb. 5
Weihaltar für »Lacubegis«. Aus Ujué. Grauer Sandstein, hart.
Inschriftfeld ungerahmt. Umlaufende Karnies-Plättchen-Profilierung. Zwei zylindrische Pulvini. Vermutlich vorderer und hinterer Giebel und runder Focus. Auf den Nebenseiten Stierkopfprotome. Rückseite unverziert.
Taracena – Vázquez de Parga a.O. 147 Nr. 59 Taf. 27. 28; Blázquez, Religiones 176 f. Taf. 38,75. 76; Blázquez, Diccionario 111 f.; IMdeN 34; Gamer a.O. 243 Nr. 39 Taf. 55a.

NA 19 Taf. 43e
Weihaltar für Jupiter. Aus Ujué. Grauer Sandstein, hart. H noch 88. B 43. T 43.
Inschriftfeld ungerahmt. Aufsatz und oberes Profil total abgearbeitet. Unteres Profil läuft in Form eines hohen Karnies um. Nebenseiten und Rückseite ohne Dekor.
Taracena – Vázquez de Parga a.O. 146 Nr. 58 Taf. 26; IMdeN 33; Gamer a.O. 243 Nr. 40.

NA 20
Bruchstück vom Pulvinus eines Monumentalaltars. Aus Gallipienzo. Grauer Sandstein, hart. 84 × 43 × 25.

An einer Seite ist ein Teil einer Rundung erhalten mit spitzen Schuppenblättern, die eine eingegrabene Mittelrippe besitzen. Die Schuppen sind an den Rändern und entlang den Mittelrippen wulstig erhöht.
Taracena – Vázquez de Parga a.O. 66 ff. Taf. 4,1; Gamer a.O. 243 Nr. 41 Taf. 57a.

Ehemals Javier, Colegio Seminario del Castillo[11], in das Museo de Navarra nach Pamplona verbracht

NA 21 Taf. 46c.d Abb. 5
Grabaltar für Picula. Aus Eslava. Grünlich-grauer Sandstein, relativ hart. H 105. B 51. T 36.
Inschriftfeld ungerahmt. Profile aus einfachen Kehlen laufen um. Eigenwilliger Aufsatz: Glatte Pulvini mit volutenförmiger Außeneinrollung, durch tiefe Einsenkung verbunden, in der sich, etwas zurückgesetzt, ein steiler Giebel erhebt. Der Aufsatz und die obere Platte des Gesimses tragen eine geometrische Rillenverzierung aus Kreismotiven und Linien, die zum Teil Aufsatz und Giebel nachzeichnen. Nebenseiten und Rückseite ohne Dekor. Der Altar wirkt schlank und hoch, hat aber schwere Profilabschlüsse und einen betonten Aufsatz, die mit dem Rillendekor der Vorderseite eine sehr sichere und selbständige Lösung darbieten.
Zum Dekor s. Grabdenkmäler aus dem Valle de Arán. J. Puig i Cadafalch, L'arquitectura romana a Catalunya (1934) 384 ff. Abb. 521 ff.; IMdeN 41; G. Gamer, MM 15, 1974, 243 f. Nr. 42 Taf. 56b.

NA 22 Taf. 42a Abb. 5
Oberer Teil eines Weihaltars. Aus Bureba. Grauer Sandstein. H noch 46. B 33. T 31.
Inschriftfeld ungerahmt. Flache, durch Einsenkung verbundene Pulvinuseinheit. Das obere Profil aus Platte, Kehle und Karnies läuft um. Nebenseiten und Rückseite ohne Dekor.
J. C. Elorza – J. A. Abásolo, Durius 2, 1974, 117 f. Taf. 2,2; Gamer a.O. 244 Nr. 43.

NA 23 Taf. 140e.f
Pulvinus eines Monumentalaltars. Aus der Umgebung von Javier. Graugrünlicher Sandstein. L 170. B 46. H 45. H der Sockelplatte 15 cm.
Über einer Platte rundet sich der Pulvinus, um schräg nach innen zu sich herabzusenken, wo der lange Block senkrecht abschneidet. Die Außenseite bis zum

---

11 P. Escalada, La arqueología en la villa y castillo de Javier y en sus contornos (1943), blieb uns unzugänglich.

Scheitel ist mit großen Blättern bedeckt, deren Blattzwickel mit auffallend schattenden Bohrungen charakterisiert sind. In der Mitte ist der Pulvinus durch ein doppelachtförmiges wulstiges Geschlinge abgeteilt. Von hier aus sind Blätter nach beiden Seiten gerichtet. Auf der vom Scheitel aus nach innen abfallenden Schräge sind flache, sich überlagernde Schuppen mit gerundetem Ende und Mittelgrat in flacher Zeichnung angebracht.
Gamer a.O. 244 Nr. 44 Taf. 57c.

NA 24
Weihaltar oder Postament für Velousa. Aus Ranera de los Montes (Bureba). Früher Ranera, Parroquia, dann Javier. Sandkalkstein. H 73. B 36. T 36.
Oberseite flach mit eingetieftem Focus. Inschriftfeld ungerahmt, Nebenseiten ohne Dekor. Unter der Deckplatte als Deckprofil Leiste, *cyma recta*, Faszie; zweifach gegliedertes Fußprofil. Sockel.
Wird in das 1. Jh. n.Chr. datiert.
J. Martínez Santa-Olalla, Boletín de la Comisión Provincial de Monumentos Históricos y Artísticos de Burgos 1, 1922–25, 248f.; B. Osaba, NotArqHisp 6, 1962, 264; J. C. Elorza – J. A. Abásolo, Durius 2, 1974, 115ff. Taf. 1; IMdeN 28; J. M. Solana Sainz, Autrigonia romana (1978) Abb. 78; Gamer a.O. 244 Nr. 45.

NA 25
Unterer Teil eines Weihaltars. Aus Barcina de los Montes/Bureba (Burgos). Heller Kalkstein. H noch 46. B 28. T 20.
Hoher bossierter Sockel ohne Profilierung. Inschriftfeld ungerahmt.
J. C. Elorza – J. A. Abásolo, Durius 2, 1974, 118ff. Taf. 2,1 (auf dem Kopf stehend); Gamer a.O. 244 Nr. 46.

NA 26 Taf. 43b
Unterer Teil eines Weihaltars für Losa. Aus Lerate. Hellgrauer Sandstein. H noch 34. B 31. T 26.
Inschriftfeld ungerahmt. Untere Profilierung in Form dreier paralleler Rillen mit ausgewölbten Zwischenzonen angedeutet. Altarkörper mit starker Einziehung der Nebenseiten.
IMdeN 25; Gamer a O. 244 Nr. 47.

Privatbesitz

NA 27 Taf. 42b
Weihaltar für Peremusta. Aus Eslava.
Inschriftfeld ungerahmt. Plättchen, *cyma recta*, Leiste, Profilierung weit ausladend. Pulvinuseinheit ohne Focus. Profile laufen um. Nebenseiten und Rückseite ohne Dekor.
HAE 6. 7, 1062; Blázquez, Religiones 214f. Taf. 49,94; Gamer a.O. 242 Nr. 28 Taf. 53a.

Folgender Altar aus der Provinz befindet sich heute in Moreda de Álava (Álava):

NA 28
Weihaltar. Aus Viana (Navarra). Kalkstein. 32 × 22 × 20.
Bekrönung beschädigt. Inschriftfeld ungerahmt, Nebenseiten ohne Dekor. Unter der Deckplatte Wulst als Deckprofil; als Fußprofil lediglich eine Schräge. Sockel. Der Altar ist von gedrungener Form.
J. C. Elorza, EstArqAlav 6, 1974, 247ff. Abb. 2.

PROVINZ OVIEDO

Oviedo, Museo Provincial[12]

O 1 Taf. 52a
Weihaltar des L. Corona Severus. Gefunden bei der Pfarrkirche von Ujo (Mieres). Dunkler Granit. H 49. B 26. T 20.
Zwei flache Pulvini, wohl beschädigt. Leicht eingesenkte Focusfläche. Unter dem breiten Band der

---

[12] Vgl. auch M. Escortell Ponsoda, Catálogo de las salas de cultura romana del Museo Arqueológico de Oviedo (1975) 5ff. Taf. 1ff.

Deckplatte setzt, ohne Deckprofil, der gleich breite Altarkörper an. Der Altarsockel, dessen unterer Teil heute fehlt, ist in gleicher Weise wie die Deckplatte vom Körper abgesetzt.
F. Diego Santos, Epigrafía romana de Asturias (1959) Nr. 8 Abb. o. Nr.

O 2 Taf. 52b
Weihaltar für Nimmedo Seddiago. Aus Ujo (Mieres). H 100. B 41. T nicht angegeben.
Der ungegliederte Altarquader besitzt an der Oberseite zwei eckige hörnerartige Pulvini. Focusfläche auf Höhe des Pulvinusansatzes.
Diego Santos a.O. Nr. 9 Abb. o. Nr.; J. M. de Navascués y de Juan, Inscripciones hispano-romanas, ArchEspArteArq 10, 1934, 189 ff. Taf. 3,1.

Jove bei Gijón, Chalet Castillo-Díaz

O 3 Taf. 52c
Weihaltar für Fortuna Balnearis. Aus Pumarín (Gijón), gefunden am Platz Fuente de la Mortera, einem ehemaligen antiken Thermenbezirk. H 96. B 37.
Flache Pulvini. Als Deckprofil flache breite Faszie, Faszie, als Fußprofil durch Rille geteilte, breite Faszie. Die Vorderseite des Sockels ist dekoriert mit drei konzentrisch angeordneten Halbkreislinien, zweimal hängend, einmal stehend.
»Flavisch« (paläographisch).
Diego Santos a.O. Nr. 6 Abb. o. Nr.

Labra bei Cangas de Onís, Palacio

O 4
Altarförmiges Monument. Aus Labra. H noch 43. B 45.
Über einer seitlich abgesetzten Deckplatte halbkreisförmige Pulvini. Dazwischen, etwa auf Höhe des Pulvinusansatzes, horizontale Focusfläche. Die ganze Vorderseite ungegliedert glatt. Der untere Teil fehlt.
Diego Santos a.O. Nr. 58 Abb. o. Nr.

Serrapio (Aller), Iglesia San Vicente

O 5
Weihaltar für Iupiter. Aus Serrapio. Brauner Granit. H 81. B 36. T nicht meßbar.
Anstelle der Pulvini zwei gerahmte Sechsblattrosetten, dazwischen Halbkreisbogenrille mit kleiner Spitze (Giebel). Ohne Deckprofil. Inschrift in vertieftem, rechteckigem Feld, an dessen unterer Seite *ansa*.
Diego Santos a.O. Nr. 1 Abb. o. Nr.

O 6
Grabstein für M. Licinius. Aus Forniellu (Ribadesella). 53 × 37 × 11.
Oben zwei nebeneinanderstehende Protuberanzen, hinter denen formal wohl Pulvini zu suchen sind.
Diego Santos a.O. Nr. 39 Abb. o. Nr.; Escortell Ponsoda a.O. 15 f. Taf. 15.

PROVINZ ORENSE

Orense, Museo Arqueológico Provincial

OR 1
Weihaltar für Iupiter. Aus Güín (Bande). Inv. Nr. 3392. H 54. B 20.
Pulvini, flache Giebelerhebung. Schräger gewölbter Übergang von der Deckplatte zum Körper. Kein Fußprofil.
J. Lorenzo Fernández, Inscripciones romanas de Galicia IV. Provincia de Orense (1968) Nr. 65 Taf. 5,65.

OR 2
Weihaltar für Iupiter Optimus Maximus. Aus Cabenca (Castrelo do Val). Inv. Nr. 3063. Aus Granit. H 94. B 54.
Zur Deckplatte schräg ansteigendes und kaum merklich gegliedertes Profil. Von einer Bekrönung ist nichts erhalten. Kein Fußprofil zwischen Sockel und Körper.
Lorenzo Fernández a.O. Nr. 66 Taf. 5,66; HAE 1–3, 331.

OR 3 Taf. 57a
Weihaltar für Deana. Aus Louredo. Inv. Nr. 178.
H 72. B 28. T 25.
Je vier Pulvini sind in zwei Reihen übereinander angeordnet. Ihr runder Querschnitt wird durch einen konzentrischen Mittelpunkt an der Stirn betont. Auf der Vorderseite der Deckplatte eingeritztes Rautengitter. Hoher Sockel. Keine Profilierung.
EE IX 105, 280; HAE 1-3, 280; Lorenzo Fernández a.O. Nr. 71 Taf. 6,71.

OR 4 Taf. 57b
Weihaltar für die Nymphen. Aus Orense, casa de la Tenencia. Inv. Nr. 307. H 82. B 46.
Flache Pulvini. Kehlen als Deck- und Sockelprofil.
CIL II 2527; HAE 1-3, 282; Lorenzo Fernández a.O. Nr. 74 Taf. 6,74; BAur 2, 1972, 235 Abb. o. Nr. S. 317 f.

OR 5
Weihaltar für die Nymphen. Aus San Juan de Baños de Bande. Inv. Nr. 28. Aus Granit. H noch 54. B 26.
Gesims abgearbeitet. Kein Fußprofil.
CIL II 2530; HAE 1-3, 283; Lorenzo Fernández a.O. Nr. 75 Taf. 7,75.

OR 6
Weihaltar. Aus San Miguel de Canedo. Inv. Nr. 3803. Aus Granit. H 76. B 37.
Bekrönung abgearbeitet. Auskragendes, mehrfach gegliedertes Deck- und Fußprofil.
Lorenzo Fernández a.O. Nr. 78 Taf. 7,78.

OR 7
Weihaltar. Aus Vilamartín de Valdeorras. Inv. Nr. 179. H noch 67. B noch 28.
Teil eines Pulvinus von der Bekrönung und einer *cyma reversa* vom Deckprofil erhalten.
HAE 1-3, 285; EE IX 107, 283a; Lorenzo Fernández a.O. Nr. 99 Taf. 10,99.

OR 8
Weihaltar. Aus Orense. Granit. H 77. B 32.
Runder Focus. Kleine Pulvini. Deck- und Fußprofile.
Lorenzo Fernández a.O. Nr. 114 Taf. 12,114.

OR 9 Taf. 57d
Grabaltar. Aus Las Burgas, Orense. Inv. Nr. 2997. Aus Granit. H 92. B 39. T 34.
Zylinderpulvini, Giebel. Rundfocus. Schräg ansteigendes wulstiges Deckprofil. Darüber Wulst, der an den Ecken rahmend nach oben umbiegt und an den Pulvinusstirnen endet. Zweifach wulstgegliedertes Fußprofil.

B. Osaba y Ruiz de Erenchun, La nueva ara romana de Las Burgas en el Museo, MemMusArq 8, 1947, 148-150 Taf. 61,2; HAE 1-3, 289; Lorenzo Fernández a.O. Nr. 126 Taf. 15,126.

OR 10
Weihaltar für Iupiter. Aus Vilanova de Trives. Granit. H 127.
Rechteckiger Focus. Sockel- und Gesimszone an der Vorderseite abgearbeitet. Leiste und *cyma recta* in Fuß- und Deckprofil.
A. Rodríguez Colmenero, Un ara a Iupiter Optimo Maximo en Vilanova de Trives (Orense), BAur 1, 1971, 289-291 Abb. o. Nr.

OR 11
Weihaltar für Sancta Diana. Aus La Mezquita. H 36. B 14. T 10.
Der roh belassene Sockel ist 14 cm hoch, so daß der eigentliche Altar nur eine Höhe von 22 cm erreicht. Focus, flache Pulvini, Deckplatte, Profilvorsprünge ohne erkennbare Formabsicht.
»Ende 3./Anfang 4. Jh. n.Chr.« (paläographisch).
J. Ferro Couselo, Un ara a Sanctae Deanae, BAur 2, 1972, 326-328 Abb. o. Nr.

OR 12 Taf. 57c
Weihaltar für die Nymphen. Aus San Pelagio de Bóveda (Amoeiro). Heller Granit. H 68. B 33. T 18.
Pulvini, Rundfocus (Dm 8 cm), vorn und hinten Giebel. In den Profilen je eine *cyma reversa*.
»2. Jh. n.Chr.« (paläographisch).
J. C. Rivas Fernández, BAur 3, 1973, 77 ff. Abb. o. Nr.; J. Ferro Couselo, BAur 4, 1974, 214 Abb. o. Nr.

Orense, Kathedralbibliothek

OR 13
Weihaltar. Aus Orense, Caneiro. Granit. H 71. B 37.
Bekrönung und Seiten abgearbeitet. Als Deck- und Fußprofil je eine breite *cyma reversa* oder Kehle (?).
CIL II 2526; Lorenzo Fernández a.O. Nr. 73 Taf. 6,73.

Ambía, Kirche Santa Eufemia

OR 14
Weihaltar für die Nymphen. Aus San Esteban de Ambía (Baños de Molgas). In der Kirche Santa Eufemia de Ambía als Träger des Altartisches. H 86. B 43.
Als Fußprofil *cyma reversa*. Das Deckprofil soll gleich sein, aber zusätzlich eine schmale Faszie besitzen.

EE IX 107, 283b; Lorenzo Fernández a.O. Nr. 76 Taf. 7,76.

Amoeiro, Capilla de San Xiao de Fontefría

OR 15
Weihaltar für die Lares Viales. Aus Santa Mariña de Fontefría. H 68.
Die Bekrönung fehlt, Deckplatte beschädigt. Als Deckprofil Wulst, Faszie, wohl eine lokale Form der *cyma reversa*. Sockel mit Anlauf zum Altarkörper.
J. C. Rivas Fernández, BAur 2, 1972, 303–311 Abb. 3.

Baltar, Capilla de la Asunción

OR 16
Weihaltar. Aus dem 'castro' de San Antonio. Granit. H 89. B 28.
Als Deckprofil breite Faszie, *cyma reversa*, als Fußprofil *cyma reversa*.
Lorenzo Fernández a.O. Nr. 94 Taf. 9,94.

OR 17
Weihaltar. Aus Baltar. H 80. B 32.
Pulvini und Focus. Deckprofil in Form wulstiger Faszien.
Lorenzo Fernández a.O. Nr. 108 Taf. 11,108.

Bande, Santa Comba

OR 18
Altar. Aus der westgotischen Kirche Santa Comba de Bande. Marmor. H 120. B 53.
Sehr gut gearbeitet. An der Oberseite zwei quadratische Eintiefungen, die wohl gleichzeitig, aber rezent sein können. Mehrfach gegliedertes Deck- und Fußprofil.
Lorenzo Fernández a.O. Nr. 112 Taf. 12,112.

Castro de Santo Tomé/San Bernabé de Tibiás

OR 19
Altar für Tutela. Aus dem Castro de Santo Tomé. Granit. H 62. B 45.
Bekrönung und Sockel zum Teil abgearbeitet, sie sind vom ungerahmten Altarkörper durch knappe Vorsprünge abgesetzt.
»1./2. Jh. n.Chr.« (paläographisch).

M. Blanco Guerra, El ara a Tutela del Castro de Santo Tomé (Orense), BAur 1, 1971, 297 f.

Cenlle, Pfarrkirche von Santiago de Trasariz

OR 20
Weihaltar für Iupiter. Aus Cenlle. Granit. H 87. B 53.
Zur Verwendung als Weihwasserbecken wurde der Focus vergrößert, wurden auch die weiteren Bekrönungselemente abgearbeitet. Als Deckprofil Leiste, *cyma recta*, Leiste, Kehle. Als Sockelprofil Kehle auf Leiste.
Lorenzo Fernández a.O. Nr. 69 Taf. 5,69; 6,69; J. C. Rivas Fernández, BAur 3, 1973, 92 ff.

Condado, Kirche Santa María

OR 21
Weihaltar. Aus Condado (Padrenda). Granit. H 78. B 30.
Focus zu Weihwasserbecken erweitert. Deckprofil in Form von zwei Wülsten. Kein Sockelprofil.
F. Bouza Brey, El ara romana de Santa María del Condado (Orense) y otro del Museo de Lugo, Boletín de la Comisión de monumentos históricos y artísticos de Lugo 1948; ders., Ara romana de Condado (Ourense), RevGuimarães 1948; Lorenzo Fernández a.O. Nr. 98 Taf. 10,98.

Eiras

OR 22
Weihaltar. Aus Eiras. H 66.
Bekrönung horizontal abgearbeitet. Profilierung am Sockel und Gesims in der Art der *cyma reversa*.
J. C. Rivas Fernández, BAur 3, 1973, 87 ff. Abb. o. Nr.

Mérens/Cortegada de Miño, Bodega am Rand der Carretera

OR 23
Weihaltar. Aus Mérens. Granit. H 55. B 16.
Bekrönung abgearbeitet. Konvex gewölbtes Deckprofil. Faszie und *cyma recta* als Sockelprofil.
F. Bouza Brey, Ara romana de Mérens (Orense), CEG 3,476; Lorenzo Fernández a.O. Nr. 103 Taf. 10,103.

Mixós bei Verín, Kirche Santa María, am Hochaltar

OR 24
Weihaltar. Aus Santa María de Mixós. H 74. B 40.
Als Deckprofil eine regional typische gewellte Faszie, *cyma reversa*, als Sockelprofil Kehle.
HAE 1–3, 364; Lorenzo Fernández a.O. Nr. 88 Taf. 8,88.

OR 25
Altar. Aus Santa María de Mixós. Träger eines Altartisches. Aus Granit. H 78. B 44.
Focus. Rückseite dekoriert: Gerahmtes Feld, das von diagonalen Linien gekreuzt wird. Im oberen und unteren dreieckigen Feld doppelte Halbkreislinien. Das dreifach gewulstete Deckprofil ist zickzackgerillt. Der Dekor kann auch sekundär sein.
Lorenzo Fernández a.O. Nr. 110 Taf. 12,110; BAur 1, 1971, 78 Abb. o. Nr.

Pías

OR 26
Altar ohne Inschrift. Aus Pías.
Schlanke Proportionen mit ausladenden, mehrfach gegliederten wulstigen Profilen. Deckplatte verdreifacht.
J. C. Rivas Fernández, BAur 3, 1973, 59 Abb. o. Nr.

Pías, Capilla de S. Pedro

OR 27
Weihaltar für die Gottheit Torolus. Aus Pías.
Oberseite abgearbeitet. Vom Körper leiten Schrägen zu Sockel und Deckplatte über.
J. C. Rivas Fernández, BAur 3, 1973, 57 ff. Abb. o. Nr.

San Martín de Valongo, Privatbesitz

OR 28
Weihaltar für Jupiter. Aus San Juan de Crespos (Padrenda). Granit. H 69. B 18.
Zylinderpulvini, Rundfocus mit Randwulst. Breite *cymae reversae* als Deck- und Fußprofil. Rauh belassener Sockelabschnitt von ca. 10 cm Höhe.
F. L. Cuevillas, Unha nova ara galega, BRAG 17, 1928, 87 f. Abb. o. Nr.; Lorenzo Fernández a.O. Nr. 64 Taf. 5,64.

San Pedro de Reádegos

OR 29
Altar. Aus S. Pedro de Reádegos. H 73.
Ohne Bekrönung. Breit wulstige Profile. Deckgesims und Deckplatte lasten schwer auf dem kleinen Körper mit fast quadratischem Inschriftfeld.
J. C. Rivas Fernández, BAur 3, 1973, 73 ff. Abb. o. Nr.

Vilanova de Trives

OR 30
Weihaltar für Iupiter Optimus Maximus. Aus Vilanova de Trives. Dient als Träger des Altartisches.
Bekrönung abgearbeitet. Die breiten Sockel- und die Deckplatte springen knapp vor den Altarkörper vor.
J. Rodríguez Colmenero, Un ara a Jupiter Optimo Maximo en Vilanova de Trives (Orense), BAur 1, 1971, 289–292.

Vilar de Santos/Xinxo de Limia

OR 31
Altar für Iupiter. Aus Layoso. H 70. B 40. T 36.
Bekrönung abgearbeitet. Vom flachen Sockel Anlauf zum Körper. Im Deckprofil Torus.
J. Taboada Chivite, BAur 2, 1972, 315 f.

Villaza, Privatbesitz

OR 32
Weihaltar. Aus Arcucelos (Retorta-Laza). Granit. H 76. B noch 28.
Wulstgegliederte Deck- und Fußprofile.
HAE 1–3, 365; J. Taboada, Ara romana de Villaza (Verín), Boletín del MAP de Orense 5, 1949, 53; Lorenzo Fernández a.O. Nr. 84 Taf. 8,84.

Viloria

OR 33
Weihaltar für Tillenus (Berg Teleno in den Montes de León, südwestlich von Astorga). Aus Viloria unweit von Barco de Valdeorras. Granit. H 80. B 36.
Bekrönung fehlt. *Cyma reversa* und Faszie (?) im Deckprofil. Zum Sockel leitet eine Schräge über.
M. L. Albertos, EstArqAlav 6, 1974, 150 ff. Abb. o. Nr.

Verschollen

OR 34
Weihaltar. Aus Limia.
Überliefert in einer Zeichnung des 17. Jhs. Demnach befand sich auf der linken Nebenseite eine Kanne, auf der rechten eine grifflose Schale.
CIL II 5621; Lorenzo Fernández a.O. Nr. 144 Abb.

OR 35
Weihaltar. Aus Verín. Granit. H 80. B 48.
Deckprofil gegliedert in drei wulstige Faszien. Sockelprofil in Form von Faszie und *cyma recta*.
Lorenzo Fernández a. O. Nr. 106 Taf. 11,106.

PROVINZ PALENCIA[13]

Palencia, Museo Arqueológico Provincial

P 1 Taf. 49a
Grabaltar für Amans. Aus Palencia, gefunden in der hispanorömischen Nekropole auf dem Gelände der Electrolisis del Cobre, zwischen der Carretera de Tinamayor und der Eisenbahn nach Santander. Lokaler Stein. H 59. B 29. T 28.
Pulvini mit achtgliedrigen Stirnrosetten. Focus. Giebel, vorn im Tympanon ein Krater. Deckplatte und Sockel begrenzen den Körper mit ungerahmten Seiten, dazwischen vermitteln keine Profile. Die Pulvini liegen nicht unmittelbar auf der Deckplatte auf. Auf dieser die Buchstaben D M.
E. Fontaneda, NotArqHisp 3/4, 1954/55 (1956), 310 Taf. 183; A. García y Bellido, Contribución al plano arqueológico de la Palencia romana, ArchEspArq 39, 1966, 154 f. Abb. 11.

P 2
Altar ohne Inschrift. Aus Palencia.
Mit der Darstellung von zwei Frauen. Diese könnten die Duillae sein, bei denen es sich vielleicht um Göttinnen nach Art der Matres handelt.
Nach Blázquez, Diccionario 92 s. v. Duillis.

P 3
Altar. Aus Fuentes Tamaricas (Velilla del Río Carrión).
Bekrönung fehlt. An der Oberseite geglätteter Randstreifen, die restliche Fläche ist leicht erhöht. Etwa in der Mitte ein tiefer, den Schmalseiten parallel verlaufender Schlitz. Man hat hierin moderne Veränderungen gesehen. Schlanker und hoher Körper mit glatten Seiten. Vom Deckprofil ist nur die Faszie noch kenntlich. Am Fußprofil wohl *cyma recta* auf Leiste und Faszie. Geringe Inschriftreste auf der ungerahmten Vorderseite.
Wohl der Altar eines Quellheiligtums, einer von Plinius, nat.hist. 31,18. 23–24, genannten Orakelstätte »Fontes Tamarici«.
A. García y Bellido – A. Fernández de Avilés, Fuentes Tamaricas. Velilla del Río Carrión (Palencia), ExcArqEsp Nr. 29, 1960, 10. 24 f. Taf. 6a. b.

P 4 Taf. 49b
Weihaltar für die Nymphen. Aus Villabermudo.
Schmale, hohe Proportionen.
Pulvini, Rundfocus mit erhobenem Rand auf der Deckplatte, keine Giebel. Dieselbe Inschrift in verschiedener Anordnung auf Vorder- und Rückseite. Inschriftfelder und Nebenseiten ohne Rahmung und Dekor. Unter der Deckplatte als Deckprofil Faszie, *cyma reversa*, Faszie; als Fußprofil gleichfalls Faszie, *cyma reversa*, Faszie. Die Profile laufen allseitig um.
J. M. Iglesias Gil, Epigrafía cántabra (1976) 243 Nr. 13 Taf. »Addenda« 13.

Saldaña, Privatbesitz J. Cortés

P 5
Oberer Teil eines Grabaltars oder einer Grabstele. Aus Saldaña (Cerro de la Morterona).

---

13 s. auch L. Sagredo San Eustaquio – S. Crespo Ortiz de Zárate, Epigrafía romana de la provincia de Palencia (1978).

Pulvini, Giebel. DM auf Deckplatte. Inschriftfeld ungerahmt, Nebenseiten ohne Dekor. Zweifache Deckprofilierung aus unterschiedlich breiten gewölbten Faszien (beschädigt).
Iglesias Gil a.O. 243 Nr. 15 Taf. »Addenda« 15; vgl. die Stele ArchEspArq 36, 1963, 204 f. Abb. 23.

Folgender Altar aus der Provinz befindet sich heute in Comillas (Santander), Slg. Marqués de Comillas, Palacio de Sobrellano:

P 6 Taf. 49c
Weihaltärchen für Epana. Wahrscheinlich vom Monte Bernorio oder Norden der Provinz Palencia. Inv. Nr. 532. Poröser Kalkstein. H 7,5.
Zylindrische, glatte Pulvini, Rundfocus, keine Giebel. Inschrift in leichtem Rahmen, Nebenseiten ohne Dekor. Stufenprofilierung am Deck- und Fußprofil. Unter der Deckplatte zwei Faszien als Deckprofil; ebenfalls zwei Faszien als Fußprofil über dem Sockel. Die weniger hohen und schmäleren Glieder des Deckprofils sind an der Vorderseite gezahnt, einschließlich der Deckplatte selbst.
A. García y Bellido, ArchEspArq 36, 1963, 203 f. Abb. 21; J. M. Iglesias Gil, Epigrafía cántabra. Estereometría, Decoración, Onomástica (1976) 77. 220. 242 Nr. 133 Taf. 133.

s. auch S 2. S 3.

PROVINZ PONTEVEDRA

Pontevedra, Museo de Pontevedra

PO 1
Weihaltar. Aus Tuy. Inv. Nr. 2036. H 84. B 35. T 21.
Flacher Focus, die übrigen Bekrönungselemente sind verlorengegangen. Deckprofil abgearbeitet. Der Körper steht ohne profilierten Übergang auf dem abgesetzten Sockel.
CIL II 5612; J. Filgueira Valverde – A. d'Ors, Inscripciones romanas de Galicia III. Museo de Pontevedra (1955) Nr. 16 Taf. 16.

PO 2 Taf. 56a
Weihaltar. Aus Villagarcía. Inv. Nr. 1278. H 126. B 25. T 26.
Pulvini, Focus. Unter der Deckplatte nach oben zu etwas auskragende Profilzone, auf deren Vorderseite ein stehender Bogen eingegraben ist. Kein Fußprofil.
Filgueira Valverde – d'Ors a.O. Nr. 17 Taf. 17.

PO 3 Taf. 56b
Weihaltar. Aus Porto Son. Inv. Nr. 2026. H 132. B 35. T 20.
Pulvini, Focus. Auf der Vorderseite der Deckplatte, durch eine Rille getrennt, ein stehender und drei hängende Bögen, zwei hängende Bögen auf den Seiten, auf der Rückseite ein hängender Bogen. Deckprofil in Form eines Doppelwulstes.
Das Monument wird inschriftlich als »ara« bezeichnet.
CIL II 5638; Filgueira Valverde – d'Ors a.O. Nr. 18 Taf. 18.

PO 4
Weihaltar. Aus Moimenta, Lalín. Inv. Nr. 2028. H noch 52. B 31. T 20.
Ohne Bekrönung. Deckprofilierung in Form von parallelen Rillen. Der untere Teil fehlt.
Filgueira Valverde – d'Ors a.O. Nr. 19 Taf. 19.

PO 5
Weihaltar. Aus Cuntis. Inv. Nr. 2025. H 123. B 42. T 27.
Focus, Pulvini. Einfache Deckprofilierung zum Teil erhalten. Kein Fußprofil. Hoher Sockel.
Aus einer Doppelweihung von zwei Altären mit identischem Inschrifttext. Der andere Altar (a.O. Nr. 20 Taf. 20) bewahrt keine bemerkenswerten Formdetails.
Filgueira Valverde – d'Ors a.O. Nr. 21 Taf. 21; CIL II 2546.

PO 6
Weihaltar. Aus Grava, Silleda. Inv. Nr. 2040. H 67. B 39. T 15.
In dem geritzten Dekor über der knapp abgesetzten

Deckplatte ist möglicherweise eine Andeutung der Bekrönungselemente zu sehen. Keine Profilierung. Inschriftlich als »ara« bezeichnet.
Filgueira Valverde – d'Ors a.O. Nr. 24 Taf. 24.

PO 7
Weihaltar. Aus Torres d'Oeste, Catoira. Inv. Nr. 1485. H noch 50. B 29. T 25.
Gut erhaltener Focus. Weitere Bekrönungselemente fehlen. Auf der Vorderseite des den Körper nach oben abschließenden Teils drei Arkaden in flachem Relief.
Filgueira Valverde – d'Ors a.O. Nr. 25 Taf. 25.

PO 8
Weihaltar für Vestio Alonieco. Aus Lourizán. Inv. Nr. 1582. H noch 87. B 24. T 34.
Der Altar hatte an der Vorderseite des den Körper oben abschließenden Teils drei Halbkreisbogen, die abgearbeitet wurden, als der Stein als Bauquader Verwendung fand.
Inschriftlich als »*ara*« bezeichnet.
F. Bouza Brey, Las aras romanas de Lourizán, El Museo de Pontevedra 3, 1944, 201 ff.; Filgueira Valverde – d'Ors a.O. Nr. 27 Taf. 27.

PO 9 Taf. 56c
Weihaltar für Vestio Alonieco. Aus Lourizán, offenbar aus demselben Heiligtum wie PO 8 und PO 10. Inv. Nr. 1583. H noch 81. B 23. T 34.
Pulvini, Focus. Auf der Vorderseite des hohen Deckteils zwei Bogen, darüber zwei spiegelbildlich angeordnete Swastiken. Unter dem Giebel ein weiterer Bogen.
Bouza Brey a.O. 202; Filgueira Valverde – d'Ors a.O. Nr. 28 Taf. 28.

PO 10
Oberer Teil eines Altars, ohne Inschrift. Vermutlich von einem weiteren Weihaltar für Vestio Alonieco aus einem Heiligtum in Lourizán.
Zylindrische Pulvini mit Mittelpunkt auf der Stirn. Giebel. Breites Kopfteil unterhalb der Deckplatte in drei Faszien gegliedert, knapp vorspringend.
F. Bouza Brey, Vestio Alonieco, nueva deidad galaica, ArchEspArq 19, 1946, 110–116 Abb. 1–5.

PO 11
Weihaltar. Aus Castro Liboreiro, Coiro. Inv. Nr. 2030. H 60. B 35. T 20.
Pulvini, dazwischen flachere Erhöhung (Focus), Deckteil durch Einschnürungen gegliedert. Zwischen Sockel und Körper kein definierbares Fußprofil.

Inschriftlich als »*ara*« bezeichnet.
Filgueira Valverde – d'Ors a.O. Nr. 29 Taf. 29.

PO 12
Weihaltar. Aus Requeixo. Inv. Nr. 2029 H noch 60. B noch 36. T 30.
Schwach markierter Focus. Kräftige wulstige Gliederung des hohen Deckteils.
Filgueira Valverde – d'Ors a.O. Nr. 36 Taf. 36.

PO 13
Altar. Inschrift unentzifferbar. Aus Castro Liboreiro. Inv. Nr. 2031. H 35. B 15. T 15.
Pulvini und Focus von Deckplatte abgesetzt. Keine Profile.
Filgueira Valverde – d'Ors a.O. Nr. 60 Taf. 60.

PO 14
Getrennt gearbeitete Altarbekrönung. Aus der Sammlung Maria Christinas v. Schweden, wohl aus Rom. Inv. Nr. 968. Marmor.
Zwischen zwei rosettengeschmückten Pulvini spannt sich im Bogen eine Muschelnische mit dem Büstenporträt einer Frau.

Vigo, Pazo-Museo Municipal »Quiñones de León«

PO 15 Taf. 56d
Weihaltar für Mercurius. Aus Panjón. Granit. H 93. B (Inschriftfeld) 27. T (Körper) 26.
Der hohe Quader besitzt nahezu gleiche Breite wie Tiefe. Zwischen dem hohen und rauhen Sockel und dem Körper liegt ein Torus. Als Deckprofil eine senkrechte *cyma recta* mit zwei konvexen Wölbungen. Darüber schmaler Torus.
Die Bekrönung bilden vier Giebel über den vier Seiten des Altars, die auf der Höhe ihrer Spitzen eine horizontale rautenförmige Fläche bilden, in die ein Focus eingetieft ist.
J. M. Álvarez Blázquez – F. Bouza Brey, Inscripciones romanas de Galicia. Supl. al Fasc. III (1961) Nr. 31 Taf. 13b; 14b (Detail der Bekrönung mit der Focusfläche).

PO 15a Taf. 56e
Grabaltar. Aus Vigo. Granit. H 148. B 31.
Pulvinusrollen, vorn und hinten Giebel, dazwischen Rundfocus in Form eines Kegelstumpfs von geringem Durchmesser. Unterhalb der Deckplatte sieben Faszien auf den vier Seiten. Hoher Sockel.

Álvarez Blázquez – Bouza Brey a.O. 18 f. Nr. 1 Taf. 1;
A. Balil, BolArteArqValladolid 44, 1978, 353 Nr. 20
Taf. 6.

PO 16

Weihaltar. Aus Donón (Hio-Cangas). Im großen und ganzen einheitliche Weihung von dreizehn Altären in einem Heiligtum. Granit. H 90. B 30. T 19.
Focus. Glatte Pulvinuszylinder mit Zentralpunkt an der Stirn. Zwischen beiden Pulvini nach unten ein hängender Bogen. Darunter drei Arkaden. Eine schmale Faszie schließt die Bekrönung zur ungerahmten Inschrift hin ab. Der Körper geht glatt ohne Absatz oder Profilierung in den Sockel über.
Jeweils Gottheit und Dedikant von drei Altären (Aras de Donón 1–3) scheinen identisch zu sein. Unsicherheit in der Schreibweise von seiten des Steinmetzen sind den drei Altären gleichfalls gemeinsam. Dies würde sogar für dieselbe ausführende Hand sprechen. Leider sind bei den Altären 2 und 3 keine distinktiven Formmerkmale mehr erhalten, die den Vergleich ermöglichen.
Aras de Donón 72 Nr. 1 Abb.

PO 17

Oberer Teil eines Weihaltars. Aus Donón (Hio-Cangas). Granit. H noch 58. B 29. T 25.
Focus zwischen zwei zylindrischen Pulvini mit Zentralpunkt an der Stirn. Das hohe Kopfteil ist horizontal gegliedert. Die so entstehenden zwei breiten Streifen sind durch Rillen linear ornamentiert: Unterhalb der Pulvinusgrundlinie auf der Vorder- und den Nebenseiten zwei nebeneinanderstehende, diagonal gekreuzte Felder, darunter eine Zickzackreihe. Ein schmaler Wulst trennt eher den Aufsatz des Altars, als daß er zu dem leicht einspringenden Körper überleitet.
Aras de Donón 74 f. Nr. 4 Abb.

PO 18

Unterteil eines Weihaltars. Aus Donón (Hio-Cangas). Granit. H noch 50. B 27. T 17.
Es handelt sich um den hohen, roh belassenen Sokkel, von dem eine Schräge zum rückspringenden Körper vermittelt.
Aras de Donón 75 Nr. 5 Abb.

PO 19

Oberer Teil eines Weihaltars. Aus Donón (Hio-Cangas). Granit. H noch 48. B 21,5. T 15,5.
Erhalten ist der gesamte hohe Deckteil über der Inschrift, der eine siebenfache waagerechte Gliederung aufweist. In einem mittleren Streifen erkennt man zwei Bögen, darunter einen größeren. Auf den Nebenseiten gekreuzte Linien. Unten trennt ein schmaler Wulst als Gesims diesen Teil des Altars vom Körper. Auf der Oberseite ein Focus.
Aras de Donón 75 f. Nr. 6 Abb.

PO 20

Oberer Teil eines Weihaltars. Aus Donón (Hio-Cangas). Granit. H noch 32. B 26. T 14.
Glatte Pulvinuszylinder, dazwischen auf Höhe deren oberer Peripherie kleiner Rundfocus. Gliederung der Vorderseite des Altarkopfteils durch zwei horizontale Linien. Darunter zwei rechteckige Nischen oder eine Arkadenstellung aus drei Bögen.
Aras de Donón 76 Nr. 7 Abb.

PO 21

Kopfteil eines Weihaltars. Aus Donón (Hio-Cangas). Granit. H noch 45. B 27. T 16.
Pulvini, Focus. Gliederung der Vorderseite durch horizontale Linien. In der untersten und breitesten Zone ein liegendes vertieftes Feld.
Aras de Donón 76 Nr. 8 Abb.

PO 22

Kopfteil eines Weihaltars. Aus Donón (Hio-Cangas). Granit. H noch 44. B 22. T 20.
Pulvini, Rundfocus von dem darunterliegenden hohen Deckteil durch Rille abgetrennt. Die linear ornamentale Gliederung schließt mit zwei gekreuzten Linien in x-Form auch die Nebenseiten und die Rückseite ein.
Aras de Donón 76 Nr. 9 Abb.

PO 23

Kopfteil eines Weihaltars. Aus Donón (Hio-Cangas). Granit. H noch 58. B 29. T 17.
Auf der Oberseite vier Foci, quergereiht, einer davon durch Feuer beschädigt. Auf der Vorderseite des hohen Kopfteils runde scheibenförmige Vertiefung und zwei kleine rechteckige Vertiefungen. Dazwischen laufen horizontale Linien. Den unteren Abschluß bildet ein wulstig abgesetztes Deckprofil.
Aras de Donón 76 Nr. 10 Abb.

PO 24

Kopfteil eines Weihaltars. Aus Donón (Hio-Cangas). Granit. H noch 46. B 18. T 18.
Glatte Pulvinuszylinder mit Zentralpunkten an der Stirn, Focus. Auf Vorder- und Nebenseiten x-förmiges Linearornament.
Aras de Donón 77 Nr. 11 Abb.

PO 25
Weihaltar, ohne Inschrift. Aus Donón, gefunden beim Strand. Granit. H 63. B 24,5.
Pulvini, Rundfocus. Zum Sockel leitet eine Schräge über.
Aras de Donón 77 Nr. 12 Abb.

PO 26
Oberer Teil eines Weihaltars. Aus Donón (Hio-Cangas). Granit. H noch 35. B 33. T 16.
Pulvini, Focus. An der Vorderseite Horizontalstreifen, dazwischen drei Arkaden. Auf den Nebenseiten je ein x-Ornament.
Aras de Donón 77 Nr. 13 Abb.

Donón, Garita del Castro de Donón, vermauert

PO 27
Altar, dessen Oberseite allein sichtbar ist. Aus Donón (Hio-Cangas). Granit.
Rundfocus von sich kreuzenden Linien gerahmt.
Aras de Donón S. 78 keine Abb.; vgl. zur Focusrahmung den Altar im Landesmuseum Trier, St 3200.

PROVINZ RIBATEJO

Santarém, Museu Municipal

RI 1 Taf. 99d
Weihaltar. H 34,5. B 15. T 16,5.
Bekrönung fehlt. Keine Rahmung oder Dekor auf den Seiten des Altarkörpers. Als Deckprofil Leiste, *cyma recta*, Faszie, als Fußprofil Faszie, *cyma recta*, Leiste (verschliffen), auf Sockel.
J. Mendes de Almeida – E. Bandeira Ferreira, Rev-Guimarães 76, 1966, 31 ff. Abb. 5. 6.

RI 2
Grabaltar. Aus Santarém. Marmor. H 123. B 61. T 52.
Bekrönung fehlt. Inschriftfeld ungerahmt. Als Deckprofil Leiste, *cyma recta*, Faszie; als Fußprofil Faszie, *cyma recta*, Leiste.
Epigrafia de Olisipo 262 f. Nr. 144A.

RI 3
Grabaltar. Aus Santarém. Marmor. H 117. B (Körper) 49; (Gesims) 59. T 54.
Bekrönung fehlt. Inschriftfeld ungerahmt. Als Deckprofil *cyma recta*, Faszie, als Fußprofil erscheint in der zeichnerischen Abbildung eine Gruppierung von vier Linien unterschiedlichen Abstandes.
Epigrafia de Olisipo 264 Nr. 144B.

PROVINZ SANTANDER

Santander, Museo Provincial de Prehistoria y Arqueología

S 1 Taf. 39a Abb. 5
Weihaltar für Erudinus. Von Pico Dobra bei Ongayo. Rotbrauner Sandstein. H 77. B 28. T 19.
Inschriftfeld ungerahmt. Linker Pulvinus erhalten. Zwischenfeld ohne Focus. Eigenartige Profilierung: oben zwei Rillen, darunter breiter Wulst mit kurzer Einziehung oben, vermutlich abgewandeltes Karnies, unten gewölbte Schräge, die in bossierten Sockel übergeht. Die Profile laufen um. Nebenseiten und Rückseite ohne Dekor.
Datiert 399 n. Chr.
HAE 12–16, 2196; Blázquez, Religiones 211 ff. Taf. 49,93; J. M. Iglesias Gil, Epigrafía cántabra (1976)

237 Nr. 84 Taf. o. Nr.; G. Gamer, MM 15, 1974, 240 Nr. 15 Taf. 53c.

S 2 Taf. 39b Abb. 5
Weihaltar für Cabuniaeginus. Aus Monte Cilda. Rötlichbrauner Sandstein. H 87. B 47. T 37.
Inschriftfeld ungerahmt. Die Profilierung in Form zum Altarkörper hin abgeschrägter Platten läuft um. Der Aufsatz ist beschädigt, doch sind zylindrische Pulvini zu erkennen, die durch eine kürzere Einsenkung verbunden waren. Kein Focus. Nebenseiten ohne Dekor.
EE VIII 423f. Nr. 159 und S. 517; HAE 12–16, 2081; Blázquez, Religiones 109; ExcArqEsp 61, 1966, 58 Nr. 38 Tafel und Zeichnung; Iglesias Gil a.O. 234 Nr. 34 Taf. o. Nr.; Gamer a.O. 240 Nr. 16.

S 3 Taf. 39c
Weihaltar für Iupiter. Aus Monte Cilda. Rotbrauner Sandstein. H 105. B 48. T 38.
Inschriftfeld ungerahmt, am unteren Rand schräg aufsteigender Zweig. Profilierung zum Altarkörper hin abgeschrägt, Aufsatz stark zerstört, doch sind die wohl eher zylindrischen Pulvini noch zu erkennen. Zwischen ihnen ein runder Focus mit wulstig erhöhtem Rand. Vorn und hinten vermutlich Giebel. Nebenseiten und Rückseite ohne Dekor.
CIL II 6296; ExcArqEsp 61, 1966, 58 Nr. 37 Taf. und Zeichnung; Iglesias Gil a.O. 233f. Nr. 33. Taf. o. Nr.; Gamer a.O. 240 Nr. 17.

S 4 Taf. 39d
Weihaltar. Aus Rasines. Dunkelrotbrauner Sandstein. H noch 25. B 22. T 20.
Inschriftfeld ungerahmt. Profilierung oben dreifach abgesetzte Schräge. Die flachgedrückten zylindrischen Pulvini liegen unmittelbar auf horizontaler Oberseite des Altars. Profile laufen um. Nebenseiten und Rückseite ohne Dekor. Hoher, roh belassener Sockelteil.
J. González Echegaray, El ara romana de Rasines (Santander), ArchEspArq 43, 1970, 223–225; Iglesias Gil a.O. 240 Nr. 109 Taf. o. Nr.; Gamer a.O. 240 Nr. 18.

PROVINZ SALAMANCA

Ciudad Rodrigo

SA 1 Taf. 64c
Weihaltar für Iupiter. Aus Ciudad Rodrigo. Granit. H 63. B 33. T 25.
Pulvini mit nach innen gerichteten Fortsätzen. Keine Profile. Oben an der Vorderseite des Körpers lineares Ornament aus drei stehenden Dreiecken, die mit zwei Halbkreisen abwechseln. Profilgerahmte Inschrift, unter der in Relief ein liegender Halbmond dargestellt ist, flankiert von zwei Efeublättern.
CIL II 860; R. Martín Valls, Zephyrus 16, 1965, 96f. Taf. 4,4.

Vgl. auch die Inschrift für den Kaiser Maximinus auf einer Marmorplatte (H 30. B 18. T 7) in Altarform aus Pedrotoro, 6 km östlich von Ciudad Rodrigo: R. Martín Valls, Inscripción dedicada al emperador Maximino, BolArteArqValladolid 46, 1980, 193–197 Taf. 1.

Segoyuela de los Cornejos, an der Eingangstreppe der Kirche

SA 2
Weihaltar für die indigene Gottheit Ilurbeda. Aus Segoyuela de los Cornejos. Weißer Marmor. H 78. B 44. Eingemauert, daher nur teilweise sichtbar.
Am Deckprofil ist auf der publizierten Abbildung eine steile, nicht übermäßig breite *cyma reversa* zu sehen. Von der Gottheit Ilurbeda sind bisher nur zwei Inschriften aus verschiedenen Plätzen Portugals bekannt geworden. Nach Blázquez, Diccionario, ist der Name der Gottheit ein Ortsname gewesen. Der Kult ist vereinzelt von Mittelportugal bis Salamanca nachgewiesen.
J. Mangas, Nuevas inscripciones latinas de Salamanca y provincia, ArchEspArq 44, 1971, 135f. Nr. 13 Abb. 13.

J. Maluquer de Motes Nicolau, Carta arqueológica de España. Salamanca (1956) gibt auf S. 35 Abb. 2 eine Verbreitungskarte der Grabstelen und Weihaltäre in der Provinz Salamanca. Leider sind weder hier noch in dem epigraphischen Inventar S. 133ff. die Stelen oder Altäre als solche gekennzeichnet.

PROVINZ SEVILLA

Sevilla, Museo Arqueológico Provincial

SE 1 Taf. 106a–c
Grabaltar für C. Fabius Cornelianus. Aus Tocina. Heller, rötlich-braun oxydierter Marmor, grob kristallin. H ca. 95. B 43. T 39.
Runder Focus, schalenförmig vertieft. Blattpulvini geschnürt. Flacher Giebel. Auf der Vorderseite karniesgerahmtes Inschriftfeld mit Gehrungsfugen. Auf der rechten Nebenseite grifflose Omphalosschale, links Kanne. Als Deckprofil *cyma recta*, Faszie, Leiste, Kehle, als Fußprofil Kehle, Leiste, *cyma recta*, Leiste, Torus. Die Profile laufen auf der Rückseite um.
CIL II 1265.

SE 2 Taf. 106d–f
Grabaltar des M. Calpurnius Lucius. Aus Alcalá del Río. Rosa gefleckter und geäderter Marmor. H 121. B 57. T 40.
Runde amorphe Focusvertiefung, gepickt. Umgebung ebenfalls amorph und gepickt. Die mit Blattzungen belegten Pulvini sind mit gedrehten Wülsten geschnürt, die Stirnscheiben besitzen Blattrosetten mit Mittelpunkt. Giebel, in der Spitze des Tympanons runde gewölbte Scheibe. Inschriftfeld karniesgerahmt. Auf der rechten Nebenseite grifflose Schale, auf der linken Kanne. Auch die Seitenfelder sind karniesgerahmt. Als Deckprofil *cyma recta*, Leiste, Kehle, als Fußprofil Kehle, Leiste, *cyma recta*, Leiste. Die Profile laufen auf der Rückseite um.
CIL II 1088.

SE 3 Taf. 107b–d
Grabaltar für Firmus. Aus Villarasa. Weißer Marmor, dunkel patiniert, feinkristallin. H noch 55. B 39. T 22.
Blattpulvini, geschnürt mit gedrehtem Wulst, an der Stirn Dreiblattrosetten ohne Mittelknopf. Im Giebelfeld Pinienzapfen. Auf Höhe des Giebelfirstes Focus in Form einer flach vertieften Schale, gepickt. Inschriftfeld ungerahmt. Auf der rechten Nebenseite grifflose Schale, auf der linken Kanne in ungerahmtem Feld. Als Deckprofil eine *cyma recta*, als Fußprofil eine *cyma reversa*.
CIL II 1269.

SE 4 Taf. 118a
Grabaltar. Inv. Nr. RE 1693. Aus Mérida. Marmor, graubraun patiniert. H ca. 27. B ca. 11. T ca. 9.
Vorn Giebel, seitlich Pulvini, deren Enden abgebrochen sind. Runder Focus. Ungerahmtes Inschriftfeld. Nebenseiten glatt. Als Deck- und Fußprofil je eine *cyma reversa*.
EE IX 31, 59; HAE 4–5, S. 15.

SE 5 Taf. 108a–c
Grabaltar für Felix. Gelblicher Marmor, grobkristallin. H 66. B 35. T 20.
Zylindrische Pulvini, glatt, auf der Stirn gerillter Kreis mit zentraler gewölbter Scheibe. Giebel mit vertieftem Tympanon. Runder Focus, nachträglich für andere Zwecke umgearbeitet. Inschriftfeld ungerahmt. Auf der linken Nebenseite Kanne, auf der rechten grifflose Schale. Als Deckprofil weitgeschwungene *cyma recta*, Faszie; als Fußprofil Faszie, *cyma recta*.
CIL II 1198 add. p. 841.

SE 6 Taf. 118b
Grabaltar für Valeria Aphrodisia. Aus Mérida. Schwärzlich-braun patinierter Marmor, feinkristallin. H 37. B 19. T 12,5.
Geschnürte Pulvini mit glatter Stirn, einfacher Giebel, runder Focus. Ungerahmtes Inschriftfeld. Nebenseiten glatt. Als Deckprofil *cyma recta*, Faszie, als Fußprofil Faszie, *cyma recta*.
CIL II 5273.

SE 7 Taf. 108d–f
Grabaltar für Gratus. Schwärzlich verfärbter Marmor, braun oxydiert. H 38. B 19. T 10,5.
Runder Focus, Giebel, Pulvini. Im Giebelfeld senkrechtes Mittelmotiv. Die Schräggeisa begleitet ein gedrehter Wulst. Die Blattpulvini sind in der Mitte durch einen gedrehten Wulst geschnürt, ihre Stirnen sind glatt. Inschriftfeld ungerahmt. Auf der rechten Nebenseite senkrechter, sich nach oben zu verjüngender Rundstab. Auf der linken Nebenseite rechteckige Tafel mit gerundetem Fortsatz an der oberen Schmalseite. Als Deckprofil Leiste, *cyma recta*, Faszie, als Fußprofil Faszie, *cyma recta*, Leiste.
EE IX 79, 207.

SE 8
Grabaltar für Vibia Vitalis. Aus Italica oder Sevilla. H 50. B 29. T 17.
Zylindrische Pulvini, glatt, auf der Stirn des linken Pulvinus eingeritzter Kreis mit senkrechter und horizontaler Innenzeichnung. Glatter Giebel. Der Focus

ist rund in Gestalt einer schalenförmigen, gepickten Vertiefung gebildet. Inschriftfeld ungerahmt. Auf der linken (!) Nebenseite grifflose Schale, auf der rechten (!) Kanne. Keine Profilierung. Unter dem Pulvinus auf der linken Nebenseite eine Faszie, über dem Sockel ebenfalls.
Chicarro, Catálogo Sevilla 81 Nr. 41; CIL II 5397; HAE 4–5, 575.

SE 9 Taf. 118c
Grabaltar für Attennia Helene. Aus Mérida. Weißlicher Marmor, grau patiniert. H 32. B 18. T nicht meßbar.
Bekrönung aus Giebel, Pulvini und rechteckigem Focus. Am Giebel der Buchstabe M, an der rechten Pulvinusstirn noch das S erkennbar. Ungerahmtes Inschriftfeld. Seiten bei der jetzigen Aufstellung nicht sichtbar. Als Deck- und Fußprofil je eine Kehle (?).
CIL II 537.

SE 10 Taf. 119a–c
Grabaltar des C. Aelius Vernus. Aus Villafranca de los Barros (Prov. Badajoz). Bräunlich-grau patinierter Marmor, feinkristallin. H 55. B 29. T 20.
Bekrönung aus Pulvini, Rundfocus und Giebel mit Einschnitt an der Spitze (Vereinfachung des Volutengiebels). Die ausschwingenden Giebelschrägen tragen die glatten Pulvinuszylinder. Auf den Pulvinusstirnen hängende *hederae*. Inschriftfeld ungerahmt. Auf der linken Nebenseite eine Kanne, auf der rechten eine grifflose Schale. Als Deckprofil *cyma recta*, Faszie, als Fußprofil Faszie, *cyma recta*.
CIL II 5356; Vives 4584.

SE 11 Taf. 107a
Grabaltar für Quintia Romula (?). Graubrauner Marmor. H 54. B 30. T 15 cm.
Runder Focus. Vereinfachter geschwungener Volutengiebel, seitliche Pulvini. Inschrift in einfachem Rahmen. Als Deckprofil *cyma recta, cyma reversa*, als Fußprofil Faszie, *cyma recta*, Torus. Die Profile sind stark abgerieben.

SE 12 Taf. 119d–f
Grabaltar für Publius Pomponius Florus. Aus Villafranca de los Barros (Prov. Badajoz). Heller Marmor, grau patiniert. H 65. B 37. T 20.
Rechteckige Focusplatte zwischen zylinderförmigen glatten Pulvini, auf deren Stirnen man die Buchstaben D und S erkennen kann. Das Giebelfeld ist abgeschlagen. Ungerahmtes Inschriftfeld. Auf der linken (!) Nebenseite grifflose Schale, auf der rechten (!) Kanne. Als Deckprofil oben *cyma reversa, cyma reversa* auch als Fußprofil.
CIL II 5355.

SE 13 Taf. 117a.b
Grabaltar für Maria Nympha. Aus Alcalá del Río. Inv. Nr. 233. Weißer Marmor, hellbraun patiniert. H noch ca. 89. B noch ca. 36. T 33 cm.
Rechteckiger Focus mit runder, gepickter Vertiefung. Pulvinuskolben geschnürt, an den Stirnen Fünfblattrosette mit Zentralknopf. Kein Giebel. Inschrift karniesgerahmt. Auf der linken Nebenseite grifflose Schale, auf der rechten Kanne. Auch die Seitenfelder sind karniesgerahmt. Als Deckprofil *cyma recta*, Leiste, Kehle, als Fußprofil Kehle, Wulst, Wulst, Faszie.
CIL II 1099.

SE 14 Taf. 109a–c
Grabaltar für Sergia. Aus Sevilla. Inv. Nr. 220. Bräunlicher Marmor. H 58. B 21. T 16.
Ovaler Focus. Blattpulvini durch Schaftmittelrille geteilt. An den Stirnen Vierblattrosetten mit Mittelknopf. Steiler Giebel. Inschriftfeld leistengerahmt. Auf der linken (!) Nebenseite grifflose Omphalosschale, auf der rechten (!) Kanne. Die Nebenseiten sind ungerahmt. Als Deckprofil *cyma recta*, Faszie, als Fußprofil Faszie, *cyma recta*, Leiste.
CIL II 1238.

SE 15 Taf. 111a–c
Grabaltar für Dasumia Procne. Vielleicht aus Alcalá del Río. Feiner Kalkstein. H 57. B 40. T 27.
Rechteckige Focusaufnahme mit runder, gepickter Vertiefung. Blattpulvini, geschnürt mit gedrehtem Wulst. An den Pulvinusstirnen Blattrosetten. In der Mitte der senkrechten Pulvinuszwischenzone auf der Vorderseite Halbmond und zwei gekreuzte Füllhörner. Inschriftfeld karniesgerahmt. Auf der linken Nebenseite Kanne, auf der rechten Schale. Die Nebenseiten sind ungerahmt. Als Deckprofil *cyma recta*, Leiste, Kehle; als Fußprofil Kehle, Leiste, *cyma recta*.
CIL II 5392.

SE 16 Taf. 109d–f
Grabaltar für Valeria Saturnia. Aus Sevilla. Marmor, bräunlich patiniert. H 61. B 29. T 19.
Blattpulvini durch *balteus* mit parallelen Kerben geschnürt. An den Pulvinusstirnen Rosetten. Giebel mit gerahmtem Tympanon. Inschriftfeld karniesgerahmt. Auf der linken, ungerahmten Nebenseite Kanne, auf der rechten grifflose Schale. Als Deckpro-

fil *cyma recta*, Faszie, als Fußprofil Kehle, Leiste, Wulst.
CIL II 1246.

SE 17 Taf. 113a
Grabaltar für Attia Lucia. Harter Kalkstein. H ca. 36. B 27. T 16,5.
Oberseite plan. Flache Platte auf Deckplatte. Ungerahmtes Inschriftfeld. Als Deckprofil Wulst, *cyma reversa*, als Fußprofil *cyma reversa*.
C. Fernández Chicarro de Dios, MemMusArq 8, 1947, 154 Taf. 63,3.

SE 18 Taf. 112b-d
Grabaltar für Lucius Valerius Faustus. Aus Sevilla. Heller Marmor mit rosa Adern. H 126. B 81,5. T 59.
Blattpulvini in der Mitte umfaßt von gedrehtem Wulst. Pulvinusstirnen als Voluten mit Vierblattrosetten gebildet. Im Giebel ebenfalls Voluten, mit Dreiblattrosetten, aus den Volutenzwickeln entspringen Lotosknospen. Focus beschädigt. Inschriftfeld karniesgerahmt, vorn und hinten. Auf der rechten Nebenseite grifflose Schale, auf der linken Kanne, die später von anderer Hand in minderer Qualität eingearbeitet zu sein scheint. Nebenseiten karniesgerahmt. Als Deckprofil Leiste, *cyma recta*, Leiste, Kehle; als Fußprofil Kehle, Leiste, *cyma recta*, Leiste, Torus. Die Profile laufen auch auf der Rückseite um.
CIL II 1248.

SE 19 Taf. 117c.d
Grabaltar des P. Aelius Aemilianus. Aus Sevilla. Heller Marmor, grobkristallin. H 91. B 42. T 31,5.
Akrotere mit Palmetten anstelle der Pulvini, dazwischen ein Giebel mit Spuren eines Kopfes (Medusa?) im vertieften Tympanon. Giebel und Akrotere auch an den Nebenseiten der Bekrönung. Runder Focus mit schalenförmiger rauher Vertiefung. Inschriftfeld karniesgerahmt. Auf den ungerahmten Nebenseiten links Kanne, rechts Schale. Als Deckprofil *cyma recta*, Leiste, Kehle; als Fußprofil Kehle, Leiste, *cyma recta*. Leiste, Torus.
CIL II 1203.

SE 20 Taf. 118d
Grabaltar für Aiatius. Aus Mérida. Weißer Marmor, schwarz patiniert, mittelfein. H 41. B 19,5. T 12.
Kein Focus. Giebel über die ganze Breite. Kleine Seitenakrotere auf den Schräggeisa. Auf der Giebelfläche die Buchstaben DMS, durch *hederae* abgetrennt. Inschriftfeld ungerahmt. Nebenseiten glatt. Als Deckprofil unter der Platte *cyma reversa*, *cyma reversa* auch als Fußprofil über dem Sockel.
EE VIII 499, 269.

SE 21 Taf. 113b-d
Ehrenaltar für P. Valerius Gallus. Wohl aus Sevilla. Marmor, gelbbräunlich patiniert. H 90. B 58. T 32,5.
Altarbekrönung ruht auf von der Deckplatte rückspringender Platte. Focus rechteckig vertieft, gepickt. Blattpulvini durch gedrehten Wulst geschnürt. In den Pulvinusstirnen Sechsblattrosetten, aus den unteren Zwickeln laufen zur Mitte der nach oben gewölbten Zwischenzone sich einrollende Ranken mit zwei Blütenmotiven in den Endvoluten. Vorbild dieses Motivs ist die einheitliche Bekrönung aus Pulvinusstirnvoluten und Volutengiebel. Inschriftfeld ungerahmt. Auf der linken (!), ungerahmten Nebenseite Schale, auf der rechten (!) Kanne, plastisch aufgesetzt wirkend. Als Deckprofil lesbisches Kymation, Faszie, Eierstab, Zahnschnitt; als Fußprofil Faszie, lesbisches Kymation, Leiste, Flechtbandwulst.
CIL II 1189.

SE 22 Taf. 114a
Ehrenaltar. Aus Mulva. Marmor. H noch 107. B noch 58. T noch 27 erhalten.
Inschriftfeld in breitem Rahmen. In ihm läuft eine Wellenranke nach oben, die nach innen von einem Perlstab, nach außen von einer Leiste begrenzt ist. Auf der rechten Nebenseite Omphalosschale in karniesgerahmtem Feld. Motiv der linken Nebenseite nicht erhalten. Deckprofil nicht mehr erhalten; als Fußprofil Kehle, Leiste, *cyma recta*, Leiste.
Epigrafía de Munigua 368f. Nr. C-7. Zu den Inschriften aus Munigua s. W. Grünhagen, Pantheon 19, 1961, 53ff.; ders., Arbor 186, 1961; ders. in: Actas VI CongrNacArq Oviedo 1959 (1961) 214ff.; C. Fernández-Chicarro y de Dios, MemMusArq 19-22, 1958-61, 160 Abb. 86.

SE 23 Taf. 114c.d
Ehrenaltar. Aus Mulva. H noch 73. B ca. 59. T noch ca. 37.
Inschrift in wellenranken- und perlstabgerahmtem Feld. Die Auffassung der Ranke, vor allem ihr Verhältnis zum Grund, entspricht jener von SE 22. Auf der linken Nebenseite Kanne in karniesgerahmtem Feld, rechte Nebenseite nicht mehr erhalten.
Epigrafía de Munigua 365f. Nr. C-4.

SE 24 Taf. 114b
Unterer Teil einer Weihung des L. Quintius Rufus für

Hercules Augustus. Heller Marmor. H max. noch 85. B 59. T noch ca. 40.
Inschriftfeld gerahmt mit Astragal und Wellenranke mit Blütenrosetten. Linkes Nebenseitenfeld karniesgerahmt, sonst leer; rechtes nicht mehr erhalten.
Epigrafía de Munigua 345 Nr. D—4.

SE 25
Altarfragment. Aus Mulva. Weißer Marmor.
Pulvinus mit Rosette; aus dem Zwickel entspringt sich verdickender plastischer Gegenstand.

SE 26 Taf. 110d—f
Altar ohne Inschrift. Aus Mulva. Gelblicher Marmor, rissig. H 78. B 41,5. T 23,5.
Blattpulvini, in der Mitte wulstgeschnürt, an der Stirn Rosette, die übrigen Teile der Bekrönung sind beschädigt. Auf der ungerahmten Vorderseite Blattkranz mit doppelten Manschetten, Schleife. Auf den ungerahmten Nebenseiten links Kanne, rechts grifflose Schale. Als Deckprofil Leiste, *cyma recta*, Leiste, Kehle; als Fußprofil *cyma recta*, Leiste.

SE 27 Taf. 115a.b
Kleiner Altar. Aus Italica. Weißer Marmor. H ca. 15. B ca. 9. T ca. 8.
Kein gesondert ausgearbeiteter Focus. Zylindrische Pulvini mit Mittel*balteus*, an der Stirn Voluten, die nicht zu einem Giebel aufsteigen, sondern sich in die Deckplatte senken. Die Altarkörperseiten sind ungerahmt. Vorn (bzw. hinten) Schale und Kanne, die Kanne ist zum Ausgießen vorgeneigt. Auf der (in der Aufstellung sichtbaren) Nebenseite Blattkranz mit herabhängenden Bindenenden. Als Deck- und als Fußprofil je eine *cyma reversa*.
Vgl. auch T 20. Zur Neigung und Form der Kanne: F. W. Goethert, Grabara des Q. Socconius Felix, AntPl IX (1969) 79 ff. Taf. 53a Abb. 3 (spätflavisch); Chicarro, Catálogo Sevilla 84 II 3.

SE 28 Taf. 115c.d
Altar. Aus Italica. Inv. Gen. Nr. 828. Weißgrauer Marmor, feinkristallin. H 23. B 15. T 10.
Runde Focusschale. Mit Wulst*balteus* geschnürter Pulvinus. Alle vier Seiten des Körpers mit Reliefdekor versehen. 1. Stier nach rechts. 2. Baum (Feige). 3. Ähren. 4. Rebe. Als Deckprofil eine *cyma reversa* unter der Deckplatte. Fußprofil nicht mehr deutlich auszumachen. Vgl. HU 1.
A. García y Bellido, Cuatro esculturas romanas inéditas del Museo Arqueológico de Sevilla. IV. Ara mithraica de Itálica, ArchEspArq 23, 1950, 367—370 Abb. 13—16.

SE 29 Taf. 116a
Kleiner Larenaltar des M. Aruleius. Aus Italica. Inv. Gen. Nr. 829. Heller Marmor, grobkristallin. H 13. B 23. T 15.
Auf der sonst planen Oberseite ist ein Steg stehengeblieben, der auf der Vorderseite die Inschrift trägt. Auf der Altarkörper-Vorderseite Altärchen ähnlicher Profilierung, auf dessen ebener Oberseite in der Mitte ein Pinienzapfen, links und rechts davon Früchte (Äpfel?) zu erkennen sind. Zwei eingerollte Schlangen nähern sich den Früchten mit ihren Köpfen. Nebenseiten glatt. Als Deckprofil *cyma reversa*, ebenfalls eine *cyma reversa* als Fußprofil. Die Profile sind allseitig umlaufend.
HAE 4—5, 567; C. Martínez Munilla, Sobre un ara de Itálica, ArchEspArq 23, 1950, 208—210 Abb. 1; A. Balil, ArchEspArq 35, 1962, 122 Anm. 35. Zur weiten Verbreitung des Motivs vgl. A. di Vita, LibyaAnt 1, 1964, 75 f. Taf. 40a; Ch. Naour, ZPE 24, 1977, 281 f. Nr. 9; S. 287 f. Nr. 14 Taf. 10 ff.

Alcolea del Río, Sammlung des Conde de Villacreces

SE 30 Taf. 112a
Grabaltar für Sulpicia Euresis. Aus Alcolea del Río, Canania. Marmor. H 45,5.
Eckakrotere, Giebel heben sich in Relief auf der Vorderseite der Bekrönungsplatte ab. Kein Focus. Profile sind nicht beschrieben und lassen sich aufgrund des publizierten Photos nicht eindeutig ausmachen.
C. Fernández-Chicarro, ArchEspArq 37, 1964, 159 Abb.

Carmona, Museo de la Necrópolis Romana

SE 31
Altar für die Matres Aufaniae des M. Iulius Gratus. Aus Carmona, gefunden in einem alten Brunnen beim Paseo del Arrabal (heute José Antonio) um die Mitte des 19. Jhs. Marmor.
CIL II 5413; C. Fernández-Chicarro y de Dios, Guía del Museo y Necrópolis Carmona (1969) 47 f. Taf. 25; dies., Altar der Matres Aufaniae aus Carmona (Spanien), Epigraphische Studien V (1968) 149 f. Taf. 14.

SE 32
Rundaltar. Aus Carmona. Marmor.
Mit Bukranien, Girlanden, Schale und Kanne auf dem Körper. Dieser ist schlank und von bemerkenswerter Entasis.

SE 33
Altar des Rusticius. Aus Carmona. Gefunden in den Fundamenten des Klosters Santo Domingo von Carmona, gegen Ende des 19. Jhs. im Haus von D. Antonio Calvo Casini aufbewahrt. Marmor (?).
Runder Focus. Pulvini mit gedrehtem Wulst geschnürt. Giebel. Auf der linken Nebenseite Kanne, auf der rechten Schale.
CIL II 1382 und Suppl. 5412; C. Fernández-Chicarro y de Dios, Guía del Museo y Necrópolis Carmona (1969) 40 f.

Écija, Museo Parroquial

SE 34
Altar.
Blattpulvini durch Rille geteilt. Vorderseite leistengerahmt. Auf den ungerahmten Nebenseiten links wohl Kanne, rechts grifflose Schale. Als Deckprofil *cyma recta*, Faszie; als Fußprofil *cyma reversa*. Auf Sockel.

Mulva, Grabung Munigua

SE 34a
Aedicula mit Altar.
Flache, glatte Pulvini, Rundfocus.
AA 1968, 360 f. Abb. 5.

Osuna, Museo Arqueológico

SE 35 Taf. 116b
Kleiner Altar. Aus Osuna. Marmor. H ca. 10. B ca. 8. T ca. 8.
Auf der Oberseite Focusvertiefung. Breite, außen gerundete Pulvini, die sich zur Mitte hin absenken. In der Mitte giebelartige Erhöhung, seitlich von Wülsten begleitet. Keine Inschrift, diese war möglicherweise einst in Malerei aufgesetzt gewesen. Das Doppelvolutenmotiv des Sockels findet sich in gleicher Weise bei Aschenkisten. Auch der Altaraufsatz erinnert an jene, außer, daß sich dort kein Focus befindet. Gut vergleichbare Stücke etwa im Museum von Córdoba. Als Deckprofil Karnies, Platte, als Fußprofil *cyma reversa*, weit vorspringend.

SE 36 Taf. 110a–c
Weihaltar oder Statuenpostament des Q. Avidius Augustinus »Arbori Sanctae«. Aus Osuna, gefunden in einem »pozo«. Leihgabe von D. José de Oriol Govantes. Grober brockiger Kalkstein. H 82. B 28. T 25,5.
Bekrönung und Deckprofil verloren. Blanco nimmt Focus und Pulvini an. Inschriftfeld ungerahmt. Auf der linken ungerahmten Nebenseite Kanne, auf der rechten eine grifflose Omphalosschale. Als Fußprofil eine breite, tief gekehlte *cyma recta*. Darunter rauhe, wohl abgearbeitete Sockelzone. Das Profil lief auf der Rückseite nicht um.
Ende 2./Anf. 3. Jh. n. Chr.; vgl. A. E. Gordon – J. S. Gordon, Album of Dated Latin Inscriptions III (1965) Nr. 270 Taf. 127. Die Weihung ARBORI SANCTAE ist singulär.
A. Blanco Freijeiro, Documentos metróacos de Hispania, ArchEspArq 41, 1968, 95 ff. Abb. 3. 5; HAE 2403.

Peñaflor, Patio Ntra. Sra. de Villadiego

SE 37
Altar. Aus Peñaflor. Marmor. B 56.
Pulvini mit Stirnrosetten, Giebel, Rundfocus. Gerahmtes Inschriftfeld. Als Deckprofil unter der Deckplatte *cyma recta*, Leiste, Kehle; als Fußprofil Kehle, Leiste, *cyma recta*, Leiste, Torus, auf Sockel.
CIL II 2331; G. Chic García, Inscripciones de Peñaflor, Habis 6, 1975, 358 f. Taf. 35b.

Santiponce (Italica), Museo Arqueológico de Italica

SE 38
Sechseckaltar. Aus dem römischen Theater von Italica. Marmor.
An den Ecken gedrehte Säulen. Auf den Seiten in Halbrundnischen die Porträtgestalten der Stifter des Theaters, M. Coccelius Tulianus, seiner Gattin und seines Sohnes, des weiteren eine Darstellung des Bonus Eventus und der Göttin Fortuna, auf einer Seite die Inschrift.

SE 39–41
Drei Rundaltäre. Aus dem Theater von Italica, Grabung Luzón 1971.
Mänaden und Satyrn musizierend und tanzend, auf kurzen plastischen Geländestreifen, im neuattischen Typus. Als Deckprofil Eierstab, Zahnschnitt, Faszie, als Fußprofil Faszie, lesbisches Kymation als *cyma recta*, Torus.
F. Chueca Goitia, in: Hispania Romana (1974) 73 Taf. 1,1; J. M. Luzón, Die neuattischen Rund-Aren von Italica, MM 19, 1978, 272 ff.

s. auch B 52. CO 16.

PROVINZ SEGOVIA

Segovia, Museo Arqueológico

SG 1 Taf. 49d
Weihaltar. Aus Duratón.
Pulvini, ohne Giebel. Inschrift ungerahmt. Nebenseiten ohne Dekor. Als Deckprofil 3 Faszien, abgetreppt; als Fußprofil 3 Faszien, abgetreppt, auf Sockel.
A. Molinero Pérez, ExcArqEsp 72 (1971) 82 f. Taf. 163,2 Nr. 2767.

SG 2
Altärchen. Aus Duratón.
Rest der Bekrönung erhalten. Ohne Inschrift. Seiten des Körpers ungerahmt und ohne Dekor. Als Fußprofil Faszie, *cyma recta*, Leiste, auf Sockel. Fuß- und Deckprofil scheinen sich entsprochen zu haben.
Molinero Pérez a.O. Taf. 163,2 Nr. 2768.

SG 3
Altärchen. Aus Duratón.
Oberer Teil fehlt. Ohne Inschrift. Seiten des Körpers ungerahmt und ohne Dekor. Deckprofil fehlt. Als Fußprofil Faszie, Faszie, auf Sockel.
Molinero Pérez a.O. Taf. 163,2 Nr. 2769.

PROVINZ SORIA[14]

Soria, Museo Numantino

SO 1 Abb. 5
Altar für Iupiter. Aus Clunia. Inv. Nr. 1819. Grauer Sandstein. H ca. 33. B ca. 20. T ca. 12.
Inschriftfeld ungerahmt. Umlaufende Karniesprofilierung. Glatte Pulvini, durch Einsenkung verbunden. Reste einer flachen, plastisch erhöhten Focusmulde.
G. Gamer, MM 15, 1974, 244 Nr. 52 Abb. 14b.

SO 2
Weihaltärchen. Aus Clunia. Kalkstein, weißlich patiniert. H ca. 17. B 12. T ca. 12.
Inschriftfeld ungerahmt. Wulstige umlaufende Profilierung. Glatte Pulvini, durch Einsenkung verbunden. Nebenseiten und Rückseite glatt.
Gamer a.O. 245 Nr. 53.

SO 3
Weihaltärchen. Aus Clunia. Kalkstein. H ca. 12. B ca. 8. T ca. 8.
Umlaufende Karniesprofilierung, glatte Pulvini, durch Einsenkung verbunden. Nebenseiten und Rückseite ohne Dekor.
Gamer a.O. 245 Nr. 54.

SO 4
Weihaltärchen. Aus Clunia. Heller Kalkstein. H ca. 12. B ca. 6. T ca. 5.
Inschriftfeld ungerahmt. Umlaufende Karniesprofilierung. Aufsatz beschädigt.
Gamer a.O. 245 Nr. 55.

SO 5
Weihaltärchen. Aus Clunia. H ca. 10. B ca. 4. T ca. 4.
Inschriftfeld ungerahmt. Kaum vorspringende, durch Rillen angedeutete Profilierung. Auf horizontaler Oberseite Randrille mit eingezogenen Seiten. Nebenseiten und Rückseite ohne Dekor.
Gamer a.O. 245 Nr. 56 Abb. 10l.

SO 6
Oberteil eines Weihaltärchens. Aus Clunia. Heller Kalkstein, bräunlich patiniert. H noch ca. 6. B ca. 4. T ca. 4.
Ohne Inschrift. Umlaufende Plättchenprofilierung. Deckplatte schräg gerillt. Körper mit abgeschrägten Ecken. Schwerer Aufsatz mit vier Eckakroteren. Giebel auf vier Seiten mit vertieftem Feld. Runder Focus mit Vierblattrosette auf dem Grund.
Gamer a.O. 245 Nr. 57 Abb. 10i.

---

14 s. auch A. Jimeno, Epigrafía romana de la provincia de Soria (1980).

SO 7
Oberteil eines Weihaltärchens. Aus Clunia. Heller Kalkstein. H noch ca. 9. B ca. 8. T ca. 7.
Umlaufendes Karniesprofil. Ohne Inschrift. Auf zwei gegenüberliegenden Seiten in Relief ein Stierkopf (?) und ein rechteckiger profilierter Gegenstand mit vertiefter Vorderseite, der nur zum Teil erhalten ist.
Gamer a.O. 245 Nr. 58.

SO 8
Bruchstück vom oberen Teil eines Weihaltärchens. Aus Clunia. Heller Kalkstein. Ca. 6 × ca. 8 × ca. 4.
Erhalten ist noch der Teil der Profilierung aus Platte, Leiste und Karnies, vermutlich des oberen Profils. Darauf Reste des Aufsatzes.
Gamer a.O. 245 Nr. 59.

SO 9 Taf. 48a Abb. 5.
Weihaltar für Iupiter Optimus Maximus. Aus Numantia. Brauner Sandstein. H 124. B 54. T 54.
Inschriftfeld ungerahmt. Umlaufende Faszie-Karnies-Profilierung. Hinter relativ weitem Rücksprung glatte Pulvinuseinheit. In der Einsenkung erhebt sich vorn ein Giebel, der zur Mitte der Altartiefe hin ausläuft. Nebenseiten und Rückseite ohne Dekor.
CIL II Suppl. S. 930; F. Fita, BolAcadHist 50, 1907, 206 Nr. 10; EE IX 118, 305; Gamer a.O. 245 Nr. 60 Taf. 52b.

SO 10
Weihaltar für Mars. Aus Numantia. Graubrauner Sandstein. H 54. B 35. T 33.
Inschrift ungerahmt. Der Altar ist ungeglättet. Einfache Karnies-Profilierung, die umläuft. Der Körper ist zur Mitte hin eingezogen. Flache gerade Pulvini. Vorn und hinten Giebelandeutung. Runder Focus mit breitem wulstigem Rand. Nebenseiten und Rückseite ohne Dekor.
CIL II Suppl. S. 930; A. Schulten, Numantia. Eine topographisch-historische Untersuchung (1905) 14 Anm. 1; F. Fita, BolAcadHist 50, 1907, 206f. Nr. 11; Gamer a.O. 245 Nr. 61.

SO 11 Taf. 48c Abb. 5
Weihaltar für Iupiter. Aus Clunia. Kalkstein. H 53. B 38. T 35.
Inschriftfeld ungerahmt. Weit vorspringende *cyma reversa*-Profilierung, umlaufend. Stark zurückgesetzt, kleine Pulvinuseinheit mit Einsenkung. Darauf runder Focus mit Wulstrand.
HAE 8–11, 1782; B. Taracena Aguirre, ArchEspArq 19, 1946, 47 Abb. 23,3; Gamer a.O. 245 Nr. 62 Abb. 13d Taf. 52d.

SO 12
Weihaltärchen für Iupiter. Aus Santervás del Burgo (römische Villa). Grauer Kalkstein. H ca. 25. B ca. 13. T ca. 14.
Inschriftfeld ungerahmt. Umlaufende Karnies-Faszie-Profilierung. Hoher Aufsatz. Pulvini sind nicht zu erkennen. Großer runder Focus mit plastisch erhöhtem Wulstrand. Nebenseiten und Rückseite beschädigt.
Zur Villa: B. Taracena Aguirre, Carta arqueológica de España. Soria (1941) 149; Gamer a.O. 245f. Nr. 63.

SO 13 Abb. 5
Weihaltar für die Matres. Aus Yanguas. Hellbeiger Kalkstein. H 52. B 38. T 33.
Inschriftfeld ungerahmt. Umlaufende Karniesprofilierung. Oberseite glatt, vielleicht abgearbeitet. Nebenseiten und Rückseite ohne Dekor. Kubischer Gesamteindruck.
Vives 385; B. Taracena Aguirre, Carta arqueológica de España. Soria (1941) 179; Gamer a.O. 246 Nr. 64.

SO 14
Weihaltar für die Ordaeci. Aus Valdejeña. Rötlichbrauner Sandstein. H 47. B noch 22. T 25.
Gerade Pulvini durch flache Einsenkung verbunden. Darauf Reste eines Rundfocus. Umlaufende Profile aus Karnies und Faszien. Linke Seite abgearbeitet. Rechte Neben- und Rückseite ohne Dekor.
Jimeno a.O. (s.o. Anm. 14) Nr. 32 Taf. 9,2; Gamer a.O. 246 Nr. 65.

SO 15
Weihaltar für Iupiter. Aus Uxama. Hellgrauer Sandstein, braun patiniert. H 39. B 20. T 21.
Inschriftfeld ungerahmt. Umlaufende *cyma reversa*-Profilierung. Gerade Pulvini durch Einziehung verbunden. Plastisch erhöhter Rundfocus. Pulvinusstirn mit sechsteiliger Wirbelrosette.
Jimeno a.O. Nr. 23 Taf. 7,1; Gamer a.O. 246 Nr. 66.

SO 16 Abb. 5
Vorderer unterer Teil eines Weihaltars für Fortuna. Aus Uxama. Hellbrauner Kalkstein. H noch 39. B (ergänzt) 33. T noch 12.
Inschriftfeld ungerahmt. Das untere Profil aus in den Sockel übergehender *cyma reversa* läuft um.
AE 1914, 21; Jimeno a.O. Nr. 21 Taf. 6,2; Gamer a.O. 246 Nr. 67.

SO 17
Unterer Teil eines Weihaltars für Iupiter. Aus Yanguas. Sandstein. H noch 60. B 42. T 36.
Inschriftfeld ungerahmt. Weit vorspringender Sok-

kelteil. Schmaler und hoher Körper. Nebenseiten und Rückseite ohne Dekor.
Jimeno a.O. Nr. 36 Taf. 10,2; Gamer a.O. 246 Nr. 68.

Soria, San Juan de Duero

SO 18 Taf. 48b
Weihaltar für die Lugoves. Aus Uxama. Kalkstein. H 90. B noch 38. T noch 36.
Inschriftfeld ungerahmt. Basis- und Deckprofil bis auf eine bzw. zwei Seiten abgearbeitet. Auf Oberseite sekundäre große runde Einarbeitung. Glatter gerader Pulvinus. Deckprofil: *cyma recta* (?), Fußprofil: *cyma recta*. Neben- und Rückseite ohne Dekor.
CIL II 2818; C. García Merino, BolArteArqValladolid 36, 1970, 409−411; Jimeno a.O. Nr. 22 Taf. 7,2; Gamer a.O. 246 Nr. 69.

Renieblas, Vorhalle der Pfarrkirche

SO 19 Taf. 48d
Altar oder Postament. Hellgrauer Kalkstein. H noch 96. B 53. T 45.
Inschriftfeld ungerahmt. Aufsatz zum Zwecke der Eintiefung einer Weihwassermulde abgearbeitet? Nebenseiten und Rückseite ohne Dekor. Deckprofil: *cyma recta*, Faszie, Faszie; Fußprofil: Faszie, Faszie, *cyma recta*.
Gamer a.O. 246 Nr. 70.

Torrearévalo, Kirche

SO 20
Grabaltar für Firminus. Granit. H 105.
Emerita 3, 1935, 316 f. Taf. ohne Nr. gibt keine Angaben zu Material und Form. Nach der Abbildung handelt es sich um einen schlanken hohen Altar mit sehr hohem Gesims aus ca. 6 unbestimmbaren Profilelementen. Auf der Giebelvorderseite wird unter einem Bogen eine Gestalt in Relief wiedergegeben. Seitlich etwas erhöht ruhende Pulvini, deren Front mit je einem inneren Kreis geziert ist.
Jimeno a.O. 113 Taf. 36,2. Diese Abbildung gibt eine klarere Vorstellung. Das Fußprofil besteht aus entsprechenden Elementen. Gamer a.O. 246 Nr. 71.

PROVINZ GUIPÚZCOA

Aitamarren bei Cegama, in der Sierra de Aitzgorri, in einer Hütte vermauert

SS 1
Altar ohne Inschrift. Angeblich vom Monte Galarreta bei Zalduendo, Prov. Álava.
Wulstiges Deckprofil, als Fußprofil zwei wulstige Elemente. Pulvini, Giebel (?). Auf der Vorderseite des Körpers ist heute ein Kreuz eingegraben. Der Altar besitzt relativ breite Proportionen (Beschreibung nach Zeitungsnotiz CE/PV 25.8.71 [E. de Santimamiñe]).

PROVINZ TARRAGONA

Tarragona, Museu Nacional Arqueològic (ehemals Museo Arqueológico Provincial)

T 1 Taf. 1b−d
Weihaltar für das Numen Augusti. Aus Tarragona, gefunden 1919 im Theater. Inv. Nr. 7590. Hellgrauer Marmor. H 94. B 60. T 60.
Pulvini und akroterartige Giebel bilden einen einheitlichen, deckender Abschluß. Aus der gekurvten Fläche zwischen diesen Elementen hebt sich der zylin-

drische Focus von 31 cm Dm heraus. Die Pulvinusschäfte verdicken sich zu ihrer Mitte hin, wo sie durch einen dreifachen Wulst unterteilt sind. Das Deckprofil besteht aus *cyma recta*, Faszie, *cyma reversa*, das Fußprofil aus *cyma reversa* und Kehle. Die Seitenflächen des Körpers sind durch einen Randschlag gefaßt. Auf der linken Seite ist eine Kanne, rechts eine Schale und auf der Rückseite ein *lituus* dargestellt.
1. Jh. n.Chr.
Alföldy, Inschriften Tarraco Nr. 48.

T 2 Taf. 1a
Bruchstück eines Weihaltars (?) oder Statuenpostaments. Aus Tarragona. Grauer Kalkstein. H 70. B 42. T 53.
Das einzige erhaltene Fußprofil besteht aus *cyma recta* auf Leiste, Halbrundstab.
1./Anf. 2. Jh. n.Chr.
CIL II 6100; Alföldy, Inschriften Tarraco Nr. 160 Taf. 6,4.

T 3
Bruchstück eines Weihaltars. Aus Tarragona. Grauer Kalkstein (Santa Tecla). H noch 64. B 36. T 30.
Das zum Teil erhaltene Fußprofil besteht aus *cyma recta*, nur auf Vorder- und Nebenseiten.
2. Jh. n.Chr.
Alföldy, Inschriften Tarraco Nr. 19.

T 4 Taf. 2a
Weihaltärchen für Apollo. Aus Tarragona, gefunden in der Nähe des unteren Forums. Inv. Nr. 5216. Hellgrauer Marmor. H 17. B 14. T 11,5.
Glatte Pulvini mit zur Mitte hin gerichteten Fortsätzen. Dazwischen horizontale Fläche ohne Giebel und Focusangabe. Das Deckprofil besteht aus zwei *cymae reversae*, das Fußprofil aus *cyma recta* und Halbrundstab. Die Profile sind allseitig ausgeführt. Der Altarkörper besitzt einen wulstig verdickten Anlauf.
1–2. Jh. n.Chr.
Alföldy, Inschriften Tarraco Nr. 20.

T 5 Taf. 2b
Weihaltar. Aus Tarragona, gefunden bei der Plaza Prim (Minervatempel). Inv. Nr. 668. Grauer Kalkstein (llisós). H 77. B 39. T 34.
Glatte Pulvini mit zur Mitte hin gerichteten Fortsätzen, die vorn und hinten je einen Giebel einschließen. Dahinter runder Focus. Das Deckprofil besteht aus *cyma recta*, abgekantetem Wulst und *cyma reversa*, das Fußprofil aus Faszie und *cyma recta*. Beide Profile laufen allseitig um.

Wohl 2. Jh. n.Chr.
Alföldy, Inschriften Tarraco Nr. 39.

T 6 Taf. 2c
Weihaltar für Minerva. Aus Tarragona. Inv. Nr. 19591. Grauer Kalkstein (Santa Tecla). H 100. B 70. T 63.
Die Bekrönung ist bis zur Unkenntlichkeit abgeschlagen. Vom Deckprofil ist noch erkennbar eine *cyma recta* mit Faszie. Das Fußprofil besteht aus einer Faszie und *cyma recta* auf Leiste.
Wohl 2. Jh. n.Chr.
Alföldy, Inschriften Tarraco Nr. 41.

T 7 Taf. 2d
Weihaltar. Aus Tarragona, calle de Lauria/calle de Pons Icart. Inv. Nr. 6702. Grauer Kalkstein (llisós). H 61. B 40. T 26.
Glatte Pulvini mit kurzen, zur Mitte hin gerichteten Fortsätzen, die ohne Aufwärtsschwung auslaufen. Sie begrenzen eine horizontale Fläche, in der sich, etwas nach hinten verschoben, eine flache, grob gepickte Focusmulde öffnet. Deck- und Fußprofile bestehen aus je einer allseitig umlaufenden *cyma reversa*.
Wohl 2. Jh. n.Chr.
Alföldy, Inschriften Tarraco Nr. 54.

T 8 Taf. 3b–d
Weihaltar. Aus Tarragona, Ecke calle Gobernador González/calle Hermanos Landa. Inv. Nr. 671. Grauer Kalkstein. H 87. B 50. T 44.
Der obere Teil fehlt. Auf der linken Nebenseite Schale, auf der rechten Kanne. Das Fußprofil besteht aus einer allseitig ausgeführten *cyma reversa*.
2. Jh. n.Chr.
CIL II 4082 mit S. 972; ILS 3605; Alföldy, Inschriften Tarraco Nr. 37.

T 9 Taf. 3a
Weihaltar. Aus Tarragona. Inv. Nr. 25409. Grauer Kalkstein (llisós). H 47. B 31. T 26.
Glatte Pulvini mit erweiterten Scheiben an den Enden haben die Form leicht geschwungener, wulstgeschnürter Kolben. Zwischen den Pulvini runder Focus, kein Giebel. Das Deckprofil besteht aus *cyma recta*, Faszie und *cyma reversa*. Das Fußprofil aus Kehle auf Leiste und *cyma recta*. Hinten sind die Profile nicht herumgeführt.
Wohl 2. Jh. n.Chr.
Alföldy, Inschriften Tarraco Nr. 49.

T 10
Bruchstück eines Weihaltärchens. Aus Tarragona, gefunden im Amphitheater. Inv. Nr. 25377. Grauer Kalkstein. H noch 11. B noch 14. T noch 10.
Vom Fußprofil ist eine allseitig ausgeführte *cyma reversa* erhalten.
2. oder 3. Jh. n.Chr.
Alföldy, Inschriften Tarraco Nr. 28.

T 11   Taf. 4a
Stark beschädigter Weihaltar. Aus Tarragona. Inv. Nr. 670. Grauer Kalkstein (soldó). H noch 53. B noch 23. T 30.
Das Fußprofil besteht aus einer Faszie und einem doppelten Wulst, hinter dem sich wohl ein Karnies verbirgt.
Anf. 3. Jh. n.Chr.
CIL II 4078; Alföldy, Inschriften Tarraco Nr. 32.

T 12   Taf. 4b
Stark beschädigter Weihaltar. Aus Tarragona, gefunden im Amphitheater. Inv. Nr. 25368. Grauer Kalkstein (soldó). H noch 63. B noch 29. T 30.
Das Fußprofil besteht aus einer Kehle.
Anf. 3. Jh. n.Chr.
Alföldy, Inschriften Tarraco Nr. 45 Taf. 9,1.

T 13   Taf. 4c
Weihaltar. Aus Tarragona. Inv. Nr. 725. Grauer Kalkstein (llisós). H 79. B 49. T 40.
Die Bekrönung ist beschädigt, doch sind ein zylindrischer Pulvinus und die flache Focusmulde noch erkennbar. Am Deckprofil ist noch eine *cyma reversa* vorhanden. Das Fußprofil besteht aus einer Faszie und einer in Faszie und Wulst geteilten *cyma reversa*. Auf der Rückseite treten einfache Schrägen an die Stelle der Profile.
Wohl 3. Jh. n.Chr.
CIL II 6111; Alföldy, Inschriften Tarraco Nr. 62.

T 14
Bruchstück eines Weihaltars für das Numen sanctae Augustae Nemeseōs. Aus Tarragona, gefunden im Amphitheater (Nemesisheiligtum). Inv. Nr. 25376. Grauer poröser Kalkstein. H 33. B 21. T 19.
Vom Deckprofil sind eine *cyma reversa* und eine Faszie erhalten.
3. Jh. n.Chr.
Alföldy, Inschriften Tarraco Nr. 46.

T 15   Taf. 6a
Hausaltärchen. Aus Tarragona. Inv. Nr. 338. Gelblicher poröser Kalkstein. H 21. B 12,5. T 12.
Zylindrische glatte Pulvini begrenzen eine rechteckige horizontale Focusfläche. Keine Giebel. Deck- und Fußprofil bestehen aus je einer *cyma reversa*.

T 16
Hausaltärchen. Aus Tarragona, calle Fortuny. Inv. Nr. 336. Grobkristalliner graubrauner Marmor. H 18. B 20. T 20,5.
Leicht gebogene Pulvini, in der Mitte durch Doppelwulst geteilt, mit erweiterten Stirnscheiben. Rechteckiger vertiefter Focus mit schrägen Wänden. Keine Profile.

T 17
Bruchstück vom oberen Teil eines Hausaltärchens. Aus Tarragona. o. Inv. Nr. H noch 15. B noch 22. T 18,5.
Vom Körper vermittelt eine Schräge zur Deckplatte.

T 18   Taf. 7d
Hausaltärchen. Aus Tarragona. Inv. Nr. 335. Gelblicher poröser Kalkstein. H 22. B 19,5. T 19,5.
Rechteckiger großer Focus (13 × 12), umgeben von erhöhtem ausladendem Rand. Ein Viertelrundstab vermittelt zur flachen Sockelplatte.

T 19   Taf. 7a–c
Hausaltärchen. Aus Tarragona, Forum. Inv. Nr. 5218. Kalkstein (soldó). H 15,5. B 11. T 11.
Verdickter oberer Abschluß, dessen Rand auf Vorder- und Nebenseiten senkrecht gekerbt ist. Er umgibt den etwa 1,5 cm tiefen rechteckigen Focus (7 × 6,5). Vorderseite plastisch umrahmt. Auf den ungerahmten Nebenseiten eingeritzter, aufrecht stehender Zweig. Die sich erweiternde Sockelzone ruhte auf vier Eckfüßen.
J. Serra Vilaró, MemJuntaExc 116, 1930, 111 Taf. 47,3. 4.

T 20   Taf. 6g–i
Hausaltärchen. Aus Altafulla. Inv. Nr. 5845. Feinkristalliner heller Marmor. H 19,5. B 16. T 15,5.
In der Bekrönung sind Reste einer flachen Focusmulde erkennbar. Auf einer breiten Seite des Körpers Girlande in Relief, darüber Omphalosschale. Auf den Nebenseiten Griffschale und Kanne. Der Körper wird oben durch einen flachen Wulst begrenzt. Das Fußprofil besteht aus einer *cyma reversa* und einer Faszie.

T 21   Taf. 6b
Hausaltärchen. Aus Tarragona. Inv. Nr. 349. Hellgrauer Stein. H 10. B 8,5. T 8.
Auf der horizontalen Oberseite an den vier Ecken

schräg ausladende Akrotere. Am Deckprofil eine Faszie, am Fußprofil eine Faszie und ein flacher Wulst.

T 22   Taf. 6c
Hausaltärchen. Aus Tarragona. Inv. Nr. 350. Ziegel, rotbraun. H 19,5. B 14. T 13.
Zylindrische Pulvini, die sich zum rechteckigen Focus hin schräg absenken. Sie schließen je drei kleine giebelartige Erhebungen auf der Vorder- und Rückseite ein. Je eine *cyma reversa* bildet das Deck- und Fußprofil. An Focus und Pulvini schwarze und rote Brandspuren.

T 23   Taf. 6d
Hausaltärchen. Aus Tarragona. o. Inv. Nr. Gelblicher, poröser Kalkstein. H 36,5. B 25. T 20,5.
Zwischen den Eckakroteren liegen Giebel, dahinter eine große runde Focusmulde, deren Oberfläche Feuerspuren zeigt. Am Deckprofil *cyma recta*, am Fußprofil *cyma reversa*.

T 24   Taf. 6f
Hausaltärchen. Aus Tarragona. Inv. Nr. 341. Gelblich-weißgrauer Kalkstein. H 15. B 10,5. T 8,5.
Auf zweistufigem Sockelteil ruht der sich nach oben hin verjüngende Altarkörper, der auf den Seiten durch jeweils vier eingekerbte Kanneluren gegliedert wird. Oben ein dreistufiges Gesims. Als Bekrönung nach außen gerichtete kleine Doppelgiebel. Seitlich davon die ganze Tiefe einnehmende, gleichfalls nach außen geneigte Wangen. Die Bekrönungselemente umgeben ein rechteckiges Focusfeld von 6 × 4,5 cm.

T 25   Taf. 6e
Hausaltärchen. Aus Tarragona. Inv. Nr. 344. Gelblich-weißgrauer, poröser Kalkstein. H 13,5. B 11. T 9,5.
Niedriger Körper, von zu Deckplatte und Sockel überleitenden Schrägen begrenzt. Auswärts gerichtete akroterartige Pulvini, die vorn und hinten je zwei kleine Giebel einschließen. Dahinter die 6,4 × 4,5 große horizontale Focusfläche.

T 26   Taf. 7e
Hausaltärchen. Aus Tarragona. Inv. Nr. 343. Gelblich-grauer, poröser Kalkstein. H 11. B 11. T 10.
Niedriger Körper, der von ausladenden identischen Ober- und Unterteilen begrenzt wird. Die Oberseite der Deckplatte ist flach horizontal. Die Schrägen des Deck- und Fußprofils entsprechen der Nr. 29.

T 27   Taf. 7f
Beschädigtes Hausaltärchen. Aus Tarragona. Inv. Nr. 352. Gelblich-weißer, poröser Stein. H noch 13,5. B noch 14. T 14.
Auf einer Schmalseite ist ein rotbemalter Rest des Deckprofils in Form einer Faszie erhalten. Der Körper trägt eine gelbbraune Färbung, auf die in Schwarz hängende Girlanden gemalt sind. Der untere Abschluß ist fünfmal gleichmäßig gestuft, die zweite Stufe von oben ist rot gefärbt, die zweite von unten gelbbraun.

T 28   Taf. 7g
Hausaltärchen, ohne Oberteil. Aus Tarragona. Inv. Nr. 342. Roter Ziegel. H 13,5. B 11. T 11.
Der Körper und das Schrägprofil zum Sockel sind mit Kreis- und Halbkreislinien verziert.

T 29   Taf. 7h.i
Hausaltärchen. Aus Tarragona. Inv. Nr. 340. Ziegel. H 13. B 9,5. T 9,5.
Zwei etwa gleich große Quader sind durch ein gekerbtes Mittelstück verbunden. Die Seiten sind mit Kreis- und Halbkreislinien dekoriert. In die Oberseite ist ein quadratisches Focusbecken mit schrägen Wänden eingetieft, auf der Oberfläche finden sich starke Brandspuren.

T 30–35
Sechs im Inventar des MAP von Tarragona verzeichnete Hausaltärchen waren nicht auffindbar. Sie stammen alle aus Tarragona, sind zwischen 11 und 20 cm hoch und haben die Inv. Nr. 337 und 339, 345 bis 348. Vier sind aus einheimischem Kalkstein (sabinosa), eines aus dem porösen Kalkstein (soldó) und eines aus weißem Marmor gearbeitet.

T 36   Taf. 5b
Grabaltar für Numerius Publilius Hilarus. Aus Tarragona. Inv. Nr. 726. Grauer Kalkstein. H 73. B 53. T 41.
Trotz der Beschädigung des oberen Teils sind die glatten zylindrischen Pulvini und die Giebel zu erkennen, die den großen Rundfocus umgeben. Das Deckprofil besteht aus *cyma recta*, Faszie, Leiste und Kehle. Am Fußprofil ist die Abfolge Kehle auf Leiste, *cyma recta*. Die Profile führen ausgearbeitet um den Altar herum.
2. Jh. n. Chr.
CIL II 6132; Alföldy, Inschriften Tarraco Nr. 654.

T 37   Taf. 5c Abb. 5
Grabaltar für Volusia Paterna. Aus Tarragona. Heute in Barcelona, MA aufbewahrt. Inv. Nr. 9507. Grauer Kalkstein. H 80. B 52. T noch 32.

Die Bekrönung wird durch Pulvini und Giebel gebildet. Vom Deckprofil sind eine *cyma recta* und eine Faszie erhalten. Das Fußprofil besteht aus einer Kehle auf Leiste und einer *cyma recta*.
2. Jh. n.Chr.
CIL II 4419 mit S. 973; Alföldy, Inschriften Tarraco Nr. 692.

T 38   Taf. 5d
Grabaltar. Aus Tarragona, gefunden in der Arena des Amphitheaters. Inv. Nr. 25367. Grauer Kalkstein (llisós). H 94. B 75. T 48.
Die Bekrönung wurde nachträglich verändert. Die Pulvini wurden abgearbeitet. Zu erkennen sind noch vorn und hinten flache Giebel und zwischen ihnen, etwas erhöht, die Scheibe des Focus mit grob gepickter Oberfläche. Das Deckprofil bilden *cyma recta*, Faszie und *cyma reversa*, das Sockelprofil Kehle auf Leiste, *cyma recta* und eine zweite Kehle.
2. Jh. n.Chr.
HAE 860; Alföldy, Inschriften Tarraco Nr. 243.

T 39   Taf. 8a
Grabaltar für L. Atilius Paezon. Aus Tarragona. Inv. Nr. 6449. Grauer Kalkstein. H 139. B 70. T 64.
Die zylindrischen Pulvini sind an den Stirnen volutenverziert. Im Tympanon des vorderen Giebels eine Rosette. Hinter dem Giebel baut sich mit geböschter Wandung der runde Focus auf. Am Deckprofil *cyma recta* mit Leiste und Faszie, am Sockel *cyma recta* auf Leiste. Rückseite ohne Profile.
2. Jh. n.Chr.
CIL II 4288; Alföldy, Inschriften Tarraco Nr. 407.

T 40   Taf. 9c
Grabaltar für Victor. Aus Tarragona. Inv. Nr. 696. Grauer Kalkstein (Santa Tecla). H 92. B 52. T 45.
Die Pulvini sind durch ein konkav eingezogenes Band geschnürt. Zwischen ihnen erheben sich vorn und hinten Giebel und die große, über Giebel und Pulvini erhöhte Focusfläche mit geböschten Wänden. Die Profile sind in ausgearbeitetem Zustand auf der Rückseite des Altars herumgeführt. Am Deckprofil sind es *cyma recta*, Faszie und Wulst, am Fußprofil Kehle auf Leiste und *cyma recta*.
Wohl 2. Jh. n.Chr.
CIL II 4187; ILS 1869; Alföldy, Inschriften Tarraco Nr. 238.

T 41   Taf. 10a
Grabaltar für Cassius Chrysampelus. Aus Tarragona, gefunden an der Playa del Milagro. Inv. Nr. 713. Grauer Kalkstein (Santa Tecla). H 97. B 58. T 46.

Zylindrische Pulvini mit zur Mitte hin gerichteten Fortsätzen, die auf Vorder- und Rückseite Giebel einschließen. Im Tympanon des vorderen Giebels Reste von zwei konzentrischen Kreisrillen. Längliche gepickte Focusfläche mit zu den Giebeln hin gerundeten Seiten. Am Deckprofil finden sich *cyma recta* und eine doppelte Faszie, am Fußprofil Faszie und *cyma recta*. Unterhalb der Inschrift auf der Vorderseite des Körpers nach rechts gerichtete *ascia*.
2. Jh. n.Chr.
CIL II 4347; Alföldy, Inschriften Tarraco Nr. 532.

T 42   Taf. 10b
Grabaltar für L. Sulpicius Maxentius. Aus Tarragona. Inv. Nr. 773. Grauer Kalkstein (llisós). H 85. B 44. T 34.
Die Bekrönung bilden vier gerundete Eckakrotere und zwischen diesen vier Giebel, über die sich die rauh gepickte runde Focusfläche erhebt. Das Deckprofil besteht aus *cyma recta* und Faszie, das Sockelprofil aus Faszie und *cyma recta*. Auf der Oberseite des vorkragenden Deckplattenrandes sind rechteckige bis quadratische Vertiefungen ausgehoben zum Einlassen wohl von metallenem Zubehör.
2. Jh. n.Chr.
CIL II 4325 mit S. 973; Alföldy, Inschriften Tarraco Nr. 371.

T 43   Taf. 10c
Grabaltar für M. Valerius Callistus und Licinia Satulla. Aus Tarragona. Inv. Nr. 774. Grauer Kalkstein (llisós). H 94. B 56. T 39.
Bekrönung und Profile sind abgeschlagen. Die Profile waren auch auf der Rückseite ausgeführt. Vom Deckprofil sind noch zu erkennen ein Karnies und eine Faszie, vom Sockelprofil ein Karnies.
2. Jh. n. Chr.
CIL II 4408 mit S 973; Alföldy, Inschriften Tarraco Nr. 678.

T 44   Taf. 11a.b
Grabaltar für C. Sulpicius Euclides. Aus Tarragona, gefunden im Amphitheater. Inv. Nr. 25383. Grauer Kalkstein. H 102. B 54. T 52.
Zylinderförmige Pulvini mit rosettenverzierter Stirn. Giebel nur vorn vorhanden mit leicht durchhängenden Schräggeisa und deren Linienführungen wiederholenden Kerbungen im Tympanon. Der Giebel reicht bis zu dem die zwei hinteren Drittel der Bekrönung einnehmenden Rundfocus. Dieser erhebt sich in Form eines Kegelstumpfes, etwas höher als der Giebel und die Pulvini und ist oben ohne ausgeprägten Rand flach eingemuldet. Die Inschrift ist karnies-

gerahmt. Am Deckprofil *cyma recta* und Kehle mit Leiste, am Fußprofil Faszie und *cyma recta*. Die Profile sind auf der Rückseite nicht herumgeführt.
2. Jh. n.Chr.
Alföldy, Inschriften Tarraco Nr. 428.

T 45 s. unter B 50.

T 46 Taf. 12a
Unterer Teil eines Grabaltars (?). Aus Tarragona. Hellgrauer Kalkstein. H noch 53. B noch 48. T 54.
Das Sockelprofil besteht aus Faszie und *cyma recta* auf Leiste. Das Inschriftfeld ist gerahmt.
2. Jh. n.Chr.
Alföldy, Inschriften Tarraco Nr. 571.

T 47 Taf. 12b
Grabaltar für Aufidia Prima. Aus Tarragona. Inv. Nr. 708. Grauer Kalkstein (Santa Tecla). H 67. B 44. T 39.
Zwischen den vier gerundeten Eckakroteren erheben sich vier Giebel. Auf der Höhe der Giebelfirste liegt eine große runde Focusfläche. Am Deckprofil *cyma reversa*, am Fußprofil *cyma reversa*. Die Profile sind auch um die Rückseite geführt.
2./3. Jh. n.Chr.
CIL II 4320; Alföldy, Inschriften Tarraco Nr. 395.

T 48 Taf. 13b-d
Grabaltar für P. Apuleius Crescens. Aus Tarragona. Inv. Nr. 729. Grauer Kalkstein (Ilisós). H 97. B 62. T 50.
Zylindrische Pulvini, die nur in der vorderen Hälfte vom Mittelteil abgesetzt sind. Dieser ist hier leicht nach oben gewölbt, in der hinteren Bekrönungshälfte aber horizontal und bildet mit den Pulvini eine kompakte Einheit. Am Deckprofil *cyma recta* und Faszie mit Ablauf vom Altarkörper her, am Fußprofil Faszie mit Anlauf und *cyma recta* auf Leiste.
2./3. Jh. n.Chr.
CIL II 4334; Alföldy, Inschriften Tarraco Nr. 510.

T 49 Taf. 13a
Grabaltar für Aphrodite. Aus Tarragona. Inv. Nr. 785. Grauer Kalkstein (Ilisós). H 81. B 47. T 42.
Vier Eckakrotere, von vorn nach hinten durchgehender Giebel mit sorgfältig geglätteten, leicht durchhängenden Deckflächen, die die gesamte Oberseite zwischen den Akroteren bedecken. In der Mitte des Firstes ist eine runde Vertiefung von 18–21 cm Durchmesser angebracht, die sich quadratisch nach unten fortsetzt. Am Deckprofil Leiste, *cyma recta*, Leiste und Kehle, am Fußprofil *cyma reversa*.

2./3. Jh. n.Chr.
CIL II 4445. 6074; Alföldy, Inschriften Tarraco Nr. 910.

T 50 Taf. 14a
Grabaltar für Ulpius Bonicus und Octavia Callista. Aus Tarragona. Inv. Nr. 6458. Hellbrauner Kalkstein. H 90. B 54. T 40.
Zylindrische Pulvini mit Fortsätzen, die an der Vorderseite ein kleines Giebelchen einschließen. Diese Bekrönungselemente sind nur auf der Vorderseite auf 8 cm Tiefe ausgeführt. In den ungegliederten hinteren Teil der Bekrönung ist eine Focusmulde eingetieft. Am Deckprofil *cyma recta*, Faszie, *cyma reversa*, am Fußprofil Kehle auf Leiste und *cyma recta*. Rückseite ist ohne Profile.
2./3. Jh. n.Chr.
CIL II 4418 und EE IX S. 144; Alföldy, Inschriften Tarraco Nr. 673.

T 51
Oberer Teil eines Grabaltars. Aus Tarragona, vor 1923 im Colegio de los Hermanos, Avenida de Navarra. Inv. Nr. 25374. Grauer Kalkstein. H noch 33. B 37. T 22.
Zylindrische Pulvini, in der Mitte des Schaftes rillengeschnürt, mit erweiterten Scheiben an der Stirn. Flacher Giebel. Dahinter erhebt sich der Focus in Form eines Kegelstumpfes. Am Deckprofil Kehle, *cyma reversa*.
2./3. Jh. n.Chr.
HAE 884; Alföldy, Inschriften Tarraco Nr. 650.

T 52 Taf. 14b
Grabaltar für Baebia Ursina. Aus Tarragona. Inv. Nr. 6734. Grauer Kalkstein (Ilisós). H 86. B 46. T 40.
Pulvini in Form geschwungener Kolben, in der Mitte durch gespitzten Wulst geteilt. Pulvinusstirn und Giebel sind gegenüber dem geglätteten Inschriftfeld auffallend rauh geblieben. In der Oberseite der Deckplatte und in der Mitte des hinteren Giebels Bleireste. Als Deck- und Fußprofil *cymae reversae*, nicht auf der Rückseite.
Ende 2./Anfang 3. Jh. n.Chr.
Alföldy, Inschriften Tarraco Nr. 373.

T 53 Taf. 14c
Grabaltar für Flavia Alciste. Aus Tarragona. Inv. Nr. 719. Grauer Kalkstein. H 84. B 44. T 37.
Zylindrische Pulvini, vom Mittelteil, in das eine kleine Focusmulde von 16 cm Dm eingetieft ist, nicht abgesetzt. Auf der Vorderseite Giebel. Am Deckprofil flacher Wulst und Kehle, am Fußprofil Faszie mit ver-

schliffenem Übergang zu *cyma recta*. Die Profile laufen nicht um die Rückseite.
Eher 3. als 2. Jh. n. Chr.
CIL II 4368; Alföldy, Inschriften Tarraco Nr. 581.

T 54 Taf. 16a
Grabaltar für P. Lenius Fortunatus. Aus Tarragona. Inv. Nr. 734. Grauer Kalkstein (Santa Tecla). H 129. B 56. T 46.
Die Bekrönung ist in Form eines kompakten rechteckigen Quaders gegeben, vor den auf der Vorderseite und auf den Nebenseiten flache Akrotere in Halbpulviniform vortreten, die jeweils Giebel einschließen. Im Tympanon des vorderen Giebels liegendes Halbkreismotiv mit Mittelknopf. In Höhe der Giebelspitze liegt eine rechteckige horizontale Fläche, die, ohne besondere Angabe eines Focus, rauh gepickt ist. Deck- und Fußprofil bestehen aus je einer *cyma reversa*, die auf der Rückseite nicht herumgeführt wird.
Eher 3. als 2. Jh. n. Chr.
CIL II 4384 mit S. 973; Alföldy, Inschriften Tarraco Nr. 612.

T 55 Taf. 16b
Grabaltar für Maritima. Aus Tarragona. Inv. Nr. 787. Grauer Kalkstein (Ilisós). H 71. B 36. T 31.
Zylindrische Pulvini auf flachem Plättchen. Kleiner Giebel vorn und hinten, dazwischen runde Focusmulde. Am Deckprofil *cyma recta* und Faszie, am Fußprofil Faszie und *cyma recta*. Die Profile laufen nicht auf der Rückseite um.
Eher 3. als 2. Jh. n. Chr.
CIL II 6128; Alföldy, Inschriften Tarraco Nr. 621.

T 56 Taf. 16c
Grabaltar für L. Anteius Flavinus. Aus Tarragona. Inv. Nr. 687. Grauer Kalkstein (Santa Tecla). H 155. B 70. T 54.
An den Ecken der Bekrönung Akrotere, dazwischen vorn breiterer, seitlich schmalere Giebel, hinten kein Giebel. An den hinteren Rand der Bekrönung ist der Focus gerückt, der in Form eines Kegelstumpfes die übrigen Bekrönungselemente überragt und oben als runde Scheibe von 34 cm Dm abschließt. Als Deckprofil Leiste, *cyma recta*, Faszie, am Fußprofil Faszie, *cyma recta* auf Leiste. Die Profile sind auf der Rückseite nicht herumgeführt.
3. Jh. n. Chr.
CIL II 4144 mit S. XLVII und S. 972; Alföldy, Inschriften Tarraco Nr. 185.

T 57 Taf. 16d
Grabaltar für Aratus. Aus Tarragona, Calle de Vilarroma. Inv. Nr. 699. Grauer Kalkstein (Santa Tecla). H 61. B 28. T 26.
Bekrönung und Profile stark beschädigt. Am Deckprofil sind noch *cyma recta* (?), Faszie zu erkennen.
Wohl 3. Jh. n. Chr.
CIL II 4173. 6071; Alföldy, Inschriften Tarraco Nr. 370 Taf. 90,2.

T 58 Taf. 16e
Grabaltar für Claudia Saturnina. Aus Tarragona. Inv. Nr. 715. Grauer Kalkstein (Santa Tecla). H 161. B 72. T 59.
Die glatten zylindrischen Pulvini sitzen auf den seitlich ausschwingenden Giebelenden. Hinten kein Giebel. Der Focus als flache Mulde auf erhöhtem Kegelstumpf mit roh belassener Oberfläche ist aus der Mitte etwas nach hinten gerückt. Am Deckprofil *cyma recta*, Leiste und Kehle, am Fußprofil *cyma reversa*. Rückseite ohne Profile.
Es wäre zu prüfen, ob ein Firsteinschnitt vorliegt wie an den entsprechenden Bekrönungen Méridas.
3. Jh. n. Chr.
CIL II 4353; Alföldy, Inschriften Tarraco Nr. 540.

T 59 Taf. 16f
Grabaltar für L. Valerius Reburrus. Aus Tarragona. Inv. Nr. 730. Grauer Kalkstein (Ilisós). H 106. B 50. T 40.
Vier Eckakrotere und dazwischen vier Giebel ruhen auf einer unregelmäßig hohen Platte, die, gepickt belassen, ungleichmäßig ansteigende Seiten hat. Über allem erhöhte große Focusmulde mit kaum angedeutetem Rand. Am Deckprofil *cyma recta*, Faszie, am Fußprofil Faszie, *cyma recta*. Rückseite ohne Profile.
3. Jh. n. Chr.
CIL II 6088; Alföldy, Inschriften Tarraco Nr. 204.

T 60 Taf. 17a
Grabaltar für Valerius Rufus. Aus Tarragona. Inv. Nr. 775. Grauer Kalkstein (Ilisós). H 75. B 43. T 37.
Vier Eckakrotere. Giebel an Vorder- und Nebenseiten. In Höhe der Giebel- und Akroterspitzen rauhe gepickte Fläche des Bekrönungsquaders ohne Angabe eines Focus. Am Deck- und Fußprofil *cymae reversae*. Die Rückseite, ohne Profile, ist als grob gepickte Fläche belassen.
Wohl 3. Jh. n. Chr.
CIL II 4170 mit S. 972; Alföldy, Inschriften Tarraco Nr. 903 Taf. 84,3.

T 61 Taf. 17b
Grabaltar für Fabia Maria. Aus Tarragona. Inv. Nr. 6462. Grauer Kalkstein (Ilisós). H 72. B 56. T 32.

Zylindrische Pulvini mit glatter Stirn, dazwischen flacher Giebel, dahinter auf Höhe des Giebelfirstes Focusfläche. Am Deckprofil Leiste, *cyma recta*, Faszie, am Fußprofil Schräge. Rückseite ohne Profile.
3. Jh. n. Chr.
CIL II 4362; EE IX S. 144; Alföldy, Inschriften Tarraco Nr. 567.

T 62 Taf. 17c
Grabaltar für Felicianus, unterer Teil fehlt. Aus Tarragona. Inv. Nr. 12355. Grauer Kalkstein (Ilisós). H noch 72. B 28. T 19.
Die Bekrönung besteht aus einem von vorn nach hinten durchgehenden gerundeten Giebel, der seitlich aus- und dabei leicht hochschwingt. Keine Pulvini. Auf der Vorderseite des Giebels kreiseinbeschriebene Sechsblattrosette. Zur Deckplatte vermittelt vom Körper eine flach gewölbte Schräge, die auf der Rückseite nicht umläuft.
Wohl 3. Jh. n. Chr.
Alföldy, Inschriften Tarraco Nr. 572.

T 63 Taf. 17d
Grabaltar für P. Septimius Candidianus (?). Aus Tarragona, im Amphitheater sekundär verbaut. Inv. Nr. 25370. Grauer Kalkstein (Ilisós). H 133. B 66. T 49.
Die Elemente der Bekrönung, Pulvini mit zur Mitte gerichteten Fortsätzen, die an ihren Enden wieder hochschwingen, und dazwischen ein kleiner Giebel, werden nur an der Vorderseite angegeben. Im hinteren Teil bilden die Pulvini mit dem Mittelteil eine ungegliederte Einheit. Am Deckprofil *cyma recta*, Faszie und *cyma reversa*, am Fußprofil Kehle auf Leiste und *cyma recta*. Die Rückseite ist ohne Profile.
3. Jh. n. Chr.
HAE 863; Alföldy, Inschriften Tarraco Nr. 239.

T 64
Unterer Teil eines Grabaltars (?). Aus Tarragona. o. Inv. Nr. H 116. B 78. T 54.
Am Sockelprofil Kehle auf Leiste und *cyma recta*.
3. Jh. n. Chr.
CIL II 4378; Alföldy, Inschriften Tarraco Nr. 603 Taf. 90,4.

T 65 Taf. 18a
Beschädigter Grabaltar für Annius Leonatis. Aus Tarragona. Inv. Nr. 710. Grauer Kalkstein (Santa Tecla). H noch 108. B 59. T 48.
Geformte Teile der Bekrönung sind weggebrochen. Als Deck- und Fußprofil *cymae reversae*. Profile nicht auf der Rückseite durchlaufend.

3. Jh. n. Chr.
CIL II 4331; Alföldy, Inschriften Tarraco Nr. 506 Taf. 89,4.

T 66
Getrennt gearbeitetes Oberteil eines Altars. Aus Tarragona, calle Fortuny. Inv. Nr. 331. Grauer Kalkstein. H 34. B 78. T 71.
Vom oberen Rand der Deckplatte steigt die Bekrönung gekehlt an. Vorn und hinten erhebt sich je ein Giebel, auf dessen seitlich ausschwingenden Geisa die glatten Pulvinuszylinder ruhen. Über Giebel und Pulvini leicht erhöht der kegelstumpfförmige Focus von 40 cm Dm. Am Deckprofil Karnies, Faszie und Karnies. Es ist auch an der Rückseite ausgeführt.

T 67 Taf. 19a
Altar ohne Inschrift. Aus Tarragona. Inv. Nr. 333. H 64. B 38. T 35. Gelblicher poröser Kalkstein.
Schmale, ganz außen liegende, flache Pulvini, die stegartig das horizontale Mittelfeld begrenzen. Darin eine flache, muldenartige Vertiefung von 14 cm Dm. Die Profile sind, dem Material entsprechend, nicht gekurvt wie Karnies oder Kehle gebildet. Am Deckprofil *cyma reversa* (?), am Fußprofil Platte, Faszie oder Wulst. Rückseite ohne Profile.

T 68
Linke obere Ecke eines Altars. Aus Tarragona. Inv. Nr. 700. Grauer Kalkstein. H noch 34. B noch 34. T noch 33.
Erhalten ist ein Teil des linken Pulvinus mit Rosette auf der Stirn.
Der Altar ist sekundär zur Anbringung der Inschrift CIL II 6089 = Alföldy, Inschriften Tarraco Nr. 487 (wohl 3. Jh. n. Chr.) verwendet worden.

T 69 Taf. 19b
Altar ohne Inschrift. Aus Tarragona. o. Inv. Nr. Gelblicher poröser Kalkstein. H 70. B 34. T 32.
Zylindrische Pulvini. Vorn sind Reste, wohl eines Giebels, zu erkennen. Flache Focusfläche mit Brandspuren. Am Deckprofil *cyma reversa*, am Fußprofil wohl ebenfalls *cyma reversa*. Der Profilvorsprung läuft an der Rückseite um, die Profile sind aber nicht ausgearbeitet.

T 70
Altar ohne Inschrift. Aus Tarragona. o. Inv. Nr. Weißer Marmor. H 74. B 42. T 38.
Pulvini mit vom Schaft abgesetzten Stirnscheiben. Auf der Stirn Kreisrille mit Mittelpunkt. In der Schaftmitte drei Wülste. Der Giebel auf der Vorder-

seite ist größer als der auf der Rückseite. Großer runder Focus mit flacher Mulde auf Höhe des Giebelfirstes. Am Deckprofil Leiste, *cyma recta*, Faszie, am Fußprofil Kehle auf Leiste und *cyma recta*.

Tarragona, Museo Paleocristiano

T 71 Taf. 4d
Weihaltar. Aus Tarragona, gefunden in der frühchristlichen Nekropole. Inv. Nr. 6. Grauer Sandstein. H 39. B 30. T 28.
Bekrönung beschädigt. Deck- und Fußprofil werden von je einer *cyma reversa* gebildet.
Wohl 3. Jh. n. Chr.
Alföldy, Inschriften Tarraco Nr. 29.

T 72 Taf. 10d
Grabaltar für Aemilia Tryphosa. Aus Tarragona. Inv. Nr. 31. Grauer Kalkstein (Ilisós). H 86. B 54. T 43.
Die Pulvini sind balusterförmig leicht geschwungen. In der Mitte von einem eingezogenen Band geschnürt, erweitern sie sich vorn und hinten zu Scheiben. Die Stirnen sind jeweils mit einer bandgerahmten Rosette geschmückt, die eine tiefe Mittelbohrung aufweist. Die Giebelschrägen sind gerahmt. Im Tympanon des vorderen Giebels umwundener Kranz. Über Pulvini und Giebel erhöht liegt die große runde Focusfläche. Im Deckprofil *cyma recta*, Faszie, flacher Viertelrundstab. Im Fußprofil Kehle auf Leiste und *cyma recta*. Die Profile laufen ausgeführt auf der Rückseite um.
Wohl 2. Jh. n. Chr.
Alföldy, Inschriften Tarraco Nr. 501.

T 73 Taf. 11c–f
Grabaltar. Aus Tarragona. Inv. Nr. 1. Grauer Kalkstein (Santa Tecla). H 111. B 76. T 51.
Zylindrische Pulvini mit geschuppter Außenseite, in der Mitte von einem fischgratgerippten Band geschnürt und an den Enden von einem konkav eingezogenen Band gefaßt. Auf den Stirnen Sechsblattrosetten. Die zur Mitte hin gerichteten Fortsätze sind mit vier durchhängenden wulstigen Streifen dekoriert. Das Feld zwischen den Pulvini ist als gepickte horizontale Fläche gebildet, die zum heute abgeschlagenen Giebel (?) ansteigt. Am Deckprofil *cyma recta*, Faszie, *cyma reversa*, am Fußprofil Kehle auf Leiste und *cyma recta*. Die Vorderseite des Körpers mit der Inschrift ist karniesgerahmt. In der rechten Nebenseite eine große kreisrunde Höhlung von 26 cm Dm und 28 cm Tiefe.
2. Jh. n. Chr.
Alföldy, Inschriften Tarraco Nr. 569.

T 74 Taf. 12c
Grabaltar. Aus Tarragona. Inv. Nr. 27. Hellgrauer Kalkstein. H 63. B 37. T 33.
Zylindrische Pulvini mit je zwei konzentrischen Kreisen auf der Stirn. Flache undekorierte Giebel. Der Focus ist als flache, gepickte große Mulde ohne geformten Rand gebildet. Im Deckprofil einfache *cyma recta*, als Sockelprofil *cyma recta*. Die Profilvorsprünge laufen auf der Rückseite um, die Profile als solche sind aber nicht ausgeführt. Das Inschriftfeld ist wulstgerahmt.
2. Jh. n. Chr.
Alföldy, Inschriften Tarraco Nr. 629.

T 75 Taf. 12d
Grabaltar. Aus Tarragona, gefunden in der frühchristlichen Nekropole. Inv. Nr. 8. Blaugrauer Kalkstein mit gelben Adern. H 90. B 43. T 32.
Giebel und Pulvini sind zu einem flachen Bekrönungsquader zusammengeschlossen, aus dem sie sich an der Vorderseite lösen und ca. 2 cm vortreten. Die Pulvinusschäfte sind in der Mitte vierfach gerillt. Ein Focus ist nicht besonders markiert. Am Deckprofil Leiste, *cyma recta* und *cyma reversa*, am Fußprofil *cyma reversa* und *cyma recta* auf Leiste. Die Profile laufen auf der Rückseite nicht um.
2./3. Jh. n. Chr.
Alföldy, Inschriften Tarraco Nr. 420.

T 76 Taf. 14d
Grabaltar. Aus Tarragona, gefunden in der frühchristlichen Nekropole. Inv. Nr. 1. Grauer Kalkstein (Santa Tecla). H 111. B 76. T 51.
Flache Bekrönung mit schräg nach außen gerichteten Pulvini. Wegen hoher Aufstellung nicht genauer untersuchbar. Am Deckprofil *cyma recta*, Faszie und *cyma reversa*, am Fußprofil Kehle auf Leiste, *cyma recta*.
Noch 2. Jh. n. Chr.
Alföldy, Inschriften Tarraco Nr. 447.

T 77 Taf. 15b
Grabaltar. Aus Tarragona. Inv. Nr. 25. Grauer Kalkstein. H 73. B 35. T 28.
Die Pulvini werden in der Mitte des Schaftes von einem breiten Band umfaßt. An der Stirn je eine Sechsblattrosette mit Mittelknopf. Im Tympanon liegendes Halbmondgebilde, das ein flaches Rund umgibt. In Höhe der Giebelspitze eine flache Focusmulde mit Randstreifen. Am Deckprofil Leiste, *cyma recta* und *cyma reversa*, am Fußprofil *cyma reversa* und *cyma recta* auf Leiste. Die Oberfläche ist rauh belassen.
Eher 3. als 2. Jh. n. Chr.
Alföldy, Inschriften Tarraco Nr. 632.

T 78 Taf. 18b
Grabaltar. Aus Tarragona. Inv. Nr. 23. Grauer Kalkstein. H 74. B 38. T 28.
Zylindrische Pulvini, dazwischen Giebel, dahinter überhöhtes Focusrund mit flacher, grob gepickter Mulde. Der Focus bildet mit Giebel und Pulvini einen kompakten Aufsatz. Am Deckprofil *cyma recta* und Faszie, am Fußprofil Faszie und *cyma recta*. Rückseite ohne Profile.
3. Jh. n. Chr.
Alföldy, Inschriften Tarraco Nr. 564.

T 79 Taf. 18c
Unterer Teil eines Grabaltars. Aus Tarragona. Graubrauner Kalkstein. H noch 53. B 36. T 33.
Vom Deckprofil ist noch eine Faszie erhalten. Am Fußprofil Faszie und *cyma recta*. Rückseite ist ohne Profile.
Wohl 3. Jh. n. Chr.
Alföldy, Inschriften Tarraco Nr. 616 Taf. 90,3.

T 80 Taf. 140c.d
Bruchstück vom rechten Pulvinus eines Monumentalaltars. Aus Tarragona. Inv. Nr. 2684. Poröser gelblicher Kalkstein. H 28. B 54. T noch 48.
Der zylindrische Pulvinus ist auf der Außenseite mit Blättern verziert. Sie überlagern sich wie Schuppen und laufen lanzettförmig zu mit Mittelsteg oder Kerbe. Ihre Ränder sind stegartig aufgewölbt. An der Stirn des Pulvinus sitzt eine Rosette aus einem Kranz von sechs dreizipfligen Blättern, der einen weiblichen Kopf mit großer, die Ohren bedeckender Frisur umgibt. Im Feld der Vorderseite des Pulvinusfortsatzes waren Blätter dargestellt, von denen zwei, spitz und rillengekerbt, noch zu erkennen sind. In der Oberseite dieses Fortsatzes befindet sich ein 11 × 13 cm großer rechteckiger Schlitz von 10 cm Tiefe, der radial auf das Zentrum des runden Pulvinus gerichtet ist.
Die Frisur des Frauenkopfes darf als Datierungskriterium herangezogen werden. Sie gehört in das spätere 2. Jh. n. Chr.

Weitere Fragmente erwähnt J. Puig i Cadafalch, L'arquitectura romana a Catalunya (1934) 144 Abb. 174–176 (Basis eines monumentalen Altars).

Tarragona, Calle Escribanías Viejas 6

T 81 Taf. 15c
Grabaltar aus Tarragona. Hellgrauer Kalkstein. H 124. B 64. T 20.
Zylinderförmige Pulvini mit glatter Stirn, dazwischen auf der Vorderseite ein Giebel. Der hintere Teil ist eingemauert und nicht sichtbar. Karniesgerahmte Inschrift. Am Deckprofil *cyma recta*, Faszie und *cyma reversa*, am Fußprofil Kehle auf Leiste und *cyma recta*.
2. Jh. n. Chr.
CIL II 4358 mit S. 973; Alföldy, Inschriften Tarraco Nr. 557.

T 82 Taf. 15d
Grabaltar. Aus Tarragona. Hellgrauer Kalkstein. H 126. B 66. T ca. 40.
Zylinderförmige Pulvini, deren Mitte durch eine Rille angedeutet wird. An der Stirn Sechsblattrosetten. Dazwischen flacher Giebel, der nur wenig vor die die Pulvini verbindende Platte vortritt. Sein sichtbarer Teil der Oberseite ist plan gehalten ohne Angabe eines Focus. Am Deckprofil Wulst, Leiste, *cyma recta*, Leiste, Kehle, am Fußprofil Kehle auf Leiste, Wulst, Faszie, Wulst.
Eher 3. als 2. Jh. n. Chr.
CIL II 4299 mit S. 973; Alföldy, Inschriften Tarraco Nr. 419.

Tarragona, Privatbesitz

T 83
Unterer Teil eines Weihaltars. Aus Tarragona. Sandhaltiger Kalkstein. H 47. B 35. T 30.
Auf der linken Seite ist das Fußprofil in Form einer *cyma reversa* noch erhalten.
2. Jh. n. Chr.
Alföldy, Inschriften Tarraco Nr. 43 Taf. 10,4.

Reus, Museo Municipal

T 84
Beschädigtes Hausaltärchen. Hellgrauer Kalkstein. H ca. 10. B ca. 8. T ca. 6.
Oberteil weggebrochen. Am Fuß wulstig abgesetzter Rand. Auf den Nebenseiten Kanne und Schale ohne Griff.

T 85 Taf. 18d
Grabaltar. Aus Cambrils. o. Inv. Nr. Hellgrauer Kalkstein. H 67. B 45. T 36.
Zylindrisch glatte Pulvini. Vermutlich erhob sich dazwischen ein Giebel. Die Oberseite scheint stark abgeschlagen zu sein. Am Deckprofil *cyma recta* und Faszie, am Fußprofil Wulst und *cyma recta*.

3. Jh. n.Chr.
HAE 188; Alföldy, Inschriften Tarraco Nr. 905.

Aus Tarragona wurden folgende Altäre verbracht nach:

Barcelona, Museo Arqueológico: T 37

Chevening, Kent (England)

T 86 Taf. 8c.d
Grabaltar. Aus Tarragona. Grauer Kalkstein.
Pulvini mit Voluten an der Stirn, in die die Schräggeisa des Giebels münden. Im Tympanon eine Rosette (?). Statt des Focus erhebt sich ein hoher Flammenkegel. Am Deckprofil *cyma recta* mit Leiste, Faszie, am Sockel Faszie, *cyma recta* auf Leiste.
An dem Altar kann die Zeichnung Boys auf ihre Zuverlässigkeit geprüft werden.
2. Jh. n.Chr.
CIL II 4146; Alföldy, Inschriften Tarraco Nr. 176.

T 87 Taf. 8b
Grabaltar. Aus Tarragona. Grauer Kalkstein.
Bekrönung beschädigt. Pulvini, Giebel und Reste eines Flammenkegels (?) sind erkennbar. Am Deckprofil *cyma recta* mit Leiste, Faszie, am Fußprofil Faszie, *cyma recta* auf Leiste.
2. Jh. n.Chr.
CIL II 4179; ILS 2384; Alföldy, Inschriften Tarraco Nr. 229.

T 88 Taf. 9d
Grabaltar. Aus Tarragona. Grauer Kalkstein.
Bekrönung und Deckprofil weitgehend abgeschlagen. Vom Deckprofil sind eine Kehle und eine Faszie noch zu erkennen. Am Sockelprofil Faszie und *cyma recta* auf Leiste.
2. Jh. n.Chr.
CIL II 4291; Alföldy, Inschriften Tarraco Nr. 410.

T 89
Grabaltar. Aus Tarragona. Grauer Kalkstein.
Bekrönung bis zur Unkenntlichkeit beschädigt. Vom oberen Profil Faszie und *cyma recta* erhalten. Am Fußprofil Kehle auf Leiste, *cyma recta*.
2. Jh. n.Chr.
CIL II 4315; ILS 5301; Carmina Latina Epigraphica 500; Alföldy, Inschriften Tarraco Nr. 445.

Villanueva y Geltrú (Barcelona), Privatbesitz

T 90
Unterer Teil eines Weihaltars (?) oder Statuenpostaments. Seit dem 18. Jh. in Villanueva y Geltrú bekannt. Grauer Kalkstein. H 57. B 50. T 29.
Vom Fußprofil ist lediglich auf der linken Seite eine Schräge erhalten.
Wohl 2. Jh. n.Chr.
CIL II 4444 mit S. 973; Alföldy, Inschriften Tarraco Nr. 932 Taf. 12,4.

Folgende Altäre aus Tarragona sind heute verschollen:

T 91
Unterer Teil eines Weihaltars. Aus Tarragona, Ciudad Jardín. Grauer Kalkstein. H 50. B 29. T 26.
Dreifach gegliedertes Fußprofil unbestimmter Form.
2. oder 3. Jh. n.Chr.
Alföldy, Inschriften Tarraco Nr. 60.

T 92 Taf. 5a
Grabaltar. Aus Tarragona. Im 16. Jh. wird er in der Gegend der heutigen Avenida Ramón y Cajal erwähnt.
Von dem Altar liegt eine Zeichnung I. Boys vor, die sicher, wie auch die Zeichnung Boys von T 86, der noch im Original erhalten ist, nicht absolut getreu das Vorbild wiedergibt. Das Aussehen des Altars ist vermutlich wie folgt zu rekonstruieren.
Die Bekrönung bestand aus zwei Pulvini, Giebel und Rundfocus. Die offensichtlichen Unstimmigkeiten in der Wiedergabe der Profile sind schwieriger zu lösen. Auch hier scheinen zusätzliche Elemente willkürlich eingefügt, die eine zu große Zahl gliedernder Horizontalen mit sich bringt. Eine *cyma recta* war sicher in beiden Profilen vorhanden.
Wohl 1. Hälfte 2. Jh. n.Chr.
Alföldy, Inschriften Tarraco Nr. 607.

T 93 Taf. 9a
Grabaltar für Manlia Quinta. Aus Tarragona.
Nach der Zeichnung Boys hatte der Altar als Bekrönung Pulvini mit zur Mitte hin gerichteten Fortsätzen, keine Giebel, doch einen runden Focus. Als Deckprofil werden *cyma recta*, Faszie und *cyma reversa* angegeben. Der untere Teil des Altars fehlte.
Wohl 1. Hälfte 2. Jh. n.Chr.
CIL II 4389; Alföldy, Inschriften Tarraco Nr. 619.

T 94 Taf. 9b
Grabaltar. Aus Tarragona.
Nach der Zeichnung Boys als Bekrönung Pulvini, Giebel und Rundfocus. Am Deckprofil *cyma recta*, Faszie, *cyma reversa*, am Fußprofil Faszie, *cyma recta*.
2.Jh. n.Chr.
CIL II 4360; Alföldy, Inschriften Tarraco Nr. 558.

T 95
Linker Teil eines Grabaltars. Aus Tarragona, Camino Viejo de la Rabassada. Grauer Kalkstein (sabinosa). H 46. B noch 28. T 20.
Bekrönung stark beschädigt. Als Deckprofil *cyma reversa*, als Fußprofil gleichfalls *cyma reversa*.
2./3.Jh. n.Chr.
Alföldy, Inschriften Tarraco Nr. 670.

Vendrell (Tarragona), Museo Municipal

T 96 Taf. 19c
Altar. Gefunden im Meer bei Vendrell. Gelblicher poröser Kalkstein. H 94. B 57. T 56.
Oberes Gesims und Bekrönung zum Teil weggebrochen. Schräg zur Seite gerichteter Pulvinus erhalten. Die Pulvini begrenzten eine große rechteckige, grob gepickte Focusfläche. Rand vorn und hinten. Körper schmal und hoch. Weit ausladende Profile. Als Deckprofil unter der Deckplatte *cyma reversa*; *cyma reversa* auch als Fußprofil. Sockel. Die Profile sind allseitig herumgeführt. Keine Inschrift oder Dekor auf den Seiten des Altarkörpers.

PROVINZ TRÁS-OS-MONTES E ALTO DOURO

Bairral, Kirche

TAD 1
Weihaltar für Iupiter. Aus Britiande, 8 km von Lamego. Heute als Weihwasserbecken verwendet. Granit. Oberseite heute plan. Auf dem Altarkörper keinerlei Rahmung oder Dekor. Hohe Proportionen, auskragende Sockel und Gesims. Als Deckprofil Leiste, *cyma recta*, Faszie; als Fußprofil Faszie, *cyma recta*, Leiste.
F. Russell Cortez, ArchEspArq 22, 1949, 411 Abb. 4 (Zeichnung).

Chaves, Museu Municipal

TAD 2
Weihaltar für Iupiter. Aus Chaves, gefunden am linken Ufer des Tâmega, z.T. im Wasser ca. 150 m von der Trajansbrücke. H 81. B 42. T 40.
Bekrönung scheint, wenn man der abgebildeten Zeichnung glaubt, zu fehlen. Inschriftfelder ungerahmt. Breite Profilstreifen. Als Deckprofil wohl eine flache Kehle, als Fußprofil *cyma recta* (?), breite Faszie (?), keine ausgeprägten Wölbungen.
F. Russell Cortez, Viriatis 1, 1957, 100 Nr. 1.

TAD 3
Weihaltar. Aus Vilarelho da Raia. H 67. B 22. T 20.
Nach der abgebildeten Zeichnung scheint die Oberseite plan zu sein. Inschriftfeld ungerahmt. Hohe Deckprofilzone aus einer hohen *cyma recta* und wohl zwei Faszien, schmaleres Fußprofil in Form einer Faszie und *cyma recta* (?).
F. Russell Cortez, Viriatis 1, 1957, 100 f. Nr. 102 Abb.

TAD 4 Taf. 58a
Weihaltar, inschriftlich als »ara« bezeichnet. Aus Chaves. H 68. B 32. T 25. Granit.
Oberseite dachförmig. Inschriftfeld ungerahmt. Im Deckprofil schräg ansteigende Faszie (?), im Fußprofil *cyma recta* (?). Auf dem Sockel »Ar(am) p(osuit)«.
J. Leite de Vasconcelos, OArchPort 28, 1929, 143; L. Fernández Fúster, La formula »ex visu« en la epigrafía hispánica, ArchEspArq 23, 1950, 282 Nr. 5 Abb. 3 (sehr gute Strichzeichnung); F. Russell Cortez, Viriatis 1, 1957, 101f. Abb.

TAD 5
Altar. Aus Outeiro Jusão, Samaiões, 2,5 km südlich von Chaves. H 91. B 47. T 31.
Pulvini, Giebel. Inschriftfeld ungerahmt. Hohes Deckprofil aus Wulst, Karnies, Faszie; Fußprofil in Gestalt von Faszie und Wulst.
F. Russell Cortez, Viriatis 1, 1957, 102 Nr. 5 Abb.

TAD 6
Weihaltar. Aus Chaves, Quartel de Caçadores Nr. 5. H 80. B 50. T 35.
Pulvini, Giebel. Inschriftfeld ungerahmt. Nebenseiten ohne Dekor. Als Deckprofil Leiste, *cyma recta*, Faszie; Fußprofil und Sockel nicht mehr erhalten.
F. Russell Cortez, Viriatis 1, 1957, 101 Nr. 3 Abb.

TAD 7
Weihaltar. Aus Trás Minas. H 72. B 37. T 35.
Oberseite anscheinend flach. Inschriftfeld ungerahmt. Als Deckprofil Faszie und schräger Wulst (?), als Fußprofil gekehlte Schräge (?).
F. Russell Cortez, Viriatis 1, 1957, 104 Nr. 9 Abb.

TAD 8
Weihaltar für die Lares Tarmucenbaeci Oeceaeci. Aus Granginha, 2 km südwestlich von Chaves. H 67. B 41. T 23.
Ohne Bekrönung. Altarkörper ohne Rahmung oder Dekor. Auch an diesem Altar ist deutlich die Vervielfachung der Profilelemente am Deckprofil gegenüber dem Fußprofil; die Gesimszone wirkt dadurch verbreitert und stark betont. Im Deckprofil Leiste, *cyma recta*, Faszie.
CIL II 2472; F. Russell Cortez, Viriatis 1, 1957, 102 Nr. 6 Abb. o. Nr.; J. d'Encarnação, Vestígios do culto dos Lares em território português, RevGuimarães 82, 1972, 100f. Abb. 4; ders., Divindades 217f. Abb. 51.

Malta, Kirche

TAD 9
Weihaltar für Aernus. Aus Malta, Concelho de Macedo de Cavaleiros. Weißer Marmor. H 100. B (Körper) 28.
Oberseite eben, Focus von 10 cm Dm und 2–3 cm T wird angegeben. Inschriftfeld ungerahmt. Hohe Gesimszone, zu der eine kurze Schräge vom Körper überleitet. Als Fußprofil *cyma recta* (?) auf Leiste. Der Altar ist schlank und hoch.
Man darf schließen, daß der Gott im umgrenzten Fundgebiet der drei Inschriften bei Bragança ein Heiligtum besaß.
d'Encarnação, Divindades 79ff. Abb. 3.

Saldanha, conc. Mogadouro

TAD 10 Taf. 58b
Weihaltar für Iupiter Depulsor. Aus Saldanha.
Pulvini, Giebel, Focus bekrönen ein hohes Kopfteil, das auf der Vorderseite ornamentiert ist. Eingeritzte Zweige oder Bäumchen stehen unterhalb der Pulvini und der Giebelspitze, auch die Giebelschrägen werden von zwei dieser vegetabilischen Ornamente begleitet. Die Pulvinusstirnen zieren Wirbelrosetten. Ein schattender gekerbter Streifen schließt diesen Teil nach unten ab, wo eine Faszie mit Ablauf zum Körper vermittelt. Sockel und Fußprofil sind nicht erhalten.
Der Altar wird in den Anfang des 3. Jhs. n. Chr. datiert. Vgl. den ähnlich aufgebauten und ornamentierten Altar aus Castro de Avelãs (Bragança) im Museum von Guimarães (TAD 13).
A. M. Mourinho, Ara a Júpiter Depulsori dedicada por un veterano da Legio VII Gemina, Revista da Faculdade de Letras. Universidade do Porto. Série de História 3, 1972, 327–331 Taf. o. Nr.

Folgende Altäre aus der Provinz befinden sich heute in:

Borba (Alto Alentejo), Slg. Dr. A. Bustorff Silva

TAD 11
Kleiner Altar für Sol. Gefunden bei Lamego (Alto Douro). Sandstein. H 38,5. B 25. T 14 (Mitte).
Oberseite glatt. Auf der Vorderseite unter dem breiten Deckgesims ungerahmtes Inschriftfeld. Auf der Rückseite menschliche Protome, zum größten Teil in der Gesimszone. Auf der linken Nebenseite sechsstrahlige Rosette im Kreis. Basis verbreitert sich.
F. de Almeida, Inscrição romana consagrada ao deus Sol, OArqPort 3. Ser. 6, 1972, 263–266 Taf. 1.

Guimarães, Museu de Martins Sarmento

TAD 12
Weihaltar für Tutela Tiriensis. Aus der Kirche de Santa Maria da Ribeira, Torre de Pinhão, Sabrosa (Trás-os-Montes e Alto Douro).
Bekrönung fehlt. Inschriftfeld ungerahmt. Nebenseiten ohne Dekor. Das Deckprofil scheint (nach Photoabbildung) aus drei gerundeten Faszien bestanden zu haben.
d'Encarnação, Divindades 294ff. Abb. 69.

TAD 13 Taf. 58c
Weihaltarfragment für Aernus. Erhalten ist nur der obere Teil. Aus Castro de Avelãs (Bragança). H 40. B 25. T 10.
Pulvini, Giebel, in den Pulvinusstirnen Rosetten im Kreis. Erhöhte Bekrönungsfront, darin drei Bäum-

chen eingeritzt, unten horizontal abgeschlossen durch gekerbte Rille. Inschriftfeld ungerahmt. Als Deckprofil Wulst mit Grat, zu dem der Körper abläuft.
Vgl. den ähnlich aufgebauten und ornamentierten Altar aus Saldanha (TAD 10).
Weihungen für Aernus kennen wir aus dem Raum Pontevedra/Vigo und aus der Provinz Cáceres.
CIL II 2607. 5651; Cardozo, Catálogo 24 Nr. 16 Abb.; d'Encarnação, Divindades 79 ff. Abb. 2.

TAD 13a
Weihaltar für Iupiter Optimus Maximus der Soldaten der berittenen Cohors I Gallica römischer Bürger. Aus Vila Pouca d'Aguiar, nördlich von Vila Real (Trás-os-Montes) am Fluß Corgo, Conventus Bracaraugustanorum. Granit. H 80. B 33. T 33.
Pulvini (?). Bekrönungsplatte in Breite des Altarkörpers, darunter vorspringendes Deckprofil in Form einer unregelmäßig gewulsteten Platte. Inschriftfeld ungerahmt.
EE VIII 398 Nr. 109; A. García y Bellido, Conimbriga 1, 1959, 30 f. Abb. 1; Cardozo, Catálogo 52 Nr. 30 Abb. o. Nr.

TAD 13b Taf. 58d
Weihaltar für Iupiter Optimus Maximus. Aus der freguesia de Três-Minas (Vila Pouca d'Aguiar). H 80. B 35. T 28.
Flach gedrückte Pulvini, Zwischenpulvinusfläche auf Höhe der Pulvinusgrundlinie. Unter der Deckplatte zwei abgetreppte Faszien als Deckprofil; als Fußprofil ebenfalls zwei abgetreppte Faszien. Sockel. Inschriftfeld ungerahmt.
EE VIII 398 Nr. 108; Cardozo, Catálogo 53 Nr. 31 Abb. o. Nr.

Lisboa, Museu Nacional de Arqueologia e Etnologia

TAD 14
Weihaltar für Iupiter. Aus Mateus, Conc. de Vila Real. Granit. H 71. B 30.
Oberteil beschädigt. Inschriftfeld ungerahmt. Profilierung ausgeprägt, aber in der Zeichnung entstellt. Oben dreifach vorspringend, unten zweifach abgetreppt (Volant).
H. Botelho, OArqPort 12, 1907, 29 f. Abb. (Zeichnung).

TAD 15
Weihaltar. Aus Mezquita, Moncorvo (Trás-os-Montes e Alto Douro).
Glatte Pulvini, niedrige Giebelaufwölbung. Inschrift in vertieftem Feld. Nebenseiten ohne Rahmung und Dekor. Schräg auskragendes Gesims mit auf- und absteigender Ornamentierung an der Vorderseite. An der Basis eine entsprechende Schräge, mit einer Reihung von ovalen Ornamentformen dekoriert, die von der Sockelplatte durch eine Rille abgesetzt ist.
d'Encarnação, Divindades 186 ff. Abb. 39.

TAD 16 Taf. 58e
Altar ohne Inschrift. Aus Veiga de Carigo, freguesia de S. Vicente da Chã, Conc. de Montalegre (Trás-os-Montes). Inv. Nr. 5207. H 72. B (Körper) 27. T 20.
Pulvini, Rundfocus. Die Pulvini sind zylindrisch und glatt. Als Deckprofil sechs Wulstfaszien, als Fußprofil Schräge, auf Sockel. Ein bemerkenswertes Beispiel für die durch Vervielfachung der Profilelemente bewirkte Erhöhung der Gesimszone. Sie ragt nur wenig vor und unterstreicht somit die hochgestreckte Form des Altars.
J. Leite de Vasconcelos, OArqPort 19, 1914, 90 Abb. 2.

PROVINZ TERUEL

Teruel, Museo Arqueológico Provincial

TE 1 Taf. 35a
Altar ohne Inschrift. Aus Azaila, templo indígena. Sandstein.
Flache Pulvini, keine Giebel. Als Deckprofil unter der Deckplatte *cyma recta, cyma reversa*, Faszie; als Fußprofil Faszie, *cyma reversa*. Sockel.
J. Cabré, Los bronces de Azaila, ArchEspArteArq 1, 1925, 9 Abb. 6; S. 297 ff.; C. Nony, MelCasaVelazquez 5, 1969, 5 ff.; Blázquez, Diccionario 171 s. v. Templos.

PROVINZ TOLEDO

Toledo, Museo de Santa Cruz

TO 1 Taf. 50c
Weihaltar für Hercules. Aus Orgaz. Kat. Nr. 196.
Granit. H 115. B 55,5. T 34.
Rundlich erhöhte Pulvini, flacher Rundfocus. Profile zweigeteilt als heraustretender Wulst und anliegende Faszie, vielleicht steht dahinter eine Form der *cyma reversa*. Inschrift ungerahmt. Sonst ohne Dekor.
CIL II 6309; HAE 8-11, 1772; M. J. de Aragoneses, Museo Arqueológico de Toledo[2] (1958) Nr. 196.

TO 2 Taf. 66d
Oberer Teil eines einfachen Grabaltars. Aus Toledo, Vega Baja. Nr. 942. Kalkstein. H noch 29. B 32. T 19,5.
Runde Pulvinusstirnandeutungen an der Vorderseite. Die Bekrönung springt gegenüber dem unteren Teil etwas zurück. Dessen schlichte Quaderform ist im noch Erhaltenen in gleichen Abständen durch zwei horizontale Rillen quergegliedert. Auf den Zwischenstücken erkennt man die eingeritzte Inschrift.
de Aragoneses a.O. Nr. 942.

Mohedas de la Jara

TO 3
Altar. Gefunden an dem Weg, der die Landstraße von El Puerto de San Vicente mit Mohedas verbindet, bei der Ermita de Mohedas. Granit. H 85. B (Körper) 35. T 22.
Deckplatte mit Bekrönung beschädigt. Ohne Inschrift. Als Fußprofil Faszie (?), *cyma recta* (?), auf Sockel.
Zeigt Verwandtschaft mit den Altären aus Talavera de la Reina (TO 8-10).
F. Jiménez de Gregorio, ArchEspArq 28, 1955, 182 Abb. 9.

Talavera de la Reina, Slg. Jiménez de la Llave

TO 4 Taf. 65a.b
Grabaltar für Domitia Attia. Aus Talavera de la Reina.
Bekrönung aus glatten, zylindrischen Pulvini, Giebel und Rundfocus auf Höhe des oberen Giebelendes. Die glatten Pulvinusstirnen und Giebelfläche tragen die Buchstaben DMS. Die Pulvini ruhen auf den seitlich ausschwingenden Giebelschrägen, der Giebel selbst scheint von der vereinfachten Form des Volutengiebels zu sein. Inschrift und Nebenseiten ungerahmt. Auf der rechten Nebenseite Omphalosschale mit langem, senkrecht nach unten gerichteten Tierkopfgriff. Links wohl Kanne (Original konnte nicht geprüft werden). Als Deckprofil Leiste, *cyma recta*, Faszie, als Fußprofil Faszie, *cyma recta*, Leiste.
CIL II 897 add. p. 828; HAE 8-11, 28.

TO 5 Taf. 65c.d
Grabaltar für L. Antonius Rufinus. Aus Talavera de la Reina.
Bekrönung zusammengeschlossen aus glatten Pulvinuszylindern, Giebel und Focus. Die Pulvinusrollen ruhen auf den gemuldeten und wieder hochschwingenden auslaufenden Giebelschrägen. Inschriftfeld und Nebenseiten ungerahmt. Auf der linken Nebenseite Kanne mit Kleeblattmündung, rechts wohl Schale (keine Autopsie). Als Deckprofil *cyma reversa*; als Fußprofil *cyma reversa*.
CIL II 901 add. p. 828; HAE 8-11, 28.

TO 6
Unterer Teil eines Grabaltars. Aus Talavera de la Reina.
Bekrönung und Deckprofil fehlen. Ungerahmtes Inschriftfeld. Als Fußprofil *cyma reversa*.
CIL II 918; Vives 3934.

TO 7
Altarähnlicher Stein, ohne Sockel und Fußprofil. Pulvini (?). Deckplatte. Zwei gestaffelte Tori im Deckprofil. Körperseiten ungerahmt.

Talavera de la Reina, Museo de Cerámica »Ruiz de Luna«

TO 8 Taf. 66a
Weihaltar für Iupiter Liberator. Aus Talavera de la Reina, gefunden 1921 beim cementerio de S. Clemente. Granit. H 182. B 46,5. T 40.
Auffallend schmaler Körper (B 30. T 24). Nur Reste der Bekrönung sind erhalten. Man erkennt einen runden Focus (Dm 23), Pulvini sind abgeschlagen, Giebel (vorn). Inschriftfeld und Nebenseiten ungerahmt. Nebenseiten unverziert. Als Deckprofil unter der Deckplatte Leiste, *cyma recta*, Faszie; als Fußprofil

cyma recta, Leiste auf Sockel. Die Profile sind auf der Rückseite herumgeführt.
Der Altar ist einer von dreien gleicher Fundstelle (vgl. TO 9—10).
P. C. Morán, ArchEspArq 17, 1944, 247f. Abb. 1; F. Jiménez de Gregorio, ArchEspArq 25, 1952, 157f. Nr. 5 Abb. 51. 52; HAE 1—3, 146; vgl. zu Altären aus Talavera de la Reina im MAN Madrid auch C. M. del Rivero, Nuevas inscripciones romanas de Talavera de la Reina. Museo Arqueológico Nacional, Adquisiciones en 1930 (1931) 1—9 Taf. 1a.b (zwei Grabaltäre) und Abb. 1 auf S. 5 (Oberteil eines Grabaltars); AE 1946, 13.

TO 9
Weihaltar, erhalten ist nur der obere Teil. Aus Talavera de la Reina, gefunden zusammen mit TO 8 und TO 10. Granit. H noch 52. B 30.
Bekrönung stark beschädigt. Inschriftfeld ungerahmt. Als Deckprofil eine Wulstfaszie (?).
Jiménez de Gregorio a.O. 158 Nr. 6 Abb. 53; HAE 1—3, 147.

TO 10 Taf. 50d
Altar ohne Inschrift. Gefunden zusammen mit TO 8 und TO 9. Sierragranit. H 106. B 57. T 39.

Kleine zylinderförmige, glatte Pulvini, Giebel vorn und hinten, flach und breit gelagert. Auf der gleichmäßig ansteigenden Zwischenfläche liegt, wie ein bekrönender Kranz, eine kleine Focusschale (Dm 18,5. H 2,5). Nebenseiten ungerahmt und ohne Dekor. Als Deckprofil unter der Deckplatte eine *cyma reversa*, als Fußprofil eine *cyma recta* oder *reversa*, auf Sockel. Die Profile laufen allseitig um.
Jiménez de Gregorio a.O. 158 Nr. 7 Abb. 54.

Talavera de la Reina, Haus von J. González, C/Corredera 10

TO 11 Taf. 66b.c
Weihaltar für Iupiter Solutorius. Aus Azután/Vascos (Toledo). Granit.
Glatte zylindrische Pulvinusrollen. Giebel vorn und hinten, dazwischen Rundfocus mit dickwulstigem Rand. Deckplatte. Körperseiten ungerahmt, ohne Dekor. Als Deckprofil *cyma reversa*. Fußprofil und Sockel fehlen.
F. Fita, BolAcadHist 2, 1882, 246ff.; CIL II 5339; F. Jiménez de Gregorio, ArchEspArq 22, 1949, 178; L. Fernández Fúster, ArchEspArq 28, 1955, 319f. Nr. 12.

PROVINZ VALENCIA

Valencia, Museo Provincial de Bellas Artes[15]

V 1 Taf. 135a—c
Altar. Nr. 32 (nach Kat. Garin Llombart). Rosa-adriger Marmor, nicht ganz rein, mit weißen rauhen Einschlüssen. H noch 102. B 59. T 58.
Oberer Teil fehlt. Die Kanten des Altarkörpers sind gefaßt durch sie begleitende Ornamentstreifen, die vom Feld durch ein flaches Karnies abgesetzt sind. An der Kante selbst lief eine Leiste hoch, deren Ausformung heute durch Beschädigung nicht mehr zu erkennen ist. Im schmalen Feld zwischen Eckband und Karnies eine in Wellen aufsteigende Weinranke, die abwechselnd Blätter und Trauben nach den Seiten entsendet. Auf der Vorderseite vertieftes Feld (30,5 × 30,5) mit Zahnhammer gepickt. An den vier Ecken Reste von eingebohrten Dübellöchern, in den zwei unteren sitzt noch Blei. Sie dienten wohl zur Befestigung einer bronzenen Inschriftplatte. Auf der rechten Nebenseite die gleichen Eckfassungen, die die Vorderseite besitzt, zudem eine Griffomphalosschale mit nach oben gerichtetem Griff. Auf der Rückseite eine gleiche Schale ohne Griff. Auf der linken Nebenseite Kanne mit geschweifter Mündung. Vom Deckprofil sind keine Reste erhalten. Die Oberseite ist grob gepickt. Zur Vorderseite hin ein 10 cm tiefer, fein mit dem Zahnhammer gepickter Streifen, in den ein 2 × 2,5 cm großes rechteckiges Dübelloch von fast 2 cm Tiefe eingetieft ist. Vermutlich diente es der Befestigung des Altaraufsatzes. Als Fußprofil

---

15 s. zu den epigraphischen Denkmälern aus Valentia: Pereira IRV.

cyma recta, Leiste, auf Sockel. Altarkörperseiten und Profile sind sehr sorgfältig geglättet.
Vgl. H. U. Nuber, 53. BerRGK 1972, 99 Anm. 552.

V 2
Mithrasaltar. Nr. 36. Aus Benifayó (Valencia). Kalkstein, graubraun, porös. H 64. B 38. T 39.
Ausladende Bekrönung. Pulvini glatt. Flacher Giebel dazwischen. Dahinter eingetiefte rechteckige, grob gepickte, ebene Focusfläche. Inschriftfeld ungerahmt. Nebenseiten glatt. Rückseite gepickt. Als Deckprofil Karnies; als Fußprofil hohe geschweifte *cyma recta*, Leiste, auf Sockel.
HAE 17–20, 2696; A. García y Bellido, El culto de Mithras en España, BolAcadHist 122, 1948, 299 f.

V 3 Taf. 133c
Grabaltar für Antonia Maximilla. Aus Patraix. Nr. 7. Graubrauner Kalkstein, hart, löchrig. H 148. B 65. T 55.
Zylindrische Pulvini, dazwischen der Ansatz aufsteigender Giebelschrägen, auf Höhe der oberen Pulvinusperipherie gekappt. Nur auf der Vorderseite sind die Pulvini durch leichte Einsenkungen mit dem Giebelansatz verbunden. Inschriftfeld ungerahmt. Nebenseiten unverziert. Rückseite als rauhe Fläche belassen. Die Buchstaben D.M der Inschrift werden rechts und links von auswärts gerichteten Palmwedeln flankiert. Als Deckprofil unter der Deckplatte Kehle, Torus, Faszie; als Fußprofil *cyma reversa*, auf Sockel. Auf Rückseite nicht umlaufend. Gesamte Oberseite grob gepickt.
CIL II 6010; Pereira IRV 43 Taf. 30.

V 4 Taf. 133a
Grabaltar. Aus der Nähe von Altea (Prov. Alicante). Nr. 35. Kalkstein, schmutzig braun, adrig, sehr hart. H 70. B 49. T 40.
Pulvini glatt, dazwischen Giebel. Zwischen vorderem und hinterem Giebel kreisrunde erhobene Focusfläche, die mit den Pulvini durch rillenartige Zwischenstücke in Verbindung steht. Die Bekrönung wird durch Platte von der Deckplatte getrennt. Auf der Vorderseite des Altarkörpers karniesgerahmtes Feld (24 × 30). Darin in leicht erhobenem Relief Vogel auf rechteckigem, mit einer Rille gerahmtem Gegenstand, davor hochrechteckiger Gegenstand mit vor dem Schnabel des Tieres zurückwippender Spitze (?). Hinter dem Vogel länglich-runder Gegenstand. Über dem Relieffeld, ungerahmt, eine Inschriftzeile. Die Nebenseiten karniesgerahmt, rechts Omphalosschale, links Omphalosschale. Die Rückseite ist glatt und unverziert. Als Deckprofil unter der Deckplatte *cyma recta*, Faszie; als Fußprofil Faszie, *cyma recta*, Leiste, auf Sockel. Die Profile laufen um die Rückseite herum.
CIL II 3578; F. Fita, BolAcadHist 52, 1908, 375 Abb. auf S. 455.

V 5 Taf. 152c
Grabdenkmal, sog. Aschenurne. Aus Liria. Nr. 6. Weißer, feinkristalliner Marmor. H 73,5. B 45. T 33.
An den vier oberen Ecken Eckakrotere mit Palmettendekor. Gerundeter Giebel, im Giebelfeld mit Schlange kämpfender Adler. Nur die Vorderseite des Altarkörpers trägt Reliefdekor, der um die Kanten umgreift. An den Hörnern übereck stehender Widderköpfe ist eine reichhaltige Fruchtgirlande aufgehängt, die das durch Leiste und Karnies gerahmte Inschriftfeld umgibt. Unter diesem und über der Girlande ein Medusenhaupt. In den Ecken über der Sockelzone links und rechts ruhende Tiere, die zur Ecke hin blicken. Nebenseiten, Rückseite und Oberseite glatt. Keine Deck- und Fußprofile und keine Deckplatte, die Leiste hat eine abteilende Funktion, keine tektonische. Wohl italischer Import.
CIL II 6015; AnuariInstEstCat 4, 1911/12, 337 Nr. 15.

V 6 Taf. 133d
Grabaltar für Caecilia Primitiva. Aus Valencia, gefunden am Anfang der Calle de las Barcas. Nr. 16. Graubrauner, grober Kalkstein. H 94. B noch 39. T noch 40.
An der plattenartigen Bekrönung sind auf der Vorderseite in Relief ein Mittelgiebel und zwei halbgiebelförmige Eckakrotere angedeutet. Inschriftfeld ungerahmt. Auf der rechten Nebenseite *ascia*, linke Nebenseite ohne Dekor. Rückseite grob gepickt. Als Deckprofil unter der Platte breite *cyma recta*, Faszie; als Fußprofil Faszie, breite *cyma recta*, Leiste, auf Sockel. Die Profile sind nur mehr auf der rechten Nebenseite erhalten. Sie liefen auf der Rückseite nicht um.
CIL II 3757; Pereira IRV (1979) Nr. 47 Taf. 32 und Taf. 4,47 (Zeichnung nach Lumiares 312).

V 7 Taf. 135d
Oberer Teil eines flachen Grabaltars (stelenförmig). Aus Játiva. Nr. 4. Gelblich-brauner Sandstein, mittelhart. H noch 68. B 54. T 18.
Zylindrische glatte Pulvini, dazwischen Giebel. Unter der Bekrönung schmale Platte. Inschriftfeld glatt, ungerahmt. Nebenseiten glatt. Rückseite als grobe Fläche gegeben. Als Deckprofil extrem breite *cyma recta*, Faszie, Faszie. Nebenseiten ohne Profile.

CIL II 5979; A. Ventura Conejero, Játiva romana, Serie de Trabajos Varios 42 (1972) 63 Nr. 36 Taf. 7.

V 8
Unterer Teil eines flachen Grabaltars. Aus Játiva. Nr. 2. Grauer Sandstein. H noch 58. B 56. T 14. Zu V 10 gehörig?
Ungerahmtes Inschriftfeld. Nebenseiten glatt. Rückseite grob gepickt. Als Fußprofil Karnies-Wulst-Karnies (die Karniese mit zweimaliger konvexer Wölbung).
CIL II 5981; Ventura Conejero a.O. 65 Nr. 38 Taf. 8.

V 9 Taf. 133e
Grabaltar. Aus Villamarchante. Nr. 27. Gelblich- und dunkelorangebraun gefleckter Kalkstein. H 110. B 50. T 51.
Bekrönung tonnengewölbt, an den vier Ecken Eckakrotere. Die Vorderseite des Altarkörpers umgibt ein leistengefaßter Ornamentstreifen mit zickzackgeführter Weinranke, die abwechselnd Trauben und Blätter entsendet. Darin die karniesgerahmte Inschrift. Nebenseiten glatt, Rückseite glatt. Als Deckprofil unter der Platte Leiste, *cyma recta*, Faszie, *cyma reversa*; als Fußprofil *cyma reversa*, Faszie, *cyma recta*, Leiste, auf Sockel. Profile laufen auch auf der Rückseite um.
CIL II 6008.

V 10 Taf. 136d
Oberer Teil eines Grabaltars. Aus Játiva (?). Nr. 40. Gelblich-brauner Sandstein, mittelhart. H 55. B 48. T 16. Zu V 8 gehörig?
Bekrönung beschädigt, der obere Teil ist abgeschlagen. Reste zweier Giebelvoluten in der Mitte, zu den Seiten rosettenverzierte Pulvini in Volutenleiste. Inschriftfeld ungerahmt. Vielgliedriges kompliziertes Deckprofil, das auf die herkömmlichen Elemente verzichtet. Fußprofil nicht mehr erhalten.
Ventura Conejero a.O. 65 unter Nr. 38; CIL II 5981.

V 11 Taf. 132a
Grabaltar für Marcia Augustina. Aus Valencia, gefunden 1916 am Río Turia. Nr. 23. Brauner grober Kalkstein. H 105. B 58. T 46.
Giebel, vier Eckakrotere. Schmale Deckplatte. Inschrift in leistengerahmtem Feld. Nebenseiten glatt. Rückseite als grobe, behauene Fläche gelassen. Als Deckprofil Leiste, *cyma recta*, Faszie; als Fußprofil Faszie, *cyma recta*, Leiste, auf Sockel.
Pereira IRV (1979) Nr. 59 Taf. 37.

V 12 Taf. 132b
Grabaltar des M. Fonteius Antitheus. Aus Valencia, gefunden 1900 in der Calle de la Paz. Nr. 18. Graubrauner, grober Kalkstein. H 103. B 53,5. T 46.
Giebel mit kreiseinbeschriebener Sechsblattrosette. Zylindrische Pulvini mit Rillenspirale an der Stirn. Hinter dem Giebel und zwischen den Pulvini rauhe Focusfläche. Inschrift in ungerahmtem Feld. Auf der rechten Nebenseite *ascia* besonderer Form; vgl. V 6. Linke Nebenseite glatt. Rückseite als grobe Fläche gegeben. Ganz schmale Deckplatte. Als Deckprofil Leiste, steile *cyma recta*, Leiste, Kehle; als Fußprofil Kehle, Leiste, *cyma recta*, Leiste, Torus, auf Sockel.
Pereira IRV 52 Taf. 34; J. Puig i Cadafalch, L'arquitectura romana a Catalunya (1934) 146 Abb. 178 (Vorderseite).

V 13 Taf. 134a.b
Grabaltar. Nr. 38. Graubrauner löchriger Kalkstein, hart. H 106. B 50. T 41.
In Relief Giebel und Eckakrotere vor die Bekrönungsplatte tretend. Die Akrotere sind auch auf den Nebenseiten angedeutet. Inschriftfeld ungerahmt. Nebenseiten glatt. Rückseite als gepickte Fläche gegeben. Unter der schmalen Deckplatte als Deckprofil kantige steile *cyma recta*, Faszie, als Fußprofil *cyma recta*, Leiste.

V 14 Taf. 136a–c
Fragment von der linken oberen Ecke des Grabaltars der Marcia. Aus Valencia. Weißer feinkristalliner Marmor.
Inschriftfeld ungerahmt. Auf der ungerahmten linken Nebenseite reicher Lorbeerzweig. Volutengiebel vorn mit fünfteiliger Blattrosette. In den Zwickeln Palmettenmotive. In der Mitte eingeschnürte und geschwungene Blattpulvini mit Fünfblattrosetten an der Stirn der Vorderseite. Auf der Rückseite vegetabilischer Dekor in ungerahmtem Feld, der über das hier flache Band der Deckplatte hinwegreicht. Deckprofile auf Vorder- und Nebenseite abgearbeitet. Wohl italischer Import wie V 5.
CIL II 3765; Pereira IRV Nr. 58 Taf. 32.

V 15 Taf. 134c.d
Oberer Teil eines Grabaltars für Fabius Caridianus. Aus Valencia, gefunden in Haus Nr. 7 der Calle Caballeros. Nr. 25. Graubrauner harter Kalkstein. H noch 76. B noch 57. T 44.
Bekrönung abgearbeitet. Barrenförmige Pulvini noch zu erkennen, darunter Deckplatte. Inschriftfeld karnies- und leistengerahmt. Auf der linken (!) Nebenseite Griffschale nach unten; auf der rechten (!) Ne-

benseite Kanne und der von V 12 und V 6 bekannte Gegenstand, wohl *ascia*. Als Deckprofil Leiste, steile, knapp gewölbte *cyma recta*, Faszie.
Pereira IRV 51 Taf. 33.

Valencia, Museo Histórico de la Ciudad[16]

V 16 Taf. 132c.d
Grabaltar für Calventius Mattius. Graubrauner Kalkstein. H 94. B 50. T 50.
Bekrönung auf Vorderseite angedeutet durch Pulvini und Giebel, auf der Oberseite lediglich durch Rille auf rauh gepickter Fläche. Karniesgerahmtes und leistengerahmtes Inschriftfeld. Auf der rechten Nebenseite, flach eingeritzt, Gegenstand wie V 6, V 12 und V 15 (*ascia* der Valentia eigenen Form), ungerahmt. Linke Nebenseite rauh gepickt, undekoriert. Unter der schmalen Deckplatte als Deckprofil Faszie unter *cyma reversa*; als Fußprofil Faszie, *cyma reversa*, auf Sockel. Profile laufen auf der grobgepickten Rückseite nicht um. Abstehendes Karnies und Material ebenso wie die Profilfolge identisch mit V 17.
Pereira IRV 75 Taf. 42.

V 17 Taf. 133b
Grabaltar für Carvilia Marta. Graubrauner Kalkstein, sehr hart. H 111. B 56. T 46.
Auf der Vorderseite der Bekrönung in flachem Relief runde Pulvinusscheiben und Giebel angedeutet, Oberfläche sehr grob gepickt. Ungerahmtes Inschriftfeld. Nebenseiten rauh gelassen, unverziert. Als Deckprofil unter der etwas breiteren Deckplatte *cyma reversa*, Faszie; als Fußprofil Faszie, *cyma reversa*, auf Sockel. Verwandtschaft mit V 16.
Pereira IRV 76 Taf. 43.

Carcagente

V 18
Grabaltar der Fabia. Rosa Marmor von Buixcarró. H 130. B 57. T 52. B gesamt 59. T gesamt 67.
Bekrönung fehlt. Inschriftfeld gerahmt. Vielgliedrige Profilfolgen oben und unten, die einzelnen Elemente sind aufgrund der publizierten Abbildung nicht bestimmbar.
A. Ventura, ArchPrehLev 14, 1975, 236 ff. Taf. 2d; CIL II 3652 und S. 960.

Énova, Kirche, links vom Haupteingang

V 19 Taf. 135e
Grabaltar für den Sklaven Natalis. Rosa Marmor von Buixcarró. H 41. B 28.
Pulvini und Giebel. Inschriftfeld ungerahmt. Als Deckprofil *cyma recta*; als Fußprofil Faszie (?), *cyma recta* (?), Leiste (?), auf Sockel.
A. Ventura, ArchPrehLev 14, 1975, 12 Nr. 65 Taf. 2b.

Ehemals Sagunt. Verschollen

V 20
Grabaltar für Nymphidia Saturnina. Aus Sagunt.
Gerahmte Inschrift mit *ansae*, darüber Deckprofil. Als Bekrönung wohl Pyramidion mit eingeschwungenen Seiten, an dessen unterem Teil noch Pulvini mit Stirnrosetten angebracht waren.
J. Puig i Cadafalch, L'arquitectura romana a Catalunya (1934) 148 Abb. 184; F. Beltrán Lloris, Epigrafía latina de Saguntum y su territorium (1980) Nr. 113 Taf. 38. Vgl. hierzu: F. Rocca, Arse 21 Nr. 16, 1980, 242 f. mit 3 Abb.

PROVINZ ÁLAVA

Vitoria, Museo Provincial de Álava

VI 1 Taf. 40c
Weihaltar für die Nymphen. Aus Araya, gefunden an der Quelle des río Ciraunza. Sandstein. H 68. B 56. T 27.

Flache Bekrönungsplatte mit, wie es zumindest nach der Photoabbildung scheint, in sie einbezogenen Pulvini. Inschriftfeld ungerahmt, Nebenseiten ohne Dekor. Unter der Deckplatte als Deckprofil Leiste, steile *cyma recta*, Faszie; als Fußprofil Faszie, steile *cyma recta*, auf Sockel. Die Profile laufen auch auf der Rück-

---
16 s. auch Pereira IRV.

seite um. Der Altar wurde mit drei weiteren Altären am Fuße einer Felswand bei der Quelle gefunden. Von einem dieser anderen sind die Ausmaße bekannt (H 39. B 21. T 15), von einem zweiten weiß man, daß er sich im Palast der Herren Ajuria in Araya befindet.
C. de Castro, Catálogo Monumental de España. Provincia de Álava (1915) 40f. Abb. o. Nr.; J. C. Elorza, EstArqAlav 2, 1967, 127, 8 Abb. 4; G. Gamer, MM 15, 1974, 241 Nr. 20.

VI 2
Weihaltar. Aus Miñano Mayor (Escombros). Heller poröser Kalkstein.
Heute flache Oberseite mit tief eingeschnittener Vertiefung. Inschriftfeld ungerahmt. Nebenseiten ohne Dekor. Die Profile sind sehr beschädigt. Unter der Deckplatte liegen Wulst und Faszie. Zum Sockel vermittelt eine knappe Schräge.
J. C. Elorza, EstArqAlav 6, 1974, 251 ff. Abb. 5.

Argote (Condado de Treviño)

VI 3 Taf. 40d
Weihaltar für Iupiter und Sol. H 40. B 23. T 20.
Auf der flachen, aber beschädigten Oberseite ist eine rundliche Vertiefung als Focus bezeichnet worden. Keine Deckplatte und Deckprofil. Inschriftfeld ungerahmt, Nebenseiten ohne Dekor. Über dem Sockel verläuft ein relativ breiter, abgeschrägter Streifen.
J. C. Elorza, EstArqAlav 6, 1974, 247 Abb. 1.

Cabriana (Álava), römische Villa

VI 4
Kleiner Altar für die Nymphen. Sandstein. H 65. B 40.
In die Deckplatte eingetiefter Focus, keine Pulvini. Inschriftfeld ungerahmt, Nebenseiten ohne Dekor. Unter der Deckplatte als Deckprofil Faszie, *cyma reversa* (?) mit starkem Wulst; als Fußprofil Wulst. Sockel vorspringend abgesetzt. Der Altar ist von auffallend niedrigen und breiten Proportionen.
Vom selben Fundplatz stammen zwei weitere Altäre, die ebenfalls Wassergottheiten geweiht sind; J. C. Elorza, EstArqAlav 2, 1967, 134f. Nr. 19. 20; ders., EstArqAlav 6, 1974, 250f. Abb. 3. Der Altar mit der Inschrift »Nynph(is) bonis et locos« ist abgebildet bei J. M. Solana Sainz, Autrigonia romana (1978) Abb. 60 (Privatbesitz Ajuria in Araya).

PROVINZ ZAMORA

Rosinos de Vidriales, Ermita de Sta. María del Campo

ZA 1 Taf. 52d
Altar des M. Sellius Honoratus, eines Präfekten der Ala II Flavia Hispanorum C. R., für Hercules. Aus Rosinos de Vidriales. Sandstein. H noch 62. B 30,5. T 17.
Pulvini, Giebel (?), Focus (?), beschädigt. Hohe Deckplatte auf der Vorderseite von der Bekrönung nicht abgesetzt, darauf zwei senkrechte Zweige. Ablaufwulst. Der Altar verzichtet in bemerkenswerter Weise auf Profile, bei ausführlicher und ganz gut geschriebener Inschrift. Der Präfekt (*praefectus equitum*) weihte Hercules einen Tempel, den er von den Fundamenten an errichtete.
M. Vigil, ArchEspArq 34, 1961, 104 ff. Abb. 1.

Verzeichnisse

WEIHUNGEN

Abna   DL 8
Aernus   TAD 9.13
Antiscreus   MI 3
Aphrodite   CO 14
Apollo   B 55; CC 34; LE 1; T 4
Aponianicus Poliscinius   ES 10
Aracus Aranius Niceus   ES 13
Arantius Tanginiciaecus   BEB 2
Arbori Sanctae   SE 36
Arentia   BEB 3; CC 16.17
Arentius   BEB 3.22
Arentius Amrunaecus   CC 16.17
Arentius Cromisensis   BEB 18
Aro   BEA 6
Arpaniceus   BA 14
Artemis   CO 13
Athena   CO 14
Augusti   LU 5

Banda Velugus Toiraecus   DL 7
Bandis Tatibeaicus   BEA 1
Bandoga   BEA 8
Bandua Boleccus   LU 28
Belona   CC 31

Cabuniaeginus   S 2
Caepus   BEA 9
Caldus (?)   LO 8
Cohvetena   LU 12
Coronus   MI 4
Cossuenidoiedius   LE 13
Cosus   C 7

Sancta Crastena   CC 19
Cuhvetena Berralogecus   LU 11
Cusus Neneoecus   DL 9a

Deana   OR 3
Dercetius   LO 5
Diana   ALG 14; B 56 (?); ES 4; LE 3
Sancta Diana   OR 11
Dibus Deabus   B 32−39
Dii Deaeque Coniumbricensium   BEA 4
Dis Deabusque   LE 10

Ebaroni   CC 3
Endovellicus   ALA 25−39.43.45−53
Deo Sancto Endovellico   ALA 44
Epana   P 6
Epona   BU 6
Erudinus   S 1

Flavia Conimbrica und ihre Laren   BEL 15
Fortuna   BEL 12; BU 14; C 5; LE 2; LO 6; SO 16
Fortuna Balnearis   O 3

Genius Baselecae   BEL 5
Genius Depenoris   BEA 2
Genius der Legio VII Gemina Felix   LE 4
Genius Municipii   CA 6
Genius Tiauranceaicus   MI 12

Helios   CO 14
Hercules   CU 3; TO 1
Hercules Augustus   SE 24

Igaedus   BEB 6
Ilurbeda   BEL 23; SA 2
Isis Domina   ES 30
Issibaeus   BEL 20
Iuno Regina   LE 11
Iupiter   B 29; BA 7.10 (?); BU 11.12.19.22; C 6; CC 20.39; DL 5; LO 1; LU 1−3; MU 1.2; NA 1.2.7.19; O 5; OR 1.10.20.28.31; S 3; SA 1; SO 1.9.11.12.15.17; TAD 1.2.14; VI 3
Iupiter Assaecus   ES 11
Iupiter Depulsor   TAD 10
Iupiter Liberator   TO 8
Iupiter Optimus Maximus   ALA 8.21; BAA 10; BEB 1.7; CC 21.30.32 (?); DL 9b; GU 1; J 6; LE 11; OR 2.30; TAD 13a
Iupiter Solutorius   TO 11
Ivilia   BI 1

Lacubegis   NA 18
Lahus Paraliomegus   LU 6
Lares   CC 35.38; MI 8; SE 29
Lares Cairie(n)ses   BEB 4
Lares Cerenaeci   DL 10
Lares Patrii   BEL 14
Lares Tarmucenbaeci Oeceaeci   TAD 8
Lares Viales   BU 3; LU 4.5.23.24.26.27; OR 15
Lari Patrio   DL 1
Lexi   L 4
Liber Pater   BEB 17; BEL 13; ES 9; EML 4
Losa   NA 11.26
Loxa   NA 3
Lucius Verus   C 3
Lucoubus Arquienis   C 5a
Lugoves   SO 18
Lugubus Arquienobus   LU 30

Macari   MI 13
Mandiceus   ES 26
Marcus Aurelius   C 2
Mars   ALA 20; BEB 21; NA 14; SO 10
Mater Deum   ALA 10; BA 65
Mater Deum Magna   ES 12
Magna Mater (?)   NA 17
Matres   BU 4.9.10; SO 13
Matres Aufaniae   SE 31

Mercurius   ES 5; LO 2; LU 25; PO 15
Minerva   B 54; T 6
Minerva Regina   LE 11
Mithras   BA 54.55; V 2
Munis   BEB 23

Nabia   BEB 25
Navia   LU 31
Navia Arconunieca   LU 29
Neptunus   C 4
Nimmedo Seddiago   O 2
Numen Augusti   T 1
Numen Sanctae Augustae Nemeseōs   T 14
Nymphae   BU 23; CC 9−14; L 5; MI 5.7; NA 10; OR 4.5.12.14; P 4; VI 1.4
Nymphae Lupianae   MI 6

Ocaera   MI 1
Ocrimira   ALA 11
Ordaeci   SO 14

Peremusta   NA 15.27
Picius   BEA 5
Poemana   LU 13

Rannelpicius   ALA 58
Rego   LU 10
Religioni Cynegioli   B 14
Reva Langanitaecus   BEB 26

Salus   ALA 15; CC 5.6.36
Selatse   NA 4−6
Silvanus   CO 16; CU 2; LO 7
Di Silvani   B 42
Sol   NA 9; TAD 11; VI 3
Sol Invictus   NA 16

Tabudicus   BEL 10
Tameobrigus   DL 9
Tillenus   OR 33
Toga   ALA 12
Torolus   OR 27
Trebaruna   BEB 5.28
Deo Tritiaecio   CC 33
Tueraeus   DL 6
Dea Sancta Turibrigensis   BA 58; CC 18

Tutela   OR 19
Tutela Tiriensis   TAD 12

Velonsa   NA 25
Venus   BAA 14
Venus Victrix   BA 64

Verora   LU 7.9
Vestio Alonieco   PO 8−10
Victoria   BEB 27
Virrora Viliaegus   LU 8
Vurovio   BU 16

Zeus Serapis   LE 5

FUNDORTE

Weihaltäre

Aday   LU 25
Aibar   NA 1
Alenquer   ES 14
Alvarelhos   DL 11
Aramenha   ALA 11
Aranga   C 6
Araya   VI 1
Arcos   LU 4
Arcos de la Frontera   CA 6
Arcucelos   OR 32
Arellano   NA 2
Argote   VI 3
Arguiñáriz   NA 3
Arlanza   LE 12
Artíes   L 3
Astorga   LE 10
Azaila   TE 1
Azután   TO 11

Baltar   OR 17
Baños de Montemayor   CC 5−14
Barbarín   NA 4−6
Barcelona   B 3.4.14.29.32−42
Barcina de los Montes   BU 15.16; NA 25
Barretos   ALA 12
Beiriz   DL 3
Beja   BAA 15.18
Belesar   LU 26
Belmeque   BAA 17

Belo   CA 10.11
Benifayó   V 2
Boliqueime   ALG 21
Boñar   LE 2
Brandomil   C 10
Britiande   TAD 1
Buriz   LU 27

Cabenca   OR 2
Cabriana   VI 4
Caldas de Monchique   ALG 9
Caldas de Montbuy   B 54.55
Campillo de Llerena   BA 7
Campo dos Pinheiros   MI 4
Carmona   SE 31
Cartagena   MU 7
Castelo de S. Nicolau   DL 6.7
Castillo de Piedrabuena   CC 4
Castillones   LU 23
Castro Daire   BEA 6
Castro de Avelãs   TAD 13
Castro de Fiães   DL 5
Castro del Picato   LU 31
Castro de Monte Redondo   MI 3
Castro de San Antonio   OR 16
Castro de Santo Tomé   OR 19
Castro do Mau Vizinho   BEA 2.8
Castro Liboreiro   PO 11
Cavernães   BEA 3

Cehegín   MU 1.2
Cenlle   OR 20
Cerro de los Santos   MU 9
Chaves   TAD 2.4.6
Ciudad Rodrigo   SA 1
Clunia   BU 3–5.17.19; SO 1–11
Coimbra   BEL 5
Condado   OR 21
Condeixa-a-Velha   BEL 11–13.15
Córdoba   CO 10–14
Coria   CC 3.16.17
Covarrubias   BU 9.10.22
Covas dos Ladrões   BEL 23
Cuntis   PO 5
Curbián   LU 28

Donón   PO 16–27
Duratón   SG 1–3

Eiras   OR 22
El Charcazo   AV 1
El Sauzar   CC 32
Ervedal   ALA 22
Escalos de Cima   BEB 1
Eslava   NA 7.8.27
Esmolfe   BEA 7
Estorãos   MI 12

Forua   BI 1
Fuentes Tamaricas   P 3
Fundão   BEB 28

Granginha   TAD 8
Grava   PO 6
Guimarães   MI 5
Güín   OR 1

Herguijuela   CC 18–21
Herramélluri   LO 6
Hontangas   BU 18

Ibahernando   CC 1
Ibañeta   NA 9
Idanha-a-Nova   BEB 6
Idanha-a-Velha   BEB 5a.27.30
Itálica   SE 29

Javier   NA 22

La Codosera   BA 14
La Guardia de Jaén   J 6
Lamego   TAD 11
La Mezquita   OR 11
Lancia   LE 1
Lara de los Infantes   BU 6–8
Lardosa   BEB 5
Layoso   OR 31
Leire   NA 10
León   LE 3.4
Lerate   NA 11.26
Lés   L 4.5
Liédena   Na 12
Limia   OR 34
Liñarán   LU 30
Lisboa   ES 4.5.9.12.30
Lisouros   MI 13
Louredo   OR 3
Lourizán   PO 8.9.10
Louza   BEB 7
Lugo   LU 1–3.5–10.13.14

Madre de Deus   ES 26
Malta   TAD 9
Manique de Baixo   ES 13
Marecos   DL 2
Mateus   TAD 14
Medelim   BEB 26
Mérens   OR 23
Mérida   BA 64.65
Mezquita   TAD 15
Miñano Mayor   VI 2
Miranda do Corvo   BEL 20
Mixós   OR 24
Moimenta   PO 4
Monasterio de Rodilla   BU 14
Monsanto   BEB 17.22.23
Montalvão   ALA 24
Monteagudo   NA 14
Monte Bernorio   P 6
Monte Cilda   S 2.3
Montehermoso   CC 23
Monte Mòsinho   DL 1

Monte Real   BEL 22
Mortágua   BEL 14
Mulva   SE 34a
Murillo de Río Leza   LO 2
Murtede   BEL 10

Navaconcejo   CC 24.25
Nieva de Cameros   LO 7
Ninho do Açor   BEB 3
Noceda del Bierzo   LE 13
Numão   BEA 4

Oliveiro do Hospital   BEA 5
Orense   OR 4.8.13
Orgaz   TO 1
Osa de la Vega   CU 2
Osuna   SE 36
Otero de Rey   C 5a

Panjón   PO 15
Pardais   ALA 15
Parga   LU 24
Pías   OR 27
Pico Dobra   S 1
Pisões   BAA 9
Poço de Côrtes   ES 10.11
Ponte de Ponsul   BEB 21
Porto Son   PO 3
Postoloboso   AV 2−12
Poza de la Sal   BU 11.20
Priaranza de la Valduerna   LE 9
Pumarín   O 3

Queiriz   BEA 1
Quinta da Nave   BEB 4
Quinta de Pascoais   DL 9b
Quinta de S. Domingos   BEA 9
Quinta de S. Simão   DL 9a
Quintanilla de Somoza   LE 5
Quintanilla Somuño   BU 23

Ranera de los Montes   NA 24
Rasillo de Cameros   LO 1.8
Rasines   S 4
Requeixo   PO 12
Robledillo de Gata   CC 30

Rocaforte   NA 15
Roqueiro   BEB 25
Rosmaninhal   BEB 2

Sada   C 7
Saldanha   TAD 10
Salir   ALG 23
S. Andrés   LO 5
S. Cristina de S. Román   LU 29
S. Cruz de Loyo   LU 11
S. Esteban de Ambía   OR 14
S. João de Ponte   MI 7
S. João do Campo   MI 1
S. Juan de Baños de Bande   OR 5
S. Juan de Crespos   OR 28
S. Juan de Vilatorrada   B 56
S. Margarida do Sado   ALA 8
S. Mariña de Fontefría   OR 15
S. Marta de Magasca   CC 31
S. Martín de Ampurias   GE 3
S. Martín de Unx   NA 16.17
S. Martínho de Campo   DL 8
S. Miguel da Mota   ALA 25−56
S. Miguel de Canedo   OR 6
S. Pelagio de Bóveda   OR 12
S. Román de Cervantes   LU 32
Santervás del Burgo   SO 12
Sasamón   BU 12
Segobriga   CU 1
Segoyuela de los Cornejos   SA 2
Semelhe   MI 9
Senhora dos Mártires   ALA 10
Serrapio   O 5
Serros Altos   ALG 22
Sevilla   CO 16
Silves   ALG 14
Soandres   C 8

Tàgilde   MI 6
Talavera de la Reina   TO 8.9
Tapada dos Paianes   ALA 23
Tarragona   T 1−14.71.83.91
Torre de Palma   ALA 20
Torre de Pinhão   TAD 12
Torremenga   CC 33

Torres d'Oeste   PO 7
Trás Minas   TAD 7
Trasparga   LU 12
Três-Minas   TAD 13b
Trigueros   H 3
Tuias   DL 10
Tuy   PO 1

Ujo   O 1.2
Ujué   NA 18.19
Uxama   SO 15.16.18

Valdejeña   SO 14
Valdelacasa   CC 2
Valencia de Alcántara   CC 34−40
Várzea do Douro   DL 9
Verín   OR 35

Viana   NA 28
Vilamartín de Valdeorras   OR 7
Vilanova de Trives   OR 10.30
Vila Pouca d'Aguiar   TAD 13a
Vilar de Mó   ALA 58
Vilarelho da Raia   TAD 3
Vila Viçosa   ALA 26.37
Villabermudo   P 4
Villa-Boa   DL 12
Villagarcía   PO 2
Villalís   LE 6−8
Viloria   OR 33

Yanguas   SO 13.17

Zebras   BEB 18
Zorita   CC 41

Grabaltäre

Aigueta   GE 4 (?)
Alcalá del Río   SE 2.15 (?)
Alcanadre   LO 4
Alcolea del Río   SE 30
Alentisca de Caia   ALA 9
Altea   V 4
Arraiolos   ALA 2
Astorga   LE 14
Avis   ALA 19

Baelo   CA 8
Barcelona   B 1.5−11.13.15.30.31.43−45
Beja   BAA 2.4
Bencatel   ALA 17
Braga   MI 10.11

Cádiz   CA 1.3
Cambrils   T 85
Campolugar   CC 15
Can Pons   L 1
Caparra   CC 26.27
Carboneras de Guadazaón   CU 5
Carcabuey   CO 6
Carcagente   V 18
Carmona   SE 33

Cartagena   MU 3
Clunia   BU 1.2
Coimbra   BEL 1−4
Conimbriga   BEL 17.18
Córdoba   CO 1.2.4.7.8
Cortes Pereiras   ALG 20
Cortijo de Albalá   CA 4
Cruzinha   ALG 17

Écija   B 52
Énova   V 19
Eslava   NA 21
Esparragalejo   BA 24
Évora   ALA 1.3.5

Faro   ALG 1.15
Forniellu   O 6
Forua   BI 2
Fronteira   ALA 18
Fuentes del Mestre   BA 14a

Gallipienzo   NA 20

Holguera   CC 22

Itálica   SE 8

Jaén   J 1.2
Játiva   V 7.8.10
Javier   NA 23
Jerez de los Caballeros   BA 13

Lagos   ALG 11
Las Burgas   OR 9
Lisboa   ES 31.32.33
Llerena   BA 4
Lugo   LU 15–22
Lupiana   GU 1

Marañón   NA 13
Martos   J 9
Medina Sidonia   CA 13
Mérida   B 51; BA 12.17.21.23.26.27.35.36. 38–45.49.50.63.65a.b.66–69; CC 28.29; SE 4.6.9
Mértola   BAA 16
Mesas de Asta   CA 12

Odrinhas   ES 16.17.25

Palencia   P 1
Patraix   V 3

Quinta de S. Margarida   ALA 16

Rosinos de Vidriales   ZA 1

Sagunto   V 20
Saldaña   P 5
S. Luzia   ALG 18
S. Mamede de Janas   ES 7

S. Margarida do Sado   ALA 6
S. Marinha do Zézere   DL 4
S. Miguel da Mota   ALA 57
S. Romão   ALG 16
S. Sebastião do Freixo   BEL 21
Santarém   RI 2.3
Senhora de Aires   ALA 13.14
Sevilla   SE 14.16.18–20
Silves   ALG 12.13
Solsona   L 2

Talavera de la Reina   TO 4–6
Tarragona   B 50; T 36–63.64 (?).65–68.72–82. 86–89.92–95
Tocina   SE 1
Toledo   TO 2
Torrearévalo   SO 20
Trigaches   BAA 8
Tróia   ES 6.8

Val de Aguilhão   BAA 6
Vale de Vargo   BAA 5
Valencia   V 6.11.12.14.15
Vigo   PO 15a
Villafranca de los Barros   SE 10.12
Villamarchante   V 9
Villamartín   CA 2
Villarasa   SE 3

Zambujal   BAA 1
Zambujeira   BAA 12

AUFBEWAHRUNGSORTE

Aitamarren bei Cegama   SS 1
Alcácer do Sal, Museu   BAA 10. BAA 11
Alcains, Castelo Branco, Privatbesitz   BEB 6
Alcolea del Río, Slg. Conde de Villacreces   SE 30
Ambía, Kirche Santa Eufemia   OR 14
Ameixoeira, Ponte da Póvoa   ES 15

Amoeiro, Capilla de San Xiao de Fontefría   OR 15
Ampurias, La Escala, Museo Monográfico   GE 2. GE 3
Aranga, Casa Rectoral   C 6
Arcos de la Frontera, Privatbesitz   CA 4. CA 5
– Kathedrale, Treppe   CA 6

Argote (Condado de Treviño)   VI 3
Astorga, Museo de los Caminos   LE 9 – LE 15
Ávila, Museo Prov. de Bellas Artes (heute Museo de Ávila)   AV 1

Badajoz, Slg. Calzadilla   BA 12. BA 13
– MA   BA 1 – BA 11
Badalona, Museo Municipal   B 53
Bairral, Kirche   TAD 1
Baltar, Capilla de la Asunción   OR 16. OR 17
Bande, Santa Comba   OR 18
Baños de Montemayor, Balneario   CC 5 – CC 14
Barbate, Privatbesitz   CA 7
Barcelona, MHC   B 1 – B 28
– MA   B 29 – B 52. MU 8
Barcina de los Montes (Bureba), Kirche   BU 15. BU 16
Beja, Museu Regional   BAA 1 – BAA 9
Belesar (Chantada), Kirche   LU 26
Bolonia   CA 8 – CA 11
Borba (Alto Alentejo, Slg. Bustorff Silva)   TAD 11
Braga, Privatbesitz   MI 1
Burgos, MAP (heute Museo de Burgos)   BU 1 – BU 13
– Orden de Predicadores Descalzos   B 14
Buriz, Trasparga   LU 27

Cabriana (Álava)   VI 4
Cáceres, Museo Provincial (heute Museo de Cáceres)   CC 1 – CC 3
– Slg. C. Sánchez Torres   CC 4
Cádiz, MA (heute Museo de Cádiz)   CA 1 – CA 3
Caldas de Monchique, Museu   ALG 9. ALG 10
Caldas de Montbuy, Thermen   B 54. B 55
Campolugar   CC 15
Candeleda, Slg. Torroba   AV 2 – AV 12
Carcagente   V 18
Carmona, Museo y Necrópolis Romana   SE 31 – SE 33
Cartagena, Museo Arqueológico Municipal   MU 3 – MU 6
Cascais, Instituto Missionário Salesiano   ES 13

Castelo Branco, Museu de Francisco Tavares   BEB 1 – BEB 5b
Castro de Santo Tomé, San Bernabé de Tibiás   OR 19
Castulo, Villa Urbana del Olivar   J 11
Cenlle, Kirche Santiago de Trasariz   OR 20
Chaves, Museu Municipal   TAD 2 – TAD 8
Chevening, Kent   T 86 – T 89
Ciudad Rodrigo   SA 1
La Codosera, Slg. R. Pérez Muñoz   BA 14
Coimbra, Museu Machado do Castro   BEL 1 – BEL 9
– Museu do Instituto de Arqueologia   BEL 10
Comillas (Santander), Slg. Marqués de C.   P 6. BU 23
Condado, Kirche Santa María   OR 21
Conimbriga, Museu Monográfico   BEL 11 – BEL 19
Córdoba, MAP   CO 1 – CO 20
Coria, Finca A. García Estévez   CC 16. CC 17
La Coruña, Museo Histórico Arqueológico   C 1
– Kirche Santiago   C 2 – C 5
– Museo (Provincial) de Bellas Artes   C 5a
Coruña del Conde, Ermita de Castro   BU 17
Cuenca, Museo Provincial (heute Museo de Cuenca)   CU 1 – CU 6
Curbián (Palas de Rey), Casa Rectoral   LU 28
Donón, Garita del Castro de Donón   PO 27

Écija, Museo Parroquial   SE 34
Eiras   OR 22
Elche, Museo Monográfico de la Alcudia   A 1 – A 7
– Museo Arqueológico Municipal   A 8 – A 10
Elvas, Museu Arqueológico   ALA 9
Énova, Kirche   V 19
Ermita de San Pelayo   LO 7
Escalos de Cima, Privatbesitz   BEB 7
Estremoz, Senhora dos Mártires   ALA 10
Évora, Museu Regional   ALA 1 – ALA 8. BAA 15. ES 31 – ES 33

Faro, Museu   ALG 1 – ALG 8
Figueira da Foz, Museu Municipal   BEB 18

Figueras, Museo del Ampurdán   GE 4
Forua, Kirche San Martín   BI 1
– Ermita Santisima Trinidad   BI 2
Fraga   HU 2
Fuentes del Maestre, Mauer der Pfarrkirche   BA 14a

Gerona, MAP (heute MA)   GE 1
Guimarães, Museu de Martins Sarmento   DL 8 – DL 9b. MI 3 – MI 11. TAD 12 – TAD 13b.
Guntín   LU 29

Herguijuela, Slg. F. García Barroso   CC 18 – CC 21
Herrainélluri, Slg. Granado Azpeitia   LO 6
Holguera   CC 22
Hontangas, Roa de Duero   BU 18
Huelva, Museo Provincial (heute Museo de Huelva)   H 1
Huesca, Museo Provincial (heute Museo de Huesca)   HU 1

Idanha-a-Velha, Museu de S. Dâmaso   BEB 8 – BEB 17

Jaén, Museo Provincial (heute Museo de Jaén)   J 1 – J 8
Jerez de la Frontera, Museo Arqueológico Municipal   CA 12
Jove, bei Gijón, Chalet Castillo-Díaz   O 3

Labra, bei Cangas de Onís, Palacio   O 4
Lagos, Museu Regional   ALG 11 – ALG 14
Leiria, Paço Episcopal, Privatbesitz   BEL 20
León, MAP   LE 1 – LE 5
– Real Colegiata de San Isidoro   LE 6 – LE 8
Liñarán (Sober), Kirche San Martín   LU 30
Lisboa, MNAE   ALA 16 – ALA 57. ALG 15 – ALG 23. BAA 16 – BAA 18. BEA 7 – BEA 9. BEB 19 – BEB 30. BEL 22. DL 10 – DL 12. ES 6 – ES 8. ES 25. MI 12. MI 13. TAD 14 – TAD 16
– Museu do Carmo   BEA 6. ES 1 – ES 3
– Museu do Castelo de S. Jorge   ES 4. ES 5
– Museu dos Serviços Geológicos   BEL 23
– Palácio de Galveias   ES 9 – ES 11
– Travessa do Almada   ES 12

Logroño, Museo Provincial (heute Museo de La Rioja)   LO 1 – LO 4
Lugo, Museo Provincial   LU 1 – LU 24
– Museo Diocesano   LU 25
Lupiana, Privatbesitz   GU 1

Mação (Beira Baixa), Museu Municipal   ALA 58
Madrid, MAN   BA 64 – BA 65b. J 10. MU 7
Malta, Kirche   TAD 9
Manresa, Museo Municipal (heute Museo Comarcal de Manresa)   B 56
Martos, Colegio de San Antonio de Padua   J 9
Marvão, Museu Municipal   ALA 11. ALA 12
Mataró, Museo Municipal (heute Museo Comarcal del Maresme)   B 57
Medina Sidonia, Sta. María la Mayor   CA 13
Mérens, Cortegada de Miño, Bodega am Rande der Carretera   OR 23
Mérida, MA (heute Museo Nacional de Arte Romano)   BA 15 – BA 59. BA 69
– Plaza de Sta. Eulalia   BA 60 – BA 62
– Finca de »San Cristóbal«   BA 63
– Römisches Theater   BA 63a. BA 63b
Milagros, Privatbesitz Vela Zanetti   BU 19
Mixós, bei Verín, Kirche Santa María   OR 24. OR 25
Mohedas de la Jara   TO 3
Montehermoso, Slg. J. A. Pérez Blázquez   CC 23
Moreda de Álava   NA 28
Moura, Museu de Moura   BAA 12. BAA 13
Mulva, Grabung Munigua   SE 34a
Murcia, MAP (heute Museo de Murcia)   MU 1. MU 2

Navaconcejo   CC 24. CC 25
Numão, Vila Nova de Foz Côa, Kirche   BEA 4
Odrinhas, MA de S. Miguel de Odrinhas   ES 16 – ES 24. ES 26
Orense, MAP (heute Museo Provincial)   OR 1 – OR 12
– Museo Catedralicio   OR 13
Osuna, MA   SE 35. SE 36
Oviedo, MAP   O 1. O 2

Palencia, MAP (heute Museo de Palencia)   P 1 – P 4
Pamplona, Museo de Navarra   NA 1 – NA 26
Penafiel, Museu de Sobral Mendes   DL 1. DL 2
Peñaflor, Ntra. Sra. de Villadiego   SE 37
Pías   OR 26
– Capilla de S. Pedro   OR 27
Plasencia, Slg. Duque de Arión   CC 26 – CC 29
Pontevedra, Museo de Pontevedra   PO 1 – PO 14
Póvoa de Varzim, Museu Etnográfico Municipal   DL 3
Poza de la Sal, Pfarrkirche   BU 20

Quinta do Bravo, Alenquer   ES 14

Reguengo do Fetal. Residência paroquial   BEL 21
Renieblas, Kirche   SO 19
Reus, Museo Municipal   T 84. T 85
Río Tinto, Minas de Río Tinto, Museo   H 2
Robledillo de Gata, Kirche   CC 30
Rosinos de Vidriales, Ermita de Sta. María del Campo   ZA 1

Sada, San Martín de Meirás, Kirche   C 7
Saldanha, Conc. Mogadouro   TAD 10
Saldaña, Privatbesitz J. Cortés   P 5
S. Gião/Nazaré, Basilika   ES 27. ES 28
San Martín de Montedemeda   LU 31
San Martín de Valongo, Privatbesitz   OR 28
San Millán de Yuso, San Millán de la Cogolla, Monasterio   LO 5
San Pedro de Reádegos   OR 29
San Román, Slg. Antonio García   LU 32
Santa Marta de Magasca, Finca Pascualete   CC 31
Santander, Museo Provincial de Prehistoria y Arqueología   S 1 – S 4
Santarém, Museu Municipal   RI 1 – RI 3
Santiago de Compostela, Museo Catedralicio   C 8 – C 11
Santiago do Cacém, Museu Câmara Municipal   BAA 14

Santiponce (Itálica), MA de Itálica   SA 38 – SE 41
Santo Domingo de Silos (Burgos), Museo Arqueológico y de Historia Natural   BA 68
S. Tomé de Covelas, Privatbesitz   DL 4
El Sauzar   CC 32
Segovia, MA (heute Museo de Segovia)   SG 1 – SG 3
Segoyuela de los Cornejos, Kirche   SA 2
Serrapio (Aller), Kirche San Vicente   O 5. O 6
Sevilla, MAP   H 3. SE 1 – SE 29
Solsona, Museo Diocesano y Comarcal   L 1. L 2
Soria, Museo Numantino   SO 1 – SO 17
– San Juán de Duero   SO 18

Talavera de la Reina, Slg. Jiménez de la Llave   TO 4 – TO 7
– Museo de Céramica   TO 8 – TO 10
– Calle Corredera 10   TO 11
Tarragona, MAP (heute Museu Nacional Arqueològic)   T 1 – T 70
– Museo y Necrópolis Paleocristianos   T 71 – T 80
– Calle Escribanías Viejas 6   T 81. T 82
– Privatbesitz   T 83
Teruel, MAP (heute Museo de Teruel)   TE 1
Toledo, Museo de Santa Cruz   TO 1. TO 2
Torrearévalo, Kirche   SO 20
Torremenga (Plasencia)   CC 33
Torres Vedras, Quinta da Boa Água   ES 29

Valencia, Museo Provincial de Bellas Artes   V 1 – V 15
– Museo Histórico de la Ciudad   V 16. V 17
Valencia de Alcántara   CC 34 – CC 37. CC 40
– Casa Gonzalo Muñoz   CC 38. CC 39
Vejer de la Frontera   CA 14
Vendrell, Museo Municipal   T 96
Viana do Alentejo, Senhora de Aires   ALA 13. ALA 14
Vich, Museo Arqueológico Artístico Episcopal   B 58. BA 66. BA 67
Vigo, Pazo-Museo Municipal   PO 15 – PO 26
Vila de Feira, Castelo   DL 5 – DL 7

Vilafranca del Panadés, Museo de Vilafranca
B 59
Vilanova de Trives   OR 30
Vilar de Santos, Xinxo de Limia   OR 31
Vila Viçosa, Museu do Castelo   ALA 15
Viloria   OR 33
Villanueva y Geltrú, Privatbesitz   T 90
Villaza, Privatbesitz   OR 32

Viseu, Museu Etnológico   BEA 1. BEA 2
– Museu de Grão-Vasco   BEA 3
Vitoria, Museo Provincial de Arqueología
VI 1. VI 2

Yecla, Colección de Arqueología (heute Museo Arqueológico Municipal)   MU 9

Zorita, Dehesa Boyal   CC 41

KONKORDANZLISTEN

AE
1910, 1   LE 7
1910, 4   LE 6
1911, 92   NA 6
1911, 93   NA 5
1914, 21   SO 16
1934, 21   ALA 23
1936, 104 ALA 43
1936, 105 ALA 40
1946, 13   TO 8
1946, 195 BA 39
1951, 280 NA 1
1951, 281 NA 2
1951, 282 NA 7
1952, 108 BA 45
1959, 112 BEL 5

Alföldy, Inschriften Tarraco
Nr. 19   T 3
Nr. 20   T 4
Nr. 28   T 10
Nr. 29   T 71
Nr. 32   T 11
Nr. 37   T 8
Nr. 39   T 5
Nr. 41   T 6
Nr. 43   T 83
Nr. 45   T 12

Nr. 46   T 14
Nr. 48   T 1
Nr. 49   T 9
Nr. 54   T 7
Nr. 60   T 91
Nr. 62   T 13
Nr. 160   T 2
Nr. 176   T 86
Nr. 179   B 50
Nr. 185   T 56
Nr. 204   T 59
Nr. 229   T 87
Nr. 238   T 40
Nr. 239   T 63
Nr. 243   T 38
Nr. 370   T 57
Nr. 371   T 42
Nr. 373   T 52
Nr. 395   T 47
Nr. 407   T 39
Nr. 410   T 88
Nr. 419   T 82
Nr. 420   T 75
Nr. 428   T 44
Nr. 445   T 89
Nr. 447   T 76
Nr. 501   T 72
Nr. 506   T 65
Nr. 510   T 48

Nr. 532	T 41		CIL II	
Nr. 540	T 58		Nr. 4	ALG 1
Nr. 557	T 81		Nr. 32	ALA 8
Nr. 558	T 94		Nr. 33	ES 30
Nr. 564	T 78		Nr. 38	ALA 6
Nr. 567	T 61		Nr. 71	BAA 15
Nr. 569	T 73		Nr. 88	ALA 13
Nr. 571	T 46		Nr. 89	ALA 14
Nr. 572	T 62		Nr. 111	ALA 5
Nr. 581	T 53		Nr. 130	ALA 26
Nr. 603	T 64		Nr. 142	ALA 37
Nr. 607	T 92		Nr. 205	ES 32
Nr. 612	T 54		Nr. 323	ES 16
Nr. 616	T 79		Nr. 337	BEL 22
Nr. 619	T 93		Nr. 378	BEL 3
Nr. 621	T 55		Nr. 470	BA 64
Nr. 629	T 74		Nr. 491	BA 41
Nr. 632	T 77		Nr. 496	BA 65a
Nr. 650	T 51		Nr. 497	BA 44
Nr. 654	T 36		Nr. 501	CC 29
Nr. 670	T 95		Nr. 505	BA 42
Nr. 673	T 50		Nr. 516	BA 28
Nr. 678	T 43		Nr. 522	BA 27
Nr. 692	T 37		Nr. 523	BA 26
Nr. 903	T 60		Nr. 537	SE 9
Nr. 905	T 85		Nr. 564	LE 2
Nr. 910	T 49		Nr. 573	BA 37
Nr. 932	T 90		Nr. 577	BA 66
			Nr. 580	BA 51
			Nr. 590	BA 24
			Nr. 831	CC 26
Aras de Donón			Nr. 837	CC 27
Nr. 1	PO 16		Nr. 860	SA 1
Nr. 4	PO 17		Nr. 897	TO 4
Nr. 5	PO 18		Nr. 901	TO 5
Nr. 6	PO 19		Nr. 918	TO 6
Nr. 7	PO 20		Nr. 951	H 3
Nr. 8	PO 21		Nr. 1038	BA 4
Nr. 9	PO 22		Nr. 1088	SE 2
Nr. 10	PO 23		Nr. 1099	SE 13
Nr. 11	PO 24		Nr. 1189	SE 21
Nr. 12	PO 25		Nr. 1198	SE 5
Nr. 13	PO 26		Nr. 1203	SE 19
S. 78	PO 27		Nr. 1238	SE 14

Nr. 1246	SE 16	Nr. 3765	V 14
Nr. 1248	SE 18	Nr. 4078	T 11
Nr. 1265	SE 1	Nr. 4082	T 8
Nr. 1269	SE 3	Nr. 4144	T 56
Nr. 1313	CA 13	Nr. 4146	T 86
Nr. 1362	CA 6	Nr. 4151	B 50
Nr. 1382	SE 33	Nr. 4170	T 60
Nr. 1495	B 52	Nr. 4173	T 57
Nr. 1653	CO 6	Nr. 4179	T 87
Nr. 1843	CA 1	Nr. 4187	T 40
Nr. 2212	CO 17	Nr. 4288	T 39
Nr. 2236	CO 2	Nr. 4291	T 88
Nr. 2239	CO 7	Nr. 4299	T 82
Nr. 2331	SE 37	Nr. 4315	T 89
Nr. 2377	DL 9	Nr. 4320	T 47
Nr. 2384	DL 10	Nr. 4325	T 42
Nr. 2472	TAD 8	Nr. 4331	T 65
Nr. 2526	OR 13	Nr. 4334	T 48
Nr. 2527	OR 4	Nr. 4347	T 41
Nr. 2530	OR 5	Nr. 4353	T 58
Nr. 2546	PO 5	Nr. 4358	T 81
Nr. 2553	LE 6	Nr. 4360	T 94
Nr. 2558	C 5	Nr. 4362	T 61
Nr. 2571	LU 3	Nr. 4368	T 53
Nr. 2572	LU 5	Nr. 4378	T 64
Nr. 2573	LU 13	Nr. 4384	T 54
Nr. 2574	LU 10	Nr. 4389	T 93
Nr. 2575	LU 8	Nr. 4408	T 43
Nr. 2576	LU 7	Nr. 4418	T 50
Nr. 2578	LU 9	Nr. 4419	T 37
Nr. 2586	LU 22	Nr. 4444	T 90
Nr. 2587	LU 19	Nr. 4445	T 49
Nr. 2607	TAD 13	Nr. 4490	B 55
Nr. 2660	LE 3	Nr. 4492	B 54
Nr. 2789	BU 2	Nr. 4496a	B 32
Nr. 2807	BU 1	Nr. 4496b	B 33
Nr. 2818	SO 18	Nr. 4496c	B 34
Nr. 2990	NA 14	Nr. 4496d	B 35
Nr. 3368	J 2	Nr. 4496e	B 36
Nr. 3376	J 6	Nr. 4496f	B 37
Nr. 3503	MU 3	Nr. 4496g	B 38
Nr. 3578	V 4	Nr. 4496h	B 39
Nr. 3652	V 18	Nr. 4499	B 42
Nr. 3757	V 6	Nr. 4502	B 41

Nr. 4558	B 30
Nr. 4582	B 9
Nr. 4595	B 44
Nr. 4990a	ALG 19
Nr. 4991	ES 13
Nr. 5023	ES 17
Nr. 5137	ALG 21
Nr. 5138	ALG 22
Nr. 5142	ALG 16
Nr. 5151	ALG 15
Nr. 5154	ALG 17
Nr. 5163	ALG 19
Nr. 5171	ALG 18
Nr. 5194	ALA 3
Nr. 5195	ALA 1
Nr. 5198	ALA 2
Nr. 5202	ALA 30
Nr. 5204	ALA 25
Nr. 5206	ALA 43
Nr. 5207	ALA 38
Nr. 5209a	ALA 29
Nr. 5213	ALA 9
Nr. 5247	BEA 6
Nr. 5260	BA 65
Nr. 5273	SE 6
Nr. 5339	TO 11
Nr. 5355	SE 12
Nr. 5356	SE 10
Nr. 5388	CO 16
Nr. 5392	SE 15
Nr. 5397	SE 8
Nr. 5412	SE 33
Nr. 5413	SE 31
Nr. 5521	CO 11
Nr. 5531	CO 9
Nr. 5562	MI 4
Nr. 5612	PO 1
Nr. 5621	OR 34
Nr. 5623	BEB 25
Nr. 5634	C 10
Nr. 5638	PO 3
Nr. 5644	LU 2
Nr. 5645	LU 16
Nr. 5647	LU 15

Nr. 5648	LU 18
Nr. 5651	TAD 13
Nr. 5665	LE 5
Nr. 5809	LO 5
Nr. 5810	LO 2
Nr. 5948	MU 1
Nr. 5979	V 7
Nr. 5981	V 8.10
Nr. 6008	V 9
Nr. 6010	V 3
Nr. 6015	V 5
Nr. 6088	T 59
Nr. 6100	T 2
Nr. 6111	T 13
Nr. 6128	T 55
Nr. 6132	T 36
Nr. 6160	B 43
Nr. 6162	B 31
Nr. 6265	ALA 44
Nr. 6265a	ALA 48
Nr. 6266	ALA 27
Nr. 6267a	ALA 33
Nr. 6268	ALA 39
Nr. 6269a	ALA 34
Nr. 6269b	ALA 45
Nr. 6288	MI 6
Nr. 6296	S 3
Nr. 6309	TO 1
Nr. 6329	ALA 42
Nr. 6338c	BU 17

F. Diego Santos, Epigrafía romana de Asturias (1959)

Nr. 1	O 5
Nr. 6	O 3
Nr. 8	O 1
Nr. 9	O 2
Nr. 58	O 4

EE

VIII 365, 25	BA 65b
VIII 369, 35	BA 19
VIII 371, 43	BA 18
VIII 371, 45	BA 52

VIII 372, 48	BA 17		Nr. 13	BEL 13
VIII 375, 59	BA 33		Nr. 14	BEL 16
VIII 398, 108	TAD 13b		Nr. 36	BEL 18
VIII 398, 109	TAD 13a		Nr. 63	BEL 17
VIII 423 f., 159	S 2			
VIII 425 f., 165	LO 1		HAE	
VIII 426, 167	NA 13		Nr. 146	TO 8
VIII 499, 269	SE 20		Nr. 147	TO 9
VIII 500, 270	BA 15		Nr. 152	B 14
VIII 503, 278	CA 3		Nr. 163	T 63
VIII 510, 290	B 29		Nr. 188	T 85
VIII 523 f., 307	C 2		Nr. 228	BI 2
VIII 523 f., 308	C 3		Nr. 229	BI 1
IX 13, 2	ALG 23		Nr. 264	BA 29
IX 26 f., 43	BA 58		Nr. 280	OR 3
IX 29 f., 54	BA 30		Nr. 282	OR 4
IX 31, 59	SE 4		Nr. 283	OR 5
IX 31 f., 60	B 51		Nr. 285	OR 7
IX 79, 207	SE 7		Nr. 289	OR 9
IX 105, 280	OR 3		Nr. 331	OR 2
IX 107, 283a	OR 7		Nr. 364	OR 24
IX 107, 283b	OR 14		Nr. 365	OR 32
IX 118, 305	SO 9		Nr. 464	C 7
IX S. 144	T 50		Nr. 567	SE 29
IX S. 144	T 61		Nr. 575	SE 8
			Nr. 672	BA 22
Epigrafia de Olisipo			Nr. 835	BU 12
S. 94	Nr. 1	ES 4	Nr. 841	J 7
S. 95	Nr. 2	ES 5	Nr. 860	T 38
S. 120 f.		ES 12	Nr. 884	T 51
S. 205	Nr. 92	ES 31	Nr. 1008	BA 49
S. 256	Nr. 142	ES 32	Nr. 1062	NA 27
S. 258	Nr. 143	ES 33	Nr. 1233	MU 1
S. 259 ff.	Nr. 144	ES 30	Nr. 1524	BU 6
S. 262 f.	Nr. 144A	RI 2	Nr. 1558	BEL 5
S. 264	Nr. 144B	RI 3	Nr. 1772	TO 1
S. 269	Nr. 144E	ES 11	Nr. 1782	SO 11
S. 270	Nr. 144F	ES 9	Nr. 1934	B 13
S. 271 f.	Nr. 144G	ES 10	Nr. 1935	B 8
			Nr. 1936	B 5
Épigraphie de Conimbriga			Nr. 1937	B 6
Nr. 2	BEL 11		Nr. 1952	B 10
Nr. 4	BEL 12		Nr. 2081	S 2
Nr. 10	BEL 15		Nr. 2196	S 1

Nr. 2403 SE 36
Nr. 2696 V 2

ILS
Nr. 1869 T 40
Nr. 2384 T 87
Nr. 3605 T 8
Nr. 5301 T 89
Nr. 9127 LE 6
Nr. 9130 LE 7

Inscripciones romanas de Galicia

F. Bouza Brey – A. d'Ors, Inscripciones romanas de Galicia I. Santiago de Compostela (1949)
Nr. 4 C 8
Nr. 5 C 9
Nr. 6 C 10

A. del Castillo – A. d'Ors, Inscripciones romanas de Galicia. Supl. al fasc. I: Provincia de La Coruña, CEG 14, 1959
S. 151 Nr. 7 C 7
S. 152 Nr. 10 C 5
S. 153 f. C 4
S. 154 f. C 2
S. 155 C 3
S. 164 C 1

F. Vázquez Saco – M. Vázquez Seijas, Inscripciones romanas de Galicia II. Provincia de Lugo (1954)
Nr. 3 LU 1
Nr. 4 LU 2
Nr. 5 LU 3
Nr. 6 LU 29
Nr. 7 LU 31
Nr. 8 LU 26
Nr. 9 LU 4
Nr. 11 LU 5
Nr. 12 LU 6
Nr. 13 LU 7
Nr. 15 LU 8
Nr. 16 LU 9
Nr. 17 LU 10
Nr. 18 LU 33

Nr. 19 LU 30
Nr. 20 LU 28
Nr. 21 LU 11
Nr. 22 LU 12
Nr. 23 LU 13
Nr. 24 LU 25
Nr. 25 LU 14
Nr. 27 LU 15
Nr. 28 LU 16
Nr. 29 LU 17
Nr. 31 LU 18
Nr. 32 LU 19
Nr. 33 LU 20
Nr. 34 LU 21
Nr. 35 LU 22

J. Filgueira Valverde – A. d'Ors, Inscripciones romanas de Galicia III. Museo de Pontevedra (1955)
Nr. 16 PO 1
Nr. 17 PO 2
Nr. 18 PO 3
Nr. 19 PO 4
Nr. 21 PO 5
Nr. 24 PO 6
Nr. 25 PO 7
Nr. 27 PO 8
Nr. 28 PO 9
Nr. 29 PO 11
Nr. 36 PO 12
Nr. 60 PO 13

J. M. Álvarez Blázquez – F. Bouza Brey, Inscripciones romanas de Galicia. Supl. al fasc. III (1961)
Nr. 31 PO 15
Nr. 1 PO 15a

J. Lorenzo Fernández, Inscripciones romanas de Galicia IV. Provincia de Orense (1968)
Nr. 64 OR 28
Nr. 65 OR 1
Nr. 66 OR 2
Nr. 69 OR 20
Nr. 71 OR 3

Nr.	73	OR 13	Nr. 65	LU 27
Nr.	74	OR 4	Nr. 66	LU 24
Nr.	75	OR 5	Nr. 67	LU 30
Nr.	78	OR 6	Nr. 68	C 5a
Nr.	84	OR 32	Nr. 70	LU 25
Nr.	88	OR 24	Nr. 71	LU 31
Nr.	94	OR 16	Nr. 72	LU 29
Nr.	98	OR 21	Nr. 75	LU 32
Nr.	99	OR 7		
Nr.	103	OR 23		
Nr.	106	OR 35		
Nr.	108	OR 17		
Nr.	110	OR 25		
Nr.	112	OR 18		
Nr.	114	OR 8		
Nr.	126	OR 9		
Nr.	144	OR 34		

S. Lambrino, Catalogue des inscriptions latines du Musée Leite de Vasconcelos, OArqPort 3. Ser. 1, 1967, 155 ff.

IRL

Nr.	2	LU 2	Nr.	38	ALA 21
Nr.	3	LU 3	Nr.	52	BAA 16
Nr.	4	LU 1	Nr.	61	BAA 17
Nr.	5	LU 6	Nr.	62	BAA 18
Nr.	6	LU 13	Nr.	72	ES 6
Nr.	8	LU 10	Nr.	76	ALA 16
Nr.	12	LU 7	Nr.	78	ALA 17
Nr.	13	LU 9	Nr.	85	ALA 25
Nr.	14	LU 8	Nr.	88	ALA 26
Nr.	15	LU 14	Nr.	89	ALA 27
Nr.	22	LU 5	Nr.	91	ALA 28
Nr.	28	LU 17	Nr.	92	ALA 29
Nr.	30	LU 22	Nr.	93	ALA 30
Nr.	32	LU 20	Nr.	94	ALA 31
Nr.	35	LU 19	Nr.	95	ALA 32
Nr.	36	LU 16	Nr.	96	ALA 33
Nr.	37	LU 21	Nr.	97	ALA 34
Nr.	44	LU 15	Nr.	98	ALA 35
Nr.	45	LU 18	Nr.	99	ALA 36
Nr.	56	LU 28	Nr.	103	ALA 37
Nr.	57	LU 12	Nr.	105	ALA 38
Nr.	58	LU 11	Nr.	107	ALA 39
Nr.	60	LU 26	Nr.	108	ALA 40
Nr.	61	LU 4	Nr.	109	ALA 41
Nr.	64	LU 23	Nr.	110	ALA 42
			Nr.	113	ALA 43
			Nr.	115	ALA 44
			Nr.	116	ALA 45
			Nr.	117	ALA 46
			Nr.	119	ALA 47
			Nr.	120	ALA 48
			Nr.	121	ALA 49

Nr. 123	ALA 50	Nr. 131	B 31
Nr. 125	ALA 51	Nr. 137	B 5
Nr. 130	ALA 52	Nr. 140	B 6
Nr. 132	ALA 53	Nr. 165	B 15
Nr. 134	ALA 54	Nr. 171	B 7
Nr. 135	ALA 55	Nr. 183	B 8
Nr. 138	ALA 57	Nr. 186	B 13
Nr. 139	ALA 56	Nr. 189	B 1
Nr. 145	ALA 18	Nr. 197	B 9
Nr. 146	ALA 19	Nr. 209	B 10
Nr. 147	ALA 22	Nr. 227	B 44
Nr. 154	ALA 23		
Nr. 155	ALA 24		

F. Lara Peinado, Epigrafía romana de Lérida (1973)

Nr. 64	L 3
Nr. 70	L 4
Nr. 72	L 5
Nr. 117	L 1
Nr. 118	L 2

Mariner, Inscripciones de Barcelona

Nr. 2	B 14
Nr. 3	B 32
Nr. 4	B 33
Nr. 5	B 34
Nr. 6	B 35
Nr. 7	B 36
Nr. 8	B 37
Nr. 9	B 38
Nr. 10	B 39
Nr. 13	B 29
Nr. 16	B 42
Nr. 18	B 41
Nr. 124	B 30
Nr. 127	B 43

Vives

Nr. 7	J 7
Nr. 46	MU 1
Nr. 171	B 55
Nr. 385	SO 13
Nr. 388	B 54
Nr. 776	AV 1
Nr. 3079	CO 4
Nr. 3098	J 2
Nr. 3104	J 9
Nr. 3934	TO 6
Nr. 3949	BEL 3
Nr. 3956	BA 66
Nr. 3961	BA 42
Nr. 4349	ES 16
Nr. 4474	ALG 1
Nr. 4584	SE 10
Nr. 4607	BA 43
Nr. 4677	GE 4
Nr. 4691	BEL 17
Nr. 5251	J 1
Nr. 5343	CO 6
Nr. 5512	BA 38
Nr. 5634	B 50
Nr. 6013	B 55

NACHWEIS DER TAFELVORLAGEN

Die zitierten Negativ-Nummern sind grundsätzlich solche des Deutschen Archäologischen Instituts, Abteilung Madrid, wenn nichts anderes angegeben ist.

A 1	Taf. 131a	R 7-72-11 (Gamer)
A 2	Taf. 131b	R 8-72-1 (Gamer)
A 3	Taf. 131c	R 8-72-3 (Gamer)
A 8	Taf. 131d	R 8-72-7 (Gamer)
	Taf. 131e	R 8-72-8a (Gamer)
	Taf. 131f	R 8-72-5 (Gamer)
	Taf. 131g	R 8-72-6 (Gamer)
A 9	Taf. 131h	R 8-72-8b (Gamer)
A 10	Taf. 131i	R 8-72-8b (Gamer)
ALA 1	Taf. 88a	R 15-68-3 (Witte)
ALA 2	Taf. 89b	R 16-68-2 (Witte)
	Taf. 89c	R 16-68-3 (Witte)
	Taf. 89d	R 16-68-4 (Witte)
ALA 3	Taf. 88c	R 16-68-5 (Witte)
	Taf. 88d	R 16-68-6 (Witte)
ALA 4	Taf. 88b	R 133-68-2 (Friedrich)
ALA 5	Taf. 91b	R 15-68-4 (Witte)
	Taf. 91c	R 15-68-5 (Witte)
	Taf. 91d	R 15-68-6 (Witte)
ALA 6	Taf. 90c	R 132-68-6 (Friedrich)
	Taf. 90d	R 132-68-7 (Friedrich)
	Taf. 90e	R 132-68-8 (Friedrich)
ALA 8	Taf. 92b	R 17-68-7 (Witte)
	Taf. 92c	R 17-68-8 (Witte)
	Taf. 92d	R 15-68-1 (Witte)
ALA 11	Taf. 89a	Nach d'Encarnação, Divindades 255f. Abb. 59
ALA 19	Taf. 90a	Nach OArchPort 21, 1916, 316 Abb. 1f.
	Taf. 90b	Ebenda
ALA 20	Taf. 91a	R 174-68-3 (Friedrich)
ALA 26	Taf. 86a	PLF 1467 (Witte)
ALA 27	Taf. 86b	Nach Postkarte MNAE Lissabon
	Taf. 86c	Nach Leite de Vasconcellos, Religiões II 127 Abb. 9
	Taf. 86d	Ebenda 126 Abb. 8
ALA 31	Taf. 87a	Ebenda 133 Abb. 15
ALA 32	Taf. 87b	Ebenda 130f. Abb. 12
ALA 33	Taf. 87c	Ebenda 132f. Abb. 14
ALA 34	Taf. 87d	Ebenda 134 Abb. 17
ALA 35	Taf. 87e	Ebenda 133 Abb. 16
ALA 36	Taf. 87f	Ebenda 132 Abb. 13

ALG 1	Taf. 99a	R 34-68-8 (Witte)
ALG 2	Taf. 99b	R 33-68-4 (Witte)
ALG 3	Taf. 97a	R 28-68-1 (Witte)
ALG 4	Taf. 99c	R 28-68-8 (Witte)
ALG 5	Taf. 97b	R 27-68-2 (Witte)
ALG 6	Taf. 98a	R 30-68-6 (Witte)
ALG 7	Taf. 98c	A-780/3
ALG 9	Taf. 98b	R 157-68-6 (Friedrich)
ALG 12	Taf. 98e	R 37-68-2 (Witte)
ALG 13	Taf. 98d	R 37-68-3 (Witte)
ALG 18	Taf. 97c	R 177-68-8 (Friedrich)
	Taf. 97d	R 225-68-7 (Friedrich)
AV 1	Taf. 64d	Nach NotArqHisp 2, 1973, 209 ff. Nr. 1 Taf. 14,22
AV 2	Taf. 64e	Ebenda 212 ff. Nr. 2 Taf. 15,23
AV 4	Taf. 64f	Ebenda 216 ff. Nr. 4 Taf. 17,1 Abb. 25
AV 6	Taf. 64g	Ebenda 220 Nr. 6 Taf. 18,27
AV 7	Taf. 64h	Ebenda 221 f. Nr. 7 Taf. 19,28
B 1	Taf. 30a	15-72-25 (Gamer)
B 2	Taf. 20a	R 109-71-5 (Gamer)
	Taf. 20b	R 109-71-6 (Gamer)
B 3	Taf. 20c	16-72-30a (Gamer)
B 4	Taf. 20e	Barcelona, MHC, Neg. D 1536
B 5	Taf. 23a	16-72-16a (Gamer)
	Taf. 23b	16-72-23a (Gamer)
B 6	Taf. 23c	16-72-21a (Gamer)
	Taf. 23d	16-72-20a (Gamer)
B 7	Taf. 22a	16-72-13a (Gamer)
B 8	Taf. 23e	16-72-25a (Gamer)
	Taf. 23f	16-72-24a (Gamer)
B 9	Taf. 22b	16-72-17a (Gamer)
B 10	Taf. 24a	17-72-6a (Gamer)
	Taf. 24b	17-72-4a (Gamer)
B 11	Taf. 24c	16-72-19a (Gamer)
	Taf. 24d	16-72-18a (Gamer)
B 12	Taf. 25a	17-72-36a (Gamer)
B 13	Taf. 24e	15-72-31 (Gamer)
	Taf. 24f	15-72-29 (Gamer)
B 14	Taf. 22c	R 109-71-12 (Gamer)
B 15	Taf. 31b	15-72-22 (Gamer)
	Taf. 31c	15-72-22a (Gamer)
B 16	Taf. 20f	16-72-26a (Gamer)
B 17	Taf. 20d	16-72-33a (Gamer)
B 20	Taf. 139a	15-72-32 (Gamer)
B 21	Taf. 139b	16-72-7a (Gamer)
	Taf. 139c	16-72-7a (Gamer)

B 22	Taf. 140a	16-72-10a (Gamer)
B 24	Taf. 138a	16-72-34a (Gamer)
B 25	Taf. 138b	R 109-71-1 (Witte)
B 26	Taf. 140b	R 106-71-3 (Gamer)
B 27	Taf. 138c	R 106-71-1 (Gamer)
B 29	Taf. 21a	R 105-71-8 (Gamer)
	Taf. 21b	R 105-71-10 (Gamer)
B 30	Taf. 21c	R 108-71-5 (Gamer)
	Taf. 21d	R 108-71-7 (Gamer)
B 31	Taf. 32d	R 110-71-9 (Gamer)
	Taf. 32e	R 110-71-10 (Gamer)
B 32	Taf. 27a	R 111-71-1 (Gamer)
	Taf. 27b	R 111-71-2 (Gamer)
B 33	Taf. 27c	R 114-71-10 (Gamer)
	Taf. 27d	R 114-71-12 (Gamer)
B 34	Taf. 28a	R 105-71-6 (Gamer)
	Taf. 28b	R 105-71-7 (Gamer)
B 35	Taf. 28c	R 114-71-8 (Gamer)
	Taf. 28d	R 114-71-9 (Gamer)
B 36	Taf. 29a	R 104-71-8 (Gamer)
	Taf. 29b	R 104-71-7 (Gamer)
B 37	Taf. 29c	R 111-71-3 (Gamer)
	Taf. 29d	R 111-71-4 (Gamer)
B 38	Taf. 30c	R 105-71-3 (Gamer)
	Taf. 30d	R 105-71-4 (Gamer)
B 39	Taf. 30b	R 111-71-7 (Gamer)
B 40	Taf. 20g	R 104-71-10 (Gamer)
B 41	Taf. 31a	R 108-71-8 (Gamer)
B 42	Taf. 22d	R 114-71-6 (Gamer)
	Taf. 22e	R 114-71-7 (Gamer)
B 44	Taf. 137a	R 113-71-4 (Gamer)
B 45	Taf. 137b	R 113-71-7 (Gamer)
	Taf. 138d	R 105-71-2 (Gamer)
	Taf. 138e	R 105-71-1 (Gamer)
B 46	Taf. 138f	R 110-71-12 (Gamer)
B 47	Taf. 138g	R 108-71-9 (Gamer)
B 48	Taf. 138h	R 111-71-8 (Gamer)
B 49	Taf. 32a	R 114-71-2 (Gamer)
	Taf. 32b	R 114-71-5 (Gamer)
	Taf. 32c	R 114-71-3 (Gamer)
B 50 s. T 45		
B 51	Taf. 26a	R 113-71-1 (Gamer)
	Taf. 26b	R 113-71-2 (Gamer)
	Taf. 26c	R 113-71-3 (Gamer)

B 52	Taf. 26d	R 108-71-11 (Gamer)
	Taf. 26e	R 108-71-12 (Gamer)
B 57	Taf. 138i	K 712 (Witte)
BA 1	Taf. 79a	R 196-71-5 (Gamer)
BA 3	Taf. 82c	R 195-71-4 (Gamer)
BA 4	Taf. 79b	R 196-71-6 (Gamer)
	Taf. 79c	R 196-71-8 (Gamer)
	Taf. 79d	R 196-71-7 (Gamer)
BA 5	Taf. 76a	R 195-71-9 (Gamer)
	Taf. 76b	R 196-71-1 (Gamer)
	Taf. 76c	R 196-71-2 (Gamer)
BA 6	Taf. 74d	R 195-71-8 (Gamer)
BA 7	Taf. 85a	PLF 2533 (Witte)
BA 8	Taf. 76d	R 195-71-1 (Gamer)
BA 9	Taf. 82a	R 196-71-10 (Gamer)
	Taf. 82b	R 196-71-12 (Gamer)
BA 10	Taf. 85b	R 195-71-5 (Gamer)
BA 11	Taf. 73a	R 195-71-6 (Gamer)
BA 12	Taf. 82d	Nach ArchEspArq 33, 1960, 182 Nr. 9 Abb. 31
BA 13	Taf. 70a	B 982-2
BA 15	Taf. 70c	B 186
	Taf. 70d	B 185
BA 16	Taf. 71a	B 117
	Taf. 71b	B 177
BA 17	Taf. 76e	B 173
BA 18	Taf. 71c	B 175
	Taf. 71d	B 187
BA 19	Taf. 70b	B 106
BA 20	Taf. 72a	PLF 2517 (Witte)
BA 21	Taf. 77a	B 252
BA 22	Taf. 82e	B 213
BA 23	Taf. 80a	Nach ArchEspArq 39, 1966, 135 Abb. 6
	Taf. 80b	Ebenda Abb. 7
BA 25	Taf. 73c	B 243
	Taf. 73d	R 24-72-10 (Witte)
BA 26	Taf. 72b	B 246
BA 29	Taf. 77b	B 162
BA 30	Taf. 77c	B 233
BA 31	Taf. 77d	B 181
BA 32	Taf. 77e	B 166
BA 33	Taf. 84a	R 24-72-12 (Witte)
BA 37	Taf. 85c	PLF 2516 (Witte)
BA 38	Taf. 80c	B 179
	Taf. 80d	B 150

BA 39	Taf. 81a	PLF 2524 (Witte)
	Taf. 81b	(Photo Barreira)
	Taf. 81c	(Photo Barreira)
	Taf. 81d	(Photo Barreira)
BA 41	Taf. 75a	R 21-72-11 (Witte)
	Taf. 75b	R 21-72-2 (Witte)
	Taf. 75c	PLF 2515 (Witte)
BA 42	Taf. 77f	B 118
BA 43	Taf. 78a	B 129
BA 44	Taf. 78c	B 113
	Taf. 78d	PLF 2522 (Witte)
BA 45	Taf. 75d	R 24-72-6 (Witte)
	Taf. 75e	R 24-72-8 (Witte)
	Taf. 75f	R 24-72-7 (Witte)
BA 46	Taf. 72c	B 244
BA 47	Taf. 83a	B 138
BA 48	Taf. 78b	B 253
BA 49	Taf. 72d	R 21-72-12 (Witte)
BA 51	Taf. 84b	R 21-72-4 (Witte)
	Taf. 84c	R 21-72-5 (Witte)
	Taf. 84d	R 21-72-1 (Witte)
BA 52	Taf. 83b	B 108
	Taf. 83c	PLF 2514 (Witte)
	Taf. 83d	R 24-72-11 (Witte)
BA 54	Taf. 74a	R 22-72-5 (Witte)
	Taf. 74b	R 22-72-6 (Witte)
	Taf. 74c	R 22-72-7 (Witte)
BA 57	Taf. 85d	B 149
BA 58	Taf. 85e	R 22-72-8 (Witte)
BA 60	Taf. 147a	R 214-67-1 (Friedrich)
BA 61	Taf. 147b	R 214-67-2 (Friedrich)
BA 62	Taf. 147c	R 214-67-3 (Friedrich)
BA 64	Taf. 73b	Nach García y Bellido, Esculturas romanas Nr. 411 Taf. 292
BA 65	Taf. 85f	Photo MAN, Neg. 4726
BAA 7	Taf. 96a	PLF 1398 (Witte)
BAA 8	Taf. 92a	R 142-68-1 (Friedrich)
BAA 10	Taf. 96b	R 166-68-1 (Friedrich)
BAA 11	Taf. 96c	R 166-68-3 (Friedrich)
BAA 14	Taf. 96d	R 38-68-4 (Witte)
BAA 15	Taf. 96e	Nach d'Encarnação, Divindades Abb. 12
BEA 3	Taf. 64a	Nach ArchEspArq 38, 1965, 18 ff. Abb. o. Nr.
BEA 4	Taf. 64b	Nach d'Encarnação a.O. Abb. 28
BEB 2	Taf. 63a	Ebenda Abb. 8
BEB 4	Taf. 63b	Nach RevGuimarães, 82, 1972, 92 f. Abb. = d'Encarnação a.O. Abb. 49

BEB 8	Taf. 141a	R 218-68-5 (Friedrich)
BEB 9	Taf. 141b	R 218-68-6 (Friedrich)
BEB 10	Taf. 141c	R 216-68-3 (Friedrich)
BEB 11	Taf. 141d	R 217-68-5 (Friedrich)
BEB 17	Taf. 63c	Nach F. de Almeida, Egitânia (1956) Abb. 188
BEB 18	Taf. 63d	Nach d'Encarnação a.O. Abb. 11
BEB 22	Taf. 63e	Ebenda Abb. 10
BEB 26	Taf. 63f	Ebenda Abb. 63
BEB 27	Taf. 63g	Nach OArchPort 1, 1895, 255 ff. Abb. o. Nr.
BEB 28	Taf. 63h	Nach d'Encarnação a.O. Abb. 68
BEL 1	Taf. 62c	R 200-68-6 (Friedrich)
BEL 2	Taf. 61a	Nach Conimbriga 10, 1971, 124 ff. Abb. 4
BEL 5	Taf. 62b	Ebenda 118 ff. Nr. 2 Abb. 2
BEL 6	Taf. 142a	R 203-68-6 (Friedrich)
BEL 7	Taf. 142b	R 206-68-1 (Friedrich)
BEL 8	Taf. 142c	R 200-68-2 (Friedrich)
BEL 9	Taf. 142d	R 200-68-3 (Friedrich)
BEL 13	Taf. 61b	Nach Épigraphie de Conimbriga 13 Taf. 3
BEL 15	Taf. 62a	Ebenda 10 Taf. 2
BEL 16	Taf. 61c	R 209-68-8 (Friedrich)
BEL 18	Taf. 61d	R 209-68-7 (Friedrich)
BEL 20	Taf. 62d	Nach Actas I Jornadas Arqueológicas (1970) 79 ff. Abb. = d'Encarnação, Divindades Abb. 47
BI 1	Taf. 40a	Photo Gamer
BI 2	Taf. 40b	Photo Gamer
BU 1	Taf. 36a	Photo Club Burgos 2844bis
	Taf. 36b	Photo Club Burgos 2843
BU 2	Taf. 36c	Photo Club Burgos 2987
BU 3	Taf. 37a	Photo Club Burgos 2986
BU 4	Taf. 38a	Nach MM 15, 1974, Taf. 53b (Photo Gamer)
BU 5	Taf. 37b	Photo Gamer
BU 6	Taf. 37c	Photo Gamer
BU 7	Taf. 37d	Photo Gamer
BU 8	Taf. 49f	Photo Gamer
BU 9	Taf. 38b	Photo Gamer
BU 10	Taf. 38c	Photo Gamer
BU 11	Taf. 37e	Photo Gamer
BU 12	Taf. 37f	Photo Gamer
BU 13	Taf. 38d	Photo Gamer
C 1	Taf. 53a	CEG 14, 1959, 164 Taf. 3a
C 3	Taf. 53b	Ebenda 155 Taf. 3b
C 5	Taf. 53c	Ebenda 155 Taf. 2a
C 5a	Taf. 55k	Nach Inscripciones romanas de Galicia II. Provincia de Lugo Nr. 18 Taf. 6,18 = IRL 68

C 8	Taf. 53d	Inscripciones romanas de Galicia I. Santiago de Compostela Nr. 4 Abb. o. Nr.
C 10	Taf. 53e	Ebenda Nr. 6 Abb. o. Nr.
C 11	Taf. 53f	BRAG 17, 1928, 89ff. Abb. o. Nr.
CA 1	Taf. 102a	A/20a
CA 2	Taf. 103c	R 197-71-8 (Gamer)
	Taf. 103d	R 197-71-5 (Gamer)
	Taf. 103e	R 197-71-6 (Gamer)
CA 3	Taf. 103a	R 197-71-7 (Gamer)
CA 4	Taf. 101a	B 35a
	Taf. 101b	A/1
CA 5	Taf. 101c	R 204-71-9 (Gamer)
	Taf. 101d	R 204-71-11 (Gamer)
CA 6	Taf. 105a	R 146-84-3 (Witte)
	Taf. 105b	R 146-84-7 (Witte)
CA 7	Taf. 104a	Photo Posac Mon
	Taf. 104b	Photo Posac Mon
CA 8	Taf. 104c	Nach MelCasaVelazquez 8, 1972, 577ff. Abb. 8
	Taf. 104d	Ebenda Abb. 5ff.
	Taf. 104e	Ebenda Abb. 5ff.
CA 12	Taf. 102b	I 343
	Taf. 102c	1-75-2A
	Taf. 102d	R 138-84-4 (Witte)
CA 13	Taf. 103b	R 195-71-11 (Gamer)
CA 14	Taf. 105c	Nach BolAcadHist 54, 1909, 100f. Abb. o. Nr.
CC 3	Taf. 67a	Nach MemMusArq 9/10, 1948/49, 344f. Taf. 117,1
CC 4	Taf. 67b	Nach ArchEspArq 33, 1960, 188 Nr. 20 Abb. 41
CC 5	Taf. 68a	Nach Zephyrus 16, 1965, 11f. Nr. 1 Taf. 1
CC 9	Taf. 68b	Ebenda 19ff. Nr. 5 Taf. 5
CC 10	Taf. 68c	Ebenda 21f. Nr. 6 Taf. 6
CC 11	Taf. 68d	Ebenda 22ff. Nr. 7 Taf. 7,8
CC 13	Taf. 68e	Ebenda 24f. Nr. 9 Taf. 10
CC 14	Taf. 68f	Ebenda 26f. Nr. 10 Taf. 11
CC 16	Taf. 67e	Nach Zephyrus 17, 1966, 121ff. Taf. 1f. (Aufsicht)
CC 17	Taf. 67f	Ebenda 121ff. Taf. 1f. (Vorderseite)
CC 26	Taf. 67g	Nach J. M. Blázquez, ExcArqEsp 34 (1965) 55 Nr. 1 Taf. 12,1
CC 27	Taf. 67h	Ebenda 55 Nr. 2 Taf. 12,2
CC 28	Taf. 69a	Ebenda Taf. 13,1
	Taf. 69b	Ebenda Taf. 13,2
	Taf. 69c	Ebenda Taf. 13,3
CC 29	Taf. 69d	Ebenda Taf. 14,1
	Taf. 69e	Ebenda Taf. 14,3
	Taf. 69f	Ebenda Taf. 14,4
CC 39	Taf. 67c	Nach Zephyrus 18, 1967, 99 Taf. 9

CC 40	Taf. 67d	Photo E. Diéguez
CO 1	Taf. 120	R 207-71-9 (Gamer)
CO 2	Taf. 122a	R 208-71-11 (Gamer)
CO 3	Taf. 123d	R 147-84-12 (Witte)
	Taf. 123e	R 147-84-13 (Witte)
CO 4	Taf. 122b	R 22-67-3 (Witte)
CO 5	Taf. 123f	R 210-71-10 (Gamer)
CO 6	Taf. 127c	R 206-71-2 (Gamer)
CO 7	Taf. 126c	R 210-71-6 (Gamer)
CO 8	Taf. 124a	R 210-71-3 (Gamer)
CO 9	Taf. 124b	R 147-84-1 (Witte)
	Taf. 124c	R 147-84-5 (Witte)
CO 10	Taf. 121a	R 208-71-10 (Gamer)
	Taf. 121b	R 208-71-8 (Gamer)
	Taf. 121c	R 208-71-7 (Gamer)
CO 11	Taf. 122c	R 208-71-1 (Gamer)
	Taf. 122d	R 207-71-11 (Gamer)
CO 13	Taf. 125a	A/14a
CO 14	Taf. 125b	R 212-71-9 (Gamer)
	Taf. 125c	R 212-71-7 (Gamer)
	Taf. 125d	R 212-71-5 (Gamer)
CO 15	Taf. 127a	R 206-71-7 (Gamer)
CO 16	Taf. 124d	R 208-71-3 (Gamer)
	Taf. 124e	R 208-71-6 (Gamer)
CO 17	Taf. 126a	R 147-84-6 (Witte)
	Taf. 126b	R 147-84-10 (Witte)
CO 18	Taf. 127d	R 206-71-3 (Gamer)
CO 19	Taf. 123a	R 206-71-11 (Gamer)
	Taf. 123b	R 206-71-10 (Gamer)
	Taf. 123c	R 206-71-12 (Gamer)
CO 20	Taf. 127b	R 212-71-3 (Gamer)
CU 1	Taf. 50a	Nach ExcArqEsp 43 (1965) 10 f. Taf. 9,1
CU 2	Taf. 50b	Revista Cuenca, Dic. 1974, Taf. 10b
DL 1	Taf. 60a	A 123/5
	Taf. 60b	A 123/4
DL 4	Taf. 60c	RevGuimarães 70, 1960, 485 ff. Abb. o. Nr.
DL 5	Taf. 60d	Nach Rev. Fac. Letras Porto 2, 1971, 158 ff. Taf. 3,5
DL 8	Taf. 60e	Cardozo, Catálogo 23 Nr. 19 Abb.
DL 9	Taf. 60f	d'Encarnação, Divindades Abb. 66
DL 10	Taf. 60g	Ebenda Abb. 50
DL 11	Taf. 60h	PLF 1460 (Witte)
DL 12	Taf. 60i	OArchPort 11, 1906, 371, Abb. 14a
ES 1	Taf. 144a	E 886
	Taf. 144b	A 112-1

	Taf. 144c	E 887
ES 7	Taf. 126d	Nach OArqPort 19, 1914, 213 Abb. 4
ES 8	Taf. 94a	R 177-68-3 (Friedrich)
ES 9	Taf. 93a	Photo E. Portugat
ES 10	Taf. 93b	Photo E. Portugat
ES 11	Taf. 93c	Photo E. Portugat
ES 12	Taf. 94c	R 147-68-8 (Friedrich)
ES 16	Taf. 93d	R 189-68-3 (Friedrich)
ES 17	Taf. 94d	Nach RevGuimarães 68, 1958, 361f. Nr. 3 Abb.
ES 19	Taf. 143a	R 189-68-8 (Friedrich)
ES 20	Taf. 143b	R 189-68-6 (Friedrich)
ES 21	Taf. 143c	R 190-68-5 (Friedrich)
ES 22	Taf. 143d	R 190-68-6 (Friedrich)
ES 23	Taf. 94b	R 190-68-8 (Friedrich)
ES 27	Taf. 144d	R 195-68-8 (Friedrich)
	Taf. 144e	R 201-68-1 (Friedrich)
ES 31	Taf. 95a	R 133-68-1 (Friedrich)
ES 32	Taf. 95b	R 15-68-7 (Witte)
ES 33	Taf. 95c	R 134-68-2 (Friedrich)
	Taf. 95d	R 134-68-3 (Friedrich)
GE 1	Taf. 33a	R 112-71-11 (Gamer)
GE 2	Taf. 33b	R 103-71-5 (Gamer)
	Taf. 33c	R 103-71-6 (Gamer)
	Taf. 33d	R 103-71-4 (Gamer)
GU 1	Taf. 49e	Nach ArchEspArq 44, 1971, 164ff. Abb. 1
H 1	Taf. 100c	1-75-23
	Taf. 100d	1-75-24
	Taf. 100e	1-75-25
H 2	Taf. 100a	C 4-2
	Taf. 100b	C 4-4
H 3	Taf. 145a	R 123-84-2 (Witte)
	Taf. 145b	R 123-84-8 (Witte)
	Taf. 145c	R 123-84-6 (Witte)
	Taf. 145d	R 123-84-5 (Witte)
	Taf. 146a	R 125-84-10 (Witte)
	Taf. 146b	R 125-84-5 (Witte)
	Taf. 146c	R 125-84-9 (Witte)
J 9	Taf. 128b	R 97-67-1 (Witte)
J 10	Taf. 128a	Nach García y Bellido, Esculturas romanas 308 Nr. 311 Taf. 247
L 2	Taf. 34b	Nach F. Lara Peinado, Epigrafía romana de Lérida (1973) Nr. 119 Taf. 55
L 3	Taf. 34c	Ebenda Nr. 64 Taf. 30,2
L 4	Taf. 34e	Ebenda Nr. 70 Taf. 30,4
L 5	Taf. 34d	Ebenda Nr. 72 Taf. 30,5
L 6	Taf. 34a	Nach Ampurias 3, 1941, 35ff. Taf. 5

LE 3	Taf. 51c	A 495-2
LE 4	Taf. 51a	Nach ArchEspArq 44, 1971, 147 ff. Nr. 9 Abb. 24 f.
LE 12	Taf. 51b	Nach ArchEspArq 39, 1966, 138 f. Abb. 12
LE 14	Taf. 51d	Nach ArchEspArq 44, 1971, 150 f. Nr. 11 Abb. 28
LO 1	Taf. 47a	Photo Gamer
LO 2	Taf. 47b	Photo Gamer
LO 3	Taf. 47c	Photo Gamer
LO 4	Taf. 47d	Photo Gamer
LU 1	Taf. 54a	Nach Inscripciones romanas de Galicia II. Provincia de Lugo Nr. 3 Taf. 1,3 = IRL 4
LU 2	Taf. 54b	Ebenda Nr. 4 Taf. 2,4 = IRL 2
LU 3	Taf. 54c	Ebenda Nr. 5 Taf. 2,5 = IRL 3
LU 4	Taf. 54d	Ebenda Nr. 9 Taf. 3,9 = IRL 61
LU 5	Taf. 54e	Ebenda Nr. 11 Taf. 4,11 = IRL 22
LU 6	Taf. 54f	Ebenda Nr. 12 Taf. 4,12 = IRL 5
LU 7	Taf. 54g	Ebenda Nr. 13 Taf. 5,13 = IRL 12
LU 8	Taf. 54h	Ebenda Nr. 15 Taf. 5,15 = IRL 14
LU 9	Taf. 54i	Ebenda Nr. 16 Taf. 5,16 = IRL 13
LU 12	Taf. 54k	Ebenda Nr. 22 Taf. 7,22 = IRL 57
LU 13	Taf. 55a	Ebenda Nr. 23 Taf. 7,23 = IRL 6
LU 14	Taf. 55b	Nach ArchEspArq 24, 1951, 236 f. Abb. 34 = IRL 15
LU 15	Taf. 55c	Nach Inscripciones romanas de Galicia II. Provincia de Lugo Nr. 27 Taf. 8,27 = IRL 44
LU 17	Taf. 55d	Ebenda Nr. 29 Taf. 9,29 = IRL 28
LU 20	Taf. 55e	Ebenda Nr. 33 Taf. 10,33 = IRL 32
LU 21	Taf. 55f	Ebenda Nr. 34 Taf. 11,34 = IRL 37
LU 25	Taf. 55g	Ebenda Nr. 24 Taf. 8
LU 29	Taf. 55h	Ebenda Nr. 6 Taf. 2,6 = IRL 72
LU 31	Taf. 55i	Ebenda Nr. 7 Taf. 3,7 = IRL 71
MI 3	Taf. 59a	Cardozo, Catálogo 25 Nr. 15 Abb. o. Nr.
MI 4	Taf. 59b	Ebenda 29 Nr. 17 Abb. o. Nr.
MI 5	Taf. 59c	Ebenda 56 Nr. 33 Abb. o. Nr.
MI 6	Taf. 59d	Ebenda 36 Nr. 34 Abb. o. Nr.
MI 7	Taf. 59e	Ebenda 55 Nr. 19 Abb. o. Nr.
MI 8	Taf. 59f	Nach Bracara Augusta 25/26, 1971/72, 179 ff. Abb. o. Nr.
MI 13	Taf. 59g	PLF 1449 (Witte)
MU 1	Taf. 129a	R 9-72-1 (Gamer)
	Taf. 129b	R 9-72-5 (Gamer)
MU 3	Taf. 128c	R 9-72-7 (Gamer)
MU 4	Taf. 129c	R 9-72-8 (Gamer)
MU 5	Taf. 146d	R 9-72-10 (Gamer)
MU 6	Taf. 129d	R 5-72-13 (Gamer)
MU 8	Taf. 130a	R 111-71-12 (Gamer)
	Taf. 130b	R 110-71-1 (Gamer)

	Taf. 130c	R 23-80-1 (Witte)
	Taf. 130d	R 110-71-4 (Gamer)
NA 1	Taf. 41a	Photo Gamer
	Taf. 41b	Photo Gamer
	Taf. 41c	Photo Gamer
	Taf. 41d	Photo Gamer
NA 2	Taf. 44a	Photo Gamer
NA 4	Taf. 45a	Nach MM 15, 1974, Taf. 56a (Photo Gamer)
NA 5	Taf. 43c	Photo Gamer
NA 6	Taf. 45b	Nach MM 15, 1974, Taf. 55c (Photo Gamer)
NA 7	Taf. 42c	Photo Gamer
NA 9	Taf. 43a	Photo Gamer
NA 11	Taf. 43d	Photo Gamer
NA 13	Taf. 44b	Photo Gamer
NA 14	Taf. 42d	Photo Gamer
NA 15	Taf. 46a	Photo Gamer
	Taf. 46b	Photo Gamer
NA 16	Taf. 45c	Nach MM 15, 1974, Taf. 55b (Photo Gamer)
NA 17	Taf. 45d	Nach MM 15, 1974, Taf. 56d (Photo Gamer)
NA 18	Taf. 44c	Photo Gamer
	Taf. 44d	Photo Gamer
NA 19	Taf. 43e	Photo Gamer
NA 21	Taf. 46c	Photo Gamer
	Taf. 46d	Photo Gamer
NA 22	Taf. 42a	Photo Gamer
NA 23	Taf. 140e	Photo Gamer
	Taf. 140f	Photo Gamer
NA 26	Taf. 43b	Photo Gamer
NA 27	Taf. 42b	Nach MM 15, 1974, Taf. 53a (Photo Gamer)
O 1	Taf. 52a	Nach F. Diego Santos, Epigrafía romana de Asturias (1959) Nr. 8 Abb.
O 2	Taf. 52b	Ebenda Nr. 9 Abb.
O 3	Taf. 52c	Ebenda Nr. 6 Abb.
OR 3	Taf. 57a	O-166 (Friedrich)
OR 4	Taf. 57b	Nach BAur 2, 1972, 235 Abb. o. Nr.
OR 9	Taf. 57d	Nach MemMusArq 8, 1947, 148 ff. Taf. 61,2
OR 12	Taf. 57c	Nach BAur 3, 1973, 77 ff. Abb. o. Nr. = 4, 1974, 214 Abb. o. Nr.
P 1	Taf. 49a	Nach ArchEspArq 39, 1966, 154 f. Abb. 11
P 4	Taf. 49b	Nach J. M. Iglesias Gil, Epigrafía cántabra (1976) Taf. »Addenda« 13
P 6	Taf. 49c	Nach ArchEspArq 36, 1963, 203 f. Abb. 21
PO 2	Taf. 56a	N-917 (Friedrich)
PO 3	Taf. 56b	N-918 (Friedrich)
PO 9	Taf. 56c	N-920 (Friedrich)
PO 15	Taf. 56d	N-867 (Friedrich)
PO 15a	Taf. 56e	N-865 (Friedrich)

RI 1	Taf. 99d	Nach RevGuimarães 76, 1966, 31 ff. Abb. 5 f.
S 1	Taf. 39a	Nach MM 15, 1974, Taf. 53c
S 2	Taf. 39b	Nach ExcArqEsp 61 (1966) 58 Nr. 38
S 3	Taf. 39c	Ebenda Nr. 37
S 4	Taf. 39d	Nach ArchEspArq 43, 1970, 224, Abb. o. Nr.
SA 1	Taf. 64c	Nach Zephyrus 16, 1975, 96 f. Taf. 4,4
SE 1	Taf. 106a	R 209-71-10 (Gamer)
	Taf. 106b	R 211-71-1 (Gamer)
	Taf. 106c	R 209-71-11 (Gamer)
SE 2	Taf. 106d	R 209-71-8 (Gamer)
	Taf. 106e	R 209-71-9 (Gamer)
	Taf. 106f	R 209-71-8a (Gamer)
SE 3	Taf. 107b	R 211-71-10 (Gamer)
	Taf. 107c	R 211-71-11 (Gamer)
	Taf. 107d	R 211-71-12 (Gamer)
SE 4	Taf. 118a	R 198-71-9 (Gamer)
SE 5	Taf. 108a	R 117-84-5 (Witte)
	Taf. 108b	R 117-84-4 (Witte)
	Taf. 108c	R 117-84-7 (Witte)
SE 6	Taf. 118b	R 11-73-7 (Witte)
SE 7	Taf. 108d	R 200-71-5 (Gamer)
	Taf. 108e	R 200-71-6 (Gamer)
	Taf. 108f	R 11-73-3 (Witte)
SE 9	Taf. 118c	R 199-71-8 (Gamer)
SE 10	Taf. 119a	R 12-73-10 (Witte)
	Taf. 119b	R 12-73-11 (Witte)
	Taf. 119c	R 11-73-9 (Witte)
SE 11	Taf. 107a	R 200-71-4 (Gamer)
SE 12	Taf. 119d	R 211-71-4 (Gamer)
	Taf. 119e	R 211-71-6 (Gamer)
	Taf. 119f	R 211-71-5 (Gamer)
SE 13	Taf. 117a	R 211-71-7 (Gamer)
	Taf. 117b	R 211-71-9 (Gamer)
SE 14	Taf. 109a	R 200-71-8 (Gamer)
	Taf. 109b	R 200-71-10 (Gamer)
	Taf. 109c	R 200-71-9 (Gamer)
SE 15	Taf. 111a	R 117-84-1 (Witte)
	Taf. 111b	R 117-84-2 (Witte)
	Taf. 111c	R 117-84-3 (Witte)
SE 16	Taf. 109d	R 12-73-4 (Witte)
	Taf. 109e	R 12-73-6 (Witte)
	Taf. 109f	R 12-73-7 (Witte)
SE 17	Taf. 113a	Photo Mariani, Sevilla
SE 18	Taf. 112b	R 199-71-9 (Gamer)

	Taf. 112c	R 199-71-10 (Gamer)
	Taf. 112d	R 199-71-11 (Gamer)
SE 19	Taf. 117c	R 211-71-2 (Gamer)
	Taf. 117d	R 211-71-3 (Gamer)
SE 20	Taf. 118d	R 199-71-3 (Gamer)
SE 21	Taf. 113b	R 209-71-5 (Gamer)
	Taf. 113c	R 209-71-7 (Gamer)
	Taf. 113d	R 209-71-6 (Gamer)
SE 22	Taf. 114a	R 198-71-12 (Gamer)
SE 23	Taf. 114c	R 117-84-9 (Witte)
	Taf. 114d	R 117-84-11 (Witte)
SE 24	Taf. 114b	R 198-71-11 (Gamer)
SE 26	Taf. 110d	R 200-71-1 (Gamer)
	Taf. 110e	R 200-71-3 (Gamer)
	Taf. 110f	R 200-71-2 (Gamer)
SE 27	Taf. 115a	R 198-71-8 (Gamer)
	Taf. 115b	R 198-71-7 (Gamer)
SE 28	Taf. 115c	R 198-71-5 (Gamer)
	Taf. 115d	R 198-71-6 (Gamer)
SE 29	Taf. 116a	R 198-71-4 (Gamer)
SE 30	Taf. 112a	A/16a
SE 35	Taf. 116b	R 207-71-6 (Gamer)
SE 36	Taf. 110a	R 207-71-2 (Gamer)
	Taf. 110b	R 207-71-4 (Gamer)
	Taf. 110c	R 207-71-3 (Gamer)
SG 1	Taf. 49d	ExcArqEsp 72 (1971) 82f. Nr. 2767 Taf. 163.2
SO 9	Taf. 48a	R 53-73-6 (Witte)
SO 11	Taf. 48c	R 53-73-4 (Witte)
SO 18	Taf. 48b	R 69-73-1 (Gamer)
SO 19	Taf. 48d	R 70-73-2 (Gamer)
T 1	Taf. 1b	R 147-69-4 (Witte)
	Taf. 1c	K-910
	Taf. 1d	R 147-69-5 (Witte)
T 2	Taf. 1a	7a-69-6a (Witte)
T 4	Taf. 2a	R 144-69-3 (Witte)
T 5	Taf. 2b	R 147-69-1 (Witte)
T 6	Taf. 2c	11-69-34 (Witte)
T 7	Taf. 2d	R 161-69-5 (Witte)
T 8	Taf. 3b	9-69-5 (Witte)
	Taf. 3c	9-69-7 (Witte)
	Taf. 3d	9-69-3 (Witte)
T 9	Taf. 3a	10-69-5 (Witte)
T 11	Taf. 4a	10-69-6 (Witte)
T 12	Taf. 4b	10-69-14 (Witte)

T 13	Taf. 4c	10-69-35 (Witte)
T 15	Taf. 6a	14-72-29 (Gamer)
T 18	Taf. 7d	13-72-10 (Gamer)
T 19	Taf. 7a	14-72-35 (Gamer)
	Taf. 7b	14-72-37 (Gamer)
	Taf. 7c	14-72-36 (Gamer)
T 20	Taf. 6g	13-72-6 (Gamer)
	Taf. 6h	13-72-4 (Gamer)
	Taf. 6i	13-72-8 (Gamer)
T 21	Taf. 6b	14-72-22 (Gamer)
T 22	Taf. 6c	14-72-34 (Gamer)
T 23	Taf. 6d	14-72-6 (Gamer)
T 24	Taf. 6f	14-72-20 (Gamer)
T 25	Taf. 6e	14-72-28 (Gamer)
T 26	Taf. 7e	14-72-24 (Gamer)
T 27	Taf. 7f	14-72-25 (Gamer)
T 28	Taf. 7g	14-72-16 (Gamer)
T 29	Taf. 7h	14-72-19 (Gamer)
	Taf. 7i	14-72-18 (Gamer)
T 36	Taf. 5b	8-69-0a (Witte)
T 37	Taf. 5c	R 167-70-6 (Witte)
T 38	Taf. 5d	R 132-70-2 (Witte)
T 39	Taf. 8a	12-69-31 (Witte)
T 40	Taf. 9c	11-69-2 (Witte)
T 41	Taf. 10a	9-69-36 (Witte)
T 42	Taf. 10b	11-69-21 (Witte)
T 43	Taf. 10c	11-69-0 (Witte)
T 44	Taf. 11a	14-72-5 (Gamer)
	Taf. 11b	R 132-70-4 (Witte)
T 45	Taf. 15a	R 167-70-1 (Witte)
T 46	Taf. 12a	R 105-69-6 (Witte)
T 47	Taf. 12b	7a-69-12a (Witte)
T 48	Taf. 13b	11-69-14 (Witte)
	Taf. 13c	11-69-18 (Witte)
	Taf. 13d	11-69-17 (Witte)
T 49	Taf. 13a	11-69-10 (Witte)
T 50	Taf. 14a	12-69-1 (Witte)
T 52	Taf. 14b	11-69-12 (Witte)
T 53	Taf. 14c	9-69-34 (Witte)
T 54	Taf. 16a	11-69-19 (Witte)
T 55	Taf. 16b	11-69-8 (Witte)
T 56	Taf. 16c	R 100-69-6 (Witte)
T 57	Taf. 16d	7a-69-4a (Witte)
T 58	Taf. 16e	R 100-69-5 (Witte)

T 59	Taf. 16f	11-69-23 (Witte)
T 60	Taf. 17a	8-69-2 (Witte)
T 61	Taf. 17b	7a-69-2 (Witte)
T 62	Taf. 17c	R 158-69-3 (Witte)
T 63	Taf. 17d	R 132-70-1 (Witte)
T 65	Taf. 18a	7a-69-14a (Witte)
T 67	Taf. 19a	14-72-11 (Gamer)
T 69	Taf. 19b	14-72-10 (Gamer)
T 71	Taf. 4d	R 112-69-4 (Witte)
T 72	Taf. 10d	R 119-69-7 (Witte)
T 73	Taf. 11c	15-72-12 (Gamer)
	Taf. 11d	R 151-70-3 (Witte)
	Taf. 11e	15-72-16a (Gamer)
	Taf. 11f	15-72-13a (Gamer)
T 74	Taf. 12c	R 119-69-1 (Witte)
T 75	Taf. 12d	R 109-69-3 (Witte)
T 76	Taf. 14d	R 152-70-6 (Witte)
T 77	Taf. 15b	R 115-69-1 (Witte)
T 78	Taf. 18b	R 114-69-7 (Witte)
T 79	Taf. 18c	R 109-69-7 (Witte)
T 80	Taf. 140c	15-72-6a (Gamer)
	Taf. 140d	13-72-35 (Gamer)
T 81	Taf. 15c	R 137-70-8 (Witte)
T 82	Taf. 15d	R 137-70-9 (Witte)
T 85	Taf. 18d	R 164-70-5 (Witte)
T 86	Taf. 8c	R 174-70-4 (Nach Boy)
	Taf. 8d	R 228-70-5 (A. Charles)
T 87	Taf. 8b	R 230-70-2 (A. Charles)
T 88	Taf. 9d	R 228-70-1 (Allan)
T 92	Taf. 5a	R 172-70-7 (Nach Boy)
T 93	Taf. 9a	R 172-70-10 (Nach Boy)
T 94	Taf. 9b	R 173-70-9 (Nach Boy)
T 96	Taf. 19c	15-72-22a (Gamer)
TAD 4	Taf. 58a	OArchPort 28, 1929, 143 Abb. o. Nr.
TAD 10	Taf. 58b	Nach Rev. Fac. Letras Porto 3, 1972, 327 ff. Taf. o. Nr.
TAD 13	Taf. 58c	Cardozo, Catálogo 24 Nr. 16 Abb. o. Nr.
TAD 13b	Taf. 58d	Ebenda 53 Nr. 31 Abb. o. Nr.
TAD 16	Taf. 58e	OArchPort 19, 1914, 90 Abb. 2
TE 1	Taf. 35a	ArchEspArteArq 1, 1925, 9 Abb. 6
TO 1	Taf. 50c	PLF 1827 (Grunewald)
TO 2	Taf. 66d	PLF 1831 (Grunewald)
TO 4	Taf. 65a	A 363-2
	Taf. 65b	A 363-3
TO 5	Taf. 65c	A 364-5

	Taf. 65d	A 364-6
TO 8	Taf. 66a	PLF 2502 (Witte)
TO 10	Taf. 50d	PLF 2501 (Witte)
TO 11	Taf. 66b	A 904-1
	Taf. 66c	A 904-2
V 1	Taf. 135a	R 5-72-5 (Gamer)
	Taf. 135b	R 6-72-11 (Gamer)
	Taf. 135c	R 5-72-4 (Gamer)
V 3	Taf. 133c	R 6-72-10 (Gamer)
V 4	Taf. 133a	R 5-72-10 (Gamer)
V 5	Taf. 152c	G 302
V 6	Taf. 133d	R 6-72-9 (Gamer)
V 7	Taf. 135d	Nach Ventura Conejero, Játiva romana 63 Nr. 36 Taf. 7
V 9	Taf. 133e	R 6-72-7 (Gamer)
V 10	Taf. 136d	R 6-72-8 (Gamer)
V 11	Taf. 132a	R 6-72-8a (Gamer)
V 12	Taf. 132b	R 7-72-1 (Gamer)
V 13	Taf. 134a	R 7-72-4 (Gamer)
	Taf. 134b	R 7-72-5 (Gamer)
V 14	Taf. 136a	R 7-72-8 (Gamer)
	Taf. 136b	R 7-72-7 (Gamer)
	Taf. 136c	R 7-72-6 (Gamer)
V 15	Taf. 134c	R 7-72-2 (Gamer)
	Taf. 134d	R 7-72-3 (Gamer)
V 16	Taf. 132c	R 5-72-1 (Gamer)
	Taf. 132d	R 5-72-2 (Gamer)
V 17	Taf. 133b	R 5-72-3 (Gamer)
V 19	Taf. 135e	Nach ArchPrehLev 14, 1975, 12 Taf. 2b
VI 1	Taf. 40c	Nach EstArqAlav 2, 1967, 127,8 Abb. 4
VI 3	Taf. 40d	Nach EstArqAlav 6, 1974, 247 Abb. 1
ZA 1	Taf. 52d	Nach ArchEspArq 34, 1961, 104ff. Abb. 1

Situationsphotos:

Taf. 25b	Barcelona. Nekropole »Plaza de la Villa de Madrid«. Inst.Neg. 17-72-24a (Gamer)
Taf. 25c	Barcelona. Nekropole »Plaza de la Villa de Madrid«. Inst.Neg. 17-72-15a (Gamer)
Taf. 35b	Azaila (Teruel). Römischer Tempel. Nach ArchEspArteArq 1, 1925, 297ff. Abb. 13
Taf. 35c	Azaila (Teruel). Römischer Tempel. Nach ArchEspArteArq 1, 1925, 297ff. Abb. 14

Zu Abschnitt 3.5 Stelen/Altar-Mischformen:

Taf. 148a	Tarragona, Mus. Pal. Nr. 3. Inst.Neg. R 151-70-1 (Gamer)
Taf. 148b	Barcelona, MHC Nr. 4009. Inst.Neg. 16-72-29a (Gamer)
Taf. 148c	Barcelona, Plaza de la Villa de Madrid. Inst.Neg. 17-72-7a (Gamer)
Taf. 149	Barcelona, Nekropole »Plaza de la Villa de Madrid«. Inst.Neg. 17-72-13a (Gamer)
Taf. 150a	Badajoz (Slg. Calzadilla). Inst.Neg. B 982-5
Taf. 150b	Sevilla, MAP. Inst.Neg. PLF 2620 (Witte)
Taf. 150c	Sevilla, MAP. Inst.Neg. R 13-73-9 (Witte)
Taf. 150d	Sevilla, MAP. Inst.Neg. R 13-73-8 (Witte)
Taf. 150e	Sevilla, MAP. Inst.Neg. PLF 2621 (Witte)
Taf. 151a	Mérida, Museo Nacional de Arte Romano. Inst.Neg. B 241
Taf. 151b	Jaén, Museo de Jaén. Nach BolInstEstGiennenses 15, 1969, 50f. Abb. 7
Taf. 151c	Jaén, Museo de Jaén. Nach ArchEspArq 31, 1958, 191f. Abb. 15
Taf. 151d	Lisboa, Belém, MNAE Nr. E 6780. Inst.Neg. PLF 1447 (Witte)
Taf. 151e	Lisboa, Belém, MNAE Nr. E 6770. Inst.Neg. R 173-68-6 (Friedrich)

Zu Abschnitt 2 Die regionale Gliederung der Altarformen:

Taf. 152a	Tarragona, Museu Nacional Arqueològic. Inst.Neg. 15-72-18a (Gamer)
Taf. 152b	Denia, Museo del Castillo. Inst.Neg. R 7-72-9 (Gamer)
Taf. 152d	Faro, Museu. Inst.Neg. R 28-68-6 (Witte)

Nachtrag

Seit Abschluß des Manuskripts mit Ende des Jahres 1977 hat sich die Drucklegung verzögert. Eine grundlegende Arbeit, die unsere Fragestellung zum Thema hätte, ist in der Zwischenzeit nicht entstanden, jedoch ist die Kenntnis der Monumente und ihrer Probleme vielfach gefördert worden. Wir wollen dieser veränderten Situation Rechnung tragen, indem wir hier einen Nachtrag zufügen, der durch die Nennung zwischenzeitlich erschienener Literatur – im Jahre 1981 waren noch einige letzte Ergänzungen vorgenommen worden – dem Leser die Möglichkeit bieten soll, sich über das Thema »Römische Altäre auf der Hispanischen Halbinsel« auf einem aktuellen Stand zu informieren. Es können und sollen dabei nicht alle Veröffentlichungen aufgeführt werden, die erschienen sind. Epigraphische Denkmäler Hispaniens stehen häufig im Interesse einer breiten Öffentlichkeit und finden daher in Schriften vielfältiger Art eine Behandlung. Wir wollen vor allem Veröffentlichungen auswählen, die uns für unseren Zusammenhang wichtig erscheinen und von denen ausgehend das Vorausliegende aufgefunden werden kann.

Eine unschätzbare Hilfe beim Zugang zu neuerschienener Literatur zum Thema bietet das jährlich veröffentlichte Zugangsverzeichnis für die Bibliotheken Madrid und Lissabon des Deutschen Archäologischen Instituts, das ab Band Nr. 21, 1980, unter dem im Sachregister geführten Stichwort »Altar« bzw. »Altäre« Verweise auf die im Jahresverlauf zugegangene einschlägige Literatur enthält. Dieses ab dem Jahr 1986 neugestaltete und als Beilage zu den Madrider Mitteilungen erscheinende Zugangsverzeichnis wird auch weiterhin laufend über die Neuerscheinungen informieren. Um sich über neue Altarfunde kundig zu machen, sind spezielle Veröffentlichungen heranzuziehen wie der Ficheiro Epigráfico als Supplement der Zeitschrift Conimbriga, der es sich zum Ziel gesetzt hat, Neufunde oder neu bekanntgewordene epigraphische Denkmäler rasch vorzustellen.

Wir wollen im folgenden nach Abfassung des Manuskripts publizierte Literatur zusammenstellen, wenn sie sich vorwiegend mit Denkmälern unseres Themas befaßt. Die Titel der Aufsätze werden, wenn Altäre dort genannt sind, der besseren Information wegen zitiert. Die Anordnung lehnt sich an die regionale Gliederung an, die wir dem Teil I 2 zugrunde gelegt haben, beginnend mit den Mittelmeerküstenräumen über das mittlere Ebrobecken, den Norden, das Zentrum, León-Asturien zum Nordwesten. Daran schließen sich der lusitanische Westen und der vorwiegend baetische Süden. Innerhalb der einzelnen räumlichen Einheiten folgt die Ordnung der Titel dem Jahr ihres Erscheinens. Es gelten die Abkürzungsverzeichnisse des Deutschen Archäologischen Instituts.

Seit Abfassung des Manuskripts sind die Namen einiger Museen geändert worden. So heißt das Museo Arqueológico in Mérida jetzt Museo Nacional de Arte Romano oder das Museo Arqueológico Provincial in Tarragona trägt jetzt die Bezeichnung Museu Nacional Arqueològic. Solche Änderungen wird es auch in Zukunft geben. Hierüber informiert die jeweils letzte Auflage des Verzeichnisses »Museos y Colecciones de España«, herausgegeben vom Ministerio de Cultura, Dirección General de

Bellas Artes, Archivos y Bibliotecas, Patronato Nacional de Museos, dessen bisherige Auflagen (1969, 1972, 1980 und geplant 1987/88) von Consuelo Sanz-Pastor y Fernández de Piérola zusammengestellt worden waren.

1. Mittelmeerküstenräume
1.1 Katalonien: A. Balil, Los gorgoneia de Barcino, Faventia 1/1, 1979, 63–70; J.-N. Bonneville, Les cupae de Barcelone: Les origines du type monumental, MelCasaVelazquez 17, 1981, 5–38; G. Fabre – M. Mayer – I. Rodà, Epigrafía romana de Terrassa (1981); I. Rodà de Mayer, Las dedicatorias a divinidades en la Barcelona romana, in: La religión romana en Hispania (1981) 121–132; J.-N. Bonneville, Les inscriptions impériales de Barcino (Barcelone), un reflet de l'histoire de la colonie, in: Homenaje a Sáenz de Buruaga (1982) 365–388; D. Fishwick, The Altar of Augustus and the Municipal Cult of Tarraco, MM 23, 1982, 222–233; A. Álvarez Pérez, Estudio de los materiales lapídeos, presentes en la epigrafía de Cataluña, Épigraphie Hispanique. Publications du Centre Pierre Paris (1984) 87–116; ders., Los materiales lapídeos y su significación cronológica, in: XVI CongrNacArq 1982 (1983) 833–836; G. Fabre – M. Mayer – I. Rodà, Inscripcions romanes de Mataro i la seva area (Epigrafia romana del Maresme) (1983); dies., Inscriptions romaines de Catalogne I. Barcelona (sauf Barcino) (1984); dies., Inscriptions romaines de Catalogne II. Lérida (1985); H. Haenlein-Schaefer, Veneratio Augusti. Eine Studie zu den Tempeln des ersten römischen Kaisers (1985) Anhänge III: Altäre; M. Mayer – I. Rodà, L'epigrafia romana a Catalunya. Estat de la qüestió i darreres novetats, Fonaments 5, 1985, 161–186 bes. 181f.: Ara del santuari del Coll (Susqueda); G. Fabre u. a., La producción epigráfica de Isona, in: XVII CongrNacArq 1983 (1985) 667–699.
1.2 Valencia: J. Vicent i Cavaller, Excavacions al santuari hispano-romà de Santa Bàrbara (La Vilavélla de Nules, Plana Baixa), CuadCastellon 6, 1979, 181–221; F. Roca, Nuevo fragmento de ara, Arse 16, 1980, 242–243; G. Alföldy, Ein Corpus der römischen Inschriften aus Saguntum und Umgebung, AEsp 54, 1981, 117–140 (zu: F. Beltrán Lloris, Epigrafía latina de Saguntum y su territorium [1980]).
1.3 Land Alicante-Adra: P. A. Lillo Carpio, Las religiones indígenas de la Hispania antigua en el Sureste Peninsular. El Santuario del Recuesto (Cehegín), Anales de la Universidad de Murcia 38 Nr. 4, 1981, 195–208; E. A. Llobregat, Un altar de perfumes de tipo oriental en el yacimiento ibérico de la Illeta dels Banyets (El Campello, Alicante), BEspOr 20, 1984, 301–305; M. A. Rabanal Alonso – J. M. Abascal Palazón, Inscripciones romanas de la provincia de Alicante, Lucentum 4, 1985, 191–244; J. R. García del Toro, El tablero de altar epigráfico de la Sierra de Portman (del Museo Arqueológico Municipal de Cartagena), in: Reunión sobre epigrafía hispánica de época romano-republicana, Zaragoza 1983 (1986).

2. Mittleres Ebrobecken
F. Marco Simón, Sobre algunas aras romanas de Alcañiz (Teruel), Kalathos 2, 1982, 33–46; C. Aguarod Otal – A. Mostalac Carrillo, Nuevos hallazgos de aras taurobólicas en la provincia de Zaragoza, in: Homenaje al Prof. Martín Almagro Basch III (1983) 311–329.

3. Nördliche Räume
J. Gómez-Pantoja, Nuevas inscripciones romanas de Navarra, PrincViana 154/155, 1979, 5–30; F. Marco Simón, Las estelas decoradas de época romana en Navarra, Trabajos de Arqueología Navarra 1, 1979, 205–250 bes. 239ff.; A. Balil, Un ara romana, chapada de bronce, hallada en Uxama, Celtiberia 30, 1980, 257–262; S. Ruiz de Loizaga, Un ara votiva en Comunión, EstAAlava 10, 1981, 297–305;

J. A. Abásolo, Recientes hallazgos de lápidas romanas en la provincia de Burgos, BVallad 50, 1984, 195–216; I. J. Bona López, Un ara de Valdearcos (Tarazona) (Conventus Caesaraugustanus), Fich-Epigr 8, 1984, 11–12; U. Espinosa Ruiz, Epigrafía romana de la Rioja (1986) bes. 137 ff.

4. Zentralräume

C. Fernández Ochoa – A. Caballero Klink, Nuevo testimonio del culto a Júpiter en Hispania: El ara encontrada en Bolaños de Calatrava (Ciudad Real), CuadPrHistA 7/8, 1980/81, 169–172; E. Rodríguez Almeida, Ávila romana. Notas para la arqueología, la topografía y la epigrafía romanas de la ciudad y su territorio (1981); J. M. Abascal Palazón, Epigrafía romana de la provincia de Guadalajara, Wad-Al-Hayara 10, 1983, 49–115; M. Almagro Basch, Segobriga II. Inscripciones ibéricas, latinas paganas y latinas cristianas, ExcArqEsp 127 (1984); M. García Alonso, Un ara romana en Wamba (Valladolid), BVallad 51, 1985, 258–260; C. Poyato Holgado, El altar de cuernos de La Encantada y sus paralelos orientales, Oretum 1, 1985, 125–174; F. Fernández Gómez, Excavaciones arqueológicas en El Raso de Candeleda (1986) bes. 881–891.

5. León – Asturien

J. L. Maya, Ara de la Fortuna Balnearis (siglo I d. C.), in: Gijón romano (o. J.) 42–43; ders., Ara votiva a Júpiter (siglos II–III d. C.), in: Gijón romano (o. J.) 43; M. Pastor Muñoz, La religión de los Astures. Estudios sobre sus divinidades y creencias religiosas desde la época prerromana al Bajo Imperio (1981); T. Mañanes Pérez, Epigrafía y numismática de Astorga romana y su entorno (1982); M. A. Rabanal Alonso, Fuentes literarias y epigráficas de León en la Antigüedad (1982); F. Diego Santos, Inscripciones romanas de la provincia de León (1986); J. A. Gutiérrez González, Ara romana de La Vid (La Pola de Gordón), Estudios Humanísticos 6, ca. 1986, 117–120; J. Manzanares Rodríguez, Dos aras, una inédita, a los »Lares Viales« en Tuña (Tineo – Asturias), Tabularium Artis Asturiensis 30 (1986) s. pag.

6. Nordwesten (Galicien und Hochportugal nördlich des Douro)

N. Ares Vázquez u.a., Unha ara aos Lares Viales no conxunto arqueolóxico de Temes (Carballedo, Lugo), BAur 9, 1979, 311–315; P. Le Roux – A. Tranoy, Nouveau témoignage du culte de Jupiter dans le Conventus Bracarus, Minia 2. Ser. 2 Nr. 3, 1979, 57–60; M. Menor Currás, Otra ara al dios Tutela, BAur 9, 1979, 305–310; B. Pérez Outeriño, Ara procedente de San Mamede de Urros (Allariz), BAur 9, 1979, 295–300; X. Rodríguez González, Duas novas aras romanas na provincia de Ourense, BAur 9, 1979, 289–293; J. d'Encarnação, O progresso da epigrafia romana do Noroeste Peninsular (1970–1978), in: Actas do Seminário de Arqueologia do Noroeste Peninsular 3 (1980) 37–41; A. L. Fontes, Culto ao Deus Larouco, Júpiter e Ategina, ebenda 5–20; A. Rodríguez Colmenero – A. L. Fontes, El culto a los montes entre los Galaico-Romanos, ebenda 21–35; J. R. Estévez Gómez, Ara funeraria en Presqueira (Baños de Molgas), BAur 10, 1980, 195–201; I. Millán González-Pardo – A. García Alén, Dos dedicaciones y altares de Cosus en la provincia de Pontevedra, El Museo de Pontevedra 34, 1980, 97–146; J. Parente, Subsídios inéditos para a história de Três Minas, in: Actas do Seminário de Arqueologia do Noroeste Peninsular 3 (1980) 131–140; A. Tranoy, Religion et société à Bracara Augusta (Braga) au Haut-Empire romain, ebenda 67–83; M. Cavada Nieto, Nuevas aras romanas de la provincia de Orense, in: Primera Reunión Gallega de Estudios Clásicos 1979 (1981) 152–158; I. Millán González-Pardo, Dedicación métrica a la mar en un nuevo epígrafe galaico-romano (Ara de Santo Tomé de Nogueira, Meis, Cambados), ebenda 159–176; A. Tranoy, Romanisation et monde indigène dans la Galice antique: problèmes et perspectives, ebenda 105−121; ders., La Galice romaine: recherches sur le nord-ouest de la Péninsule Ibérique dans l'antiquité (1981); J. C. Rivas Fernández, Sobre la identidad de la supuesta ara romana de las »Tricivitas«, BAur 13, 1983, 75−98; X. Rodríguez González − A. Seara Carballo, Localización del ara Nr. 2597 del CIL II y nuevos epígrafes en la provincia de Orense, BAur 13, 1983, 23−29; L. Santos u. a., Inscrições romanas do Museu Pio XII em Braga, BracAug 37, 1983, 183−205; P. Le Roux − A. Tranoy, L'épigraphie du nord du Portugal: bilan et perspectives, Conimbriga 23, 1984, 19−41; A. Tranoy, Ateliers lapidaires et niveaux de culture dans le Nord du Portugal, Gallaecia 7/8, 1984, 269−274.

7. Lusitanischer Westen

F. de Almeida − J. u. A. Cavaleiro Paixão, Monumentos arqueológicos e visigóticos de Arranas (S. João dos Azinhais, Torrão, Alcácer-do-Sal), SetúbalA 4, 1978, 215−226; A. L. Fontes, Aras romanas e terras de Barroso desaparecidas, Milenário de S. Rosendo (1978) 5−23; L. Plácido, Ara inédita a Júpiter Óptimo Máximo, Conimbriga 17, 1978, 56−58; J. d'Encarnação, Introdução ao estudo da epigrafia latina (1979); ders., Notas sobre a epigrafia romana de Coimbra, in: Actas das I Jornadas do Grupo de Arqueologia e Arte do Centro (1979) 171−180; M. Leitão − L. Barata, Inscrições romanas de Bemposta-Penamacor (Beira Baixa), TrabAntropEtnol 13, 1980, Fasc. 4, 627−634; M. Leitão − L. Barata − A. Ribeiro, Inscrições romanas do Museu de Penamacor/Beira Baixa (1980); A. J. N. Monteiro, Duas inscrições inéditas encontradas em Serpins (Lousã), Conimbriga 19, 1980, 163−172 bes. 167 ff.; J. R. dos Santos Júnior, O Castro de Fontes (Santa Marta de Penaguião), TrabAntropEtnol 23, 1980, Fasc. 4, 620−626 bes. 622 ff.; R. de Azevedo, Ara de Fontes − Santa Marta de Penaguião, TrabAntropEtnol 24, 1981, Fasc. 1, 152−156; A. García Torres, Berlanga: hallazgo arqueológico, Revista de Estudios Extremeños 37, 1981, 491−492; C. A. Brochado de Almeida, Uma ara a Hércules, Lindoso − Ponte da Barca, Portugalia, N. S. 2/3, 1981/82, 167−171; J. d'Encarnação − F. Geraldes, Júpiter Supremo Sumo − uma inscrição inédita de Orjais (Covilhã), Conimbriga 21, 1982, 135−142; C. A. Ferreira de Almeida, Nova e importante ara a Júpiter (Fiães, Valpaços), Arqueologia (Porto) 5, 1982, 69−70; L. García Iglesias, Sobre epigrafía emeritense, in: Homenaje a Sáenz de Buruaga (1982) 85−98; V. G. Mantas, Inscrições romanas do Museu Municipal de Torres Vedras, Conimbriga 21, 1982, 5−99 bes. 10; J. P. Valente u. a., Ara votiva de Mértola (Conv. Pacensis), FichEpigr 1, 1982, 3−5; J. d'Encarnação, Ara votiva de Cascais (Conv. Scallabitanus), FichEpigr 6, 1983, 9−13; M. M. Alves Dias, Árula votiva da Ericeira (Conv. Scallabitanus), FichEpigr 5, 1983, 3−5; A. González Cordero − M. de Alvarado Gonzalo, Hallazgo de una cupa funeraria en Cáceres, Vettonia 1, 1983, 61−68; J. Mendes de Almeida, A epigrafia na exposição de escultura romana do Museu Nacional de Arqueologia e Etnologia, APort 4. Ser. 1, 1983, 337−346; F. P. Curado, Ara a Duangeius, de Penamacor (Conventus Scallabitanus), FichEpigr 7, 1984, Nr. 26; ders., Aras a Laepus procedentes de Pousafoles, Sabugal (Conventus Scallabitanus), FichEpigr 7, 1984, Nr. 28; A. M. Dias Diogo, Ara votiva de Ouguela, Campo Maior (Conventus Pacensis), FichEpigr 8, 1984, 8−10; J. d'Encarnação, Inscrições romanas do Conventus Pacensis (1984); J. d'Encarnação, Reflexões sobre a epigrafia de Ossonoba, Conimbriga 23, 1984, 5−18 bes. 13; J. M. García, Epigrafia lusitano-romana do Museu Tavares Proença Júnior (Castelo Branco) (1984); J. L. Melena, Un ara votiva romana en El Gaitán, Cáceres, Veleia 1, 1984, 233−260; G. Cardoso − J. d'Encarnação, Cupa de Alcabideche (Conventus Scallabitanus), FichEpigr 15, 1985, Nr. 68; F. P. Curado, Ara votiva de Longroiva (Meda) (Conventus Scallabitanus), FichEpigr 11, 1985, Nr. 44; ders., Ara votiva de Coriscada (Meda) (Conventus Scallabitanus), FichEpigr 11, 1985, Nr. 45; ders., Ara a Vortiaecius, de Penamacor (Conventus Scallabitanus), FichEpigr 13, 1985, Nr. 57; J. d'Encarnação, Ara votiva a Triborunnis (Conventus Scallabitanus), FichEpigr 14, 1985, Nr. 59; C. Ervedosa, Ara votiva a Júpiter encontrada em Sabrosa, TrabAntropEtnol 25, 1985, 165–170; L. F. C. Gomes – A. M. M. Tavares, Ara funerária de Fresta (Conventus Scallabitanus), FichEpigr 13, 1985, Nr. 56; M. Leitão, Fragmento de uma ara da Sra. da Granja (Idanha-a-Nova) (Conventus Scallabitanus), FichEpigr 15, 1985, Nr. 67; J. Pascual Rodríguez, Ara funeraria de Fuente del Maestre (Badajoz), FichEpigr 12, 1985, 49–53; P. Carvalho, Árula votiva de Aguada de Cima, FichEpigr 16, 1986, Nr. 70; F. P. Curado, Fragmento de ara do Museu de Pinhel (und weitere Altäre), FichEpigr 17, 1986, Nr. 74–78; A. I. de S. Ferreira, Árula votiva de Vendas de Cavernães, FichEpigr 16, 1986, Nr. 71; P. Bárcia, As »Religiões da Lusitânia« de J. Leite de Vasconcellos: Contribuição para o seu estudo. Alguns comentáris e índices gerais (o. J.); J. L. Inés Vaz, Inscrições romanas de Lamego (o. J.).

8. Südhispanien

J. Palacios Royan, Nuevas inscripciones de Sabora, Jábega 17, 1977, 66–68; I. Millán González-Pardo, Ara funeraria de »Ulisi«, y pruebas de un nuevo municipio de Roma en la Bética, AEsp 50/51, 1977/78, 57–76; M. Almagro Basch, Sobre la dedicación de los altares del templo del Hercules Gaditanus, in: La religión romana en Hispania (1981) 301–307; L. Baena del Alcázar, El ara romana del Museo Arqueológico Municipal de Antequera, in: Arqueología de Andalucía Oriental. Siete estudios (1981) 73–91; A. Mendoza Eguaras, Ara del Cortijo de Escalona (Piñar, Granada), CuadGranada 6, 1981, 427–429; L. Baena del Alcázar, Esculturas romanas de Mengibar, BVallad 48, 1982, 111–120; J. González, Inscripciones romanas de la provincia de Cádiz (1982); ders., Miscelánea epigráfica andaluza, AEsp 55, 1982, 153–172 bes. 160f. 165f.; P. Rodríguez Oliva, Malaca, ciudad romana, Jábega 44, 1983, 11–20; A. U. Stylow, Inscripciones latinas del sur de la provincia de Córdoba, Gerion 1, 1983, 267–303; J. Beltrán Fortes, Un ara votiva de Itálica en la Colección Lebrija, Baetica 7, 1984, 113–119; A. Caballos Rufino – M. M. Ruiz Delgado, Hallazgo de una nueva ara funeraria en Sevilla. Contribución al estudio de los formularios epigráficos hispalenses, Habis 15, 1984, 257–274; J. A. de la Sierra Fernández, Ara cilíndrica del Museo de Carmona (Sevilla), Museos 2, 1984, 33–36; A. Canto de Gregorio, La epigrafía romana de Itálica. Diss. Univ. Complutense Madrid 1985; A. U. Stylow, Beiträge zur lateinischen Epigraphik im Norden der Provinz Córdoba. I. Solia, MM 27, 1986, 235–278.

9. Allgemeines

J. N. Bonneville, Le monument épigraphique et ses moulurations, Faventia 2/2, 1980, 75–98; La religión romana en Hispania. Simposio organizado por el Instituto de Arqueología »Rodrigo Caro« del C.S.I.C. del 17 al 19 de diciembre de 1979 (1981); P. Le Roux, L'armée romaine et l'organisation des provinces ibériques d'Auguste à l'invasion de 409 (1982); M. D. Mauleón, Índices de las inscripciones latinas publicadas en el Boletín de la Real Academia de la Historia (1877–1950) (1983); R. Bedon, Les carrières et les carriers de la Gaule romaine (1984) (Steinbruch von Saint-Béat und benachbarte Brüche in den Pyrenäen 64ff. 75ff. 88ff. 124ff. Abb. 10: Lagekarte); A. Álvarez Pérez, Estudio de los materiales lapídeos, presentes en la epigrafía de Cataluña, Épigraphie Hispanique. Publications du Centre Pierre Paris (1984) 87–116; J.-Cl. Bessac, L'outillage traditionnel du tailleur de pierre de l'Antiquité à nos jours (1986); J. M. Blázquez, Einheimische Religionen Hispaniens in der römischen Kaiserzeit, ANRW II 18,1 (1986) 164–275.

An den Schluß sollen einige Überlegungen gestellt werden, die sich aus der Lektüre des zuvor genannten Artikels von J. N. Bonneville, Le monument épigraphique et ses moulurations, Faventia 2/2, 1980, 75–98, ergeben haben.

Hinsichtlich der Beschreibung des Aufbaues von Altarprofilen (Fuß- und Deckprofil) konnte sich noch keine einheitliche Betrachtungsweise durchsetzen, da die Autoren oft von unterschiedlichen Vorstellungen über Genese und Natur der Profile ausgehen. Das daraus sich ergebende Problem einer differierenden Beurteilung der Profilformen stellt sich besonders gravierend in einem provinzialen Randbereich wie der Hispanischen Halbinsel, wo die Rezeption klassischer Profilformen ganz unterschiedlichen generellen, aber auch individuellen Bedingungen unterliegt. Wir finden dort daher Formen, die durch eine große Spannweite zwischen der Befolgung des klassischen Modells und dessen entferntester Abwandlung gekennzeichnet sind und die dementsprechend zu beschreiben wären. Die Begriffe der klassischen Profilterminologie können demnach nur dann Anwendung finden, wenn ein klassisches Profil vorliegt oder wenn genügend deutlich ist, daß ein solches klassisches Profilelement vom Steinmetzen wiederzugeben beabsichtigt war. In den anderen Fällen muß eine Beschreibung versuchen, den Formcharakter des Profils zu treffen, auch wenn hierzu keine allgemein anerkannte Terminologie existiert und daher die von den Autoren gewählten Begriffe wiederum differieren. Aber auch die Auffassungen vom Aufbau der Profilierung eines Altars sind nicht einheitlich. So vermittelt eine Profilabfolge zwischen dem Körper eines Altars und der Deckplatte, so wie sie auch vom Sockel zum Körper überleitet. Wir sehen also weder in der Deck- (abaque) noch in der Sockelplatte (plinthe) ein Element, das als Teil der eigentlichen Profilabfolgen angesehen werden könnte (anders Bonneville a.O. 83 Anm. 31). Gewiß sollte die Aufnahme von Profilen sorgfältig geschehen, etwa unter Zuhilfenahme eines 'conformateur'. Wenn eine solche zeitraubende und mühevolle Arbeit in einer exemplarischen Weise mit einem 'conformateur' direkt am Monument durchgeführt worden ist und das Ergebnis in Umzeichnung publiziert vorliegt (MM 15, 1974, 209 ff. Abb. 7. 12–14), sollte sie nicht als »approximativ, theoretisch und allgemein« ausgeführt erachtet und als negatives Beispiel einer »präzisen« Profilaufnahme gegenübergestellt werden, wenn sich der hierin sich äußernde kritische Ansatz nicht von vornherein diskreditieren will.

Die Form der Profilfolge als Indikator für den Zeitstil und damit als Mittel der Datierung darf nicht überschätzt werden. Eine präzise chronologische Aussage anhand der Ausprägung der Profilierung allein zu treffen, ist wohl kaum möglich. Dazu fehlt es den Profilformen an individueller, künstlerischer und zeitsensibler Ausprägung. Gleichwohl gibt es zeitabhängige Vorlieben für Formen und Proportionen von Profilen und die Kombination ihrer Elemente, die in gewissen Grenzen eine Datierungsvorstellung vermitteln können. Der Charakter einer Profilabfolge wird selbstverständlich mitbestimmt von den kleinen verbindenden Gliedern, die für das abwechslungsreiche Ansteigen und die lebendige Spannung eines Profils ganz entscheidend sind, indem sich nämlich in ihnen die Bewegung versammelt und die Kraft für ein erneutes schwingendes Weiterführen des Profils konzentriert, sein Anlaufen vorbereitet wird oder sein Ende ausklingt. Schon deshalb sollte man die kleinen Profilelemente nicht vernachlässigen (Bonneville a.O. 83 Anm. 31); wir haben lediglich in dem MM 15, 1974, 238 ff. zugefügten, auch als Entlastung der Anmerkungen gedachten Kurzkatalog die im Text zuvor S. 232 ff. niedergelegte detaillierte Profilbeschreibung nicht wiederholt, sondern versucht, den Formcharakter der Profile durch eine knappe Kennzeichnung zu treffen. Eine solche ist nämlich ganz entscheidend etwa für den Versuch einer stilistischen Bewertung eines Profils, dessen anschaulicher Charakter durch wesentliche Formmerkmale, eben die dominierenden Hauptformen, geprägt wird, und sie stellt auch die Grundlage für eine Beobachtung wie die sicher zutreffende Bonnevilles a.O. 89

dar, daß *cymae reversae* in der zweiten Hälfte des 2. Jahrhunderts und im 3. Jahrhundert n. Chr. in den Altarfuß- und -deckprofilen besonders häufig seien.

Die Profile – Fuß- und Deckprofil – haben, wie bereits gesagt, die Aufgabe, vom vortretenden Sockelteil zum Körper und von dort zur vorragenden Deckplatte überzuleiten. Diese Gleichheit der Aufgabe von Fuß- und Deckprofil führt dazu, daß sie als zu einer in der Mitte des Altarkörpers horizontal verlaufenden Achse symmetrisch angeordnet gesehen werden können. Oft werden in beiden Profilen dazu noch die gleichen Elemente verwendet. Wird eine solche Symmetrie gesehen, dann kann u. E., zumindest doch wohl bei den 'symmetrischen' Altarprofilen, auf die ohnehin klaren Angaben »aufrecht« (droit) und »umgekehrt« oder »invertiert« (renversé) bei den in Fuß- und Deckprofil gleichen Elementen verzichtet werden, zumal ja ihr jeweiliger Ort in Fuß- oder Deckprofil angegeben wird. Die von Land zu Land unterschiedliche Terminologie verzichtet im allgemeinen nicht auf diese Angaben. Es ergeben sich allerdings dabei Bezeichnungen, die manchen verwirren können, so etwa für eine *cyma reversa* im Fußprofil die in Spanien benutzten Termini »gola reversa inversa« oder »cima reversa inversa« (Bonneville a.O. 98).

Die *cyma reversa* hat mit dem lesbischen Kymation den ansteigenden Profilverlauf konkav-konvex gemeinsam. Auch das ornamentierte Kymation des Altars BU 1 (Taf. 35a.b) ist so geformt. Wir sehen dieses Profilelement eher davon abgeleitet als vom ionischen Kymation oder der »doucine droite« (so Bonneville a.O. 97 Anm. 33).

Durch die genannte in Fuß- und Deckprofil herrschende Symmetrie ist nicht von vornherein festgelegt, in welcher Richtung eine Beschreibung der Profile zu erfolgen hat, ob von oben oder von unten zu beginnen ist. Bei einem in Fuß- und Deckprofil symmetrischen Profilaufbau wäre dies auch unerheblich; denn die Anordnung der Profilelemente von unten her, beginnend mit dem Fußprofil, entspricht ja der zwischen Deckplatte und Altarkörper vermittelnden Abfolge, wenn man diese von oben nach unten beschreibt. Man hat sich häufig für ein solches Vorgehen bei der Profilbeschreibung entschlossen, bei dem zunächst die Elemente des Deckprofils in fallender Richtung aufgeführt und dann in umgekehrter Reihung der Einzelglieder diejenigen des Fußprofils ebenfalls in fallender Folge angeschlossen werden. Wir verfahren hier in gleicher Weise, und auch Bonneville empfiehlt (a.O. 83. 89), die Profile entsprechend zu beschreiben. Eine andere denkbare Möglichkeit wäre, der tektonischen Auffassung des Aufbaues von Altar und Profilen gemäß, eine Profilfolge von unten nach oben zu beschreiben. Wenn man berücksichtigt, daß häufig Fuß- und Deckprofil ganz verschieden aufgebaut sein können, im Deckprofil die Elemente zuweilen zahlreicher, abwechslungsvoller und gar in reicher Fülle gereiht werden, dann gilt dieses offensichtlich als Hauptprofil, auf dem ein besonderer Akzent und ein primäres Augenmerk ruhen. Im Fußprofil dagegen können wenige schwere Formen nebeneinander sich finden, die zuweilen, ohne markant abzusetzen, in den nach unten zu rauh belassenen, da aus Gründen der Aufstellung weniger gut sichtbaren, Sockel übergehen, eine Gestaltung, die durch die Funktion und den Ort des von der Basis rückspringenden Fußprofils bestimmt wird. Man würde daher auch in diesem möglichen Fall eine Beschreibung mit dem Deckprofil beginnen.

Eine Beschreibung so ausführlich zu gestalten, daß sie die Eigentümlichkeiten eines Profils »ohne Zuhilfenahme einer Photographie oder Zeichnung« (Bonneville a.O. 89) genau wiedergibt und es ermöglicht, aufgrund der Lektüre des Textes allein sich das Profil vorzustellen (Bonneville a.O. 83 Anm. 31), bedürfte eines so großen Textaufwandes, daß man sich im Hinblick auf die daraus zu gewinnenden möglichen Ergebnisse fragen muß, ob dies gerechtfertigt wäre. Es werden ja nicht immer dieselben Profilelemente gleichförmig wiederholt, die man dann verschlüsselt mit einer einfachen Ordnungszahl ausreichend bezeichnen könnte (Bonneville a.O. 90), sondern sie erhalten zu unterschiedlicher Höhe und Neigung eine wechselnde Ausformung und Proportionierung, die durch eine einfache Nennung des entsprechenden Terminus oder seines Nummerncodes nicht erfaßt würden. Wenn etwa eine *cyma reversa* im Fußprofil in ihrer Form übertrieben abgewandelt erscheint, dann lag es trotzdem weiterhin in der Absicht des Steinmetzen, eine *cyma reversa* zu bilden, aber eben in einer ganz spezifischen Formvariante, und nicht eine Kombination von *scotia* und *torus* (boudin) (Bonneville a.O. 89) oder in einer weniger starken Formübertreibung eine Verbindung von Kehle (cavet/gorge) und *torus* (boudin/ovolo) neu in das Profil einzubringen oder die *cyma reversa* in dieser Weise umzuwandeln, was zudem ganz andere Rezeptionsbedingungen voraussetzen würde. Es gibt in einer Profilabfolge in der Regel dominierende Haupt- und untergeordnete Nebenformen. *Cyma recta* und *reversa* etwa stellen Hauptformen dar. Der Torus als Profilelement ist eine Form, die oft zwischen anderen Elementen vermittelt und dann, jenen zwischengeschaltet, ein solches untergeordnetes Profilglied darstellt. Man muß sich deshalb fragen, ob der Torus (boudin) – doch wohl letztlich Vitruvianischer Begriffsprovenienz (3,5,3) – in einer dreifach übereinandergeordneten Serie als einziges und dazu noch verdreifachtes Profilelement gedient haben kann (Bonneville a.O. 94 Anm. 32). Möglicherweise war es sogar die Absicht, in diesem Fall (NA 11 Abb. 5) eine *cyma reversa* und eine Faszie zu bilden. Das Erkennen, welche Formvorstellung die ausführende Hand geleitet hat, ist oft schwierig und wird auch künftig zu unterschiedlichen Beurteilungen führen, je nach Standort und Auffassung des einzelnen. Vor einer zu schematischen Klassifizierung der Profilelemente ist jedenfalls zu warnen, da sie die monumentale Wirklichkeit nicht zu erfassen vermag.

Abbildungen 1–5

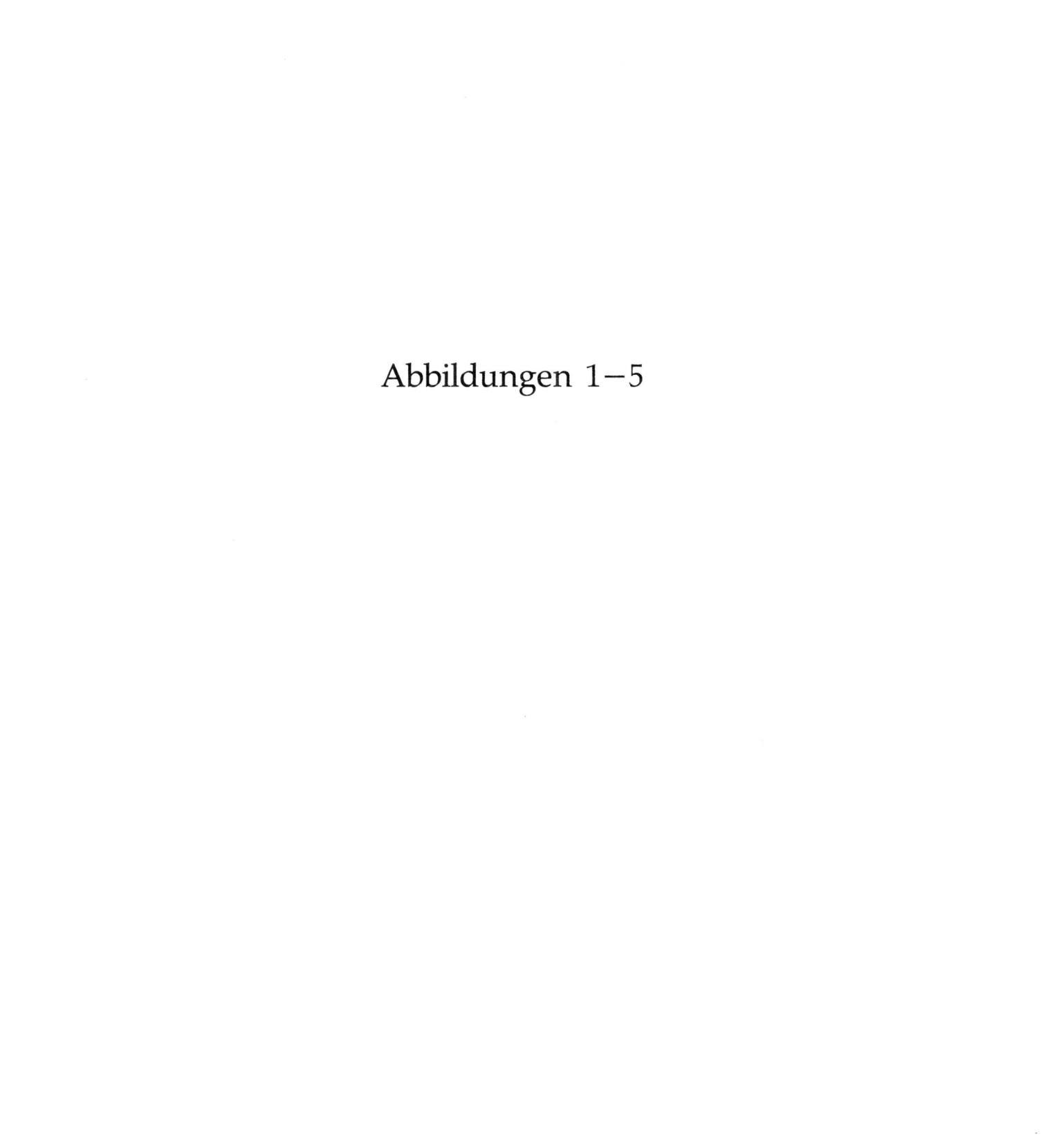

Abb. 1 Hispanische Halbinsel. Gliederung nach modernen Provinzen mit deren abgekürzten Namen (mit von uns berücksichtigten Altarfunden)

SPANIEN

A	Alicante	LU	Lugo		
AV	Ávila	MU	Murcia		
B	Barcelona	NA	Navarra		
BA	Badajoz	O	Oviedo		
BI	Vizcaya	OR	Orense		
BU	Burgos	P	Palencia		
C	La Coruña	PO	Pontevedra		
CA	Cádiz	S	Santander		
CC	Cáceres	SA	Salamanca		
CO	Córdoba	SE	Sevilla		
CU	Cuenca	SG	Segovia		
GE	Gerona	SO	Soria		
GU	Guadalajara	SS	Guipúzcoa		
H	Huelva	T	Tarragona		
HU	Huesca	TE	Teruel		
J	Jaén	TO	Toledo		
L	Lérida	V	Valencia		
LE	León	VI	Álava		
LO	Logroño	ZA	Zamora		

PORTUGAL

ALA	Alto Alentejo
ALG	Algarve
BAA	Baixo Alentejo
BEA	Beira Alta
BEB	Beira Baixa
BEL	Beira Litoral
DL	Douro Litoral
ES	Estremadura
MI	Minho
RI	Ribatejo
TAD	Trás-os-Montes e Alto Douro

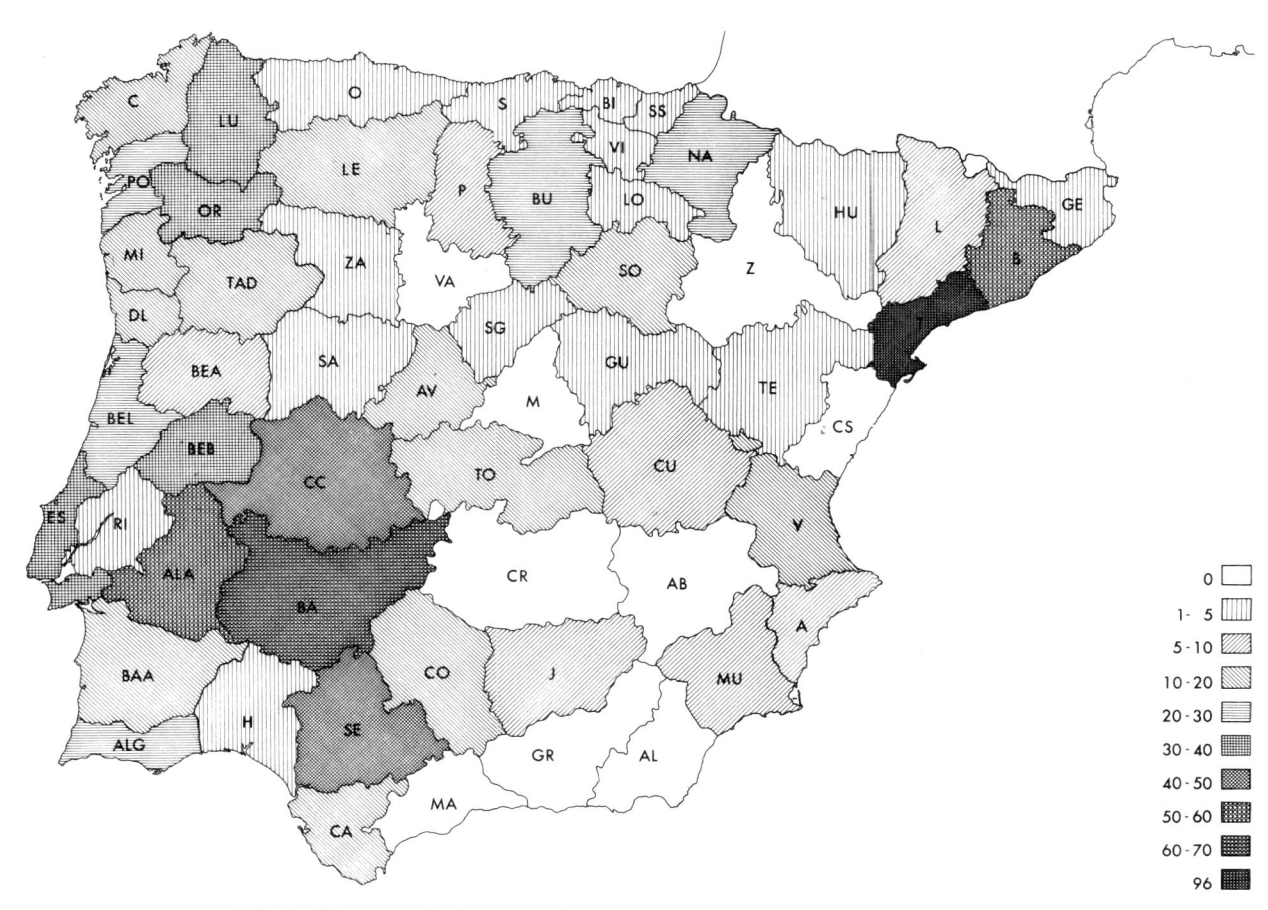

Abb. 2 Altäre nach ihrer Häufigkeit in den einzelnen modernen Provinzen

Spanien

A	Alicante	10
AV	Ávila	12
B	Barcelona	59
BA	Badajoz	69
BI	Vizcaya	2
BU	Burgos	23
C	La Coruña	11
CA	Cádiz	14
CC	Cáceres	41
CO	Córdoba	20
CU	Cuenca	6
GE	Gerona	4
GU	Guadalajara	1
H	Huelva	3
HU	Huesca	2
J	Jaén	10
L	Lérida	6
LE	León	15
LO	Logroño	5
LU	Lugo	33
MU	Murcia	9
NA	Navarra	28
O	Oviedo	5
OR	Orense	35
P	Palencia	6
PO	Pontevedra	27
S	Santander	4
SA	Salamanca	2
SE	Sevilla	41
SG	Segovia	3
SO	Soria	20
SS	Guipúzcoa	1
T	Tarragona	96
TE	Teruel	1
TO	Toledo	11
V	Valencia	19
VI	Álava	4
ZA	Zamora	1
Spanien insgesamt:		659

Portugal

ALA	Alto Alentejo	58
ALG	Algarve	23
BAA	Baixo Alentejo	18
BEA	Beira Alta	9
BEB	Beira Baixa	32
BEL	Beira Litoral	23
DL	Douro Litoral	14
ES	Estremadura	33
MI	Minho	13
RI	Ribatejo	3
TAD	Trás-os-Montes e Alto Douro	18
Portugal insgesamt:		244

Insgesamt: 903

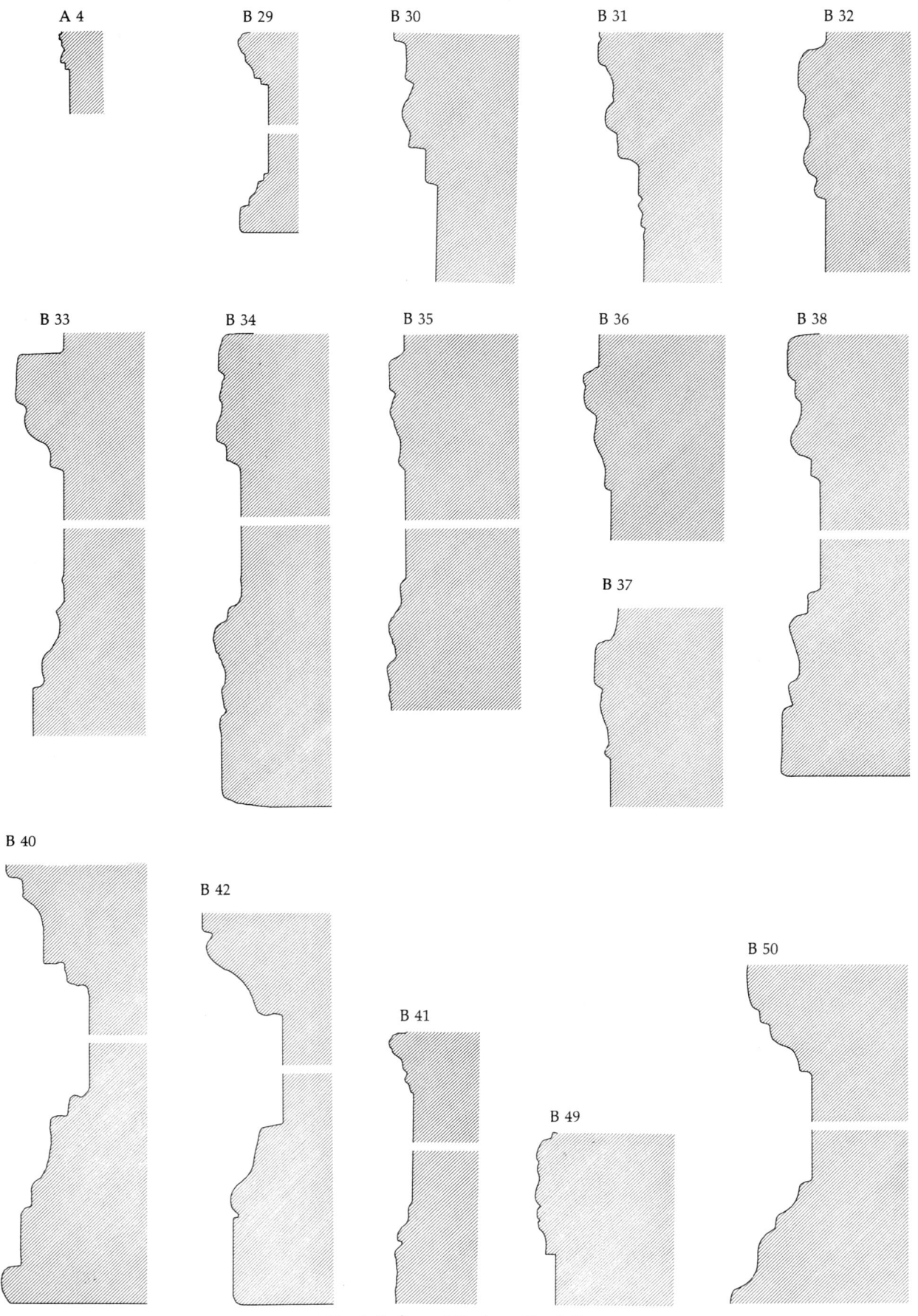

Abb. 3 Fuß- und Deckprofile. 1:5

337

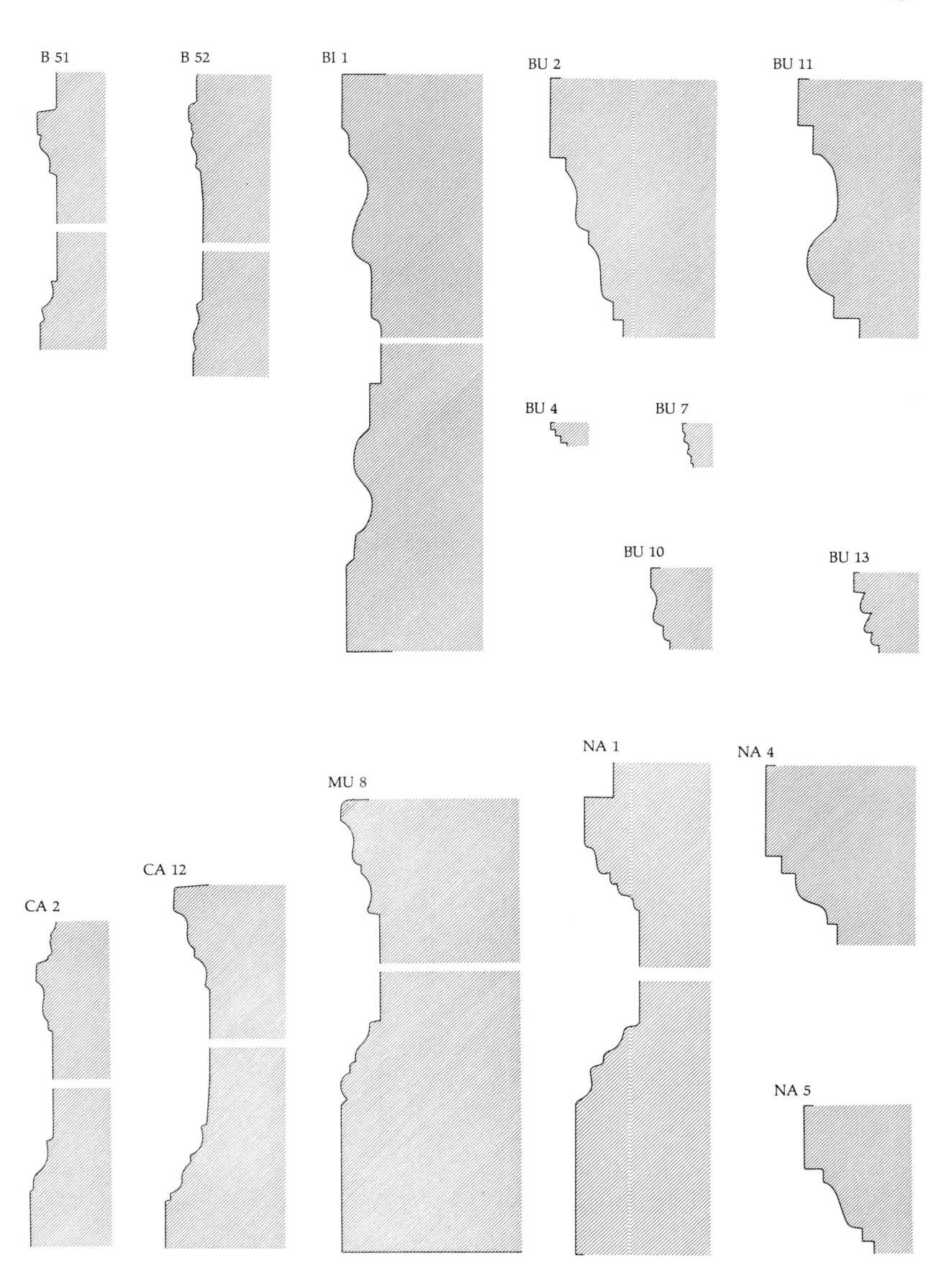

Abb. 4 Fuß- und Deckprofile. 1:5

Abb. 5 Fuß- und Deckprofile. 1:5

Tafeln 1–152

Vorbemerkung zum Tafelteil

In der Regel wurden die auf den Reisen geprüften Altäre von uns selbst photographiert. Zu den beschrifteten Altären aus Tarraco konnten wir auf die für das Werk G. Alföldys angefertigten Aufnahmen zurückgreifen. Die Photographien der Altäre BU 1 und BU 3 stammen aus dem Archiv 'Photo Club', Burgos. Das Photoarchiv des Deutschen Archäologischen Instituts, Abteilung Madrid, mit Aufnahmen der Photographen Friedrich, Grunewald, Noack und Witte, konnte ebenfalls zur Vervollständigung des Tafelteils benutzt werden. Zur Abbildung des Altars ALA 27 fand eine käufliche Postkarte des MNAE in Lissabon Verwendung. Reproduktionen von Photoabbildungen und Zeichnungen, als solche gekennzeichnet, ergänzen die Originalaufnahmen.

Die Reihung der Tafeln versucht, die Altäre zunächst nach ihrem regional unterschiedlichen Erscheinungsbild zu gruppieren (I 1). Die Abbildungen der unter I 3 behandelten monumentalen Grabaltäre, der Rundaltäre, der getrennt gearbeiteten Altarbekrönungen, der monolithen Verbindungen von Inschriftquader und Manenaltar und einiger Stelen/Altar-Mischformen schließen daran an. Den Abschluß bilden zum Vergleich herangezogene Stelen, die unter dem Einfluß griechischer Grabstelen stehen, und andere mit den Altären verbundene Monumente. Eine Ordnung nach der alphabetischen Folge der neuzeitlichen Verwaltungseinheiten, der Provinzen, in den beiden Ländern Portugal und Spanien, wie sie dem Verzeichnis (II) zugrunde liegt, hätte räumlich getrennte Formen in einer inhaltlich unbegründeten Weise nebeneinandergestellt und so die Aussagemöglichkeiten per se des Tafelteils beschnitten. Seine Anordnung soll vielmehr, die hier verfolgten Ziele unterstützend, aus sich heraus Erkenntnisse ermöglichen. Erinnert sei daran, daß bereits G. Alföldy, der monumentalen Natur der epigraphischen Denkmäler entsprechend, Katalog und Tafelteil der Inschriften von Tarraco unterschiedlich aufgebaut hat.

Ein besonderer Dank gilt P. Witte, der nicht nur eine große Anzahl von Originalaufnahmen beisteuerte, sondern auch in geduldiger Laborarbeit viele Abzüge in einer heute seltenen Qualität herstellte. Eine Serie von Arbeitsabzügen fertigte J. Jiménez und unterstützte damit die Anfänge des Unternehmens. J. Patterson übernahm die Aufgabe, den größten Teil der Druckvorlagen für den Tafelteil auszuarbeiten. Zu danken haben wir L. de Frutos und G. Neuber für die Umzeichnung unserer Abbildungsvorlagen; L. de Frutos besorgte zudem noch die Layout-Montage. C. Ewert half in dankenswerter Weise bei der Anfertigung von Photoaufnahmen in Soria.

TAFEL 1

a

b

c

d

a: T 2; b–d: T 1.

TAFEL 2

a: T 4; b: T 5; c: T 6; d: T 7.

TAFEL 3

a: T 9; b–d: T 8.

TAFEL 4

a: T 11; b: T 12; c: T 13; d: T 71.

TAFEL 5

a: T 92; b: T 36; c: T 37; d: T 38.

TAFEL 6

a: T 15; b: T 21; c: T 22; d: T 23; e: T 25; f: T 24; g–i: T 20.

TAFEL 7

a−c: T 19; d: T 18; e: T 26; f: T 27; g: T 28; h.i: T 29.

TAFEL 8

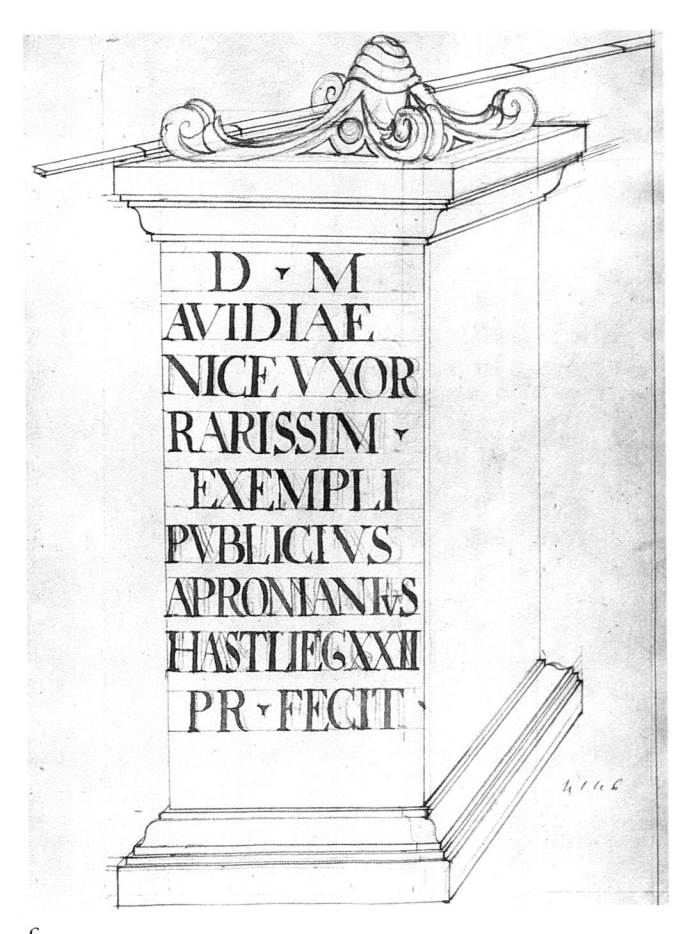

a: T 39; b: T 87; c.d: T 86.

TAFEL 9

a

D · M ·
MANLIAE
QVINTAE
MANLIA
SEVERA
PATRONA

b

D · M ·
SEX ERVCI
ATHENOD P
B · M ·

c

D M
VICTORI
AR F XXIIB
P H C
Q VINITIA
PROCVLA
CONIVGI

d

D M
CLODI MVSAEI
SVIR HARRAC
PORCIA HIERO
NIS VXOR
MARITO OPTIM
FECIT

a: T 93; b: T 94; c: T 40; d: T 88.

TAFEL 10

a

D   M
˙C˙AS˙
CHRYSAMPHI
HERMION˙
· · ·
EXTIS
P·C

b

D · M
L·SVLPICIO
MAXENTIO
VERN·ARRAC
L·OPPIVS·MAXIMVS
FIL·ET·PAEDANIA
CRESCENTINA·CONIVG
B·M·F

c

D   M
M·VALERIO·CAI
IISTO·FELICINA
SATVRAE·SVLPICI
A·VRSA·BENEME
RENTIBVS·FECIT

d

D   M
AEMILIAE·TRYPHOS·
ANN · XIIII
T·AEMIL·CHRESIMV
ET·G·I·EACENTINA
FILIAE·CARISSIMAE

a: T 41; b: T 42; c: T 43; d: T 72.

TAFEL 11

a.b: T 44; c–f: T 73.

TAFEL 12

a: T 46; b: T 47; c: T 74; d: T 75.

TAFEL 13

a: T 49; b–d: T 48.

TAFEL 14

a: T 50; b: T 52; c: T 53; d: T 76.

TAFEL 15

a

b

c

d

a: T 45; b: T 77; c: T 81; d: T 82.

TAFEL 16

a

b

c

d

e

f

a: T 54; b: T 55; c: T 56; d: T 57; e: T 58; f: T 59.

TAFEL 17

a: T 60; b: T 61; c: T 62; d: T 63.

TAFEL 18

a: T 65; b: T 78; c: T 79; d: T 85.

TAFEL 19

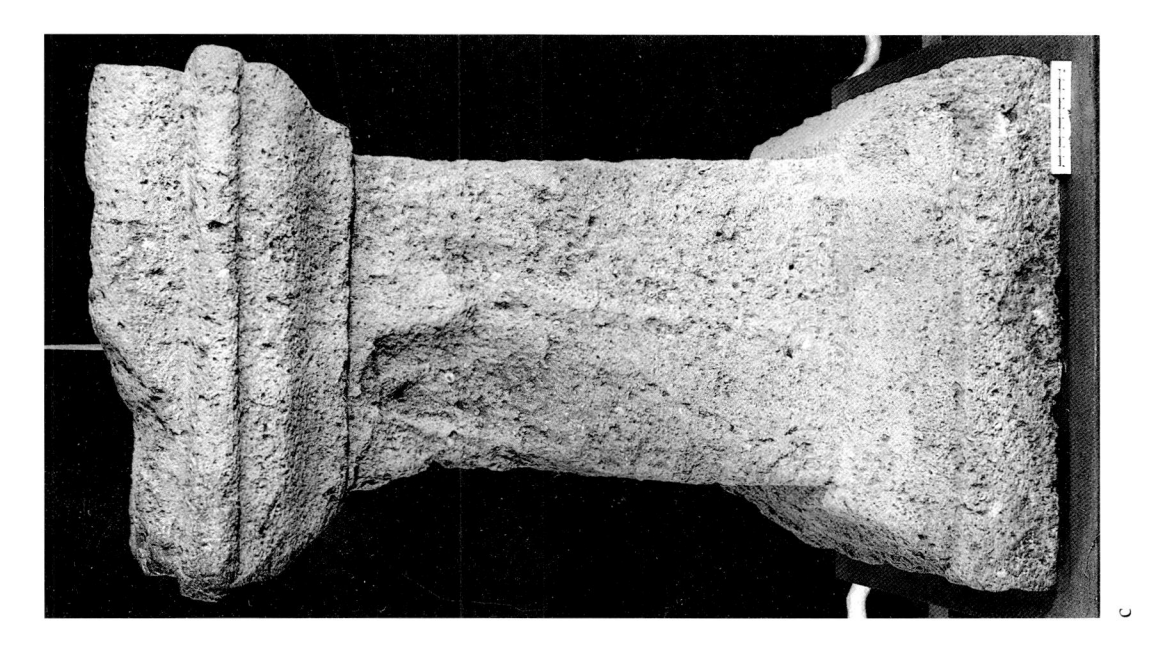

a: T 67; b: T 69; c: T 96.

TAFEL 20

a.b: B 2; c: B 3; d: B 17; e: B 4; f: B 16; g: B 40.

TAFEL 21

a.b: B 29; c.d: B 30.

TAFEL 22

a: B 7; b: B 9; c: B 14; d.e: B 42.

TAFEL 23

a.b: B 5; c.d: B 6; e.f: B 8.

TAFEL 24

a.b: B 10; c.d: B 11; e.f: B 13.

TAFEL 25

a: B 12; b.c: Barcelona, Nekropole »Plaza de la Villa de Madrid«.

TAFEL 26

a–c: B 51; d.e: B 52.

TAFEL 27

a.b: B 32; c.d: B 33.

TAFEL 28

a

b

c

d

a.b: B 34; c.d: B 35.

TAFEL 29

a.b: B 36; c.d: B 37.

TAFEL 30

a

b

c

d

a: B 1; b: B 39; c.d: B 38.

TAFEL 31

a: B 41; b.c: B 15.

TAFEL 32

a–c: B 49; d.e: B 31.

TAFEL 33

a

b

c

d

a: GE 1; b–d: GE 2.

a: L 6; b: L 2; c: L 3; d: L 5; e: L 4.

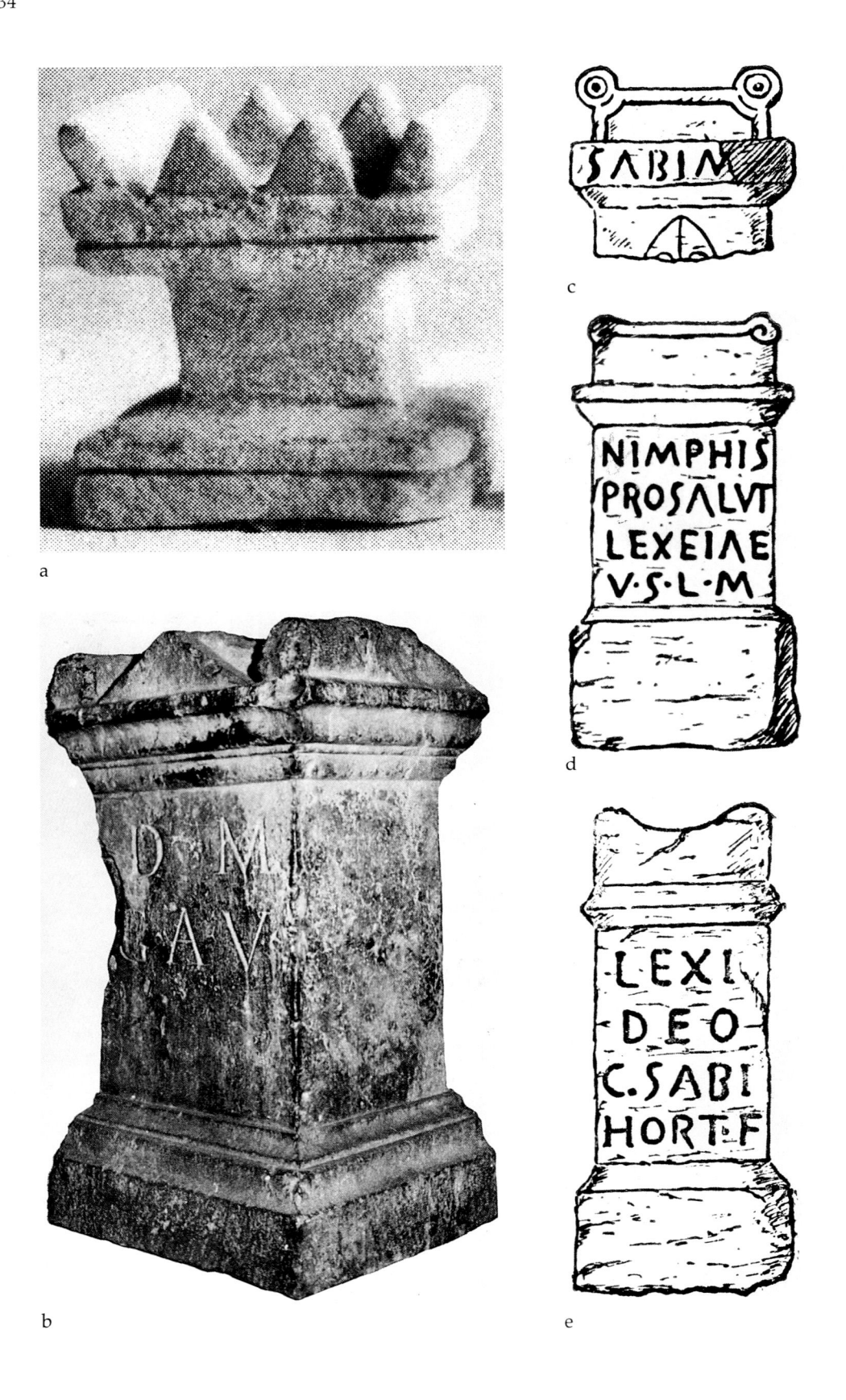

TAFEL 35

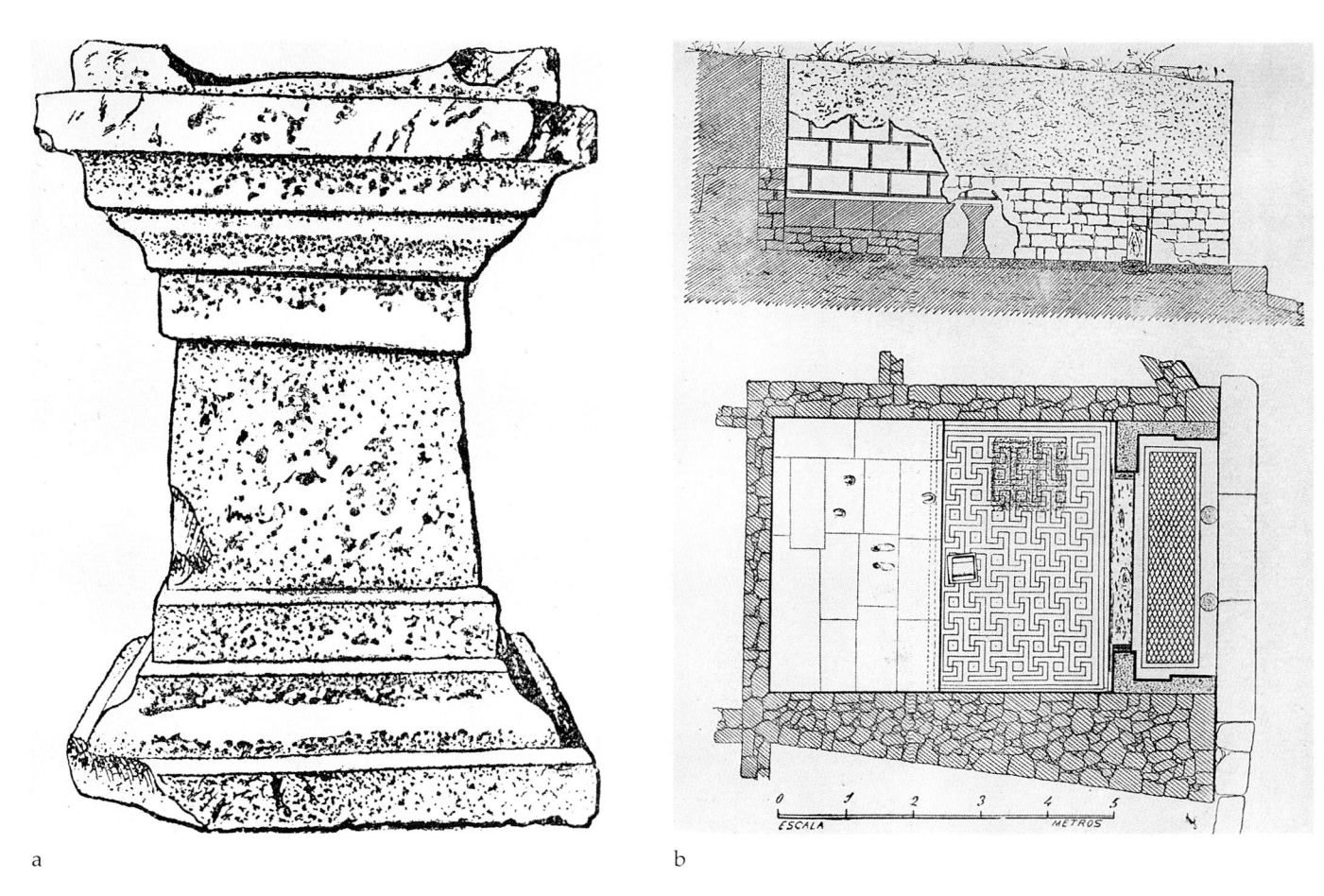

a: TE 1; b.c: Azaila (Teruel), Römischer Tempel.

TAFEL 36

a.b: BU 1; c: BU 2.

TAFEL 37

a: BU 3; b: BU 5; c: BU 6; d: BU 7; e: BU 11; f: BU 12.

TAFEL 38

a: BU 4; b: BU 9; c: BU 10; d: BU 13.

TAFEL 39

a: S 1; b: S 2; c: S 3; d: S 4.

TAFEL 40

a: BI 1; b: BI 2; c: VI 1; d: VI 3.

TAFEL 41

a–d: NA 1.

TAFEL 42

a: NA 22; b: NA 27; c: NA 7; d: NA 14.

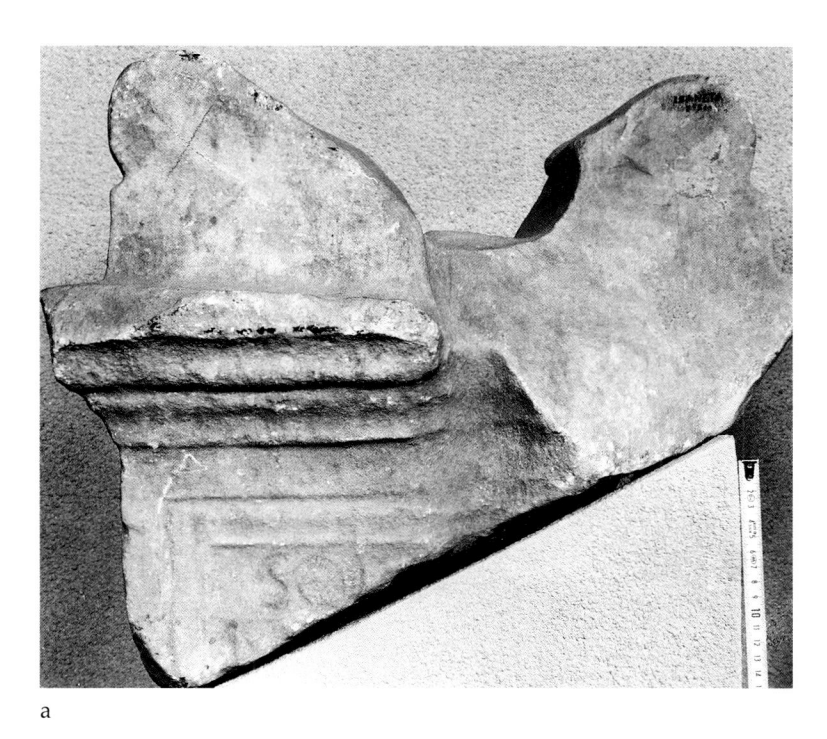

TAFEL 43

a: NA 9; b: NA 26; c: NA 5; d: NA 11; e: Na 19.

TAFEL 44

a: NA 2; b: NA 13; c.d: NA 18.

TAFEL 45

a: NA 4; b: NA 6; c: NA 16; d: NA 17.

TAFEL 46

a

b

c

d

a.b: NA 15; c.d: NA 21.

TAFEL 47

a: LO 1; b: LO 2; c: LO 3; d: LO 4.

TAFEL 48

a: SO 9; b: SO 18; c: SO 11; d: SO 19.

TAFEL 49

a: P 1; b: P 4; c: P 6; d: SG 1; e: GU 1; f: BU 8.

TAFEL 50

a: CU 1; b: CU 2; c: TO 1; d: TO 10.

TAFEL 51

a: LE 4; b: LE 12; c: LE 3; d: LE 14.

TAFEL 52

a: O 1; b: O 2; c: O 3; d: ZA 1.

TAFEL 53

a: C 1; b: C 3; c: C 5; d: C 8; e: C 10; f: C 11.

TAFEL 54

a: LU 1; b: LU 2; c: LU 3; d: LU 4; e: LU 5; f: LU 6; g: LU 7; h: LU 8; i: LU 9; k: LU 12.

TAFEL 55

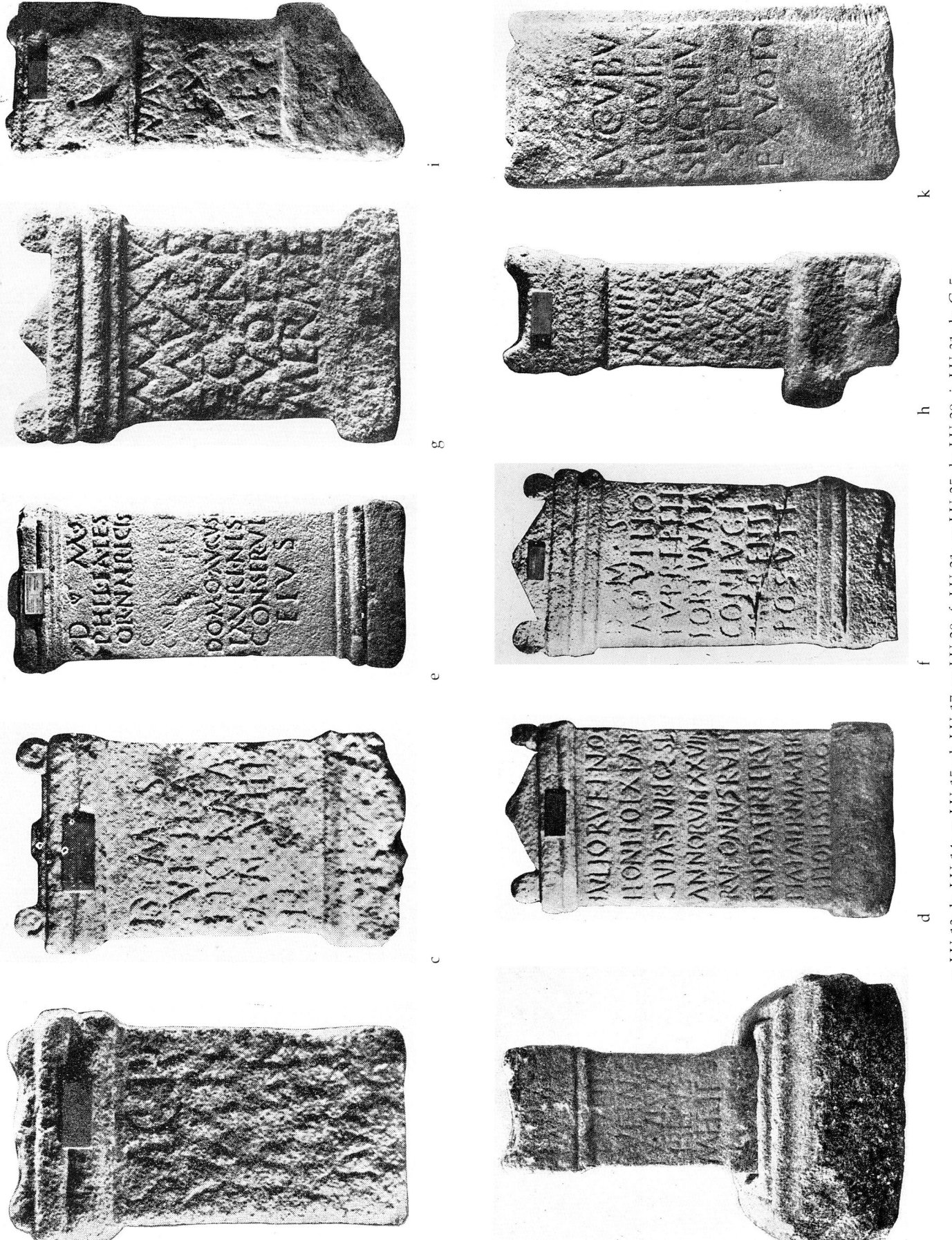

a: LU 13; b: LU 14; c: LU 15; d: LU 17; e: LU 20; f: LU 21; g: LU 25; h: LU 29; i: LU 31; k: C 5a.

TAFEL 56

a: PO 2; b: PO 3; c: PO 9; d: PO 15; e: PO 15a.

TAFEL 57

a: OR 3; b: OR 4; c: OR 12; d: OR 9.

TAFEL 58

a: TAD 4; b: TAD 10; c: TAD 13; d: TAD 13b; e: TAD 16.

TAFEL 59

a: MI 3; b: MI 4; c: MI 5; d: MI 6; e: MI 7; f: MI 8; g: MI 13.

TAFEL 60

a.b: DL 1; c: DL 4; d: DL 5; e: DL 8; f: DL 9; g: DL 10; h: DL 11; i: DL 12.

TAFEL 61

a: BEL 2; b: BEL 13; c: BEL 16; d: BEL 18

TAFEL 62

a: BEL 15; b: BEL 5; c: BEL 1; d: BEL 20.

TAFEL 63

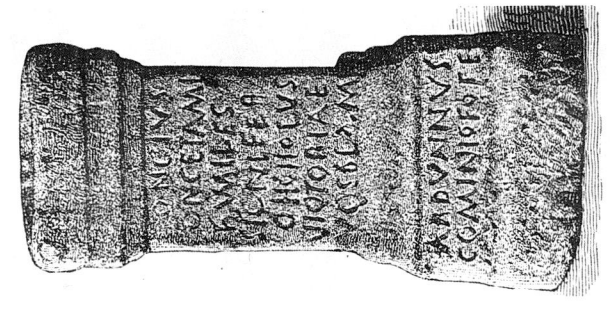

a: BEB 2; b: BEB 4; c: BEB 17; d: BEB 18; e: BEB 22; f: BEB 26; g: BEB 27; h: BEB 28.

TAFEL 64

a: BEA 3; b: BEA 4; c: SA 1; d: AV 1; e: AV 2; f: AV 4; g: AV 6; h: AV 7.

TAFEL 65

a

D M S

DOMITIA ATTIA
CAESAR·BRC·
ANNOR·XXVII
H·S·E·S·T·T·L·
ANNI IACANA
ET PAVLN·S·F·F·C

b

c

D M S

L·ANT·RVFINO
VET·ANN·OR
XLVIIII·MATER
NIVS·MATER
NIANVS·HER
AMICO·B·M·
F·C·H·S·E·S·T·T·L

d

a.b: TO 4; c.d: TO 5.

TAFEL 66

a: TO 8; b.c: TO 11; d: TO 2.

TAFEL 67

a: CC 3; b: CC 4; c: CC 39; d: CC 40; e: CC 16; f: CC 17; g: CC 26; h: CC 27.

TAFEL 68

a: CC 5; b: CC 9; c: CC 10; d: CC 11; e: CC 13; f: CC 14.

TAFEL 69

a–c: CC 28; d–f: CC 29.

a: BA 13; b: BA 19; c.d: BA 15.

TAFEL 71

a.b: BA 16; c.d: BA 18.

TAFEL 72

a: BA 20; b: BA 26; c: BA 46; d: BA 49.

TAFEL 73

a

b

c

d

a: BA 11; b: BA 64; c.d: BA 25.

TAFEL 74

a

ANN·COL·CLXX[V]
ARAM·GENESIS
INVICTI·MITHRAE
M·VAL·SECVNDVS
FR·LEG·VII·GEM·DONO
PONENDAM·MIRITO·CVRAVIT
G·ACCIO·HEDYCRO·PA[t]RE

b

c

d

I·M·B·D
CON·G·G
M·M·P·
P·V·L·[?]

a–c: BA 54; d: BA 6.

TAFEL 75

a–c: BA 41; d–f: BA 45.

TAFEL 76

a–c: BA 5; d: BA 8; e: BA 17.

TAFEL 77

a: BA 21; b: BA 29; c: BA 30; d: BA 31; e: BA 32; f: BA 42.

TAFEL 78

a: BA 43; b: BA 48; c.d: BA 44.

TAFEL 79

a: BA 1; b–d: BA 4.

TAFEL 80

a

b

c

d

a.b: BA 23; c.d: BA 38.

TAFEL 81

a

```
D · M · S ·
C·VALERIVS·SOLIDVS
VETER·LEG·VII·G·F·
ANN · LXX
L·DOMITIVS·APONIVS·ET
VALERIA·PRIMVLA·HEREDES
EX·TESTAMENTO · F ·
H · S · E · S · T · T · L ·
```

b

c

d

a–d: BA 39.

TAFEL 82

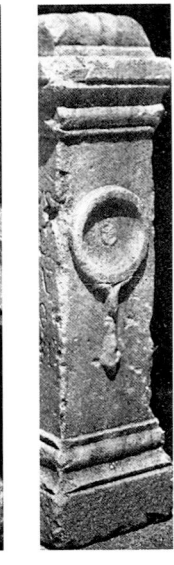

a.b: BA 9; c: BA 3; d: BA 12; e: BA 22.

TAFEL 83

a

b

c

d

a: BA 47; b–d: BA 52.

TAFEL 84

a

b

c

d

a: BA 33; b–d: BA 51.

TAFEL 85

a: BA 7; b: BA 10; c: BA 37; d: BA 57; e: BA 58; f: BA 65.

TAFEL 86

a

b

c

d

a: ALA 26; b–d: ALA 27.

TAFEL 87

a: ALA 31; b: ALA 32; c: ALA 33; d: ALA 34; e: ALA 35; f: ALA 36.

TAFEL 88

a: ALA 1; b: ALA 4; c.d: ALA 3.

TAFEL 89

a: ALA 11; b–d: ALA 2.

TAFEL 90

a

b

c

d

e

a.b: ALA 19; c–e: ALA 6.

TAFEL 91

a

b

c

d

a: ALA 20; b–d: ALA 5.

TAFEL 92

a

b

c

d

a: BAA 8; b–d: ALA 8.

TAFEL 93

a

b

c

d

a: ES 9; b: ES 10; c: ES 11; d: ES 16.

TAFEL 94

a

b

c

d

a: ES 8; b: ES 23; c: ES 12; d: ES 17.

TAFEL 95

a

b

c

d

a: ES 31; b: ES 32; c.d: ES 33.

TAFEL 96

a: BAA 7; b: BAA 10; c: BAA 11; d: BAA 14; e: BAA 15.

TAFEL 97

a

b

c

d

a: ALG 3; b: ALG 5; c.d: ALG 18.

TAFEL 98

a: ALG 6; b: ALG 9; c: ALG 7; d: ALG 13; e: ALG 12.

TAFEL 99

a: ALG 1; b: ALG 2; c: ALG 4; d: RI 1.

TAFEL 100

a.b: H 2; c–e: H 1.

TAFEL 101

a

b

c

d

a.b: CA 4; c.d: CA 5.

TAFEL 102

a: CA 1; b–d: CA 12.

TAFEL 103

a: CA 3; b: CA 13; c–e: CA 2.

TAFEL 104

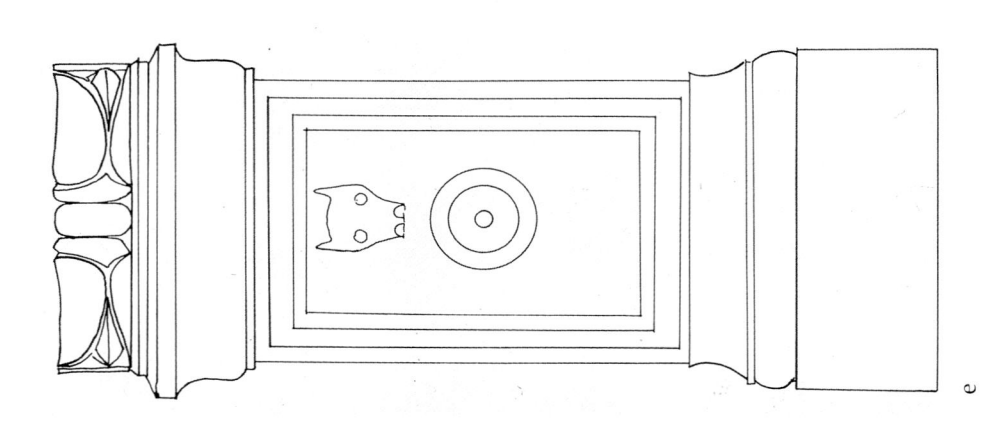

a.b: CA 7; c–e: CA 8.

TAFEL 105

a

b

c

a.b: CA 6; c: CA 14.

TAFEL 106

a−c: SE 1; d−f: SE 2.

TAFEL 107

a

b

c   d

a: SE 11; b–d: SE 3.

TAFEL 108

a–c: SE 5; d–f: SE 7.

TAFEL 109

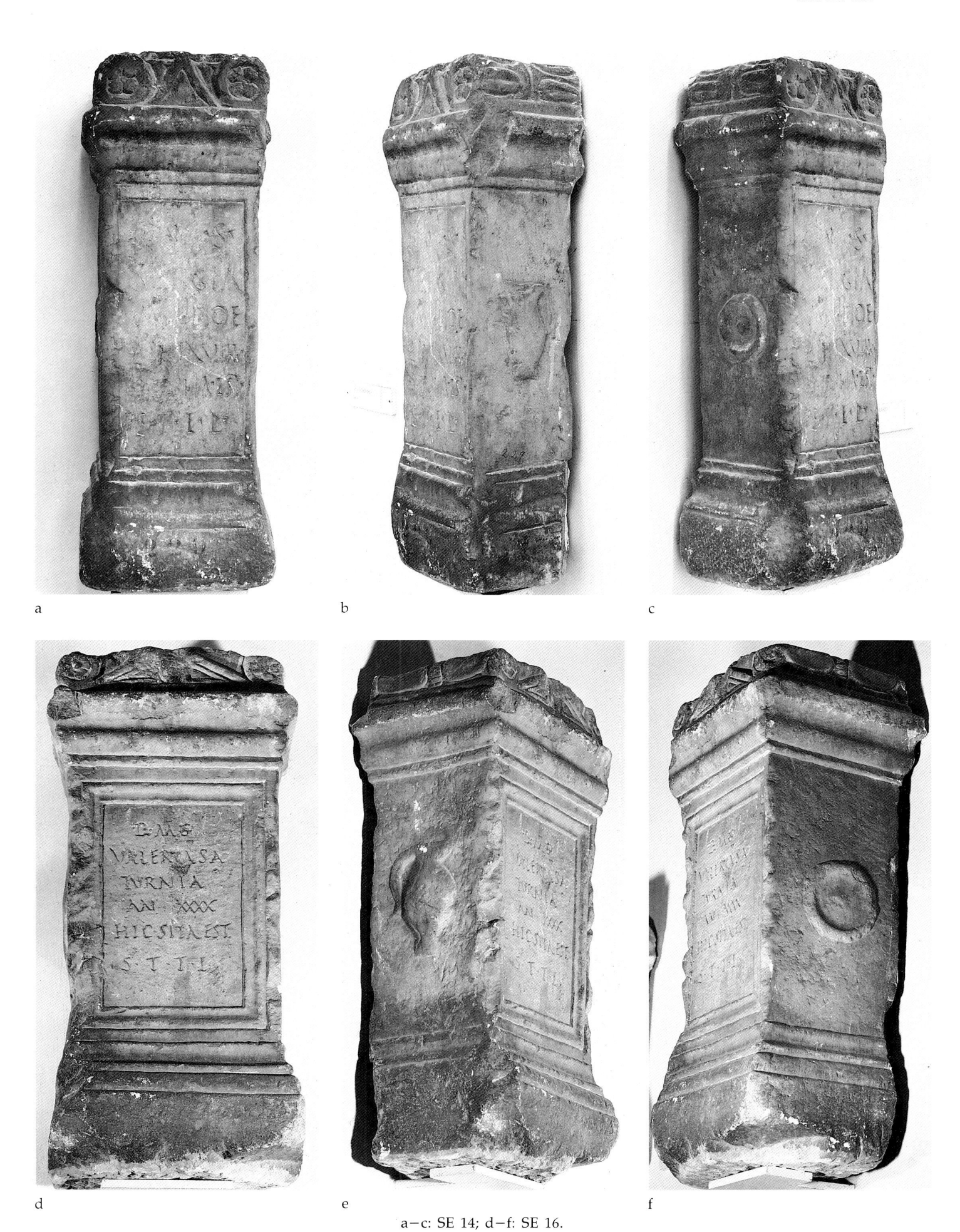

a   b   c

d   e   f

a–c: SE 14; d–f: SE 16.

TAFEL 110

a–c: SE 36; d–f: SE 26.

TAFEL 111

a–c: SE 15.

TAFEL 112

a: SE 30; b–d: SE 18.

TAFEL 113

a: SE 17; b–d: SE 21.

TAFEL 114

a: SE 22; b: SE 24; c.d: SE 23.

TAFEL 115

a

b

c

d

a.b: SE 27; c.d: SE 28.

TAFEL 116

a: SE 29; b: SE 35.

TAFEL 117

a

b

c

d

a.b: SE 13; c.d: SE 19.

TAFEL 118

a: SE 4; b: SE 6; c: SE 9; d: SE 20.

TAFEL 119

a−c: SE 10; d−f: SE 12.

MEMOR · AETERN
CLOD · EVPORI AN
XXXX DIES XXVIII
CASTAE · ABSTINENTIS · BONA
INDOLI · MATRONAE · INCALLE
NI CVPIDAE · PAR · IN · FONIS SVM
SANCTA · INNOCENTI · QVOQ
NAT... AVTES · OB · ENIX NA
... EDVLA · TO · BIMA · DIC · NISI · ANG
... IS ALIAS · MAX VET · OVA EA
... A · PATRONO · SV · RAPTA · MAT
... LI CIA · QVNATA · REDDIDIT · INF
... RECRES · TV · RA · INTAVSTI · MANV
... ODIIAN TES · INCAVIT · ERIS · VT
... TV   IN · PRECVLO · MATR
CAN   ARINE · IN · COLE · IN
BILI   CAT IN MANV · EGIT

CO 1.

TAFEL 121

a–c: CO 10.

TAFEL 122

a

b

c

d

a: CO 2; b: CO 4; c.d: CO 11.

TAFEL 123

a−c: CO 19; d.e: CO 3; f: CO 5.

TAFEL 124

a

b

c

d

e

a: CO 8; b.c: CO 9; d.e: CO 16.

a: CO 13; b–d: CO 14.

TAFEL 126

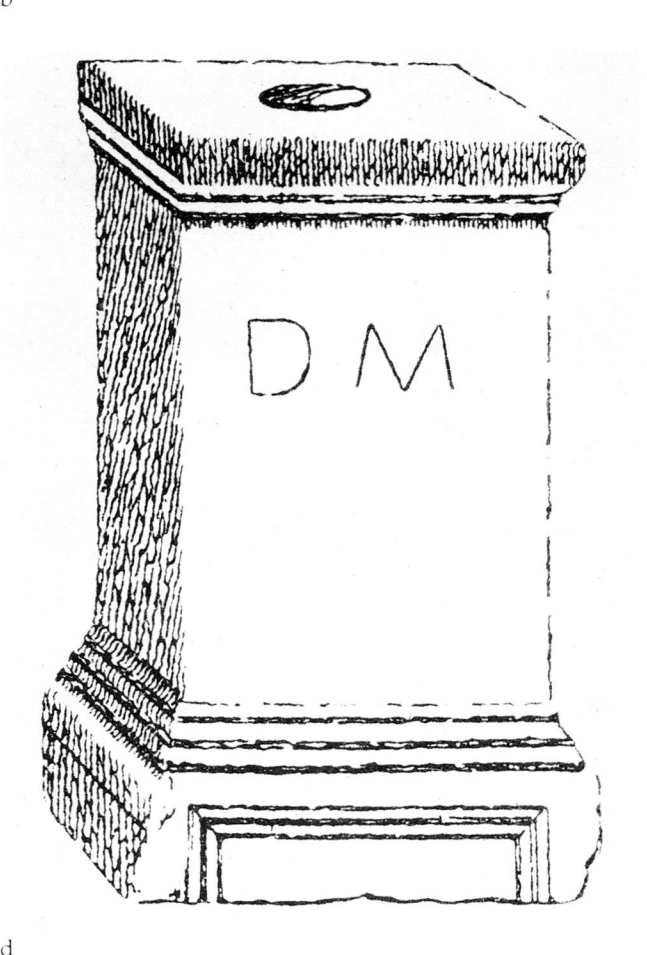

a.b: CO 17; c: CO 7; d: ES 7.

TAFEL 127

a

b

c

d

a: CO 15; b: CO 20; c: CO 6; d: CO 18

TAFEL 128

a: J 10; b: J 9; c: MU 3.

TAFEL 129

a.b: MU 1; c: MU 4; d: MU 6.

TAFEL 130

a

b

c

d

a–d: MU 8.

TAFEL 131

a: A 1; b: A 2; c: A 3; d–g: A 8; h: A 9; i: A 10.

TAFEL 132

a: V 11; b: V 12; c.d: V 16.

TAFEL 133

a: V 4; b: V 17; c: V 3; d: V 6; e: V 9.

TAFEL 134

a.b: V 13; c.d: V 15.

TAFEL 135

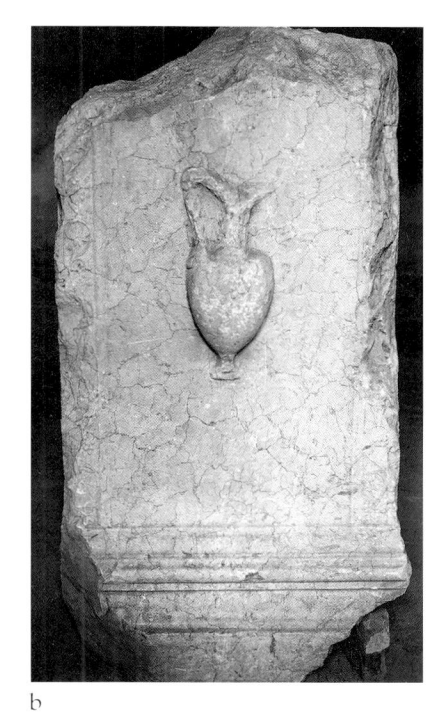

a–c: V 1; d: V 7; e: V 19.

TAFEL 136

a

b

c

d

a–c: V 14; d: V 10.

TAFEL 137

a: B 44; b: B 45.

TAFEL 138

a: B 24; b: B 25; c: B 27; d.e: B 45; f: B 46; g: B 47; h: B 48; i: B 57.

TAFEL 139

a: B 20; b.c: B 21.

TAFEL 140

a: B 22; b: B 26; c.d: T 80; e.f: NA 23.

TAFEL 141

a: BEB 8; b: BEB 9; c: BEB 10; d: BEB 11.

TAFEL 142

a: BEL 6; b: BEL 7; c: BEL 8; d: BEL 9.

TAFEL 143

a: ES 19; b: ES 20; c: ES 21; d: ES 22.

TAFEL 144

a

b

c

d

e

a–c: ES 1; d.e: ES 27.

TAFEL 145

a

b

c

d

a–d: H 3.

TAFEL 146

a

b

c

d

a–c: H 3; d: MU 5.

TAFEL 147

a: BA 60; b: BA 61; c: BA 62.

TAFEL 148

a: Tarragona, Museo Paleocristiano Nr. 3; b: Barcelona, MHC Nr. 4009; c: Barcelona, Detail einer *cupa,* Nekropole »Plaza de la Villa de Madrid«.

TAFEL 149

Barcelona, Nekropole »Plaza de la Villa de Madrid«.

TAFEL 150

a

b

c   d   e

a: Badajoz (Slg. Calzadilla); b–e: Sevilla, MAP.

TAFEL 151

a: Mérida, Museo Nacional de Arte Romano; b.c: Jaén, Museo de Jaén; d.e: Lisboa/Belém, MNAE.

TAFEL 152

a: Tarragona, Museu Nacional Arqueològic; b: Denia (Prov. Alicante), Museo Arqueológico Municipal; c: V 5; d: Faro, Museu.